Kanu Kompass

Mecklenburg-Vorpommern

AF531919

Thomas Kettler Verlag

Impressum

4. aktual. Auflage 2021

©2005 **THOMAS KETTLER VERLAG**
Von-Hutten-Str. 15
D-22761 Hamburg
Tel. +49 (40) 39 10 99 10
Fax +49 (40) 390 68 20

www.thomas-kettler-verlag.de
www.kanu-buch.de

Text: Thomas Kettler, Carola Hillmann
Titelfoto: *Am Plätlinsee bei Wustrow*, Thomas Kettler
Fotos: Thomas Kettler

Satz: Nicole Laka (www.nicole-laka.de), Carola Hillmann
Konzept & Layout: Carola Hillmann
Karten: StepMap, David Schwinn, Carola Hillmann
Stadtpläne: StepMap, David Schwinn, Carola Hillmann
Kanufahrschule: Michael Hennemann, Falk Bruder
Illustrationen Kanufahrschule: Ann-Sophie Ränger, Carola Hillmann
Druck & Gesamtherstellung: KOPA® www.kopa.eu

Weitere Bildnachweise *(o.=oben, u.=unten, m.=mitte):*
Falk Bruder: Seite 91, 92, 96, 97, 98, 100, 104 o., 105 u., 110, 111, 115, 116, 117, 122, 123, 124, 125, 126, 137 o., 138, 142 o., 142 u., 151, 152 u., 153, 154 u., 155 o., 155 u.li., 158, 159, 160 o., 160 u., 161, 162, 204 o., 223 o., 225, 233, 243 u., 244 u., 274, 281 u., 282 u.
Philippe Boerave: Seite 12, 32, 37, 40, 48, 49, 206 u., 226 o., 240, 244 o., 279
Fam. Thiel: Seite 9, 141; *Die Floßerei*: Seite 42 u.; *Villa Eden Peene*: Seite 134 o.
Kanustation Rheinsberger Seenkette: 253 u.

Bildnachweise Wikicommons *(o.=oben, u.=unten, m.=mitte)*:
Flo Beck: Seite 5; *Ralf Ottmann*: Seite 30 o.; *E-W (Ekkehard Wolf)*: Seite 33 m.; *Nigrita*: Seite 36; *Bernard Landgraf*: Seite 49; *Peter Mulligan*: Seite 59; *Wolfgang Sauber*: Seite 69; *Harald Hoyer*: Seite 81 u., 170 o.; *Chpagenkopf*: Seite 107 o.; *Botaurus*: Seite 107 u.; *Dolenzia*: Seite 118 o.; *Sven Segler*: Seite 140; *Chron-Paul*: Seite 145; *Uwe Zimmermann*: Seite 149; *Schneeballtoaster*: Seite 167 o., 192; *B.traeger*: Seite 168 u.; *Wolfgang Simlinger*, www.simi.at: Seite 169 u.; *Klaus Steindorf-Sabath*: Seite 170 m.; *GFZ*: Seite 188 u.; *Gerryknips* und *JohnMiller88*: Seite 191; *Brunhilde Schaefer*: Seite 218 o., 246; *Montecruz Foto*: Seite 219 u.li.; *Dieter Eikenberg*: Seite 249 o.; *NordNordWest*: Seite 270.

Die Deutsche Nationalbibliothek verzeichnet diese Publikation in der Deutschen Nationalbibliografie; detaillierte bibliografische Daten sind im Internet über *http://dnb.d-nb.de* abrufbar.

Sowohl Verlag als auch Autor lehnen im Falle eines Unfalles jegliche Haftung ab. Sollten sich Fehler in dieses Buch eingeschlichen oder Gegebenheiten im Zusammenhang mit Touren geändert haben, bitten wir, sich mit uns in Verbindung zu setzen.

ISBN 978-3-934014-79-4

Kanu Kompass

Mecklenburg-Vorpommern

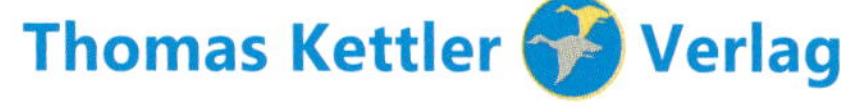

Alles rund ums Paddeln

Tipps zur Sicherheit 9
Verhalten und Natur 9
Deutscher Kanu Verband (DKV) 10
Gewässersperrungen 10
Kennzeichnungspflicht des Bootes 10
Schifffahrtsstraßen 10
Schleusen & Umtragungen 11
Übernachten 11
WWR & Gelbe Welle 11
Kanu mieten / kaufen 11
Kanutransport auf dem Pkw 13
Zurück zum Auto 13
Faltrad 14
Notwendiges Kanuzubehör 14
Die Ausrüstung 15
Küchenausstattung 16
Wasserwanderkarte 16
Angeln in Mecklenburg 17
Checklisten 20
„Kleine Kajak- und Kanadier-Fahrschule" 22

Natur- & Kulturhistorisches

Fritz Reuter 52
Der Biber 65
Der Kranich 114
Otto Lilienthal 150
Wie die Strelitzie zu ihrem Namen kam 202
Die Europäische Sumpfschildkröte 211
Alfred Wegener 254
Hans Fallada 266

Stadtrundgänge

Schwerin mit Stadtplan 34
Rostock mit Stadtplan 88
Neubrandenburg mit Stadtplan 120
Blick auf Rheinsberg mit Stadtplan 256

Wichtiges zum Schluss

Literatur-Tipps 284
Wichtige Adressen & Links, Die Autoren 285
Binnenschifffahrtszeichen & Schallsignale 295
Symbolerklärung Umschlag hinten

Der Müritz-Nationalpark aktiv

Entstehung und Geschichte 164
Schutzzonen und Naturräume
Wälder, Seen, Moore, Kulturlandschaften 165
Flora und Fauna 169
Unterwegs im Nationalpark 170
Übernachten im und am Nationalpark 172
Bücher & Karten zum Nationalpark 173
Wichtige Adressen im Nationalpark 174
Verhaltensregeln im Nationalpark 175

Touren im Nationalpark

Übersichtskarte Nationalpark-Touren 175

1 - Wanderung Teufelsbruch, 13 km
Waren – Müritzhof-Waren 176

2 - Radtour Specker Forst, 36 km
Granzin – Boek – Speck – Granzin 178

3 - Wanderung Havelquellseen, 25 km
Granzin – Kratzeburg – Liepen – Granzin 180

4 - Radtour Useriner Runde, 35 km
Kratzeburg – Userin – Kratzeburg 182

5 - Wanderung Serrahner Buchen, 7/9 km
Zinow – Serrahn – Zinow oder Carpin 184

6 - Wanderung klare Rinnenseen, 18 km
Fürstensee – Goldenbaum – Herzwolde – Fürstensee (**auch als Radtour mögl.**) 186

7 - Wanderung Steinmühle, 7 km
Goldenbaum – Steinmühle (Jugendwaldheim) – Goldenbaum 171

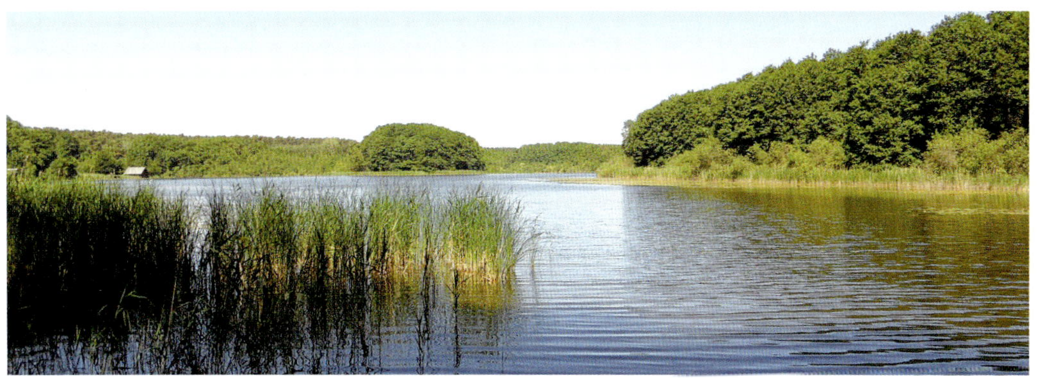

Die Kanutouren

Tourenübersicht mit Karte ____ 27 und 296

Zu den Touren und Handhabung des Buches ____ 28

1 - **Der Störkanal** von Schwerin nach Parchim — 46 km, 2-4 Tage ____ 29

2 - **Die Müritz-Elde-Wasserstraße** von Plau am See nach Dömitz — 120 km, 6-8 Tage ____ 39

3 - **Sternberger Seenland** Infos zu den 3 Flüssen und den 4 Kanu-Camps ____ 53

3a - **Die Obere Warnow Teil 1** Barnin – Langen Brütz — 20 km, 1 Tag ____ 58

3b - **Die Obere Warnow Teil 2** Zaschendorf – Sternberger Burg — 24 km, 1-2 Tage ____ 61

3c - **Die Mildenitz & Bresenitz** Goldberg / Garden nach Borkow — 20 + 19 km, je 1 Tag ____ 66

4 - **Die Warnow** von Sternberg nach Rostock — 68 km, 4 Tage ____ 75

5 - **Die Recknitz** von Tessin nach Ribnitz-Damgarten — 54 km, 3 Tage ____ 91

6 - **Die Trebel** von Tribsees nach Demmin — 36 km, 2 Tage ____ 103

7 - **Die Tollense** von Neubrandenburg nach Demmin — 60 km, 4 Tage ____ 115

8 - **Die Peene** von Malchin nach Anklam — 96 km, 5-6 Tage ____ 129

9 - **Die Uecker** von Prenzlau nach Ueckermünde — 61 km, 3-4 Tage ____ 151

10 - **Havel und Havelquellseen** von Kratzeburg nach Neustrelitz — 38 km, 2-3 Tage ____ 191

11 - **„Alte Fahrt"** Rundtour von Mirow über Bolter Mühle und Müritz — 35 km, 2-3 Tage ____ 203

12 - **Der Müritzarm** von Sewekow über Buchholz nach Schwarz — 44 km, 2-3 Tage ____ 215

13 - **Rätzsee – Gobenowsee – Labussee** Rundtour Fleether Mühle — 17 km, 1-2 Tage ____ 225

14 - **Strelitzer Gewässer (10-Seen)** Wesenberg–Priepert–Canow–Wustrow — 38 km, 2-3 Tage ____ 233

15 - **Die Rheinsberger Gewässer** von Flecken Zechlin nach Rheinsberg — 28 km, 2 Tage ____ 245

16 - **Die Feldberger See** von Feldberg nach Fürstenberg — 50 km, 3-5 Tage ____ 257

Die Kompakttouren (Kurzbeschreibung)

17 - **Schweriner See** von Schwerin Schweriner Innen- & Aussensee — 70 km, 3-5 Tage ____ 276

18 - **Vom Plauer See zur Müritz** Plauer See – Fleesensee – Kölpinsee — 60 km, 3-4 Tage ____ 278

19 - **Tollensesee** Rundtour von Neubrandenburg — 25 km, 1-2 Tage ____ 280

20 - **Unter- und Oberuckersee** von Prenzlau nach Warnitz — 18 km, 1 Tag ____ 282

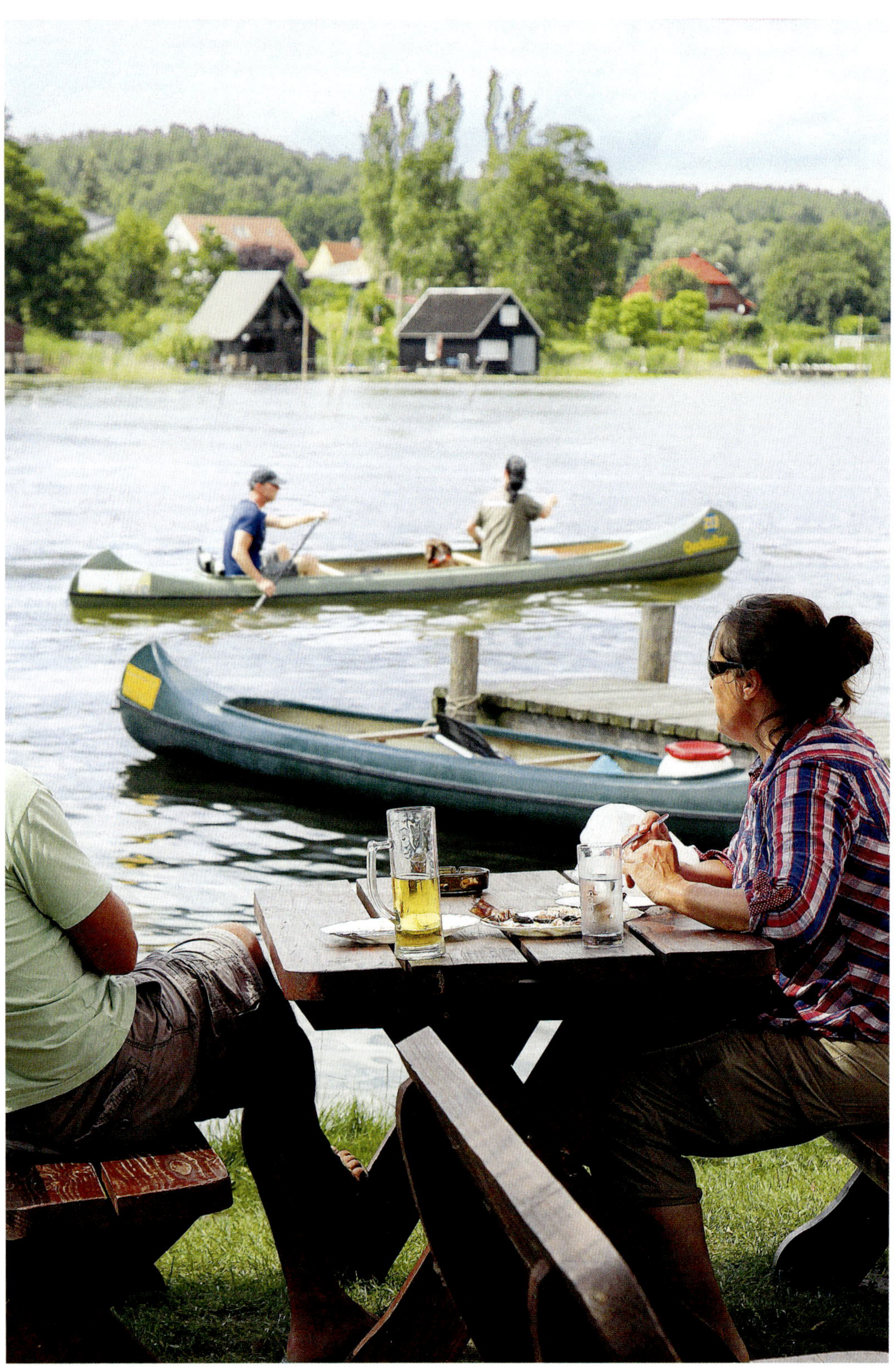

Vorweg

Wasser, wohin man blickt. Kein Bundesland, mit Ausnahme Brandenburgs, bietet solch vielfältige Möglichkeiten des Wasserwanderns. Von der gemütlichen Tagesfahrt bis hin zur mehrwöchigen Gepäcktour – alles ist möglich. Wir verdanken dies den Gletschern Skandinaviens, die während der letzten Eiszeit in breitem Strom über die Ostsee zu uns gelangt sind. Nach ihrem Abschmelzen hinterließen sie eine Endmoränenlandschaft mit Rinnen und zahllosen Seen. Oft aufgereiht an einem Flusslauf wie Perlen auf einer Kette, stellen sie ein ideales Kanurevier dar, das in eine wunderschöne Landschaft eingebettet ist – manchmal unberührt, wie es heute nur noch selten anzutreffen ist. Bismarck wird der Ausspruch zugeschrieben:

„Wenn die Welt untergeht, ziehe ich nach Mecklenburg, denn dort passiert alles 50 Jahre später."

Auf Peene, Tollense, Trebel und anderen Flüssen ist man selbst an den Sommerwochenenden fast alleine auf dem Wasser und kann in beeindruckender Weise erfahren, wie sich absolute Stille im dünnbesiedeltsten Teil Deutschlands anhören kann. Das Wasserstraßenkreuz um Demmin ermöglicht Rundfahrten von mehreren Tagen Dauer, wobei die Rückkehr zum Pkw oft nur über eine Distanz von 30 Kilometern erfolgt. Dies macht die Region zu einem überaus interessanten Wassersportrevier.

Zu sehen gibt es außerdem eine Menge: Neben herrlichen Alleen und den für dieses Land so typischen Gutshöfen und historischen Parkanlagen warten mehr als 2.000 Schlösser und Herrenhäuser auf Besucher, die für das industriearme Bundesland eine große wirtschaftliche Bedeutung haben.

Für Menschen, die getrieben sind und unter Stress stehen, ist das Kanuwandern eine ideale Form der Freizeitgestaltung, da sie sich der Fließgeschwindigkeit des Gewässers, dem eigenen Leistungsvermögen und dem Wetter anpassen müssen. Auf dem Wasser unterwegs zu sein beruhigt, entspannt und gibt Gelegenheit, dem Alltag zu entfliehen.

P.S. Da auch viel im „Corona-Sommer 2020" recherchiert wurde, können die genannten Öffnungszeiten vom „Normalbetrieb" abweichen. Bitte erkundigen Sie sich vor Ihrer Tour sicherheitshalber nochmal. Und nicht vergessen – vielerorts empfiehlt es sich den Campingplatz aber auch die Einkehr zu reservieren.

Viel Spaß beim Paddeln und Genießen!

Thomas Kettler & Carola Hillmann

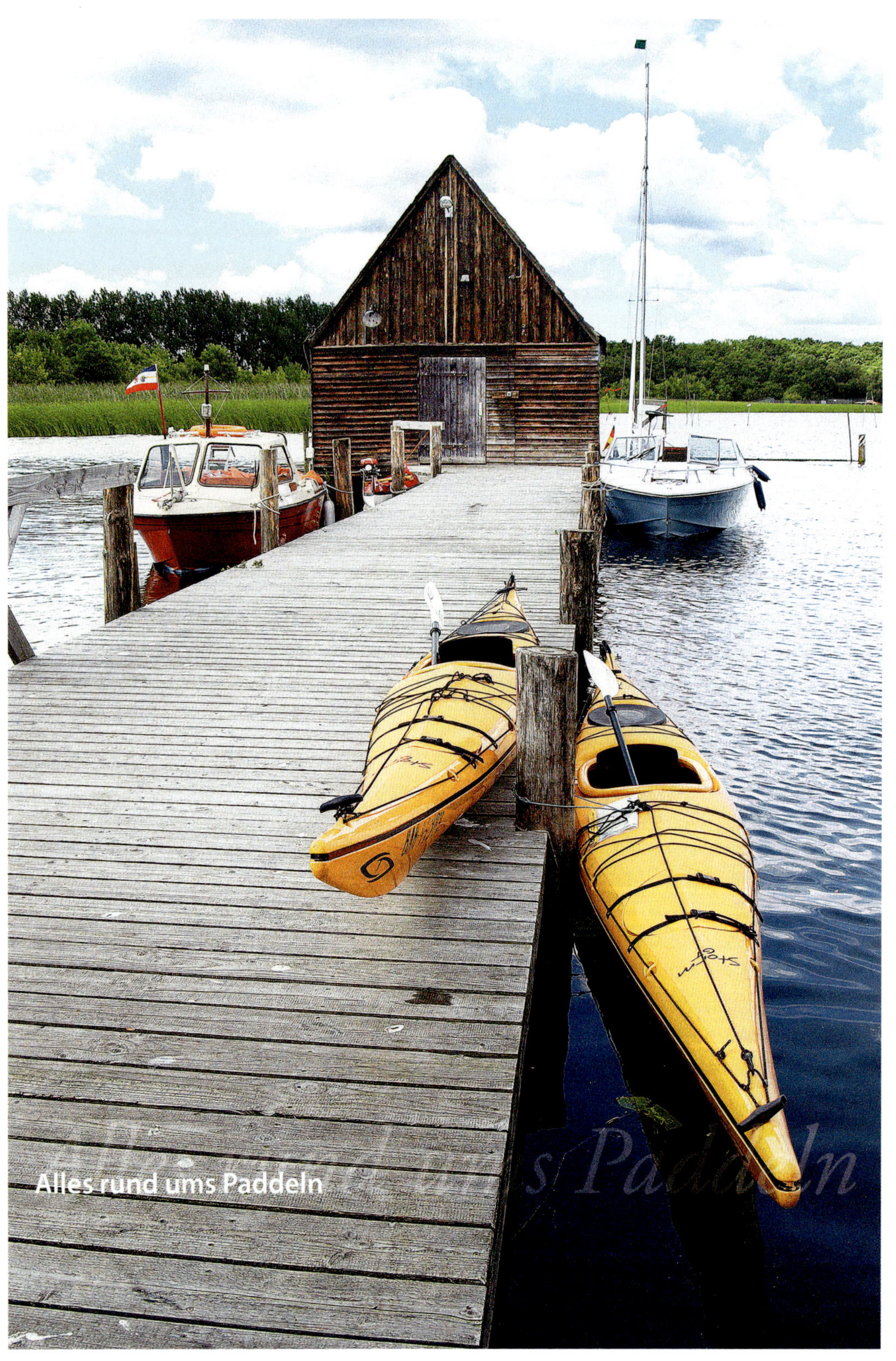

Alles rund ums Paddeln

Tipps zur Sicherheit

Kanufahren ist im Allgemeinen ein ungefährlicher Sport. Voraussetzung ist allerdings, dass man sich an einige **Regeln** hält:

- *Jeder, der ein Kanu besteigt, MUSS schwimmen können.*
- *Trotzdem – Eine Schwimmweste sollte man ganz selbstverständlich tragen.*
- *Kinder müssen immer eine ohnmachtssichere Rettungsweste tragen.*
- *Paddeln Sie möglichst nicht allein und hinterlassen Sie stets eine Nachricht, wohin und bis wann Sie unterwegs sein wollen.*
- *Machen Sie einen weiten Bogen um in den Fluss ragende Bäume, um bei einer Kenterung nicht zwischen Boot und Baum eingeklemmt zu werden.*
- *Weichen Sie Motorbooten aus, oft sitzen am Steuer Freizeitskipper, die ihr Boot nicht 100 % beherrschen.*
- *Wechseln Sie an Wasserskistrecken besser die Uferseite. Es kann nervig sein, auf die von allen Seiten anschwappenden Wellen reagieren zu müssen. Wasserski ist nur an den dafür gekennzeichneten Stellen in der Zeit von 9-12 und 15-18 Uhr gestattet.*
- *Stromschnellen, Wehre u.ä. sollte man vor einer Befahrung ausgiebig besichtigen.*
- *Das Gepäck hält man am besten mit einem Spanngurt zusammen, um es bei Kenterung gegen Verlust zu sichern.*
- *Nicht alkoholisiert ins Kanu steigen.*
- *Ein regelmäßig aufgefrischter Erste-Hilfe-Kurs sollte selbstverständlich sein, um nicht nur anderen, sondern auch sich selbst helfen zu können.*
- *Bei Gewitter gilt: runter vom Wasser!*

Verhalten und Natur

Ein Anschwellen der Besucherzahlen hat dazu geführt, dass immer mehr **Streckensperrungen** ausgesprochen werden. Hierfür tragen neben den Anglern und Motorbootfahrern sicherlich auch jene Kanuten Verantwortung, die sich nicht immer vorbildlich verhalten.

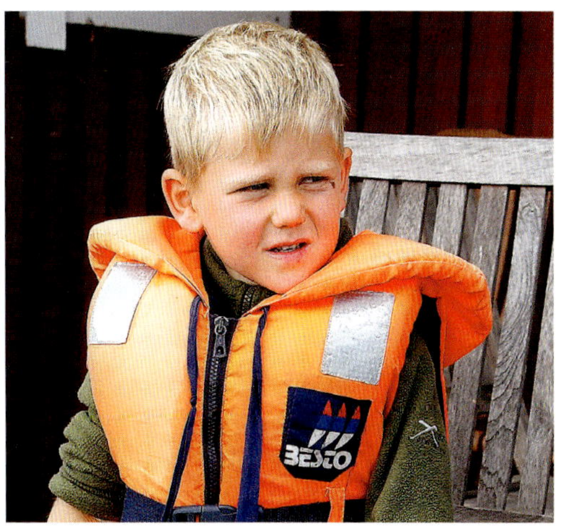

Daher sollte man sich an einige wenige **Regeln** halten, um auch noch den nach uns Paddelnden dieses Naturidyll zu erhalten:

- *Starten und Beenden Sie eine Kanutour nur an den ausgewiesenen Ein- und Ausstiegsstellen und rasten Sie nur an den dafür vorgesehenen Plätzen, um unnötige Beschädigungen der Ufer zu vermeiden.*
- *Wollen Sie ein eigenes Kanu auf dem Gelände eines Bootsvermieters oder Campingplatzes zu Wasser lassen, so gehört es zum guten Ton, vorher um Erlaubnis zu bitten.*
- *Meiden Sie Schilfgürtel und Kiesbänke – es sind wichtige Lebensräume für Wasservögel.*
- *Zu Vogelansammlungen ausreichend Abstand halten, keine Wasservögel vor sich „hertreiben".*
- *Sperrzonen und -zeiten respektieren und ausreichend Abstand zu Gelegezonen halten.*
- *Flache Gewässer nicht befahren, da es durch häufige Grundberührungen zur Beeinträchtigung von Fischlaich, Wasserinsekten und Muscheln kommt (Faustregel: Mindestwassertiefe 30 cm).*
- *Auf offenes Feuer soll im Wald verzichtet werden! Bei hoher Waldbrandstufe ist es auch an den dafür freigegebenen Feuerstellen verboten.*
- *Alle Abfälle wieder mitnehmen und auch nicht im Wald vergraben.*
- *Exkremente müssen mit einem Klappspaten vergraben werden.*
- *„Wildzelten" ist nicht zu verantworten – zu groß ist die damit verbundene Belastung für die Natur.*

Deutscher Kanu Verband (DKV)

Kanufahren zeichnet sich zwar durch Individualität aus, aber nicht immer fühlt man sich alleine auf dem Wasser wohl. Die Mitgliedschaft im DKV **DKV (Deutscher Kanu-Verband)**, auch als nicht vereinsgebundenes Einzelmitglied, bietet neben der Teilnahme an gemeinsamen Fahrten, dem Austausch persönlicher Erfahrungen zu Touren und Ausrüstung auch den Vorteil preisgünstiger Übernachtungen bei den **DKV-Stationen/Kanuvereinen**, die Mitglied im DKV sind.

Gewässersperrungen

Gewässersperrungen & aktuelle Meldungen finden Sie auf der Webseite des **Deutschen Kanu-Verbands** unter: www.kanu.de >Service >Downloads >Freizeitsport >Befahrungsregelungen Deutschland aktuell (PDF).

Kennzeichnungspflicht des Bootes

Kanus sind auf Binnenschifffahrtsstraßen zwar von der Führung eines amtlichen Kennzeichens befreit, müssen aber dennoch gekennzeichnet sein, um Ärger oder gar eine Geldbuße zu vermeiden.

1. Bootsname auf beiden Außenseiten in gut lesbaren, mindestens 10 cm hohen lateinischen Schriftzeichen/Buchstaben. Alternativ Name der Organisation / Verein, der es angehört, oder deren gebräuchliche Abkürzung, mit einer Nummer dahinter.

Die Schriftzeichen müssen in heller Farbe auf dunklem Grund oder in dunkler Farbe auf hellem Grund angebracht sein.

2. Name und Anschrift des Eigentümers an gut sichtbarer Stelle innen / außen am Boot.

Schifffahrtsstraßen

Weitere Infos zu den Regelungen auf Schifffahrtsstraßen gibt die Broschüre „Sicherheit auf dem Wasser. Wichtige Regeln und Tipps für Wassersportler“:

www.bmvi.de >Service >Publikationen (kostenloser Download oder Blätterkatalog).

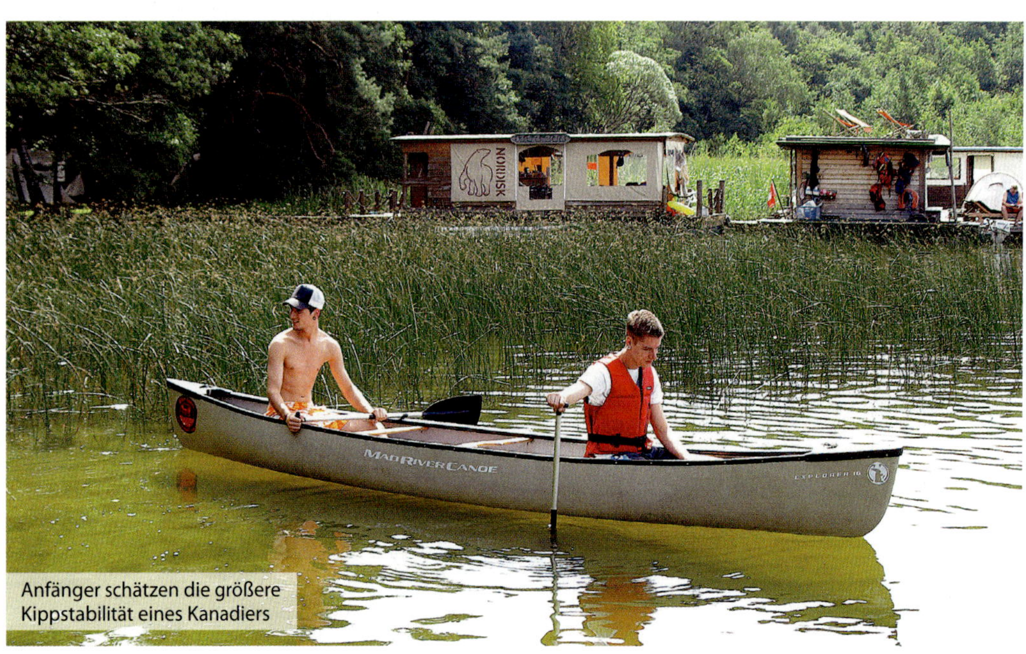

Anfänger schätzen die größere Kippstabilität eines Kanadiers

Schleusen & Umtragungen

Aufregend ist das Erlebnis, zum ersten Mal in eine **Schleusenkammer** einzufahren. Es ist komisch, eingekeilt zwischen großen Pötten auf die Schleusung zu warten. Aber selbstverständlich wird man vom **Schleusenmeister** an die Schleusenwand gewiesen – möglichst nicht ans vordere Schleusentor, denn da geht es manchmal ganz schön wild zu, wenn das Wasser einströmt.

An einer in der Schleusenwand verankerten Eisenleiter kann man sich während des Schleusungsvorgangs festhalten, aber bitte niemals das Boote daran festbinden!

Wenn der Schleusenmeister seine wohlverdiente **Mittagspause** hält oder die **Schleuse geschlossen** hat, trifft man zuweilen auf **Bootsschleppen**. Sie machen das „Umtragen“ des Kanus im wahrsten Sinne des Wortes zum Vergnügen. Dabei handelt es sich meist um eine Lore oder Eisenkarre, deren Schienen entlang der Schleusenkammer auf der einen Seite aus dem Wasser und der anderen Seite wieder ins Wasser hinein führen.

Grundsätzlich macht man nichts falsch, wenn man **Wehre umträgt**. Das gilt für alle von Menschenhand geschaffenen **Hindernisse**. Bei Hochwasser bilden sie häufig einen gefährlichen Rücksog, der schon bei relativ flachem Wasser zu tödlichen Unfällen geführt hat.

Ein **Schrägwehr** ist bei normalem Wasserstand meist fahrbar – man sollte es dort durchfahren, wo das Wasser am deutlichsten strömt.

Ein **Steilwehr** bildet fast immer einen gefährlichen Rücksog und muss deshalb umtragen werden!

Übernachten

Auf den meisten Touren findet man **Zelt- oder Wasserwanderrastplätze (WWR)** aber auch Bootshäuser der Wassersportvereine fast immer direkt am Wasser. Auch immer mehr **Hostels, Gasthöfe** und **Hotels** entstehen entlang der Wasserwanderstrecken, so dass man nachts nicht unbedingt auf ein Bett verzichten muss.

WWR & Gelbe Welle

Das an **Marinas, Sportboothäfen & Wasserwanderrastplätzen (WWR)** anzutreffende Symbol **„Gelbe Welle“** ist ein deutschlandweit einheitl. Informationssystem für wassertouristische Angebote und dient dem besseren Erkennen von Anlegestellen. Es signalisiert Wassersportlern, dass sie willkommen sind. Auf Tafeln mit Piktogrammen kann man schon vom Wasser aus erkennen, welche Serviceangebote (z.B. WC, Verpflegung, Zeltmöglichkeit, usw.) es vor Ort gibt und wie weit es bis zur nächsten Anlegestelle ist.

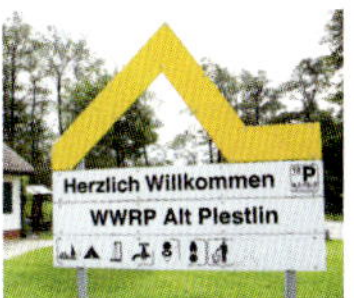

Kanu mieten

Um die Faszination des Kanuwanderns kennenzulernen, brauchen Sie nicht zwangsläufig ein eigenes Boot. Besonders an den Gewässern der Mecklenburgischen Seenplatte ist es einfach, sich ein Kanu zu mieten.

Zu jeder im Buch beschriebenen Tour nennen wir mindestens eine oder mehrere Mietmöglichkeiten oder einen Touren-Veranstalter. Fast immer löst dieser auch die Frage des Rücktransportes. Neben den Booten erhalten Sie dort die nötige Ausrüstung, wie z.B. wasserdichte Gepäcktonnen und Schwimmwesten sowie eine Einweisung in die richtige Paddeltechnik und wichtige Tipps zum jeweiligen Gewässer.

Idealerweise ist bei der Auswahl eines Vermieters / Veranstalters darauf zu achten, dass er Mitglied im ***Bundesverband Kanu e. V. (BVKanu)*** ist. Die Mitglieder garantieren Qualität und qualifizierte Mitarbeiter, Sicherheit

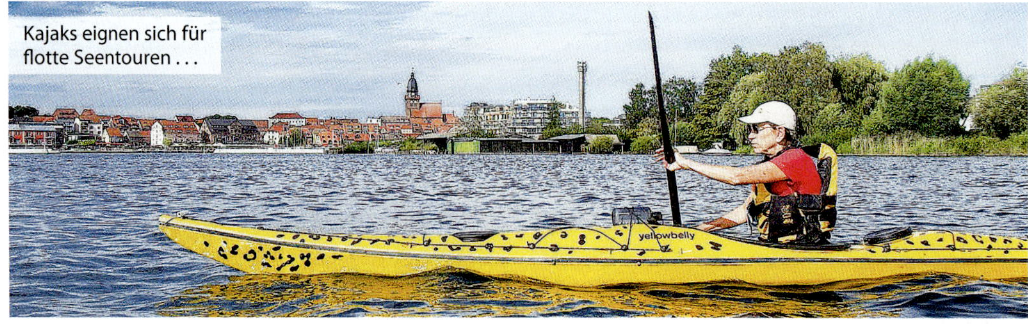
Kajaks eignen sich für flotte Seentouren ...

und fachkundige Einweisung sowie einen Einsatz für den Naturschutz im Kanutourismus. Zusätzlich haben viele BVKanu-Mitglieder das ***Qualitätssiegel QMW Kanu*** WASSER TOURISMUS DEUTSCHLAND für besonders gute Qualität und Sicherheit.

Kanu kaufen

Für jene, die regelmäßig mit dem Kanu auf dem Wasser sein wollen, kann sich der Kauf eines Kanus lohnen. Hat man sich dazu entschlossen, stellen sich verschiedene Fragen:

- *Welche Gewässer möchte ich vorwiegend befahren?*
- *Fahre ich alleine oder zu zweit, mit Kindern, mit der ganzen Familie?*
- *Mache ich nur kleine Tagestouren oder gar mehrwöchige Gepäckfahrten?*
- *Wie transportiere ich mein Kanu?*
- *Wo lagere ich es?*

Zwischen folgenden Kanutypen und „Einsatzgebieten" unterscheidet man:

Kajak (Wildwasser, Wanderflüsse, Seen) oder ***Falt-Kajak*** mit Steuervorrichtung (große Seen, Wanderflüsse, Küstenfahrten), ohne Steuervorrichtung auch leichtes Wildwasser.

Schlauch-Kanadier (Wildwasser, wenig windanfällige Seen und Flüsse, Expeditionstouren).

Falt-Kanadier (Seen, Wanderflüsse, leichtes Wildwasser, Expeditionstouren).

Kanadier (Seen, Wanderflüsse, leichtes Wildwasser – erste Wahl für Familientouren).

Das **Kajak** ist ein geschlossenes Boot mit einer Sitzluke und wird mit einem Doppelpaddel gefahren. Es läuft mit seinem geschlossenen Deck bei Regen und durchschnittenen Wellen trocken und ist durch sein windschlüpfriges Verhalten für den Einsatz auch auf großen Seen und für Küstenfahrten geeignet. Gerade auf großen Seen und den Boddengewässern ist es dem Kanadier vorzuziehen. Der Nachteil liegt darin, dass die Zuladung beschränkt, das Ein- und Aussteigen umständlicher und die Sitzposition, anders als beim Kanadier, durch die Bauweise vorgegeben ist.

Der offene **Kanadier** besticht durch sein großzügiges Raumangebot und das einfache Beladen, Ein- und Aussteigen; Kinder können sich in ihm freier bewegen. Auch für den, der das Kanu durch ein Stechpaddel antreibt, bieten sich im Sitzen mit angewinkelten oder gestreckten Beinen oder knieend variantenreiche Sitzpositionen, die ein ermüdungsfreieres Paddeln ermöglichen. Die größere Kippstabilität wird vom Anfänger als angenehm empfunden. Sein Nachteil liegt eindeutig bei der größeren Windanfälligkeit, die das Befahren von großen, offenen Wasserflächen mühsam oder gar gefährlich werden lassen. Doch kann auch ein Kandier mit einer Persenning (Spritzdecke) spritzwasserfest und weniger windanfällig gemacht werden.

Eine Sonderform sind **Faltboote (Kanadier oder Kajak)** und **Schlauch-Kanadier**. Sie können für das gleiche Tourenspektrum eingesetzt werden wie feste Boote, lassen sich durch das kompakte Packmaß im unaufgebauten Zustand aber leichter transportieren (z.B. mit der Bahn) und nehmen zu Hause weniger Stauraum weg.

Schlauch-Kanadier sind kurz und wendig, laufen aber langsam und nur mäßig geradeaus. Ihr Einsatz liegt im leichten oder mittelschweren Wildwasser und daher sind sie für die Gewässer in diesem Buch kaum geeignet.

Boote ausprobieren: Um sich für einen Bootstyp bzw. ein Kanu zu entscheiden, sollte man ein sogenanntes **„Testival"** besuchen, das von großen Fachhändlern meist an einem Wochenende zum Auftakt der Saison veranstaltet wird. Dort kann man vor einer Kaufentscheidung in Ruhe verschiedene Boote testen.

Kanutransport auf dem Pkw

Bringen Sie den Dachgepäckträger so an, dass die Trägerholme so weit wie möglich voneinander entfernt sind und polstern Sie diese dort wo das Boot (mit dem Kiel nach oben) aufliegt mit Rohrisolierung aus Schaumstoff.

Noch besser geeignet sind spezielle Kanutransportbügel, die auf die Dachgepäckträger montiert werden. Ein empfehlenswerter Anbieter ist z.B. die Firma „Zölzer".

Ovalbügel oder senkrechte Stützen sind für den Transport von Einerkajaks, flache, konkave Träger für den von Zweierkajaks oder Kanadiern gedacht. Mit diesen Trägern sind die Boote schnell und sicher auf dem Dach verstaut. Um Benzin zu sparen, sollten Sie die Sitzluken von Kajaks mit einem Lukendeckel verschließen.

Beim Dachtransport nicht vergessen: In den meisten Fällen ragt das Boot nach hinten weiter als 1 Meter über die Rückstrahler des Fahrzeugs hinaus und muss (§22 der Straßenverkehrsordnung) mit einer roten Fahne gekennzeichnet werden (gibts im Baumarkt).

Zurück zum Auto

Wenn Sie mit dem eigenen Boot auf Tour gehen und nicht auf den Service eines Kanuvermieters zurückgreifen, ist als erstes die Frage zu klären, wie Sie das Boot mit dem Auto zum Wasser transportieren und wie Sie nach

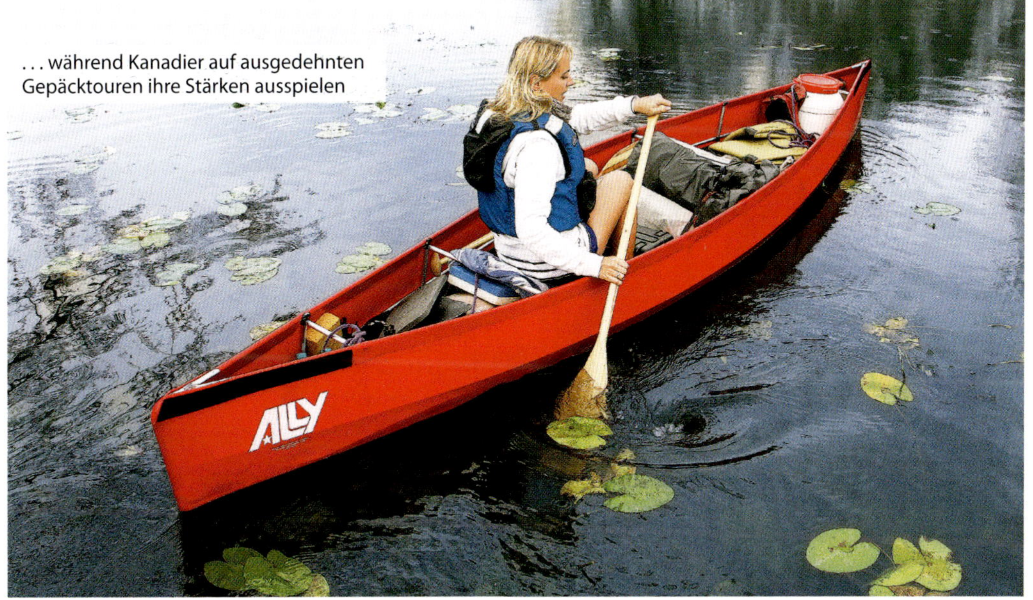

... während Kanadier auf ausgedehnten Gepäcktouren ihre Stärken ausspielen

der Tour zurück zum Auto an der Einsetzstelle kommen.

Bei Paddlergruppen beliebt ist das Umsetzen mit zwei Autos. Dabei werden die Boote an der Einsetzstelle abgeladen und anschließend fahren zwei Autos zum Endpunkt. Dort wird eines der Autos geparkt und man fährt gemeinsam im zweiten Auto zum Einstieg zurück. Diese Variante ist zwar relativ komfortabel, allerdings sind zwei Auto erforderlich und es gibt ökologisch bessere Alternativen.

Allen voran bieten sich natürlich öffentliche Verkehrsmittel an. Besonders gut und problemlos funktioniert das, wenn sowohl am Start- als auch am Endpunkt ein Bahnhof in der Nähe ist. Schwieriger ist es in abgelegenen Regionen, in denen man auf die meist nur selten verkehrenden Busse angewiesen ist. Vorab ist ein wenig Planung erforderlich. Hinweise zum ÖPNV finden Sie in den Tourenbeschreibungen. Bei kurzen Tagestouren lässt sich die Rückkehr zum Startpunkt auch gut mit dem Fahrrad (das vorab am Ziel deponiert wurde) realisieren, am schönsten natürlich, wenn ein Radweg den Flusslauf begleitet.

Faltrad

Wer mit dem Kanadier unterwegs ist und auch an Land mobil sein möchte (z.B. zurück zum Pkw), sollte in Erwägung ziehen, ein Faltrad mitzunehmen. Durch optimierte Falt-Scharniere wird aus dem Fahrrad innerhalb weniger Sekunden ein kleines, handliches Paket, das sich leicht im Boot verstauen lässt.

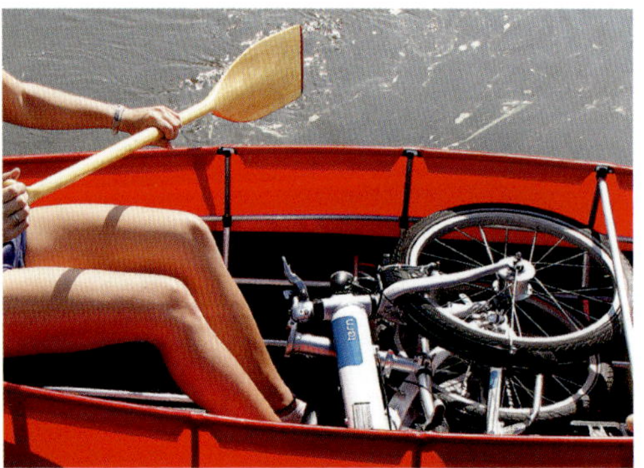

Notwendiges Kanuzubehör

- ***Paddel: Doppelpaddel*** mit denen ein Kajak gepaddelt wird, sollten eine Länge von ca. 220-240 cm haben. Das im Kanadier verwendete ***Stechpaddel*** sollte beim Stehen bis unters Kinn reichen. Bei Kindern kann man es ruhig etwas länger wählen. Kunststoffpaddel sind zwar pflegeleichter als Holzpaddel, diese sind aber vom Material her sympathischer.
- ***Reservepaddel.*** Muss in jedem Kanu griffbereit vorhanden sein. Noch wichtiger ist dies bei Solopaddlern, da sie manövrierunfähig werden, wenn das Paddel über Bord geht.

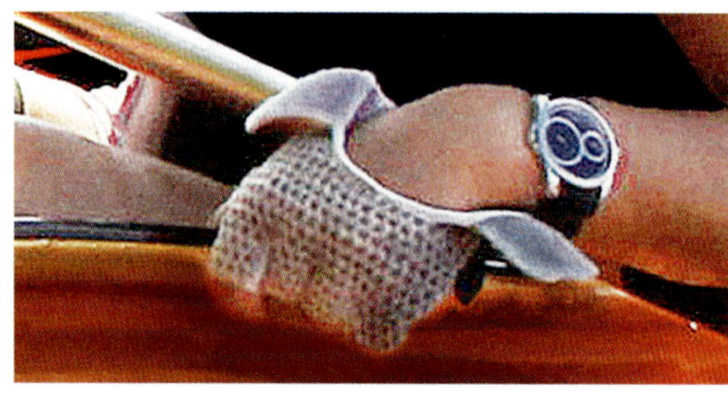

Tipp: Paddel- oder alternativ auch einfache Radhandschuhe schützen empfindliche Hände vor Blasen.

- ***Rettungsweste.*** Eine ohnmachtssichere Rettungsweste deren Kragen den Kopf über Wasser hält und so wirklich vor dem Ertrinken schützt, muss von jedem Kind getragen werden.
- ***Schwimmweste.*** Jeder Erwachsene sollte sie tragen (auch als Vorbildfunktion). Wie die Rettungsweste auch, muss sie dem Körpergewicht des Trägers angepasst sein.
- ***Wurfsack.*** Zum Retten eines Schwimmers vom Ufer aus. Der Nylonbeutel mit Auftriebselement und etwa 20 Meter Seil ist immer dabei, egal ob Wildwasser oder Wanderfahrt.

- ***Bootswagen.*** Ist für längere Landtransporte unverzichtbar. Wer sich einen zulegt, sollte gleich auf eine gute Verarbeitung achten. Er sollte stabil, das Rohrgestell verschweißt statt genietet und zusammenklappbar sein. Optimalerweise hat der Wagen breite Räder und eine Stütze, so dass er auch von nur einer Person beladen werden kann.
- ***Praktisches:*** **Leinen** zum Festmachen & Halten des Kanus. **Spanngurte** zum Verbinden der Säcke und Tonnen. **Schwamm** zum Säubern / „Entwässern" des Kanus.
- ***Kniepolster*** dienen beim knienden Paddeln zur Entlastung der Knie. Ideal können Knieschützer sein, wie sie von Fliesenlegern verwendet werden, oder ein Stück Isomatte.
- ***Reparaturzeug.*** Dazu gehören ein wasserfestes **Duck Tape-Klebeband** (klebt fast alles), ein **Mehrzwecktaschenmesser** oder Tool mit Schraubenzieher, eine Kombizange und ein **Reparatur-Set** für das Kanu.
- Eine ***Kette mit Schloss*** oder ein ***Spiralschloss*** zum Sichern des Kanus am Ufer bei Besichtigungen oder festen Unterkünften ohne sichere Abstellmöglichkeit.

Die Ausrüstung

Für Touren in Mecklenburg benötigt man keine teure High-Tech-Kleidung – aber eine gute **Regenjacke und -hose** lässt den Paddler dem nächsten Regenschauer gelassen entgegensehen. Ansonsten sollte man nach dem „Zwiebelprinzip" verfahren und mehrere leichte Kleidungsstücke übereinanderziehen.

Fleecepullis, mit ihrer hervorragenden Isolationseigenschaft, dem geringen Gewicht und der Tatsache, dass sie im nassen Zustand noch wärmen, aber auch schnell trocknen, geben wir vor Wolle den Vorzug.

Jeanshosen sind eher ungeeignet, da sie sich in nassem Zustand unangenehm auf der Haut anfühlen und nur schlecht trocknen. Besser ist eine **lange Hose aus einem Synthetik-Baumwollgemisch,** die schnell trocknet.

Im Kanu sind leichte **Turn- oder Segelschuhe** ideal; für kleine und große Ausflüge haben wir immer **Wanderschuhe** dabei.

Da die Sonneneinstrahlung auf Wasserflächen sehr intensiv ist, dürfen ein **Sonnenschutz** und eine **Sonnenbrille** nicht fehlen.

Alle Ausrüstungsgegenstände finden Platz in **wasserdichten Weithals-Tonnen** (die meisten Kanuvermieter händigen diese vor Antritt der Fahrt aus) sowie **Packsäcken**, die durch ein „Roll-/Steckverschluss-System" wasserdicht verschlossen werden. Mehrere kleine sind idealer als wenige große. Optimal finden wir **transparente Packsäcke**, in denen man den Inhalt erkennen kann.

Für den Landgang eignet sich ein (wasserdichter) **Tagesrucksack**.

Eine **wasserdichte Kartentasche** z.B. von Ortlieb ist bestens für alle Karten geeignet.

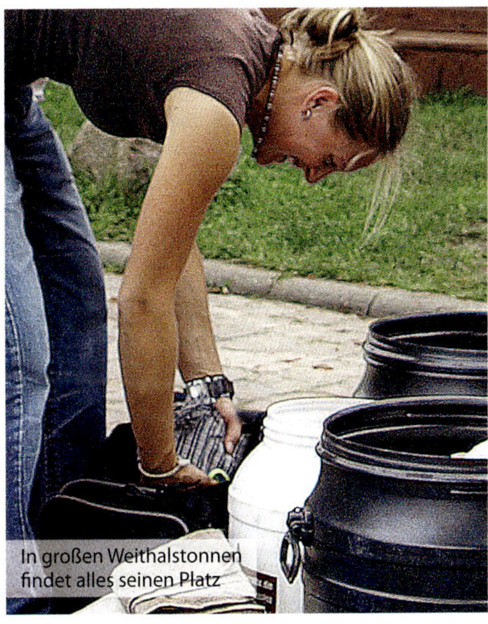
In großen Weithalstonnen findet alles seinen Platz

Einige Touren lassen sich so planen, dass man mit wenig Gepäck **von Gasthof zu Gasthof** paddeln kann, um am Abend warm und trocken beim Abendessen im Schankraum zu sitzen. Kein Zelt, kein Schlafsack, kein Kocher und kein Geschirr „belasten" den Kanuwanderer. Ein einfaches **Zelt**, einen **Schlafsack** und eine **Isomatte** sollte man jedoch immer dabei haben. Denn wer weiß schon, ob das Tagesziel auch erreicht wird oder ein Gewitter die ganze Planung über den Haufen wirft.

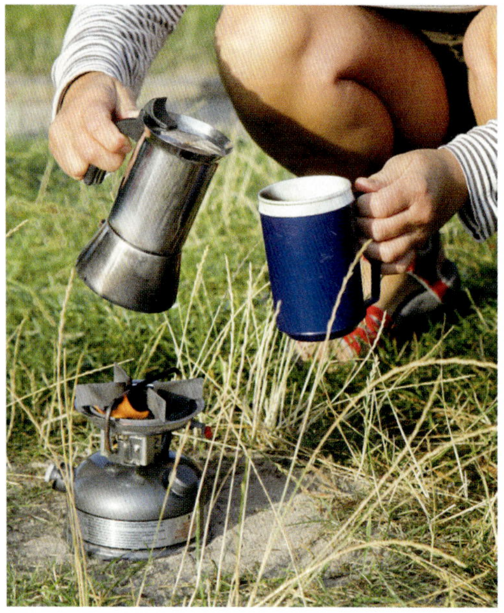

Küchenausstattung

Will man nicht auf seinen morgendlichen Kaffee oder die Spaghetti am Abend verzichten, muss ein **Campingkocher** mit.

Folgende Typen unterscheidet man:

- ***Benzinkocher.*** Hoher Heizwert. Benzin ist überall zu bekommen und billig.
- ***Gaskocher.*** Nicht so hoher Heizwert, jedoch sauberes Verbrennen. Teure Kartuschen.
- ***Multifuel-Kocher.*** Guter Heizwert. Mit fast jedem Flüssigbrennstoff zu betreiben und sehr leicht.
- ***Petroleumkocher.*** Hoher Heizwert, jedoch Geruchsbelästigung, die, anders als beim Benzin, nicht „verfliegt".
- ***Spirituskocher.*** Leicht und einfach zu handhaben. Relativ geringer Heizwert.

Als **Küchenausstattung** empfehlen wir ein **Kochtopfset**, bestehend aus 2 oder 3 verschieden großen, ineinandergestellten Kochtöpfen mit zwei verschieden großen Deckeln, die gleichzeitig als Pfannen dienen (und evtl. einem Wasserkessel).

Wir haben außerdem immer eine **Espressokanne** dabei. Weiterhin **Teller, Müslischüsseln, Besteck, Thermoskanne & -becher, kleines Schälmesser, Schneidebrettchen, evtl. Alufolie, Geschirrtuch, Spülmittel,** eine kleine **Faltschüssel** und einen **faltbaren Wassersack** (mind. 5 Liter, optimalerweise für „geschmacksneutrales Wasser" z.B. von Sea to Summit).

Weitere praktische Ausrüstungsgegenstände sind Taschenmesser, Klappspaten, Toilettenpapier, Waschzeug, Insektenschutz, Erste-Hilfe-Set, wasserdicht verpacktes Handy, Taschenlampe, Fernglas, Schreibutensilien.

Wasserwanderkarte

Für alle Touren in diesem Buch empfohlen:
TourenAtlas TA 6 Mecklenburg-Vorpommern ***mit Wassersportkarten 1:75.000, inkl. Ostseeküste und Bodden,*** Jübermann Verlag.

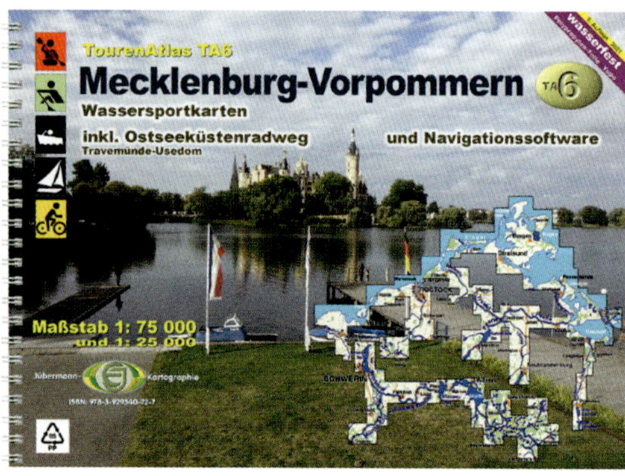

Angeln in Mecklenburg

Nirgendwo sonst findet man auf der deutschen Landkarte soviel Wasser und soviel Fisch wie in Deutschlands Angelland Nummer eins – in den Gewässern Mecklenburg- Vorpommerns. Die fischreichen Seen, Flüsse und Kanäle lassen jedes Anglerherz höher schlagen. Was liegt also näher, als die Angel einzupacken und die beschauliche Kanutour durch ein Angelabenteuer zu bereichern?

Nichts geht über einen selbst gefangenen Fisch, am abendlichen Feuer zubereitet. Voraussetzung ist allerdings, dass der Angler im Besitz des staatlichen **Fischereischeines** ist! Mit diesem ausgerüstet, ersteht man die für das jeweilige Gewässer erforderliche **Angelkarte** meist beim örtlichen Fischer, auf Campingplätzen, in Angelfachgeschäften oder bei den Fremdenverkehrsvereinen/Tourist-Infos.

Bitte informieren Sie sich über Schonzeiten und Mindestmaße der zu fangenden Fische.

Das Zentrum des Angelvergnügens ist die Mecklenburgische Kleinseenplatte, deren mehrere hundert Seen, vom glasklaren, tiefen Maränensee bis zum trüben Zandersee, keinen Wunsch offen lässt.

TIPP: Touristenfischereischein

Auch „Nichtangler" ohne staatlichen Fischereischein können für die Dauer von bis zu 28 aufeinander folgenden Tagen für 24,- Euro plus Angelkarte des Pächters bzw. Gewässereigentümers in Mecklenburg-Vorpommern angeln.

Eine informative Broschüre inkl. einer Liste der Ausgabestellen erhält man unter: **www.auf-nach-mv.de/touristenfischereischein**

TIPP: Angeln in zwei Ländern für 10 €

Angler aus Mecklenburg-Vorpommern und Brandenburg können die Verbandsgewässer des jeweils anderen Landes künftig für einen Jahresbeitrag von zehn Euro nutzen. Grundlage für die Vergabe der gemeinsamen Angelberechtigung ist allein die Mitgliedschaft im jeweiligen Verband.

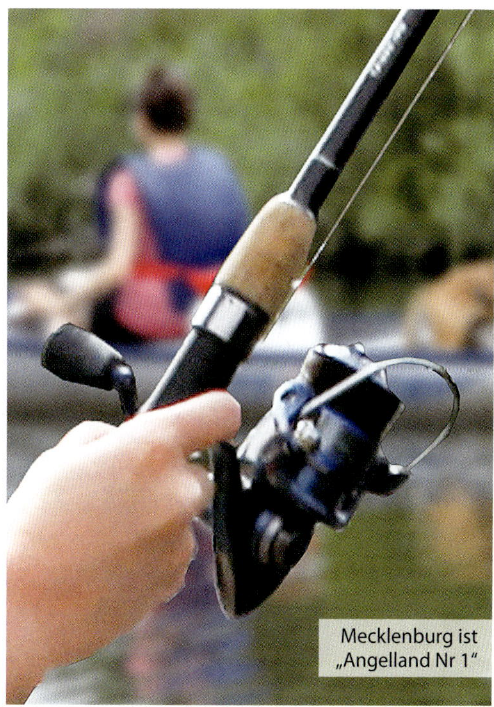

Mecklenburg ist „Angelland Nr 1"

Infos zum Angeln:

Landesverband Mecklenburg-Vorpommern
Tel. 03860/560 30, **www.lav-mv.de**

www.angeln-in-mv.de

www.abenteuer-angeln.de

Zum Angeln sind folgende Gewässer auf den beschriebenen Kanutouren von Bedeutung:

1. Schweriner See *(Tour 1, 17)*. An der Landspitze von Zippendorf und Mueß sehr gutes Fanggebiet für Aal. Sonst Barsch und Hecht.

2. Sternberger See *(Tour 3 und 4)*. Karpfen, Barsch, Hecht, Aal.

4. Warnow *(Tour 4)*. Eines der besten Fischgewässer Mecklenburg-Vorpommerns ist für seine kapitalen Welse bekannt (der längste Fang maß 2,27 Meter); sonst große Bestände an Zander, Karpfen, Brasse, Forelle, Quappe, Barsch, Hecht, Aal.

5. Wesenberger Seen/Strelitzer See *(Tour 13, 14, 15)*. Große Bestände an Zander und Aal im Woblitz-, Vilzsee, Mirower See, Großen Priepert- und Wangnitzsee. Hechte im Useriner See, Großen Pälitz- und Drewensee. Tolles Schleigewässer ist der Gobenowsee. Einer der besten Welsseen ist der motorbootfreie Rätzsee. Sonst Barsch, Hecht, Aal.

6. Feldberger Seenplatte *(Tour 16)*. Maräne im Breiten und Schmalen Luzin. Der Carwitzer See ist ein besonders guter Hechtsee. Der glasklare Dreetzsee weist die besten Bestände an Schlei auf. Sonst Barsch, Aal.

7. Tollensesee *(Tour 7, 19)*. Gute Bestände an Maräne und Aal.

8. Kummerower See *(Tour 8)*. Vor Neukalen toller Bestand an Barsch. Sonst Karpfen, Hecht, Aal.

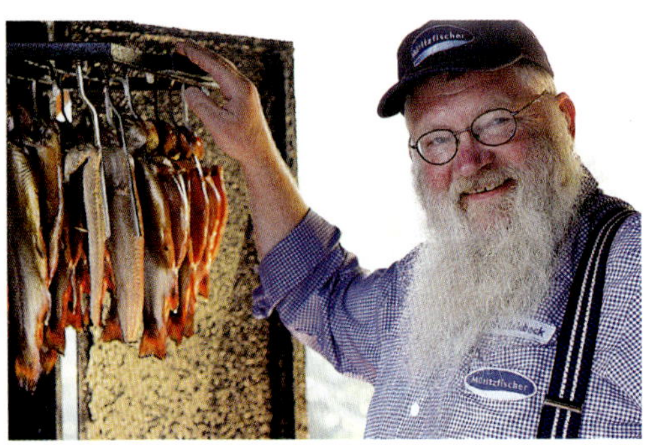

Vor dem Fang

Eine „Angel-Erstausstatung“ könnte folgendermaßen aussehen:
Teleskopspinnrute, Stationärrolle, Vorfächer mit verschiedenen Haken, Drillinge unterschiedlicher Größen, verschiedene Posen, Bleie, Stahlvorfächer, Spinner, Blinker, Twister, Wobbler, Zange, Messer, Klappkescher. Wenn man zuvor noch nie geangelt hat, sollte man sich im Fachgeschäft beraten und einweisen lassen.

Als natürlicher Köder zieht natürlich immer noch der Regenwurm, aber auch mit Käse, Brot, gekochtem Mais, Rosinen, Fischresten, Wurststücke, Kartoffelstückchen und Maden kann man experimentieren.

Die besten Stellen zum Angeln sind Stromschnellen und Ausflüsse von Seen, Bachmündungen, Strömungsschatten von größeren Steinen und Felsen oder Schilfufer. Vom Kanu aus sind die Chancen noch besser, mit dem Spinner, Blinker oder dem Wobbler einen kapitalen Hecht zu erbeuten. Die Posenangler versuchen mit Wurm oder Made ihr Glück auf Brachsen, Rotaugen und Schleien.

Wichtige Angelknoten

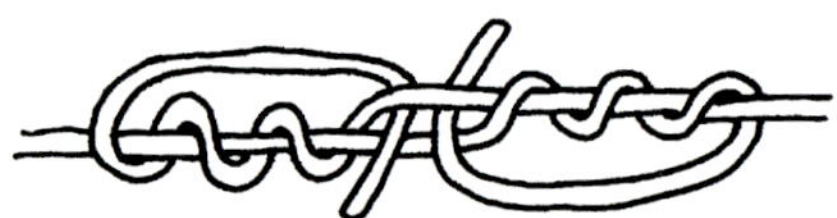

Zwei Schnurrenden verbinden

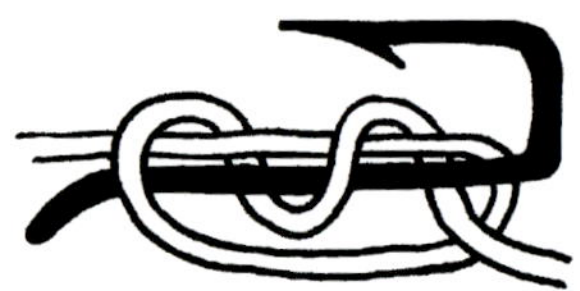

Anbinden von Platten-Haken

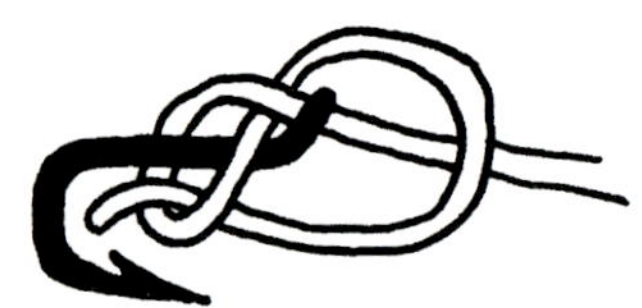

Anbinden von Öhr-Haken

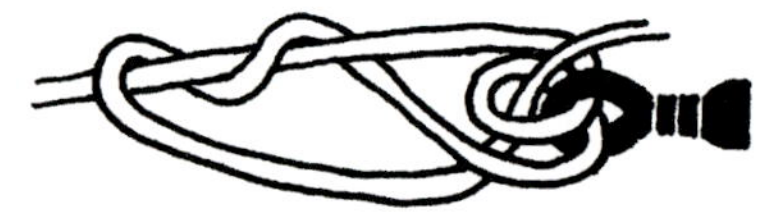

Knoten am Wirbel

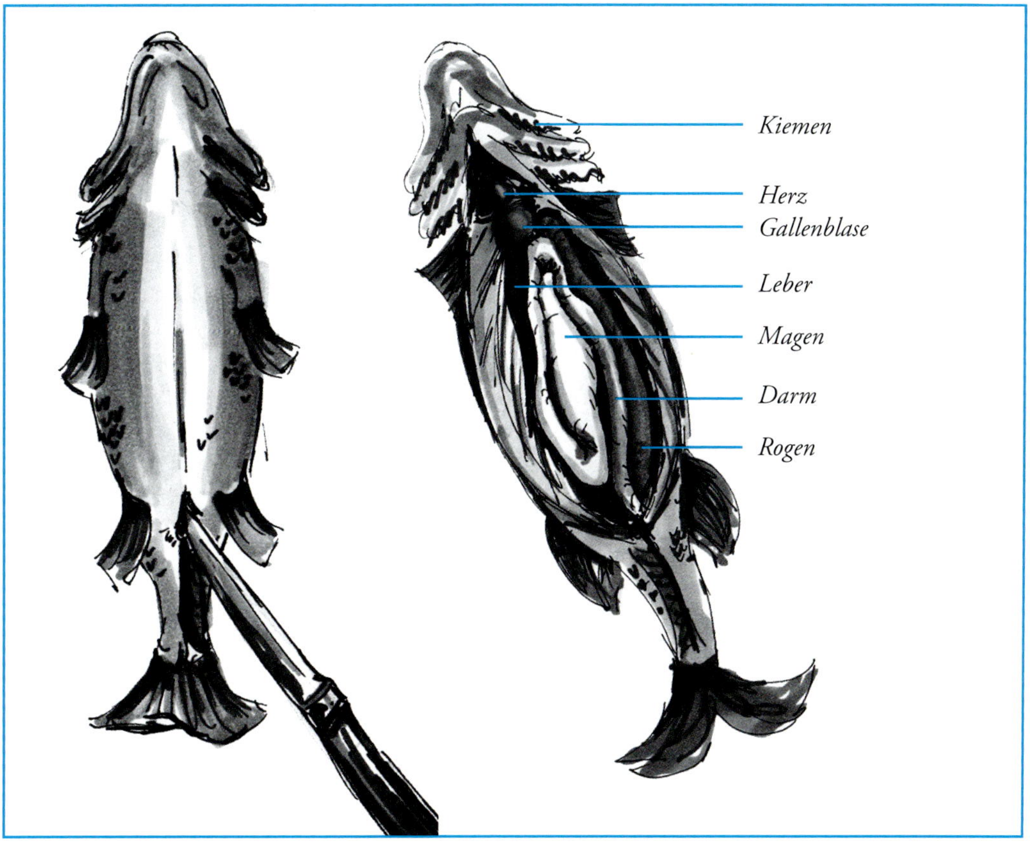

Kiemen
Herz
Gallenblase
Leber
Magen
Darm
Rogen

Nach dem Fang

Der gefangene Fisch muss sofort betäubt werden. Dies geschieht durch einen kräftigen Schlag mit einem stumpfen Gegenstand auf das Gehirn (kurz über den Augen). Danach muss der Fisch unverzüglich mit einem Stich ins Herz (unterhalb der Kiemen im Bereich der Kehle) getötet werden. Starkes Bluten zeigt, dass der Stich richtig angesetzt wurde. Bevor er ausgenommen wird, empfiehlt es sich, den Fisch zu schuppen. Alle spitzen Flossen abschneiden und dann vom Schwanz zum Kopf hin die Schuppen mit einem Entschupper oder der Rückseite einer Messerklinge abschaben. Danach kann mit dem Messer durch die Kiemen hindurch das Rückgrat durchtrennt und der Kopf abgeschnitten werden. Mit einem scharfen Messer oder einer Schere schneidet man den Bauch des Fisches von der Analöffnung zum Kopf hin auf. Mit dem Fingernagel des Daumens geht man unter die Eingeweide und streift sie in Kopfrichtung heraus. Die Niere, die unmittelbar am Rückgrat unter einem dünnen Häutchen liegt, und die Galle müssen entfernt werden. Die Gallenblase darf dabei nicht zerstört werden, sonst schmeckt das Fleisch bitter. Anschließend wird der Fisch in sauberem Wasser ausgewaschen und kühl gelagert. Will man einen Fisch nicht bald zubereiten, nimmt man ihn gleich nach dem Fang aus, entschuppt ihn aber erst kurz vor der Zubereitung.

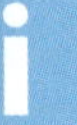

Checklisten

Lebensmittel

- ☐ Kartoffeln
- ☐ Zwiebeln / Knoblauch
- ☐ Kräuter / Gemüse
- ☐ Obst *(vorzugsweise Äpfel)*
- ☐ Nudeln
- ☐ Reis
- ☐ Kartoffelpüree
- ☐ Mehl
- ☐ Salz
- ☐ Zucker
- ☐ Backpulver/Trockenhefe
- ☐ Gewürze
- ☐ Eier
- ☐ Speck
- ☐ Ketchup
- ☐ Tomatenkonzentrat
- ☐ Parmesankäse in Beuteln
- ☐ Gemüsebrühe
- ☐ Instantsuppen
- ☐ Olivenöl
- ☐ Essig
- ☐ frisches Brot
- ☐ Knäckebrot
- ☐ Margarine
- ☐ Salami
- ☐ Hartkäse
- ☐ Marmelade
- ☐ Honig
- ☐ Kaffee / Tee
- ☐ Milchpulver
- ☐ Puddingpulver
- ☐ Kakao
- ☐ Müsli
- ☐ Nüsse / Trockenfrüchte
- ☐ Kekse / Schokolade
- ☐ Müsliriegel
- ☐ ____________________
- ☐ ____________________
- ☐ ____________________
- ☐ ____________________

Kleidung & Körperpflege

- ☐ lange Hosen
- ☐ Fleecehose
- ☐ kurze Hose
- ☐ T-Shirts
- ☐ einmal Klamotten stadtfein
- ☐ Pullover aus Fleece 100
- ☐ Pullover aus Fleece 200
- ☐ Unterwäsche
- ☐ lange Sportunterwäsche
- ☐ Socken
- ☐ Fleecesocken
- ☐ Regenjacke, Regenhut
- ☐ Regenhose
- ☐ Sonnenbrille mit Band
- ☐ Kopfbedeckung (Sonne)
- ☐ Badesachen, Badeschuhe
- ☐ Outdoor-Handtuch
- ☐ Waschbeutel *(Shampoo, Seife, Fettcreme/Hautcreme, Zahnbürste/-pasta, Haarbürste, Sonnencreme, Spiegel, Rasierzeug/Tampons/Binden)*
- ☐ Wanderschuhe
- ☐ leichte Sport-/Leinenschuhe
- ☐ evtl. Neoprenschuhe
- ☐ evtl. Neoprenhandschuhe
- ☐ evtl. Fleecemütze
- ☐ evtl. Halstuch/Schal
- ☐ Reisewaschmittel
- ☐ ____________________
- ☐ ____________________
- ☐ ____________________
- ☐ ____________________

Küche

- ☐ Kocher, Brennerersatzteile
- ☐ Brennstoff für Kocher
- ☐ Anzünder
- ☐ Streichhölzer / Feuerzeug
- ☐ Kochtopfset mit Deckel
- ☐ Grillrost
- ☐ Espressokanne / Wasserkessel
- ☐ Wassersack für Wasservorrat
- ☐ Thermoskanne & Trinkflasche
- ☐ Thermobecher / Tassen
- ☐ Teller (tief / flach) & Besteck
- ☐ Kochlöffel, Sparschäler
- ☐ große Schere
- ☐ kleines scharfes Messer
- ☐ kleines Holzbrett
- ☐ evtl. Alufolie
- ☐ Faltschüssel
- ☐ Spülmittel
- ☐ Topfreiniger/Spülschwamm
- ☐ evtl. Stahlschwamm
- ☐ Geschirrtuch
- ☐ ____________________
- ☐ ____________________
- ☐ ____________________
- ☐ ____________________

Werkzeug & Zubehör

- ☐ Reparatur-Set für Kanu
- ☐ Duck Tape-Klebeband
- ☐ Seam-Grip-Kleber
- ☐ Reparatur-Sets Kanu & Zelt
- ☐ Ersatz-Blitzverschlüsse
- ☐ Holzleim
- ☐ Tool *(mit Schraubenzieher und Kombizange)*
- ☐ Gummihammer (Ally)
- ☐ Taschen- / Einhandmesser
- ☐ evtl. Schleifstein
- ☐ Klappsäge
- ☐ Klappspaten
- ☐ Arbeitshandschuhe
- ☐ Schraubhaken
- ☐ Karabinerhaken
- ☐ Spanngurte
- ☐ Spiralschloss
- ☐ Taschenlampe/Stirnlampe
- ☐ Batterien oder Akkus
- ☐ Ladegerät für Akkus
- ☐ ____________________

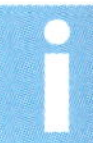

- [ ] Kerzen
- [ ] Plastiktüten
- [ ] Plastiknetz / Kartoffelnetz
- [ ] Toilettenpapier
- [ ] Papiertaschentücher
- [ ] Schnüre / Seile
- [ ] Wäscheklammern
- [ ] Gummis, Draht
- [ ] Nähzeug
- [ ] ______________________
- [ ] ______________________
- [ ] ______________________
- [ ] ______________________
- [ ] ______________________

Erste-Hilfe-Set

- [ ] Wundpflaster, Blasenpflaster
- [ ] Mullbinden
- [ ] sterile Wundauflagen
- [ ] elastische Binden
- [ ] Dreieckstücher
- [ ] Verbandspäckchen
- [ ] kl. Brandwundenverbandtuch
- [ ] Leukoplast
- [ ] Desinfektionsmittel / Antiseptikum
- [ ] Wundsalbe
- [ ] Kopfschmerztabletten
- [ ] Schmerztabletten
- [ ] Salbe für Sportverletzungen
- [ ] Brandsalbe
- [ ] Erkältungsmittel
- [ ] Antihistamingel
- [ ] Antihistamintropfen
- [ ] Mücken- & Insektenabwehr
- [ ] Zeckenzange
- [ ] Pinzette
- [ ] Augensalbe
- [ ] ______________________
- [ ] ______________________
- [ ] ______________________
- [ ] ______________________

Freizeit & Kinder

- [ ] Bücher
- [ ] Vorlesebuch
- [ ] Bestimmungsbücher
- [ ] Malzeug, -block
- [ ] Schreibstifte, Anspitzer
- [ ] evtl. Edding wasserfest
- [ ] Blumenpresse
- [ ] Lupe / Becherlupe
- [ ] kleines Brett-Steckspiel
- [ ] Schnorchel, Tauchermaske
- [ ] Frisbee, Ball
- [ ] Angelrute
- [ ] Angelköder
- [ ] Klappkescher
- [ ] evtl. Hängematte
- [ ] evtl. Moskitonetz
- [ ] Fotokamera (evtl. Stativ)
- [ ] Speicherkarten
- [ ] Fotobatterien, Objektive
- [ ] ______________________
- [ ] ______________________

Unterwegs

- [ ] Topografische Karten
- [ ] wasserdichte Kartentasche
- [ ] Kompass, Bootskompass
- [ ] evtl. GPS - Gerät
- [ ] Reiseführer
- [ ] Handy
- [ ] Ladegerät für´s Handy
- [ ] Autoladegerät für´s Handy
- [ ] Powerbank / Solar Powerbank
- [ ] Uhr / Wecker
- [ ] Fernglas
- [ ] Tagesrucksack / Hip-Pack
- [ ] evtl. Trekkingstöcke
- [ ] ______________________
- [ ] ______________________
- [ ] ______________________
- [ ] ______________________

Wichtige Dokumente

- [ ] Krankenkassenkarte
- [ ] Personalausweis, Pass
- [ ] Führerschein, Fahrzeugschein
- [ ] Campingkarte (Rabatt)
- [ ] DKV-Ausweis
- [ ] Bahncard, evtl. Bahnticket
- [ ] Bargeld, EC-Karte, Kreditkarte
- [ ] Schlüssel
- [ ] Adressbuch
- [ ] ______________________

Kanu & Ausrüstung

- [ ] Kanu
- [ ] Paddel, Reservepaddel
- [ ] Spritzdecke, Persenning
- [ ] Schwimmweste
- [ ] Kanuwagen, Luftpumpe
- [ ] Leinen, Ersatzleine
- [ ] Spanngurte *(lange & kurze)*
- [ ] Sitzunterlage, Kniepolster
- [ ] Paddeljacke, Trockenanzug
- [ ] evtl. Paddelhandschuhe
- [ ] Schwamm zum Entwässern
- [ ] Wasserdichte Säcke
- [ ] Wasserdichte Tonne
- [ ] Wasserd. Tasche f. Kleinkram

Campingausrüstung

- [ ] Zelt, Zeltstangen & -heringe
- [ ] Sand- und Stahlheringe
- [ ] Zeltunterlage, Zeltlampe
- [ ] Therm-a-Rest-Matte, Isomatte
- [ ] Schlafsack
- [ ] Fleece- / Baumwollinlett
- [ ] Kopfkissen & -bezug / Kopfkissen-Fleecehülle zum Befüllen
- [ ] Faltsitz, Campingsitz
- [ ] Tarp *(Regen-/Sonnenschutz)* mit Leinen & evtl. Karabiner
- [ ] ______________________

i

„Kleine Kajak- & Kanadier-Fahrschule"

Kajak-Fahrschule

Allgemeines

In der Regel sind die beiden Blätter eines Doppelpaddels gegeneinander verdreht. Beim üblichen rechtsgedrehten Paddel umfasst die rechte Hand den Schaft so, dass das rechte Paddelblatt senkrecht ins Wasser eingetaucht werden kann. Die linke Hand umfasst den Paddelschaft nur locker und nach jedem Paddelschlag wird das Paddel mit der rechten Hand so gedreht, dass das aktive Blatt senkrecht ins Wasser gesetzt werden kann (beim linksgedrehten Paddel gelten die Hinweise entsprechend seitenvertauscht). Stellen Sie die Fußstützen des Kajaks so ein, dass Sie bequem sitzen und gleichzeitig einen guten Bootskontakt mit den Oberschenkeln haben. Bei Kajaks mit Fußsteuerung den Abstand der Pedale so wählen, dass Sie mit angewickelten Beinen im Boot sitzen und genügend Spielraum nach vorne haben, um das Pedal durchzutreten und das Steuer bewegen zu können.

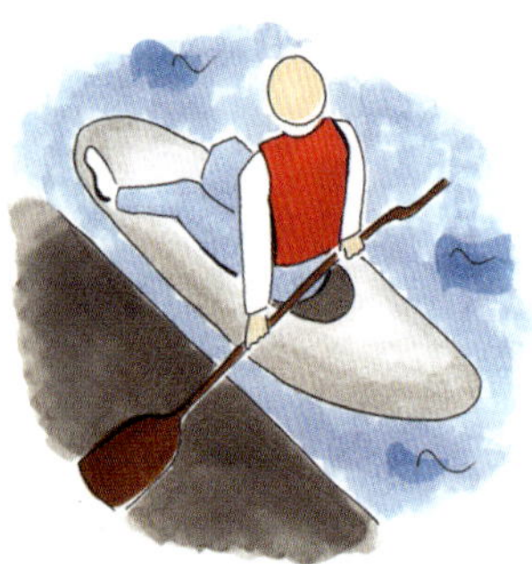

Einsteigen

Kanu parallel zum Ufer ausrichten, bei starker Strömung mit dem Bug (= Bootsspitze) gegen die Strömungsrichtung. Zum Einsteigen das Boot mit der sogenannten „Paddelbrücke" stabilisieren: Paddel im rechten Winkel zum Boot über Süllrand (= Bootsrand) und Ufer oder Steg legen; mit einer Hand Süllrand und Paddel fassen und mit der anderen Hand das Paddel aufs Ufer drücken. Zum Einsteigen das Gewicht über das Paddel verlagern und mit dem bootsseitigen Fuß zuerst einsteigen. Anschließend möglichst rasch hinsetzen, d. h. im Kajak gleich auf den Sitz rutschen, um einen tiefen Schwerpunkt zu erzielen und die Stabilität des Kanus zu erhöhen.

Spritzdecke

Spritzdecke zunächst hinter dem Körper um den Süllrand legen und von hinten nach vorne schließen; abschließend vorne über den Süllrand ziehen. Dabei unbedingt darauf achten, dass die Lasche vorne herausguckt, um die Spritzdecke im Falle einer Kenterung schnell öffnen zu können.

Paddelhaltung

Das Paddel in beide Hände nehmen und auf den Kopf legen. Die optimale Griffweite ist erreicht, wenn der Winkel zwischen Ober- und Unterarm ein wenig kleiner als 90 Grad ist.

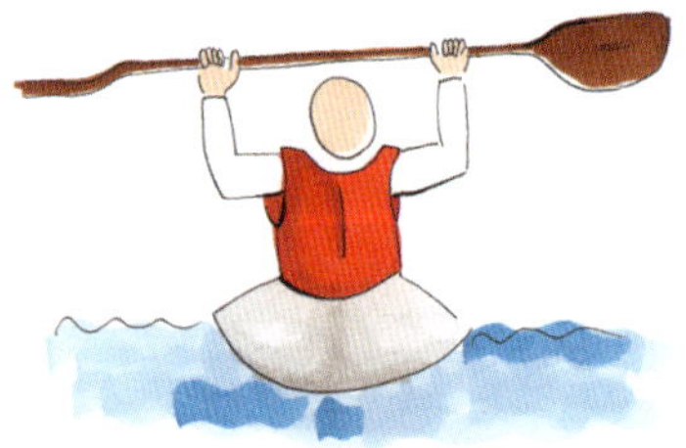

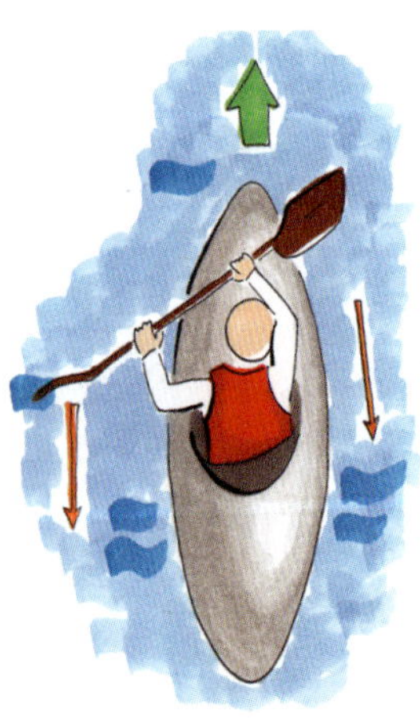

Grund- und Treibschlag

Mit leicht nach vorne gebeugtem Oberkörper Paddel vorne, dicht neben der Bootswand, einsetzen. Die „Zughand" zieht das Paddel parallel am Boot entlang nach hinten, während die „Druckhand" das sich in der Luft befindliche Blatt nach vorne drückt. Die Bewegung nicht allein mit den Unterarmen ausführen, sondern zur Unterstützung bei gestrecktem Arm den Oberkörper mitdrehen. Ist das aktive Paddelblatt knapp hinter der Sitzposition, den Zug stoppen und die Seite wechseln.

Kajak-Fahrschule

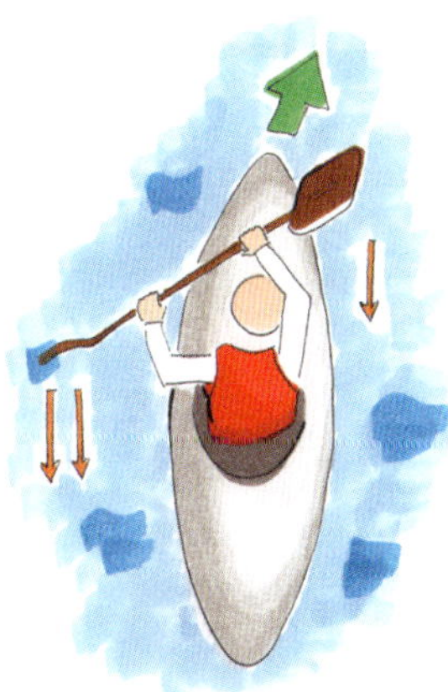

Steuern

Wird der Paddelschlag auf der linken Seite stärker ausgeführt, dreht der Bug nach rechts – und umgekehrt. So können Sie das Boot – ganz ohne eventuell vorhandene Fußsteueranlage – auf Kurs halten. Sind starke Kursänderungen erforderlich, erreichen Sie diese mit dem Bogenschlag. Beim Ab- und Anlegen mit Kajaks, die über eine Steueranlage verfügen, unbedingt daran denken, das Steuer rechtzeitig einzuklappen, um es nicht zu verbiegen.

Ziehschlag

Steuerschlag, um das Boot seitlich zu versetzen; dazu das Paddelblatt möglichst weit entfernt senkrecht zur Längsachse und parallel zum Boot ins Wasser tauchen und nicht zu dicht, an die Bootswand heranziehen und nach oben aus dem Wasser nehmen. Dabei darauf achten, dass das Paddelblatt nicht unter den Bootskörper gezogen wird, da dies zum Kentern führen kann.

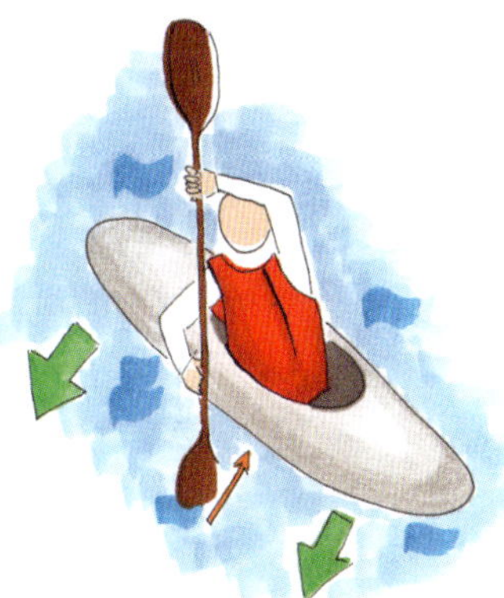

Bogenschlag

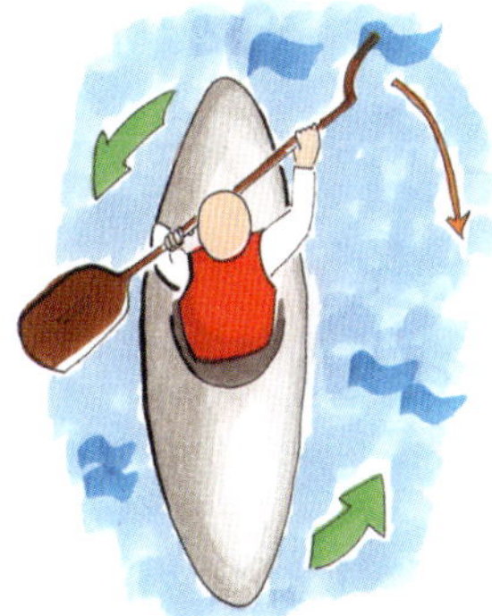

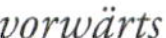

vorwärts

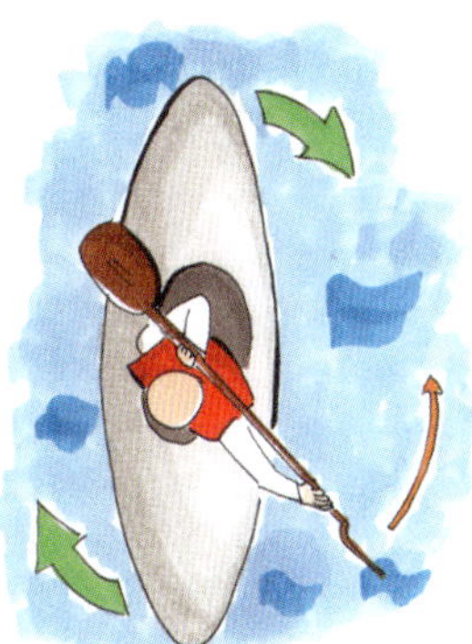

rückwärts

Steuerschlag, um das Boot zu drehen: vorwärts ausgeführt, dreht er das Boot weg von der Schlagseite. Dazu das Paddel möglichst weit vorne und dicht am Boot eintauchen und das Paddelblatt flach unter der Wasseroberfläche in einem weiten Halbkreis um das Boot bis nahe ans Heck führen. Je größer der Radius, desto stärker die Steuerwirkung. Um das Kanu abzubremsen und gleichzeitig eine Kurskorrektur zur Paddelseite hin durchzuführen, können Sie den Bogenschlag rückwärts ausführen.

Paddelstütze

Stabilisierungsschlag, bei dem das Paddel als Ausleger genutzt wird, um das Kentern zu verhindern; dazu einfach das Paddel auf der Seite, zu der das Boot zu kippen droht, soweit wie möglich nach außen flach auf das Wasser drücken.

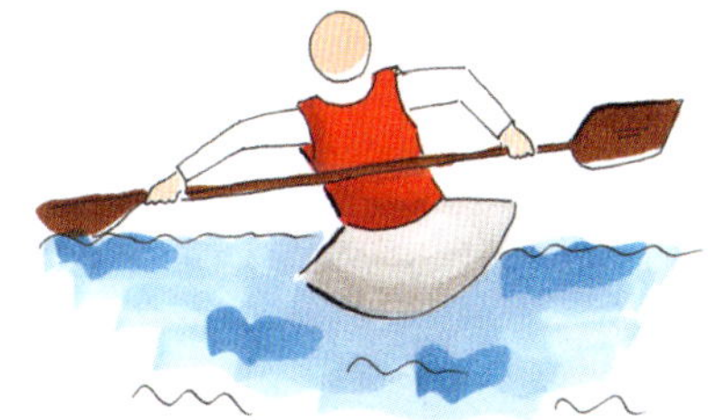

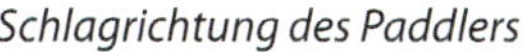

Schlagrichtung des Paddlers

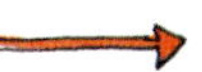

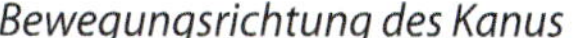

Bewegungsrichtung des Kanus

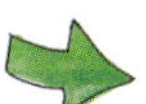

i

Kanadier-Fahrschule

Allgemeines

Auf dem hinteren Sitz nimmt in der Regel der erfahrenere oder kräftigere Paddler Platz. Er gibt im Flachwasser die grobe Richtung vor, der Vordermann versucht ihn zu unterstützen. Der Vordermann gibt die Schlagzahl vor; achten Sie darauf, einen möglichst gleichmäßigen Schlagrhythmus einzuhalten, um ein „Aus-dem-Ruder-laufen“ zu vermeiden. Je nach Ausdauer kann ein gelegentlicher Wechsel der Paddelseiten stattfinden, der von beiden nach Absprache gleichzeitig durchgeführt wird. Der Vordermann hat stets die Aufgabe auf Hindernisse, die direkt vor dem Kanadier auftauchen, aufmerksam zu machen.

Einsteigen

Kanu parallel zum Ufer ausrichten, bei starker Strömung mit dem Bug (= Bootsspitze) gegen die Strömungsrichtung. Zum Einsteigen das Boot mit der sogenannten „Paddelbrücke“ stabilisieren: Paddel im rechten Winkel zum Boot über Süllrand (=Bootsrand) und Ufer oder Steg legen; mit einer Hand Süllrand und Paddel fassen und mit der anderen Hand das Paddel aufs Ufer drücken. Zum Einsteigen das Gewicht über das Paddel verlagern und mit dem bootsseitigen Fuß zuerst einsteigen. Anschließend möglichst rasch hinsetzen oder beim Kanadier auch möglich, eventuell hinknien, um einen tiefen Schwerpunkt zu erzielen und die Stabilität des Kanus zu erhöhen.

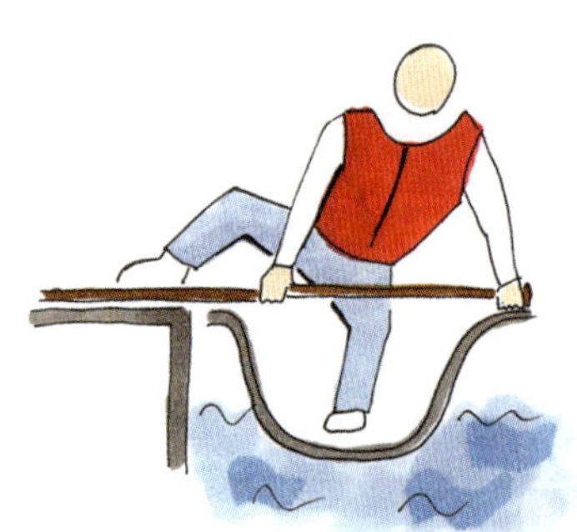

Aussteigen

Wie Einsteigen, nur in umgekehrter Reihenfolge.

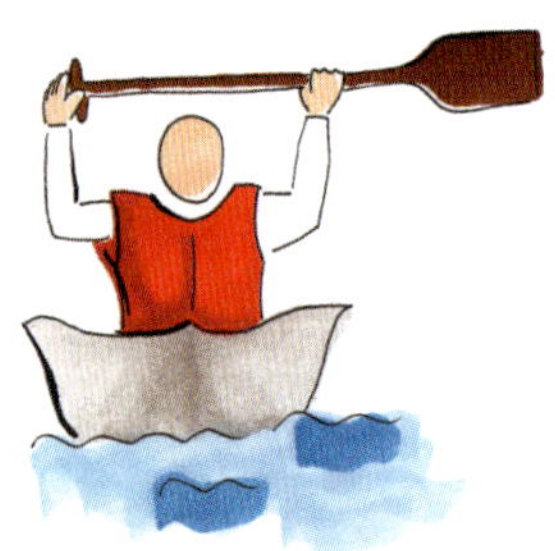

Paddelhaltung

Eine Hand fasst den Paddelknauf, hierbei wird der Griff von oben wie beim Spaten umfasst. Die andere Hand umgreift den Paddelschaft, so dass Ober- und Unterarm einen Winkel von 90 Grad bilden.

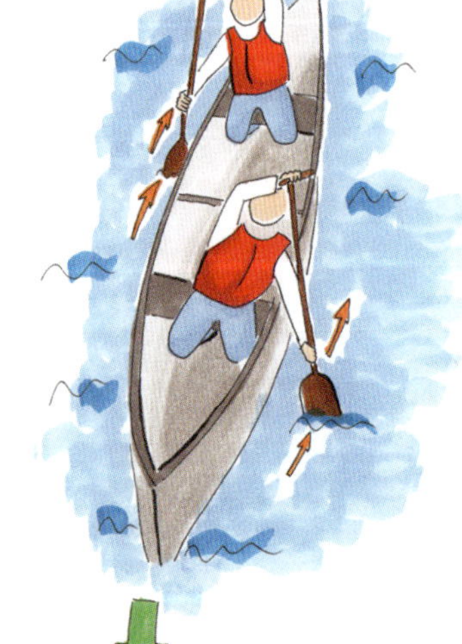

Grund- und Treibschlag

Das ganze Paddelblatt wird senkrecht ins Wasser getaucht und parallel zum Boot (in Bootslängsachse) bis etwa auf Körperhöhe durchs Wasser gezogen. Dabei wird mit dem unteren Arm gezogen, während der obere Arm drückt; gleichzeitig wird der Oberkörper etwas nach vorne geneigt und mitgedreht. Stimmen Vorder- und Hintermann ihren Grundschlag aufeinander ab, bewegt sich der Kanadier kursstabil geradeaus. Paddelt nur einer, bewegt sich das Kanu der paddelabgewandten Seite zu.

Schlagrichtung des Paddlers 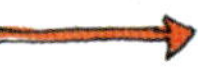 *Bewegungsrichtung des Kanus* 

Kanadier-Fahrschule

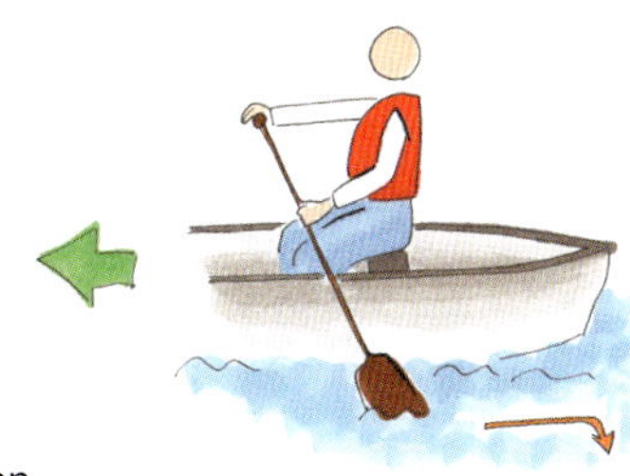

Steuern oder J-Schlag (nur Hintermann)

Dabei wird das Paddel zuerst wie beim Grundschlag geführt, am Körper vorbei in einer Bogenbewegung mit der wasserverdrängenden Paddelseite vom Boot weggedrückt. Dabei zeigt der Daumen der Hand am Paddelknauf nach unten und der Handrücken nach außen. Der Vordermann kann weiterhin den Grundschlag ausführen oder die Drehbewegung mit einem Bogenschlag verstärken. Der J-Schlag ist besonders vorteilhaft für Solokanadier, da er das „Aus-dem-Ruder-laufen“ bei der normalen Geradeausfahrt verhindert.

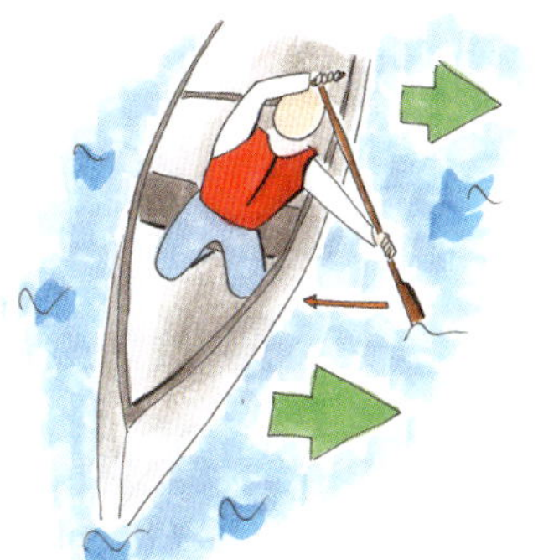

Ziehschlag

Steuerschlag, um das Boot seitlich zu versetzen; dazu das Paddelblatt möglichst weit entfernt senkrecht zur Längsachse und parallel zum Boot ins Wasser tauchen und, nicht zu dicht, an die Bootswand heranziehen und nach oben aus dem Wasser nehmen. Dabei darauf achten, dass das Paddelblatt nicht unter den Bootskörper gezogen wird, da dies zum Kentern führen kann.

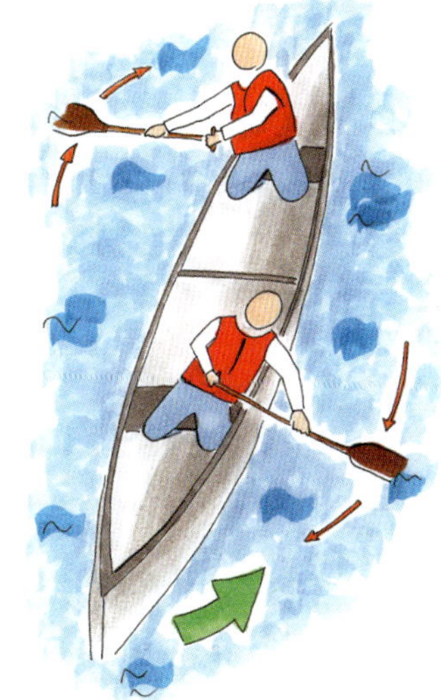

Bogenschlag

Steuerschlag, um das Boot zu drehen. Um einen Zweierkanadier auf der Stelle zu drehen, führt der Vordermann den Bogenschlag vorwärts und der Hintermann den Bogenschlag rückwärts aus (oder umgekehrt, aber immer gegenläufig). Vorne vorwärts: das Paddel möglichst weit vorne und dicht am Boot eintauchen und das Paddelblatt flach unter der Wasseroberfläche in einem Viertelskreis bis auf Körperhöhe führen. Hinten rückwärts: Beginn nahe am Heck des Bootes und das Paddelblatt von hinten nach vorne im Viertelskreis bis auf Körperhöhe führen. Dies dreht das Boot weg von der Paddelseite des Vordermanns. Zum Drehen zur anderen Seite werden die Schläge genau gegenläufig durchgeführt: vorne rückwärts, hinten vorwärts. Jeweils gilt, je größer der Radius, desto stärker die Steuerwirkung.

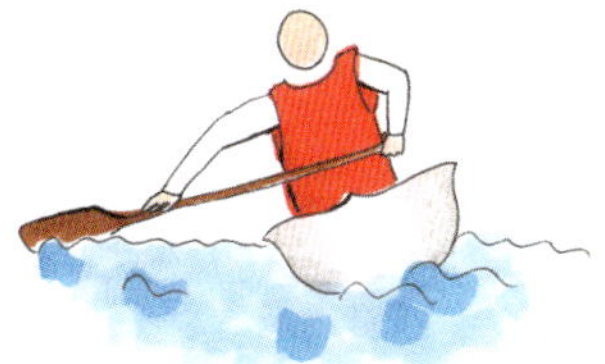

Paddelstütze

Stabilisierungsschlag, bei dem das Paddel als Ausleger genutzt wird, um das Kentern zu verhindern; dazu einfach das Paddel auf der Seite, zu der das Boot zu kippen droht, soweit wie möglich nach außen flach auf das Wasser drücken.

Kajak & Kanadier: Die beschriebenen Paddelschläge für Kajak und Kanadier können und sollen miteinander kombiniert werden. Einige Beispiele haben wir gegeben. Zur korrekten Ausführung wird das Paddel im Prinzip nicht durch das Wasser „gezogen“, sondern soll annähernd stationär bleiben und das Kanu über das Wasser bewegt werden. Hierbei wird eine optimale Kraftausbeute angestrebt. Bei einem sehr gut ausgeführten Paddelschlag gibt es keine Verwirbelungen und kaum Wellen am Paddelblatt.

Text: Michael Hennemann, Lektorat: Falk Bruder

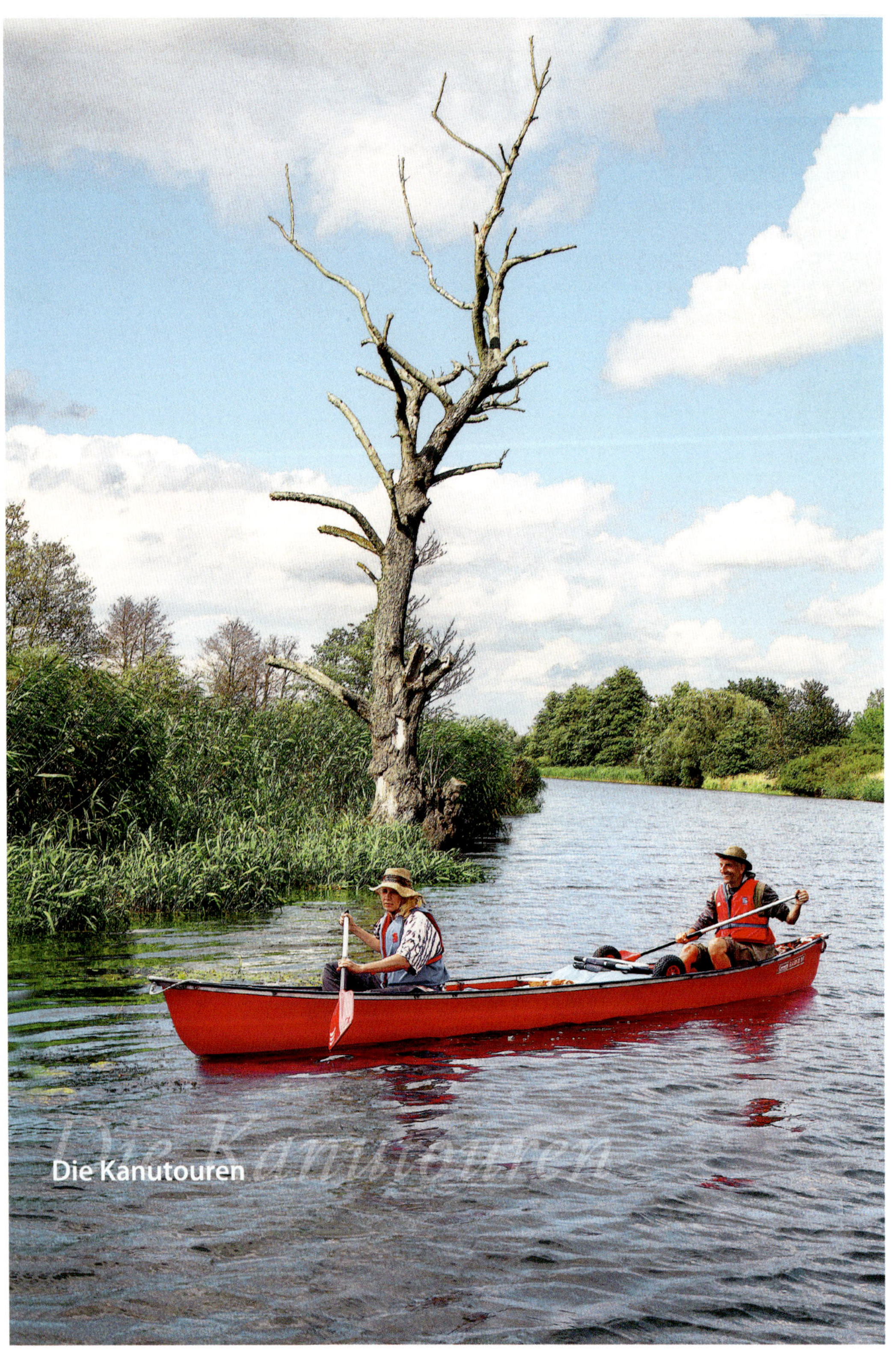

Die Kanutouren

Tourenübersicht

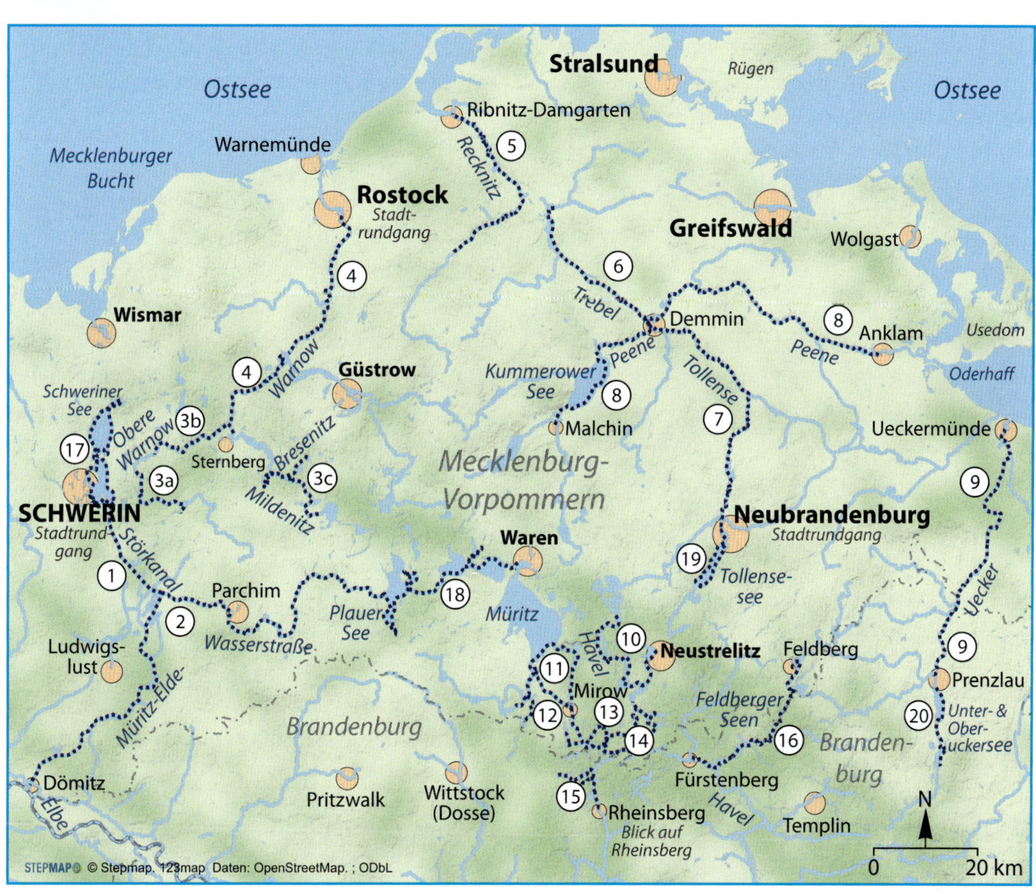

Touren für den Paddler

1 - **Störkanal** 46 km, 2-4 Tage _29
2 - **Müritz-Elde-Wasserstr.** 120 km, 6-8 Tage _39
3a - **Obere Warnow Teil 1** 20 km, 1 Tag _58
3b - **Obere Warnow Teil 2** 24 km, 1-2 Tage _61
3c - **Mildenitz & Bresenitz** 20+19 km, je 1 Tag _66
4 - **Warnow** 68 km, 4 Tage _75
5 - **Recknitz** 54 km, 3 Tage _91
6 - **Trebel** 36 km, 2 Tage _103
7 - **Tollense** 60 km, 4 Tage _115
8 - **Peene** 96 km, 5-6 Tage _129
9 - **Uecker** 61 km, 3-4 Tage _151
10 - **Havel & Havelquellseen** 38 km, 2-3 Tage _191
11 - **„Alte Fahrt“** 35 km, 2-3 Tage_ 203
12 - **Müritzarm** 44 km, 2-3 Tage _215
13 - **Rätz-/Gobenow-/Labussee** 17 km, 1-2 Tage 225
14 - **Strelitzer Gewässer (10-Seen)** 38 km, 2-3 Tage _233
15 - **Rheinsberger Gewässer** 28 km, 2 Tage _245
16 - **Feldberger See** 50 km, 3-5 Tage _257

Kompakt Touren (Kurzbeschreibung)

17 - **Schweriner See** 70 km, 3-5 Tage _276
18 - **Plauer See zur Müritz** 60 km, 3-4 Tage _278
19 - **Tollensesee** 25 km, 1-2 Tage _280
20 - **Unter- & Oberuckersee** 18 km, 1 Tag _282

Zu den Touren und Handhabung des Buches

Die **Tourenbeschreibungen** sollen Ihnen als Grundlage für Ihre individuelle Reiseplanung dienen. Einige der Touren liegen zum Teil in Brandenburg – wir wollten jedoch die schöne Seen- und Flusslandschaft nicht „zerreißen" und haben daher landschaftliche über politische Grenzen gestellt.

Die **Piktogramme (Sternchen)** zu *„Aktivitäten, Natur, Kultur, Baden, Hindernisse"* im Info-Teil jeder Tour sollen helfen, die Tour auf einen Blick gemäß Ihrer Vorlieben und Interessen einzuschätzen. Wir haben Sternchen von 0 (wenig) bis 4 (viel) vergeben.

Die **Tourenkarten** in diesem Buch dienen lediglich der Übersicht und Tourenplanung und sind kein Ersatz für topografische Karten.

Die riesigen **Wasserflächen** der **Mecklenburgischen Großseen** wie Müritz, Plauer See, Fleesensee, Kölpinsee, Tollensesee und Schweriner See sind eine Herausforderung und sollten nur **geübten Kanufahrern** vorbehalten bleiben. Einige Gewässer sind sehr flach und dem Wind ausgesetzt. Es bauen sich daher kurze, harte Wellen auf, die nicht ganz ungefährlich sind und dem Paddler zu schaffen machen können. Wir geben daher nur eine kurze Beschreibung zu ihrer Erkundung.

Bundeswasserstraßen: Es gelten die ***Binnenschifffahrtsstraßen-Ordnung*** (www.elwis.de) und ***Binnenschifffahrtszeichen*** (siehe S. 295). ***Motorschifffahrt*** hat immer ***Vorfahrt***. Die Orientierung ist durch ***Kilometerschilder*** am Ufer vereinfacht *(schwarze Zahl auf weißem Grund = volle Kilometer, schwarzes Kreuz auf weißem Grund = halber Kilometer)*.

Kanus/Boote müssen mit einem Bootsnamen auf beiden Außenseiten gut lesbar ***gekennzeichnet*** sein. Siehe dazu auch Seite 10.

Meist starten und enden die Touren an Orten, wo **Verkehrsverbindungen** und **Übernachtungsmöglichkeiten** bestehen.

Länge der Tagesetappen: In der Regel sind Etappen von 10-20 Kilometer gut zu schaffen, schließen jedoch Zeit für Wanderungen, Stadtrundgänge und Museumsbesuche nicht mit ein. Unsere **Etappenvorschläge** sind so gewählt, dass sie dort enden, wo man auch **übernachten** kann. Dadurch werden einige Etappen für Ungeübte etwas lang. Somit kann es ggf. mal nötig werden, für eine Nacht auf der Wiese neben dem Gewässer sein Zelt aufzuschlagen (bitte um Erlaubnis fragen).

Übernachtungspreise bis ca. 70,-€ für ein DZ bezeichnen wir als günstig, als normal bis 100,-€. Um sich seines Bettes sicher zu sein, ist es oft notwendig, **vorab** zu **reservieren**. Dies gilt zum Teil auch für die Gelände der **Wassersportvereine**, wo sich meist auch eine Telefonnummer angeschlagen findet.

Achten Sie bei der Planung von längeren Wanderfahrten auf **Ruhetage**. Sie können für vielfältige Aktivitäten genutzt werden – im ganzen Land warten zahllose Museen, Schlösser, Herren- und Gutshäuser in Wassernähe auf ihre Besucher. Besonders der in diesem Buch vorgestellte **Müritz-Nationalpark** bietet auch eine Fülle von Möglichkeiten.

Öffnungszeiten sind so dargestellt: (Di-So 10-17), was heißen soll, dass Dienstag bis Sonntag von 10 Uhr bis 17 Uhr geöffnet ist.

Bei **Umtragestellen** kann ein **Kanuwagen** hilfreich, manchmal unentbehrlich ist. Die Angaben zur Entfernungen der Umtragungen sind Näherungswerte.

Wir haben immer ein **Spiral- oder Bügelschloss** dabei – es gibt uns einfach ein besseres Gefühl, wenn wir das Kanu einmal längere Zeit oder über Nacht liegenlassen.

Der Störkanal

„Auf Deutschlands altem Kanal durch die Lewitz"

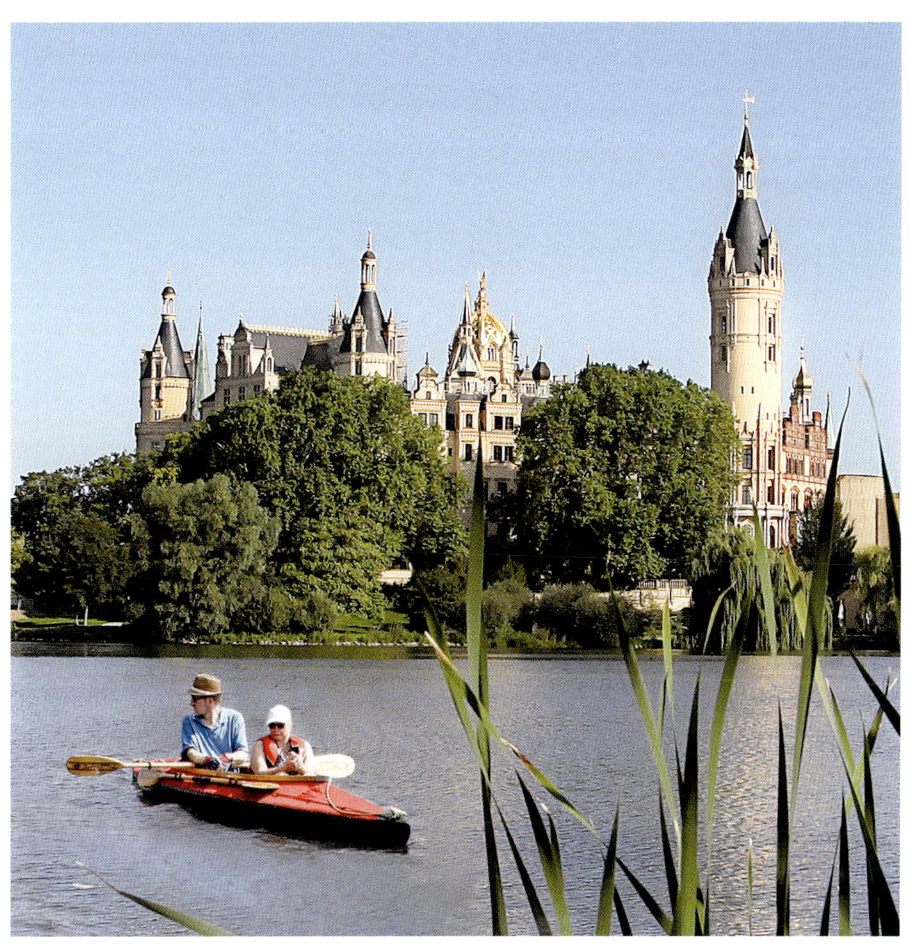

Tour 1

Infos Tour 1 – Störkanal

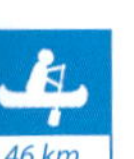

Aktivitäten	Natur	Kultur	Baden	Hindernisse
		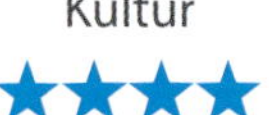	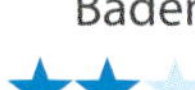	

Charakter der Tour

Der Schweriner See – Wasser und Wald soweit das Auge reicht. Geschichtsträchtige Schlösser, Kirchen und Herrenhäuser bilden die Kulisse für diese abwechslungsreiche Tour. Sie findet ihre Fortsetzung auf einer Wasserstraße, die schon seit Ende des 16. Jahrhunderts beschiffbar ist und ihre heutige Gestalt in der Mitte des 19. Jahrhunderts erhielt. Mit rund 20 Kilometern bildet der Störwasserkanal zwischen dem Dorf Banzkow und dem Elde-Dreieck etwa die Hälfte der Störwasserstraße. Meist verläuft er strömungslos und schnurgerade durch die Wiesenlandschaft der Lewitz, seit 1938 Naturschutzgebiet, in der es sich wunderbar wandern und radeln lässt. Eine hügelige Landschaft mit ausgedehnten Wäldern umgibt Parchim, das Ziel unserer Reise.

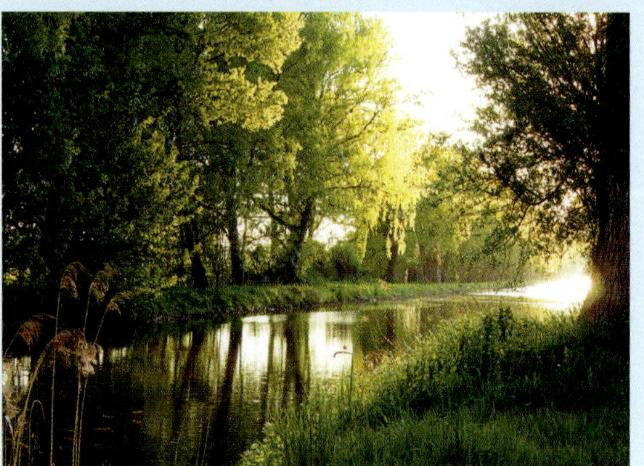

Länge & Dauer der Tour ca. 46 km, 2-4 Tage.

Umtragestellen Keine.

Anreise A 241 Richtung Schwerin, Ausfahrt 5 (Schwerin-Ost), dann auf der B 321 nach Schwerin.

Einsetzstelle Stadthafen Schwerin des SV Mecklenburgisches Staatstheater, Werderstr. 76 oder neben dem Zippendorfer Strand, Bosselmannstraße.

Aussetzstelle Wasserwanderrastplatz Parchim, Am Fischerdamm.

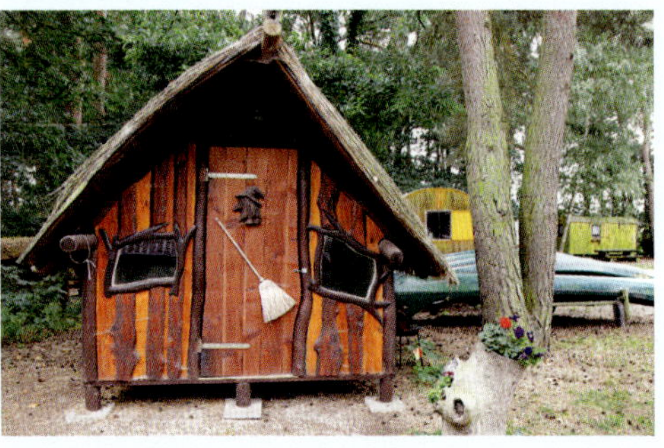

Zurück zum Pkw Stündlich mit der Bahn von Parchim nach Schwerin. Fahrzeit 0:45 h.

Etappenvorschlag

1. Tag Schwerin – Raben Steinfeld (9 km)
2. Tag Raben Steinfeld – Banzkow (11 km)
3. Tag Banzkow – Matzlow (15 km)
4. Tag Matzlow – Parchim (11 km)

Tipps für Tagestouren

1. Schwerin – Zippendorf – Insel Kaninchenwerder – Schwerin (9 km).
2. Schwerin – Zippendorf – Raben Steinfeld (9 km, zurück mit dem Bus).

Literatur-Tipps

„Die Lewitz und Umgebung" mit Wander-, Rad- und Kanutouren sowie Stadt-Infos zu Schwerin, Parchim, Ludwigslust, Neustadt-Glewe und Crivitz*, Ralf Ottmann,* Adebor Verlag.

„Sagen und Geschichten der Kulturlandschaft Lewitz"*, Frank & Evemarie Löser,* Verlag Rockstuhl.

Übernachtung in Wassernähe

(in der Reihenfolge des Tourenverlaufs)

Schwerin
Stadthafen Schwerin des SV Mecklenburgisches Staatstheater *(Zelt)*
Werderstr. 76, Tel. 0152-068 392 60
www.stadthafen-schwerin.de

Schweriner Segler-Verein v. 1894 e. V. *(Gästezimmer)*
Werderstraße 120, Tel. 0173-825 92 16
www.segeln-in-schwerin.de

Schweriner Rudergesellschaft (Gästezimmer)
Franzosenweg 21
gute-nacht@schwerinerrudergesellschaft.de

Raben Steinfeld
Campingplatz „Süduferperle"
Forststraße 19, Tel. (03860) 312
www.sueduferperle.de

Banzkow
WWR Kanu-Camp Banzkow
Am Mühlengraben 7
Tel. (03861) 72 34 oder 0152-28 39 70 89
www.lewitzboot-foese.m-vp.de

Matzlow-Garwitz
Gasthof „Zur Schleuse"
Zur Schleuse 3
Tel. (038722) 200 53
www. zur-schleuse-garwitz.de

Marina Matzlow-Garwitz
Tel. 0162-865 30 20
www.hafen-matzlow-garwitz.de

Lewitzcamp Garwitz
Am Kanal
Tel. 0172-315 72 77
www.lewitzcamp.de

Eldepark Garwitz *(Holzbungalows)*
Am Kanal 4, Tel. (038722) 227 70
www.eldepark.kremke.de

Parchim
WWR Fischerdamm
Tel. 0174-191 27 24 & (03871) 28 84 55
www.kanuverleih-parchim.de

Café & Pension Am Brunnen *(Zelt & Zimmer)*
Am Brunnen 1
Tel. (03871) 468 97 76
www.pensionambrunnen.de

Kanuvermieter

Banzkow
Lewitzboot Foese
Unter den Linden 22a
Tel. (03861) 72 34 od. 0152-28 39 70 89
www.lewitzboot-foese.m-vp.de

Matzlow-Garwitz
Lewitzcamp Garwitz
Am Kanal
Tel. 0172-315 72 77
www.lewitzcamp.de

Parchim
Kanuverleih Parchim
Fischerdamm 4 A
Tel. 0174-1912724
www.kanuverleih-parchim.de

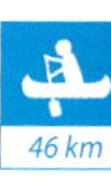

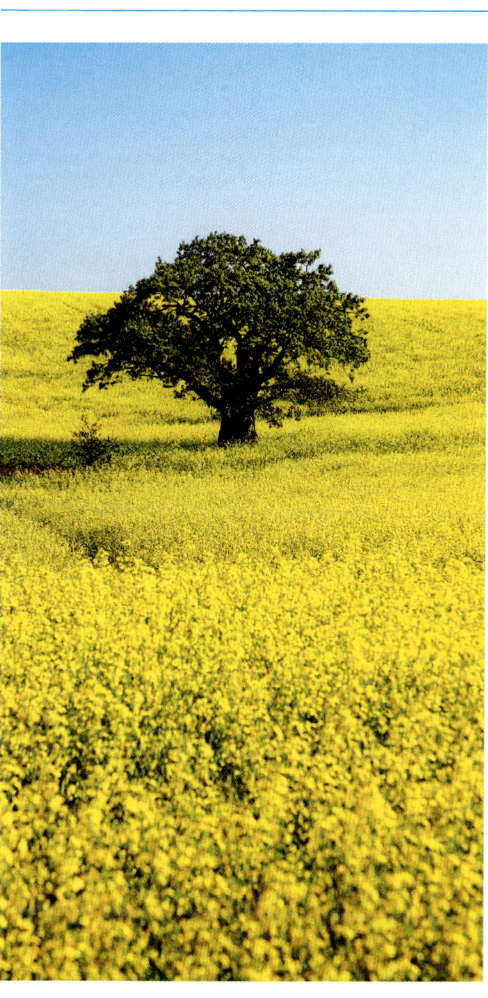

Weitere Aktivitäten

Paddeln

Rund um den ***Schweriner See*** (siehe Tour 17, Seite 276).

Vom Schweriner See ***über den Wallensteingraben in die Wismarer Bucht*** (nur bei hohem Wasserstand).

Von Banzkow über den ***Banzkower Kanal*** und den ***Ludwigsluster Kanal bis Ludwigslust*** (Wasserstand klären!).

Eine kleine ***Tagestour auf der Alten Elde*** zwischen Matzlow-Garwitz und Damm ist ein besonderes Naturerlebnis.

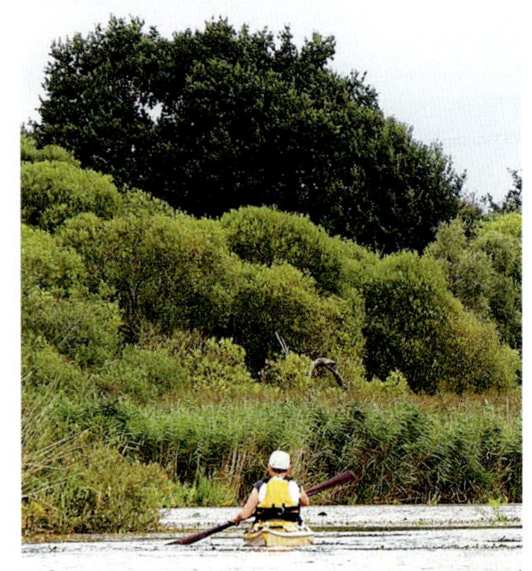

Wandern

Rund um den ***Schweriner See***.

Im Landschaftsschutzgebiet ***Lewitz***.

Radfahren

Rund um den ***Schweriner See***.

Entlang der ***Störwasserstraße und der Elde*** bis Parchim.

Im ***Landschaftsschutzgebiet Lewitz***.

STEPMAP © Stepmap, 123map Daten: OpenStreetMap; ODbL

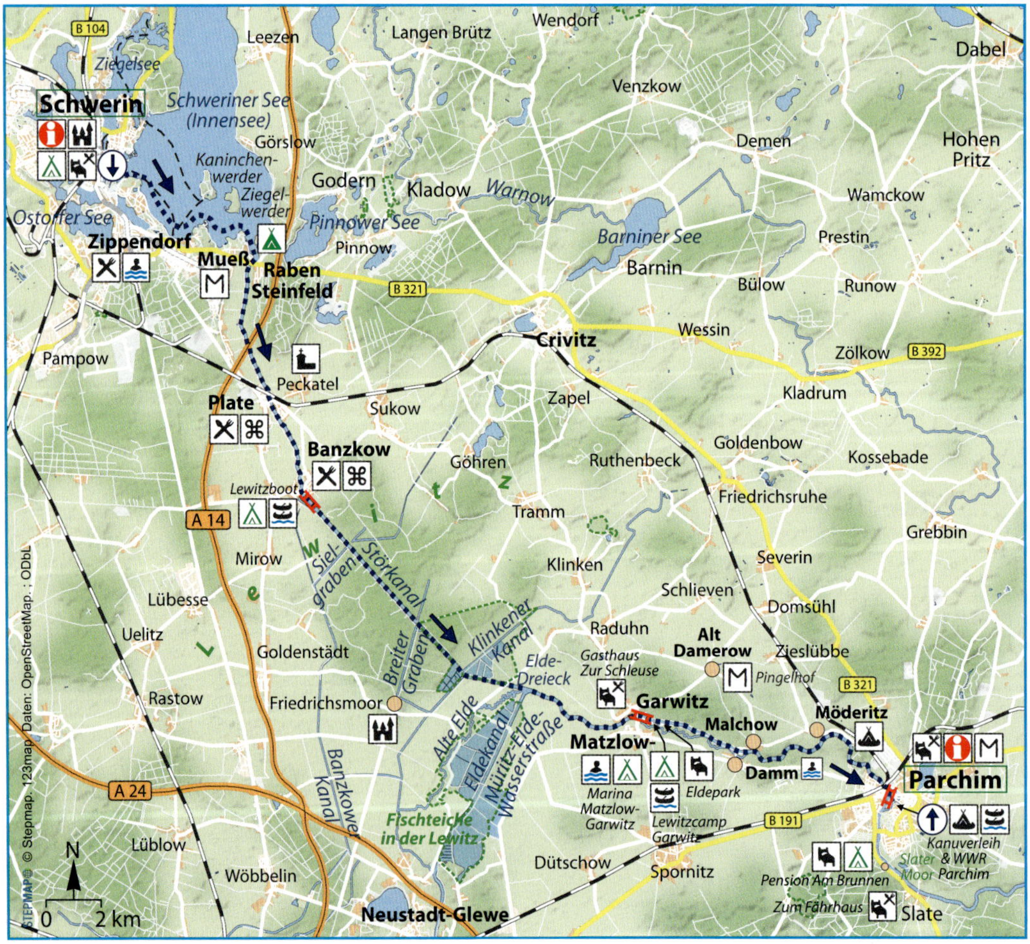

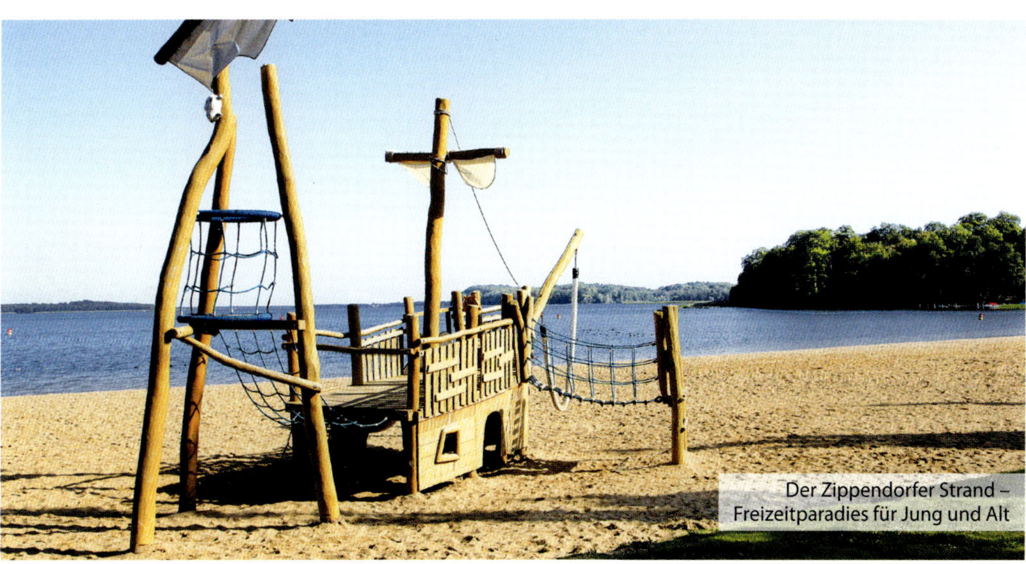
Der Zippendorfer Strand – Freizeitparadies für Jung und Alt

Sehenswürdigkeiten

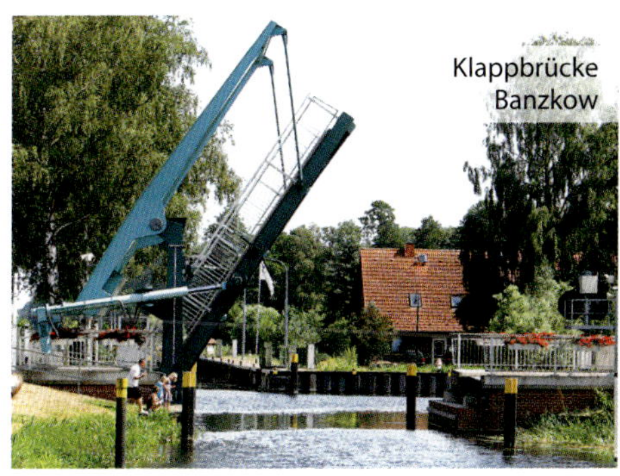
Klappbrücke Banzkow

Banzkow Einst Dorf der Schnitzer und Drechsler, Holländer-Galeriemühle von 1874, Dorfkirche (Backsteinkirche), niederdeutsche Hallenhäuser.

Friedrichsmoor Fachwerk(jagd)schloss (1780).

Alt Damerow „Pingelhof" (um 1665).

Parchim Georgenkirche (13./14. Jh.), Marienkirche (13. Jh.), Rathaus (14. Jh.), Stadtmuseum, Gedächtnisstätte des Generalfeldmarschalls Helmuth von Moltke, Alter Friedhof.

Schwerin *(siehe auch Stadtrundgang Seite 34-35)*, Schloss mit Schlosspark, Orangerie mit Burggarten, Staatliches Museum/Gemäldegalerie, Stadtgeschichtsmuseum, Technisches Museum, Marktplatz, Altstädtisches Rathaus, Dom, Schelfstadt, Marstall, Arsenal, Mecklenburgisches Staatstheater.

Mueß Freilichtmuseum.

Raben Steinfeld Englischer Landschaftspark, Schloss im Neorenaissancestil.

Plate Hallenhäuser, 300 Jahre alte Büdnerei, Spritzenhaus.

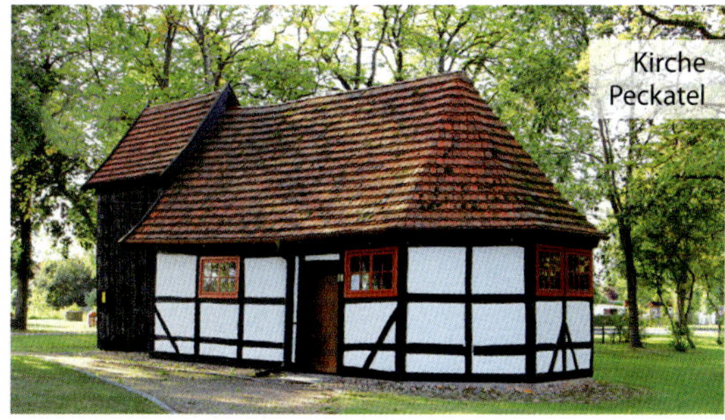
Kirche Peckatel

Auskunft & Tourist-Infos

Tourist-Info Schwerin Am Markt 14, Tel. (0385) 592 52-12, www.schwerin.de

Tourist-Info Banzkow Straße des Friedens 12, Tel. (03861) 302 97 72, www.die-lewitz.de

Stadt-Info Parchim Blutstraße 5, Tel. (03871) 715 50, www.parchim.de

Stadtrundgang Schwerin

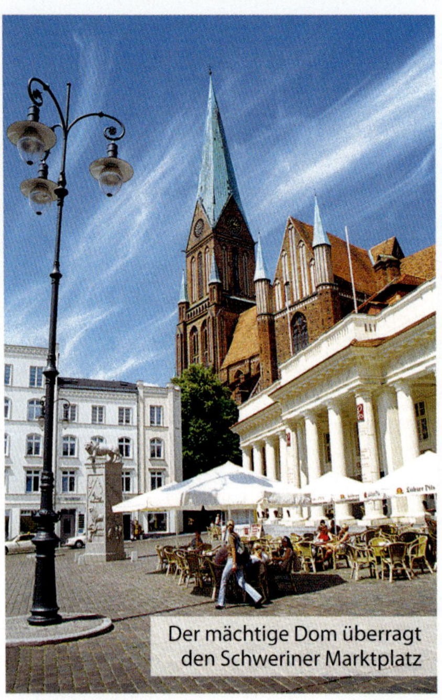
Der mächtige Dom überragt den Schweriner Marktplatz

„Florenz des Nordens" oder „Stadt der Seen und Wälder", nennt sich die ehemalige Residenzstadt und heutige Landeshauptstadt von Mecklenburg-Vorpommern.

Tatsächlich wird wohl kaum ein Besucher ihr diese Superlative streitig machen wollen. Das „Neuschwanstein des Nordens", wie das Schweriner Schloss auch genannt wird, und die in 750 Jahren angehäuften Kostbarkeiten haben die Landeshauptstadt zu einer deutschen Kulturmetropole gemacht.

Ausgangspunkt unseres Rundgangs ist der **Marktplatz (1)** mit dem 1351 erstmals erwähnten Altstädtischen Rathaus, den Giebelhäusern, mehrgeschossigen Bürgerhäusern des 19. Jahrhunderts und dem Löwendenkmal, das an Heinrich den Löwen erinnert. Hinter dem Säulengebäude ragt der mächtige **Dom (2)** empor. Hier am Markt befindet sich auch die **Tourist-Info**.

Ein Durchgang unter dem Rathaus führt auf den dahinterliegenden, von Bäumen bestandenen *Schlachtermarkt*. Wir halten uns links, vorbei an der Rückseite des **Rathauses** mit dem Glockenspiel und biegen links in die *Domstraße* ein. Der **Dom** liegt nun genau vor uns. Sein 117,5 Meter hoher Turm überragt die Innenstadt und bietet eine herrliche Aussicht weit über die Stadt und den Schweriner See. In den Jahren 1270 bis 1416 entstanden, verfügt der Sakralbau, der die großen hansischen Kirchen an der Ostseeküste übertrifft, über eine reiche Sammlung mittelalterlicher und nachmittelalterlicher Ausstattungsstücke. Nun geht es diagonal über den *Marktplatz*, vorbei an der Tourist-Info, in die *Puschkinstraße* und dann links in die *Schlossstraße*. Ihr Bild wird geprägt von zahlreichen repräsentativen Gebäuden wie dem **Rokokohaus** und den Regierungsgebäuden, z.B. der **Staatskanzlei** im klassizistischen Baustil. In ihrer Verlängerung sehen wir vor uns das Schweriner Schloss liegen.

Über die *Schlossstraße* gelangen wir zum **Alten Garten (3),** einem dem Schloss vorgelagerten Platz, der einst höfischer Nutzgarten war. Um den Platz gruppieren sich von links nach rechts das **Alte Palais**, das mehreren mecklenburgischen Herzoginnen als Witwensitz diente, das neobarocke **Mecklenburgische Staatstheater**, das prächtige Staatliche Museum und die hohe **Siegessäule**. Dieses Ensemble macht den Alten Garten zu einem der schönsten Plätze Norddeutschlands. Im Sommer finden hier kulturelle Veranstaltungen statt. Gegenüber, in der Schlossbucht, befindet sich der Anleger der Weißen Flotte. Von hier aus starten die Schiffe zu Rundfahrten über den Schweriner See. Über die Brücke, die den Burgsee überspannt, gehen wir auf das **Schloss (4)** zu, biegen nach rechts in die *Lennéstraße* und passieren das Schloss, das in seiner ganzen Pracht vor uns liegt. Der Fünfflügelbau gehört zu den bedeutendsten Bauwerken des Historismus und ist ein wahres „Märchenschloss". Besonders zu erwähnen sind der reich verzierte Thronsaal mit dem vergoldeten Thronsessel aus dem Jahre 1750 und die Porzellansammlung, die zu den bemerkenswertesten ihrer Art zählt. Im Innern des Schlosses hat heute der Landtag von Mecklenburg-Vorpommern seinen Sitz. Der das Schloss auf mehreren Ebenen umgebende Burggarten gilt als eines der herausragenden Kulturdenkmäler Deutschlands. Ein besonderer Blickfang ist die renovierte **Orangerie**.

Wir halten uns abermals rechts und gelangen in den barocken **Schlossgarten (5)**. Mit den Permoserstatuen, dem Reiterdenkmal und dem Schlossgartenpavillon ist er ein Kleinod unter den Gartenanlagen des 18. und 19. Jahrhunderts. Sein Aussehen verdankt er dem französischen Architekten Jean Legeay. Der sich anschließende **Grünhausgarten** wurde im englischen Gartenstil von Lenné geplant. Rechts herum geht es über die *Burgseestraße* und zurück wieder über die *Lennéstraße* zur *Werderstraße*, die rechts, vorbei an den Schiffen der Weißen Flotte, auf den flachen, langgestreckten **Marstall (6)** trifft, der auf einer Halbinsel liegt. Als Stall- und Remisengebäude 1838-42 errichtet, ist in ihm heute das Technische Landesmuseum untergebracht. Bauherr war Georg Adolph Demmler, bedeutendster mecklenburgischer Architekt des 19. Jahrhunderts, dem Schwerin neben Schloss, Burggarten, Theater, Rathaus, Arsenal und anderen Gebäuden zum großen Teil seine städtebauliche Schönheit verdankt. In einem großen Bogen umrunden wir den Marstall und genießen dabei schöne Ausblicke auf das Schweriner Schloss. Auf der *Werderstraße* gehen wir in nördliche Richtung und schwenken links über die *Jahnstraße* in die **Schelfstadt** ein. In dem szenigen Viertel fühlen wir uns in frühere Jahrhunderte zurückversetzt. Es besticht durch zahlreiche Fachwerkhäuser und den Schelfmarkt.

Am *Ziegenmarkt* biegen wir in die *Kirchenstraße* und gehen auf die 1708-13 errichtete **Schelfkirche (7)** zu. Ihre barocke Form ist einmalig in Mecklenburg. Über die *Puschkinstraße* geht es am links liegenden **„Schleswig-Holstein-Haus" (8)** vorbei. Nach einer umfangreichen Rekonstruktion wurde es zum Kulturzentrum der Stadt. Über die *Puschkinstraße* gelangt man, vorbei am *Domhof*, wieder auf den *Marktplatz*. Ein Abstecher führt uns über die *Schmiedestraße* und die *Mecklenburgstraße* zum **Pfaffenteich (9)**. Um ihn gruppieren sich zahlreiche historische Gebäude. Sehenswert ist vor allem das im Stil der Tudorgotik errichtete **Arsenal** mit imposanter, rot-ocker Fassade. Es diente zur Aufbewahrung und Instandhaltung von Waffen und Ausrüstung des Schweriner Militärs. Dahinter ragt der Turm der neugotischen **St. Paulskirche** hervor.

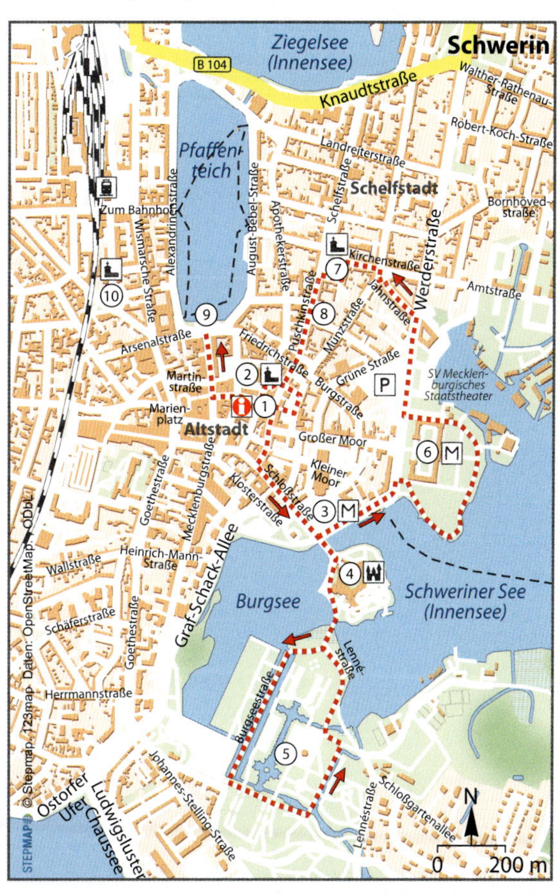

Tourist-Info: Am Markt 14,
Tel. (0385) 592 52 12, www.schwerin.de

Veranstaltungen:

Schweriner Kultur- & Gartensommer – Gärten, historische Gebäude und die Altstadt werden für Konzerte, Märkte, Shows, Kleinkunstfestivals, Ausstellungen und Theateraufführungen genutzt.

Im Mai findet das ***Filmkunstfest*** statt, im August das ***Drachenbootfest,*** im September das ***Schweriner Altstadtfest***.

Reiseführer-Buchtipp:
„111 Orte in und um Schwerin, die man gesehen haben muss", Emons Verlag.

Der Störkanal

Eines der prächtigsten Schlösser des Nordens steht vor uns auf einer Insel im ***Schweriner See***, so flach und klein, dass wir den Eindruck bekommen, als schwebe der mit Türmen gespickte Palast über der glitzernden Wasserfläche. *Vor etwa 1.000 Jahren errichteten die Slawen auf der heutigen Schlossinsel eine Festung. Von hier aus regierten die mecklenburgischen Herzöge über Jahrhunderte das Land. Bis auf eine Ausnahme: Im Dreißigjährigen Krieg übertrug der Kaiser dem legendären Wallenstein für zwei Jahre die Regentschaft. Dabei kam ein unglaubliches Wasserbauprojekt zu Stande: der Wallensteingraben nach Wismar. Auf ihm wurde das Salz von Lüneburg an die Ostsee gebracht. Später versandete der Kanal jedoch.*Heute können Kanufahrer bei hohem Wasserstand vom Schweriner See bis in die Wismarer Bucht paddeln.

Wir starten unsere Tour im Stadthafen **Schwerin** des *SV Mecklenburgisches Staatstheater*. In östliche Richtung geht es am Ufer entlang. Kaum hat das Kanu das quirlige Stadtgebiet verlassen, gleitet es, die Kulisse des Schweriner Schlosses im Rücken, in die wohltuende Ruhe und endlose Weite des Sees hinaus. Doch der See ist launisch und ändert ständig sein Gesicht. Daher sollte die Fahrt nur bei stabiler Wetterlage entlang seinem Südufer beginnen.

Bald schon tauchen in einer tief eingeschnittenen Bucht, hinter einem langen gelben Sandstrand, die alten Villen des einstigen Badeortes **Zippendorf** vor uns auf. Die historische Strandpromenade lockt mit Cafés und Restaurants zum Einkehren. Auch hinter Zippendorf bieten sich in den Buchten immer wieder schöne Bademöglichkeiten.

Vor uns liegen zwei Inseln im glitzernden Sonnenlicht: das unter Naturschutz stehende ***Ziegelwerder***, das nicht betreten werden darf, und ***Kaninchenwerder***. Dort bietet, einen

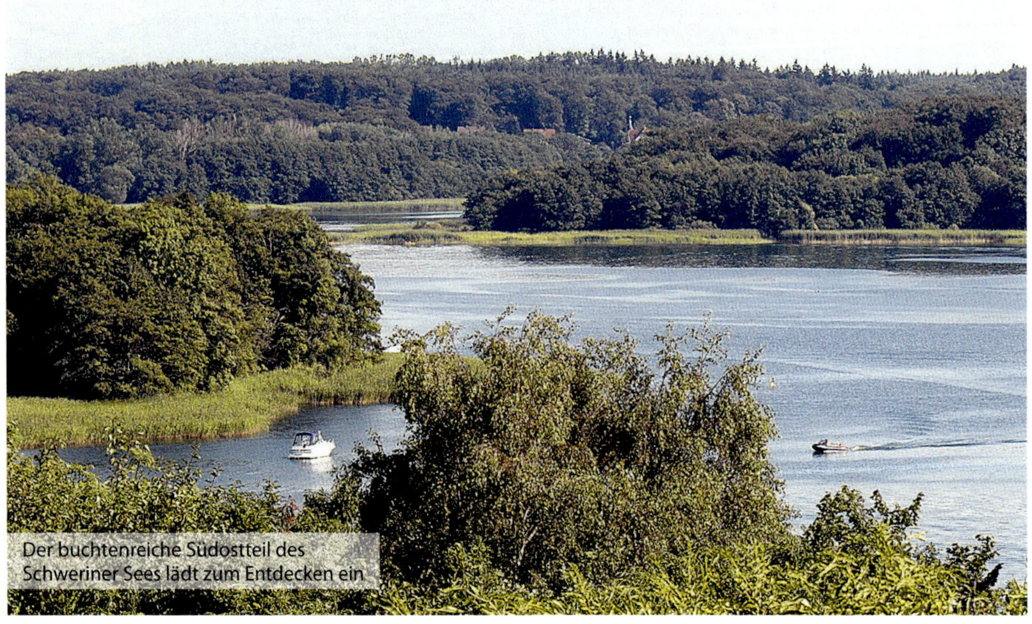

Der buchtenreiche Südostteil des Schweriner Sees lädt zum Entdecken ein

Kilometer vom Seeufer entfernt, ein Aussichtsturm auf dem höchsten Punkt der Insel, einen herrlichen Blick auf die Silhouette der Stadt. Strand, sanitäre Anlagen sowie ein Grillplatz können kostenfrei genutzt werden. Ein Naturerlebnispfad informiert an 19 Stationen über die fast unberührte, wilde Landschaft der Insel mit ihrer reichen Flora und Fauna. In der Nähe des Schiffsanlegers kann man an einer Badestelle im See schwimmen, eine Gaststätte lädt zu einer Rast ein und sogar übernachten kann man auf einem einfachen *Zeltplatz*.

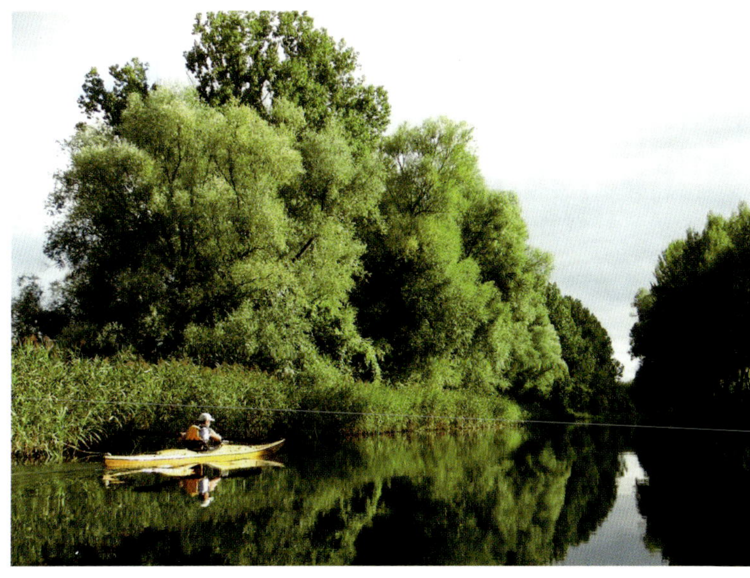

Hinter der Landzunge von Zippendorf, an der Badestelle von **Mueß**, legen wir mit unserem Kanu an und gehen über die Hauptstraße zum Eingang des direkt am Wasser liegenden *Freilichtmuseums von Mueß*. *Ein original erhaltenes Dorfreservat mit historischen Gebäuden und Gärten gibt Einblick in die Lebensweise der mecklenburgischen Landbevölkerung vom 17. Jahrhundert bis zum Anfang des 20. Jahrhunderts.* Im *Museumscafé* entspannen wir noch etwas, bis uns der fortgeschrittene Nachmittag zur Eile mahnt.

Bevor sich der Schweriner See in den Störkanal drängt, liegt auf einer Landzunge die ***Burgruine Reppin***. *Eigentlich ist sie keine richtige Ruine, sondern wurde 1907 künstlich als Ausflugsziel angelegt.* Jetzt kann man nach einer kurzen Rast am kleinen Sandstrand zum Aussichtsturm hinaufsteigen und den Blick auf den See genießen.

Rechts geht es nun ab in den ***Störkanal***. Einen kurzen Moment überlegen wir, ob wir bis zur nächsten Bucht paddeln und den Tag auf dem *Campingplatz* von **Raben Steinfeld** ausklingen lassen sollen. *Der Ort war nicht nur herzogliche Sommerresidenz, sondern auch Sitz des herzoglichen Gestüts. Heute erinnern ein Schloss im Neorenaissancestil und ein im 19. Jahrhundert entstandener englischer Landschaftspark an diese Zeit. An eine andere, dunkle Zeit, erinnert ein Denkmal – an den Todesmarsch der 30.000 KZ-Häftlinge von Sachsenhausen.*

Doch wir haben noch Lust weiter zu paddeln, folgen rechts der Bojenmarkierung und finden so leicht den Ausfluss aus dem sauberen und klaren ***Schweriner See***. Unter der Straßenbrücke hindurch geht es in den ***Störkanal***, eine der ältesten Wasserstraßen Europas. Letztmalig laden einige schöne Stellen am Ufer zum Baden ein.

Gleich zu Beginn wird der Kanal an seinem rechten Ufer von einem alten Treidelpfad begleitet. *Als Radweg genutzt, führt er geradewegs ins Landschaftsschutzgebiet Lewitz, eine wasser- und wiesenreiche Niederungslandschaft, die sich bis Ludwigslust, Neustadt-Glewe und Parchim erstreckt. Stör, Elde und unzählige von Menschenhand geschaffene Wasserläufe durchziehen das Gebiet, das zu den Jagdrevieren der mecklenburgischen Herzöge gehörte. Es ist Brut- und Rastplatz vieler Vögel und Lebensraum vom Aussterben bedrohter Pflanzen. Häufig findet man kleine Unterstände, die dem Radwanderer Schutz bieten.*

Nach zwei Kilometern unterfahren wir die Autobahn, bald darauf die Eisenbahnbrücke und gelangen zur Hubbrücke von **Plate**. *Im Ort ist besonders die 300 Jahre alte niederdeutsche, reetgedeckte Büdnerei ein Blickfang.* Auf der anderen Seite des Kanals geht es ins nahe ***Peckatel*** mit der kleinsten Kirche Norddeutschlands. Rund vier Kilometer sind es noch bis zur ***Schleuse*** von **Banzkow**. Dort sitzen wir am linken Ufer vor der *Gaststätte „Ponybar"* in der Abendsonne bei Schnitzel und Bier und beobachten das Treiben auf und neben dem Kanal. Die letzte Schleusung des Tages und noch ein Kilometer auf dem Wasser, dann biegen wir rechts in den Mühlenarm ein. Unmittelbar hinter einer kleinen Fußgängerbrücke machen wir am Steg des *Kanurastplatzes Kanu-Camp Banzkow* der Firma *Lewitzboot* fest und schlagen rechtzeitig vor Einbruch der Nacht unser Zelt auf. *Das Dorfbild von Banzkow prägen die Holländer-Galeriemühle, in der noch bis 1958 das Getreide der Region gemahlen wurde und die heute ein Hotel-Restaurant beherbergt sowie die niederdeutschen Hallenhäuser.*

Die folgenden Kilometer auf dem schnurgeraden ***Störkanal*** sind etwas gleichförmig. Nach zwei Kilometern könnte man rechts in den Sielgraben umtragen. Er führt über den ***Banzkower Kanal*** und den ***Ludwigsluster Kanal*** bis **Ludwigslust** und ist bei gutem Wasserstand evtl. fahrbar (vorab informieren!).

Zwar sind wir jetzt mitten in der ***Lewitz***, doch können wir wegen des befestigten, mit Steinen aufgeschütteten Ufers weder anlanden, noch etwas von der flachen Landschaft sehen. So sind wir nach fünf Kilometern Fahrt ziemlich erleichtert, dass es am rechten Ufer endlich eine gute Möglichkeit gibt, das Kanu zu verlassen, um eine Rast einzulegen.

Vier Kilometer weiter haben wir das **„Elde-Dreieck"** erreicht. Rechts geht es auf der ***Müritz-Elde-Wasserstraße*** Richtung Dömitz. Wir fahren jedoch geradeaus weiter, entgegen der „Fließrichtung" auf Parchim zu. Auch auf den folgenden Kilometern gibt es nur wenige Möglichkeiten zum Anlanden.

Die Häuser der sich gegenüberliegenden Orte **Garwitz** und **Matzlow** tauchen vor uns auf. Nach rechts geht es ins Hafenbecken der *Marina* und zum *Wasserwanderrastplatz*. Wir ***schleusen*** uns ***„in Selbstbedienung"*** und legen am nahen *Lewitzcamp* an. An heißen Sommertagen lädt das Eldebad auf Höhe der Schleuse zur Abkühlung. Neben dem Naturbad befindet sich ein preisgünstiger Imbiss. Nordöstlich von Garwitz, in **Alt Damerow,** *steht das wohl älteste Hallenhaus in Mecklenburg-Vorpommern. Der „Pingelhof" (um 1665), dessen Name auf den früheren Besitzer zurückgeht, wurde mit Stall, Wohnhaus, Hallendielenscheune, Ziehbrunnen und Backofen zum Museum.*

Vorbei an **Damm** mit seiner hübschen gotischen Kirche, das Örtchen **Malchow** linker Hand liegen lassend, paddeln wir weiter. Auf Höhe des Ortes **Möderitz** gibt es links einen Anleger und damit eine gute und seltene Möglichkeit, noch einmal ins Wasser zu hüpfen. Ein Stückchen weiter, direkt an der Straße, liegt der *Wasserwanderrastplatz Möderitz* mit einer kleinen Schutzhütte. Nach rund drei Kilometern geht es nach rechts durch die ***Selbstbedienungs-Schleuse*** von **Parchim** und dahinter links über einen kleinen Graben, der für Kanuten fahrbar ist, zum *Wasserwanderrastplatz Parchim*, wo wir die Tour beenden.

Wer eine feste Unterkunft möchte, paddelt durch Parchim hindurch zwei Kilometer weiter in Richtung Ortsteil **Slate** und erreicht bei Kilometer 75, auf Höhe des Slater Moor, die *Pension & Café „Am Brunnen"*, wo man sich zwischen Zelt und Bett entscheiden und die Sage vom Räuber Vieting *(siehe Seite 48)* erfahren kann.

Müritz-Elde-Wasserstraße

„Das silberne Band des Nordens"

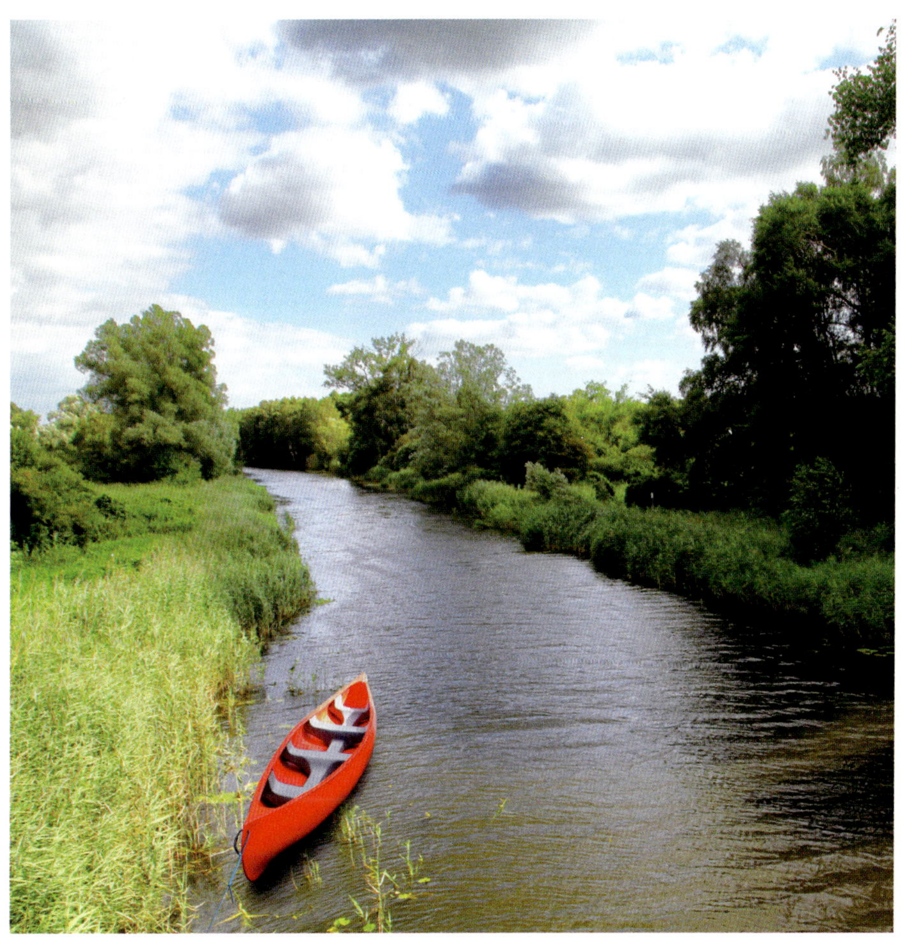

Tour 2

Infos Tour 2 – Müritz-Elde-Wasserstraße

Aktivitäten	Natur	Kultur	Baden	Hindernisse
★★☆☆	★★☆☆	★★★☆	★★☆☆	☆☆☆☆

Charakter der Tour

Teils auf dem Flusslauf der Elde, Mecklenburgs längstem Fluss, teils über künstlich geschaffene Kanäle, führt diese beliebte, nahezu strömungslose Wasserwanderstrecke. Siebzehn Staustufen erwarten den Paddler zwischen dem Plauer See und der 49 Meter tiefer gelegenen Elbe.

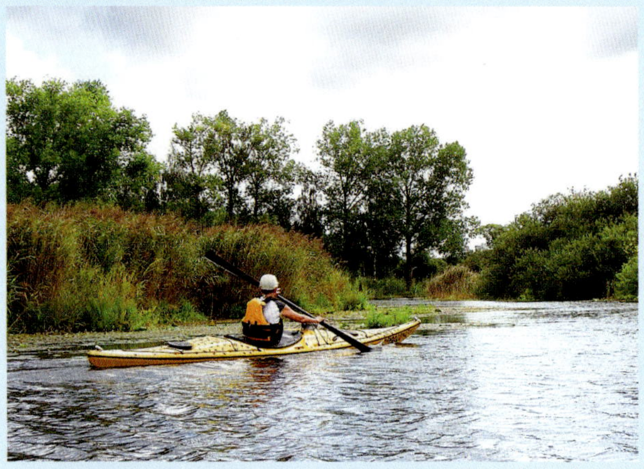

Plau, Lübz, Parchim, Neustadt-Glewe, Grabow oder Dömitz – überall sind malerische Winkel, stolze Kirchen oder gemütliche Gasthäuser zu entdecken. Schöne Badestellen finden sich an einigen Wasserwanderplätzen. Die Elde ist Bundeswasserstraße im Geltungsbereich der Binnenschifffahrtsstraßenordnung, jedoch wenig von Motorbooten befahren und somit, was den Lärm angeht, eine sehr ruhige Strecke.

Länge & Dauer der Tour ca. 120 km, 6-8 Tage

Umtragestellen Keine.

Anreise A 19 Berlin – Rostock, Abfahrt 18 Röbel. Auf der B 198/ B 103 nach Plau.

Einsetzstelle WWR Plauer Wassersportverein, Zufahrt auf Höhe Dammstr. 25.

Aussetzstelle WasserWanderZentrum Dömitz, An der Schleuse. Zufahrt Werderstraße 25 D.

Zurück zum Pkw Mit dem Bus nach Ludwigslust. Von dort mit der Bahn nach Parchim und weiter mit dem Bus nach Plau am See (2x umsteigen / Fahrzeit 3-4 h).

Etappenvorschlag

1. Tag Plau – Kuppentin (12 km)
2. Tag Kuppentin – Burow (18 km)
3. Tag Burow – Parchim (19 km)
4. Tag Parchim – Matzlow-Garwitz (13 km)
5. Tag Matzlow-Garwitz – Neustadt-Glewe (14 km)
6. Tag Neustadt-Glewe – Fresenbrügge (18 km)
7. Tag Fresenbrügge – Malliß, Campingplatz „Am Wiesengrund" (18 km)
8. Tag Camping Malliß – Dömitz (10 km)

Tipps für Tagestouren

1. Neustadt-Glewe – Grabow (16 km, zurück mit dem Bus)
2. Dömitz – Eldena (17 km, zurück mit dem Bus)
3. Parchim – Neuburg (10 km, zurück mit dem Bus)
4. Lübz – Barkow (14 km, zurück mit dem Bus)

Literatur-Tipps

KANU KOMPAKT „Müritz-Elde-Wasserstraße", *Nentwich / Kettler*, Thomas Kettler Verlag.

„Mit Butler und Bootsmann: Ein Bootstoern anno 1890 von Friesland ueber die Mecklenburgischen Seen bis nach Boehmen", *Henry Montagu Doughty*, Quick Maritim Medien.

„Ut mine Festungstid", „Ut mine Stromtid", *Fritz Reuter*, verschiedene Verlage.

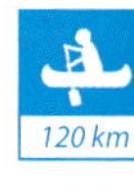

Übernachtung in Wassernähe (in der Reihenfolge des Tourenverlaufs)

Plau am See
WWR „Plauer WSV“
(Zeltmöglichkeit auf Anfrage)
Dammstr. 25
Tel. (038735) 450 50

Hotel Fackelgarten
Dammstr. 1
Tel. (038735) 85 30
www.fackelgarten.de

Kanu-Team Plau am See
siehe Kanuvermietung

Barkow
Gutshaus Barkow
siehe Kanuvermietung

Kuppentin
WWR Bermuda3Eck
siehe Kanuvermietung

Lübz
WWR & Stadtmarina Lübz
(auch Hausbootvermietung)
Schulstr. 8a, Tel. (038731) 224 28
www.blue-line-charter.de

Burow
WWR Burow, Tel. 0152-55 60 91 53

Neuburg (OT von Siggelkow)
WWR „Ufercamp Eldeblick“
2021 neuer Betreiber! Auch Hütten & Fahrradstation sind angedacht

Slate
Hotel-Restaurant „Zum Fährhaus“
Fähre 2, Tel. (03871) 626 10
www.zum-faehrhaus.de

Parchim
Café & Pension Am Brunnen
(Zelt & Zimmer)
Am Brunnen 1
Tel. (03871) 468 97 76
www.pensionambrunnen.de

WWR (Apr-Nov) & Caravan-Stellplatz „Stadthafen Fischerdamm“
Tel. 0174-191 27 24 & (03871) 28 84 55, www.hafen-in-parchim.de

Matzlow-Garwitz
Eldepark Garwitz (Holzbungalows)
Am Kanal 4
Tel. (038722) 227 70
www.eldepark.kremke.de

Lewitzcamp Garwitz
Am Kanal
Tel. 0172-315 72 77
www.lewitzcamp.de

Gasthof „Zur Schleuse“
Zur Schleuse 3
Tel. (038722) 200 53
www.zur-schleuse-garwitz.de

Marina Matzlow-Garwitz
Tel. 0162-865 30 20
www.hafen-matzlow-garwitz.de

Neustadt-Glewe
Bootshafen
Am Schlossgarten 3
Tel. 0172-178 24 01
www.bootshafen-lewitz.de

Grabow
Hotel Stadt Hamburg
Große Str. 28, Tel. (038756) 222 33
www.grabow-hotel-stadt-hamburg.de

Fresenbrügge
Camping-Fresenbrügge
Eldeufer 1, Tel. 0172-700 63 47
www.camping-fresenbrügge.de

Eldena
Bootshafen & Camping Eldena
Am Bootshafen 1 *(Café)*
Tel. (038755) 200 20
www.camping-eldena.de

Neu Göhren
Campingplatz Neu Göhren
(Gastronomie)
Zur Elde 9 Tel. (038755) 203 09
www.bootsanleger-neugoehren.net

Malliss
Campingplatz „Am Wiesengrund“
(Zelt, Hütte, FeWo)
Am Kanal 4, Tel. (038750) 210 60
www.camping-malliss.m-vp.de

Neu Kaliß
WWR „Find's hier“
An der Elde 2, Tel. 0173-218 82 76
www.findshier.com

Dömitz
WasserWanderZentrum Dömitz
(Camping & Bootshafen)
Werderstr. 25 D (An der Schleuse)
Tel. 0151-52 01 90 20
www.wwz-doemitz.de

Hotel Dömitzer Hafen
Hafenplatz 3, Tel. (038758) 36 42 90
oder (03737) 781 80 80
www.doemitz.travdo-hotels.de

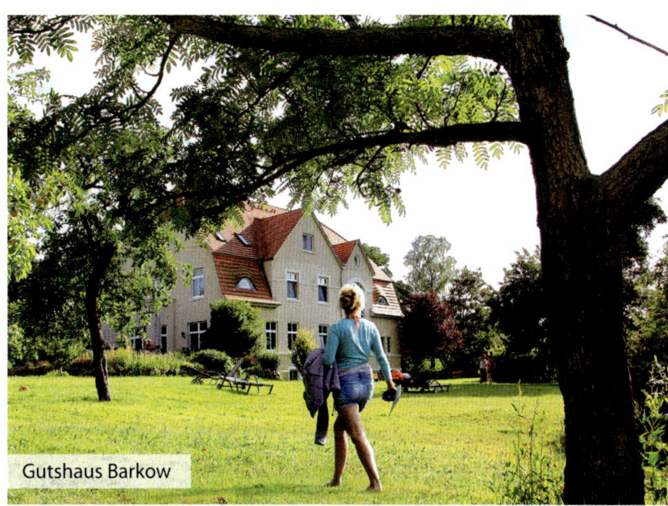
Gutshaus Barkow

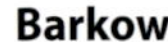

Kanuvermietung

Plau
Kanu-Team Plau am See
Lübzer Chaussee 17 B, Tel. 0172-307 65 14
www.kanuteam-plauamsee.de

Barkow
Gutshaus Barkow (auch Fahrräder & E-Bikes)
Heinrich-Zander-Straße 34, Tel. (038735) 82 60
www.gutshaus-barkow.de

Kuppentin
WWR Bermuda3Eck (auch Fahrräder)
An der Elde-Brücke, Tel. 0173-647 81 13
oder (038732) 200 23, www.familie-oeck.de

Parchim
Kanuverleih Parchim
Fischerdamm 4 A, Tel. 0174-1912724
www.kanuverleih-parchim.de

Matzlow-Garwitz
Lewitzcamp Garwitz
Am Kanal, Tel. 0172-315 72 77
www.lewitzcamp.de

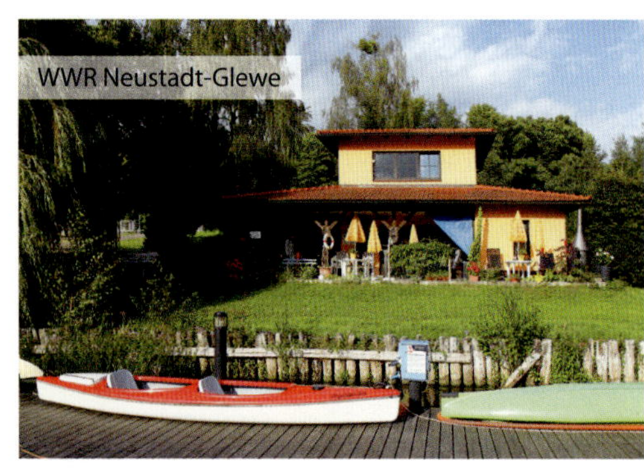
WWR Neustadt-Glewe

Grabow
Kanu & Kajakverleih Grabow
Blievenstorfer Weg 3A, Tel. 0173-204 92 06
www.kanu-grabow.de

Dömitz
Dömitzer Kanu Verein e.V. (östlich an der Schleuse)
Tel. 01520-218 70 28 und (038758) 243 69
oder 0171-894 01 27, www.kanu-doemitz.de

WasserWanderZentrum Dömitz (SUP & Kanadier)
Werderstraße 25 D (westlich an der Schleuse)
Tel. 0151-52 01 90 20, www.wwz-doemitz.de

Weitere Aktivitäten

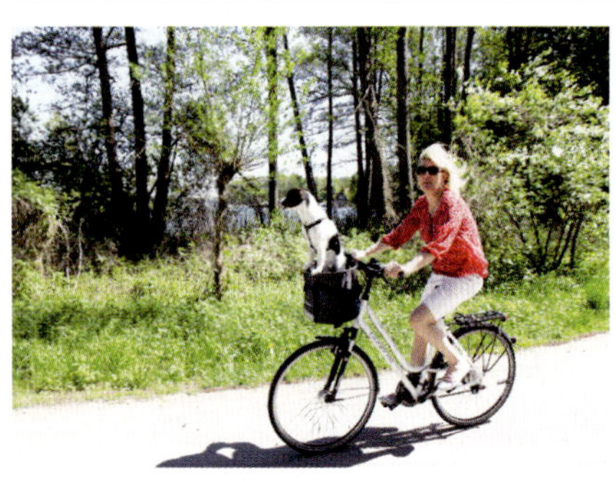

Paddeln

Von Plau über den ***Plauer See, Fleesensee, Kölpinsee zur Müritz***.

Große Rundfahrt von Dömitz an der Elbe über Plau – Müritz – Havel – Elbe – zurück nach Dömitz.

Vom Elde-Dreieck ***über die Störwasserstraße nach Schwerin***.

Von Dömitz ***über die Elbe bis Hamburg***.

Wandern

Rund um den ***Plauer See*** und um das ***NSG Plauer Stadtwald***.

Naturkundliche Führungen in der ***Elbtalaue***.

Radfahren

Rund um den Plauer See.

Von Plau in den ***Naturpark Nossentiner/Schwinzerheide***.

Radeln ***entlang der Elde*** oder auf der ***Lehm- & Backsteinstraße*** (Plau – Lübz – Ganzlin – Plau).

Von Neustadt-Glewe oder Parchim ***in die Lewitz***.

Floßtouren

Die Floßerei vermietet Flöße und bietet Floßtouren an. Standorte: Campingplatz „Am Wiesengrund" bei Malliß und in Neu-Kaliß neben der Schleuse „Findenwirunshier" im alten Speicher der Mühle, Tel. 0171-541 69 01 und (038750) 15 40 73, www.flosserei.de

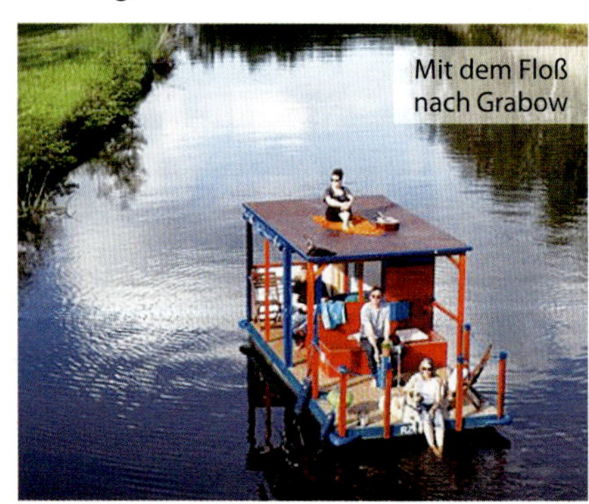
Mit dem Floß nach Grabow

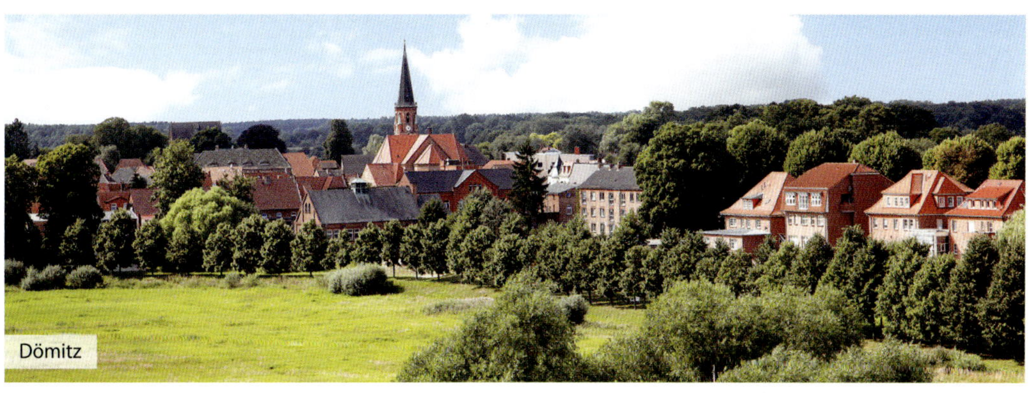
Dömitz

Sehenswürdigkeiten

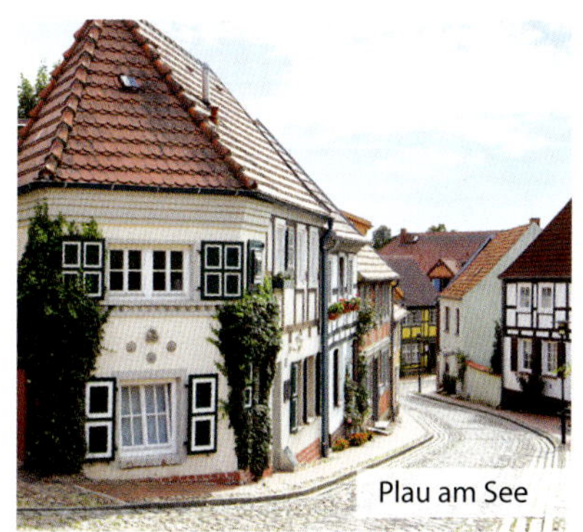
Plau am See

Plau am See Burg/Heimatstube, Rathaus (1888), Stadtkirche, ehemalige Synagoge, jüdischer Friedhof am Klüschenberg, Hubbrücke, Museum des Bildhauers Wilhelm Wandschneider (z. B. Fritz-Reuter-Denkmal in Stavenhagen, Hechtbrunnen in Teterow).

Kuppentin Eine der ältesten Dorfkirchen Mecklenburgs (1235).

Lübz Spätromanischer Wehrturm „Amtsturm" / Stadtmuseum, Stadtkirche (1568-74) mit dem Grabmal der Herzogin Sophie, Fachwerkhäuser (18./18. Jh.).

Parchim Georgenkirche (13./14. Jh.), Marienkirche (13. Jh.), Rathaus (14. Jh.), Stadtmuseum, Gedächtnisstätte des Generalfeldmarschalls Helmuth von Moltke, Alter Friedhof.

Neustadt-Glewe Alte Burg (älteste erhaltene Wehrburg und eine der besterhaltenen Burgen Mecklenburgs, 14./15. Jh., *heute Museum Di-Fr 10-16, Sa-So 11-16 und Restaurant Mo-So ab 11*), Schloss (1711-1720), Stadtkirche St. Marien (1735), Rathaus (1806).

Grabow Fachwerkensemble 18. Jh., gotische Stadtkirche St. Georg (13./14. Jh.), barockes Rathaus (1727), Heimatmuseum.

Eldena Gotische Dorfkirche von 1835.

Neu Kaliß Engl. Landschaftspark, Backsteinkirche im Art Déco-Stil.

Dömitz Festung (*Di-Fr 10-17, Sa-So 10-18*), Fritz-Reuter-Museum, NABU-Besucherzentrum Elbtalaue, Altstadt, Binnendünen im Ortsteil Klein Schmölen: 42 Meter hohe Wanderdünen.

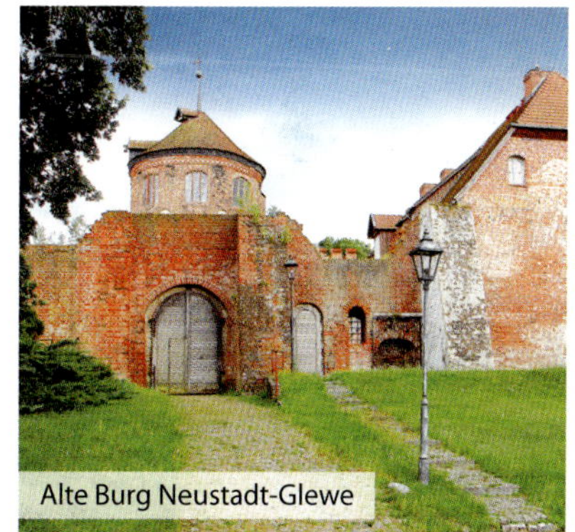
Alte Burg Neustadt-Glewe

Auskunft & Tourist-Infos

Tourist-Info Plau am See Burgplatz 2, Tel. (038735) 456 78, www.plau.de

Stadt-Info Lübz Am Markt 23, Tel. (038731) 47 18 39, www.luebzerland.de

Stadt-Info Parchim Blutstraße 5, Tel. (03871) 715 50, www.parchim.de

Stadt-Info Neustadt-Glewe Markt 1, Alte Burg 1, Tel. (038757) 500 64, www.neustadt-glewe.de

Stadt-Info Grabow Am Markt 1, Tel. (038756) 503 42, www.stadtgrabow.de

Tourist-Info Dömitz Rathausplatz 1, Tel. (038758) 221 12, www.doemitz.de

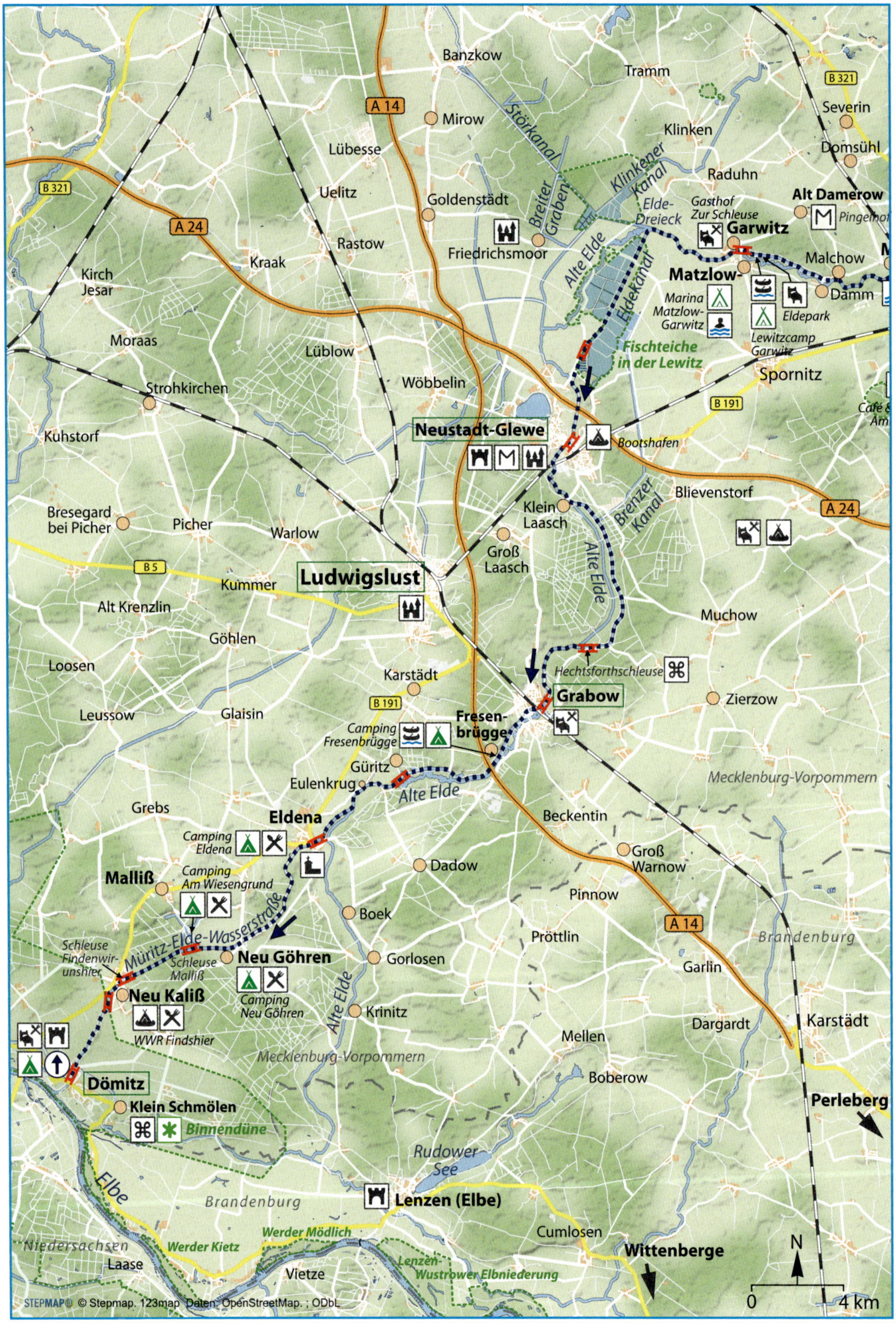

Banzkow
Tramm
B 321
Severin
A 14
Mirow
Störkanal
Klinken
Lübesse
Domsühl
Raduhn
Klinkener Kanal
B 321
Uelitz
Goldenstädt
Breiter Graben
Elde-Dreieck
Gasthof Zur Schleuse
Alt Damerow
Pingelhof
A 24
Garwitz
Kirch Jesar
Kraak
Rastow
Friedrichsmoor
Alte Elde
Eldekanal
Malchow
Matzlow-
Damm
Marina Matzlow-Garwitz
Eldepark
Lewitzcamp Garwitz
Moraas
Lüblow
Fischteiche in der Lewitz
Spornitz
Strohkirchen
Wöbbelin
B 191
Café & Am...
Kuhstorf
Neustadt-Glewe
Bootshafen
Brenzer Kanal
Blievenstorf
A 24
Klein Laasch
Bresegard bei Picher
Picher
Warlow
Groß Laasch
B 5
Alte Elde
Ludwigslust
Kummer
Alt Krenzlin
Muchow
Göhlen
Loosen
Hechtsforthschleuse
Karstädt
Grabow
Zierzow
Leussow
Glaisin
B 191
Fresen-brügge
Camping Fresenbrügge
Güritz
Eulenkrug
Alte Elde
Mecklenburg-Vorpommern
Grebs
Eldena
Beckentin
Camping Eldena
Groß Warnow
Malliß
Camping Am Wiesengrund
Dadow
Pinnow
Boek
Müritz-Elde-Wasserstraße
Prötlin
A 14
Schleuse Findenwirunshier
Schleuse Malliß
Neu Göhren
Gorlosen
Brandenburg
Garlin
Neu Kaliß
Camping Neu Göhren
Alte Elde
Krinitz
Dargardt
Karstädt
WWR Findshier
Mellen
Mecklenburg-Vorpommern
Dömitz
Boberow
Perleberg
Klein Schmölen
Binnendüne
Rudower See
Elbe
Brandenburg
Lenzen (Elbe)
Cumlosen
Werder Mödlich
Niedersachsen
Werder Kietz
Wittenberge
Laase
Vietze
Lenzen-Wustrower Elbniederung
N
0
4 km

STEPMAP © Stepmap. 123map Daten: OpenStreetMap. ; ODbL

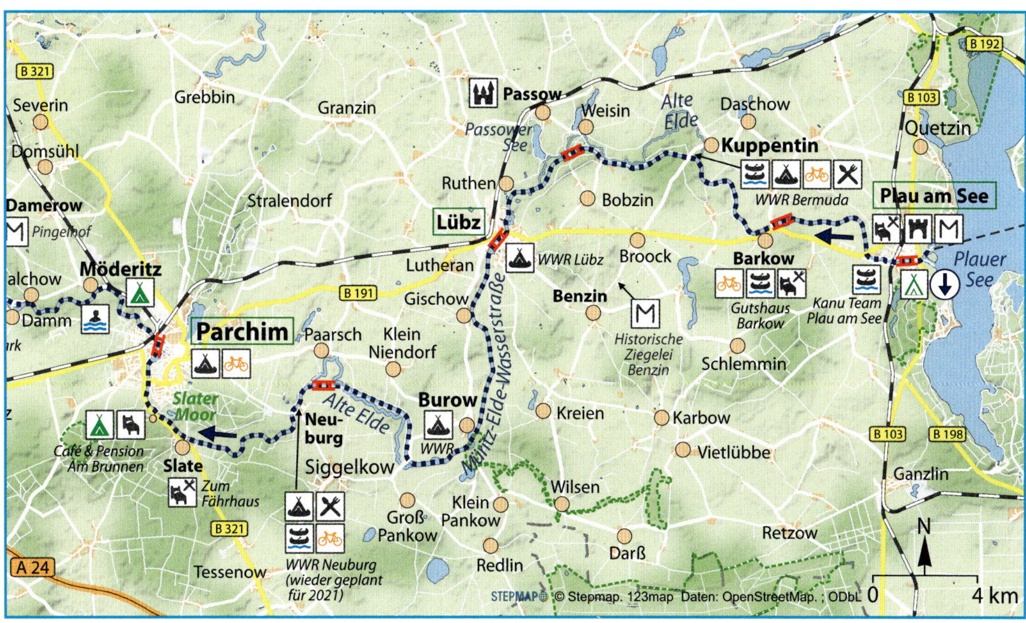

Müritz-Elde-Wasserstraße

Wo die Elde den drittgrößten See Mecklenburg-Vorpommerns verlässt, entstand im Mittelalter die Stadt **Plau am See**. *Strategisch günstig gelegen, lockte sie mit ihrem 1448 zur Burg umgebauten Schloss immer wieder Fremde an, die dort Reichtum vermuteten. Den Bewohnern bescherte dies häufige Plünderungen und Brandschatzungen. So erhielten sie 1660 von Herzog Gustav Adolph von Mecklenburg-Güstrow die Genehmigung, die Burg zu schleifen, um die Steine zum Hausbau zu verwenden. Übrig blieb der 23 Meter hohe Turm mit seinen starken Mauern und dem 11 Meter tiefen Verlies.* Heute ist Plau ein liebenswerter Kurort mit idyllischen Plätzen und schlichten Fachwerkbauten.

Hier, am Gelände des *Plauer Wassersportvereins*, beginnt unsere spannende Kanutour durch das südwestliche Mecklenburg. Davor kann man seinen Pkw parken; wer am Abend ankommt, kann in jedem Fall auch sein Zelt aufstellen.

Unter der Straßenbrücke der B 103 und der sich anschließenden Hubbrücke hindurch gleiten wir auf die ***Schleuse*** mit der davor aufragenden hölzernen Fußgängerbrücke zu, die im Volksmund „Hühnerleiter" genannt wird. Die malerischen Gassen der Fischer- und Flößerstadt **Plau** zu beiden Seiten des Ufers versetzen uns zurück in eine andere Zeit. Hinter der Schleuse verlassen wir, wie wir finden, viel zu schnell den schönen Stadtkern. Zwischen Eisenbahn- und Straßenbrücke liegt linker Hand das Gelände einer *Kanuvermietung*.

Je weiter wir uns von Plau entfernen, desto trüber wird das anfangs klare Wasser. Rechts und links sind sehr schön die alten Treidelpfade zu erkennen, auf denen in früheren Zeiten Pferde die Lastenkähne gezogen haben. Heute sind hier nur Radfahrer und Wanderer unterwegs.

Nach etwa zwei Stunden erreichen wir hinter der nächsten ***Schleuse*** das Dorf **Barkow** mit seinem am Ufer gelegenen alten *Gutshaus*

Barkow. Wer jetzt schon den Paddeltag beenden wollte, fände hier einen perfekten Übernachtungsstopp. Paddler dürfen sogar für eine Nacht biwakieren. Im nahen *Landgasthof Barkow* kann man sich die Mecklenburgische Küche schmecken lassen.

120 km

Durch eine stille Wiesen- und Auenlandschaft mit einigen schönen Rastmöglichkeiten, geht es auf den *Wasserwanderrastplatz Bermuda3Eck* zu. Eingebettet in herrlichen Buchenwald, liegt er am rechten Ufer vor der Brücke, die **Broock** mit **Kuppentin** verbindet. Der Platz bietet für jeden etwas. Neben einem Spielplatz für die Kleinen, Lagerfeuerromantik am Abend und selbstgebackenem Blechkuchen am Wochenende ist vor allen Dingen das Sauerfleisch mit frischen Bratkartoffeln beliebt.

Von hier aus kann man im 800 Meter entfernten **Kuppentin** *einer der ältesten Dorfkirchen Mecklenburgs einen Besuch abstatten, in der im Sommer zahlreiche Ausstellungen und Konzerte stattfinden.* Wer außerdem noch Zeit und Lust hat, kann mit dem Rad den nahegelegenen ***Naturpark Nossentiner-/Schwinzerheide*** erkunden.

Am nächsten Morgen begleitet uns ein schöner, teils lichter Mischwald zu beiden Seiten der Strecke. Wir tauchen in ein romantisches Waldgebiet ein, das sich zwischen Alter Elde, Elde und Wessentin erstreckt. Riesige Blätter üppiger Bestände der Schaupflanze bedekken die Uferböschung; die Bäume breiten ihre Zweige über der Wasseroberfläche aus. Der Wald lädt zum Träumen ein. Entlang einiger Ferienhäuser paddeln wir auf die ***Schleuse*** von **Bobzin** zu. Sie ist die höchste Kammerschleuse Norddeutschlands.

Hinter der Schleuse lässt eine natürliche Ufervegetation vergessen, dass man sich auf einer Wasser"straße" befindet. Sie begleitet uns bis **Lübz**, wo wir nach einer ***Schleusung*** links in den Hafen einbiegen. Die ehemalige städtische Badeanstalt von 1936 ist heute ein zentral gelegener *Wasserwanderrastplatz*. Es macht Spaß, von der Schleusenbrücke aus dem Treiben der Boote zuzuschauen. Nur wenige Schritte sind es ins beschauliche Lübz.

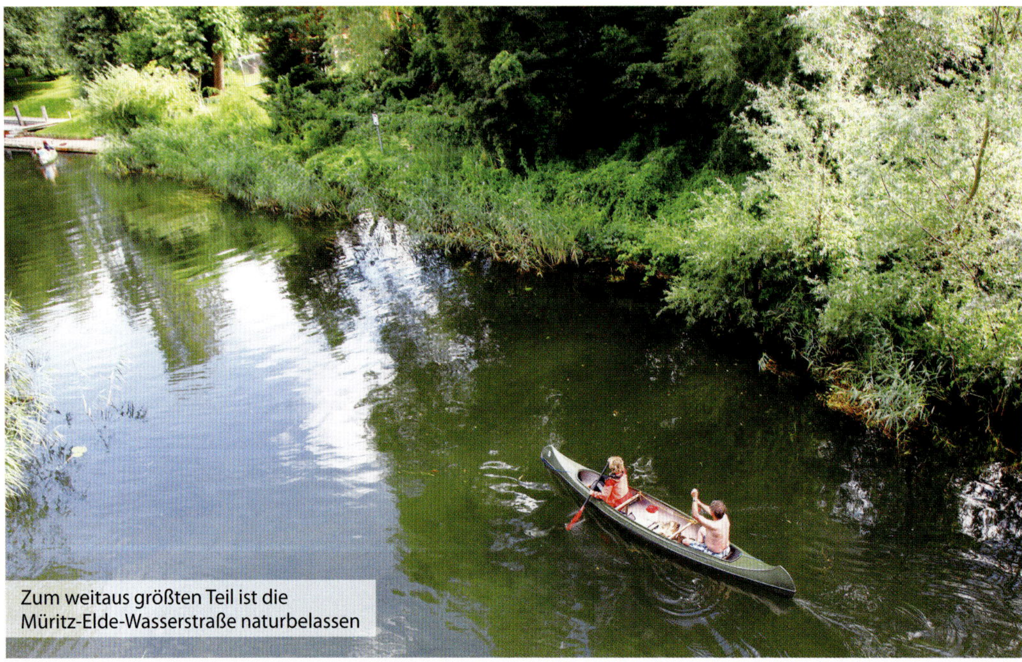

Zum weitaus größten Teil ist die Müritz-Elde-Wasserstraße naturbelassen

Markenzeichen der Lübzer Brauerei und Wahrzeichen der Stadt ist der mittelalterliche Amtsturm. Als übrig gebliebener Teil des Lübzer Schlosses, das 1750 abgerissen wurde, beherbergt er heute das Stadtmuseum. Neben einem Bummel entlang der schlichten Fachwerkhäuser lohnt ein Abstecher mit dem Rad zur *Lehm- & Backsteinstraße* oder ins *Industriemuseum „Alte Ziegelei"* im benachbarten **Benzin**, wo die roten Blöcke noch so, wie im 19. Jahrhundert gebrannt werden.

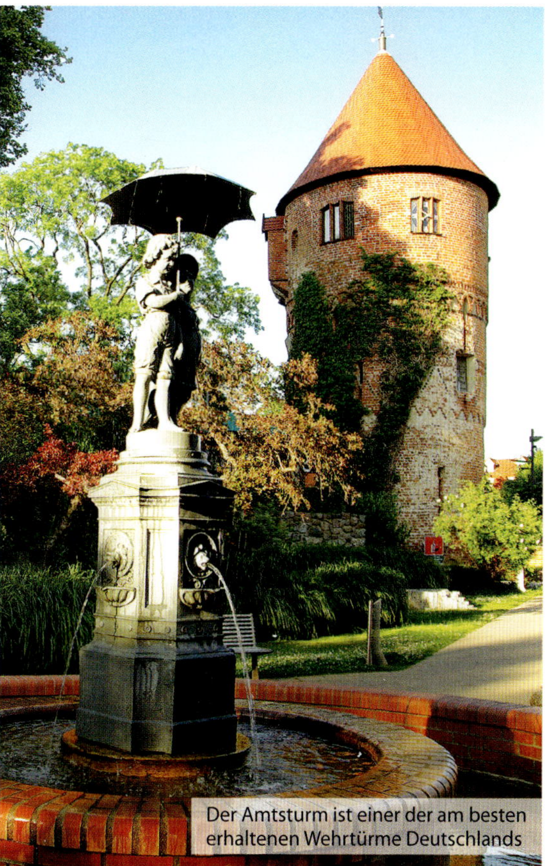
Der Amtsturm ist einer der am besten erhaltenen Wehrtürme Deutschlands

Auf der Strecke von Lübz nach **Burow** haben wir Schwierigkeiten, das Kanu im böigen Wind auf Kurs zu halten. Am Örtchen **Gischow** vorbei, geht es auf den *Wasserwanderrastplatz* von *Burow* zu, der rechterhand in einem Seitenarm der Elde liegt. Dann schwenkt die Elde in einem Bogen erst nach Norden, dann nach Westen. Das Ufer ist unzugänglich und steil, bewachsen mit Kiefern, aber auch Buchen, Birken, Erlen und Farn. Nur selten stört das Motorengeräusch eines Kajütbootes die Stille und das Zwitschern der Vögel. Häufige Bissspuren am Ufer zeugen davon, dass sich hier Biber wohlfühlen.

Es geht wieder Richtung Süden, die ***Schleusung*** in **Neuburg** erfolgt im Selbstbetrieb. Vor der Straßenbrücke liegt am linken Ufer der *Wasserwanderrastplatz „Ufercamp Eldeblick" (2020 geschlossen)*. Das offene, schöne Wiesengrundstück, mit Gaststätte und Sanitär, ist ideal zum Zelten, 2021 soll es wieder einen neuen Betreiber für den Platz geben. Auch eine Fahrradvermietung ist geplant.

Wer Zeit hat, sollte die zahlreichen Sehenswürdigkeiten rundum erkunden. Derer gibt es viele: Der Dachsberg in **Leppin**, *das Schloss in* **Mentin**, *der Sandsee in* **Groß Pankow**, *die Alte Mühle in* **Gribow**, *Aussichtsturm und Orchideenwiese in* **Marnitz**, *die Kirche in* **Retlin**, *weitere Kirchen in* **Groß** *und* **Klein Pankow**, **Siggelkow** *und* **Marnitz** *sowie die Heimatstube und das Schifffahrtsmuseum in* **Tessenow**. *Die slawischen Ausgrabungen rund um* **Neuburg** *sind heute im Museum von Parchim zu besichtigen.*

Hinter Neuburg trifft man immer wieder auf schöne und sandige Badestellen, umgeben von lichtem Kiefern- und Birkenwald. Dann wieder bestimmen Blumenwiesen und Getreidefelder das Landschaftsbild auf unserem Weg nach Parchim. Ein blauschillernder Eisvogel jagt vor uns her; vielstimmiges Vogelgezwitscher begleitet uns. Der Fluss hat eine Breite von 15-20 Metern, so dass den hier entgegenkommenden Kajütbooten bequem ausgewichen werden kann.

Bald erreichen wir **Slate**. Das *Hotel-Restaurant „Zum Fährhaus"* knüpft an eine *seit 1414 bestehende Tradition an, denn der Slater Fähr-*

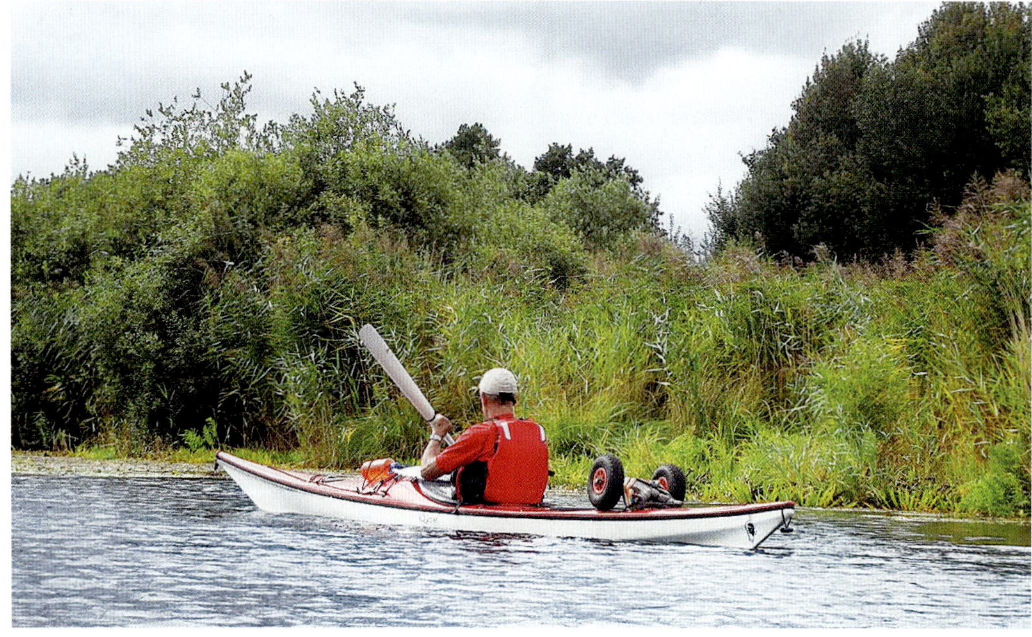

mann bot Reisenden neben einer Fährüberfahrt auch Kost und Logis. Nach gut einem weiteren Kilometer liegt linksufrig am Ortsrand von **Parchim**, unmittelbar vor einer Fußgängerbrücke, die *Pension „Am Brunnen" mit Café (Mär-Okt Mi-Fr 14-18).* Ideal am Ufer gelegen, kann man sich hier zwischen Bett und Zelt entscheiden.

Parchim ist umgeben von ausgedehnten Wäldern in einer hügeligen Landschaft. *Im Mittelalter soll einer Sage zufolge der Räuber Vieting im Wald des vor der Stadt liegenden Sonnenbergs gehaust haben. Von den Reisenden verlangte er als Wegezoll deren gesamte Habe.* Noch vor der ***Schleuse*** geht es rechts ab in einen Seitenarm, der zum *Wasserwanderrastplatz von Parchim* führt. Das Bild der ehemaligen Garnisonsstadt prägen imposante Fachwerk- und Backsteinhäuser, z.B. *Das Zinnhaus und das Rathaus aus dem 14. Jahrhundert. Lange Zeit war es Sitz des höchsten mecklenburgischen Gerichts. Die dreischiffige gotische Georgenkirche, deren Bau im 13. Jahrhundert begonnen, aber erst im 15. Jahrhundert vollendet wurde, ist einer der größten Sakralbauten Mecklenburgs. Parchim ist Geburtsstadt des Generalfeldmarschalls Helmuth von Moltke. Er gehört neben Hannibal, Cäsar und Napoleon zu den großen Feldherren der Weltgeschichte. Aber auch andere berühmte Zeitgenossen sind mit Parchim verbunden. So besuchte beispielsweise Fritz Reuter hier jahrelang die Schule.*

Vorbei an der Kirche von **Damm** und dem kleinen *Ferienpark Eldepark*, der neben Gruppen auch Einzelwanderer in seinen Holzbungalows aufnimmt, geht es zum unweit des Doppelortes **Matzlow-Garwitz** gelegenen *Lewitzcamp*. Der ideale Platz für Kanuwanderer bietet neben Kanuvermietung, Sanitäranlagen und Gemeinschaftsküche sogar eine kleine Schlafhütte für Schlechtwettertage. Von hier aus lässt sich mit dem Rad oder zu Fuß hervorragend die nähere Umgebung erkunden. Zum Beispiel nach **Alt Damerow**. *Dort steht das wohl älteste Hallenhaus in Mecklenburg-Vorpommern. Der „Pingelhof" (um 1665), dessen Name auf den früheren Besitzer zurückgeht, wurde mit Wohnhaus, Hallendielenscheune, Stall, Ziehbrunnen und Backofen zum Museum.*

Hinter der ***Schleuse***, vorbei am örtlichen *Wasserwanderrastplatz*, sind es noch knapp fünf Kilometer bis zum ***„Elde-Dreieck"***. Hier, am Rande des ***Landschaftsschutzgebietes Lewitz***, zweigt der ***Störkanal*** zum Schweriner See ab. Die Lewitz, ein Labyrinth von Kanälen, Flüssen und Gräben ist ein einzigartiges Biotop, gehört zu den wichtigsten in ganz Mecklenburg-Vorpommern und ist Schutzraum für seltene Pflanzen und Wasservögel. Auch auf den nächsten zehn Kilometern bis Neustadt-Glewe dehnen sich weite Sumpf-, Teich- und Wiesenlandschaften aus.

Neustadt-Glewe, das „Tor zur Lewitz", *wurde 1248 gegründet und wird von einer gut erhaltenen Wehranlage beschützt. Die vorteilhafte Lage zwischen den Eldearmen wird die Grafen von Schwerin dazu bewogen haben, hier eine Burg zu errichten, um damit die Kontrolle der Wege und der Furten durch die Elde sowie das nahegelegene wildreiche Lewitzgebiet zu unterstützen. Die backsteinerne Alte Burg aus dem 14./15. Jahrhundert gilt als ältester Profanbau Mecklenburgs und beherbergt heute das Heimatmuseum. Die Stadt war eine der ersten Industriestädte Mecklenburgs. Neben der turmlosen Stadtkirche St. Marien und dem Rathaus sind einige der restaurierten Fachwerkhäuser sowie das Neue Schloss, in dem ein Hotel untergebracht ist, sehenswert.*

Der hinter der ***Schleuse*** am rechten Ufer zu Füßen der Burg gelegene *Wasserwanderrastplatz* ist ziemlich komfortabel ausgestattet; sogar einen Aufenthaltsraum für Schlechtwettertage gibt es.

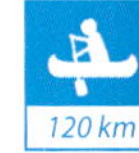

Am nächsten Morgen geht es an den Häusern von **Klein Laasch** vorbei Richtung Süden. Von links stößt der ***Brenzer Kanal***, von den Fischteichen der Lewitz kommend, zur Elde. Viele Fisch- und Seeadler kommen hier vor. Das Ufer ist von dichten Schilfgürteln bestanden, hinter denen sich ein hochaufgeschossener Kiefernwald erstreckt.

Immer wieder locken schöne, sandige Stellen zum Baden. Das Wasser wirkt zwar einladend, doch pfeift der Wind so kräftig, dass wir dazu keine Lust verspüren. Plötzlich kreuzt doch tatsächlich ein stattlicher Fischotter unseren Weg, taucht bei unserem Anblick ab, um dann wieder völlig unerwartet an die Wasseroberfläche zu kommen, uns neugierig beäugend.

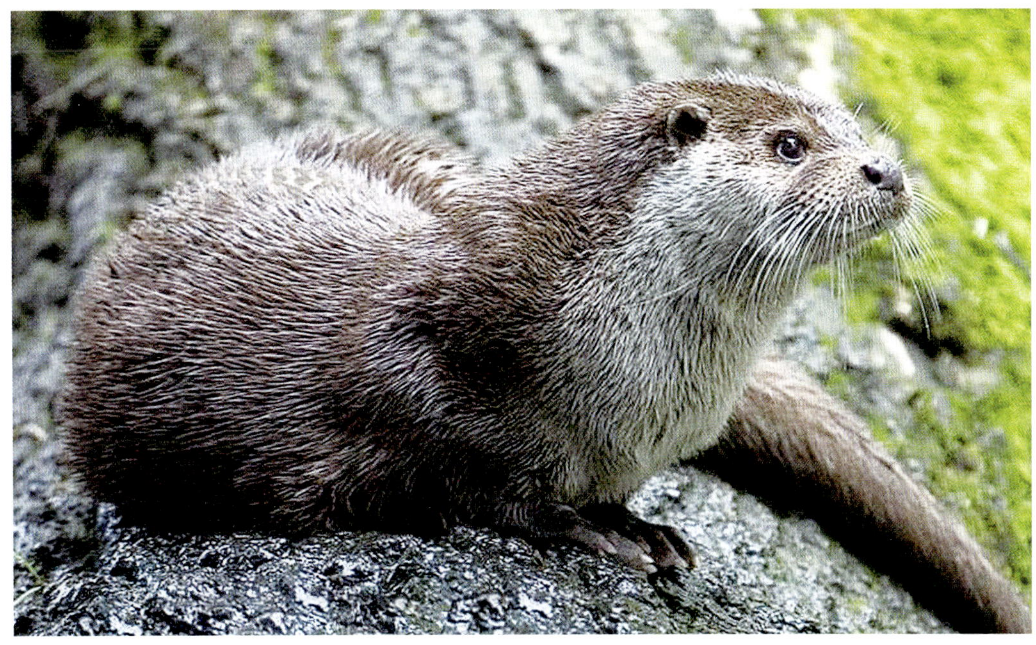

120 km

Auf der weiteren Strecke ist die Wasserstraße zunehmend kanalartig ausgebaut, die Ufer sind mit Steinen befestigt. An der ***Hechtsforthschleuse*** befindet sich *das älteste Wasserkraftwerk Mecklenburgs, das – im Originalzustand – noch heute Strom ans Netz liefert. Im Jahre 1921 gebaut, verbreitet es mit seinen hölzernen Zahnrädern einen Hauch von Nostalgie.* Der Wind bläst nun immer kräftiger und türmt kleine Schaumkronen auf die uns entgegenkommenden Wellen. So sind wir froh, eine Stunde später, **Grabow** zu erreichen. Vor der ***Schleuse*** hält sich links, wer das günstige *Hotel Stadt Hamburg* zum Tagesziel hat. Sich in dem Seitenarm der Elde dann immer rechts haltend, muss man vor einem Wehr am rechten Ufer an der hoteleigenen Bootsanlegestelle das Kanu verlassen. Selbst Zeltgäste sind für eine Nacht willkommen. Allerdings muss man die Strecke am nächsten Morgen wieder zurückpaddeln.

Kanufahrer die der Stadt nur einen kurzen Besuch abstatten wollen, finden schon fast am Ende des Städtchens, kurz vor der Straßenbrücke den Anleger. Nur wenige Meter sind es von hier in die beeindruckende *historische Innenstadt von* **Grabow**, *die uns vor allem wegen ihrer geschlossenen Fachwerkbebauung begeistert. Wir schlendern entlang der schönsten Häuser, die am Markt sowie in der Markt-, Mühlen- und Kanalstraße stehen. Dabei bewundern wir die prachtvollen Freitreppen mit ihren schmiedeeisernen Gittern und die reich geschmückten Haustüren. Im Heimatmuseum können wir uns über den Stammbaum der Familien von Heinrich und Thomas Mann, deren Herkunft in der Stadt liegt, informieren. Seit 1835 werden in Grabow Süßwaren produziert, heute hauptsächlich die Schokoküsse „Grabower Küsschen“, die auch vor Ort verkostet werden können.*

Müde und hungrig kämpfen wir uns im Gegenwind auf den letzten zwei Kilometern unserer Tagesetappe nach **Fresenbrügge** zum komfortablen *Wasserwanderrastplatz* auf dem *Camping Fresenbrügge*.

Als die Sonne schon hoch über den Bäumen steht, brechen wir auf und tauchen bald

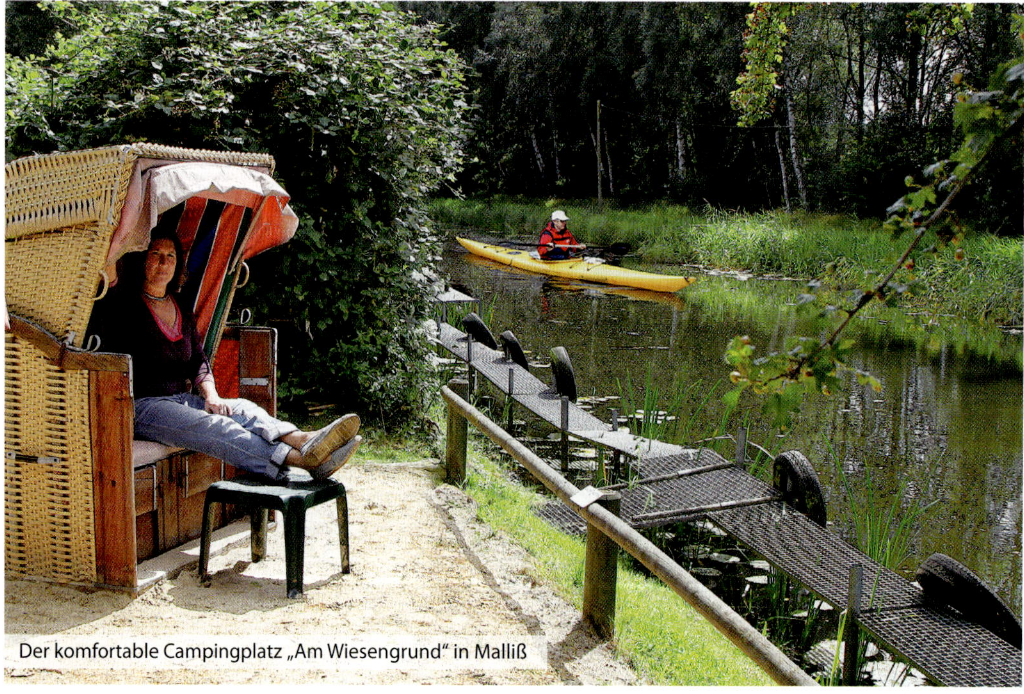

Der komfortable Campingplatz „Am Wiesengrund“ in Malliß

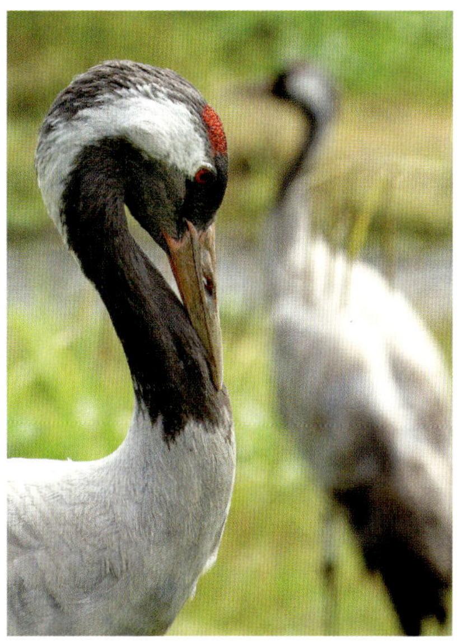

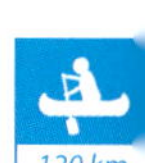

wieder in schattiges Grün ein. Hinter der ***Schleuse* Güritz** befindet sich links die Einfahrt in die Alte Elde, deren Befahrung leider nicht mehr erlaubt ist. Wir befinden uns nun mitten in der „Griesen Gegend". Durch eine herbe, schöne Heidelandschaft mit ausgedehnten Kiefernwäldern paddeln wir auf **Eldena** zu. Hinter der ***SB-Schleuse*** machen wir rechts im *Bootshafen* mit seiner großzügigen *Zeltwiese* unser Kanu fest, um durch das nette Dörfchen zu spazieren. *Der frühere Wohnort vieler Binnenschifferfamilien bietet als besondere Sehenswürdigkeit die im Jahre 1835 im gotischen Stil erbaute Dorfkirche.* Der wenige Kilometer weiter folgende *Bootsanleger & Camping* **Neu Göhren** verfügt über ein *Restaurant* und vermietet für Schlechtwettertage auch Wohnwagen sowie ein Mobilheim.

Nach weiteren zwei Kilometern geht es direkt vor der ***Schleuse Malliß*** rechts über den ***Ziegeleikanal*** zum schön gelegenen *Campingplatz „Am Wiesengrund"*, wo sich Paddler, neben vielen Aktivitäten (z.B. Stand Up Paddling oder Floßtour), auch ein Fahrrad mieten können, um die reizvolle Gegend zu erkunden. Kaum zu glauben, dass das nahegelegene **Malliß** bis vor gar nicht so langer Zeit ein Bergbauort war. *Von 1912-26 wurde Kali- und Steinsalz untertage abgebaut und bis immerhin 1960 sogar Braunkohle.*

Wir streben jedoch direkt auf den *Wasserwanderrastplatz „Find'shier"* vor der ***Schleuse „Findenwirunshier"*** zu. Das auf der linken Flussseite gelegene Wiesengrundstück ist ideal und bietet Platz für viele Zelte. Eine Feuerstelle, blitzblanke Sanitärräume und eine sehr stimmungsvolle und gemütliche Gaststätte mit einfachen Gerichten in dem schönen Fachwerkhaus laden zum Verweilen ein. *Die ehemalige backsteinerne Wassermühle gehörte bis 1922 zu einer Papierfabrik, dessen Papierqualität sogar auf dem internationalen Markt hohes Ansehen erlangte. Das historische Ensemble aus Mühle, Villa des Mühlenbesitzers und die dazugehörige Parkanlage mit seinem alten Baumbestand, stehen unter Schutz.*

Am nächsten Morgen passieren wir die ***Schleuse*** und nur einen Kilometer weiter die ***Schleuse*** von **Neu Kaliß** im Selbstbetrieb. Die letzten vier Kilometer auf der Müritz-Elde-Wasserstraße nach **Dömitz** sind etwas monoton. Daher freuen wir uns, unmittelbar vor der ***Schleuse*** des Elbestädtchens rechts das *WasserWanderZentrum Dömitz* zu erreichen.

Die 760 Jahre alte Festungsstadt hat eine der besterhaltenen Flachlandfestungen Nordeuropas. Der niederdeutsche Dichter Fritz Reuter, der darin mehr als ein Jahr inhaftiert war, hat mit seinem Werk „Ut mine Festungstid" wohl am meisten zu ihrem Bekanntheitsgrad beigetragen. Das Städtchen, das als Tor zu Mecklenburgs Wasserstraßen gilt, füllte jahrhundertelang sein Stadtsäckel mit der Erhebung von Schiffszöllen auf Elbe und Elde. Die erstmals 1237 erwähnte Burg ließ Herzog Johann Albrecht I. 1559 zum Schutz der Wasserwege zu einer Festung umbauen. Es lohnt sich, der vom italienischen Festungsbaumeister Francesco a Bornau als gleichmäßiges Fünfeck entworfenen Anlage mit dem beeindruckenden Festungstor aus Sandstein einen Besuch abzustatten. Im Jahre 1809 von den Franzosen stark zerstört, ist Dömitz heute ein hübsches und gemütliches Städtchen mit Fachwerkhäusern, deren Haustüren zum Teil mit wahren Meisterwerken der Schnitzkunst verziert sind. Die zwei mächtigen Elbbrücken, die am 20. April 1945 gesprengt wurden, galten einst als Symbol für die Teilung Deutschlands. Daher lag es nahe, dass der Wiederaufbau der Straßenbrücke als einer der ersten Verkehrsbauten nach der Wiedervereinigung Deutschlands in Angriff genommen wurde.

Eine Besonderheit hier sind die ***„Schmölener Berge"***, Wanderdünen, die durch die letzte Eiszeit den Dömitzern fast vor die Tür geschoben wurden. Kurioserweise wandern sie, was sich keiner erklären kann, entgegen der Windrichtung. Wer etwas länger in **Dömitz** verweilen möchte, dem sei eine Führung in den 400 Quadratkilometer großen *Naturpark Mecklenburgisches Elbetal* empfohlen. Ein beliebter Rastplatz für Großvögel auf ihrem Flug ins Winterquartier.

Fritz Reuter

konnte auf ein wahrlich ereignisreiches Leben zurückschauen. Der 1810 in Stavenhagen Geborene gilt als Mecklenburgs „Nationaldichter", der nach der Maxime arbeitete, nur über das zu schreiben, was er selbst erlebt hatte. In seinem 1847-50 geschriebenen Werk „Urgeschicht von Meckelnborg" setzt Reuter sich kritisch mit den sozialen Verhältnissen der damaligen Zeit auseinander; Forderungen wie die nach Aufteilung der großen Güter klingen geradezu radikaldemokratisch. Seine erste niederdeutsche Dichtung entstand 1853 in Altentreptow, aber seine schaffensreichsten Jahre verbrachte er in Neubrandenburg, wo auch sein engagiertestes Werk erschien, eine sozialkritische Versdichtung, die zu einer Anklageschrift gegen die sozialen Missstände in Mecklenburg zu Beginn des 19. Jahrhunderts wurde.

„Wegen Teilnahme an hochverräterischen burschenschaftlichen Verbindungen in Jena und wegen Majestätsbeleidigung..." sei Fritz Reuter „mit dem Beil vom Leben zum Tode zu bringen", so wollte es das Berliner Kammergericht. Friedrich Wilhelm III. begnadigte ihn zu 30 Jahren Festungshaft, von denen er sieben Jahre in verschiedenen Haftanstalten verbrachte, unter anderem auch in der Festung Dömitz. In seinem persönlichsten Werk „Ut mine Festungstid" schreibt er über diese Zeit. Als sein Hauptwerk gilt der in den Jahren 1862-64 entstandene Gesellschaftsroman „Ut mine Stromtid", in dem er den Alltag und die Probleme des mecklenburgischen Landstandes lebendig und realistisch beschreibt.

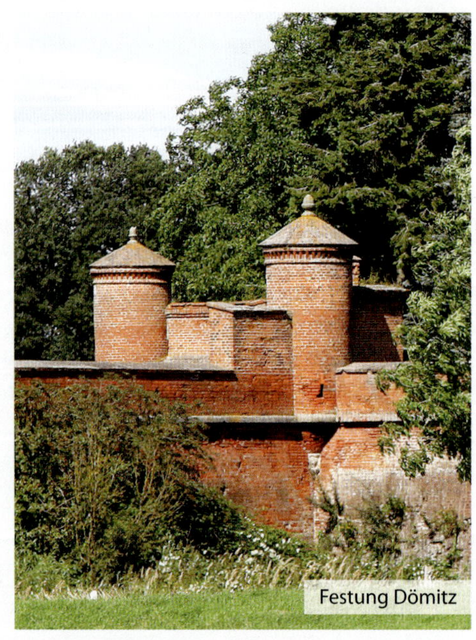
Festung Dömitz

Ihm, der nie den erwünschten juristischen Universitätsabschluss erreicht hatte, verlieh die Universität Rostock 1863 die Ehrendoktorwürde. Inzwischen durch seine literarischen Werke wohlhabend geworden, ließ Reuter sich im gleichen Jahr in Eisenach eine Villa bauen und siedelte in die Wartburgstadt über. Mit seiner Frau Luise unternahm er eine Reise in den Orient. Zum letzten Mal besuchte er Mecklenburg im Winter 1868, bevor ihn fünf Jahre später ein Schlaganfall an den Rollstuhl fesselte. Nach seinem Tod im Jahre 1874 gab sein Verleger eine Volksausgabe der Reuter-Werke heraus. Mit einer Auflage von über einer Million ist sie die höchste eines deutschen Autoren des 19. Jahrhunderts.

Obere Warnow, Mildenitz & Bresenitz

„Abenteuer Kanu-Camp" – Sternberger Seenland

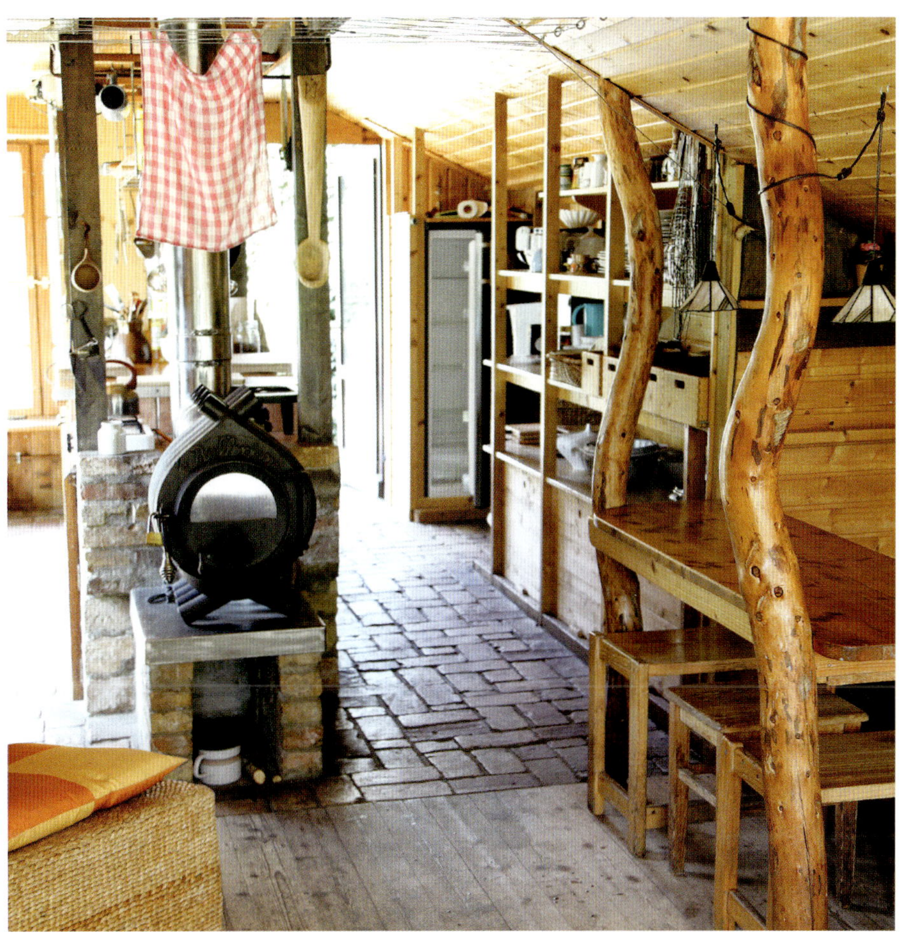

Tour 3

Infos Tour 3 a-c – Sternberger Seenland

Aktivitäten	Natur	Kultur	Baden	Hindernisse
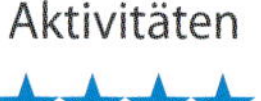	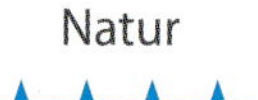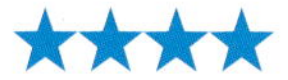	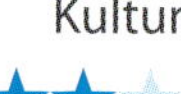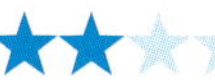		

Charakter der Tour

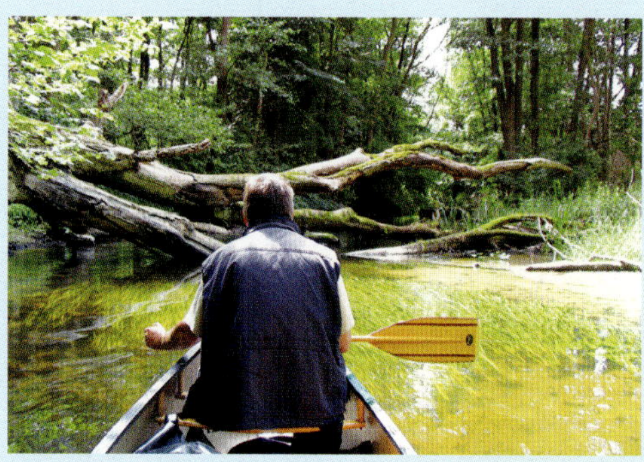

Lauscht man den Wasserwanderern abends am Lagerfeuer wird schnell klar: die Naturparks Sternberger Seenland und Nossentiner-Schwinzer Heide sind ein Kanu-Eldorado der ganz besonderen Art.

Wenige Kilometer östlich von Schwerin erstrecken sich in einer eiszeitlichen Endmoränenlandschaft nahezu unberührte Wälder, glasklare Seen und romantische kleine Flüsse. Highlights sind das Mildenitz- und das Warnow-Tal, letzteres das größte Durchbruchstal des Nordens mit Mischwäldern auf bis zu 30 Meter hohen Steilhängen. Die Tier- und Pflanzenwelt ist vielfältig. So sind neben Gebirgsstelze, Eisvogel, Fisch- und Seeadler seltene Orchideenarten und Leberblümchen zu finden. Sogar Spuren des Bibers lassen sich an fast jedem Gewässer entdecken. Da, wo dann mal die Natur der Bebauung weicht, prägen alte Kirchen, Klöster, Schlösser und Herrenhäuser das Antlitz dieser kulturhistorisch interessanten Landschaft.

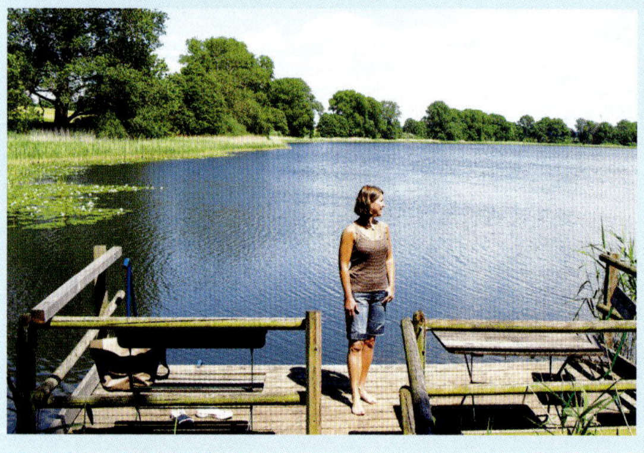

Berücksichtigen sollte man bei der Tourenplanung in diesem Gebiet die Gewässersperrungen und die wegen des Wasserstands nur sehr eingeschränkt befahrbare Bresenitz, sowie Teile der Mildenitz und des Warnowdurchbruchtals (s. Befahrungsregelung).

Befahrungsregelung

Die **Obere Warnow** ist **zwischen** den **Orten Langen Brütz und Zaschendorf** für den Bootsverkehr **ganzjährig gesperrt**!

Die gesamte Region ist ein ökologisch sensibles Gebiet. Man sollte daher die Gewässer nur in kleinsten Gruppen befahren und Feiertage wie Pfingsten und Himmelfahrt meiden! Darüber hinaus führen einige Flussabschnitte durch teils dichte Wald-, Sumpf- und Schilfwildnis oder auf hindernis- und strömungsreichem Wasser und sind somit für Anfänger ungeeignet!

Im Bereich des **Warnow-Durchbruchstals** zwischen Groß Görnow und Eickhof besteht **bei Niedrigwasser** (unter 30 Zentimeter Pegelstand) ein **Befahrungsverbot.** Dies gilt ebenso für die **Bresenitz**, die eine der letzten intakten Populationen der Gemeinen Flussmuschel aufweist, im Bereich der Garder Mühle und im Bereich der B 192. **An den Einsetzstellen weisen Schilder (Rot-Grün-Pegel) auf die Befahrbarkeit der Strecke hin.**

Die Website **www.warnow-pegel.de** informiert über die **Wasserstände** im **Warnow-Mildenitz-Gebiet** und damit über eine mögliche Befahrung. Unbedingt vorab informieren!

Drei Flüsse – vier Kanu-Camps: Drei Flüsse im Einzugsbereich von vier Kanu-Camps stellen wir hier vor. Die Camps bieten sich, neben anderen Veranstaltern und Herbergen, als Basisstation bzw. Kanurastplatz gleichermaßen an. Vorteil der Basisstation – am Abend ist „das Bett" schon gemacht.

Obere Warnow

A *KanuCamp Hennig in Sternberger Burg*
B *Kanu-Camp Weitendorf*
C *Naturdorf Eickhof*

Mildenitz, Bresenitz und angrenzende Seen

D *Kanucamp Borkow*
C *Naturdorf Eickhof*

Adressen und Anreise zu den vier Kanu-Camps

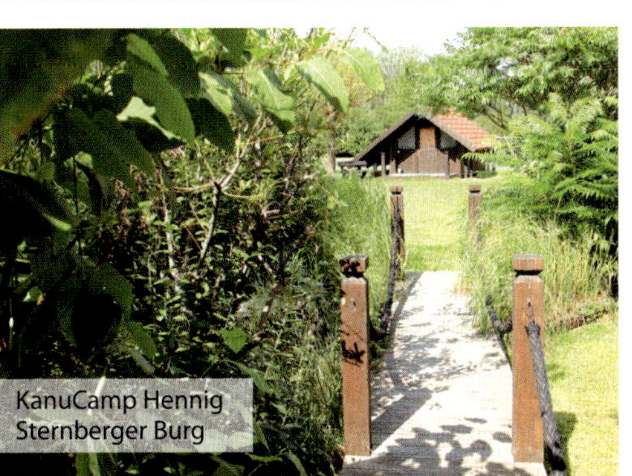

A KanuCamp Hennig Sternberger Burg

An der Mildenitz 10, 19406 Sternberger Burg
Tel. 0171-451 79 58, www.kanucamp-hennig.de

Anreise A14 Richtung Schwerin, Abfahrt 4 (Schwerin-Nord), B 104 nach Sternberg. Nach den Bahnschienen an der Ampel links Richtung Sternberger Burg / Groß Raden.

B Kanu-Camp Weitendorf

Hofplatz 6A, 19412 Weitendorf
Tel. 0171-814 79 11 & 0152- 597 999 52
www.kanu-camp-weitendorf.de

Anreise A14 Richtung Schwerin, Abfahrt 4 (Schwerin-Nord), weiter auf der B 104 über Sternberg nach Weitendorf. Dort an der Kreuzung rechts zum Camp abbiegen.

C Naturdorf Eickhof

Dorfstr. 14, 18249 Eickhof, Tel. (038462) 201 19 & 0174-945 02 30, www.naturdorf-eickhof.de

Anreise Aus Süden über die A14 Richtung Schwerin, Abfahrt 4 (Schwerin-Nord), B 104 über Sternberg und Groß Raden nach Eickhof.

Aus Norden kommend über die A20, Abfahrt 10 (Zurow), B192 über Warin und Warnow nach Eickhof.

D Kanucamp Borkow

Seestr. 6, 19406 Borkow
Tel. (038485) 254 68 & 01522-405 38 69
www.dschungelschute.de

Anreise A14 Richt. Schwerin, Abfahrt 4 (Schwerin-Nord), auf der B 104 nach Sternberg. Dort rechts auf die B 192 Richtung Dobbertin / Goldberg nach Borkow. Unmittelbar hinter der Brücke rechts abbiegen.

Kanu-Shuttle in der Region (auf Anfrage)

WANDERER-Aktivtour: Tel. 0170-554 35 53

Der **Bahnhof in Blankenberg** ist nicht weit. Sprechen Sie bei geplanter Anreise mit der Bahn die Platzbetreiber an, ob eine Abholung vom Bahnhof erfolgen kann.

Kanu- und Fahrradvermietung

meist bei den Kanu-Camps und Campingplätzen.

Kartenmaterial & Literatur-Tipps

Sternberger Seenland Bützower Land, *Rad- und Wanderkarte,* **1:50 000,** Klemmer Verlag.

Mila & Johann: Slawen und Deutsche an der Warnow, *Historischer Roman, Gerda Strehlow,* Redieck & Schade.

„Von Grebbin nach Warnemünde: Eine kulturgeschichtliche Wanderung entlang der Warnow", *Fred Ruchhöft,* Thomas Helms Verlag.

„Sagen und Geschichten Crivitz und Umgebung: 269 Sagen und Geschichten", *Frank & Evemarie Löser,* Rockstuhl Verlag.

„Fischotter Freddys Abenteuer an der Warnow", *ab 5 Jahre, Stankiewitz & Andresen,* Wiedenverlag Crivitz.

wohnungen ist ein beliebter Ausgangspunkt für Kanutouren. *Durch den Ort, der schon im Jahre 1317 erwähnt wurde, führte im Mittelalter der Landweg von Schwerin nach Rostock. Er wurde von zahlreichen Pilgern auf ihrer Wallfahrt nach Sternberg genutzt. Die anmutige Dorfkirche, ein klassizistischer Backsteinbau von 1780 mit mittelalterlicher Umfassungsmauer, weist eine interessante Ausstattung auf.*

Hinter der sich anschließenden Brücke öffnet sich schon bald der Wald und wir paddeln, wie schon zuvor zwischen Barniner See und Rönkendorfer Mühle, durch eine Wald- und Wiesenlandschaft, dem ***Warnowtal bei Gädebehn***. Bei **Augustenhof** machen wir hinter der dortigen Brücke am linken Ufer Rast, rutschen kurz darauf über eine ***Sohlgleite***, müssen einen Kilometer weiter an einem ***Wiesenwehr*** nochmal umtragen und ziehen an der ***Fischtreppe*** von **Vorbeck** unser Kanu kurz hinter der Straßenbrücke, unterhalb des Gutshofes an Land. Wer sich zuvor ein Zimmer reserviert hat, kann gleich nach Ankunft die Gegend erkunden. Für Hausgäste, die sich vor Ort ein Kanu gemietet haben, bietet der Gutshof auch einen Shuttle an.

Oberhalb des Gutshofes thront auf einem Hügel die alte Kirche von Vorbeck mit ihrem schönen Friedhof. Der frühgotische Ziegelbau, erbaut um 1317, fällt in die Zeit der ersten Erwähnung des Ortes. Aus der Zeit der Erbauung ist nur noch der Ostflügel der Kirche erhalten. Die Holzdeckenbemalung im Innern der Kirche stammt aus der Zeit um den Dreißigjährigen Krieg. Unter dem neugotischen linken Anbau befindet sich das Grabgewölbe der Familie von Bülow. Der Altaraufsatz von 1480 mit den geschnitzten, bemalten und vergoldeten Figuren aus Holz, wurde in einer Wismarer Werkstatt angefertigt.

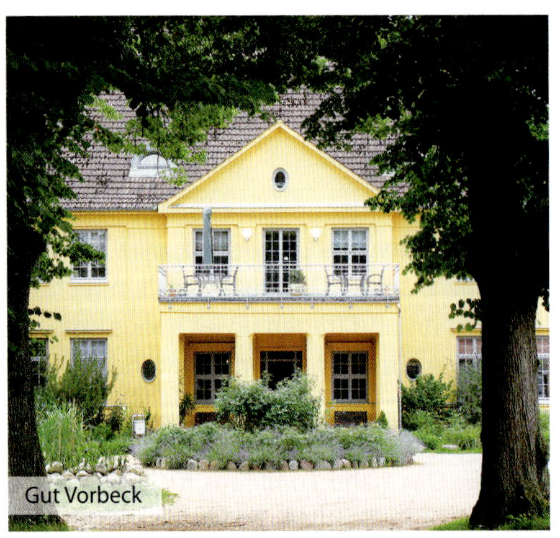

Gut Vorbeck

Wer nicht in **Vorbeck** übernachtet, sollte aber im *Gutscafé „HerzensGUT" (Mai-Sep Mi-So 12-18, Okt-Apr Fr-So 12-18)*, gleich neben dem historischen Gutshaus gelegen, die vielfältigen Tee- und Kaffeespezialitäten oder die köstlichen Kuchen und Torten probieren. Wer Lust auf was Herzhaftes hat, wie leckeren Burger oder Fisch, – rund einen Kilometer Fußweg entfernt liegt der *„Winston-Golfclub"*, einer der schönsten Golfplätze Deutschlands. Die Holzveranda des *Restaurants Kranichhaus* bietet einen herrlichen Blick über das gepflegte Grün in einen unvergleichlichen Sonnenuntergang.

Wieder auf dem Wasser, kommen wir schon bald zur Straßenbrücke, die **Kritzow** mit **Langen Brütz** verbindet. Hier beenden wir die erste Etappe auf der Oberen Warnow, wegen des nun folgenden ***Befahrungsverbots bis Zaschendorf.***

Rechter Hand gelangt man in die ***Kritzower Berge*** mit über 2.000 Jahre alten Hügelgräbern. Links geht es Richtung **Langen Brütz**, wo man noch ein Stück vor dem Ort erst auf das kleine *Waldglasmuseum*, daneben auf das *Landhaus Bondzio* trifft, das sich mit seinen Zimmern, Ferienwohnungen und dem *Restaurant* ebenfalls als Ausgangspunkt für Kanutouren auf der Oberen Warnow anbietet.

Wer die Warnow durchgehend befahren möchte, muss vorab einen Shuttle zwischen Langen Brütz und Zaschendorf vereinbaren.
Sven Muskulus von WANDERER-Aktivtour (Tel. 0170-554 35 53, www.wanderer-aktivtour.de) *bietet diesen Service an.*

Infos Tour 3b – Obere Warnow Teil 2

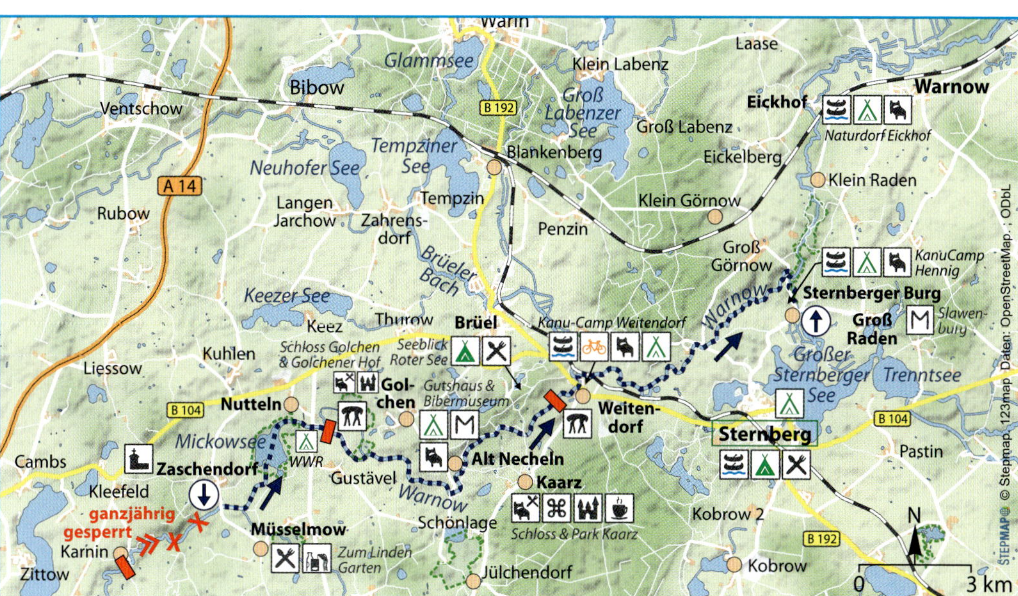

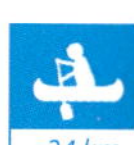

Länge & Dauer der Tour 24/29,5 km, 1-2 Tage

Umtragestellen Wehr Gustävel, Wehr Weitendorf (50 m). Evtl. ist bei Hochwasser das Paddeln gegen die Strömung der Mildenitz mühsam. Dann ist für den Transport zum KanuCamp Sternberger Burg ein Bootswagen hilfreich / gar nötig.

Pegelstand Die Website www.warnow-pegel.de informiert über die Wasserstände im Warnow-Mildenitz-Gebiet und damit über eine mögliche Befahrung. Unbedingt vorab informieren!

Einsetzstelle
Brücke bei Zaschendorf.

Mögliche Aussetzstellen
KanuCamp Hennig Sternberger Burg **(A)** oder Naturdorf Eickhof **(C)**

Zurück zum Pkw Die Kanu-Camp-Betreiber bieten einen Transportservice (teils nur für Mietkanus, bitte vorher erfragen).

Tipps für Tagestouren
1. Alt Necheln – KanuCamp Hennig (14 km)
2. KanuCamp Hennig – Naturdorf Eickhof (8 km)

Als Basisstation bieten sich an (siehe Seite 56)
A KanuCamp Hennig Sternberger Burg
B Kanu-Camp Weitendorf
C Naturdorf Eickhof

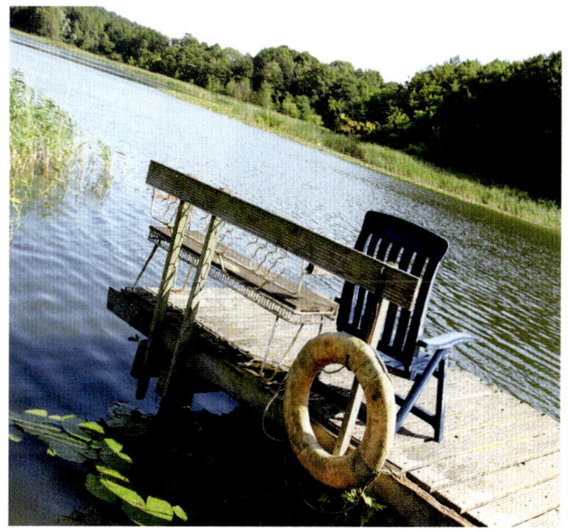

Übernachtung in Wassernähe

Alt Necheln
Gutshaus Alt Necheln
(Biwak, FeWo mind. 2 Nächte)
Dorfstr. 6, Tel. (038483) 297 10
www.meingutshaus.de

Kaarz
Schloss Kaarz
Obere Dorfstraße 6, Tel. (038483) 30 80
www.schloss-kaarz.m-vp.de

Sehenswürdigkeiten

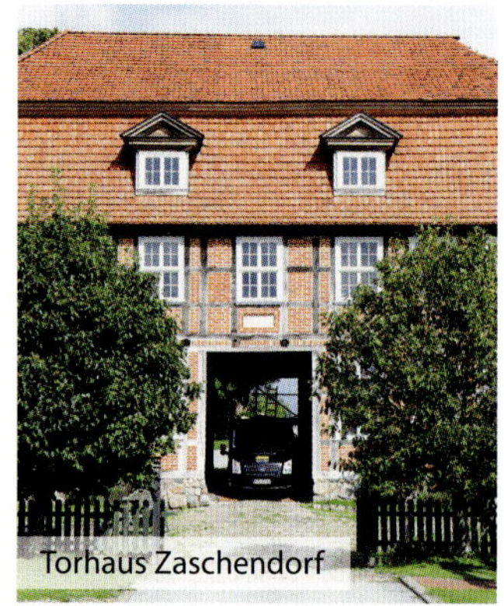
Torhaus Zaschendorf

Zaschendorf Fachwerkkirche (17. Jh.), Torhaus (18. Jh.).

Müsselmow Gotische Backsteinkirche (15. Jh.).

Alt Necheln Bibermuseum „Haus Biber & Co.", Naturschutzstation.

Kaarz Klassizistisches Schloss mit eindrucksvollem denkmalgeschützten Park (Übernachtungsmöglichkeit, www.schlosskaarz.de).

Groß Görnow Warnow-Durchbruchstal, hölzerne Warnow-Brücke und ehemalige slawische Höhenburg, steinzeitliche Grabanlage aus Findlingen.

24 km

Groß Raden Slawenburg – Archäologisches Freilichtmuseum (www.freilichtmuseum-gross-raden.de), Kirche (13./14. Jh.), Oldtimer-Museum (www.oldtimermuseum-grossraden.de).

Sternberg Mittelalterlicher Stadtkern, frühgotische Stadtkirche St. Maria und Nikolaus (13./14. Jh.), Rathaus (1850), Heimatmuseum (bis ca. 2022 wegen Sanierung geschlossen).

Auskunft *Tourist-Info Sternberg,* Am Markt 3, Tel. (03847) 44 45 35, www.tourismus.stadt-sternberg.de

Obere Warnow -Teil 2: Zaschendorf – Sternberger Burg

Die Betreiber der Kanu-Camps bringen die Paddler mit den Mietkanus zur Straßenbrükke bei **Zaschendorf**, wo eingesetzt wird. Eine durchgehende Befahrung der ***Oberen Warnow*** ab Barnin (Teil 1) ist leider nicht möglich, denn zwischen Langen Brütz und Zaschendorf ist der Fluss ***ganzjährig gesperrt***.

Wer Hunger hat, dem sei in **Müsselmow** der 2 km entfernte *Gasthof „Zum Linden Garten" (Di Ruhetag, Tel. (038486) 338 26)*, mit seiner günstigen und leckeren Hausmannskost wärmstens empfohlen. Sogar eine bescheidene Einkaufsmöglichkeit findet man im Hinterzimmer. *Die gotische Backsteinkirche aus dem 15. Jh. wurde von Schülern, Lehrern und Studenten aus verschiedenen Regionen mit Hilfe von Spenden und fachlicher Unterstützung vorbildlich saniert.*

Das am linken Warnowufer liegende **Zaschendorf** ist bekannt durch die *aus dem 17. Jh. stammende Fachwerkkirche, einer nach dem Dreißigjährigen Krieg gebauten Notkirche. Das Torhaus aus dem 18. Jh. in der Einfahrt zur Gutsanlage wurde später als Kornlager genutzt und ist in dieser Größe in Mecklenburg einmalig.*

Vor dem ***Mickowsee*** wird der Fluss zusehends träger und wir müssen kräftig paddeln um voranzukommen. Der flache See hat eine Länge von rund 2 Kilometern, eine Breite von 900 Metern und eine durchschnittliche Tiefe von 0,7 Metern. Die Ufer sind komplett von Schilfrohr umgeben. Der ***Mickowsee***, an dem auch Kormorane und Seeadler leben, wird als Fischereigewässer genutzt und ist zum Baden wegen der geringen Tiefe und des schlammigen Seegrundes nicht geeignet. *Vor dem Zweiten Weltkrieg wurde der See als Bombenabwurfübungsgebiet der Wehrmacht genutzt.* Er darf nur entlang der ausgetonnten Strecke durchfahren werden. An seinem Ende erblicken wir am Rande des Örtchens **Nutteln** ein Herrenhaus, das von weitem wie ein Märchenschloss anmutet, bei näherer Betrachtung sich aber als ein villenartiger Klinkerbau mit Türmchen aus dem 19. Jh. darstellt.

Einen Kilometer hinter dem Seeausfluss kommen wir am an der Straßenbrücke **Nutteln – Gustävel** liegenden *Wasserwanderrastplatz* vorbei. Das Wiesengrundstück verfügt allerdings über keinerlei sanitäre Anlagen, bietet sich aber gut als Einsetzstelle an. Das *Wehr* bei **Nutteln** kurz danach ist leicht zu umtragen und ab hier ist die Tour absolut familientauglich, da keine wirklichen Hindernisse mehr zu erwarten sind. Allerdings kann im Laufe des Sommers die Fahrt durch starke Verkrautung erschwert werden. Gemütlich lassen wir uns von der leichten Strömung forttragen und beobachten die vielen Fische im klaren Wasser.

Hinter der Straßenbrücke, die **Golchen** *(Schloss, Bauernhofhotel)* mit **Schönlage** verbindet, könnte man rechts anlegen, um den knappen Kilometer ins Dorf **Schönlage** hinaufzulaufen. *Schon der Name weist auf die „schöne Lage" des ehemaligen Gutes am Schönlager See hin. Das eigenwillige unsanierte Herrenhaus stammt in seinem Kern vermutlich aus dem 18. Jh., im 19. Jahrhundert wurde es im Stil der Backsteinneogotik umgebaut. Der seitliche Anbau besitzt einen bemerkenswerten Treppengiebel mit ornamentaler Fassadengestaltung. Reste des Parks erstrecken sich bis zum Schönlager See mit reizvoller Badestelle.*

Bald erreichen wir die „Zweimännerbrükke", die ihren Namen den zwei in die der Brücke vorgelagerten Pfeiler geschnitzten Männerköpfe verdankt. Kurz vor der Brücke legen wir links am Steg an und gehen die wenigen Schritte hinauf ins idyllische Mini-Dörfchen **Alt Necheln**. Vorbei am *Gutshaus*, kommen wir zum *„Haus Biber & Co"*, einer Naturschutzstation samt *Bibermuseum*, das zu den Sehenswürdigkeiten in dieser stillen Gegend zählt. Jedes Jahr im April treffen sich hier zahlreiche Biberexperten und Biberbegeisterte zum „Biber-Tag".

Nur zwei Kilometer weiter legen wir hinter der nächsten Fußgängerbrücke abermals an. Über einen sandigen Feldweg gelangen wir zum Waldrand, hinter dem sich das klassizistische *Schloss Kaarz* mit den zurückhaltenden Fassaden verbirgt. *Auffallend ist der große Turm mit seiner originalen, gusseisernen Wendeltreppe, von dem aus man als Hotelgast einen schönen Blick ins Warnowtal hat. Nicht selten nutzen Gäste das stilvolle Hotel als Ausgangspunkt zu Kanufahrten auf Warnow und Mildenitz. Gut Kaarz wurde im 17. Jh. gegründet und war bis*

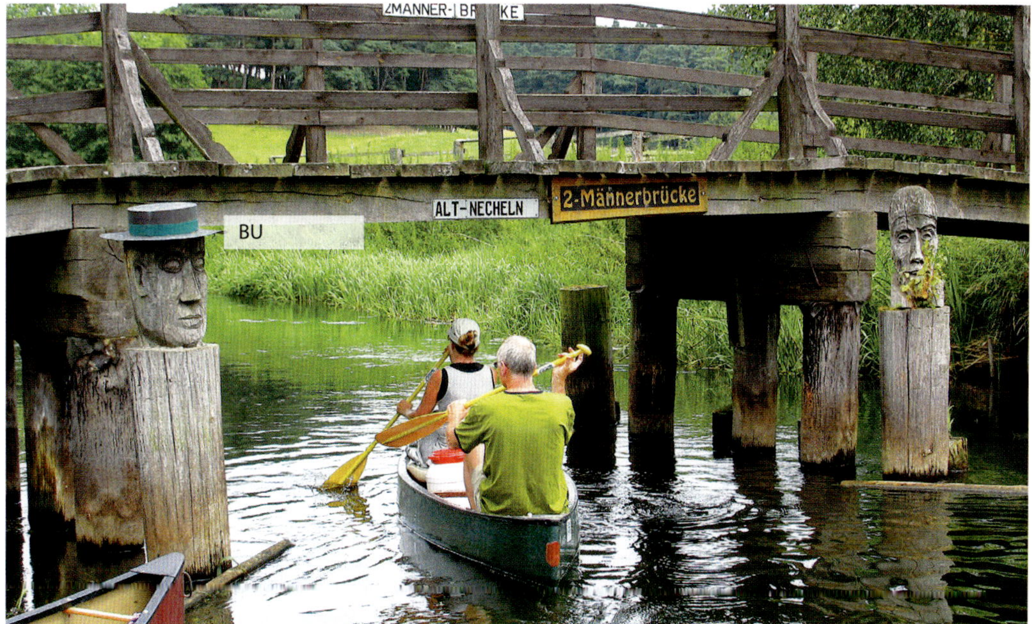

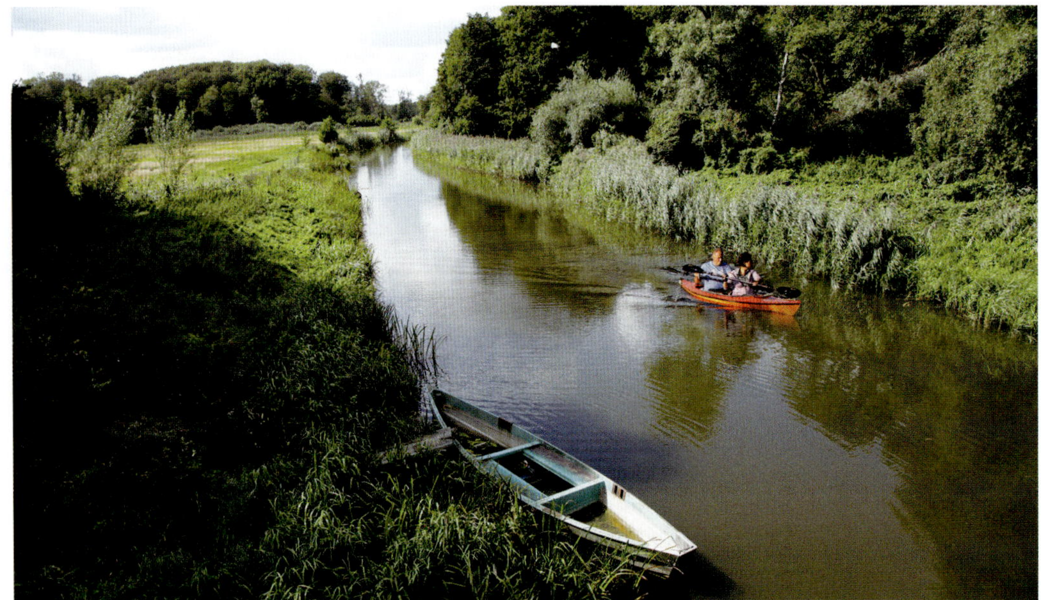

zum Jahre 1869 im Besitz der Familie von Bülow, bevor es der Hamburger Reeder und Kaufmann Julius Johann Hüniken erwarb. Er gestaltete das Schloss als „Turmvilla" und ließ den schönen Park als englischen Landschaftspark anlegen. Die Anlage beeindruckt mit seltenen Bäumen und Pflanzen, unter anderem finden sich hier mehrere über 500 Jahre alte Eichen, Douglasien und Zypressen. Das im Sommer täglich geöffnete Café (12-17 Uhr, Nov-Mär nur Fr-So) ist bekannt für den Kaarzer Apfelkuchen, der nach traditionellem Rezept frisch gebacken wird. Die Früchte hierfür stammen aus dem jahrhundertealten Obstgarten, welcher zum sieben Hektar großen, denkmalgeschützten Schlosspark gehört.

Durch Wiesen und Wald paddeln wir **Weitendorf** entgegen, an dessen ***Fischtreppe*** wir unser Kanu eigentlich umtragen müssten, um unter der Brücke ***(Achtung: flotte Strömung, Kentergefahr, bei Niedrigwasser, kritisch für Faltboote)*** der Bundesstraße hindurch kurz darauf den großen hölzernen Steg des *Wasserwanderplatzes Weitendorf (Camping, Hütten)* zu erreichen. Allerdings muss bis 2022 wegen Brückenerneuerung an der Fischtreppe ausgesetzt, und ca. 550 m über die Bundesstraße hinweg, bis zum Wasserwanderrastplatz umtragen werden. Das dortige *„Kanu-Feriencamp"* bietet einen umfassenden Service an. Einzelwanderer und Gruppen bis max. 32 Personen können in acht Ferienhäusern übernachten. Im Gemeinschaftshaus sind zusätzlich Aufenthaltsraum, Duschen und Küche vorhanden. Ebenso gibt es eine Kanu- und Fahrradvermietung mit dem dazugehörigen Transportservice. Beachten sollte man, dass Weitendorf weder über Einkaufsmöglichkeiten noch gastronomische Einrichtungen verfügt. Etwa 2 km Fußweg sind es zum *Restaurant „Seeblick Roter See" (Tel. 0171-483 10 41, www.rotersee.de)* am **Roten See**.

Kurz hinter dem Rastplatz fließt von links der ***Brüeler Bach*** in die Warnow. Die leicht hügeligen Hänge erstrahlen im Frühsommer im leuchtenden Gelb der Rapsfelder. An der Straßenbrücke bei **Sagsdorf** erinnert oben an der Straße ein *Gedenkstein daran, dass zwischen 1275 und 1549 der Mecklenburgische Landtag an dieser Stelle im Freien tagte.*

Nach drei Kilometern kann man noch einmal am rechten Ufer an einem Parkplatz vor der Straßenbrücke gut rasten. Wasserwanderer, die sich die manchmal beschwerliche Fahrt auf der Mildenitz gegen die Strömung bis zum *KanuCamp Hennig* ersparen wollen, sollten sich hier entweder vom Platzbetreiber abholen lassen oder die Kanus mit dem Kanuwagen den knappen Kilometer die Straße hinauf transportieren. Wir sammeln unsere Kräfte und müssen aufpassen, dass wir das Schild, das nach rechts zum Camp weist, nicht übersehen. Froh sind wir dann, als wir uns gegen die zu dieser Jahrezeit flotten Strömung die eineinhalb Kilometer ***Mildenitz*** bis zum hölzernen Anleger des Örtchens **Sternberger Burg** gekämpft haben. Mit dem Kanuwagen sind es nur wenige Meter zum *Camp*. Gerade noch rechtzeitig erreichen wir die heimelige, hölzerne Gemeinschaftshütte, bevor strömender Regen einsetzt.

Der Biber

lebte einst an allen großen Flüssen – in Deutschland konnte er nur in kleiner Zahl an der Mittleren Elbe überleben. Sein Pelz war als Kleidung begehrt und sein Fleisch wurde als Fastenspeise gegessen. Auch im Gebiet der Sternberger Seenlandschaft war er nachweislich schon früher heimisch, wurde aber im 19. Jahrhundert ausgerottet. Erst ab 1990 erfolgte seine Wiederansiedlung. Als größtes Nagetier unserer Heimat, kann sein plumper, nach hinten stärker werdender Körper eine Länge von einem Meter erreichen. Der Schwanz, auch Kelle genannt, ist von schuppenartigen Hautplättchen bedeckt und wird etwas 30 Zentimeter lang. Er dient zur Speicherung von Fett und als Thermoregulator. Ein ausgewachsener Biber kann bis zu 30 kg schwer werden. Sein braunes Fell ist mit 23.000 Haaren pro Quadratzentimeter (Mensch: bis zu 600) sehr dicht und schützt vor Nässe und Auskühlung. Der Pelz wird regelmäßig gereinigt und mit einem fetthaltigen Sekret, dem sogenannten Bibergeil, gepflegt. Beim Tauchen werden Nase und Ohren verschlossen, so können Biber bis zu 20 Minuten tauchen.

Seine Lebensräume sind Gewässer unterschiedlicher Größe und Tiefe, aber vorwiegend werden jedoch mittlere und kleine Seen, Teiche, Altarme und kleine Fließgewässer besiedelt. Die Nahrung ist ausschließlich vegetarisch. An den Uferzonen wachsende Weiden, Erlen, Birken und Pappeln, aber auch Harthölzer, wie Eichen, Buchen, Ulmen und Eschen werden zu Fall gebracht und dienen im Herbst und Winter als Rindennahrung. Mit Hilfe der ständig nachwachsenden, großen Schneidezähne, die orange bis dunkelrotbraun gefärbt sind, benagt er Rinde, kleine Zweige, Blätter und Knospen. Interessant ist, dass Biber ihre Nahrung zweimal aufnehmen, um sie auszunutzen. Tatsächlich scheiden sie taubeneigroße Kotballen aus, die zu fast 100% aus Holzspänen bestehen.

Der Biber hält keinen Winterschlaf, ist in der Frostzeit aber weniger aktiv. Starke Äste und Zweige werden zum Teil für den Bau seiner Wohnungen und der Staudämme verwendet. Dabei gibt es unterschiedliche Bauanlagen. Ins Ufer gegrabene Erdröhren, mit Holz und schlammbedeckte Uferbaue oder frei im Wasser stehende Biberburgen. In allen Bauten ist ein Wohnkessel vorhanden, der mit pflanzlichem Material ausgepolstert ist, wo dann, nach der von Januar bis März reichenden Paarungszeit, nach etwa drei Monaten einmal jährlich ein bis fünf Junge geboren werden. Im Alter von zwei bis drei Jahren werden sie geschlechtsreif und aus dem Familienverband vertrieben.

Der Biber ist das einzige Säugetier, das aktiv seine Umwelt gestaltet und trägt somit wesentlich dazu bei, für viele Pflanzen- und Tierarten Lebensraum zu schaffen. Derzeit gibt es im Naturpark Sternberger Seenland zwischen 90 und 95 Biberreviere.

Quelle: Naturschutzbund Deutschland/Nitsche

Infos Tour 3c – Mildenitz & Bresenitz

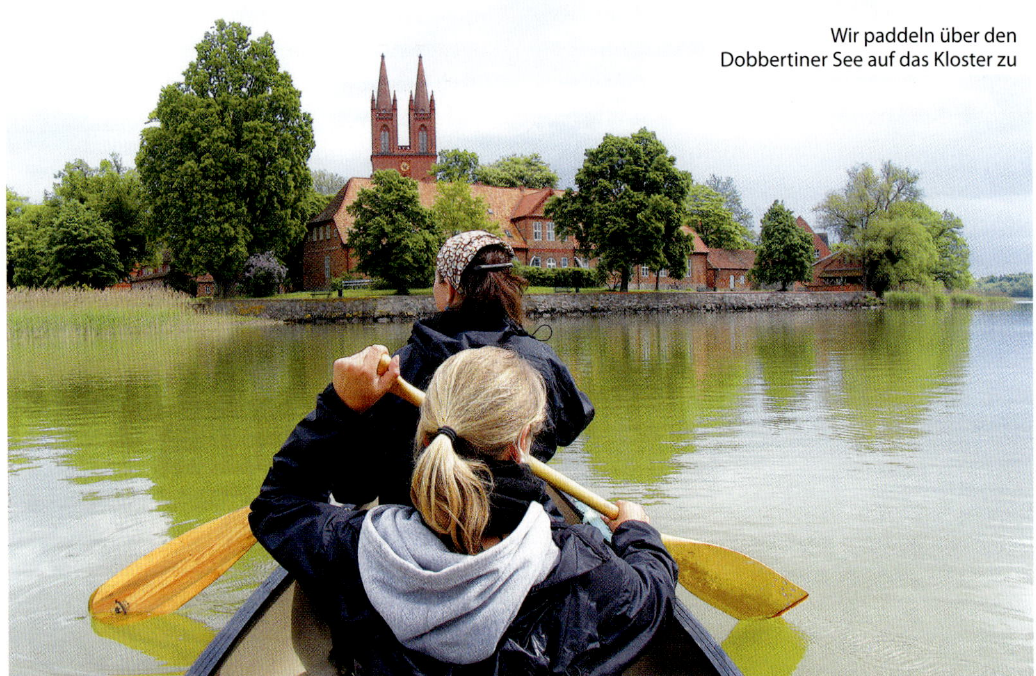
Wir paddeln über den Dobbertiner See auf das Kloster zu

Länge & Dauer der Touren
20 km und 19 km, je 1 Tag

Pegelstand www.warnow-pegel.de
informiert über die Wasserstände im Warnow-Mildenitz-Gebiet und damit über eine mögliche Befahrung. Unbedingt vorab informieren!

Zurück zum Pkw Die Kanu-Camp-Betreiber bieten einen Transportservice (teils nur für Mietkanus), bitte vorher erfragen/buchen.

Tipps für Tagestouren –
jeweils zurück mit WANDERER-Aktivtour

1. Dobbertin – Borkow (12 km)
2. Garder See – Borkow (11 km)
3. Garder See – Kukuk / Kleinpritzer See (14 km)

Als Basisstation bieten sich an (siehe Seite 56)

D Kanucamp Borkow
A KanuCamp Hennig Sternberger Burg
C Naturdorf Eickhof

Sehenswürdigkeiten

Goldberg Kirche (13./17. Jh.), Natur-Museum Goldberg mit Bauerngarten in der ehem. Wassermühle (*Mo-Mi & Fr 10-12 & 13-14*, Tel. (038736) 404 43, zusätzliche Termine auf www.amt-goldberg-mildenitz.de).

Dobbertin Ort Kloster (13. Jh.) mit Klosterkirche, einzige zweitürmige Kirche in Mecklenburg (www.dobbertin.de).

Woserin Kirche (Feldsteinbau 13. Jh.).

Borkow Kapelle (16. Jh.)

Amt Goldberg

Auskunft ***Tourismusverein Goldberg*** Lange Str. 63, Tel. (038736) 411 33, www.waelder-seen-mehr.de

Übernachtung in Wassernähe (in der Reihenfolge des Tourenverlaufs)

Tour Mildenitz

Dobbertin
Campingplatz am Dobbertiner See
(Camping und Bungalows)
Am Zeltplatz 1
Tel. 0174-737 89 37
www.campingplatz-dobbertin.de

Hotel und Gasthaus Zwei Linden
Platz der Arbeit 1
Tel. (38736) 424 72
www.zwei-linden.com

Insel-Hotel Dobbertin
An der Mühle 2
Tel. (038736) 802 43
www.insel-hotel-dobbertin.de

Kläden
Ferienwohnungen
„Alte Mühle Dobbertin"
Alte Mühle
Tel. (038736) 423 58
www.alte-muehle-dobbertin.m-vp.de

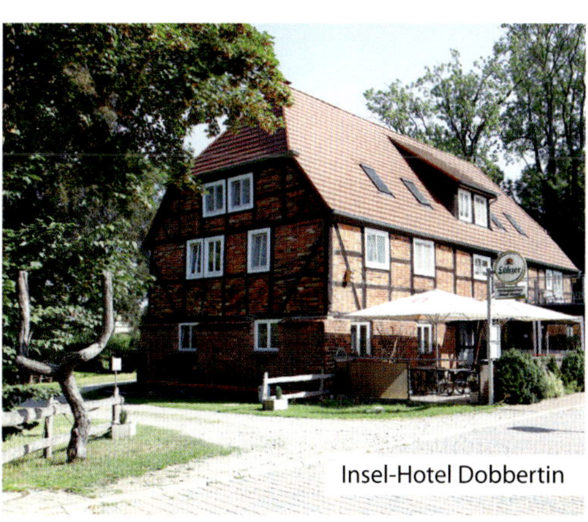
Insel-Hotel Dobbertin

Nicht an der Route gelegen

Rothen
Gutshaus Rothen
(keine Anlegemöglichkeit / nur Badestelle)
nebenan tolles Restaurant „Zur Rothen Kelle"
Kastanienweg 4-5
Tel. (038485) 502 50
www.gutshausrothen.de

Tour Bresenitz

Garden (OT von Lohmen)
Campingplatz am Garder See
(Zelt, Camping-Pod, Bungalow)
Am See 3, Tel. (038458) 207 22
www.campingplatz-gardersee.de

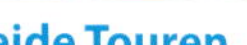

Beide Touren

Borkow
Haus am Walde (großes Gruppenhaus)
Am Bahnhof 5, Tel. (038485) 202 61
& 0172-303 95 41
www.schweriner-seenplatte.de

Kanucamp Borkow **(D)** siehe Seite 56

Schlowe
Ferienbungalows direkt am See
Uhlenhorst 6b, Tel. (038485) 202 61
& 0172-303 95 41
www.schweriner-seenplatte.de

Klein Pritz
Campingplatz Klein Pritz
Kastanienallee 10, Tel. (038485) 200 60
www.camping-kleinpritz.de

Kukuk
Camping & Friesenhof Kukuk
(Camping und FeWo)
Seestr. 6, Tel. (038485) 204 95
www.camping-kukuk.de

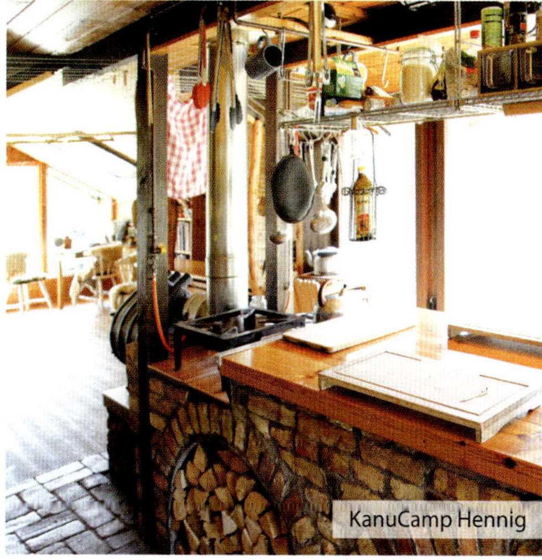
KanuCamp Hennig

Auf der Mildenitz Goldberg – Borkow

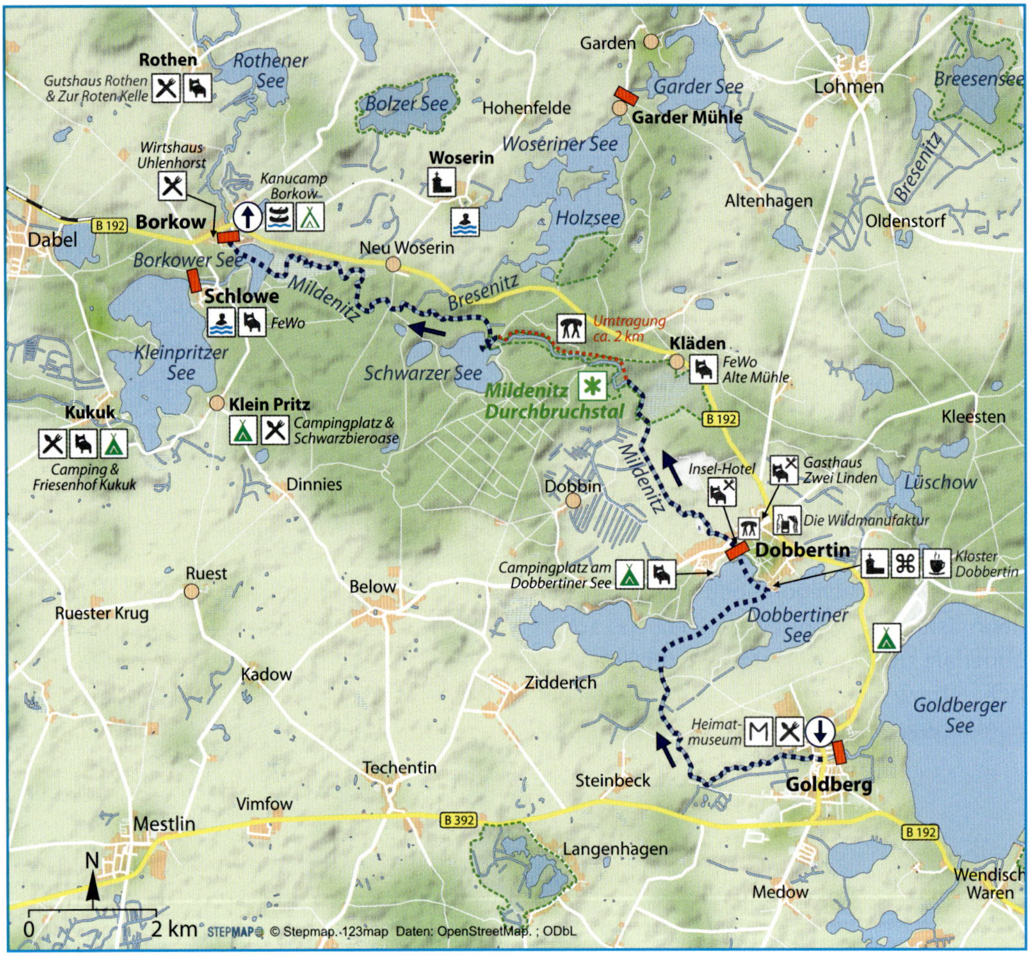

Länge & Dauer der Tour 20 km, 1 Tag

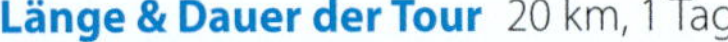

Umtragestellen Dobbertiner Mühle 75 m, Mildenitz-Durchbruchstal 2 km. Kanuwagen erforderlich!

Pegelstand www.warnow-pegel.de
Die mögliche Befahrung hängt stark vom Wasserstand ab. Unbedingt vorab informieren!

Einsetzstelle Goldberg

Aussetzstelle Kanucamp Borkow **(D)**

Zurück zum Pkw Die Kanu-Camp-Betreiber bieten einen Transportservice (für Mietkanus) an.

Nicht weniger schön und abwechslungsreich als die Obere Warnow ist die ***Mildenitz*** mit den sie umgebenden Seen. Gleich zwei tolle Tagestouren zwischen dem *Kanucamp Borkow* und Goldberg bzw. Dobbertin faszinieren mit ihrer einzigartigen Wald- und Sumpfwildnis, der artenreichen Flora und Fauna, den sauberen Seen und jeder Menge Einsamkeit. ***Eine durchgehende Befahrung ist leider nicht immer möglich, sie hängt stark vom Wasserstand ab.***

Am frühen Morgen lassen wir uns vom Kanuvermieter zur Einsetzstelle nach **Goldberg** bringen. Das Zelt haben wir praktischerweise auf dem *Kanucamp Borkow* schon aufgestellt, so bleibt uns dies am Abend erspart, wenn wir müde und abgekämpft ankommen.

Unweit des *Heimatmuseums Goldberg*, am Steg zwischen Brücke und ***Wehr***, setzen wir ein. Vorbei an Häusern und Gärten geht es durch **Goldberg**. Unter den Brücken ist das Wasser stellenweise sehr flach.

Auf den nächsten sechs Kilometern folgt eine etwas eintönige Wiesen- und Auenlandschaft. Die recht hohe Böschung gibt nur selten den Blick ins Land frei. An einer sehr ***niedrigen Brücke*** müssen wir rechts wenige Meter ***umtragen***, bevor wir, kurz vor dem Dobbertiner See, nochmal eine Brücke unterfahren. ***Im Spätsommer sollte man wegen evtl. Verkrautung diesen ersten Abschnitt besser meiden und gleich in Dobbertin in die Mildenitz einsetzen.***

Jetzt aber genießen wir erst einmal den etwa fünfeinhalb Kilometer langen und maximal einen Kilometer breiten ***Dobbertiner See***, der eine hervorragende Wasserqualität hat. Bei starkem Wind bauen sich schnell beeindruckend hohe Wellen auf, da er durchschnittlich nur viereinhalb Meter tief ist. Er wird durch mehrere in den See ragende Halbinseln in vier markante Bereiche geteilt. Seine Ufer sind schilfbestanden, doch findet sich immer wieder eine lauschige Bucht, wo es sich rasten lässt.

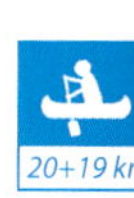

Richtung Nordosten paddelnd, sehen wir hinter einer Landspitze dann die imposante Klosteranlage in der Ferne am nördlichen Seeufer vor uns auftauchen. Eine große ausladende Bucht überquerend, an dessen Ufer der örtliche *Campingplatz* liegt, halten wir schnurstracks auf den kleinen Sandstrand des **Klosters Dobbertin** zu.

Benediktinermönche erbauten im Zuge der Christianisierung etwa im Jahre 1220 das Kloster, das wenig später in ein Nonnenkloster umgewandelt wurde. Als 1549 der Mecklenburger Landtag an der Sagsdorfer Brücke bei Sternberg beschloss, den lutherischen Glauben in Mecklenburg einzuführen, wurde das Kloster trotz heftigen Widerstandes säkularisiert und 1572 in ein Stift für adlige Damen umgewandelt.

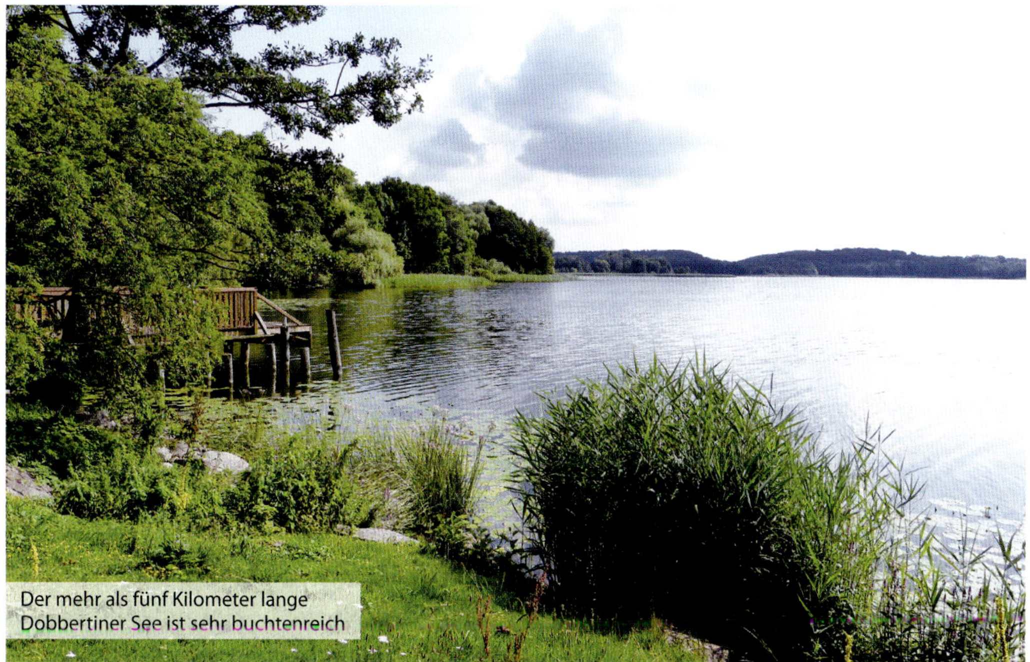

Der mehr als fünf Kilometer lange Dobbertiner See ist sehr buchtenreich

Mitte des 19. Jahrhunderts baute Georg Adolf Demmler nach Plänen von Karl Friedrich Schinkel die Kirche um. Nach dem Zweiten Weltkrieg wurden hier sowjetische Truppen stationiert, die zahlreiche historische Zeitzeugnisse zerstörten. Heute befindet sich auf dem Gelände ein Pflegeheim und Werkstätten für Behinderte. Von ihnen wird das *Kloster-Café* im Brauhaus betrieben. Wer will, kann sich auch einer lohnenden Führung durchs Kloster anschließen oder im Klosterladen ein kreatives Mitbringsel erwerben.

Durch den großen, harmonischen Klosterpark gelangt man nach einem Kilometer in den Ort **Dobbertin**, wo *„Die Wildmanufaktur"* in ihrem *Hofladen (Mo-Fr 9-16, Schulstr. 1a, Tel. (038736) 814 04)* Wildspezialitäten verkauft, die größtenteils aus dem Naturpark Nossentiner/Schwinzer Heide stammen.

Etwas später paddeln wir auf dem ***Dobbertiner See*** am Ufer entlang Richtung Nordwesten und halten am Ende des Klosterparks rechts zwischen dem Schilf auf den schmalen Seeausfluss zu. Dort befindet sich die ***Fischtreppe,*** vor der wir aussetzen und mit dem ***Bootswagen ca. 300 Meter*** bis zur *„Schulstraße"* ***umtragen***. Jenseits der Straßenbrücke können wir am linken Ufer wieder einsetzen.

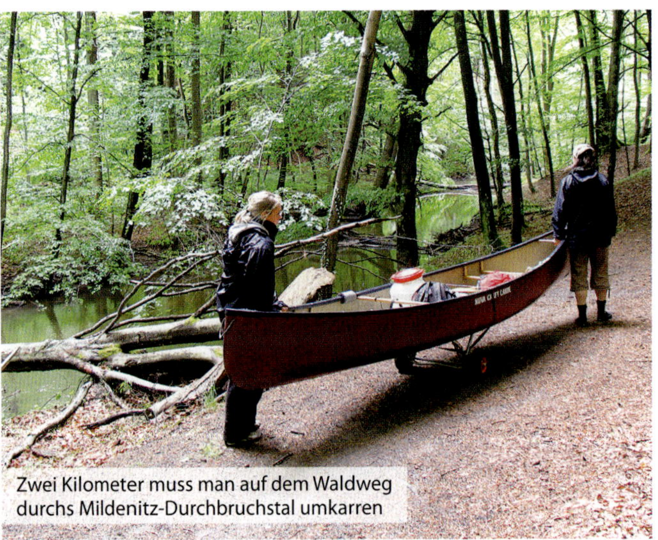
Zwei Kilometer muss man auf dem Waldweg durchs Mildenitz-Durchbruchstal umkarren

Anfangs ist die ***Mildenitz*** noch flach. Aber schon bald wird der Fluss tiefer und die Feld- und Wiesenlandschaft weicht einem immer dichter werdenden Wald. Dann ist die *Alte Mühle Dobbertin (FeWo)* im Ortsteil **Kläden** erreicht. Hier könnte man am rechten Ufer an einem Rastplatz mit überdachter Holzsitzgruppe eine Pause einlegen.

Nur wenig weiter beginnt auf etwa zwei Kilometern Länge, mit vielen Baumhindernissen die sogenannte ***„Klädener Plage"***, das eigentliche ***Mildenitz-Durchbruchstal***, mit einer beeindruckenden Wald- und Sumpfwildnis. *Es entstand nur durch die erodierende Kraft des fließenden Wassers. Bis vor etwa 10.000 Jahren existierte zwischen der Klädener Plage und dem Dobbertiner See ein riesiger See, in dem sich Zuflüsse von der Endmoräne sammelten. Klimatische Veränderungen und fallende Wasserstände in den Seen führten vor 8.000 Jahren zur allmählichen Talvertiefung durch Einschneiden des abfließenden Wassers.*

Anstatt auszusetzen paddeln wir weiter. Fasziniert schauen wir hinab auf den sandigen Grund, über den zahlreiche, selten gewordene Fische wie Güster, Ukelei und Gründling durchs klare Wasser flitzen. Das hoch aufragende Ufer ist von herrlichem Buchenwald bestanden. Mit der Besiedlung durch den Menschen wurden Buchenwälder eigentlich großflächig gerodet. Da die hügelige und für Ackerbau wenig geeignete Gegend über Jahrhunderte sich selbst überlassen blieb, konnten diese Buchenwälder entstehen, denn unter ihrem dichten Kronendach wuchsen mangels Licht keine anderen Baumarten.

Nach wenigen hundert Metern resignieren wir angesichts zahlreicher, im flachen Wasser liegender Baumstäm-

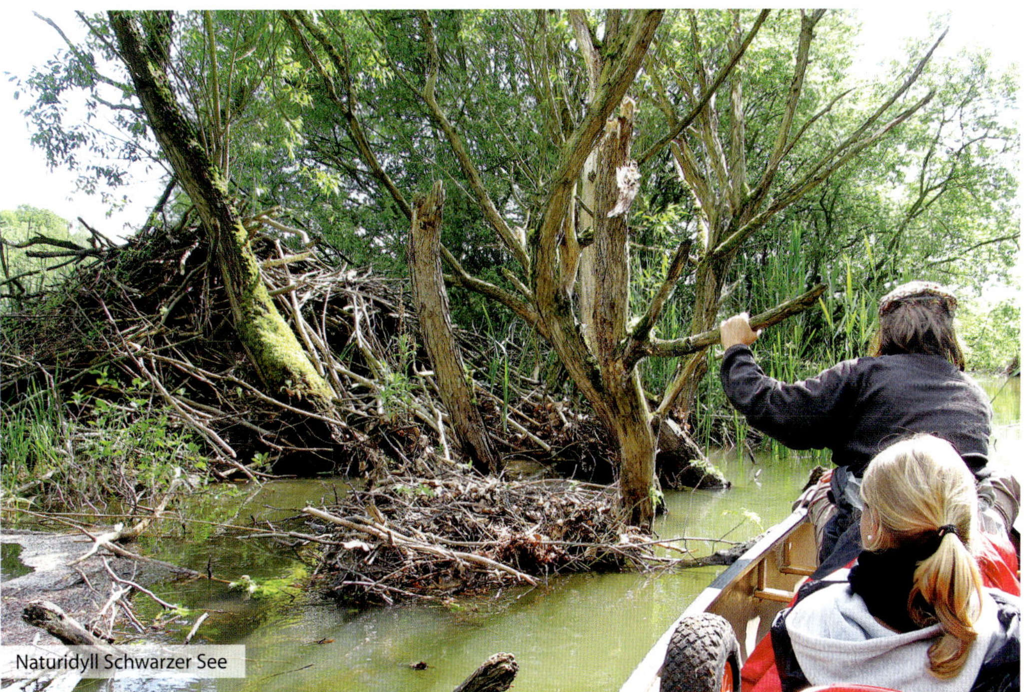
Naturidyll Schwarzer See

me. Zum Glück verläuft am rechten Ufer ein sehr bequemer Waldweg, über den wir das Kanu auf dem mitgeführten Kanuwagen knapp ***zwei Kilometer schieben,*** gemütlich an Informationstafeln zu Geologie, Flora und Fauna des ***Mildenitz-Durchbruchstals*** vorbei.

Kurz vor Erreichen des ***Schwarzen Sees*** öffnet sich der Wald und eine schöne, weite Landschaft liegt vor uns. Hier, an einer überdachten Sitzgruppe, können wir hinter einer Holzbrücke wieder in den Fluss einsetzen. Auf dem Wasser haben wir den ***Schwarzen See*** mit unserem Kanu schon bald erreicht. Links bestaunen wir einen imposanten Biberbau zwischen Fluss und See. Nur ein kleines Stück geht es auf diesen ruhigen und idyllischen See hinaus. Den gut versteckt im Schilf liegenden Ausfluss in die ***Mildenitz*** finden wir am rechten Ufer. Immer wieder müssen wir Slalom um einige im Wasser liegende Holzstämme herumfahren, dann fließt von rechts die schmale, glasklare ***Bresenitz*** hinzu. Sie entwässert die nördlich der Mildenitz liegenden Seen Garder See, Woseriner See und Holzsee, darf aber nicht gegen die Strömung befahren werden. Das klare Wasser der Bresenitz vereinigt sich mit dem inzwischen trüberen Wasser der Mildenitz. Der nun enge und kurvenreiche Fluss führt uns auf den letzten drei Kilometern durch eine herrliche Sumpf- und Waldwildnis. Das Ufer in diesem mangrovenähnlichen Bruchwald ist nur schwer auszumachen. Wenn man sich am Abend still verhält, kann man mit etwas Glück Biber oder Fischotter begegnen.

Viel zu schnell ist der ***Borkower See*** in der tief stehenden Sonne erreicht. Eine Bucht und den kurz darauf folgenden Stichkanal in den Kleinpritzer See links liegend lassend, steuern wir, an der Badestelle von **Borkow** vorbei, auf eine Landspitze zu. Kurz vor dem Wehr landen wir rechts auf ihr an. Wir sind auf der Insel des *Kanucamps Borkow* angekommen und freuen uns jetzt auf die deftige mecklenburgische Hausmannskost in Bio-Qualität im *Wirtshaus „Uhlenhorst" (Di+Mi Ruhetag, Küche bis 20 Uhr)* am Ortseingang Richtung Sternberg.

Bresenitz & Mildenitz *Garden – Borkow*

20+19 km

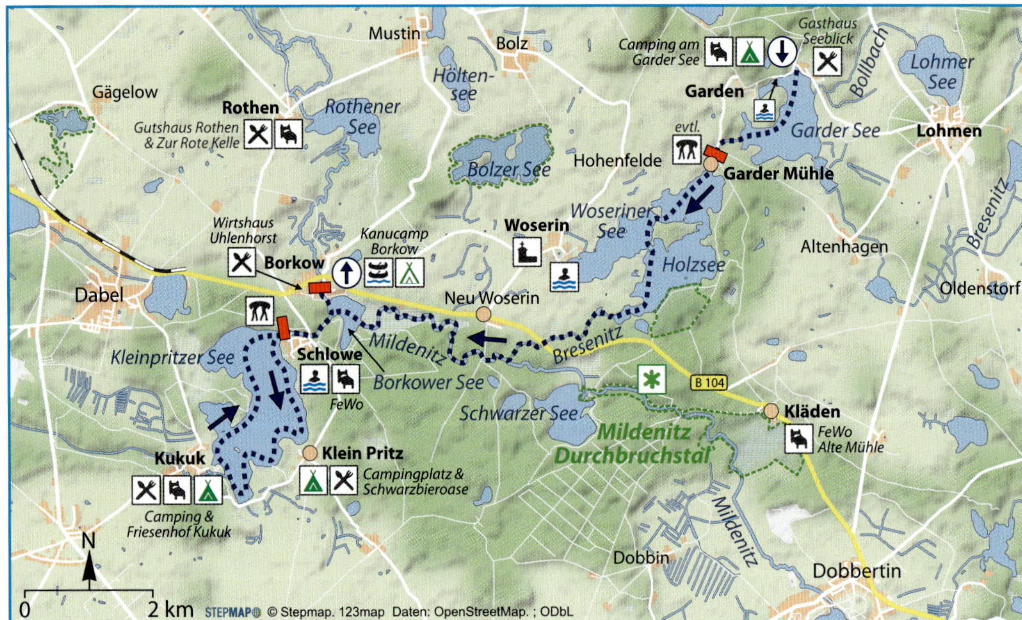

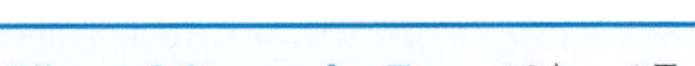

Länge & Dauer der Tour 19 km, 1 Tag

Umtragestellen Garder Mühle (evtl.), Schlowe.

Pegelstand www.warnow-pegel.de informiert über die Wasserstände im Warnow-Mildenitz-Gebiet und damit über eine mögliche Befahrung. Unbedingt vorab informieren!

Einsetzstelle Campingplatz Am Garder See.

Aussetzstelle Kanucamp Borkow **(D)**

Zurück zum Pkw Die Kanu-Camp-Betreiber bieten einen Transportservice (teils nur für Mietkanus), bitte vorher erfragen.

Eigentlich ist es im Sommer selten möglich diese Tour zu paddeln. Der Wasserstand reicht dann nur nach ausgiebigen Regenfällen. Wir haben Glück und sogar warm und sonnig ist dieser Tag. Obwohl Sonntag, sind nur wenige Kanuten unterwegs, als wir an der Einsetzstelle (Pegelstand-Info) des *Campingplatzes Am Garder See* in See stechen. Rechter Hand, am Eingang einer tief eingeschnittenen Bucht, sehen wir die kleine sandige Badestelle von **Garden**. Nach etwa einem Kilometer halten wir uns rechts und finden im Schilf, durch eine weiße Raute markiert, links neben der Reuse, den Abfluss des ***Garder Sees*** in die schmale ***Bresenitz***. *Da die Bresenitz eine der letzten intakten Populationen der Gemeinen Flussmuschel aufweist, KANN und SOLLTE dieser Abschnitt wirklich NUR bei ausreichendem Wasserstand befahren werden!*

Die dichte Vegetation schafft eine sehr verwunschene Stimmung. Unmittelbar vor dem ***Woseriner See*** liegt am linken Ufer die kleine Ansiedlung **„Garder Mühle"** mit einigen Bungalows und einem Fachwerkhaus, dem Wohnhaus des letzten Windmüllers. *Im Zusammenhang mit dem Besitz des Klosters Dobbertin wird 1238 eine Wassermühle erstmals erwähnt. Diese wurde 1648 zerstört und wieder aufgebaut. Seit 1828 wurde das Korn mit einer Holländer-Windmühle gemahlen.* Doch von beiden Mühlen gibt es keine Spuren mehr.

Der sehr saubere, einsam gelegene, fast zweieinhalb Quadratkilometer große ***Woseriner See*** öffnet sich vor uns. Er ist drei Kilometer lang und 1,2 Kilometer breit und der Entstehung nach ein Toteissee. Stark gegliedert, verfügt er zusammen mit dem Holzsee über mehrere markante Buchten sowie eine 18 Hektar große bewaldete Insel in der Mitte des Sees. Auf diese halten wir direkt zu, um dann rechts zwischen ihr und einer kleinen flachen Landzunge hindurchzupaddeln. Eine tolle Rast- und Badestelle! An ihr wollen wir erstmal eine Pause einlegen. Flach führt der sandige Grund in den noch eiskalten See hinaus. Es ist still. Sehr still.

Keine Menschenseele treffen wir auf diesem herrlichen Gewässer, an dessen Ufer nur das Dörfchen **Woserin** liegt. An seinem südwestlichen Ufer könnte man an der Badestelle anlegen, um in das kleine Dorf hinaufzulaufen. *Die Kirche, ein gut erhaltener Feldsteinbau aus dem 13. Jahrhundert, hat eine Kirchturmspitze die, anders als sonst, keinen Wetterhahn sondern eine Hirschfigur trägt. Beim Gang durch das kunstsinnige, sympathische Dörfchen versteht man gleich, warum hier die berühmte Schriftstellerin Christa Wolf ihr Sommerhaus hatte. Sogar ein Kunstzentrum ist im alten Gutshaus entstanden, wo man Seminare und Workshops belegen kann.*

Hinter der Insel geht es links in den ***Holzsee***. *Seinen Namen erhielt er, weil schon im 17. Jahrhundert aus dem umliegenden Wald die Holzstämme über den Woseriner See und die Bresenitz bis hin zur Mildenitz und weiter geflößt wurden.* An seinem südlichen Ende sehen wir das dichtbewaldete Steilufer des fast 90 Meter hohen ***Stefansbergs***. An ihm vorbei gelangen wir zum Ausfluss des Sees. Auch hier ist die Bresenitz wieder glasklar und die Muscheln am sandigen Grund zeugen von der guten Wasserqualität. Zwei Kilometer lang ist dieser besonders schöne, von umgestürzten Bäumen „gewürzte" Abschnitt. Nur die Autos der

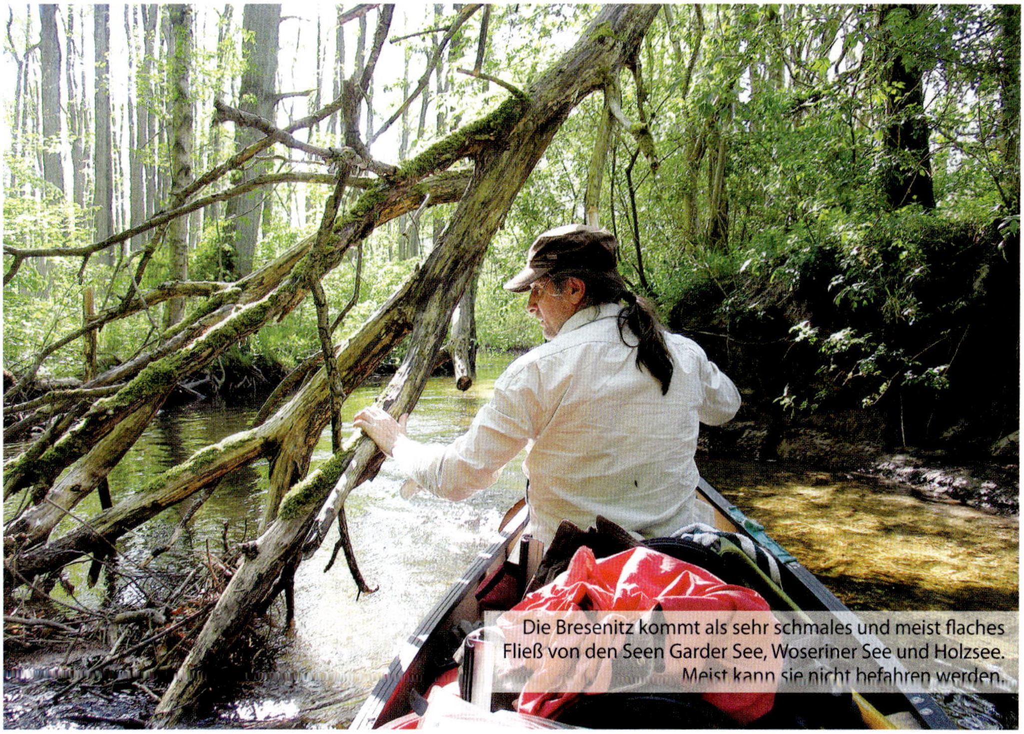

Die Bresenitz kommt als sehr schmales und meist flaches Fließ von den Seen Garder See, Woseriner See und Holzsee. Meist kann sie nicht befahren werden.

den Wasserlauf überspannenden Bundesstraße stören die Idylle. Aber schon nach kurzer Zeit haben wir sie hinter uns gelassen. Jetzt vereinigt sich das klare Wasser der Bresenitz mit dem sedimenthaltigen Wasser der ***Mildenitz***. Hinter einer kleinen Brücke befindet sich eine gute Ein- und Aussetzmöglichkeit.

Wie schon gestern, genießen wir den stark mäandernden Abschnitt durch diese wunderschöne Wald- und Sumpfwildnis. Auf dem ***Borkower See*** schwenken wir links in den nicht minder schönen und klaren ***Schlower Bach*** ein, der diesen See mit dem buchtenreichen ***Kleinpritzer See*** verbindet und reich an Flussmuscheln ist. Wir unterfahren eine Straßen- und eine stillgelegte Eisenbahnbrücke, über welche die Draisine zwischen Karow und Borkow verkehrt. Der zweieinhalb Kilometer lange *„Waldlehrpfad Borkower See"* führt hier ebenfalls vorbei. An dem kleinen ***Wehr umtragen*** wir links und gelangen gleich auf den ***Kleinpritzer See***. Er verfügt über eine sehr gute Wasserqualität, die Ufer sind fast durchgängig bewaldet, nur im Süden grenzen landwirtschaftliche Nutzflächen an den See. Wir schwenken nach links und kommen zu der hübschen Badestelle von **Schlowe**. Ein Steg ragt weit über die sandige kleine Bucht in den See hinaus und die dahinterliegende Rasenfläche lädt zur Rast ein. Der *Campingplatz* in **Klein Pritz**, einen Kilometer weiter, ist wohl eher etwas für Dauercamper, während sich der *Camping & Friesenhof Kukuk* mit seinem schönen Wiesengelände für Wasserwanderer zur Übernachtung anbietet. Dann könnte man am Abend entweder in der *Gaststätte „Schwarzbieroase"* in **Klein Pritz** einkehren, um deftige und günstige Hausmannskost und – natürlich – Schwarzbier zu genießen oder in **Kukuk** im *„Westernsaloon"* die Steaks und Spare Ribs probieren.

Mit der Angel im Kanu, fahren wir zu den drei kleinen, dem Campingplatz vorgelagerten, Inseln hinaus. Hechte, Barsche, Welse – der ***Kleinpritzer See*** zählt zu einem der fischreichsten Gewässer im ***Naturpark Sternberger Seenland***. Erst spät am Abend fallen wir im *Kanucamp Borkow* in unsere Schlafsäcke.

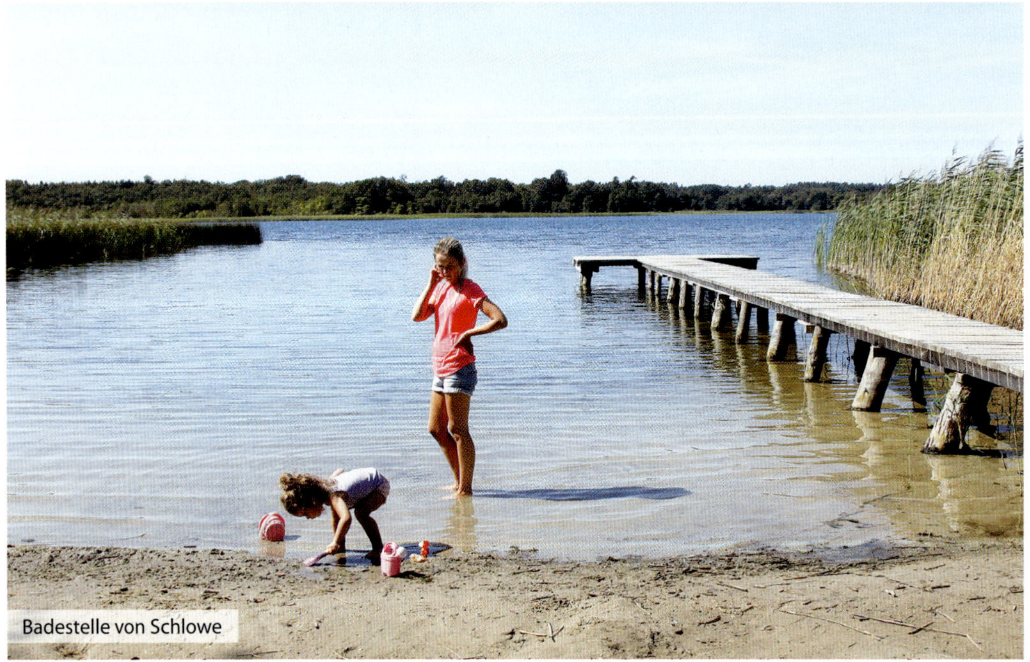
Badestelle von Schlowe

Die Warnow

„Der Ostsee entgegen"

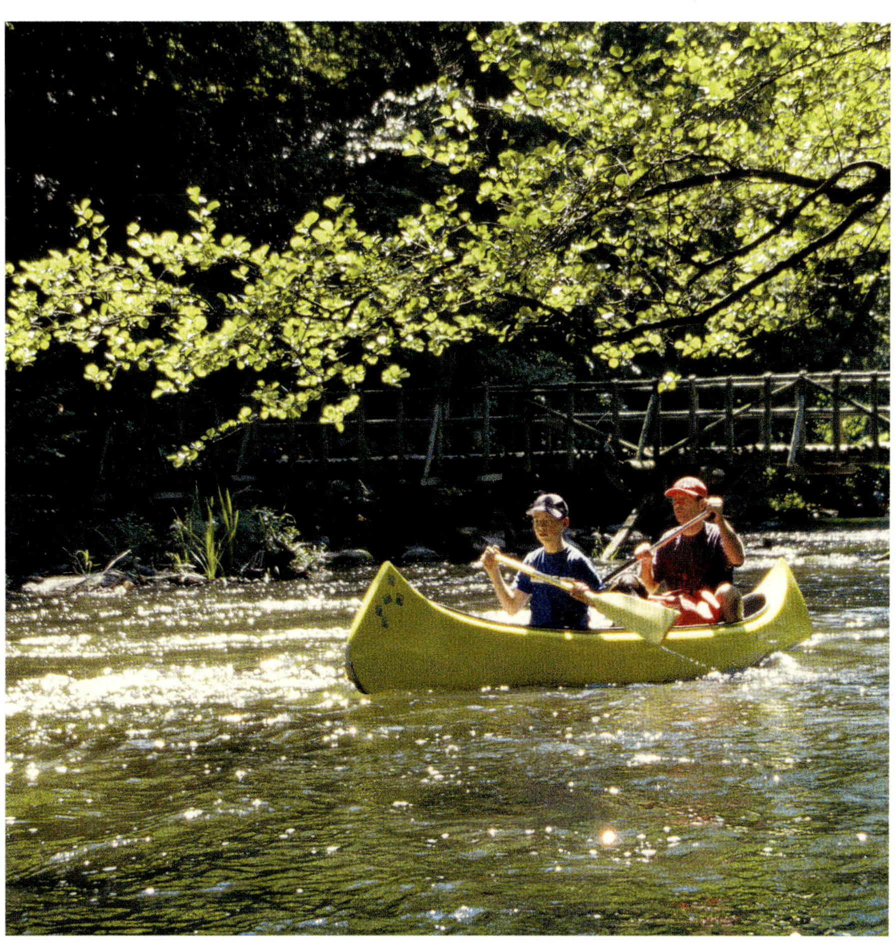

Tour 4

Infos Tour 4 – Warnow

Aktivitäten	Natur	Kultur	Baden	Hindernisse
	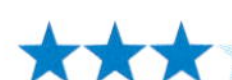	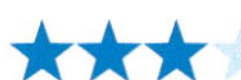		

Charakter der Tour

Mit den Flüssen Nebel und Mildenitz sowie mehr als 100 sauberen Seen verfügt die Warnow über ein riesiges, fast 3.000 Quadratkilometer großes Einzugsgebiet. Auf ihrem Weg vom kleinen Wiesenquell bis zum großen Meer verändert sie ständig ihr Gesicht. Nach dem Zufluss der Mildenitz unweit von Sternberg wird ihr Tal eng und steinig. Fast wie ein Gebirgsbach rauscht ihr Wasser durch das Warnow-Durchbruchstal, einem drei Kilometer langen Engpass, bevor sie nahe dem Ort Warnow breiter wird. Über weite Strecken wälzt sich Mecklenburgs wasser- und fischreichster Fluss nun geruhsam Richtung Ostsee. Hier trifft man selten auf andere Paddler! Die alte Hansestadt Rostock ist der krönende Abschluss dieser Tour.

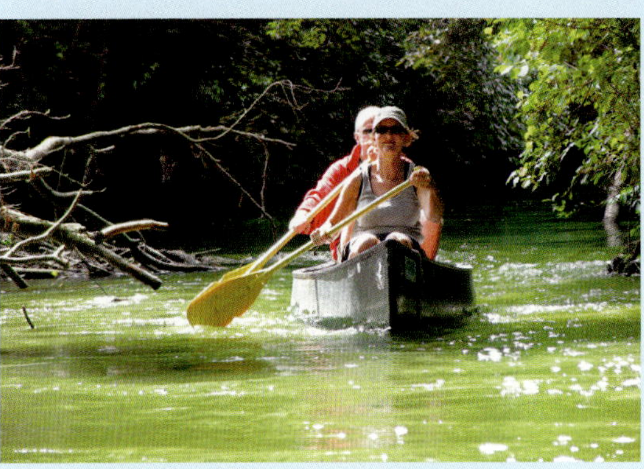

Länge & Dauer der Tour ca. 68 km, 4 Tage

Umtragestellen Sternberger See 50 m, Eickhof 200 m, Bützow 30 m; Kanuwagen hilfreich.

Anreise A 241 Richtung Schwerin, Abfahrt 4 (Schwerin-Nord), auf der B 104 nach Sternberg.

Einsetzstelle Dreiwasser Camping Sternberg, neben dem Schwimmbad. Johannes-Dörwald-Allee 4.

Aussetzstelle Gelände des Rostocker Kanuclubs, Mühlendamm 35 B.

Zurück zum Pkw Mit Bahn und Bus (Umstieg in Blankenberg) in ca. einer Stunde.

Etappenvorschlag

1. Tag Sternberg – Eickhof (10 km)
2. Tag Eickhof – Bützow (20 km)
3. Tag Bützow – Schwaan (14 km)
4. Tag Schwaan – Rostock (24 km)

Tipps für Tagestouren

1. Sternberg – Warnow (13 km, zurück mit dem eigenen Pkw).
2. Weitendorf – Sternberger Burg (10 km, nach Absprache zurück mit „KanuCamp Hennig" oder WANDERER-Aktivtour).
3. Tour auf Sternberger See und Trenntsee mit Besuch des Slawendorfes Groß Raden (12 km).

Sternberger Seenland,** Rad- und Wanderkarte, **1:50 000, Klemmer Verlag.
„Fontane in Mecklenburg", *Birnbaum*, Demmler Verlag.
***„Die Gänse von Bützow",** eine historische Erzählung von Wilhelm Raabe* sowie
„Schwaan. Eine Mecklenburgische Künstlerkolonie", *Lisa Jürß*, beide antiquarisch.

Befahrungsregelung

Im Warnow-Durchbruchstal zwischen Groß Görnow und Eickhof besteht bei Niedrigwasser (unter 30 Zentimeter Pegelstand) ein Befahrungsverbot. An den Einsetzstellen weisen Schilder (Rot-Grün-Pegel) auf die Befahrbarkeit der Strecke hin.

Die Website www.warnow-pegel.de informiert über die **Wasserstände** im **Warnow-Mildenitz-Gebiet** und damit über eine mögliche Befahrung. Unbedingt vorab informieren!

Übernachtung in Wassernähe (in der Reihenfolge des Tourenverlaufs)

Sternberg
Camping Dreiwasser
Johannes-Dörwaldt-Allee 3
Tel. (03847) 436 80 81
& 0171-642 93 49
www.camping-dreiwasser.de

Hotel-Restaurant Dreiwasser
Johannes-Dörwaldt-Allee 4
Tel. (03847) 436 80 81
& 0171-680 70 88
www.hotel-dreiwasser.de

Camping Sternberger Seenland
(Zelt, Hütten, Blockhäuser, SUP)
Maikamp 11, Tel. (03847) 25 34
www.camping-sternberg.de

Groß Raden
Pension-Restaurant „Kiek up'n See"
Kastanienallee 36
Tel. (03847) 31 14 41
www.kiekupnsee.de

Sternberger Burg
KanuCamp Hennig (Zelt, Hütte)
Adresse siehe Kanuvermietung

Eickhof
Naturdorf Eickhof
(Zelt, Zimmer, Heuhotel)
Dorfstraße 14, Tel. (038462) 204 19
& 0174-945 02 30
www.naturdorf-eickhof.de

Rühn
Wasserwanderrastplatz

Bützow
Kanuclub Bützow 52 e.V.
Adresse siehe Kanuvermietung

Kanu Camping Warnow (Zelt, Hütte)
Adresse siehe Kanuvermietung

Mühlenvilla B&B am Hafen
Bahnhofstr. 3, Tel. 0176-57 54 78 80
www.muehlen-villa-buetzow.de

Schwaan
Campingplatz Schwaan
(Zelt, Hütte, Wohnwagen, Mobilheim)
siehe Kanuvermietung

Rostock
Rostocker Kanu-Club (Zelt)
Mühlendamm 35 B
Tel. (0381) 490 76 40
www.rostocker-kanu-club.de

68 km

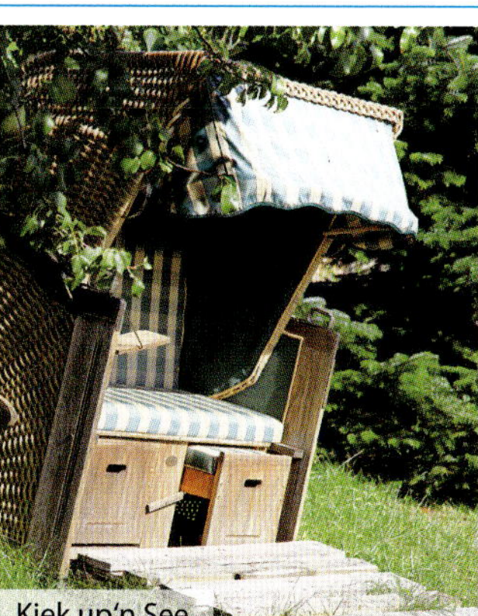
Kiek up'n See

Kanuvermietung

Sternberger Burg
KanuCamp Hennig
An der Mildenitz 10
Tel. 0171-451 79 58
www.kanucamp-hennig.de

Weitendorf
Kanu-Feriencamp
Hofplatz 6A
Tel. 0171-814 79 11
& 0152- 597 999 52
www.kanu-feriencamp-weitendorf.m-vp.de

Eickhof
Naturdorf Eickhof
Dorfstraße 14, Tel. (038462) 204 19
& 0174-945 02 30
www.naturdorf-eickhof.de

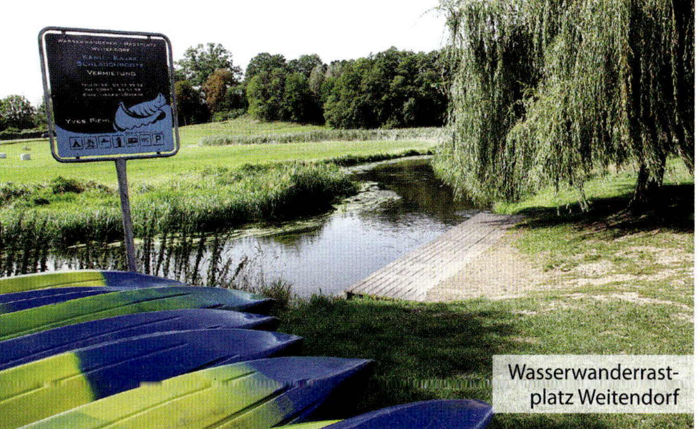
Wasserwanderrastplatz Weitendorf

Bützow
Kanuclub Bützow 52 e.V.
An der Bleiche, Tel. 0174-473 55 98
www.kanu-bützow.de

Kanu Camping Warnow
An der Bleiche 8 *(auch Bootstransfer)*
Tel. 0173-754 28 10
www.kanu-camping-warnow.de

Schwaan
Campingplatz Schwaan
Sandgarten 17
Tel. (03844) 81 37 16
www.campingplatz-schwaan.de

Rostock
Kanu-Service & -verleih Lindstädt
Mühlendamm 35 B
Tel. (0381) 492 37 84
www.kanuverleih-lindstädt.de

WANDERER-Aktivtour
(auch Fahrradvermietung)
Mühlendamm 37
Tel. 0170-554 35 53
www.wanderer-aktivtour.de

Sehenswürdigkeiten

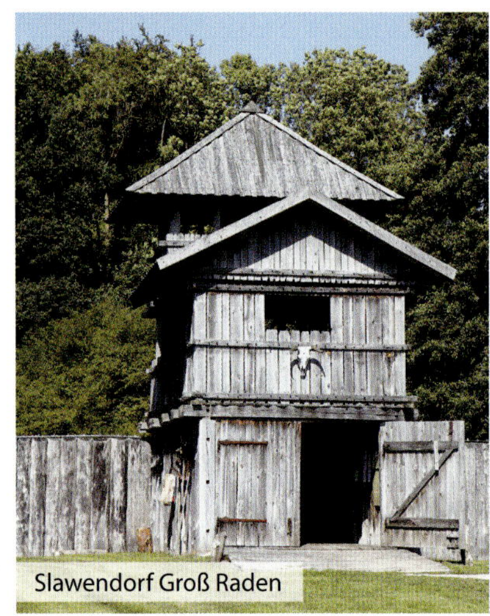
Slawendorf Groß Raden

Sternberg Mittelalterlicher Stadtkern, frühgotische Stadtkirche St. Maria und Nikolaus (13./14. Jh.), Rathaus (1850), Heimatmuseum (bis ca. 2022 wegen Sanierung geschlossen).

Groß Raden Slawenburg – Archäologisches Freilichtmuseum (www.freilichtmuseum-gross-raden.de), Kirche (13./14. Jh.), Oldtimer-Museum (www.oldtimermuseum-grossraden.de).

Groß Görnow: Warnow-Durchbruchstal, steinzeitliche Grabanlage aus Findlingen geschichtet.

68 km

Laase Gotische Dorfkirche (um 1400).

Rühn Klosterkirche (um 1250, www.klosterverein-ruehn.de).

Bützow Traufenhäuser des 18./19. Jh., neogotisches Rathaus (1848-50), Stadtkirche, Renaissanceschloss (13. Jh.), Gänsebrunnen.

Werle Burgwallreste der Obotritenburg Werle von Fürst Niklot.

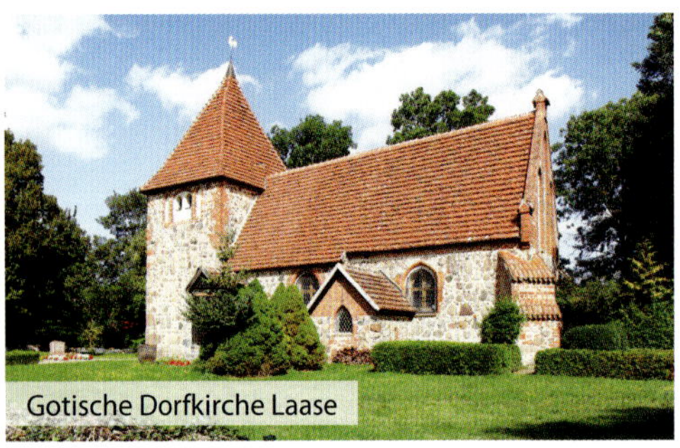
Gotische Dorfkirche Laase

Schwaan Wohnhäuser 18./19. Jh., spätromanische Backsteinkirche St. Paul (um 1240), Rathaus (1855), Schwaaner Kunstmühle (Di-So 11-17).

Rostock Stadtrundgang Seite 88. Rathaus, Marienkirche, Universität, Kloster, Kröpeliner Tor, Petrikirche, Nikolaikirche, Michaeliskirche, Kuhtor, Steintor, Ständehaus, Kerkhofhaus, Museen, Hafen, Werft, Botanischer Garten, Zoologischer Garten, Wallanlagen und Rosengarten. Hanse Sail Rostock (Warnemünde) eines der weltgrößten Windjammertreffen (August) mit großem maritimen Fest.

Auskunft & Tourist-Infos

Sternberg Am Markt 3, Tel. (03847) 44 45 35, www.tourismus.stadt-sternberg.de

Bützow Am Markt 1, Tel. (038461) 500, www.buetzow.de

Schwaan Mühlenstraße 12, Tel. (03844) 89 17 92, www.ferien-schwaan.de

Rostock Universitätspl. 6, Tel. (0381) 381 22 22, www.rostock.de

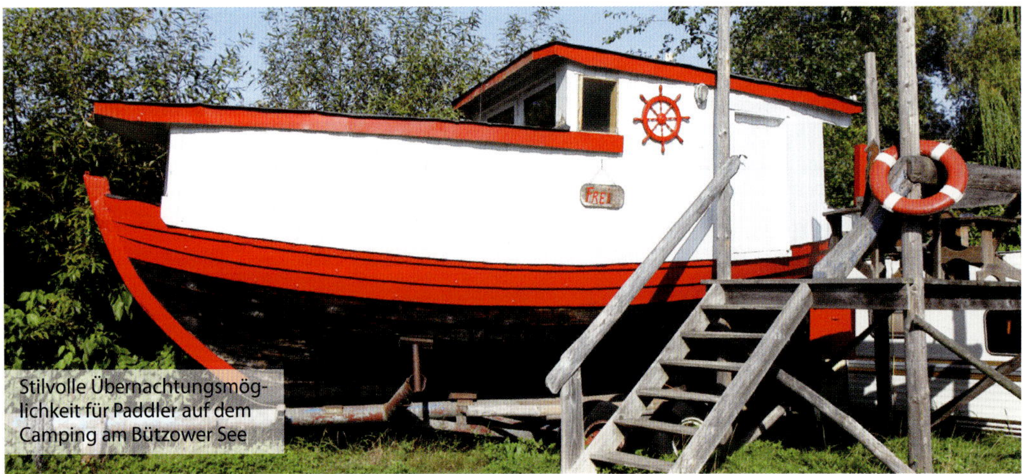

Stilvolle Übernachtungsmöglichkeit für Paddler auf dem Camping am Bützower See

Weitere Aktivitäten

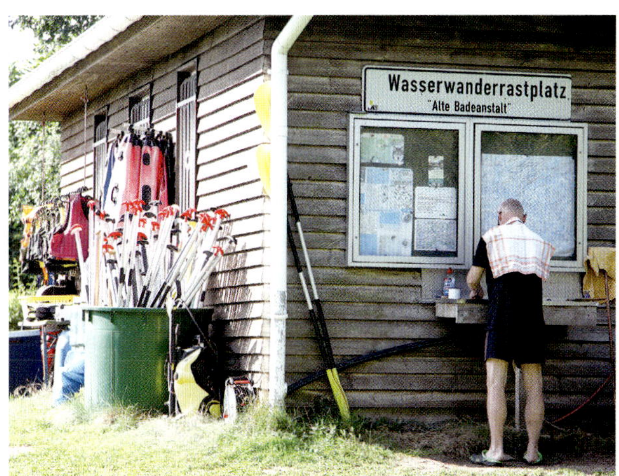

Paddeln Auf dem ***Bützow-Güstrow-Kanal*** von Bützow ins sehr sehenswerte **Güstrow** (Dom, Pfarrkirche St. Marien, Schloss, Rathaus, klassizistische Bürgerhäuser, Stadtmuseum, Barlach-Gedenkstätten, Natur- und Umweltpark mit Aqua-Tunnel).

Wandern

Rundwanderweg (WW 1, ca. 8 km) ***durch das Warnow-Durchbruchstal*** (Sternberger Burg – Buchenhof – Groß Görnow – Sternberger Burg).

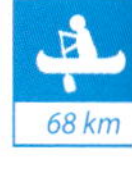

Kleine ***Rundwanderung im Bereich der Oberen Seen*** (Wustrow See, Oberer See, Bürgermeistersee) nahe Sternberg mit tollen Bademöglichkeiten.

Rund um den Sternberger See über Groß Raden – Loiz – Witzin – Zülow – Pastin nach Sternberg (22 km).

Im ***Naturpark Sternberger Seengebiet*** zwischen Sternberg und Barnin.

Geführte Wanderungen

im ***Naturpark Sternberger Seenland***. Genaueres finden Sie im Flyer „Unterwegs 2021" bei den Tourist-Infos oder unter Tel. (038482) 23 52 70, www.naturpark-sternberger-seenland.de

Afrika erleben

Der ***Kamelhof Sternberger Burg*** bringt Besuchern auf einer ***geführten Safari*** die Großtiere der Savanne in riesigen Gehegen / Weiden einmalig nah (www.kamelhof-sternbergerburg.de).

Radfahren

Rund um den Sternberger See über Groß Raden – Witzin – Zülow – Pastin nach Sternberg (22 km).

Zum Kleinpritzer See über die Mildenitz – Borkow – Sternberg (34 km).

Im ***Naturpark Sternberger Seengebiet*** zwischen Sternberg und Barnin.

Vom „Naturdorf Eickhof" ***um den Groß Labenzer See*** (schöne Bademöglichkeiten) und zurück.

Angeln

Auf den ***Sternberger Seen*** von Warin bis Borkow und auf der ***Warnow*** *(den Touristenfischereischei bekommt man bei der Tourist-Info Sternberg, Tel. (03847) 44 45 35).*

Sonstiges

Fahrten mit dem Fischerkahn von Sternberg zum Freilichtmuseum Groß Raden (Fischer Rettig: Tel. (03847) 28 84, auch Ferienwohnungen, www.fischerhofferien.de).

Besuch des ***Hochseilgartens Neukloster*** *(Jugendscheune Neukloster, Tel. (038422) 254 82).*

Draisinenfahrt durch den Naturpark Nossentiner/Schwinzer Heide von Borkow (Mildenitz) nach Karow (www.draisine-mecklenburg.de).

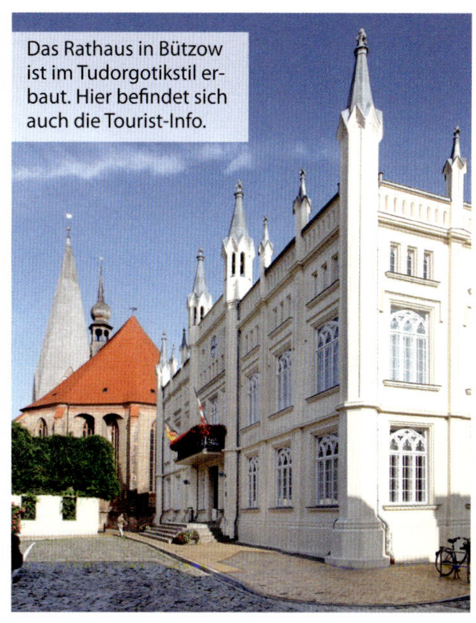

Das Rathaus in Bützow ist im Tudorgotikstil erbaut. Hier befindet sich auch die Tourist-Info.

68 km 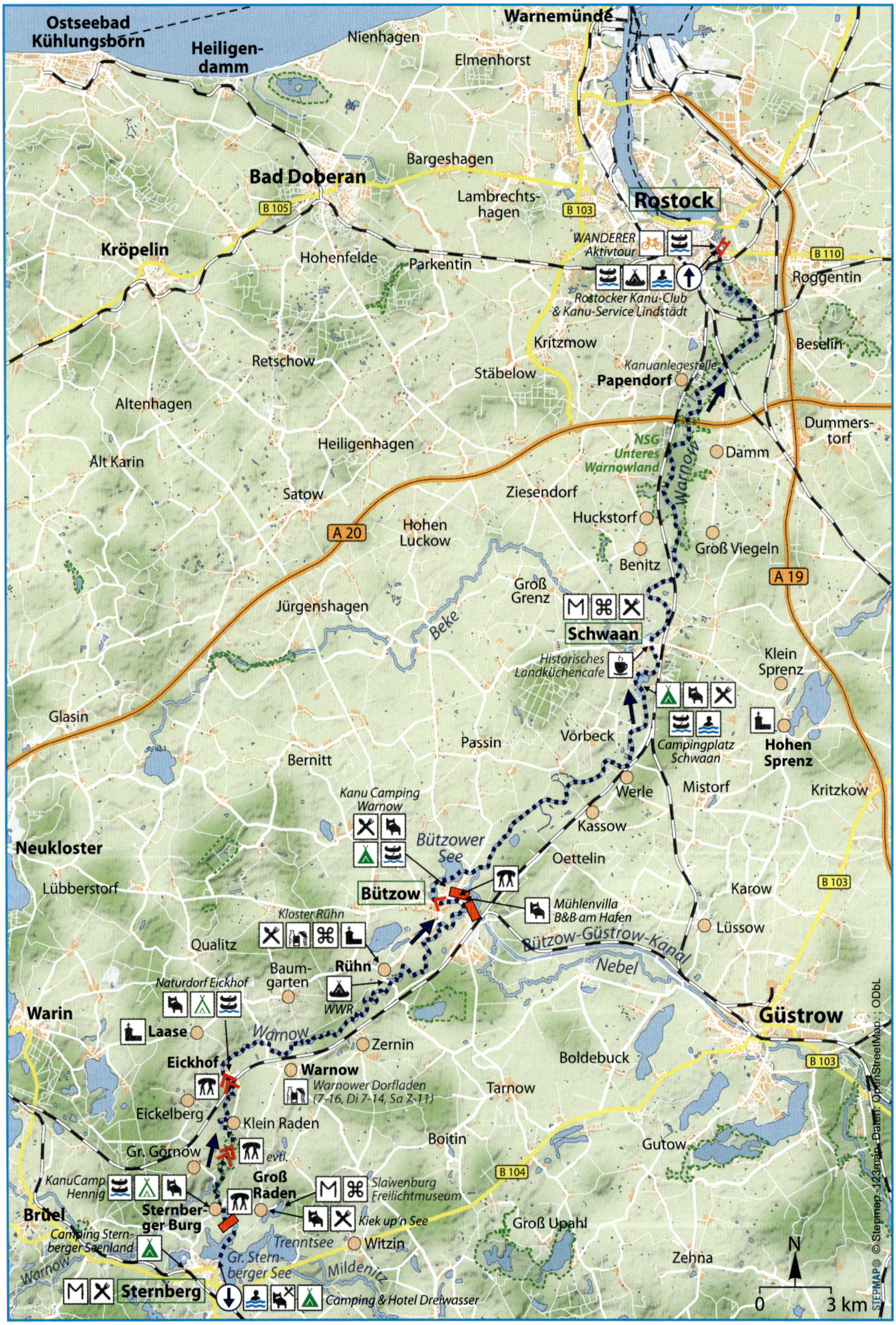
Ostseebad Kühlungsborn
Heiligen-damm
Nienhagen
Warnemünde
Elmenhorst
Bargeshagen
Bad Doberan
B 105
Lambrechts-hagen
B 103
Rostock
WANDERER Aktivtour
B 110
Roggentin
Kröpelin
Hohenfelde
Parkentin
Rostocker Kanu-Club & Kanu-Service Lindstädt
Kritzmow
Beselin
Retschow
Stäbelow
Kanuanlegestelle
Papendorf
Altenhagen
Dummers-torf
NSG Unteres Warnowland
Heiligenhagen
Damm
Alt Karin
Warnow
Satow
Ziesendorf
Huckstorf
A 20
Hohen Luckow
Groß Viegeln
Benitz
A 19
Groß Grenz
Jürgenshagen
Beke
Schwaan
Klein Sprenz
Historisches Landküchencafe
Glasin
Campingplatz Schwaan
Hohen Sprenz
Passin
Vorbeck
Bernitt
Werle
Mistorf
Kritzkow
Kanu Camping Warnow
Kassow
Neukloster
Bützower See
Oettelin
Lübberstorf
Bützow
B 103
Karow
Mühlenvilla B&B am Hafen
Kloster Rühn
Lüssow
Qualitz
Bützow-Güstrow-Kanal
Nebel
Rühn
Baum-garten
Naturdorf Eickhof
WWR
Warin
Güstrow
Laase
Warnow
Zernin
Eickhof
Warnow
Boldebuck
B 103
Warnower Dorfladen (7-16, Di 7-14, Sa 7-11)
Tarnow
Eickelberg
Klein Raden
Boitin
Gr. Görnow
evtl.
Gutow
KanuCamp Hennig
Groß Raden
Slawenburg Freilichtmuseum
B 104
Brüel
Sternber-ger Burg
Kiek up'n See
Groß Upahl
Camping Stern-berger Seenland
Trenntsee
Witzin
Gr. Stern-berger See
Mildenitz
Zehna
N
Warnow
Sternberg
Camping & Hotel Dreiwasser
0
3 km
© Stepmap, 123map, Daten: OpenStreetMap, ODbL

Die Warnow

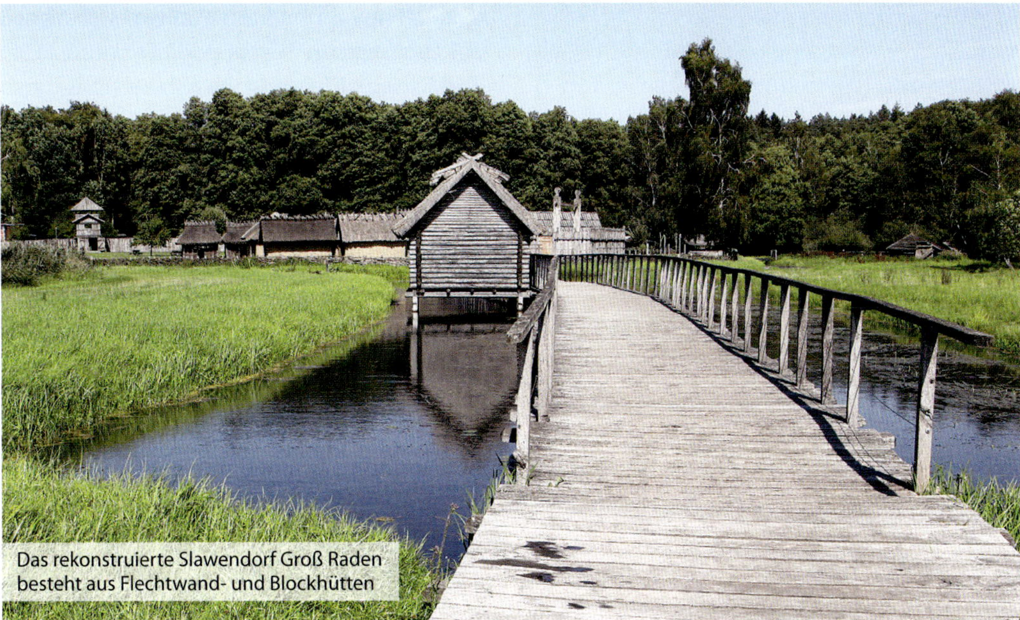
Das rekonstruierte Slawendorf Groß Raden besteht aus Flechtwand- und Blockhütten

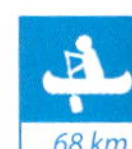

Wir sitzen bei *Fischer Rettig* am ***Sternberger See***, eine geräucherte Maräne in der linken, ein Bier in der rechten Hand, und schauen auf den sonnenbeschienenen See hinaus. Die letzten Gäste besteigen das hölzerne Boot, mit dem der Fischer sie über den See nach **Groß Raden** bringt, zur *Slawenburg*, einem archäologischen *Freilichtmuseum*.

Unser Kanu haben wir zuvor auf dem *Campingplatz Dreiwasser* beladen. Er liegt direkt neben dem örtlichen Schwimmbad. Nicht nur idealer Startpunkt dieser Kanutour, sondern auch als Basisstation für Touren auf dem ***Sternberger See***, dem ***Trenntsee*** und dem ***Binnensee***.

Ebenfalls empfehlenswert ist der am ***Luckower See*** liegende *Campingplatz Sternberger Seenland*. Durch einen schmalen Kanal ist er mit dem Sternberger See verbunden.

Trutzig erhebt sich die Backsteinkirche St. Maria und Nikolaus über den auf einem Hügel erbauten mittelalterlichen Stadtkern von **Sternberg**, der von einer gewaltigen Wallanlage umgeben ist. Beim Schlendern über altes Kopfsteinpflaster entlang der Fachwerkhäuser fühlt man sich unwillkürlich in frühere Jahrhunderte zurückversetzt und an ein dunkles Kapitel Sternberger Stadtgeschichte erinnert.

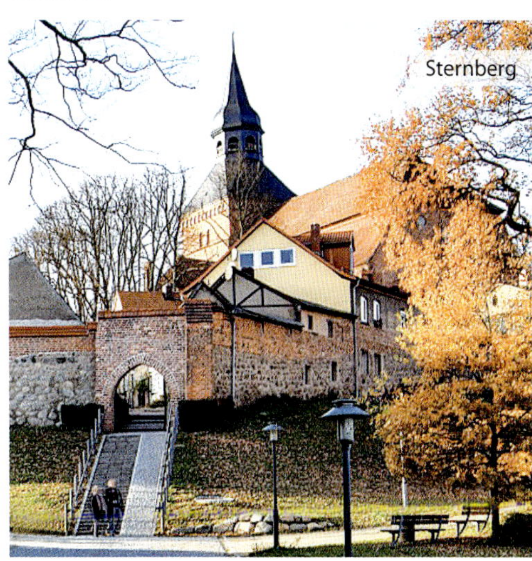
Sternberg

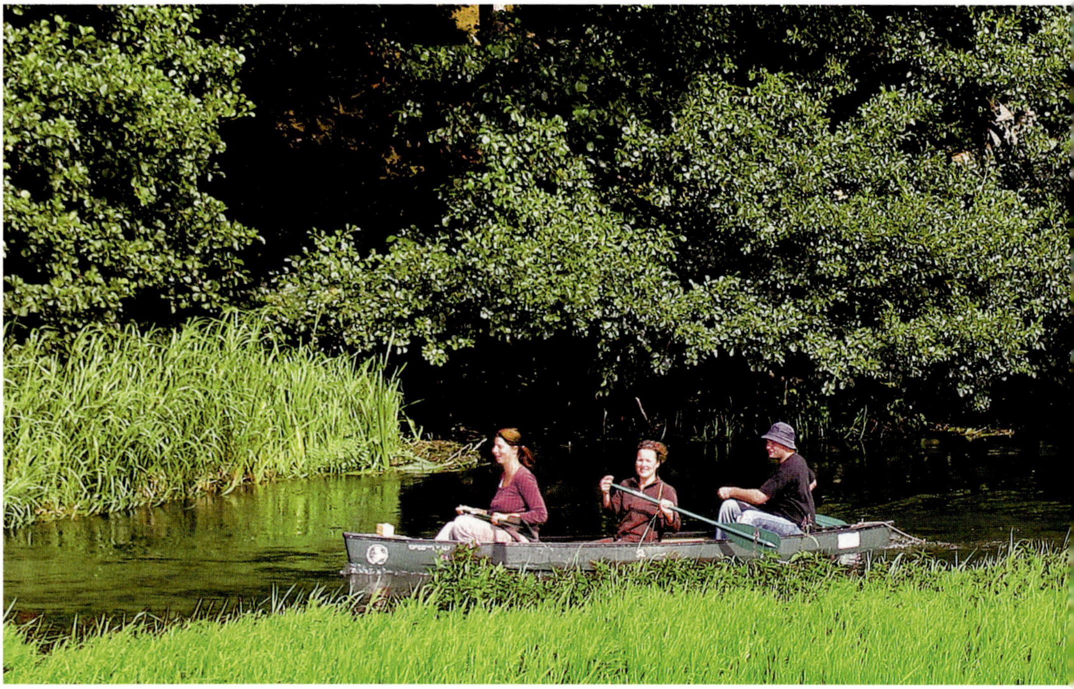

Im Jahre 1492 wurden 27 Juden auf dem Scheiterhaufen verbrannt. Sie sollen Hostien zerstochen haben, aus denen daraufhin Blut geflossen sein soll. Nur ein Beispiel früher antijüdischer Pogrome. Nach diesem Ereignis avancierte Sternberg zum Wallfahrtsort, war viele Jahre Ziel von Pilgern, die Sternberg Gold und Ansehen brachten. Erst mit der Reformation im Jahre 1549 versiegte die Einnahmequelle. Die Einführung von Luthers Lehre in Mecklenburg wurde in jenem Jahr übrigens keine drei Kilometer von hier beschlossen, an der Sagsdorfer Warnowbrücke. Zwischen 1275 und 1549 tagte der Mecklenburgische Landtag an dieser Stelle im Freien. Ein Wandgemälde in der Turmhalle der Stadtkirche erinnert daran.

Wir queren den ***Großen Sternberger See*** mit seinen vielen Buchten in nördliche Richtung und halten auf die vor uns liegende Boje zu. In diesem Bereich finden wir den Ausfluss aus dem See in das Flüsschen ***Mildenitz***. In östliche Richtung wird der See immer schmaler und führt, vorbei am ***Trenntsee***, über einen kleinen Kanal zum ***Binnensee***, wo einer der größten archäologischen Schätze Deutschlands zu bewundern ist – *ein altslawischer Tempelort. Vor 1.000 Jahren lebten die Slawen am* ***Groß Radener See****. Auf einer Halbinsel, fast vollständig von Wasser und beeindruckenden Palisaden umgeben, war er einst kaum zu erobern. Von 1973-80 gruben Archäologen die Siedlung aus; heute stehen die Tore des Freilichtmuseums* **Groß Raden** *für Besucher offen. Ein Großteil der etwa 90.000 Fundstücke ist in einem Museumsgebäude am Rande des Freigeländes zu sehen.*

Wir versagen uns heute jedoch diesen tollen Abstecher, halten uns an einem Abzweig links und erreichen gleich darauf ein ***Wehr***, das wir ca. 50 Meter links ***umtragen***. Einen Kilometer weiter passieren wir hinter einer Straßenbrükke in **Sternberger Burg** einen Steg, an dem man gut aussetzen kann. Wenige Schritte entfernt, liegt das *„KanuCamp Hennig" (s. Tour 3)*, ein liebevoll gestalteter Platz mit Kanuvermietung sowie Übernachtungsmöglichkeiten im Zelt oder in urigen Holzhütten. An der

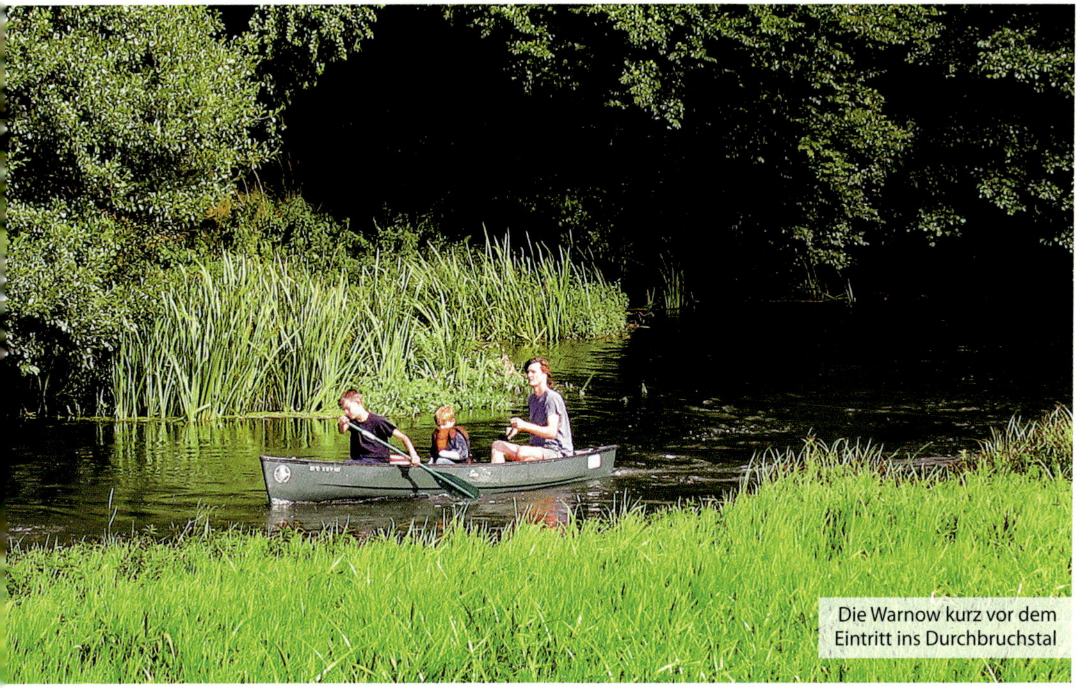

Die Warnow kurz vor dem Eintritt ins Durchbruchstal

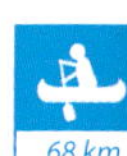

Dorfstraße trifft man im *„Kamelhof Sternberger Burg"* auf ein Stück Afrika, mit zahmen Großtieren, wie Kamelen, Zebras, Büffeln, Bisons, Wölfen, Rentieren und Elchen.

Kaum merklich gesellt sich einen Kilometer weiter von links die ***Warnow*** hinzu, und ehe wir uns versehen, sind wir im malerischen **Warnow-Durchbruchstal** bei **Groß Görnow.** *Seine heutige Gestalt erhielt es durch die Eiszeit vor 20.000 Jahren, als die Gletscher gewaltige Schutt- und Steinmassen vor sich herschoben und sie zu Endmoränen auftürmten. Nach dem Abtauen der Eismassen durchbrach der Fluss mit gewaltigem Druck die Endmoräne. Ein 40 Meter tiefes Tal entstand, das heute Heimat selten gewordener Pflanzen und Tiere ist.* Neben Biber und Fischotter kann man auch Kormoran, Kranich und Eisvogel beobachten.

Hoch zieht sich der Buchenwald links und rechts die Uferhänge hinauf. Hier beginnt der wohl aufregendste Abschnitt unserer Tour. Bald fühlen wir uns wie auf einem spritzigen „Gebirgsfluss", denn im wildromantischen Durchbruchstal bringen im Flussbett Hunderte von Findlingen und umgestürzte Bäume so manchen Paddler gehörig ins Schwitzen. Vorausschauendes Paddeln ist angesagt!

An einer schönen Holzbrücke erwartet uns eine etwas ***kräftigere Schnelle*** und wir müssen aufpassen, dass wir nicht mit den Brückenpfeilern kollidieren. Die Durchfahrt unter der Brücke ist mit roten Pfeilen gekennzeichnet, man sollte möglichst nur dort durchpaddeln.

In vielen Windungen zieht sich die Warnow am Örtchen **Klein Raden** vorbei. Nach etwa zwei Kilometern kommen wir hinter der Eisenbahnbrücke zum *Wasserwanderrastplatz des Naturdorfs* **Eickhof**. Eine Befahrung der vom Bützower Kanuverein angelegten ***Wildwasser-Slalomstrecke*** mit ordentlichem Gefälle, auf der regelmäßig Wildwassermeisterschaften ausgetragen werden, verkneifen wir uns. Idealerweise setzt man vorher links aus und ***umträgt 200 Meter***. Wer im *Naturdorf* (s. auch Tour 3) zelten oder ein Zimmer buchen möchte, legt am rechten Ufer an.

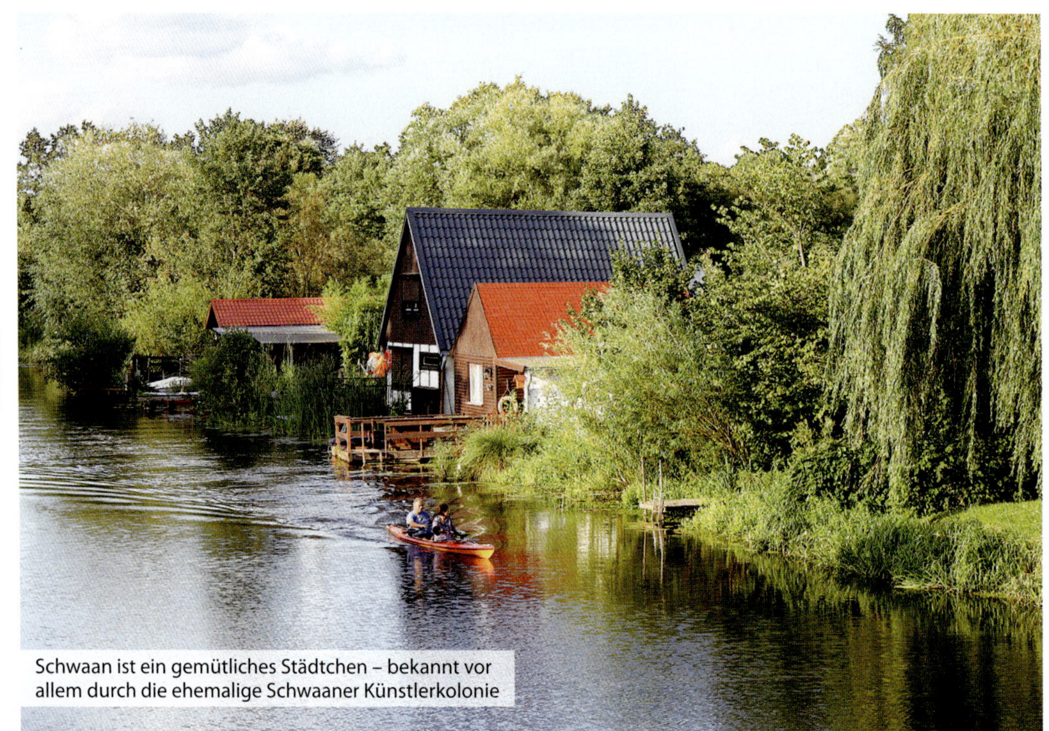
Schwaan ist ein gemütliches Städtchen – bekannt vor allem durch die ehemalige Schwaaner Künstlerkolonie

Zwei Kilometer von hier, im Örtchen **Laase** auf der anderen Flussseite, könnte man in der um *1400 erbauten gotischen Dorfkirche zwei Kunstwerke besichtigen; eine der ältesten Madonnenfiguren Mecklenburgs aus der Mitte des 13. Jahrhunderts und eine spätgotische Malerei aus der Zeit der Entstehung der Kirche.*

Wir haben aber noch Lust zu paddeln und setzen daher unsere Fahrt fort. Nun beginnt der geruhsame Teil unserer Tour.

Auf Höhe vom Ort **Warnow** überspannt eine Brücke den Fluss. *Hier siedelten im 13. Jahrhundert die Warnen und gaben Ort und Fluss den Namen.* An der Brücke besteht die Möglichkeit ein- oder auszusetzen oder im zwei Kilometer entfernten *Dorfladen (Tel. (038462) 336 76)* einzukaufen. Dort bekommt man einfach alles!

Bald lassen wir die wenigen Paddler hinter uns, es wird ruhiger und der Fluss schiebt sich windungsreich durch eine herrliche Auenlandschaft. Ein Seeadler über uns zieht langsam und majestätisch seine Kreise. Störche staken am Ufer. Acht Kilometer weiter, auf Höhe des Örtchens **Rühn**, biegen wir hinter der Straßenbrücke links in einen Altarm ein, an dessen Ende sich ein einfacher *Wasserwanderrastplatz* befindet. Der Altarm kann in den Sommermonaten allerdings auch schon mal zugewachsen sein. Hier beenden wir unseren ersten Paddeltag. Wenngleich der Biwakplatz direkt an der Landstraße liegt, verirrt sich am Abend doch kaum ein Auto hierher.

In **Rühn** *erfolgte 1232 die Gründung eines Zisterzienserinnenklosters, dessen Besuch sich lohnt. Allein schon wegen der reich geschmückten Fürstenempore aus der Zeit um 1600 und des Altars, der zu den frühesten nachreformatorischen Werken Mecklenburgs gehört.*

Nach der Besichtigung des *Klosters Rühn* können im *Klosterladen* landestypische vollwertige Nahrungsmittel, darunter verschiedene Senf- und Vollkornbrotsorten sowie die mit der hauseigenen Ölmühle produzierten Raps- und Weizengrasöle erstanden werden.

Die angeschlossene *Klosterschänke* offeriert täglich *(ab 10 Uhr)* günstige Hausmannskost. Wer sicher sein will, dass am Abend auch noch geöffnet ist, sollte sich besser schon im voraus telefonisch erkundigen (Tel. (038461) 91 21 82).

Am nächsten Tag geht es zurück durch den Altarm, nach links in die ***Warnow***. Eine wunderschöne Morgenstimmung empfängt uns. Wir gleiten durch einen stillen Wald aus Erlen und Ebereschen. Nur das vielstimmige Zwitschern der Vögel ist zu vernehmen. Fische springen vor uns auf. Der tiefe Fluss hat nun eine Breite von 20-30 Metern. Ganz langsam strömt er dem Städtchen Bützow entgegen. Knapp neun Kilometer sind es bis zum Bützower See. Schon weit vor **Bützow** können wir zwischen den Bäumen die Häuser aufblitzen sehen. Am ersten Abzweig fahren wir geradeaus weiter und kommen an idyllischen Wassergrundstücken vorbei. Die Bewohner dieser schönen Ferienhäuschen sitzen mit ihrer Zeitung in der Morgensonne auf der Terrasse oder schwimmen in der erfrischenden Warnow. Unter einer kleinen Brücke hindurch und kurz dahinter links ab, geht es an weiteren Ufergrundstücken vorbei, bis wir vor dem ***Bützower Wehr*** zum Halten kommen. Rechts, an einem Holzsteg, kann man gut anlanden. Eine steile Treppe führt hinauf zu einem Platz, auf dem sich das hochgelobte *„Eiscafé am alten Hafen"* befindet. Daneben erleichtern Gleitrollen das Ziehen des Kanus die Böschung hinauf. Etwa 30 Meter weiter, auf der anderen Straßenseite, kann man wieder in die Warnow einsetzen.

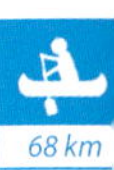

Wir tragen jedoch nicht um, sondern fahren durch den ***Stadtgraben*** auf den ***Bützower See*** hinaus. Leider verlandet er immer mehr und ist so sumpfig, dass man in ihm nicht baden kann. Rechts, hinter einer Landzunge, liegt auf dem Gelände der alten Badeanstalt der *Bützower Kanuclub* und daneben der *Kanu-Camping-Warnow* von Uwe Westphal. Auf dem schönen Platz, auf dem sowohl ein kleiner Campingplatz mit Kiosk, als auch eine Kanuvermietung untergebracht sind, machen wir Rast und statten dann der Stadt einen Besuch ab.

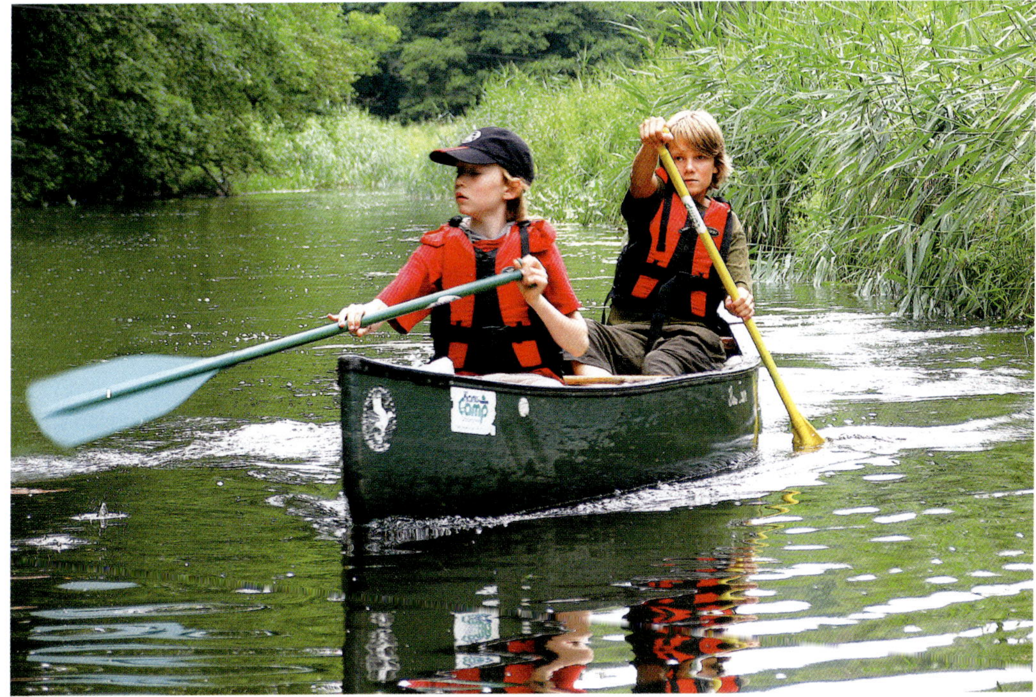

Die Schweriner Bischöfe machten Bützow 1239 zu ihrer Hauptresidenz und ließen bald darauf eine Burg bauen, die auf Veranlassung von Herzog Ulrich von Mecklenburg zum Renaissanceschloss ausgebaut wurde. Von der einstigen Pracht ist allerdings nicht mehr viel zu sehen. Im Wirtschaftsgebäude der Burg, dem „Krummen Haus" vom Anfang des 14. Jahrhunderts, befindet sich heute eine Gedenkstätte für die mehr als 700 Gefangenen, die während der Zeit des Nationalsozialismus im Zuchthaus Bützow-Dreibergen ihr Leben ließen. Im 18. Jahrhundert war Bützow sogar für 30 Jahre, als Konkurrenz zu Rostock, Universitätsstadt. Hinter dem quadratischen Markt mit seinem prächtigen neogotischen Rathaus und dem Gänsebrunnen, Wilhelm Raabes Erzählung „Die Gänse von Bützow" gewidmet, hebt sich der mächtige, 74 Meter hohe Turm der Stadtkirche in den Himmel. Ihre gotische Backsteinhalle birgt wertvolle Stücke – einen vierflügeligen Schnitzaltar von 1503 und die große Renaissance-Kanzel von 1617 mit ihren ornamentalen Schnitzereien.

Am Ostufer des ***Bützower Sees*** entlang geht es dann über einen mehrere hundert Meter langen Wasserarm, die ***Temse***, zurück zur ***Warnow***, die von rechts hinzufließt. Auf ihr fahren wir geradeaus weiter; bald umgibt uns eindrückliche Stille. Auf einer kanalartigen Strecke, gesäumt von flachen Wiesen, bieten sich viele Bademöglichkeiten, die wir in der Nachmittagshitze gerne nutzen.

Auf Höhe von **Werle** gibt es kurz hintereinander zwei weitere gute Rastplätze, die allerdings nicht zum Übernachten gedacht sind. *Einst erhob sich hier am Ufer der Warnow die mächtige Obotritenburg Werle, bei der 1160 Fürst Niklot im Kampf gegen Heinrich den Löwen fiel. Heute sind nur noch Reste des Burgwalls zu sehen.* Die Sonne steht schon tief, als wir den *Campingplatz Schwaan* kurz vor **Schwaan** erreichen. Auf diesem schön am rechten Warnow-Ufer gelegenen Platz übernachten wir. Ein Sandstrand lockt zu einem letzten erfrischenden Bad in der abendlichen Hitze. Wer einen Tag Pause machen will, erreicht in etwa 30 Minuten Fußweg das Zentrum von Schwaan oder kann eine Radtour ins nahe **Hohen Sprenz** unternehmen. *Dort ist eine der ältesten Dorfkirchen Mecklenburgs zu bewundern. In der um 1250 erbauten spätromanischen Kirche sind reiche Wandmalereien aus dem 15. Jahrhundert zu sehen.*

Träge wälzt sich der Wiesenfluss der beschaulichen Kleinstadt **Schwaan** entgegen, die wir anderntags nach etwas über zwei Kilometern erreichen. Vor der Straßenbrücke, die historische Hubbrücke wurde wegen Baufälligkeit leider demontiert, legen wir am Ufer an. *Viele Wohnhäuser der Ackerbürgerstadt stammen aus dem 18./19. Jahrhundert, aber besonders sehenswert ist neben dem Rathaus die spätromanische Backsteinkirche, die mit einer gotischen Triumphkreuzgruppe und einer spätgotischen Madonnenfigur über bedeutende Ausstattungsstücke verfügt. In der liebevoll*

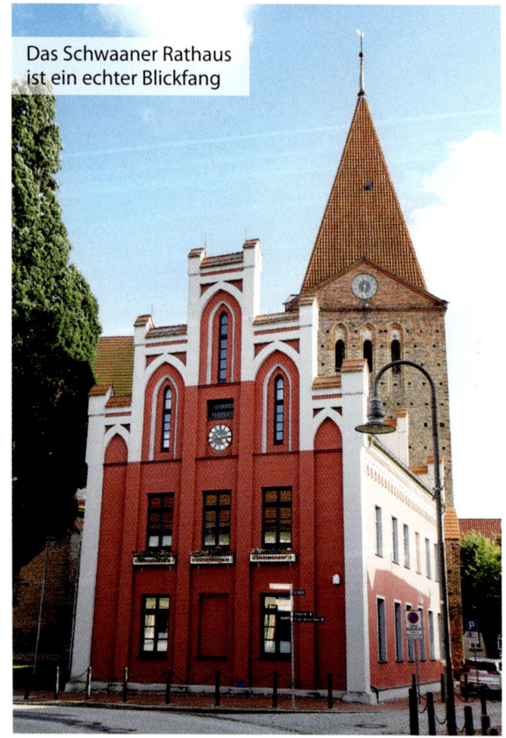
Das Schwaaner Rathaus ist ein echter Blickfang

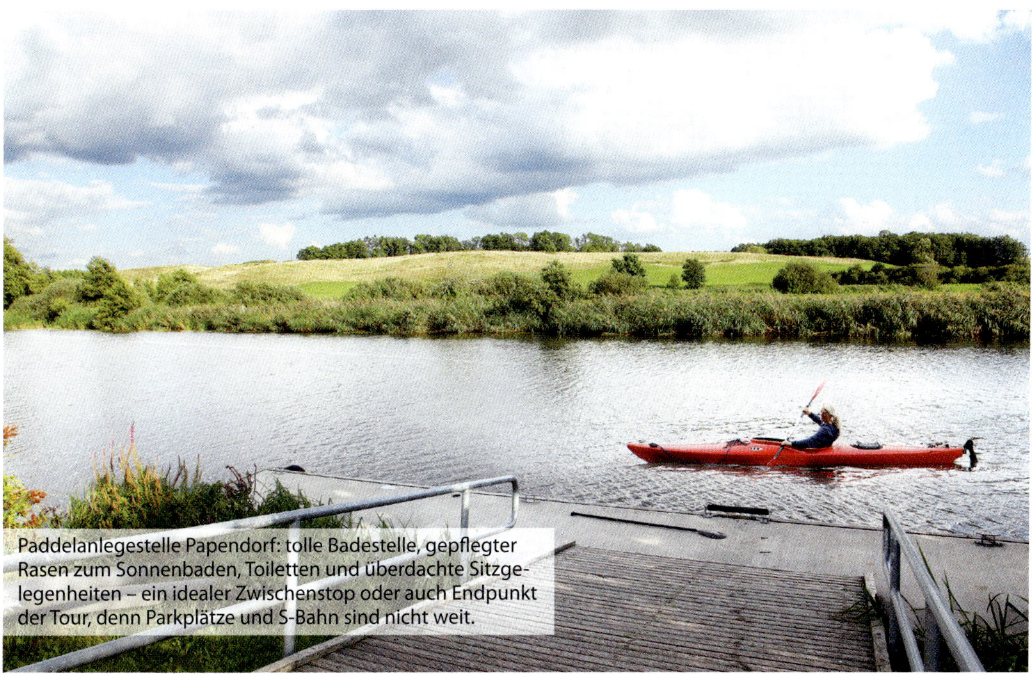
Paddelanlegestelle Papendorf: tolle Badestelle, gepflegter Rasen zum Sonnenbaden, Toiletten und überdachte Sitzgelegenheiten – ein idealer Zwischenstop oder auch Endpunkt der Tour, denn Parkplätze und S-Bahn sind nicht weit.

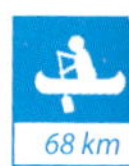

restaurierten Wassermühle lohnen Ausstellungen von Künstlern der einstigen „Schwaaner Künstlerkolonie" den Besuch. Auf jeden Fall empfehlenswert ist das *„Historische Landküchencafé".* Die Torten sind ein Traum!

Die letzten Häuser von Schwaan hinter uns lassend, tauchen wir in eine herrliche Wiesen- und Auenlandschaft ein. Immer wieder locken uns kleine Altarme oder anemonen- und seerosenbedeckte Seen, die sich an die Warnow anschließen. Das Ufer ist gesäumt von Erlen und Ebereschen, tote Bäume versinken im Wasser. Aus dieser einsamen, verwunschenen Stimmung holen uns nur einige am Ufer sitzende Angler in die Zivilisation zurück. Wir unterqueren die Autobahn A 20 und passieren die *Paddelanlegestelle* **Papendorf**. Ein wirklich hübscher Platz, an dem es sich herrlich baden lässt.

Im Bereich der darauffolgenden beiden Eisenbahnbrücken bieten sich noch einmal tolle Rast- und Bademöglichkeiten an schönen Uferstreifen. Auf den letzten Flusskilometern begleitet sanft welliges Land die Warnow.

Hinter der letzten Eisenbahnbrücke kommen uns immer häufiger Kanus und Ruderboote entgegen. Lautes Lachen dringt an unser Ohr. Kinder stürzen sich von den Bäumen ins kühle Nass oder schwingen an langen Seilen bis fast in die Flussmitte, um sich dann kreischend ins Wasser plumpsen zu lassen. Dicht ans Ufer sind nun schmucke Ferienhäuschen gebaut, auf deren Terrassen die Leute in der Abendsonne sitzen. Der Duft von Gegrilltem hängt in der Luft.

In der Ferne taucht der Turm der Petrikirche von **Rostock** im Gegenlicht auf. Wo es rechts zur ***Schleuse Rostock*** abgeht, liegt auf einer kleinen Landspitze das Gelände des *„Kanuverleih Lindstädt"* und das des *Rostocker Kanuclubs*, ein Stück weiter die Badeanstalt und die Station von *„WANDERER-Aktivtour"*.

An dem schönen Platz der *Rostocker Kanuten* setzen wir aus und bauen unser Zelt auf. Den ganzen folgenden Tag wollen wir uns Zeit nehmen, um der alten Hansestadt einen Besuch abzustatten. Stadtrundgang siehe nächste Seiten.

Stadtrundgang Rostock

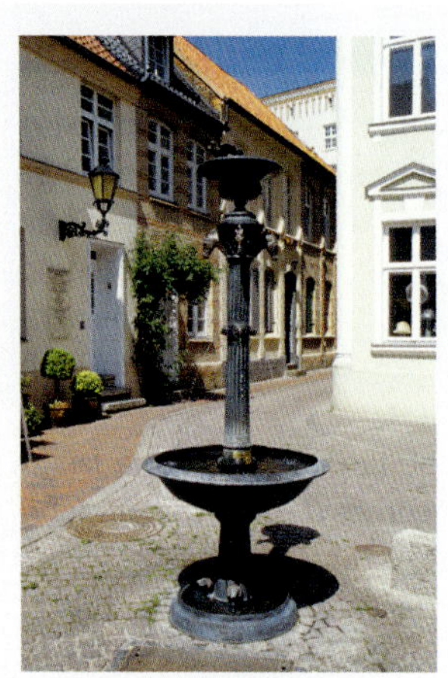

Mecklenburg-Vorpommerns bevölkerungsreichste Stadt entstand einst im Umkreis der Burg „Roztoc". Den slawischen Stämmen folgten nach Unterwerfung durch den Dänenkönig Waldemar I. deutsche Handwerker und Kaufleute, die die Stadt aus drei eigenständigen Siedlungen nach und nach vereinten. Sie bestanden aus der Altstadt mit dem Alten Markt um die Marienkirche, der Mittelstadt mit dem Neuen Markt und der Neustadt mit dem heutigen Universitätsplatz. Diese drei Siedlungen umgaben sich mit einer starken Befestigung, die in dem Maße an Bedeutung gewann, wie Rostock durch Schifffahrt und Handel im 14. und 15. Jh. eine große Blüte erlebte und zu einer der wichtigsten Hansestädte im Ostseeraum wurde. Noch bis Mitte des 19. Jhs. besaß die Stadt die drittgrößte Segelschiff-Flotte Deutschlands.

68 km

Wir starten unseren Stadtrundgang vor den hübschen Giebelhäusern des *Neuen Markt*. Hier befindet sich auch die **Tourist-Info.** An der Ostseite des Platzes liegt das **Rathaus (1)**, dessen im 14./15. Jh. entstandene Backsteinfassade von sieben Türmchen gekrönt ist. Allerdings verdeckt der mehrgeschossige barocke Vorbau, der an der Ostseeküste wohl seinesgleichen sucht, die gotischen Bauteile fast völlig. Hinter den Giebelhäusern sehen wir die mächtige **Marienkirche (2)**, Ausdruck des beträchtlichen Wohlstandes, den der Seehandel der Hansestadt einst brachte. Die dreischiffige Backsteinbasilika, Mitte des 15. Jhs. fertiggestellt, sollte ihrem Vorbild, der Lübecker Marienkirche, in nichts nachstehen. Rostocks größter Sakralbau begeistert in seinem Innern beispielsweise mit einer astronomischen Uhr aus der Werkstatt eines Nürnberger Meisters. Die knapp drei Meter hohe Bronzetaufe von 1290 ist die wohl bedeutendste ihrer Art im Ostseeraum.

Vom Neuen Markt geht es in die *Kröpeliner Straße (Fußgängerzone)* hinein. Rechts können wir zwischen der *Straße Faule Grube* und *Eselföterstraße* die **Stadtbibliothek (Haus Ratschow) (3)** sehen. Vor uns liegt nun der *Universitätsplatz* mit dem beckenlosen **„Brunnen der Lebensfreude"** mit seinen bewegten Bronzeplastiken, der nicht nur Kinder magisch anzieht. Die dahinterliegende **Universität (4)** im Stil der italienischen Renaissance wurde 1419 als erste in Nordeuropa gegründet und besitzt mit dem 120 kg schweren und 1,66 Meter hohen „Rostocker Atlas" das drittgrößte Buch der Welt. An der Südseite des Platzes liegt der 1750 errichtete **Barocksaal (5),** wahrscheinlich Norddeutschlands schönster Konzertsaal. In der südwestlichen Platzecke steht das Denkmal für einen Sohn der Stadt, den preußischen **Generalfeldmarschall Blücher (6)**, dessen Inschrift kein Geringerer als Goethe verfasst hat.

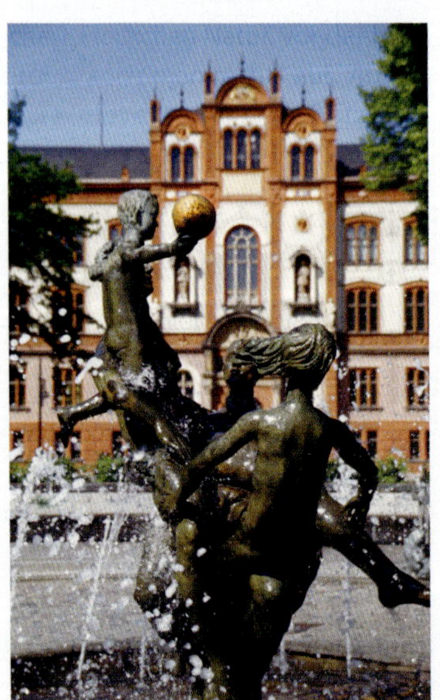

Am Barocksaal vorbei geht es links neben der Universität zum **Kloster zum Heiligen Kreuz (7)**, wo der idyllische Klosterhof eine wahre Oase der Ruhe darstellt. Als sie an Bord eines dänischen Schiffes vor Rostock strandete, stiftete Königin Margaretha von Dänemark 1270 das Kloster, welches heute das Kulturhistorische Museum beherbergt. Die Klosterkirche verfügt neben dem Doberaner Münster über die vollständigste spätgotische Innenausstattung in Mecklenburg-Vorpommern.

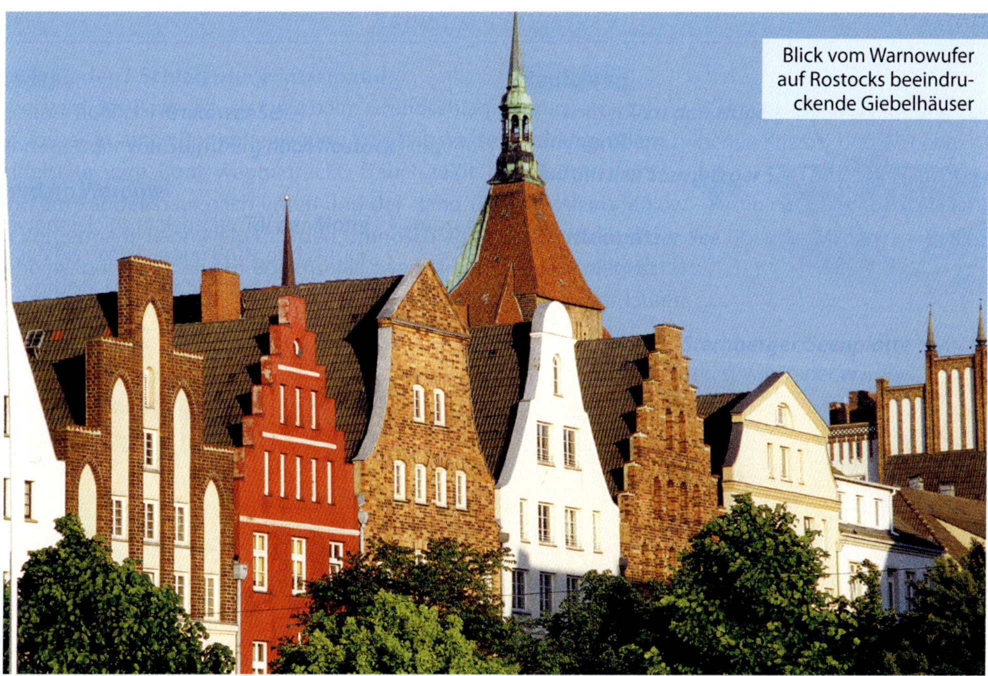
Blick vom Warnowufer auf Rostocks beeindruckende Giebelhäuser

Nun gehen wir nach links auf eine in die Stadtmauer eingelassene Tür zu und gelangen in die dahinterliegenden **Wallanlagen (8)**. Durch den landschaftsarchitektonisch reizvollen Park geht es an der **Stadtmauer** entlang. Sie wurde Ende des 13. Jh. auf einem Felsensockel errichtet. Ihre ursprüngliche Höhe von 7 m ist durch eine Neuanlage der Wälle heute nicht mehr voll erkennbar. Die Stadtmauer führt uns geradewegs zum 54 Meter hohen **Kröpeliner Tor (9)**, das früher der Aufbewahrung von Kriegsgerät diente und heute eine Ausstellung zur Stadtgeschichte beherbergt. Das Tor lassen wir rechts liegen und laufen weiter bergab durch die Wallanlagen. Nach Querung des großen Parkplatzes und der stark befahrenen Straße haben wir das **Warnowufer** erreicht. Links blicken wir hinunter zum Stadthafen mit seinem Schiffsanleger für die Fahrgastschifffahrt.

Wir wenden uns jedoch in die entgegengesetzte Richtung und laufen die Warnow entlang Richtung **Speicher (10)**. Entlang der Hafenmeile locken zahlreiche Restaurants. Kurz vor dem Speicher sehen wir auf der rechten Seite das klassizistische **Mönchentor (11)**, das als einziges von ehemals zwölf „Strandtoren" erhalten ist. Heute ist es Sitz des Rostocker Kunstvereins. Hinter dem **Getreidespeicher** überqueren wir wieder die stark befahrene Straße und gelangen über die *Grubenstraße* zur *Straße „Beim Waisenhaus"*. Hier biegen wir links ab, kommen vorbei an der Hochschule für Musik und Theater, durch die schönen *Straßen „Beim St. Katharinenstift"* und *„Amberg"* und sehen alsbald vor uns die weithin sichtbare **Petrikirche (12)**, eine dreischiffige gotische Backsteinbasilika, die Mitte des 14. Jhs. auf einem Vorgängerbau errichtet wurde. Nach einem Blick in ihr Inneres geht es über die kopfsteingepflasterte *Lohgerberstraße* auf die **Nikolaikirche (13)** zu. Die Backsteinhallenkirche aus dem 13. bis 15. Jh., im Krieg fast vollkommen zerstört, wurde 1977 wieder

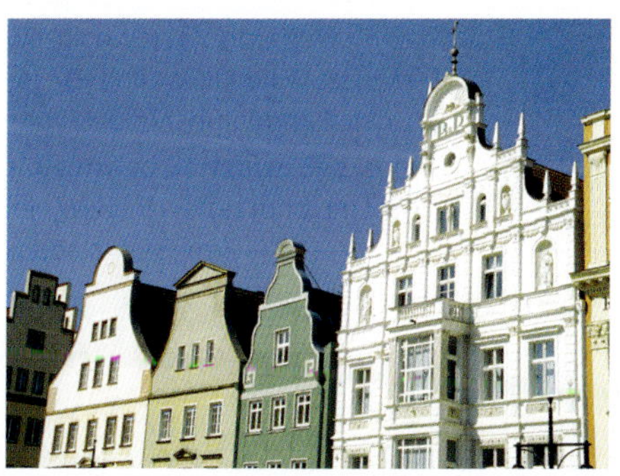

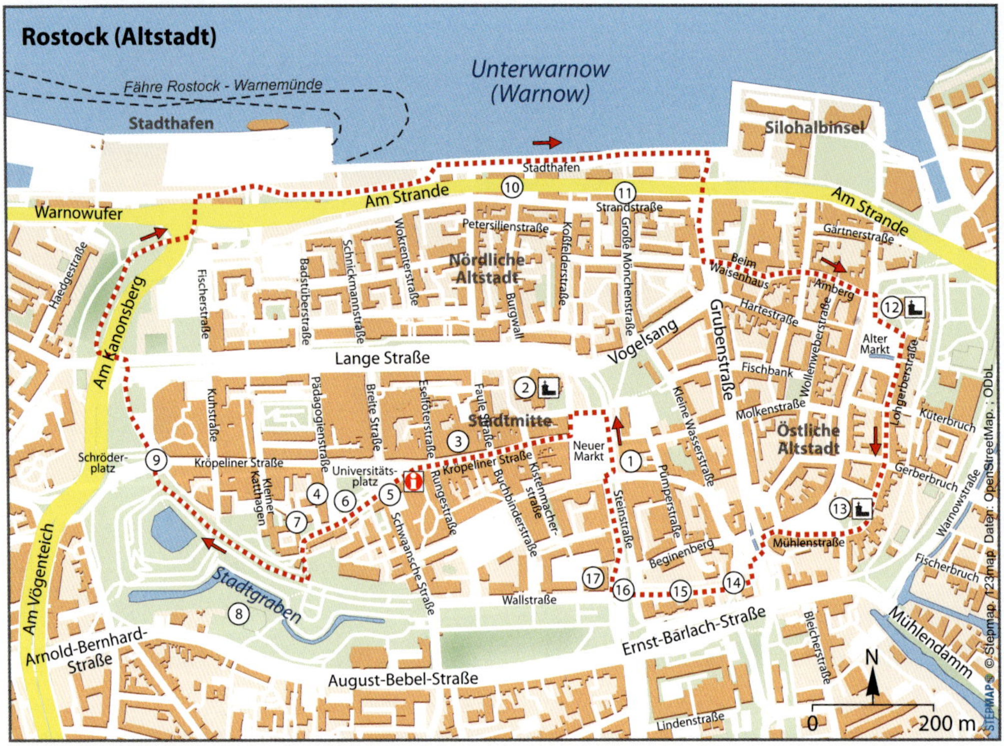

Rostock (Altstadt)

aufgebaut. Die Wohnungen unter ihrem Kirchendach machen sie zu einer modernen Attraktion. Der gesamte Teil der Altstadt wurde zu DDR-Zeiten von jeglicher Sanierung ausgeklammert und gehörte damit zu den am stärksten verfallenen Stadtvierteln aller Hansestädte des Landes.

Unter einem Durchgang, ein Stück unter der Nikolaikirche hindurch, kommen wir zum *Sträßchen „Am Schwibbogen"*, der in die *Mühlenstraße* übergeht. Wir halten uns links und erreichen den modern angelegten *Platz „An der Viergelindenbrücke"*, wo ein empfehlenswertes Café zum Draußensitzen einlädt. Weiter links geht es zum **Kuhtor (14)**, das in die Reste der alten Stadtmauer integriert ist. In dem im 13. Jh. erstmals erwähnten und damit ältesten Torturm Norddeutschlands befindet sich das Literaturhaus. An der Stadtmauer entlang geht es nun die Stiegen hinauf zum 1577 errichteten **Lagebuschturm (15)**. Am Ende dieses Stücks der Stadtmauer, hinter dem Lagebuschturm, erreichen wir das **Steintor (16)**, das im Mittelalter den „Haupteingang" der Stadt darstellte. Das dahinter befindliche **Ständehaus (17)**, Ende des 19. Jhs. erbaut, ist ein aufwendiges Bauwerk mit neogotischem Treppenhaus, Lichthof und dem getäfelten Sitzungssaal der Landstände im Obergeschoss. Gegenüber, *Richard-Wagner-Str. / Ecke August-Bebel-Str.*, befindet sich das Schifffahrtsmuseum. Hier beenden wir unseren Rundgang.

Tourist-Info: Universitätsplatz 6 (Barocksaal), 18055 Rostock, Tel. (0381) 381 26 01, www.rostock.de

---

Veranstaltungen:

Hanse Sail Rostock (Warnemünde), weltweit größtes Treffen von Traditionsseglern, Windjammern und Museumsschiffen Anfang August mit großem maritimen Fest, www.hansesail.com

Warnemünder Woche im Juli: sportlich-maritimes Sommerfest im Ostseebad Warnemünde.

Mitte Oktober: ***Martinsmarkt Rostock -*** Kunsthandwerkermarkt in der Nikolaikirche.

Die Recknitz

„Die Einsame“

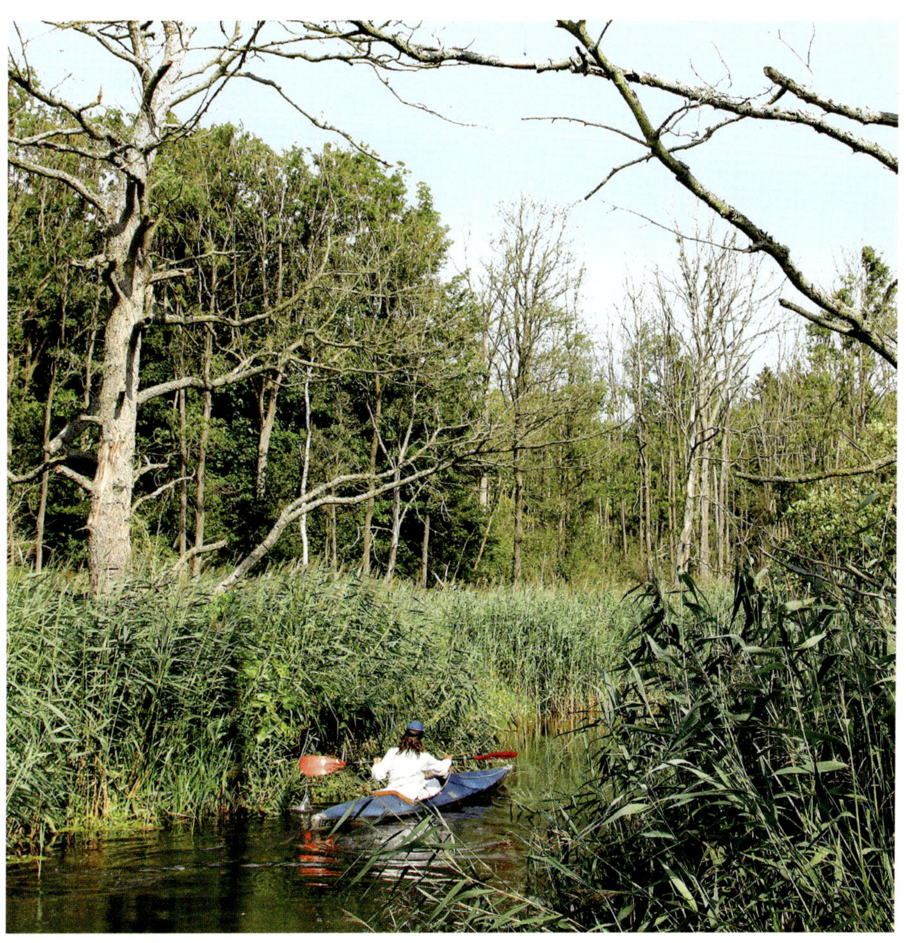

Tour 5

Infos Tour 4 – Recknitz

Aktivitäten	Natur	Kultur	Baden	Hindernisse
★★★☆	★★★★	★★☆☆	★☆☆☆	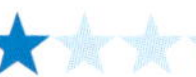

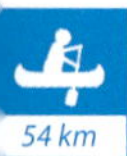

Charakter der Tour

Als „allererste Sahne" bezeichnen wir eine Kanutour auf der schmalen Recknitz, die heute, nach umfangreicher Renaturierung, wieder zu den schönsten und wildromantischsten Flüssen des Landes gehört. Besonders die Strecken zwischen Recknitzberg und Bad Sülze sowie von Marlow nach Damgarten bieten dem Paddler alles, was eine Kanutour reizvoll macht – Natur pur, ja Wildnis. Entlang ausgedehnter Bruchwälder, Moore, Röhrichte und Torfkuhlen geht es auf vielen Mäandern durch eine Sumpf- und Schilfwildnis. Wegen der zahllosen engen Windungen ist etwas Bootsbeherrschung nötig; Anfänger sollten viel Zeit einplanen. Aber auch Wanderungen und Radtouren im idyllischen Recknitztal sind sehr lohnend. Dabei stößt man auf urgeschichtliche Gräber, slawische Höhen- und Niederungsburgen und mittelalterliche Feldsteinkirchen. Naturliebhaber schätzen die artenreiche Flora und Fauna, in der Raritäten wie Schreiadler, Mink, Biber oder Fischotter vorkommen.

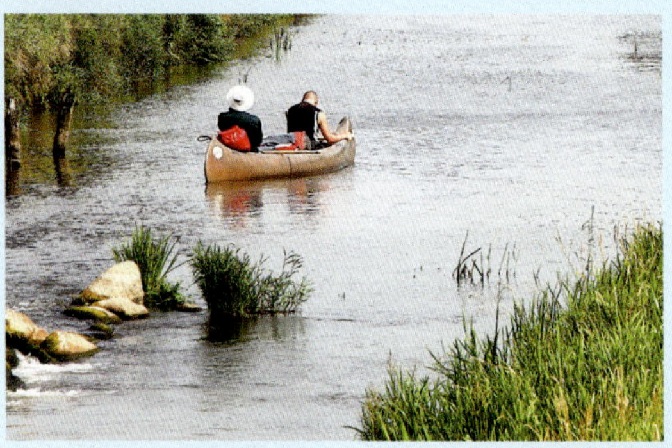

Befahrungsregelung

Ab drei Kilometer unterhalb von Bad Sülze bis kurz vor Pantlitz paddelt man im ***Naturschutzgebiet „Unteres Recknitztal"***. Hier dürfen die Ufer nicht betreten werden und auch das Anlegen und Festmachen der Boote am Ufer ist unzulässig.

Länge & Dauer der Tour 54 km, 3 Tage

Umtragestellen Wehr bei Vilz 50 m; Wehr II 50 m; Wehr Liepen meist fahrbar; Bad Sülze 80 m.

Anreise A 20 Richtung Usedom, Abfahrt 18 (Sanitz), dann auf der B 110 nach Tessin..

Einsetzstelle Wasserwanderrastplatz Tessin, Gnoiener Straße, an der Straßenbrücke der B 110.

Aussetzstelle Wasserwanderrastplatz Ribnitzer SV, Schillstraße 33 in Damgarten.

Zurück zum Pkw Von Damgarten alle zwei Stunden mit der Bahn nach Rostock. Von dort stündlich mit der Bahn nach Tessin. Fahrtzeit: ca. 1:05 h.

Etappenvorschlag

1. Tag Tessin – Bad Sülze (24 km)

2. Tag Bad Sülze – Marlow (10 km)

3. Tag Marlow – Ribnitz-Damgarten (20 km)

Tipps für Tagestouren

1. Liepen (Wehr) – Bad Sülze (13 km, zurück mit Pkw oder Rad).
2. Damgarten – Daskow – Damgarten (13 km).
3. Marlow – Damgarten (20 km, zurück mit dem Taxi od. Fahrrad od. Transport mit WWR Marlow).

Literatur-Tipps

„Lieper Burg ist überall"*, Eckhard Preuß,* BoD.

„Geheimobjekt Atombunker. Die Troposphären-Funkstation Eichenthal"*, Götz Thomas Wenzel,* Ch. Links Verlag.

„Mörderische Mecklenburger Bucht" *11 Krimis & 125 Freizeittipps, Krimineller Freizeitführer, Regine Kölpin,* GMEINER-Verlag.

Übernachtung in Wassernähe (in der Reihenfolge des Tourenverlaufs)

Tessin
Wasserwanderrastplatz
Adresse siehe Kanuvermietung

LOK Restaurant & Pension
Bahnhofstraße 15
Tel. (38205) 79 11 11
www.lok-tessin.de

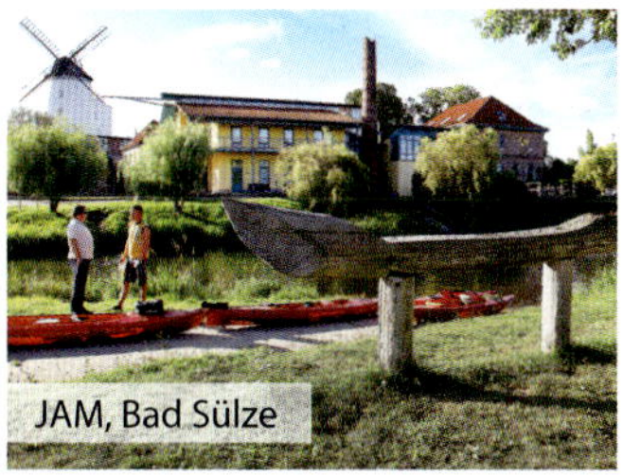
JAM, Bad Sülze

Recknitzberg
Grammow OT Neuhof
Natur- & Erholungshof Recknitzberg
(Zelt + Zimmer)
Recknitzberg 1
Tel. 0152-56 13 97 47
www.naturerholungshof-recknitz-berg.com

Bad Sülze
JAM & Gästehaus Mühlenstein
Recknitzallee 1a *(Zelt + Zimmer)*
Tel. (038229) 704 33
www.JAMweb.de

Gästezimmer in Frieda's Gaststätte
Kurze Str. 2, Tel. 01520-3718205
& 01522-984 74 44

Marlow
Wasserwanderrastplatz Marlow
(Zelt, Zimmer, FeWo)
Försterei 3
Tel. 0174-678 93 43
www.kanuverleih-marlow.info

Recknitztal-Hotel
Carl-Kossow-Straße 35-37
Tel. (038221) 422 40
www.recknitztal-hotel.de

Ribnitz- Damgarten
Wasserwanderrastplatz
Damgarten, Ribnitzer SV 1919
Schillstr. 33
Tel. 0152-01 85 91 46 *(Di-So 10-18)*
www.rsv1919.de

Kanuvermietung

Tessin
Tessiner Erlebniswelt
Nur nach vorheriger Anmeldung/ Reservierung: Tel. 0162-799 58 52
& (038205) 790 17 oder 663 66
www.stadt-tessin.de >kultur-tourismus >freizeitangebote >wasserwanderrastplatz

Marlow
Marlower Kanu- & Bootsverleih
Kajaks, Kanadier, SUP, geführte Touren, Paddel + Pedal, Transport-Service, Angelkarten
Försterei 3
Tel. 0174-678 93 43
www.kanuverleih-marlow.info

Ribnitz-Damgarten
Kanuverleih Ribnitzer SV 1919
Hafen Damgarten
Schillstr. 33 (*Mo geschlossen*)
Tel. 0152-01 85 91 46 *(Di-So 10-18)*
www.rsv1919.de

Weitere Aktivitäten

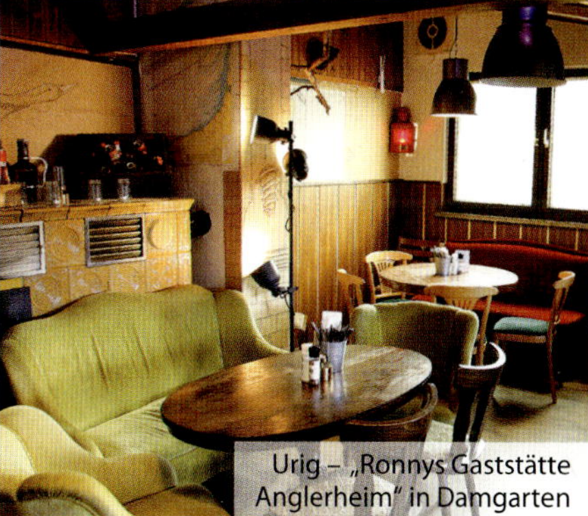
Urig – „Ronnys Gaststätte Anglerheim" in Damgarten

Paddeln

Mit Kajaks von Ribnitz-Damgarten ***über den Saaler, Bodstedter und Barther Bodden*** nach Barth, Prerow und weiter (siehe KANU KOMPASS „Dänische Südsee – Deutsche Ostsee").

Nach Umtragung mit dem Bootswagen von Bad Sülze nach Tribsees (ca. 7 km) weiterpaddeln auf der ***Trebel*** nach Demmin und dort auf die ***Peene*** oder ***Tollense*** (siehe Tour 6, 7, 8).

Wandern

Im ***Naturschutzgebiet „Unteres Recknitztal"*** (besonders von Tessin, Recknitzberg, Bad Sülze, Marlow, Tribohm, Pantlitz).

Im ***NSG „Grenztalmoor"*** zwischen Bad Sülze und Tribsees.

Im ***NSG „Tribohmer Bachtal"*** und zu einer der ***ältesten Kirche Pommerns*** (Feldsteinkirche von 1210) in Tribohm.

Auf dem ***Boddenwanderweg*** von Ribnitz-Damgarten an die Ostsee.

Geführte Touren – Kanu, Wandern, Rad

Naturreisen MV, Tel. 0152- 57 55 48 00, www.naturreisen-mv.de

Marlower Kanu- & Bootsverleih, Försterei 3, Tel. 0174-678 93 43, www.kanuverleih-marlow.info

Radfahren

Auf dem ***Hauptradwanderweg „Unteres Recknitztal"*** von Bad Sülze nach Ribnitz-Damgarten.

Von Tessin ***links und rechts der Recknitz*** nach Bad Sülze.

„Mühlen-Entdeckertour" (Windmühle Klockenhagen – Damgarten – Ölmühle Langenhanshagen – Salzmühle Trinwillershagen – Senfmühle Schlemmin).

Fahrradvermieter: Bad-Sülze (Salzmuseum): Tel. (038229) 80 68; **Marlow**: Kanu- & Bootsverleih: Tel. 0174-678 93 43; **Ribnitz-Damgarten** (Ortsteil Damgarten): Steffis Fahrradverleih, Tel. (03821) 45 20 20.

Sonstiges

Im August ***4-tägiges „About you Pangea Festival"*** auf dem alten Flughafengelände von Pütnitz (Ribnitz-Damgarten), chillig und direkt am Wasser – Funsport, Kultur, Musik, Nachhaltigkeit (www.aboutyoupangea-festival.de).

Besuch des ***„Salzreich Trinwillershagen"*** (Gradierwerk, Salzturm, Wellness, Gourmetsalze, salzmanufaktur-mv.de).

Abstecher per Auto zu den ***Gutshäusern Nustrow, Ehmkendorf, Teutendorf, Semlow***, zum ***Kloster Wulfshagen*** oder ***Schloss Schlemmin***, nach ***Laage*** und ***Tribsees*** oder nach ***Ahrenshoop***, ***Prerow*** und ***Zingst*** auf den ***Darß***.

54 km

Bade- und Saunabesuch in der ***Bodden-Therme*** in Ribnitz-Damgarten, www.bodden-therme.de

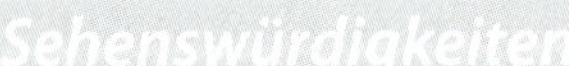

Sehenswürdigkeiten

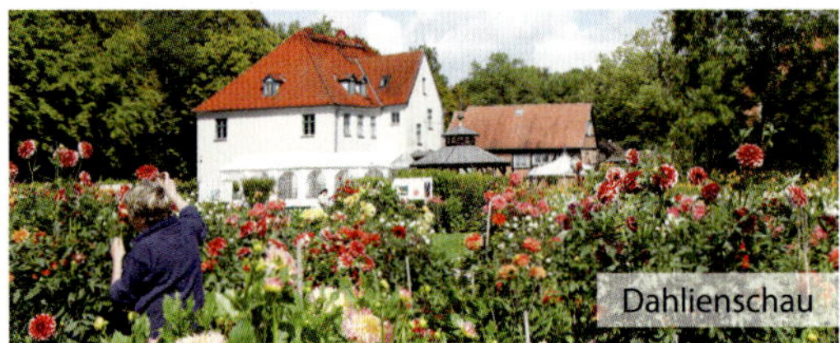
Dahlienschau

Tessin Fachwerkhäuser des 18./19. Jh., Stadtkirche St. Johannis (13. Jh.), Mühlenhaus/Museum, Aussichtsturm, Eiskeller, Naturfreibad „Tessiner Südsee" (1 km südwestlich der Einsetzstelle). Ältester Wildapfelbaum Europas (450 Jahre!) zwischen Ehmkendorf und Stubbendorf.

Bad Sülze Rathaus (Mitte 19. Jh.), Stadtkirche (13. Jh.), Salineamt von 1759 mit Salzmuseum *(Apr-Okt Di-Fr 10-18, Sa+So 13-18, Schausieden Do 12-17,* www.salzmuseum-badsuelze.de), Kurpark und Dahlienschau, Holländermühle.

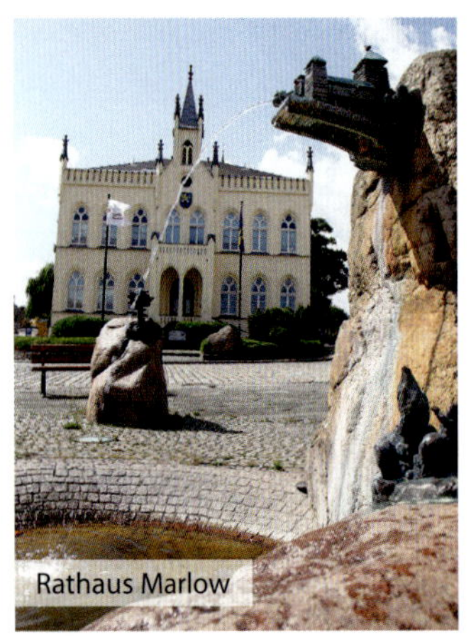
Rathaus Marlow

Marlow Giebel- und Traufenhäuser des 18./19. Jh., spätromanische Stadtkirche, Rathaus, Heimatstube, Holländer-Windmühle. Brauerei Marlow Brauhausführung mit Verkostung der Craft-Biere (Tel. (038221) 422 40, www.marlower-brauerei.de). Vogelpark Marlow (*tägl. 10-18,* Erlebnis-Übernachtung im Park, Tel. (038221) 265, www.vogelpark-marlow.de).

Ribnitz-Damgarten Backsteinhallenkirche St. Marien (13. Jh.), klassizistisches Rathaus (1834), spätgotisches Rostocker Tor, Klarissenkloster (1323) mit Bernsteinmuseum (*Apr-Okt tgl. 9.30-18, Nov-Mär Di-So 9.30-17,* www.deutsches-bernsteinmuseum.de) und Backsteinkirche (um 1400) mit Steingrabmal der Äbtissin Ursula und spätgotischen Holzplastiken „Ribnitzer Madonnen" (14. Jh.), Freilichtmuseum in Klockenhagen (*Apr-Okt Di-So 9-17,* www.freilichtmuseum-klockenhagen.de).

Pütnitz Technik-Museum (für Alltagstechnik des ehemaligen Ostblocks, www.technikmuseum-puetnitz.de), „About You Pangea Festival" siehe oben.

Auskunft & Tourist-Infos

Stadt-Info Tessin Alter Markt 10, Tel. (038205) 657 16, www.tessin.de

Tourist-Info Bad Sülze Saline 9, Tel. (038229) 806 80, www.salzmuseum-badsuelze.de und www.stadtbadsuelze.de

Tourist-Info Marlow Kölzower Chaussee 1, Tel. (038221) 429 836, www.stadt-marlow.de

Tourismusverein Vogelparkregion Recknitztal e. V. Am Markt 1, Tel. (038221) 61 43 63, www.vogelparkregion-recknitztal.de

Stadt-Info Ribnitz-Damgarten Am Markt 14, Tel. (03821) 22 01, www.ribnitz-damgarten.de

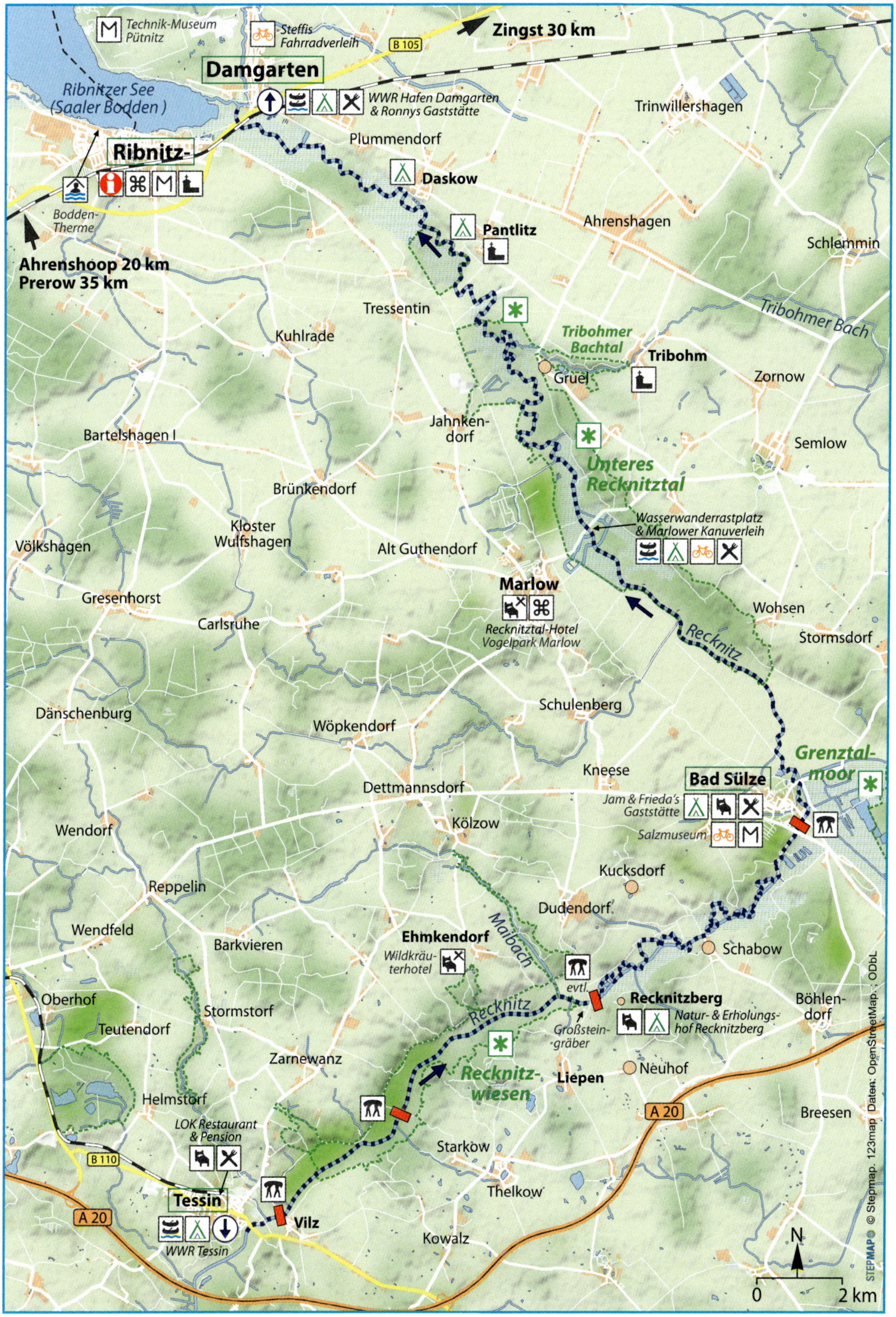

Technik-Museum Pütnitz
Steffis Fahrradverleih
B 105
Zingst 30 km
Damgarten
Ribnitzer See (Saaler Bodden)
WWR Hafen Damgarten & Ronnys Gaststätte
Trinwillershagen
Ribnitz-
Plummendorf
Daskow
Bodden-Therme
Pantlitz
Ahrenshagen
Schlemmin
Ahrenshoop 20 km
Prerow 35 km
Tressentin
Tribohmer Bach
Kuhlrade
Tribohmer Bachtal
Tribohm
Gruel
Zornow
Jahnkendorf
Bartelshagen I
Semlow
Unteres Recknitztal
Brünkendorf
Wasserwanderrastplatz & Marlower Kanuverleih
Kloster Wulfshagen
Völkshagen
Alt Guthendorf
Marlow
Gresenhorst
Wohsen
Carlsruhe
Recknitztal-Hotel
Vogelpark Marlow
Recknitz
Stormsdorf
Dänschenburg
Schulenberg
Wöpkendorf
Grenztalmoor
Kneese
Bad Sülze
Dettmannsdorf
Jam & Frieda's Gaststätte
Salzmuseum
Wendorf
Kölzow
Kucksdorf
Reppelin
Dudendorf
Wendfeld
Barkvieren
Ehmkendorf
Maibach
Schabow
Wildkräuterhotel
evtl.
Recknitzberg
Oberhof
Böhlendorf
Stormstorf
Recknitz
Natur- & Erholungshof Recknitzberg
Teutendorf
Großsteingräber
Zarnewanz
Recknitzwiesen
Liepen
Neuhof
Helmstorf
A 20
Breesen
LOK Restaurant & Pension
Starkow
B 110
Thelkow
Tessin
A 20
Vilz
WWR Tessin
Kowalz
N
0
2 km
STEPMAP © Stepmap, 123map Daten: OpenStreetMap, ODbL

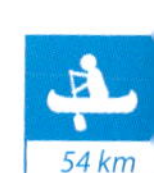

Die Recknitz

Das Urstromtal der ***Recknitz*** gehört zu den schönsten Flusstalniederungen Mecklenburg-Vorpommerns. Ausgedehnte Bereiche des zwischen ein und zwei Kilometer breiten Tals und seiner Hänge stehen unter Landschafts- oder Naturschutz.

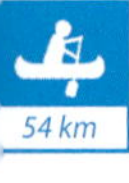

Inmitten kleiner und großer Hügel liegt **Tessin**, eine liebenswürdige Kleinstadt mit kopfsteingepflasterten, verwinkelten Gassen. Während das Auto oben am Marktplatz steht, sitze ich unten auf dem Steg des *Wasserwanderrastplatzes*, lasse meine Füße im kalten Recknitzwasser baumeln und beobachte die letzten Kanufahrer, die zu ihrer Pfingsttour aufbrechen. Die meisten von ihnen werden ihre Tour wohl in Bad Sülze beenden und verpassen so den 20 Kilometer langen Abschnitt zwischen Marlow und Ribnitz-Damgarten, der dem Renaturierungsabschnitt zwischen Recknitzberg und Bad Sülze an Schönheit und Ursprünglichkeit in nichts nachsteht.

Nach einem kleinen Rundgang durch den geschichtsträchtigen Ort parke ich das Auto am *Wasserwanderrastplatz*, belade den Kanadier und blicke noch einmal zurück auf die auf einem Hügel gelegene Altstadt. *Tessin bedeutet aus dem Slawischen übertragen „Ort des kühnen Kriegers" und tatsächlich basiert der Name des Ortes auf dem Gründer der im 7. Jahrhundert entstandenen Burg, einem gewissen Tesa. Nach lang andauernden Kämpfen um 1160 wurde die Burg aufgegeben und zerfiel. Die unterlegenen Wenden zogen ins Tessiner Umland und gründeten dort Siedlungen, deren Namen noch heute auf ihre Ursprünge hinweisen. Die nachfolgenden Deutschen errichteten ebenfalls wieder eine Burg gleichen Namens, in deren Schutz sich Kaufleute und Handwerker ansiedelten. Bis 1333 mussten Reisende, die auf ihrem Weg zu den Klöstern Doberan und Dargun das Recknitztal bei Tessin querten, Zölle zahlen.*

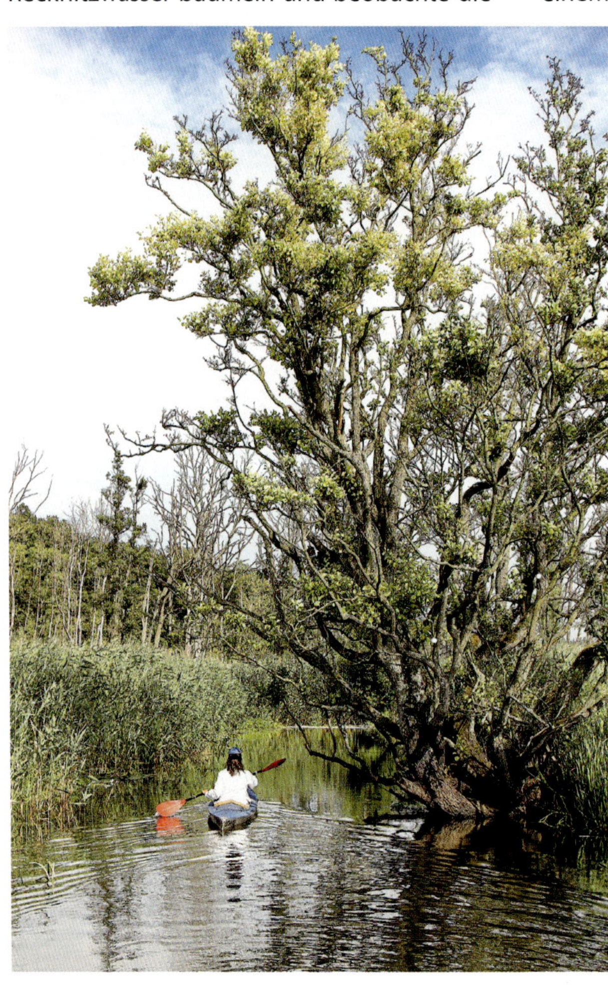

Eine leichte Strömung schiebt unser Kanu unter der Brücke hindurch, vorbei an einer von Schilf gesäumten Wiesen- und Auenlandschaft. Am Ufer grasen Kühe, und von Ferne ruft der Kuckuck. Die beiden Wehre auf den folgenden fünf Kilometern sind schnell umtragen. Nach dem ***ersten Wehr*** schiebt

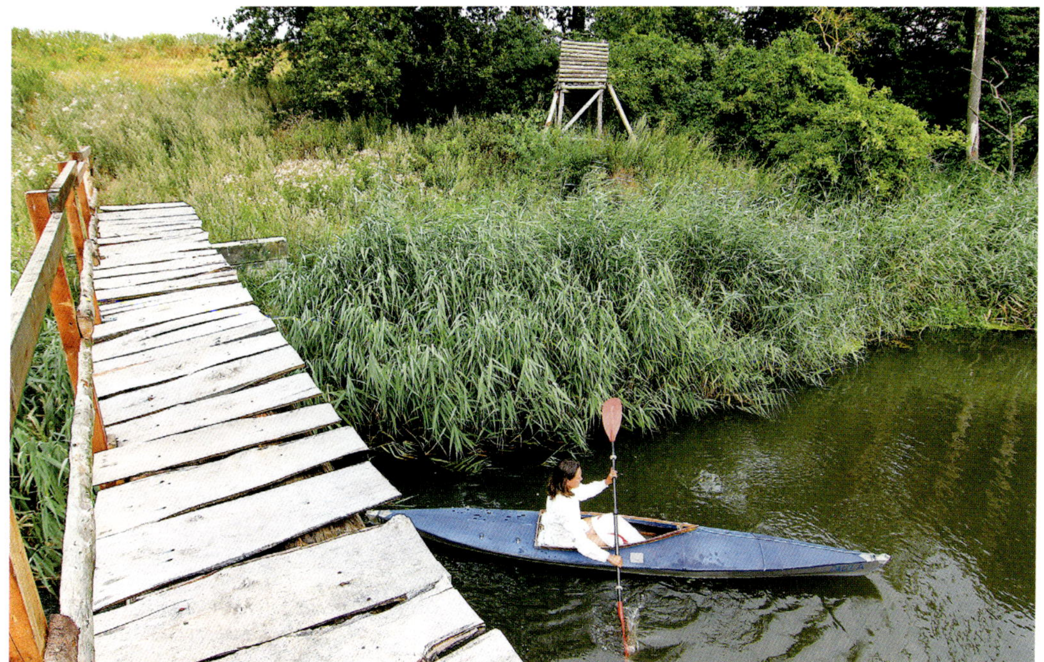

sich von rechts noch einmal der Ortsteil **Vilz** an die ***Recknitz***. Anfangs ist der fünf bis acht Meter breite Fluss etwas eintönig, so dass wir am ***zweiten Wehr*** eine kleine Pause einlegen und uns die Füße vertreten. Vom östlichen Flussufer weist der Weg in Richtung **Thelkow**, mit seiner schönen Feldsteinkirche. Von dort aus führt ein Wanderweg über den 55 Meter hohen ***Mühlenberg*** durch eine fast unberührte Landschaft zu dem versteckt auf einer Anhöhe fast 20 Meter über der Niederung des ***Recknitztales*** gelegenen slawischen Burgwall von **Liepen**. *Dort gefundene Keramik gibt interessante Aufschlüsse über die Siedlungsgeschichte der Slawen, die, im Gegensatz zu den Germanen, ein gutes Burgensystem entwickelten.* Ebenfalls sehenswert sind der im Wald liegende ***Burgsee*** und der 400 Meter weiter südlich liegende ***Teufelssee***. Mit seinen Uferhängen und einem jungsteinzeitlichen Urdolmen, ist er als Naturschutzgebiet ausgewiesen.

Zurück auf dem Fluss, sind wir bald von tiefer Stille umgeben. Leicht säuselt der Wind im Schilf; unter uns flitzen die Fische im flachen Wasser über sandigen Grund. Die Recknitz ist fischreich – Brassen, Aal, Schleie, Grünling und Zander fühlen sich hier heimisch.

Kurz vor dem 3. Wehr, dem ***Lieper Wehr***, das meist offen ist und problemlos befahren werden kann, wird die Landschaft hügeliger. Wer sich die zu Beginn der Tour etwas eintönig wirkende Strecke sparen will, könnte auch hier einsetzen. Am ***Lieper Wehr***, direkt an der blauen Brücke, kann man hervorragend rasten oder Richtung Nordwesten in strammen 30 Minuten anfangs durch Felder, dann nach links entlang des schönen Waldes des ***Landschaftsschutzgebiets Maibachtal*** ins nahe gelegene **Ehmkendorf** laufen. Im dortigen *Wildkräuterhotel* lässt es sich nicht nur gut speisen, es werden auch spannende Wildkräuterexkursionen angeboten. Die Küche ist den Kräutern, Blüten, Blättern und Wurzeln der Recknitztalwiesen gewidmet, kombiniert mit Fisch und heimischem Wild. Allein schon das Flanieren im Wildkräutergarten der Gutsanlage von 1790 ist ein Genuss. Die Versuchung ist groß, das Kanu am Fluss liegen zu lassen und

Gebäude erinnern heute noch an die große Zeit der Salzgewinnung. Doch schon Jahrzehnte zuvor, in den Jahren 1822/23, erschlossen sich die Sülzer Bürger mit Sol- und Moorbädern eine zusätzliche und immer lukrativer werdende Einnahmequelle. Seit 1927 ist die Stadt als Kurort anerkannt und darf sich Bad Sülze nennen. Alles, was mit der Salzgewinnung und der Geschichte des Moor- und Solebades zusammenhängt, wird dem Besucher im Salzmuseum anschaulich gemacht (jeden Donnerstag von 12-17 Uhr ist Schausieden).

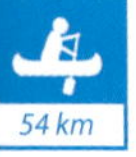

Der schöne Kurpark gegenüber lockt vor allem zur alljährlichen Dahlienblüte im September Tausende Besucher. Im *„Café Wunder Bar"* am Marktplatz bekommt man täglich bis 18 Uhr sowohl köstlichen Kuchen, als auch kleine Gerichte. Das gemütliche Café mit dem schönen Garten hat sich zu einem beliebten Ort für Ausstellungen regionaler Künstler und für die monatliche Konzertreihe „Wunder-Bar-Konzerte" entwickelt. Die nahe *Frieda's Gaststätte (auch Gästezimmer, Tel. 01520-371 82 05)* in der ehemaligen Schmiede bietet uriges Ambiente und im Sommer können die Gäste bei deftiger Hausmannskost draußen im alten Schmiedehof sitzen.

Wieder im Boot geht es nun ein Stück hinter der Straßenbrücke auf die letzte ***Wehranlage*** dieser Tour zu. Vor ihr biegen wir in den linken Arm, der zu einer ***Sohlgleite*** unter der Straßenbrücke führt. Wegen der starken Strömung und eines großen Steins im Wasser treideln wir die Kanus, bequem auf einem breiten Holzbalken gehend, und setzen dann die Fahrt fort. Über eine spritzige Gefällestrecke gelangen wir bald wieder in ruhiges Fahrwasser und die beiden Wasserarme vereinigen sich danach wieder.

Bald nimmt uns der Wasserlauf der Recknitz wieder auf und wir paddeln durch eine stille Schilflandschaft. Hier befinden wir uns im ***Naturschutzgebiet „Unteres Recknitztal"***, wo striktes ***Uferbetretungsverbot*** herrscht.

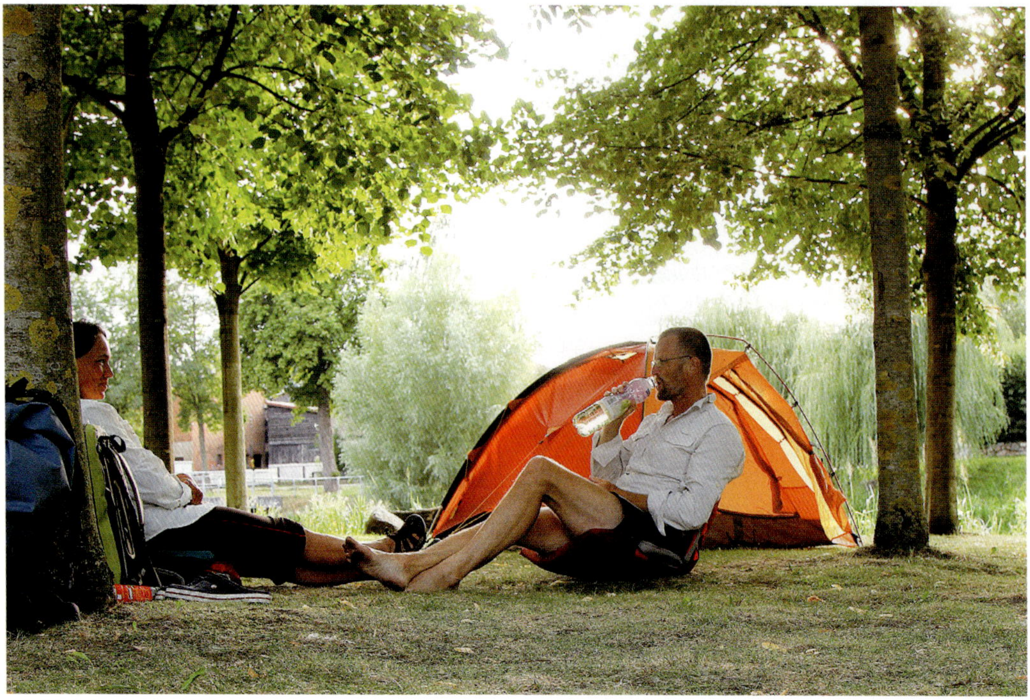

Bis **Marlow** fließt die Recknitz breit und von Schilf gesäumt dahin. Mehrfach verzweigt

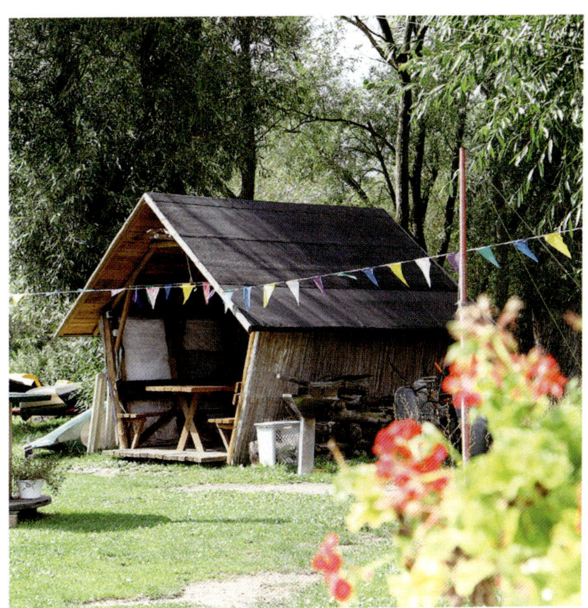

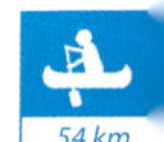

sich der Fluss. In den einsamen Alt- und Nebenarmen und in einigen Torfkuhlen wimmelt es von kleinem Getier. Unmittelbar vor der Straßenbrücke, die links nach **Marlow** führt, befindet sich am rechten Ufer der *Wasserwanderrastplatz* mit tief gelegenem Steg, ideal zum Aussetzen. Auch wenn niemand auf dem Platz sein sollte, kann man sein Zelt aufschlagen. Der engagierte Betreiber vermietet Kanus, betreibt auf Vorbestellung einen Transportservice, versorgt seine Gäste mit kleinen Snacks und Informationen zur Region, gibt den Touristenfischereischein aus, vermittelt auf Wunsch eine feste Unterkunft und lässt auch Paddler mit eigenem Kanu gegen einen geringen Betrag ihr Boot am Steg einsetzen. Parken inklusive.

Etwa zwei Kilometer zieht sich die Straße hinauf zum Städtchen **Marlow**, umgeben von Wäldern, Wiesen und Ackerfluren. Nach einem Blick auf das hübsche Rathaus am dreieckigen Marktplatz, steht ein Besuch des *Vogelparks Marlow* auf dem Programm. In dem spannenden Vogelpark kann man sich einen Überblick über die Vogelwelt nicht nur des Recknitztales sondern der ganzen Erde verschaffen. Die Lebensräume von über 150 Vogelarten wurden in einer großzügigen Anlage nachgestaltet. Durch eine Glasfront verfolgt man zum Beispiel das Treiben der Pinguine sowohl über als auch unter Wasser, und auf der zweimal täglich stattfindenden Flugvorführung bekommt man einen Eindruck von den Flugkünsten von Adler, Eule, Bussard, Falke oder Milan.

Nur etwa einen Kilometer hinter dem Wasserwanderrastplatz befindet sich in unmittelbarer Nähe die ***„Schwedenschanze“***, *ein dreiseitiger Wall, der sich zum Recknitzsteilhang öffnet. Die aus dem 8. bis 13. Jahrhundert stammende slawische Höhenburg und dörfliche Siedlung wurde wahrscheinlich auch noch im 18. Jahrhundert militärisch genutzt.* Von hier zieht sich ein herrlicher Talrandweg bis Gruel und weiter bis nach Plummendorf. Für Wasserwanderer, die einen längeren Übernachtungsstopp auf dem Wasserwanderrastplatz Marlow einlegen, bietet sich ein Rundweg durch das ***NSG Tribohmer Bachtal*** nach Tribohm und von dort zurück über Camitz zur „Schwedenschanze“ an.

Das Wasser der ***Recknitz*** ist tiefer geworden. Weiß blühende Seerosen bedecken die dunkle Wasseroberfläche. Es ist ganz still, nur das Zwitschern der Vögel im Schilf, das Summen der Mücken und Surren der Libellen ist zu vernehmen. Auf beiden Seiten des Flusses breitet sich Bruchwald, durchsetzt mit Erlen, Ebereschen und Birken aus. Die Bäume wachsen bis dicht ans Wasser. Ein paar Kilometer weiter, nach Ende des Uferbetretungsverbots, bieten sich zu beiden Seiten der Recknitz schöne Raststellen, bis unvermittelt hinter einer Kurve malerisch auf einem grünen Hügel das Örtchen **Pantlitz** mit seiner bemerkenswerten neugotischen Kirche vor uns liegt. Wer ihr einen Besuch abstatten möchte, fährt rechts in einen kleinen Stichkanal bis zum emfehlenswerten und ruhigen *Biwakplatz*. Von dort läuft man über Wiesen zum Ort hinauf und lässt sich von

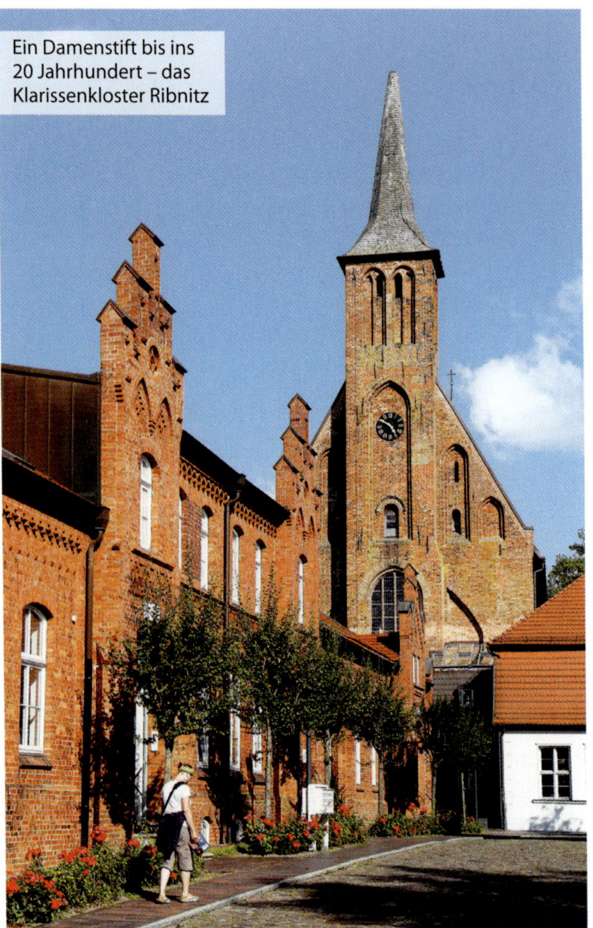

Ein Damenstift bis ins 20 Jahrhundert – das Klarissenkloster Ribnitz

54 km

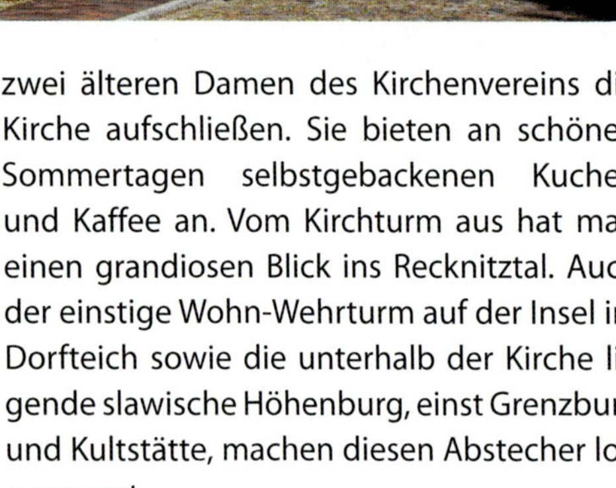

zwei älteren Damen des Kirchenvereins die Kirche aufschließen. Sie bieten an schönen Sommertagen selbstgebackenen Kuchen und Kaffee an. Vom Kirchturm aus hat man einen grandiosen Blick ins Recknitztal. Auch der einstige Wohn-Wehrturm auf der Insel im Dorfteich sowie die unterhalb der Kirche liegende slawische Höhenburg, einst Grenzburg und Kultstätte, machen diesen Abstecher lohnenswert.

Nun öffnet sich das Tal wieder, wird leicht hügelig und verwandelt sich in eine liebliche Wiesen- und Auenlandschaft. Milane kreisen über dem Fluss. Das alte Gutshaus von **Daskow** taucht am rechten Ufer auf. Einen herrlichen Blick mussten ehemals seine Bewohner auf die Recknitz haben. Nun ist es dem Verfall preisgegeben und wird wohl kaum noch zu retten sein. Am tollen *Wasserwanderrastplatz* mit der großen Wiese, der Feuerstelle und den Bänken legen wir an und gehen den Berg hinauf, vorbei am Gutspark mit seinen Schwarzkiefern. Ein kurzer Fußweg führt uns ins Dörfchen **Pantlitz**, an dem wir zuvor vorbeigepaddelt sind.

Nach einem erfrischenden Bad am Steg des Wasserwanderrastplatzes paddeln wir der tief stehenden Sonne entgegen. Die Sumpf- und Schilflandschaft wird Richtung Bodden immer offener und weiter. Hinter der Eisenbahn- und Straßenbrücke biegen wir rechts ab in den verträumten, von Schilf gesäumten kleinen Hafen von **Damgarten**. Unmittelbar vor einem großen Steg geht es rechts unter einer kleinen Brücke hindurch, auf das Gelände des Rudervereins. Der naturnahe *Wasserwanderrastplatz* bietet sich auch für Touren in die Boddengewässer an und der *Bahnhof Damgarten* ist nur 15 Min. Fußweg entfernt. Auf dem großen Parkplatz daneben befindet sich ein Pavillon der *Stadt-Info* und dahinter *„Ronnys Gaststätte Anglerheim"*. Am Abend sitzen wir auf der Terrasse bei einen leckeren gebratenen Fisch mit Blick auf die letzten ankommenden Kajütboote.

Ribnitz-Damgarten – *die Stadt an der Recknitz und am Ribnitzer Bodden. Ein paar Stunden möchten wir der schönen Stadt noch widmen. Die würdevolle St. Marienkirche und das gedrungene spätgotische Rostocker Tor, welches zu den schönsten Stadttoren an der Küste gehört, inspirierten schon Lyonel Feininger. Der Besuch des berühmten Deutschen Bernsteinmuseums im Klarissenkloster Ribnitz bietet Einblick in die Natur- und Kulturgeschichte des Bernsteins und ist ein toller Abschluss dieser Tour.*

Die Trebel

„Ein uralter Grenzfluss"

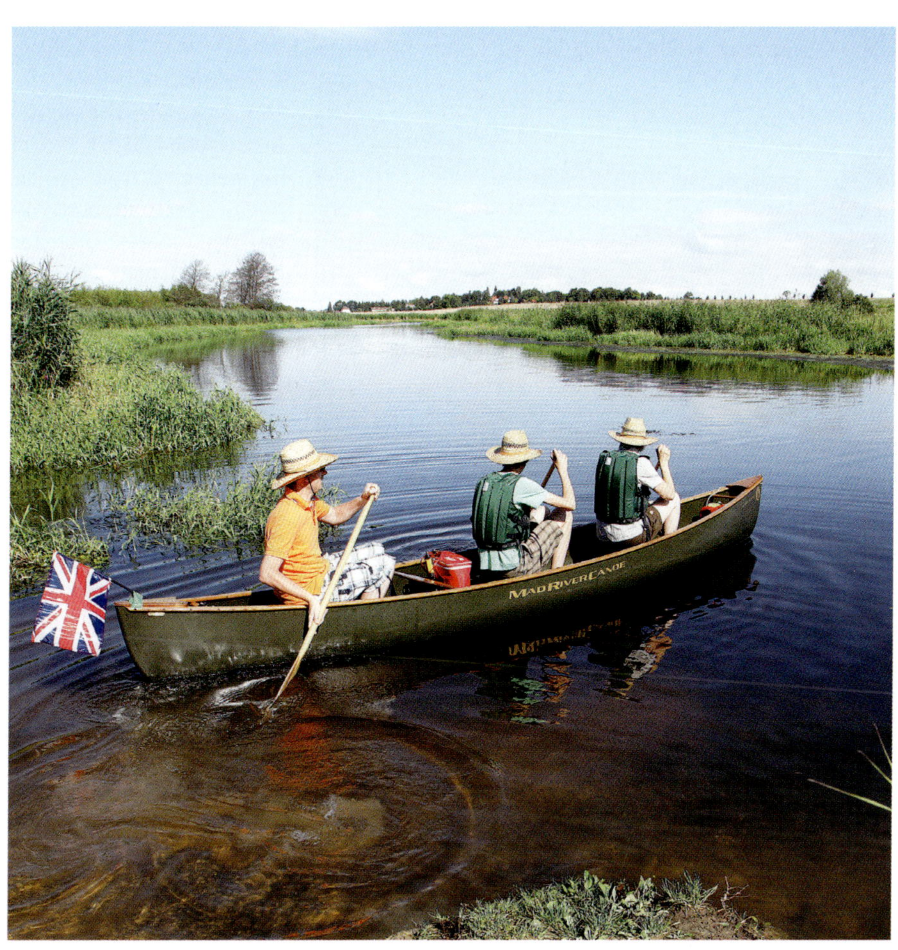

Tour 6

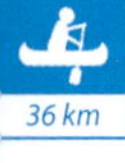

Infos Tour 6 – Trebel

Aktivitäten 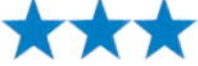

Natur 

Kultur 

Baden

Hindernisse

Charakter der Tour

Ebenso wie die Recknitz gilt auch das Urstromtal der Trebel unter Wasserwanderern als Geheimtipp. Urwüchsige Landschaft wechselt sich ab mit weiten Feldern und Wiesen, waldreiche Talhänge mit Röhrichten, Bruchwäldern und Mooren, wo der Kranich zu Hause ist. Der Oberlauf der Trebel kreuzt in weiten Schwüngen üppige Auenwälder und bunte Wiesen. Erst um Tribsees verbreitert sich ihr Tal und teilt sich schließlich in Altarm und Trebelkanal. Über Jahrhunderte war der Fluss eine viel umkämpfte Grenze zwischen Mecklenburg und Vorpommern. Neben einer Vielzahl von nicht mehr erkennbarer Grenzburgen, zeugt davon die Ruine des mittelalterlichen Fangelturms aus dem 14. Jahrhundert in Nehringen.

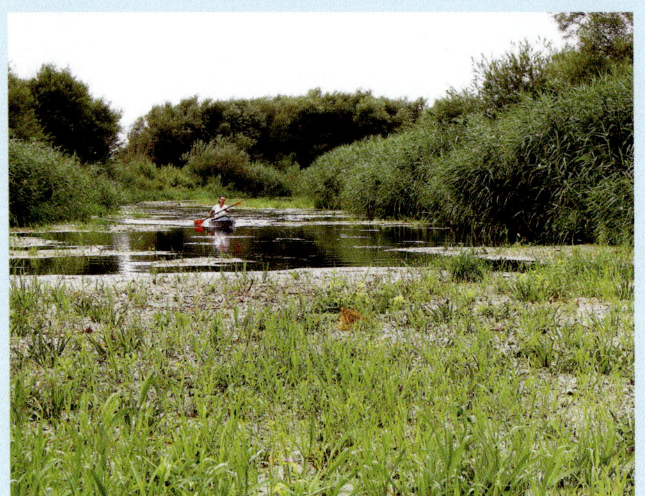

Länge & Dauer der Tour ca. 36 km, 2 Tage

Umtragestellen Stützwehr Langsdorf 30 m; in Nehringen 100 m zum Wasserwanderrastplatz.

Anreise A 20 Rostock – Usedom/Stettin, Abfahrt 21 (Tribsees), auf der Landstraße bis Tribsees.

Einsetzstelle Wasserwanderrastplatz in Tribsees, Straße „Nordquebbe".

Aussetzstelle Wasserwanderrastplatz Demmin, Fritz-Reuter-Straße.

Zurück zum Pkw Mit der Bahn von Demmin nach Grimmen, dort (Mo-Fr mehrmals täglich) Bus nach Tribsees.

Tipps für Tagestouren

1. Von Tribsees in die alte Trebel und zurück.
2. Tribsees – Nehringen (16 km, zurück mit zuvor deponiertem Fahrrad).
3. Tribsees – Rekentin – Tribsees (flussauf, 14 km).

Etappenvorschlag

1. Tag Tribsees – Nehringen (16 km)

2. Tag Nehringen – Demmin (20 km)

Literatur-Tipps

***„Nordvorpommern: Von der Ostseeküste ins Trebeltal"** – ein Reise- und Lesebuch,* *Eckhard Oberdörfer*, Edition Temmen.

Diverse ***„Küsten-Krimis"***, Emons Verlag.

Kriminalromane, ***„Ostsee-Krimis"***, GMEINER-Verlag.

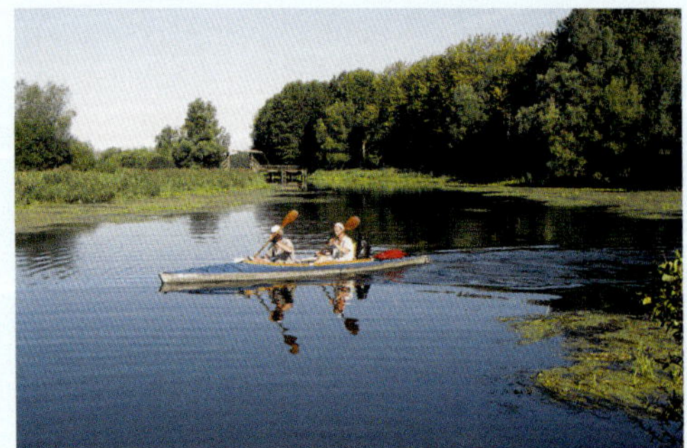

Übernachtung in Wassernähe (in der Reihenfolge des Tourenverlaufs)

Tribsees
Wasserwanderrastplatz (Mai-Sep)
Anleger, Zeltmöglichkeit. Geplant sind WC, Duschen, Imbiss, Tel. 0160-155 64 02 oder (038320) 649 803
www.stadt-tribsees.de

TrebelHostel (nicht am Wasser)
Willi-Braun-Straße 17
Tel. (038320) 60 12 34
www.trebelhostel.de

Bassendorf
Wasserwanderrastplatz
(Schwimmsteg, offene Hütte, WC)

„Vorsicht Hôtel"
Bassendorf Nr. 21 a
Tel. (038334) 667 43
& 0170-295 72 95
www.vorsicht-geschmack.de

Nehringen
Wasserwanderrastplatz und Jugendgästehaus „Graureiher"
(Zelt, Hütte, Bettenhaus)
Nehringen 25, Tel. (038334) 803 11
& 0152-31 76 83 00
www.jgh-graureiher.de

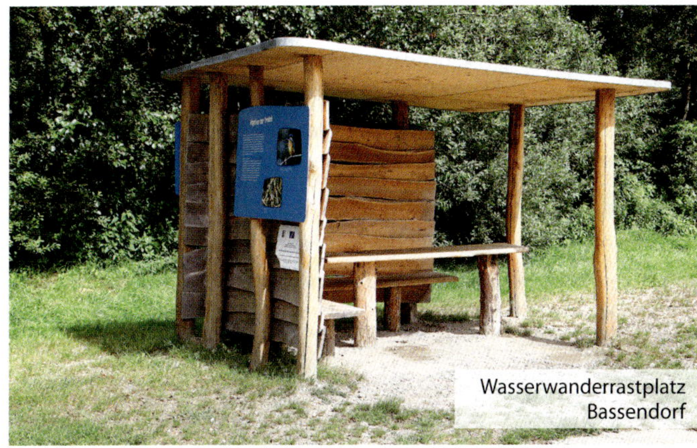
Wasserwanderrastplatz Bassendorf

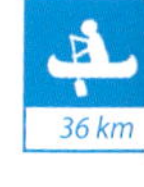

Demmin-Meyenkrebs
WWR Kanuhaus
Meyenkrebs 15
Tel. (03998) 211 90 05 (*17-20-Uhr*)
oder 0172-76 21 824
www.kanuhaus.de

Hotel Trebeltal
Klänhammer-Weg 3
Tel. (03998) 25 10
www.hotel-trebeltal.de

Demmin
WWR Blau-Weiß Demmin
Fritz-Reuter-Str. 11 b
Tel. (03998) 36 11 22 oder 22 35 51
& 01575-319 14 01

Kanuvermietung

Nehringen
JGH Graureiher, s. Übernachtung

Demmin-Meyenkrebs
Kanuhaus, siehe Übernachtung

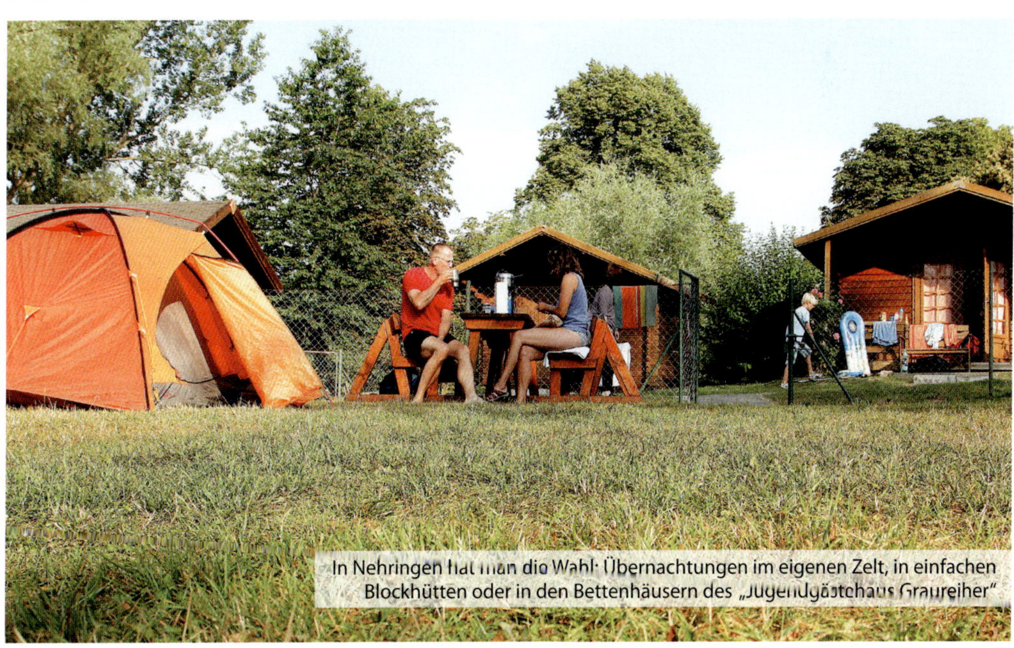
In Nehringen hat man die Wahl: Übernachtungen im eigenen Zelt, in einfachen Blockhütten oder in den Bettenhäusern des „Jugendgästehaus Graureiher"

Die Trebel

36 km

Kaum merklich schiebt sich das Wasser der Trebel am hölzernen Steg vorbei. Sanft kräuselt der Wind die Wasserfläche, so dass man plötzlich den Eindruck gewinnt, das Wasser flösse gegen die Strömung. Noch ein bisschen verträumt schaut die kleine Stadt **Tribsees** in die Morgensonne; die wuchtige gotische Kirche thront hoch auf dem Hügel über dem ***Trebeltal***. Irgendwie scheint sie etwas zu groß geraten für das Städtchen. Ich gehe die wenigen Schritte vom idyllisch gelegenen *Wasserwanderrastplatz (WC, Dusche, auch ein Imbiss ist für die Zukunft in Planung)*, durch enge Gässchen hinauf zur Kirche. *Unruhige Zeiten hat der Ort gesehen; dennoch hat der einmalige Tribseer Mühlenaltar die Zeit der Bilderstürmerei, Kriege und den großen Stadtbrand von 1702 überstanden. Das fünfeinhalb Meter breite Kleinod entstand im 15. Jahrhundert und symbolisiert mit der Darstellung der Mystischen Mühle die Verbindung zwischen dem Alten und dem Neuen Testament. Schon 1285 erhielt die Stadt lübisches Stadtrecht; die Menschen lebten vom Handwerk, von Fischerei und Landwirtschaft.*

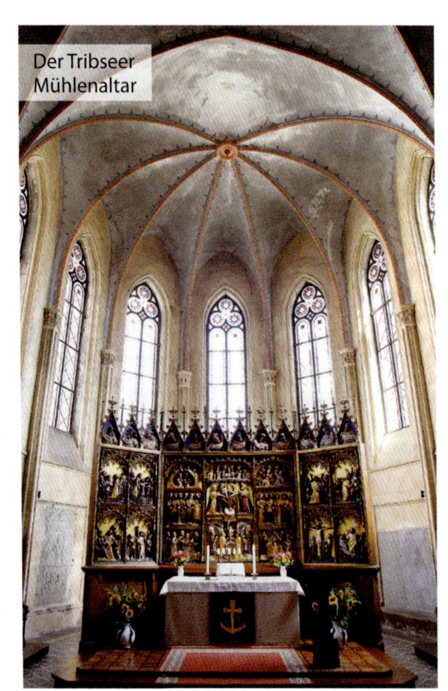
Der Tribseer Mühlenaltar

Ich steige ins Kanu und lasse die kleine Ackerbürgerstadt hinter mir. Der Wind bläst inzwischen kräftig aus westlicher Richtung, so dass ich die ersten Kilometer stark zu kämpfen habe. Das erste ***Wehr***, 500 Meter hinter der Einsetzstelle, ist immer geöffnet und problemlos befahrbar. Hinter der Brücke der A 20 teilt sich der Fluss. Rechts, etwas versteckt im Schilf, ist die alte Trebel in ihr ursprüngliches Flussbett zurückverlegt worden. Während sich der Altarm in sumpfigen Wiesen zu verlieren scheint, folge ich dem ***Trebelkanal***. Wer jedoch einen Abstecher in den oft mit Wasserpflanzen zugewachsenen Flusslauf unternehmen möchte, taucht in eine großartige Natur ein, in deren ausgedehnten Schilfbeständen die Orientierung nicht immer leicht fällt ***(bitte beachten: weiter unten im Naturschutzgebiet ist die alte Trebel ganzjährig gesperrt)***.

Schräg gegenüber der Einfahrt in die alte Trebel lege ich am Steg vor dem ***Stützwehr*** von **Langsdorf** an. Man kann jetzt nochmal rasten, da sich auf den kommenden sieben Kilometern keine Anlegemöglichkeit bietet.

In den 1950er und 60er Jahren plante man eine Peene-Trebel-Recknitz-Wasserstraße für die Schifffahrt zu errichten; der Trebelkanal wurde mit einem wesentlich verbreiterten Fließquerschnitt und größerer Tiefe gebaut. Im Zuge des Kanalbaus wurde ein Teil der stark mäandernden Trebel stillgelegt. Die Fließstrecke wurde so von 12,3 auf 7 Kilometer verkürzt. Dies führte dazu, dass der Wasserstand im Tal sank, das Selbstreinigungsvermögen der Trebel stark eingeschränkt und der biologisch aktive Ufersaum fast vollständig zerstört wurde. Daher staute man die Trebel kurz unterhalb der Verzweigung durch ein Stützwehr an. Der Sommermittelwasserdurchfluss wird dabei vollstän-

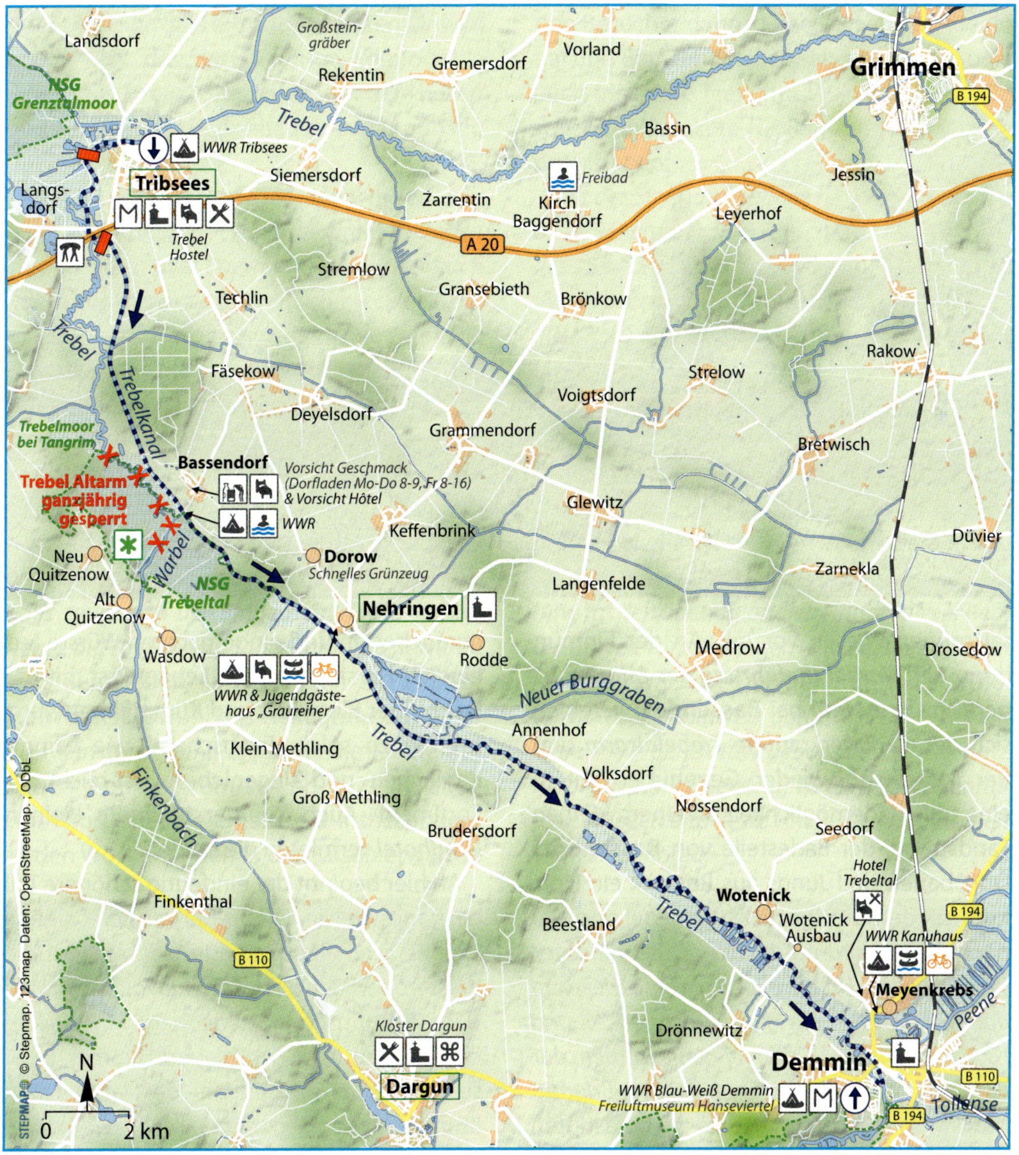

dig über den Trebelaltlauf geleitet. Bei höheren Durchflüssen wird das Stützwehr überströmt, so dass das Trebelwasser über Altarm und Kanal fließen kann. Mit der Renaturierung wird die natürliche Struktur des Fließgewässers wieder hergestellt und damit die Grundlage für die Sanierung der Flusstalmoore und die Entwicklung eines biologisch aktiven Fließgewässers mit hoher Selbstreinigungskraft geschaffen.

Nach der etwa 30 Meter langen Umtragung führt links ein toter Gewässerarm zu Ferienhäuschen mit schönen Ufergrundstücken, der unmittelbar vor der A 20 endet und somit den Bewohnern eine ständige Geräuschkulisse beschert. Inzwischen ist die Trebel auf eine Breite von 15 Meter angewachsen. Auf den nächsten Kilometern gleitet das Kanu vorbei an Wäldern und Wiesen, auf denen Kühe weiden. Es herrscht eine idyllische Ruhe. Der Ort **Bassendorf** liegt eingebettet zwischen

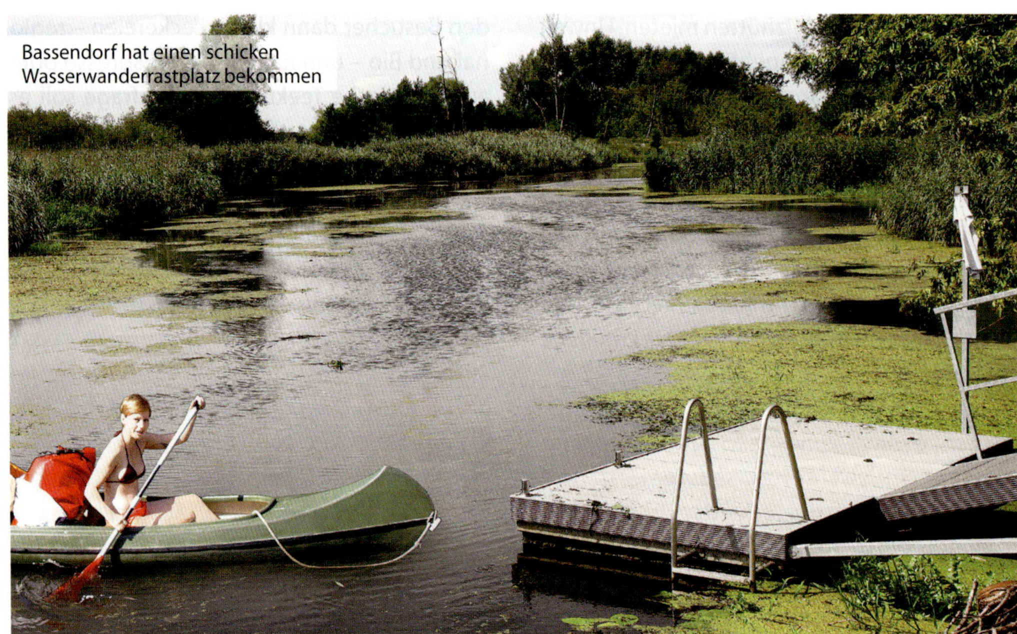
Bassendorf hat einen schicken Wasserwanderrastplatz bekommen

Ganz anderer Art ist der Schatz, der heute mit dem zwei Kilometer entfernten **Dorow** verbunden wird: Der Gärtner Olaf Schnelle experimentiert in seinem Betrieb *„Schnelles Grünzeug"* mit frischen Wildkräutern, essbaren Blüten, seltenen Würzkräutern, raren Gemüsesorten und daraus entsteht fermentiertes Gemüse für die gehobene Gastronomie-Szene. Besucher können nach Bezahlung in die Kasse des Vertrauens die Leckereien auch mit nach Hause nehmen. Gruppen, die an einer Führung interessiert sind, müssen sich aber anmelden *(Tel. 0157-71 46 09 65)*.

Ein Spaziergang am Abend führt mich hinunter zu der hölzernen Zugbrücke, die 1911 im holländischen Stil errichtet wurde. *Der Grenzfluss ist seit über 700 Jahren die historische Grenze zwischen Pommern und Mecklenburg. Über sie geht es auf mecklenburgische Seite hinüber zum „Holm", in den nordischen Sprachen die Bezeichnung für Insel. Auf diesem heute bewaldeten flachen Sandrücken in nächster Nähe zur Trebel, sollen sich der Sage nach die bekannten Seeräuber Klaus Störtebeker und Gödike Michel herumgetrieben haben.*

Auch der nächste Tag verspricht wieder spätsommerlich warm zu werden. Als ich meinen Kanadier in **Nehringen** vom Ufer abstoße, säuselt der Wind leise im Schilf. Er hat seine Richtung geändert, bläst nun aus Osten und bringt Wärme mit sich, aber auch leichte Schleierwolken, die leider unbeständigeres Wetter erwarten lassen. Bald habe ich die drei netten Rostocker auf ihrem Floß eingeholt. Die Hoffnung, mit einer Mischung aus Segeln und Sich-treiben-lassen vorwärts zu kommen, erfüllt sich nicht. So sind sie eben doch auf den störenden Außenbordmotor angewiesen. Doch auch so kommen sie mit dem schweren und fast zehn Meter langen Floß nicht schneller als zwei Stundenkilometer voran. Nach einem „Klönschnack" und einem vormittäglichen tschechischen Bier stoße ich mich wieder vom Floß ab und paddle weiter.

Mit wachsendem Abstand merke ich, wie nach dieser Motorbegleitung die Stille in meinen Ohren rauscht. Das dumpfe Rufen der Rohrdommel ist das einzige Geräusch, neben dem Säuseln des Windes im Schilf. In den Flussniederungen soll sogar der seltene Schreiadler vorkommen. Die Pflanzenwelt im ***Trebeltal*** ist vielgestaltig. Das Flussufer ist mit Schilfrohr bewachsen; dahinter breitet sich das Talmoor mit Feuchtwiesen, Seggen, Schilfrohrkolben, Weiden, Erlen und Birkenbruchwäldern aus. Die Weichholzauen bestehen aus Erle, Esche, Weide, Pappel, Schneeball, Holunder und Faulbaum. Der dahinterliegende Dünenhang ist bedeckt mit Trockenrasen, Schlehe, Weißdorn, Stileiche und Heckenrose.

Die Landschaft wird zunehmend flacher und schilfiger. Von Ferne höre ich das Trompeten der Kraniche, die teils auf Moorinseln in den renaturierten Torfstichen vor **Wotenick** brüten. Ein Kormoran sitzt auf einem weit ins Wasser reichenden Ast und sucht auch bei meinem Näherkommen nicht das Weite. Vielleicht ist sein Gefieder so voll Wasser gesogen, dass er nicht fliehen kann. Eine Radlerfamilie picknickt am Ufer. Schwalben schnappen sich die knapp über der Wasseroberfläche schwirrenden Insekten im Flug. Die bewaldeten Hügel von **Drönnewitz** im Blick, umfahre ich die

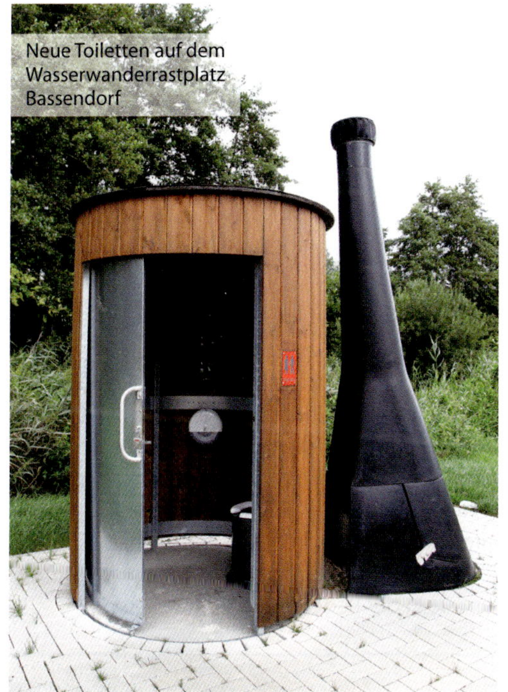
Neue Toiletten auf dem Wasserwanderrastplatz Bassendorf

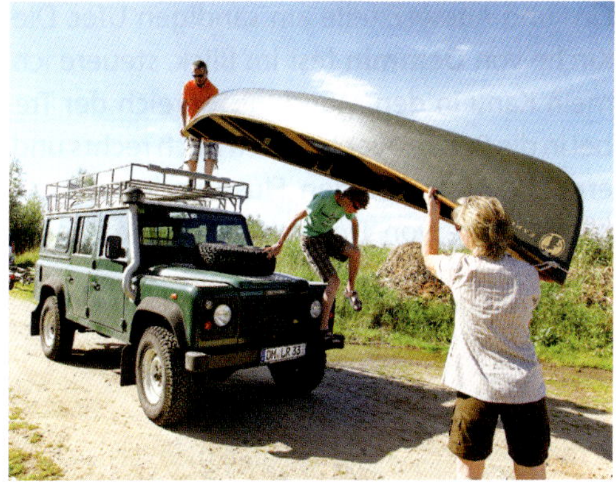

vor mir auftauchende Insel rechts, nachdem zuvor links ein toter Wasserarm abzweigte. Am rechten Ufer weist eine alte Eberesche noch die Spuren von Biberzähnen auf. Die Insel ist mannshoch mit Schilf bestanden. Ich vermisse die für einen so sauberen und stillen Fluss häufig anzutreffenden Eisvögel. Aber ähnlich wie an der Tollense ist die Uferböschung nicht hoch genug für ihre Bruthöhlen. Es folgt nun ein stark mäanderndes Teilstück. In der ersten Rechtskurve befindet sich auf der linken Seite an einer großen alten Eberesche ein guter Rastplatz. Hier vor **Wotenick** findet man ein wirklich schönes Stück Trebel. Zaghaft lugt die Spitze des hölzernen Kirchturms der Kirche des Ortes zwischen den Bäumen hervor.

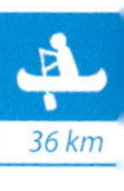

Der Fluss ist nun wieder breiter geworden. Jetzt dehnen sich zu beiden Seiten die alten fischreichen Torfstiche aus, in deren Schilfbestände so seltene Vögel wie die Beutelmeise brüten. Ein Fischadler stößt im Sturzflug auf seine Beute herab. *Bis in die 1960er Jahre hinein wurde Torf gestochen, der seine Verwendung in der Landwirtschaft und dem Gartenbau fand.* Am linken Ufer an einem hölzernen Steg oder davor an einer Slipanlage kann man anlanden, um mit malerischem Blick auf das Dörfchen **Wotenick** zu rasten. Nach der nächsten Kehre kündigt der Blick auf die Kirche von **Demmin** das nahe Ende meiner abwechslungsreichen Tour an. Rechts vor der Straßenbrücke von **Wotenick Ausbau** befindet sich eine gute

Weitere Aktivitäten

Paddeln

Bei gutem Wasserstand auf dem ***Aalbach von Penzlin über Zirzow nach Neubrandenburg***.

Auf der Linde bei sehr gutem Wasserstand für Geübte ***zwischen Burg Stargard und Neubrandenburg***.

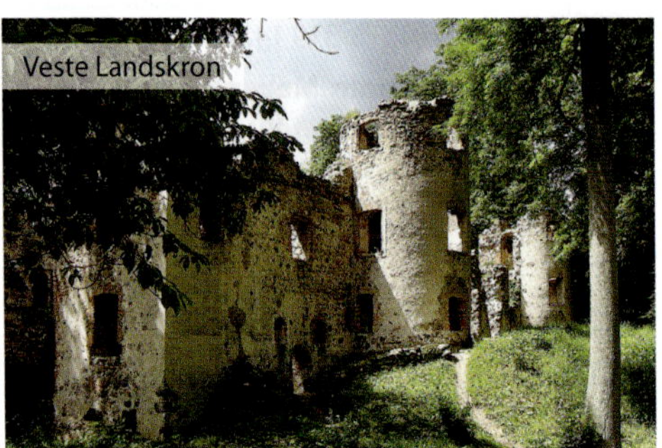

Veste Landskron

Wandern

Durchs reizvolle ***Malliner Bachtal/Aalbach*** zwischen Wulkenzin und Zirzower Mühle (Schaukraftwerk), entlang Überreste alter Wassermühlen.

Im Lindetal von Neubrandenburg nach Burg Stargard.

Von Burg Klempenow zur 8 km entfernten ***malerischen Ruine Veste Landskron*** über Breest und Neuendorf.

Radfahren

Demmin – Klempenow – Altentreptow (linksufrig der Tollense hin, rechtsufrig zurück, ca. 60 km).

Altentreptow – ***Tützpatz – Gutshaus Gützkow – Burgwall Tüzen*** (Strandbad Tüzer See) – Altentreptow (ca. 34 km).

Altentreptow – ***Ivenack (1.000-jährige Eichen) – Reuterstadt Stavenhagen*** – Altentreptow (ca. 55 km).

Altentreptow – ***Mühlenhagen (Naturerlebnispark) – Gültz (klassizistisches Schloss)*** – Altentreptow (ca. 25 km).

Klempenow – ***Burg Spantekow*** (bedeutende Burganlage der Renaissance) – Klempenow (ca. 35 km).

Tollensesee-Radrundweg (ca. 35 km).

Fahrradvermieter: Neubrandenburg mehrere Vermieter (auch E-Bikes, www.neubrandenburg-touristinfo.de), *Pension „Wiesenquelle" in* **Altentreptow,** *Kanuhaus in* **Demmin-Meyenkrebs**, beide siehe Übernachtung.

Geführte Touren – Kanu, Wandern, Rad

Naturreisen MV, Tel. 0152- 57 55 46 00, www.naturreisen-mv.de

Sonstiges

Tollenseseerundfahrt mit dem ***Fahrgastschiff*** (www.fahrgastschiff-mudderschulten.de) und ***Linienschiff Rethra*** verbindet mehrere Anlegestellen rund um den See (www.neu-sw.de/linienschiff).

KunstGut Schmiedenfelde (6 km westl. von Altentreptow) Atelierhaus & Galerie *(Mai-Sep Mi+ Sa 14-18)*, Lesungen, Konzerte sowie hübsche Zweibettzimmer im ehemaligen Gutshaus, www.kunstgut-schmiedenfelde.de

Reiten, Kutschfahrten, Übernachten im Zirkuswagen, Zelten auf dem ***Broocker Hof*** (www.broocker-hof.de).

Schloss Schmarsow (3 km vom Tollenseufer) – eines der ältesten Gebäude der Region bietet ***Lesungen, Konzerte, Kochkurse*** und schöne ***Ferienwohnungen,*** www.schloss-schmarsow.de

Lohnende Ausflüge

Burg Stargard (einzige erhaltene Höhenburg Norddeutschlands), heute Museum *(Mär-Okt 10-17)*, Hotel & Restaurant, www.hoehenburg-stargard.de

Burg Penzlin (Das Hexenmuseum in Mecklenburg, *Di-So 10-18*, www.alte-burg.amt-penzliner-land.de).

Alt Rehse Hübscher Ort mit reetgedeckten Fachwerkhäusern der 1930er Jahre, kleine Mosterei, Bistro.

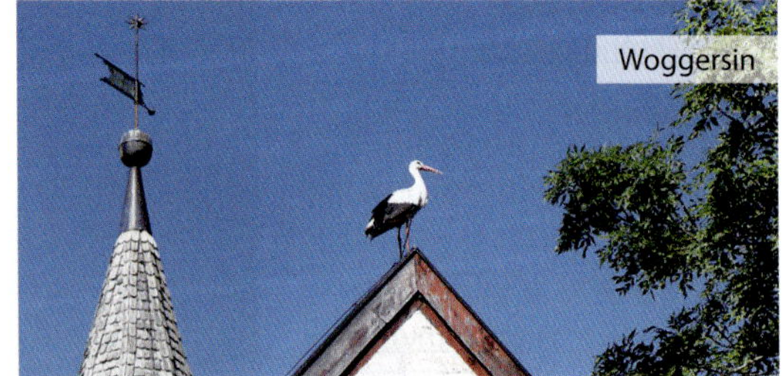

Woggersin

Auskunft & Tourist-Infos

Tourist-Info Neubrandenburg Marktplatz 1, Tel. (0395) 55 95 127, www.neubrandenburg-Touristinfo.de

Tourist-Info Altentreptow Rathausstraße 1, Tel. (03961) 255 10, www.stadt-altentreptow.de

Stadt-Info Demmin Am Hanseufer 1, Tel. (03998) 22 50 77, www.demmin.m-vp.de

Sehenswürdigkeiten

Neubrandenburg
Siehe Stadtrundgang Seite 120.

Woggersin „Kulturspeicher" (alter Speicher von 1850 mit Hofladen), Fachwerkkirche (18. Jh.).

Altentreptow Pfarrkirche St. Petri (14./15. Jh.) mit spätgotischem Schnitzaltar, ehemalige Spitalkapelle St. Georg (15. Jh.), Brandenburger Tor (1450), Demminer Tor (1450), Naturdenkmal „Großer Stein".

Mühlenhagen Reste einer alten Wassermühle, Windmühle, Naturerlebnispark „Mühlenhagen" mit Tiergehegen (*tgl. 8-18, Okt-Mär bis 16*, www.nep-muehlenhagen.de).

Klempenow Mittelalterliche Burganlage (um 1250) mit Burgcafé, Fachwerkkirche (1720), Veranstaltungen, Ausstellungen, Konzerte (www.burg-klempenow.de).

Wietzow Gutshaus Wietzow mit ehem. Englischen Landschaftspark mit dendrologischen Besonderheiten (schöne Ferienwohnungen, www.gutshaus-wietzow.de).

Broock Schlossgut Broock (ehem. Gutshaus aus dem 19. Jh., heute Kultur- & Veranstaltungszentrum, www.schlossgut-broock.de).

Vanselow Spätklassizistisches Schloss des Freiherrn Ludwig von Maltzahn.

Demmin St. Bartholomaei-Kirche (14. Jh.) mit berühmter „Buchenholz-Grünberg-Orgel", Rosenkranzkönigin-Kirche, historisches Rathaus, Luisentor mit Pulverturm, Wasserturm mit Sternwarte, Gesellius-Haus, historisches Speicherensemble am Peenehafen, Burgruine „Haus Demmin", Freiluftmuseum „Hanseviertel" (*Mo-So 10-16*, www.hanseviertel-demmin.de).

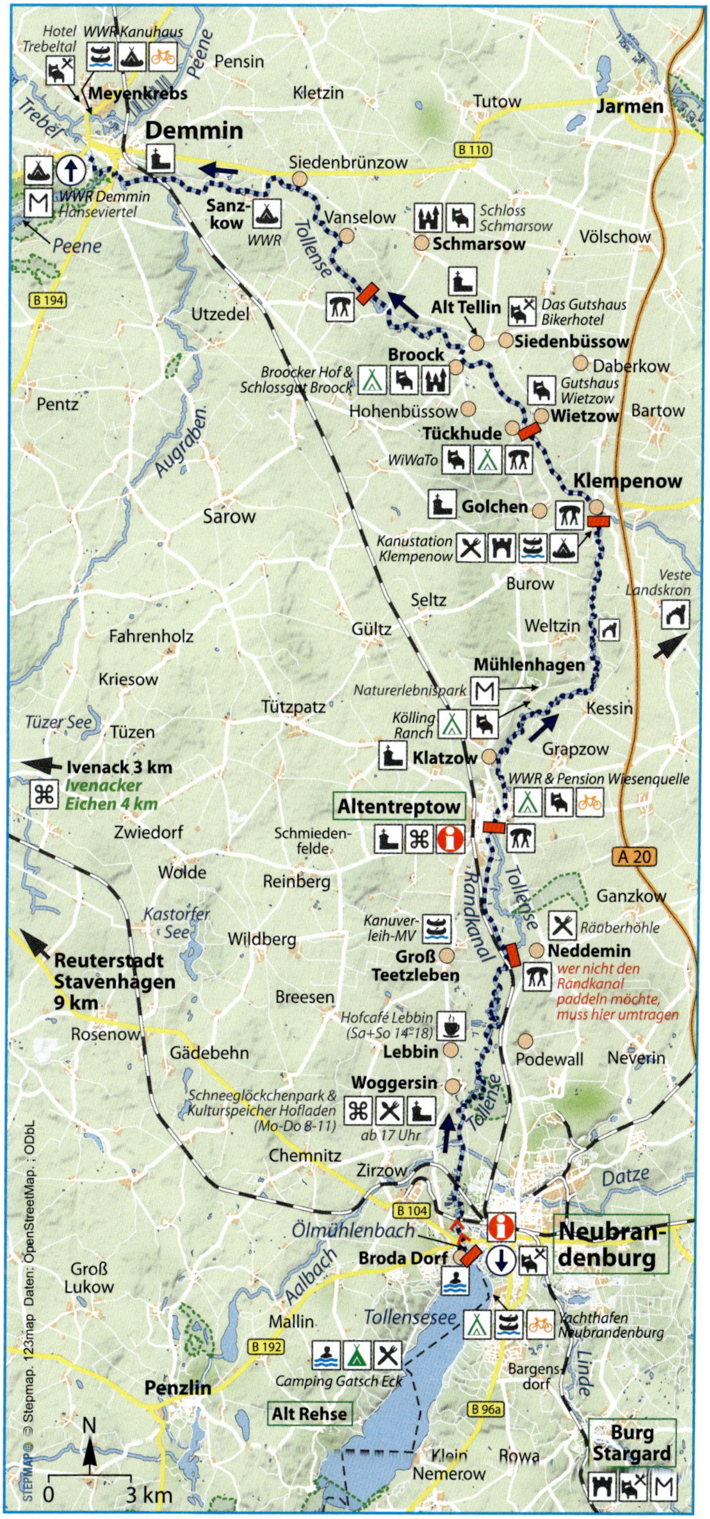

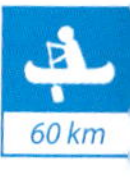

Stadtrundgang Neubrandenburg

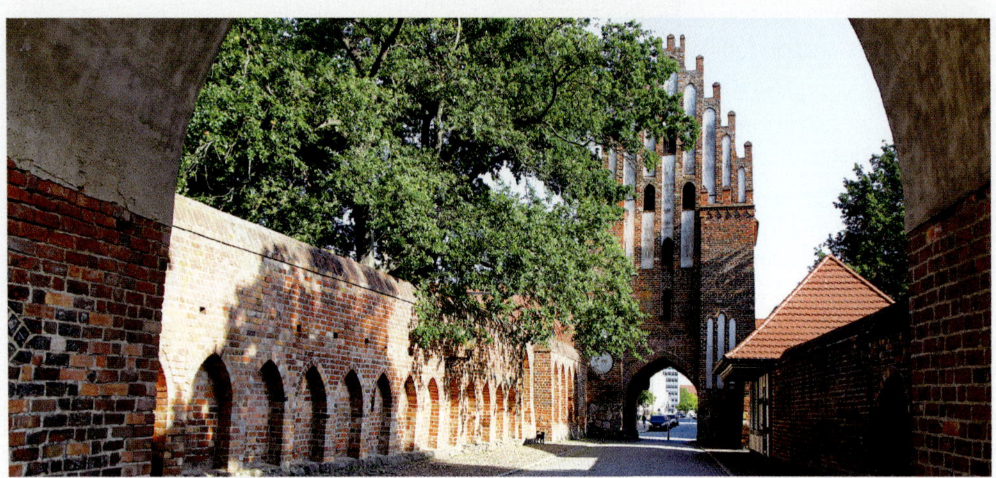

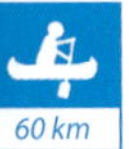

Neubrandenburg trägt den Beinamen „Stadt der vier Tore", denn seine vier mittelalterlichen Toranlagen im Stil der Backsteingotik gehören zu den besterhaltenen Stadtbefestigungen und schönsten Profanbauten im norddeutschen Raum. Im Großherzogtum Mecklenburg-Strelitz war das 1248 gegründete Neubrandenburg die ökonomisch und kulturell bedeutendste Stadt, bis in den letzten Tagen des Zweiten Weltkriegs viel von der historischen Bausubstanz zerstört wurde.

Trotzdem sollte man der Stadt unbedingt einen Rundgang widmen. Vom 56 Meter hohen **Turm** des **HKB-Hauses** (Haus der Kultur und Bildung, hier befindet sich auch die **Tourist-Info**), im Volksmund **„Kulturfinger" (1)** genannt, hat man einen tollen Blick über den rasterförmig angelegten Stadtkern. Über die *Stargarder Straße* gelangt man in südliche Richtung zuerst zur **St. Marien-Kirche (2)**, einer dreischiffigen Backsteinhallenkirche und unumstritten schönstes Bauwerk Neubrandenburgs – heute weltweit anerkannte **Konzertkirche**. Der im 14. Jh. fertiggestellte Monumentalbau zählt zu den bedeutendsten Werken norddeutscher Baukunst und Backsteingotik. Der ehemalige Sakralbau wurde im Krieg bis auf die Grundmauern zerstört und seit 1970 wieder aufgebaut und zu einem Kornzertsaal umgebaut. Besuchenswert ist auch der **Glockenturm** mit multimedialer Ausstellung. Das **Haus Nr. 35 (3)**, ist eines der vier Häuser der Stadt, in denen **Fritz Reuter wohnte**. Das am Ende der Straße liegende **Stargarder Tor (4)**, stammt aus der Mitte des 14. Jahrhunderts. Es besitzt an der Stadtseite einen Blendbogen mit rätselhaften, neun weiblichen Steinfiguren, den sogenannten Adorantinnen, die der Stadt grüßend ihre Hände entgegenstrecken.

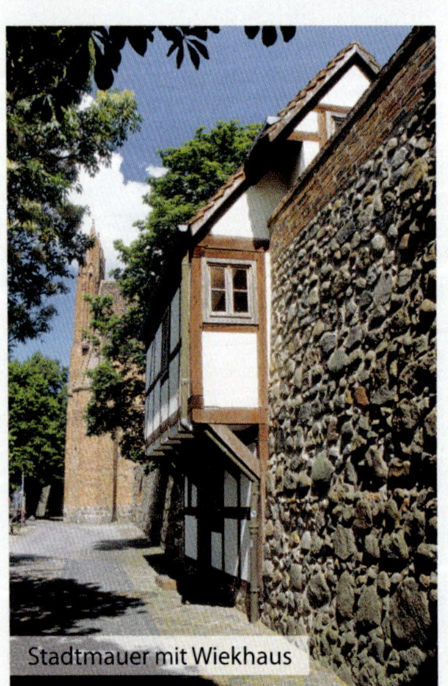
Stadtmauer mit Wiekhaus

Nun spaziert man entlang der zweieinhalb Kilometer langen **Stadtmauer (5)** entgegen dem Uhrzeigersinn. Sie wurde aus sorgfältig verarbeiteten Feldsteinen gefertigt und zieht sich mit ihrer Backsteinkrone und einer Höhe von siebeneinhalb Metern um den gesamten Stadtkern. Im Abstand von 30 Metern waren in die Stadtmauer sogenannte **Wiekhäuser** eingefügt, von denen aus die Verteidigung erfolgte.

Im 16. Jahrhundert gab es noch 56, dieser nur wehrfähigen Bürgern zugewiesenen Kampfhäuser, die nach und nach zerfielen. Bis heute hat man wieder 32 der vorkragenden Bauten rekonstruiert. Der **dreigeschossige Torturm des Neuen Tors (6)** aus der zweiten Hälfte des 15. Jahrhunderts schmückt sich mit Maßwerkrosetten auf den Giebelstaffeln. Dem sich nördlich davon anschließenden **Friedländer Tor (7)** ist ein acht Meter hohes, halbkreisförmiges und dreigeschossiges Vorwerk mit vier Metern starken Mauern, Zingel genannt, vorgelagert. Es wurde zur strategischen Verstärkung der Toranlage errichtet. Die Fachwerkbauten zwischen Vortor und Torturm dienten dem Steuereinnehmer. Heute finden im **Torturm** Kunstausstellungen statt.

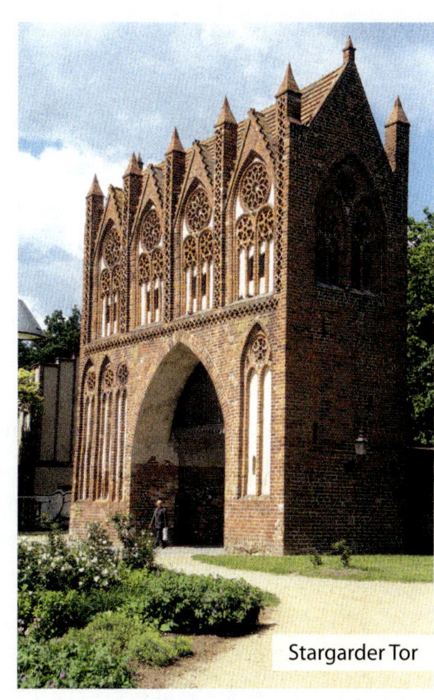
Stargarder Tor

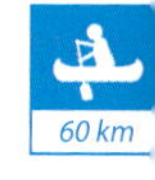

Man hat nun wieder die von Süd nach Nord führende *Stargarder Straße* erreicht, an der das **Reuter Denkmal (8)** und auf der gegenüberliegenden Straßenseite der **Mudder-Schulten-Brunnen (9)** steht. Von 1856-63 verbrachte der Mecklenburger Schriftsteller und Dichter Fritz Reuter seine schaffensreichsten Jahre in der Stadt. Der aus Muschelkalkstein gefertigte Brunnen zeigt eine Szene aus Reuters „Dörchläuchting".

Ein Stück weiter die Straße hinunter steht auf der rechten Seite die **Franziskanerklosterkirche St. Johannis (10)**, ein gotischer Backsteinbau, aus dessen Ausstellungsstücken vor allen Dingen die Renaissancekanzel von 1588 herausragt. Der in die Stadtmauer integrierte 25 Meter hohe **Fangelturm (11)** wurde noch bis ins 19. Jahrhundert hinein als städtisches Gefängnis genutzt und ist heute als **Aussichtsturm** zugänglich.

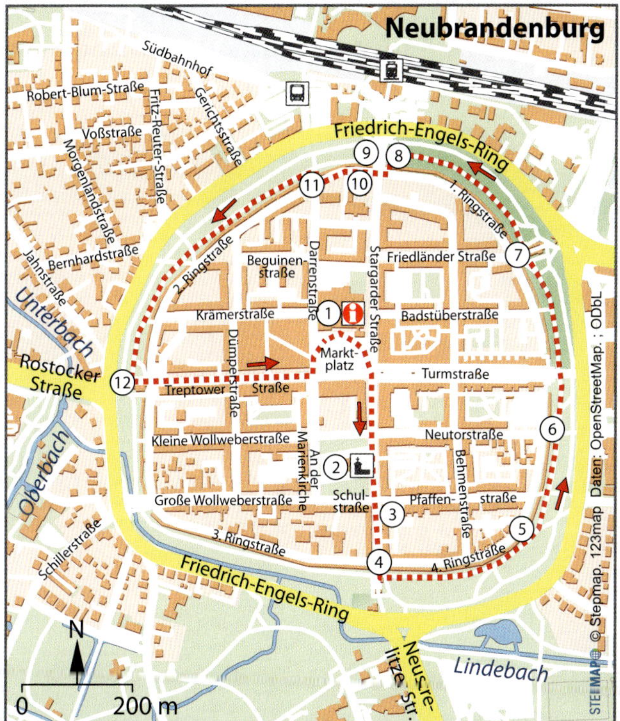

Im Westen der Stadt erreicht man das am Ende der *Treptower Straße* liegende **Treptower Tor (12)**, das höchste und zugleich repräsentativste der vier Stadttore. Um 1400 erbaut, beherbergt es heute das **Regionalmuseum**. Von hier aus kommt man schnell, am Ufer des Oberbachs (Promenade) entlang, zum Ölmühlenbach, dem Startpunkt der Kanutour.

Tourist-Info
(Mo-Fr 10-16, Telefon bis 18 Uhr)
Marktplatz 1, Tel. (0395) 55 95 127
neubrandenburg-touristinfo.de

Die Tollense

Eine Tour auf der Tollense beginnt nicht im Kanu sondern in Badehose. Zumindest wenn das Wetter mitspielt. Die herrlich gelegenen Strandbäder von **Neubrandenburg** liegen nämlich an einem der saubersten und schönsten Gewässer Mecklenburg-Vorpommerns. Ich liege im *Strandbad* **Broda** am Ufer des ***Tollensesees*** und blinzle faul in die Sonne. Zwei Stunden zuvor war ich von Westen kommend auf der B 104 nach Neubrandenburg hineingefahren. Das Treptower Tor vor Augen bog ich rechts der Ausschilderung folgend, Richtung „Fachhochschule" in die Brodaer Straße. Diese geht in einen als Sackgasse ausgewiesenen, unbefestigten Fahrweg über. Vorbei an einigen Schrebergärten endet die Straße vor dem ***Wehr*** am ***Ölmühlenbach***, hinter dem sich an einem Steg eine gute Einsetzstelle befindet. Wenige Meter zurück, kann man auf einem großen Parkplatz der Siedlung Brodaer Straße seinen Pkw abstellen.

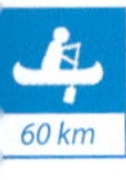

Anfangs gleite ich auf einem verkrauteten Bach dahin, der auf den ersten Metern noch ***Ölmühlenbach*** heißt, aber bald so klar wird, dass man auf seinem Grund die Fische beobachten kann. Hinter der Straßenbrücke der B 104, weist ein Schild auf einen stärkeren Schwall hin, der aber bei ausreichendem Wasserstand befahren werden kann. Bezaubernde Kleingärten im Bauerngartenstil scheinen mit ihren blühenden Dahlien um eine Auszeichnung zu wetteifern. Von rechts gesellt sich nun die aus dem Stadtgebiet Neubrandenburg kommende ***Tollense*** hinzu. Hinter der ersten Eisenbahnbrücke liegt rechts an der *Mittelste Straße* die ***offizielle Einsetzstelle,*** die sich als enspannteren Tourenstart zwar empfiehlt, aber weniger dazu, den Pkw hier stehen zu lassen.

Bald ist das Ufer mit dichtem Schilf bewachsen. Zu beiden Seiten breiten sich versumpfte Torfflächen aus. Das Wasser ist mit Entengrütze

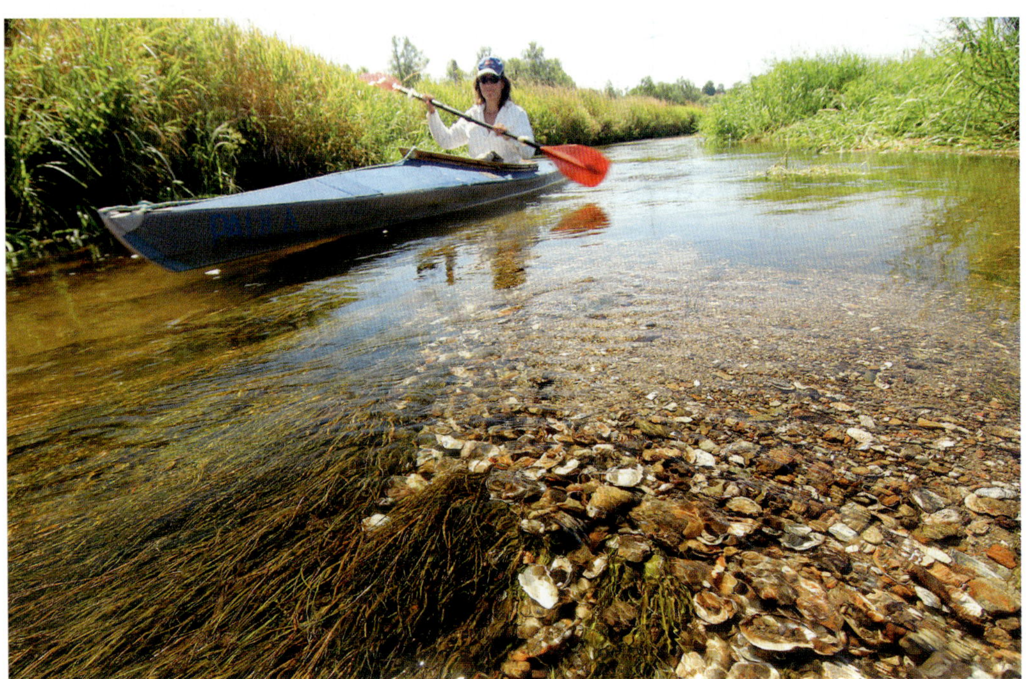

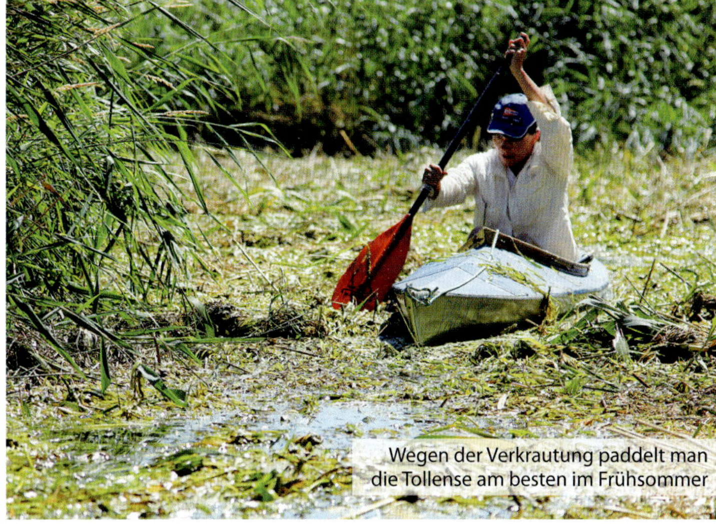
Wegen der Verkrautung paddelt man die Tollense am besten im Frühsommer

bedeckt und es geht durch einen flachen Sumpfsee, der bei Kenterung eine Gefahr darstellt. Der Wind bläst mir aus nördlicher Richtung entgegen. Erlen, Ebereschen und Weiden stehen zu beiden Seiten des Ufers. Fasziniert betrachte ich das klare Wasser unter mir. Herrlich still ist es hier. Dieses Stück wilder Natur ist Rast- und Brutplatz vieler Wasservögel. Nach dem sumpfigen See blicken wir rechts auf den *„Krügerkamp"*, wo es früher einmal eine Kanuvermietung gab, man aber heute noch Einsetzen oder Rasten kann. Ein Stück weiter geht es unter der Eisenbahnbrücke Neubrandenburg – Waren hindurch. Auf einer Breite von etwa zehn Metern zieht sich der Fluss dahin. Die bis dicht unter die Wasseroberfläche reichende Vegetation macht das Paddeln manchmal mühsam. Von rechts mündet die ***Datze*** in die Tollense und gleich darauf, hinter einer eisernen Fußgängerbrücke, von links das ***Malliner Wasser***, auch ***Aalbach*** genannt. Vom ***Malliner See*** her fließt er durchs romantische ***Malliner Bachtal***, vorbei an Überresten alter Wassermühlen und der noch in Betrieb befindlichen **Zirzower Mühle** mit ihrem *Schaukraftwerk*. Allerdings ist an eine Befahrung nur nach starken Regenfällen und im zeitigen Frühjahr zu denken.

Jetzt, im Windschatten der um **Woggersin** liegenden Hügel, macht der Wind sich nicht mehr so störend bemerkbar. Mächtige Ebereschen und Erlen strecken ihre Äste bis dicht über die Wasseroberfläche. Die etwa ein bis zwei Stundenkilometer schnelle Strömung unterstützt mich dann beim Vorankommen. Hinter einer kleinen Straßenbrücke bietet sich auf einer Wiese mit Blick auf das schön gelegene **Woggersin**, eine gute Rastmöglichkeit. Von hier ist es nicht weit zu dem am südlichen Ortseingang als Flächennaturdenkmal ausgewiesenen *Schneeglöckchenpark*, der im zeitigen Frühjahr von einem Teppich aus verwilderten weißblühenden Schneeglöckchen bedeckt ist. Sehenswert ist im Ort die Kirche, ein Fachwerkbau aus dem Jahre 1788, der restaurierte Speicher von 1850, heute *Kulturspeicher (Kultur, Märkte, kleiner Kunstgewerbeladen (Mo-Do 8-11))*. Gegenüber soll der *Gasthof „Zur alten Schmiede" (Di-Fr ab 17, Sa+So ab 11.30)* leckere Hausmannskost servieren.

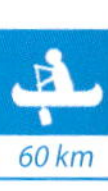

Auf Höhe **Lebbin** beschreibt der Fluss eine starke Rechtskurve. Am linken Ufer kann man an einem Steg anlanden, um in etwa 15 Minuten zum gemütlichen *Hofcafé Lebbin (Sa-So 14-18 Uhr, Tel. (03961) 21 28 61)* ins nahe Dorf zu laufen. Jeden ersten Sonntag im Monat gibt es von 10-13 Uhr den sogenannten Jazz-Brunch. Livemusik und ein reichhaltiges Buffet mit vielen Zutaten aus biologischem Anbau.

Auf den folgenden Kilometern mäandert der Fluss stark. Ich unterfahre eine Eisenbahnbrücke. Unmittelbar dahinter taucht rechts das ***Wehr*** von **Neddemin** vor mir auf. Wer Hunger hat, sollte den kurzen Weg hinauf ins Dorf nicht scheuen um sich die deftige Hausmannskost

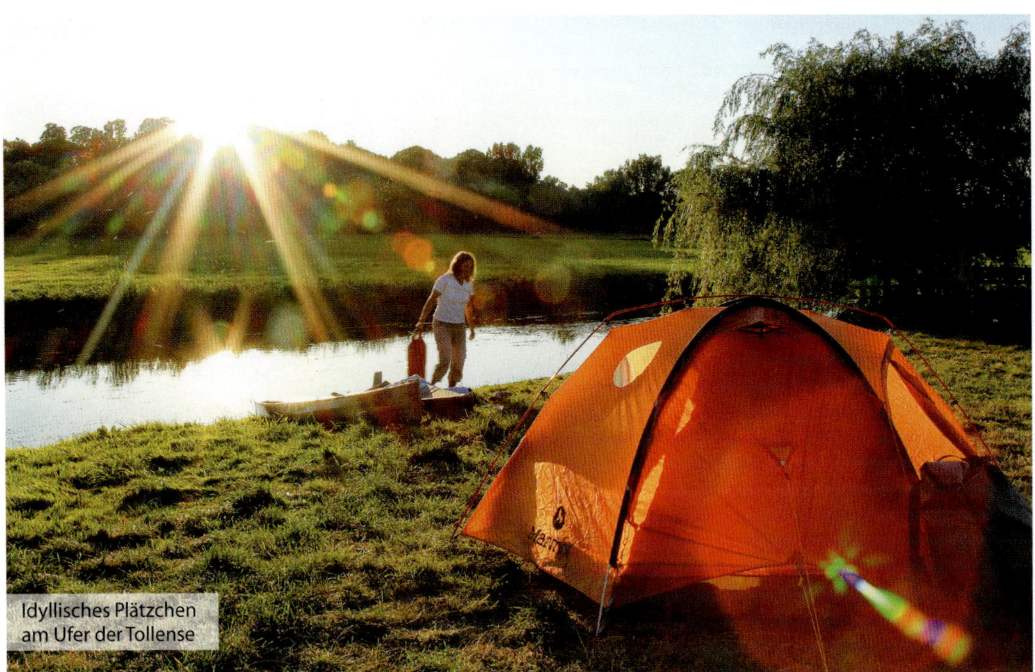
Idyllisches Plätzchen am Ufer der Tollense

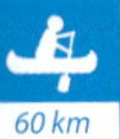
60 km

in der *Gaststätte „Räuberhöhle" (Tel. (03961) 21 07 73)* schmecken zu lassen.

Jetzt habe ich die Wahl zwischen dem ***Tollense-Altarm*** und dem ***Randkanal***. Ein Schild weist darauf hin, dass Wasserwanderer auf dem ***Randkanal*** bis Altentreptow weiter geradeaus fahren sollen. ***Wegen der starken Verkrautung im Sommer und der sehr beschwerlichen Umtragung am Wehr, ist von einer Befahrung des Altarms abzuraten.*** Die fünf Kilometer bis **Altentreptow** auf dem auch leicht verkrauteten Kanal sind allerdings eintönig. Am Zusammenfluss von Randkanal und Altarm in **Altentreptow** halte ich mich links in den kleinen Kanal zum ***Umleitungswehr*** und lege links davor an einem flachen Steg an. Mein Kanu rolle ich samt Gepäck mit dem Kanuwagen auf die andere Straßenseite und setze am linken Ufer an einem Steg wieder in die ***Tollense*** ein. Unter der Straßenbrücke der L 35 geht es hindurch und schon bald sehe ich unmittelbar hinter einer hölzernen Fußgängerbrücke am rechten Ufer den – was die „sanitäre Einrichtung" angeht – einfachen *Wasserwanderrastplatz der Pension „Wiesenquelle"*. Hier dehnt sich ein liebevoll gestaltetes Grundstück mit Teichen, kleinen Sitzecken zwischen Hecken und Stauden aus. Ein wahres Paradies für Kanu- und Radwanderer oder Angler. Auf dem Gelände wird gegrillt, geräuchert und gefeiert. Das Gasthaus offeriert nach vorheriger Anmeldung solide Hausmannskost und wer nicht zelten möchte, hat sich hoffentlich ein Bett reserviert. In dem schönen Garten kann man sich gut und gerne mal einen ganzen Tag aufhalten oder Fahrräder mieten um die Gegend zu erkunden. Ein zehnminütiger Fußweg führt zu dem mit mehr als fünf Metern Höhe und einem Gewicht von 360 Tonnen größten Findling auf deutschem Festland. Er wurde durch die Eismassen vor etwa 10.000 Jahren hierher geschoben.

Altentreptow *könnte sich mit gutem Recht ebenfalls Reuterstadt nennen, denn der berühmte Mecklenburger „Nationaldichter" lebte und wirkte von 1850 bis 1856 in der Stadt als Lehrer, Maler und Dichter und begann im benachbarten Ortsteil Thalberg seine schrift-*

stellerische Karriere. Altentreptow entstand 1245 auf einem flachen Hügel im Tollensetal und wird überragt, von der auf der höchsten Erhebung errichteten gotischen Pfarrkirche St. Petri. Neben dem großen geschnitzten Flügelaltar aus dem 15. Jahrhundert, sind die zwei noch erhaltenen spätmittelalterlichen Backsteintore der Stadtbefestigung sehenswert.

Für die weitere Strecke sollte man sich in Altentreptow mit allem Nötigen versorgen, denn auf den 42 Kilometern bis Demmin gibt es dazu keine Gelegenheit mehr.

Am nächsten Morgen gleitet mein Kanu vorbei an Wiesen und Feldern, über denen der Fischadler kreist. Um Altentreptow herum erstreckt sich leicht gewelltes, hügeliges Land. Das leichte Rauschen der größeren Straße lasse ich immer weiter hinter mir. Nur die Motoren der Traktoren auf den Feldern sind zu hören. Die hübsche Fachwerkkirche von **Klatzow** überragt die wenigen Häuser des Dörfchens. Das Wasser der mäandernden Tollense ist jetzt wieder flach und der Grund sandig. Es macht Spaß, die Rotfedern unter sich im Wasser vorbeiflitzen zu sehen. Die, wie ich finde, reizvollste Strecke der ganzen Tour, liegt nun auf meinem Weg nach Klempenow vor mir. Bis dorthin schlängelt sich der Fluss durch ein urwüchsiges Tal. In einer scharfen Kehre ist der Fluss total verkrautet und ich habe Mühe, mich auf den folgenden Metern über den dichten, grünen Teppich förmlich „hinwegzuschaukeln".

Vor der hölzernen Wanderwegbrücke zwischen **Kessin** und **Mühlenhagen** befindet sich am linken Ufer oberhalb eines Stegs eine Raststelle. Wer über Nacht bleiben will, könnte sein Kanu zur ca. 700 Meter entfernten *Wanderreitstation „Kölling Ranch"* rollern. Bis zu vier Personen finden in den kleinen Holzhütten Platz und am Morgen gibt's ein Frühstück. Von der Raststelle aus ist es etwa gut einen Kilometer Fußweg zum *Naturerlebnispark Mühlenhagen (geöffnet im Sommer 8-18 Uhr)*. Der Abstecher lohnt sich vor allem mit Kindern. Auf dem Gelände sind in weiträumigen Gehegen neben Rot- und Damwild, Mufflons, Fischotter und Frettchen, auch Greifvögel und andere Tiere zu sehen. Die von blühenden Rosen gesäumte Terrasse des *Cafés* bietet einen weiten Blick ins Tollensetal.

An den Dörfern **Kessin** und **Weltzin** vorbei geht es auf dem schneller strömenden Fluss Klempenow entgegen. Auf Höhe von **Weltzin** liegt am rechten Ufer die schwer zugängliche ***Burgruine Conerow*** *aus dem 13. Jahrhundert, von der jedoch nur noch wenige Mauerreste des quadratischen Bergfrieds vorhanden sind. Über mehrere hundert Meter entlang des Flusses wurde in dieser Gegend ein bronzezeitliches Schlachtfeld nachgewiesen. Mehr als hundert Tote, ihre Zahl dürfte aber noch weitaus höher liegen, Waffen, wie zum Beispiel Holzkeulen und Pfeilspitzen, sowie Zinn- und Goldspiralringe, konnte man bislang unter einer teils dicken Torfschicht finden. Anhand einer Radiokohlenstoffdatierung werden die Funde in die Zeit um 1300*

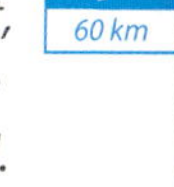

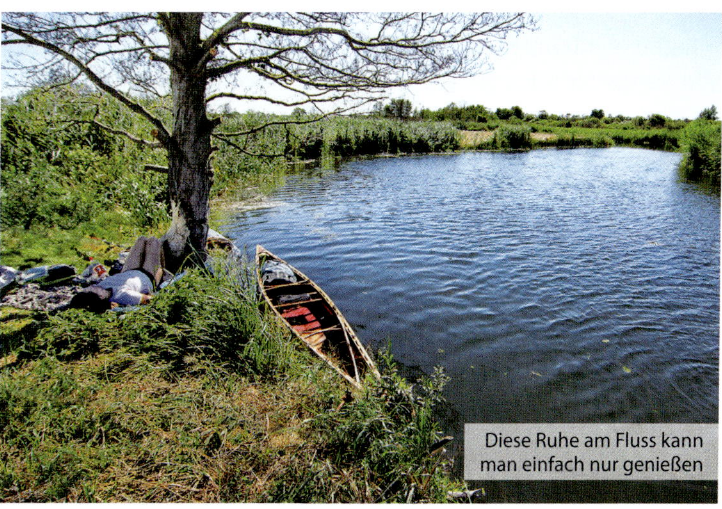
Diese Ruhe am Fluss kann man einfach nur genießen

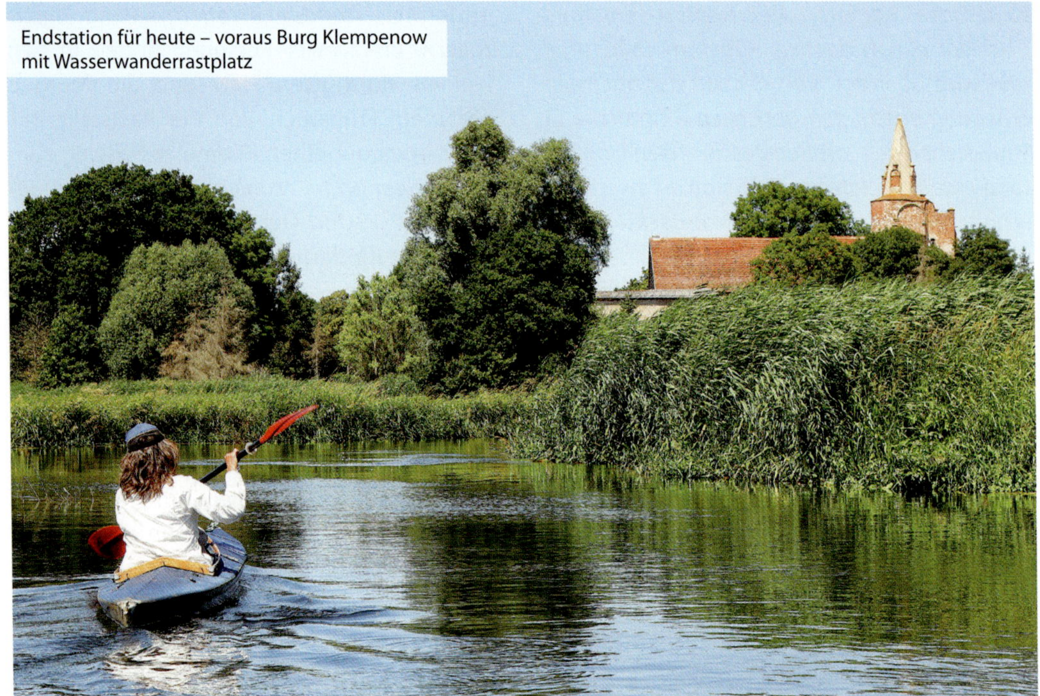
Endstation für heute – voraus Burg Klempenow mit Wasserwanderrastplatz

bis 1200 v. Chr. eingeordnet. Die martialischen Verletzungen – eingeschlagene Schädel, pfeildurchbohrte Armknochen und die Erkenntnis, dass die Kämpfer sich teilweise von Hirse ernährt hatten, die während der Bronzezeit u. a. in Süddeutschland angebaut wurde, lassen auf eine Auseinandersetzung von überregionalem Ausmaß schließen. Wer sich da so blutig bekämpfte, wissen die Forscher nicht.

Kurz vor **Klempenow** nimmt der Verkehr von Kanus merklich zu. Die imposante Burg im Blick, lande ich vor dem ***Wehr*** am Steg der *Kanustation* an, um mein Zelt unterhalb der **Burg Klempenow** aufzuschlagen. Leider gibt es auch hier keine Duschen, aber dafür tanzt am Abend der Schein des lodernden Lagerfeuers über die ockerfarbenen Wände des trutzigen Burgturms.

Die im Dreißigjährigen Krieg als pommersche Grenzfeste am Zusammenfluss von Landgraben und Tollense hart umkämpfte Burg wurde wahrscheinlich um 1240 errichtet und verfiel nach dem Zweiten Weltkrieg.

Heute finden in den restaurierten Gemäuern auf Initiative des Burgvereins vielfältige kulturelle Veranstaltungen statt und täglich lädt das stilvolle *Burgcafé* zu leckeren Gerichten ein. Im kleinen historischen Torhaus der Burganlage, das schon als Wachhaus und Gefängnis diente, ist ein Laden besonderer Art eingezogen. Keramik, Konfitüren und Pesto aus eigener Herstellung und handgefertigte Seifen lassen sich in schöner Atmosphäre bei einer Tasse Kaffee einkaufen.

Eine Wanderung wert ist die von hier acht Kilometer entfernt gelegene, malerische ***Renaissanceburgruine Veste Landskron*** aus dem 16. Jh., im landschaftlich reizvollen ***Landgrabental*** inmitten sumpfiger Wiesen.

Möglichkeit zur „Kanurundtour": Von Klempenow besteht zweimal täglich eine Busverbindung nach Anklam sowie mehrmals täglich nach Jarmen. Dadurch bietet sich die Möglichkeit über Demmin hinaus weiter auf der Peene Richtung Haff bis Jarmen oder Anklam zu paddeln und mit dem Bus über die kurze Distanz zum Ausgangspunkt Klempenow zurückzukehren.

Zur Fortsetzung meiner Tour karre ich die Ausrüstung mit dem Bootswagen über die Straße und setze am linken Ufer an einem Steg wieder in den Fluss ein. Hinter dem Ort verbreitert sich dieser merklich. Das Ufer ist flach und der Blick reicht weit ins Land hinein. Auf der linken Flussseite lugt die hübsche Kirche von **Golchen** *aus dem 15. Jahrhundert mit ihrem hölzernen Glockenturm hinter den Bäumen hervor. Schon im Jahre 1170, also noch in spätslawischer Zeit, weiß man nahe des Ortes von einer Saline zur Gewinnung von Salz zu berichten.*

In weiten Bögen fließt die Tollense gemächlich entlang artenreicher Feuchtwiesen und stiller Auenwälder. Wie Blei liegt das dunkle Band des inzwischen tiefen Flusses vor mir. Am ***Wehr*** von **Tückhude** *(Biwakplatz)* lege ich links unmittelbar vor dem Wehr an einer Slipanlage an und trage die wenigen Meter um. Der Weiler liegt herrlich abgelegen am Waldrand und nimmt im *„WiWaTo"*, einem ehemaligen Schullandheim (Selbstversorger), auch Einzelwanderer mit Zelt oder im Bettenhaus auf. Von hier führen Wanderwege zu Hügel- und Großsteingräbern.

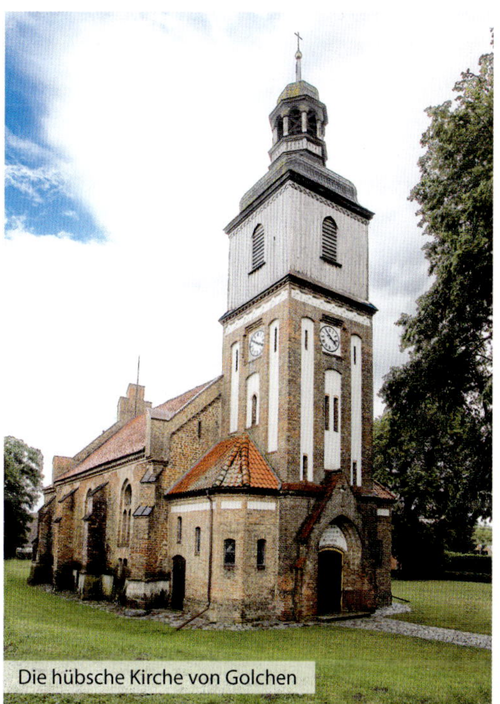
Die hübsche Kirche von Golchen

Am gegenüberliegenden Ufer, beim Dörfchen **Wietzow**, liegt hinter einem Park mit seltenem Baumbestand das rote *Gutshaus Wietzow* (www.gutshaus-wietzow.de). Ein tolles Domizil für Leute, die länger in der idyllischen Region bleiben wollen. Fünf großzügige Ferienwohnungen in einer absolut stillen Lage versprechen Erholung pur. Das spürbar entspannte Sackgassendorf, das eigentlich nur aus einer Straße besteht, ist ein wahres Künstlerdorf, wo Musiker, Maler, Dichter, Bildhauer und Puppenspieler leben und arbeiten.

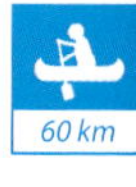
60 km

Wenige Kilometer weiter tauchen am linken Ufer die Zinnen des Schlosses von **Broock** vor mir auf. Unter der Straßenbrücke setze ich aus und stehe vor dem direkt am Wasser gelegenen *„Broocker Hof"* – ein Pferdehof mit Übernachtungsmöglichkeit im Zelt oder ausgebauten Zirkuswagen. Mit hofeigenen Fahrrädern kann man die reizvolle Gegend erkunden oder an einem Ausritt teilnehmen.

Auf der anderen Flussseite findet sich einen Kilometer entfernt in dem alten Bauern- und Handwerksdorf **Alt Tellin** die *Gaststätte Storchenbar (Tel. (039991) 304 54)* mit einfachen Gerichten. *Sehenswert im Ort sind die hübsche Feldsteinkirche aus dem 15. Jahrhundert sowie eine Holländerwindmühle von 1765.*Nur einen Kilometer Fußweg weiter gibt es im *Bikerhotel „Das Gutshaus"* in **Siedenbüssow** eine Übernachtungsmöglichkeit. Allerdings soll die Qualität laut einiger Gäste nicht mehr an vergangene Zeiten anknüpfen können. Das Kanu kann man nach Absprache auf dem Gelände des *„Broocker Hof"* am Fluss liegen lassen. Bei meinem Gang durch **Broock** Richtung Hohenbüssow komme ich am *Broocker Schloss* vorbei, das lange leer stand und verfiel, inzwischen aber von einem mutigen Investor restauriert wird. Bis 2021 soll ein Kultur- & Veranstal-

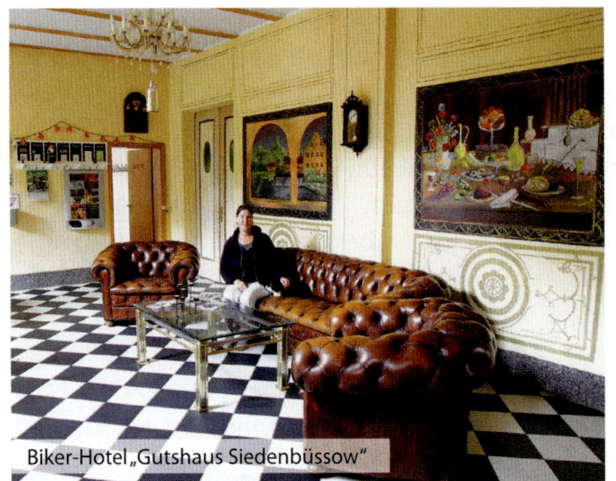
Biker-Hotel „Gutshaus Siedenbüssow"

tungszentrum entstehen mit Unterkünften in unterschiedlichen Kategorien, vom Hostel bis zum Hotelzimmer. Man darf gespannt sein. *Für seine Schimmelzucht und Jagden bekannt, wurde es zwischen 1840 und 1850 im neogotischen Stil umgebaut. Von keinem Geringeren als Lenné ist der Park im englischen Stil gestaltet worden. Bis 1945 war es im Besitz der Familie von Seckendorff, danach wurde der gesamte Besitz entschädigungslos enteignet.*

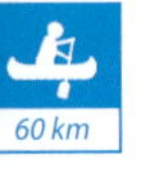
60 km

Über einen ganz besonderen Charme verfügt das oberhalb von Broock auf einem Hügel gelegene Künstlerdorf **Hohenbüssow**. *Der von Wald umgebene Ort ist in früheren Zeiten ein typisches Gutsdorf gewesen, davon zeugt noch heute ein altes Gutshaus. Die Gutsherrschaft von Broock ließ Wasser einer plötzlich in Hohenbüssow emporsprudelnden Quelle untersuchen. So wurde der Ort von etwa 1825 bis 1865 ein in die deutsche Bäderliste eingetragener Badeort. Das 1826 errichtete Gesellschaftshaus und Reste des Badehauses sind noch zu sehen. Bemerkenswert ist der Friedhof mit mehreren Grabsteinen der Familie von Seckendorff. In den dreißiger Jahren des 20. Jahrhunderts wurde der Ort als „Schönstes vorpommersches Dorf" ausgezeichnet.*

Auf dem Weg zum Dorf kommt man an dem links der Straße liegenden Gelände einer ehemaligen *Kiesgrube* vorbei. In jedem Frühsommer findet auf dem wundervollen, ca. 15 Hektar großen Gelände, auf dem sich auch zwei kleine Seen befinden, das tolle *Freiland-Sommerfest* (www.freiland-festival.de) statt: *Der Verein Kulturgut Freiland e.V. stellt ein viertägiges Festival auf die Beine mit viel Techno, Drum'n'Bass, Hip-Hop von DJ's und Live-Bands, Theater, Lesungen, Workshops und gutem Essen. Vor mehreren Jahren hat sich in der Region Widerstand formiert gegen den Betrieb Europas größter Ferkelfabrik im Dreieck zwischen Neu Plötz, Daberkow und Siedenbüssow. In dem Massentierbetrieb sollen künftig mehr als 10.000 Muttersauen 250.000 Ferkel im Jahr werfen!*

Mit dem Kanu geht es nun weiter an den Resten der alten zerfallenen Ostener Brücke, neben der sich unter hohen Eichen die Grundmauern der *Burgruine Osten* verbergen und dem ***Wehr*** von **Vanselow** auf den gleichnamigen Ort zu. Am sandigen Ufer lege ich an und spaziere um das *Schloss derer von Maltzahn von 1870 mit seinem weitläufigen Park. Eine Besonderheit bietet der nahe gelegene Friedhof mit der umfangreichsten Begräbnisstätte der Familie von Maltzahn mit mehr als 20 Ruhestätten.*

Es ist spät und ich möchte heute noch Demmin erreichen. Eine Gewitterfront baut sich vor mir auf. Zügig passiere ich den *Wasserwanderrastplatz (Sanitärhaus ohne Dusche)* **Sanzkow**. Vier Kilometer weiter unterfahre ich die Eisenbahnbrücke Neubrandenburg – Stralsund, bald darauf die Straßenbrücke der B 194 und halte ich mich an der nächsten Brücke rechts und gleich darauf abermals rechts. Hier mündet die ***Tollense*** in die ***Peene***. Nach wenigen hundert Metern gelange ich zu dem links in einem Stichkanal gelegenen *Wasserwanderrastplatz im Hafen des Segelclub* **Demmins** – noch bevor sich der Platzregen an diesem Sommertag über meinem Zelt entlädt *(Infos Demmin Seite 142)*.

Die Peene

„Amazonas des Nordens"

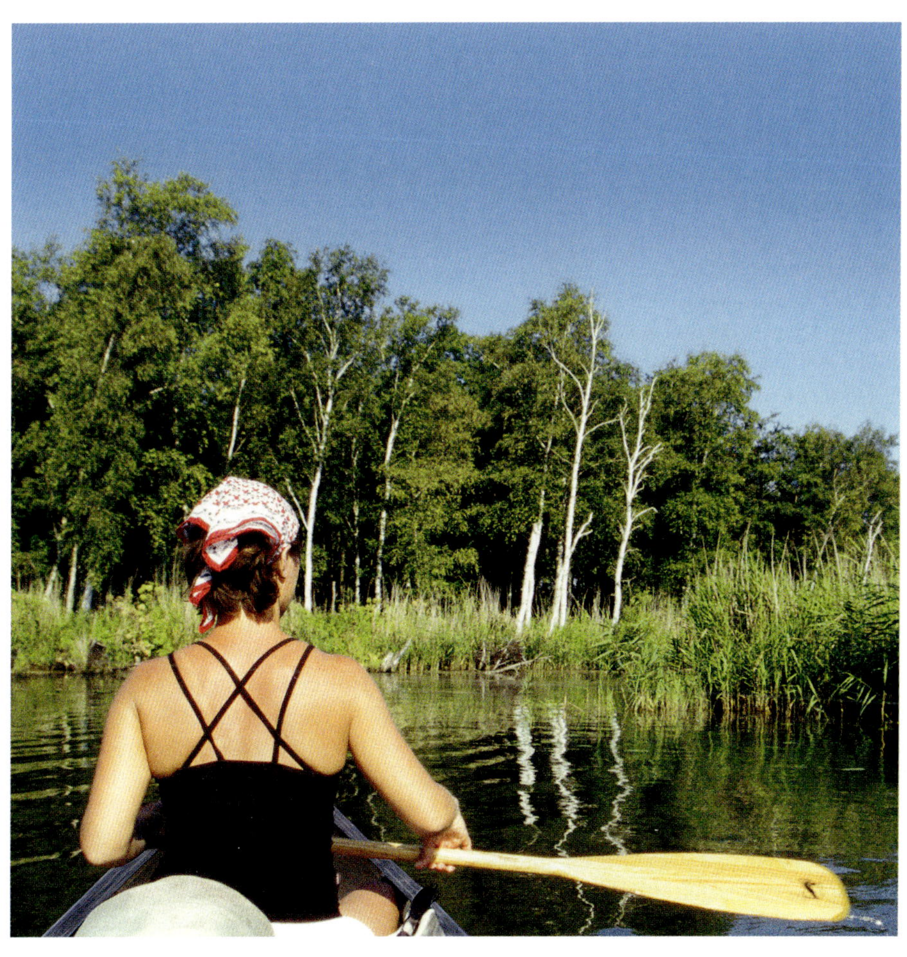

Tour 8

Infos Tour 8 – Peene

Aktivitäten	Natur	Kultur	Baden	Hindernisse
★★★☆	★★★★	★★☆☆	★★☆☆	☆☆☆☆

Charakter der Tour

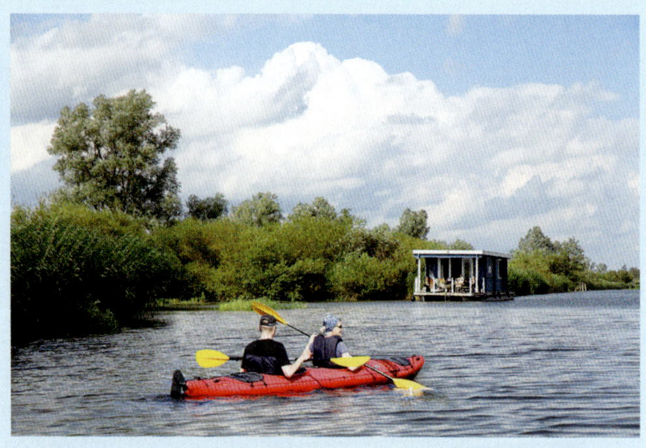

Die Peene, auch „Amazonas des Nordens" genannt, ist einer der letzten unverbauten und fischartenreichsten Flüsse Deutschlands und fließt, vom Kummerower See kommend, mit kaum merklicher Strömung durch das größte geschlossene Niedermoorgebiet Mittel- und Westeuropas. Nebenflüsse, Bäche, alte Torfstiche, weite Schilfflächen und Auenwälder mit einer vielfältigen Flora und Fauna hinterlassen den Eindruck einer anderen Welt direkt vor unserer Haustür. Viele der hier vorkommenden Pflanzen- und Tierarten sind in ihrem Bestand gefährdet. Neben Biber und Fischotter, die häufig anzutreffen sind, beeindruckt die große Zahl von Libellen und Tagfaltern. Fast das gesamte Peenetal ist Europäisches Vogelschutzgebiet, allein drei Adler- und drei Seeschwalbenarten brüten hier. Verständlich ist, dass man mit seinem Kanu auf der Bundeswasserstraße Peene bleiben muss und nur einen Blick in die Altarme und Torfstiche wirft.

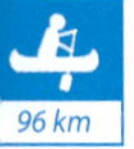

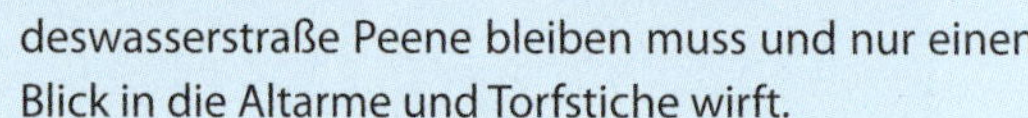

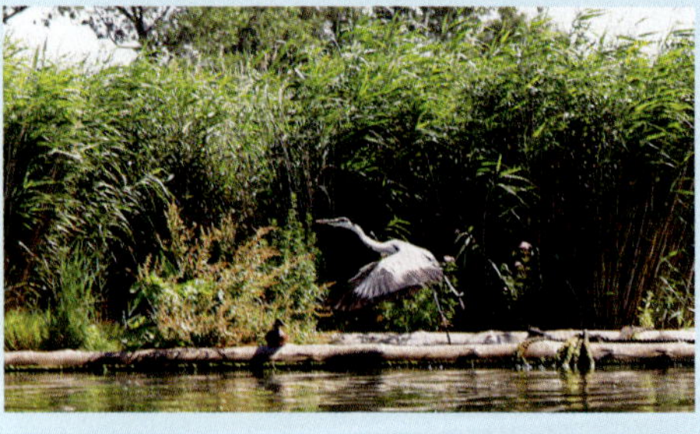

Östlich von Anklam mündet die Peene in einem weitgeöffneten, späteiszeitlichen und heute vermoorten Flussbett in den Peenestrom, der einen Teil des Mündungsdeltas der Oder bildet. Den Kummerower See sollte man nur bei absolut optimalen Bedingungen mit dem Kanadier in Ufernähe queren. Allemal besser sind Kajaks!

Wer sich über die Natur im Peenetal informieren möchte, kann dies im tollen **Besucher-Infozentrum „Naturpark Flusslandschaft Peenetal"** (www.naturpark-flusslandschaft-peenetal.de) in Stolpe und auf der Website des **Fördervereins „Naturschutz im Peenetal"** (www.naturschutz-peenetal.de).

Kennzeichnungspflicht des Kanus

Die Peene ist Bundeswasserstraße. Damit gelten die Vorschriften der Binnenschifffahrtsordnung. Kanus sind zwar auf Binnenschifffahrtsstraßen von der Führung eines amtlichen Kennzeichens befreit, müssen aber dennoch gekennzeichnet sein, um Ärger und eine Geldbuße zu vermeiden.

1. **Bootsname auf beiden Außenseiten** in gut lesbaren mindestens 10 cm hohen lateinischen Schriftzeichen. Alternativ Name der Organisation/Verein der es angehört oder deren gebräuchliche Abkürzung mit einer Nummer dahinter. Die Schriftzeichen müssen in heller Farbe auf dunklem Grund oder in dunkler Farbe auf hellem Grund angebracht sein.
2. **Name und Anschrift des Eigentümers** an gut sichtbarer Stelle innen oder außen.

Länge & Dauer der Tour ca. 96 km, 5-6 Tage

Umtragestellen Keine.

Anreise A 19 Berlin – Rostock, Abfahrt 13, auf der B 104 über Teterow nach Malchin.

Einsetzstelle 1 Kanuclub Malchin, Am Kanal 4 oder WWR „Kösters Eck", Am Kanal 2. Gute Parkmöglichkeiten.

Einsetzstelle 2 Wer den Kummerower See nicht paddeln möchte, setzt am Wasserwanderrastplatz Aalbude in Verchen ein (gebührenpfl. Parkplatz).

Kanu-Shuttle Wer ab Malchiner See, aber nicht den Kummerower See paddeln möchte, kann den Kanu-Shuttle des Veranstalters „Abenteuer Peenetal" buchen, Tel. (039994) 74 99 37 & 0174-165 29 15 (www.abenteuer-peenetal.com/bootstransport).

Aussetzstelle WWR Anklam, Entensteig 1 (Ein- oder Aussetzen gebührenpflichtig).

Zurück zum Pkw Mit der Bahn von Anklam nach Malchin, umsteigen in Pasewalk (Fahrzeit: ca. 2 h).

Stilvoll in Etappen mit dem Fahrgastschiff von Anklam über Demmin zum Kummerower See. Tel. (03998) 28 28 74, www.amazonaspeene.de

Bei Tourenstart in Verchen (Bus nur werktags!): Von Anklam nach Demmin, dort werktags mit dem Bus 323 zurück nach Verchen (www.mvvg-bus.de).

Etappenvorschlag

1. Tag Malchin – Verchen (18 km)

2. Tag Verchen – Demmin (17 km)

3. Tag Demmin – Alt Plestlin (21 km)

4. Tag Alt Plestlin – Gützkow (19 km)

5. Tag Gützkow – Stolpe (13 km)

6. Tag Stolpe – Anklam (8 km)

Tipps für Tagestouren

1. Verchen/Aalbude – Demmin (17 km, zurück mit dem Fahrgastschiff in 3,5 Std.).
2. Verchen/Aalbude – Trittelwitz – Verchen/Aalbude.
3. Stolpe – Gützkow (13 km, zurück mit dem Fahrgastschiff oder Kanu).
4. Anklam – Stolpe (8 km, zurück mit Bus od. Kanu).

Literatur-Tipps

KANU KOMPAKT* Peene, *Malchiner See – Malchin – Anklam – Peenestrom bis Peenemünde, *Thomas Kettler,* Thomas Kettler Verlag.

„Erlebnis Peene: Zwischen Malchiner See und Greifswalder Bodden", nordlicht verlag.

„Vorpommerns schönste Ecken entdecken" ... ein Eingeborener lädt zum Wandern ein, *Ingo Gudusch,* Karl Lappe Verlag.

„Naturschatz Peene: Ein Paddlertagebuch", *Jürgen Reich,* Hinstorff Verlag.

„De Urgeschicht von Mecklenbörg", *Fritz Reuter,* Hinstorff Verlag.

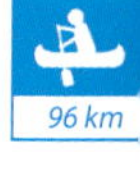

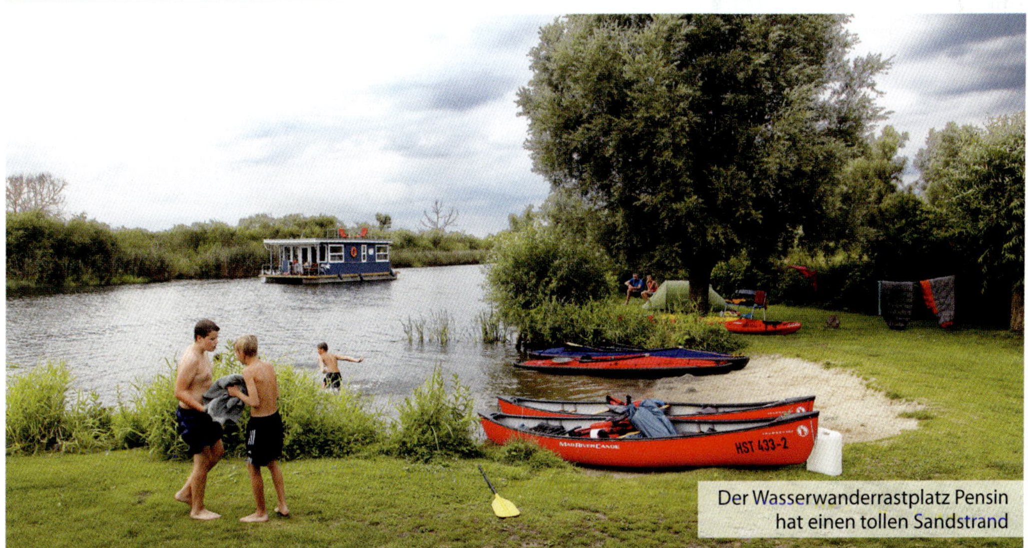

Der Wasserwanderrastplatz Pensin hat einen tollen Sandstrand

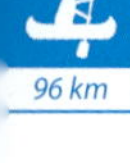

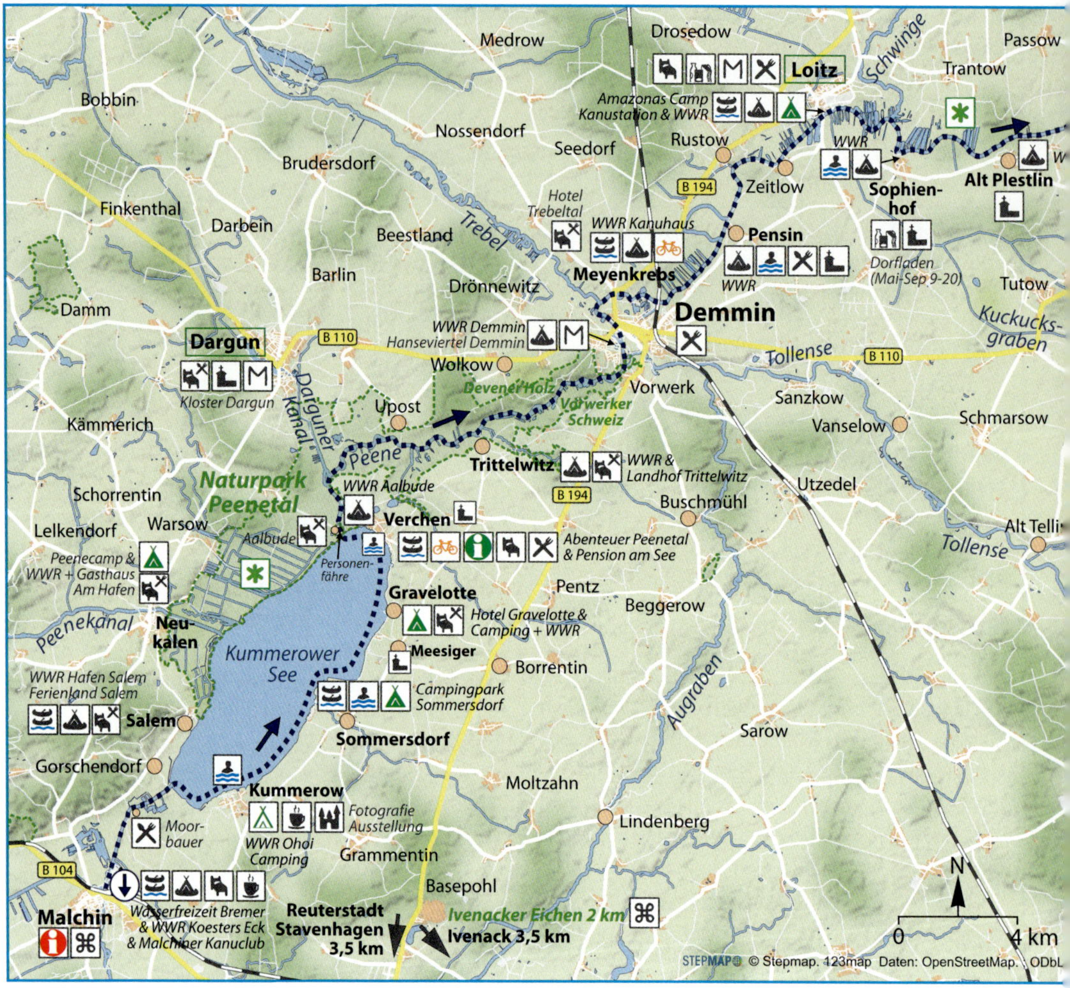

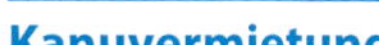

Kanuvermietung

Malchin
Malchiner Kanuclub
Am Kanal 4, Tel. (03994) 23 94 68 & 01520-364 54 53
www.malchiner-kanu-club.de

Wasserfreizeit Bremer am WWR „Koesters Eck", Peenecafé (Shop für Angel- & Bootszubehör, Kanuvermietung & -transport)
Am Kanal 2
Tel. (03994) 22 36 65
& 0174-9176737
www.wasserfreizeit.com

Demmin-Meyenkrebs
Kanuhaus
Meyenkrebs 15, Tel. (03998) 20 00 48 & 0172-762 18 24
www.kanuhaus.de

Loitz
Amazonas-Camp & Kanustation an der Marina Loitz (auch geführte Touren wie Bibertour „Peenesafari")
Mühlentorvorstadt 12
Tel. (039998) 41 90 01
& 0177-271 16 88
www.urlaub-peenetal.de

Stolpe an der Peene
WWR Hafen Stolpe
Peeneblick 26
Tel. (039721) 568 80

Menzlin / Groß Polzin
Kanuverleih & Floßfahrten Menzlin
Imbiss Wiking-Grill, Flosstouren Biber-Entdeckungstour
Dorfstr. 5 (Groß Polzin) & Menzlin
Tel. 01520-405 20 68
www.kanuverleih-menzlin.de

Verchen und Anklam
siehe Touren-Veranstalter

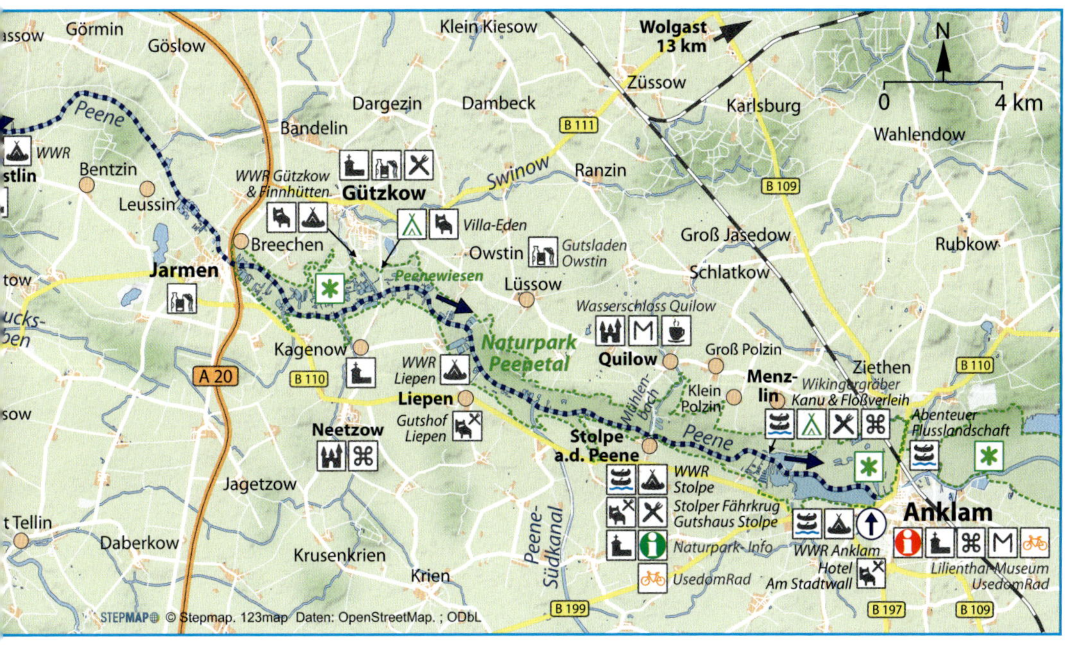

Kanuvermieter & Touren-Veranstalter

Verchen
„Abenteuer Peenetal", Kanustation & Naturpark-Info Verchen
Geführte Touren im Kanu oder Solarkatamaran auch am Abend, Angeltouren und Wanderungen
Seestraße 7, Tel. (039994) 74 99 37 & 0174-165 29 15
www.abenteuer-peenetal.com

Anklam
„Abenteuer Flusslandschaft"
Kanu-, Hausboot-, Floß- & Fahrrad-vermietung, Naturparkführungen, Bird-Watching, usw.
Werftstr. 6, Tel. (03971) 24 28 39
www.abenteuer-flusslandschaft.de

Naturreisen MV – Kanu, Wandern, Rad, Tel. 0152- 57 55 46 00
www.naturreisen-mv.de

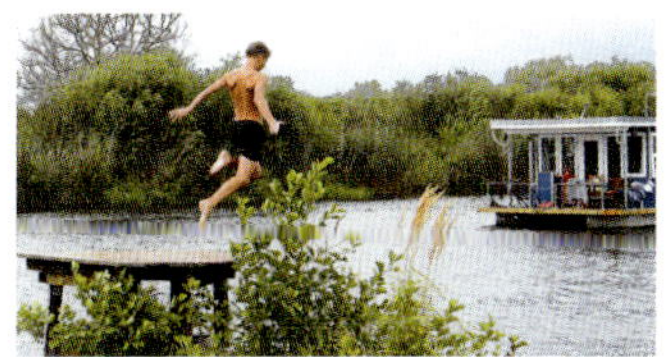

Übernachtung in Wassernähe
(in der Reihenfolge des Tourenverlaufs)

Malchin
Malchiner Kanuclub
(Camping und günstige Zimmer)
siehe Kanuvermietung

Kummerow *(Kummerower See)*
ohoi Camping & Strandbude (Café)
Dorfstraße 50
Tel. 0174-828 69 91
www.ohoi-hausboote.de

Sommersdorf *(Kummerower See)*
Camping- und Wohnmobilpark Am Kummerower See
Am Hafen 2
Tel. (039952) 29 73
www.camping-sommersdorf.de

Gravelotte *(Kummerower See)*
„Hotel Gravelotte"
Am Kummerower See 2
Tel. (039994) 72 1 0
www.hotel-gravelotte.de

Camping & WWR Gravelotte
Am Kummerower See
Tel. (039994) 107 32
www.campingplatz-gravelotte.de

Verchen *(Kummerower See)*
Pension „Am See"
Seestr. 13, Tel. (039994) 109 30
pension-am-see-verchen.de

Kinder- & Jugendhotel Verchen
Kirchstr. 16a
Tel. (039994) 79 30
& 0160-909 246 52
www.freizeitspass-verchen.de

Aalbude *(Kummerower See)*
Wasserwanderrastplatz „Aalbude"
Seestraße 16
Tel. 0177-684 84 85

Gaststätte & Pension „Aalbude"
Aalbude 2, Tel. (039959) 276 79
www.ausflugsrestaurant-aalbude.de

Trittelwitz
Wasserwanderrastplatz
(Trocken-WC)

Landhof Trittelwitz
Dorfstraße 12
Tel. (039994) 79 88 39
www.landhof-trittelwitz.de

Fortsetzung **Übernachtung in Wassernähe** (in der Reihenfolge des Tourenverlaufs)

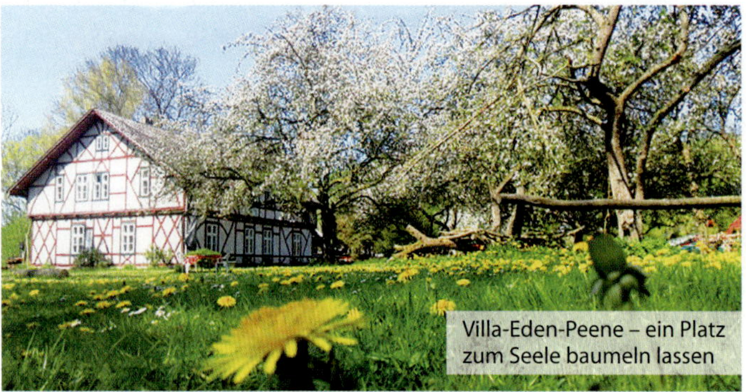
Villa-Eden-Peene – ein Platz zum Seele baumeln lassen

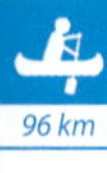
96 km

Demmin
WWR Demminer Segelclub
Fritz-Reuter-Straße 11b
Tel. 01575-319 14 01

Peene Marina Demmin (Zelt)
Loitzer Str. 48
Tel. 0170-295 38 58 (Hafenmeister)
www.peene-marina-demmin.de

Demmin-Meyenkrebs
Kanuhaus
Meyenkrebs 15
Tel. (03998) 20 00 48
& 0172-762 18 24
www.kanuhaus.de

Hotel Trebeltal
Klänhammer-Weg 3
Tel. (03998) 25 10
www.hotel-trebeltal.de

Pensin
Wasserwanderrastplatz
Tel. 0171-749 36 15

Loitz
Amazonas-Camp & Kanustation an der Marina Loitz
Mühlentorvorstadt 12
Tel. (039998) 41 90 01
& 0177-271 16 88
www.urlaub-peenetal.de

Marina Loitz mit WWR
Mühlentorvorstadt 1
Hafenmeister: Tel. 0173-104 53 64

Hotel „Am Markt"
Marktstr. 162
Tel. (039998) 33 35 56
& 0177-886 01 67
www.hotelloitz.de

Sophienhof
Wasserwanderrastplatz (WC)
Tel. (039998) 311 90

Alt Plestlin
Wasserwanderrastplatz
Tel. 0174-701 51 80

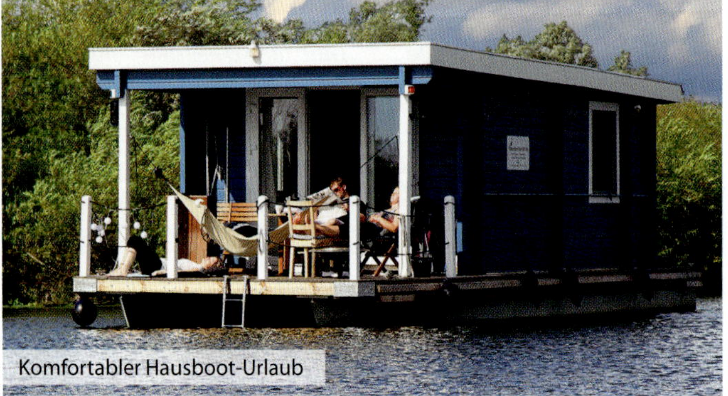
Komfortabler Hausboot-Urlaub

Gützkow
Villa-Eden-Peene
(Biwak, Zimmer, Wohnwagen, Tiny-House, Matratzenlager)
Fährdamm 3
Tel. 0173-481 31 36
www.villa-eden-peene.com

Kanuverein Gützkow
(Zelt, Bootshaus)
Tel. (038353) 277
& 0160-97 22 16 38
www.guetzkow.de/kanuverein

Müller's Finnhütten
Liebenthal 1
Tel. (038353) 507 60
www.familienferien-vorpommern.de

Liepen
WWR Liepen (Du+WC) & Hotel „Am Peenetal" im Gutshof Liepen
Dorfstraße 31
Tel. (039721) 567 58
www.gutshof-liepen.de

Stolpe an der Peene
Wasserwanderrastplatz
(Imbiss bis 19 Uhr)
Peeneblick 26
Tel. (039721) 568 80

Gutshaus Stolpe
(stilvoll, hochpreisig)
Peenestraße 33
Tel. (039721) 55 00
www.gutshaus-stolpe.de

Menzlin
Biwak bei Kanuverleih & Floßfahrten Menzlin
Dorfstr. 5 / Menzlin 65
Tel. 01520-405 20 68
www.kanuverleih-menzlin.de

Anklam
Wasserwanderrastplatz Anklam
Entensteig 1 a
Tel. 0162-520 22 06

Hotel „Am Stadtwall"
Demminer Straße 5
Tel. (03971) 83 31 36
www.hotel-am-stadtwall.de

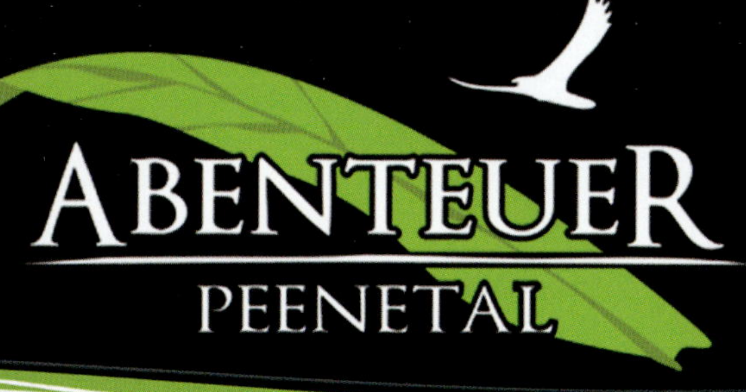

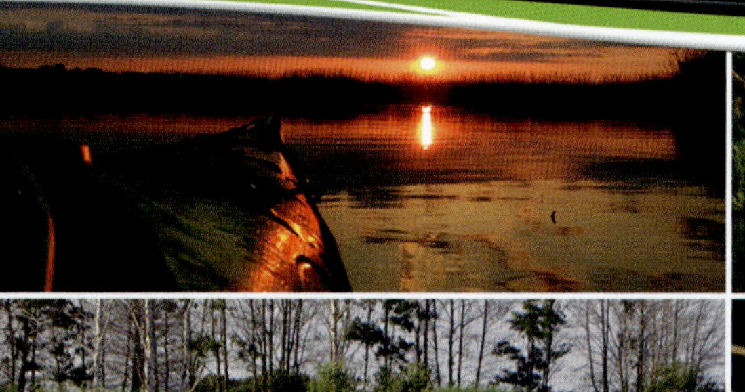

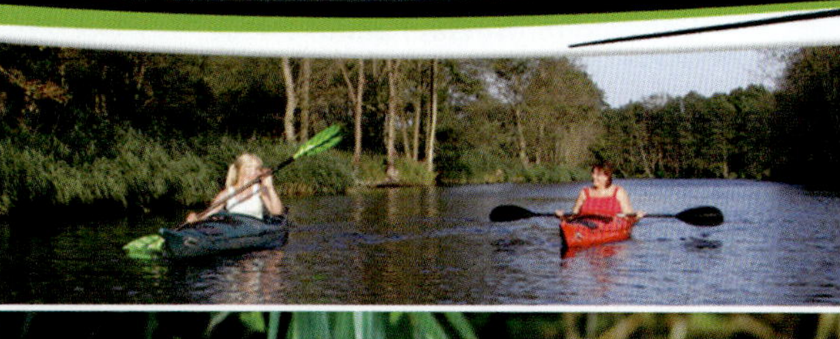

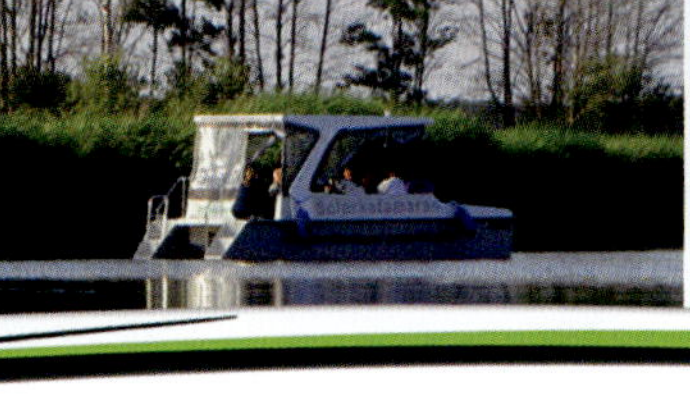

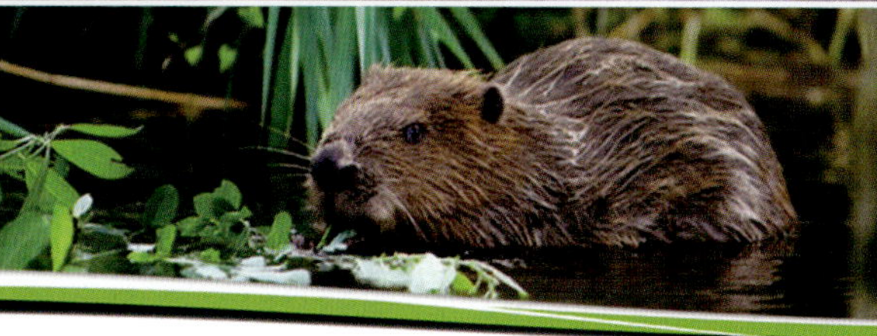

Naturerlebnisse im Peenetal

Kanustation Verchen

Top - Highlights:

- ➡ Mittsommerpaddeln
- ➡ Sonnenaufgangstouren
- ➡ Tagestour oberes Peenetal
- ➡ Amazonas-Tour auf der Peene
- ➡ Bibertour / Peenesafari im Solarboot

Reguläre Angebote:

- ➡ Kajak-Vermietung (1er, 2er)
- ➡ Canadier-Vermietung (2er, 3er, 4er)
- ➡ individuelle Mietdauer (stundenweise - mehrtägig)
- ➡ Rückholservice für Paddler, auch Fremdboote und Gäste
- ➡ SUP-Board-Vermietung, E-Bike- und Fahrrad-Vermietung

Abenteuer Peenetal
Kanustation und
Naturparkinfo Verchen

15.04. - 30.04. (täglich 10.00 - 16.00 Uhr)
01.05. - 31.08. (täglich 9.30 - 18.00 Uhr)
01.09. - 11.10. (täglich 10.00 - 16.00 Uhr)

Tel: 039994 - 749937
Mobil: 0174 - 1652915
info@abenteuer-peenetal.com

Weitere Aktivitäten

Paddeln

Über den ***Dahmer Kanal zum Malchiner See*** (urwüchsige Natur, sehr ruhig).

Über den ***Peene-Südkanal und die Zarow durchs Naherholungsgebiet „Lübkowsee"*** bis Ueckermünde.

Mit dem Kajak von Anklam ***über das Stettiner Haff*** nach Ueckermünde oder ***auf dem Peenestrom*** nach Wolgast oder bis Peenemünde.

Wandern

Ins romantische Burgtal bei Rothenmoor am Süd-Ost-Ufer des Malchiner Sees.

Entlang des ***Kummerower Sees von Salem – Neukalen – NSG „Neukalener Moorwiesen" – Aalbude – Verchen***.

Von Aalbude ***zur Kloster- & Schlossanlage Dargun*** *(Museum, Klosterladen)* und zurück (ca. 12 km).

Verchen – Demmin (15 km gut ausgeschilderter Wanderweg), *an Schultagen zurück mit dem Bus.*

Von Demmin auf dem ***Naturlehrpfad „Vorwerker Schweiz"*** oder ins ***Waldgebiet „Devener Holz"***.

Stolpe an der Peene – ***Grüttow („Wartislawstein", ein seltener slawischer Bildstein)*** – Stolpe (ca. 6 km).

In Stolpe mit der Fähre übersetzen und ***zum Wasserschloss Quilow*** *(Ausstellung, Café)* – Stolpe (ca. 6 km).

Im ***NSG „Anklamer Stadtbruch"*** (Deutschlands größter Moorwald, Hunderte brütende Kormorane).

Radfahren

Rundtour auf der ***Eiszeitroute um den Malchiner See***.

„Schlössertour" von Dahmen (Malchiner See, Fahrradvermietung Campingparadies Dahmen) ***über Schloss Ulrichshusen und Schloss Basedow*** entlang des Malchiner Sees zurück nach Dahmen (25 km).

Um den ***Kummerower See*** (ca. 48 km).

Stolpe an der Peene – ***Neetzow (neogotisches Schloss & Landschaftspark)*** – Stolpe (ca. 24 km).

Stolpe an der Peene – ***Quilow (Wasserschloss) – Menzlin (Wikingergräber)*** – Stolpe (ca. 18 km).

Anklam – ***Lassan – Wolgast*** – Anklam (einfache Strecke 34 km, zurück mit dem Zug oder Bus).

Von Anklam auf dem ***Stettiner Haff-Radrundweg.***

Fahrradvermieter: Malchin: Wasserfreizeit Bremer, **Demmin-Meyenkrebs:** Kanuhaus, **Verchen:** Abenteuer Peenetal, alles drei siehe Kanuvermietung/ Veranstalter. **UsedomRad:** Nach Registrierung kann an einer UsedomRad-Stationen ein Rad (Touren- & Kinderräder, z.T. auch E-bike) gemietet und an jeder beliebigen Station der Region wieder abgeben werden. Stationen z.B. in **Stolpe, Anklam, Lassan, Wolgast**, www.usedomrad.de

Sonstiges

Im Juni / Juli schippert das ***Kulturfloss*** auf der Peene umher und bringt Kultur (meist Konzerte) ans Ufer des Flusses (Info: www.villa-eden-peene.com).

Hausboot & Floss-Urlaub (www.abenteuer-peenetal.com, www.silverline-bootsvermietung.de, www.villa-eden-peene.com, www.ohoi-hausboote.de, www.abenteuer-flusslandschaft.de, www.flossverleih.de).

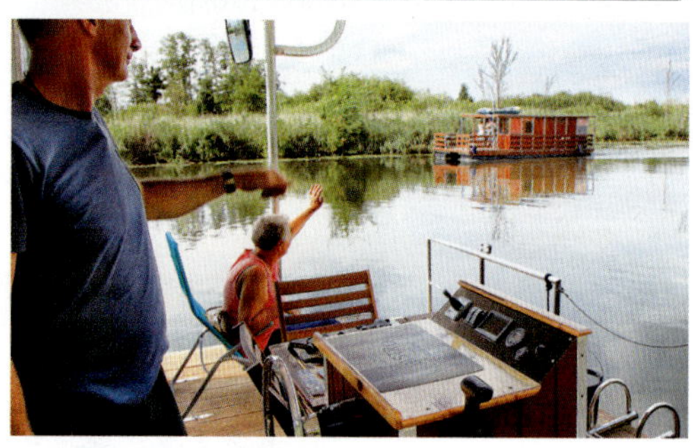

Mit dem ***Fahrgastschiff*** von Demmin nach Anklam, von Demmin zum Kummerower See oder ***Tages-Flusskreuzfahrt*** auf dem „Amazonas des Nordens" von Malchin bis Karnin auf Usedom oder umgekehrt (www.amazonaspeene.de).

Draisinenfahrt von Salem am Kummerower See nach Dargun (www.naturpark-draisine.de).

Lohnende Ausflüge

Rempliner Schlosspark *(Barockgarten, 1851 von Lenné umgestaltet)* mit ***Sternwarte Remplin*** von 1793 *(ältester heute noch existierender Sternwartenbau Deutschlands mit mehr als 50 Instrumenten, Führungen in den Sommermonaten)*, ***Rempliner Kunstkapelle*** *(Ausstellungen, Konzerte).*

Schloss Mitsuko *(Museum für japanische Kultur und zeitgenössische Kunst)* mit seinem ***„Japanischen Hain"*** (www.schloss-mitsuko.org).

Einen Besuch wert: *Schloss Basedow* *(älteste noch erhaltene Barockorgel Mecklenburgs)*, ***Schloss Schlitz*** bei Teterow, ***Wasserburg Ulrichshusen***, ***Wasserburg Liepen*** (Gemeinde Gielow, *Gutsmanufaktur, FeWo*), ***Reuterstadt Stavenhagen*** *(Fritz-Reuter-Literaturmuseum)* und ***Ivenack*** mit seinen ***tausendjährigen Eichen***.

Sehenswürdigkeiten

Malchin Backsteinbasilika St. Maria & St. Johannis (14./15. Jh.), Rathaussaal mit Zunftzeichen, Stadtbefestigung mit Steintor & Kalensche Tor (beide 15. Jh.), Fangelturm (15. Jh.), Wasserturm, Heimatmuseum in der sanierten Stadtmühle, Mecklenburger Motorradtreffen im Mai, Altstadtfest im Juni.

Kummerow Barockschloss (1773) mit Landschaftspark und einer der führenden fotografischen Privatsammlungen Deutschlands, Dorfkirche (13. Jh.).

Neukalen Backsteinkirche St. Johannis (1318), Rathaus (1799).

Meesiger Wehrkirche mit bauernbarockem Altar (spätgotische Feldstein- & Backsteinkirche (1700)).

Verchen Klosterkirche St. Marien (1269).

Dargun Schloss- und Klosterruine (13./15. Jh.) mit Museum, Klosterladen, www.dargun.de

Demmin St. Bartholomaei-Kirche (14. Jh.) mit berühmter „Buchenholz-Grünberg-Orgel", Rosenkranzkönigin-Kirche, hist. Rathaus, Luisentor mit Pulverturm, Wasserturm mit Sternwarte, Gesellius-Haus, historisches Speicherensemble am Peenehafen, Freiluftmuseum „Hanseviertel" (*Mo-So, 10-16*, www.hanseviertel-demmin.de), Kreisheimatmuseum, Burgruine „Haus Demmin".

Loitz Marienkirche (13. Jh.) mit Taufstein, Heiliggeistkapelle (13. Jh.), historische Stadtmauer.

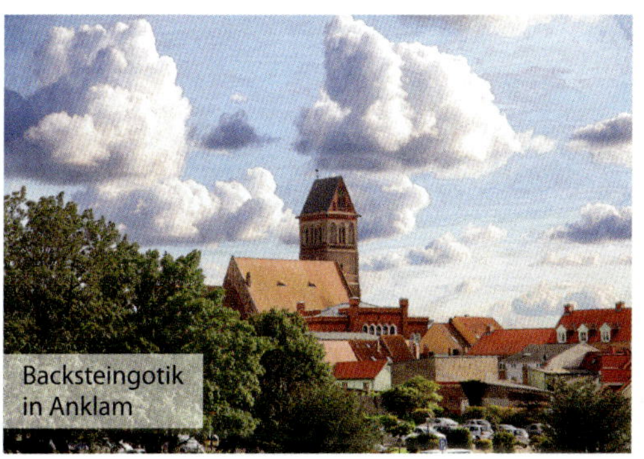
Backsteingotik in Anklam

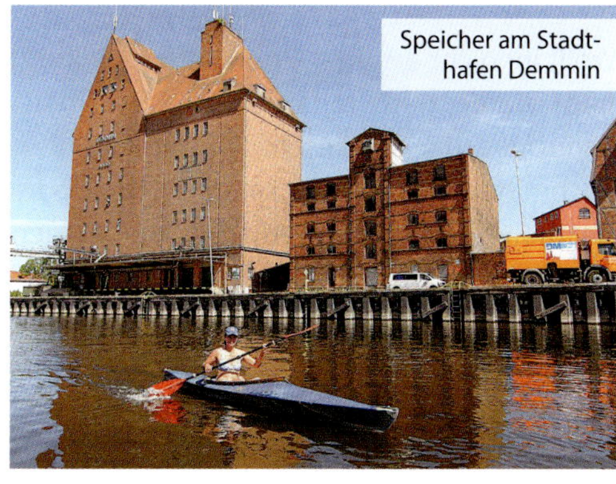
Speicher am Stadthafen Demmin

Alt Plestlin Feldsteinkirche (14./15. Jh.).

Alt Jargenow Kapelle (17. Jh.).

Gützkow Stadtkirche St. Nikolai (1737), von Schinkel-Schüler 1859 im Stil eines englischen Landschaftsparks angelegter Schlosspark mit Grabkapelle.

Liepen (Gemeinde Neetzow-Liepen) Historischer Gutshof (heute Hotel-Restaurant, Wellness „Am Peenatal"), Feldsteinkirche (13. Jh.) mit Backsteinelementen.

Quilow Wasserschloss (16. Jh.). Im 1575 erbauten Renaissance-Gebäude soll ein Café und eine Ausstellung zu Gutshäusern im südlichen Ostseeraum entstehen. Neugotische Dorfkirche mit Grabplatte (16. Jh.).

Stolpe an der Peene Benediktinerklosterruine (1153), Wartislaw-Gedächtniskirche, Schlosshotel, historische Gaststätte „Fährkrug".

Klein Polzin Hünengräber.

Menzlin Frühgeschichtlicher Siedlungsplatz, Wikingergräber an der Peene.

Anklam Otto-Lilienthal-Museum (*Jun-Sep tgl. 10-17, Okt+Mai Mo-Fr 10-17, Sa+So 13-17*, www.lilienthal-museum.de), Heimatmuseum im Steintor (*Mai-Sep Di-Fr 10-17, Sa+So 13-17*, www.museum-im-steintor.de), Pulverturm, St. Marienkirche (13. Jh.), gotische Hallenkirche St. Nikolai, gotisches Giebelhaus.

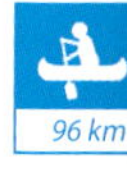

Auskunft & Tourist-Infos

Stadt-Info Malchin Am Markt 1, Tel. (03994) 64 00, www.malchin.de

Stadt-Info Demmin Am Hanseufer 1, Tel. (03998) 22 50 77, www.demmin.m-vp.de

Stadt-Info Anklam Markt 3, Tel. (03971) 83 51 54, www.anklam.de

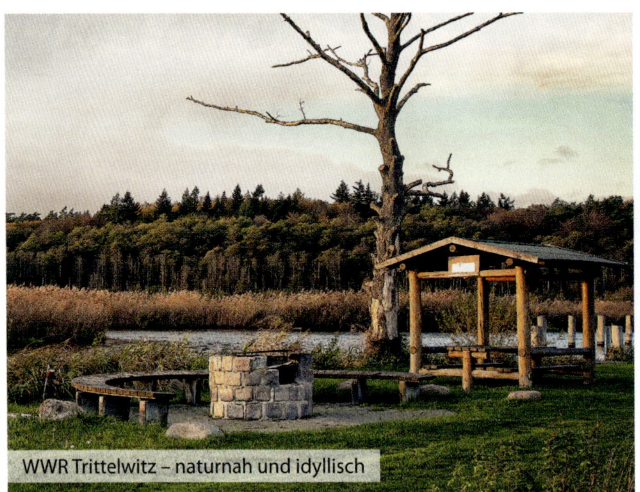
WWR Trittelwitz – naturnah und idyllisch

96 km

Knirschend drückt sich der Kiel unseres Kanadiers in den Sand der flachen Badestelle von **Verchen**. Der große Sandstrand mit seinem ausgedehnten Flachwasserbereich ist besonders für Kinder ein idealer Badeplatz, aber jetzt, am Abend, völlig verwaist. Das *Naturpark-Infocenter* des Veranstalters *„Abenteuer Peenetal"* ist in einem Häuschen direkt am Strand untergebracht und hält Informationsmaterial über den Naturpark bereit, vermietet Kanus, Fahrräder und organisiert auch Touren. Dort sitzen wir und blinzeln der tief stehenden Sonne entgegen.

Nur noch wenige hundert Meter am Ufer entlang sind es von hier zum *Wasserwanderrastplatz Aalbude*, der sich gleich hinter der Einfahrt in die Peene, gegenüber des *Gasthofs „Aalbude"* (keine Anlegemöglichkeit, Personenfähre nutzen!) am rechten Ufer befindet. Vom freundlichen Hafenmeister bekommen wir den Schlüssel für die Sanitäranlagen in die Hand gedrückt und den Hinweis, dass morgens gegen acht Uhr der Verkaufswagen der Bäckerei vorfährt und an den Wochenenden ein *Fischimbiss* nicht nur leckere Matjesbrötchen offeriert.

Nachdem unser Zelt steht, nutzen wir die letzten Sonnenstrahlen des Tages, um den kleinen Ort **Verchen** zu erkunden. *Im Jahre 1269 entstand das erste Nonnenkloster Pommerns. Von der Anlage der Benediktinerinnen blieb die sehenswerte einschiffige frühgotische Kirche mit einem spätgotischen Schnitzaltar und hohen Fenstern mit Glasmalereien erhalten.*

Bevor man weiterpaddelt, sollte man sich zum einen den kurzen Abstecher in die verwunschenen ***Poldergebiete*** hinter dem *Gasthof „Aalbude"*, wo öfter Seeadler und Kraniche zu beobachten sind, zum anderen eine Wanderung nach **Dargun**, entlang des ***Darguner Kanals*** und des ***Röcknitzbachs***, nicht entgehen lassen. *Dänische Mönche aus Esrom gründeten 1172 das Zisterzienserkloster an der Via Regia, die von Lübeck an die Pommersche Bucht führte. Das Kloster stand bis Mitte des 14. Jahrhunderts auf der Höhe seiner Macht, zählte aber aufgrund seiner argen Verschuldung später zu den ärmsten mecklenburgischen Klöstern und wurde 1552, nach 380 Jahren, aufgelöst.*

Zwischen den geschützten Moorwiesen am Nordwestufer des Kummerower Sees setzen wir am nächsten Tag die Fahrt nun wieder auf der ***Peene*** fort. Nach dem Passieren einiger Bootshäuser zweigt links der ***Darguner Kanal*** ab. Über ihn gelangt man mit dem Kanu ebenfalls zum **Kloster Dargun**. Dazu setzt man nach zwei Kilometern am Steg der *Kanueinsetzstelle Dargun* aus und geht die letzten zwei Kilometer zu Fuß entlang des ***Röcknitzbaches*** zum Kloster.

Ab jetzt ist das ***Peenetal*** in seinem weiteren Verlauf ein großes Feuchtgebiet mit sumpfigen Auen und zahlreichen Torfstichen voller Seerosen und Schilf. Die bis zu vier Meter tiefen Torfstiche stehen zumeist mit dem Fluss in Verbindung, da der gestochene Torf auf dem Wasserweg transportiert wurde. *Schon zu Beginn der Bronzezeit ist die Verwendung des Torfes als Brennmaterial bekannt, aber erst* *ab 1800 nahm sein Abbau, vor allen Dingen im Umfeld der Städte, rasch zu. Erst als das Gebiet 1863 an das Eisenbahnnetz angeschlossen und die Kohlefeuerung eingeführt wurde, verlor die Torfgewinnung allmählich an Bedeutung.* Die vom Fluss isolierten, nährstoffarmen Torfstiche weisen jedoch ideale Verhältnisse für gefährdete Pflanzen wie Wasserprimel und Krebsscheere auf. Letztere hat hier ihr größtes Vorkommen im Peenetal.

Nach zehn Kilometern freuen wir uns über den ersten Stop an dem in einem kleinen Seitenarm gelegenen *Wasserwanderrastplatz* von **Trittelwitz**. Eine überdachte Sitzgruppe, eine Feuerstelle und die schöne Badestelle machen Lust auf einen längeren Aufenthalt. Von hier sind es nur 200 Meter in den beschaulichen Ort, wo bislang noch der *„Landhof Trittelwitz"* mit seinem schönen Biergarten mit deftiger Hausmannskost lockt. Die Besitzerin ist auf der Suche nach einem Nachfolger. *Das Dorf, erstmals 1255 erwähnt, stand damals unter der Hoheit des Klosters Verchen. Archäologische Funde in diesem Gebiet zeugen jedoch von einer viel weiter zurückreichenden Besiedlung.* Wer hier nächtigt, dem sei eine Wanderung entlang des nahen ***Klenzer Mühlenbachs***, einem naturnahen Bachtal mit Quellmoorbereichen, empfohlen. Die Blütenpracht der vorkommenden Pflanzenarten im Mai und Juni ist überwältigend. Der Bachlauf ist Laichgebiet zahlreicher Fischarten und ein wichtiges Winterrückzugsgebiet für Biber und Fischotter. Bei Wanderungen in die nähere Umgebung sollte man abseits der Wege auf die Bestände des Schmalblättrigen Wollgrases achten. Diese Pflanze muss als Warnsignal vor oft nicht mehr begehbarem und manchmal sogar gefährlichem Schwingrasen ernst genommen werden.

Nach einem erfrischenden Bad in der Peene geht es auf die letzte, acht Kilometer lange Etappe bis **Demmin**. Die sanft hügelige Landschaft der Vorwerker Schweiz begleitet uns zu unserer Rechten. Sie ist Hinterlassenschaft der letzten Eiszeit und begeistert mit bewaldeten Höhenzügen, lauschigen Rastplätzen und einigen Bademöglichkeiten am sandigen Peeneufer. Der ***Naturlehrpfad „Vorwerker Schweiz"*** vermittelt viel Wissenswertes über frühgeschichtliche Bodendenkmale sowie den Artenreichtum der heimischen Flora und

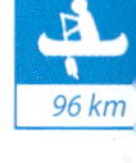

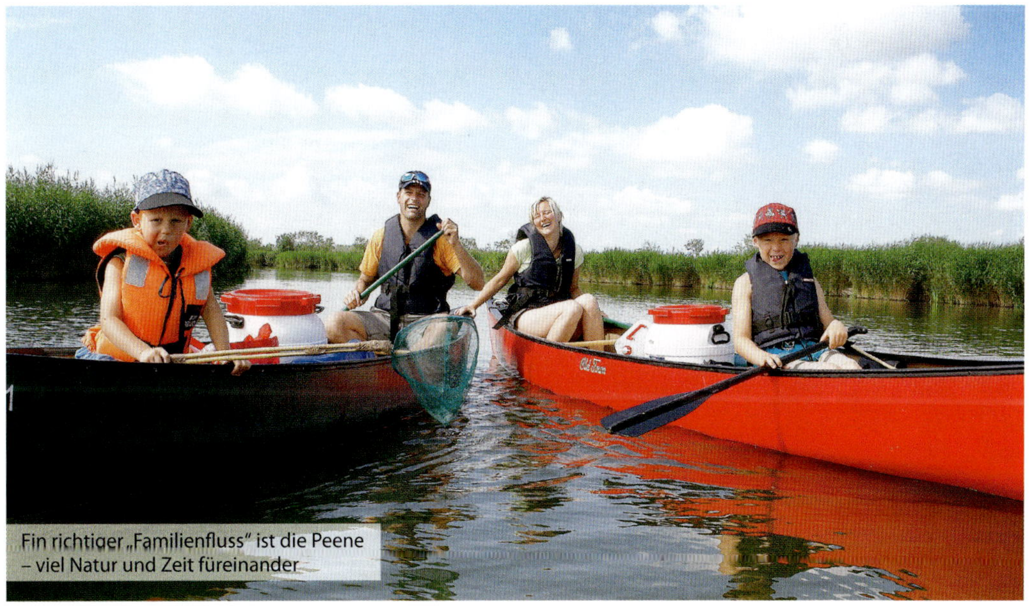
Ein richtiger „Familienfluss" ist die Peene – viel Natur und Zeit füreinander

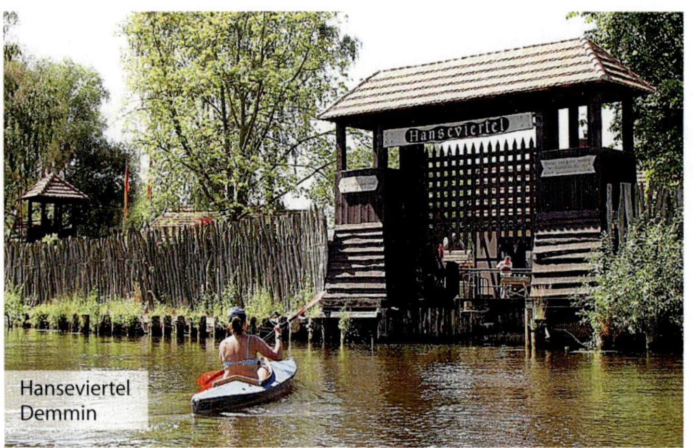

Hanseviertel Demmin

Fauna. Wer vom Flussufer oder von Demmin aus einen Abstecher zu dem Naturlehrpfad unternehmen möchte, trifft nahe dem Zusammenfluss von Peene und Tollense auf einen altslawischen Burgwall, *der bis Ende des 19. Jahrhunderts noch vollständig erhalten war. Er wurde 738 als Burg des slawischen Stammes der Vitzen urkundlich erwähnt und 789 durch Karl den Großen unterworfen. Nur wenige Meter weiter erinnert ein um 1100 errichteter jungslawischer Burgwall, die Festung Herzogsburg, an eine bewegte Geschichte. Dort traf sich 1128 der Bischof Otto von Bamberg auf seiner zweiten Missionsreise nach Pommern mit dem Herzog Wartislaw I. Im Wendenkreuzzug wurde die Burg dann von Heinrich dem Löwen erobert und schließlich durch ihn zerstört.*

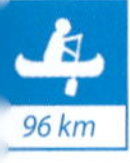

Nach dem Zusammenfluss von ***Tollense*** und ***Peene*** geht es bald links zum *Wasserwanderrastplatz des Segelclubs Blau-Weiß* **Demmin**. Das große Gelände mit überdachter Sitzgruppe, kleiner Küche, Grill- und Feuerstelle sowie Sanitäranlagen bietet Platz für viele Zelte und ist eine ideale Basis für Touren auf Peene, Tollense und Trebel. Von hier aus sind es nur wenige hundert Meter bis ins Zentrum der Stadt.

Tipp: Gegenüber des Wasserwanderrastplatzes, auf der ***Demminer Fischerinsel***, ist das **Hanseviertel Demmin** (*Mai-Okt, tgl. 10-16*) entstanden, ein Freiluftmuseum, welches nicht nur kleinen Besuchern auf anschauliche Weise die Lebensgewohnheiten und Handwerkstechniken des späten Mittelalters nahebringt.

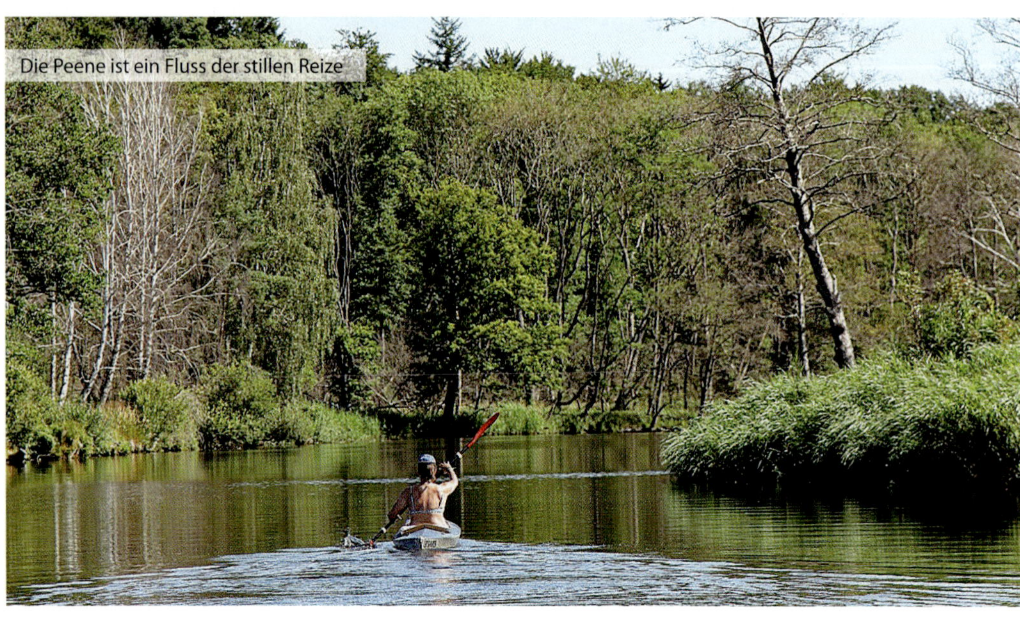
Die Peene ist ein Fluss der stillen Reize

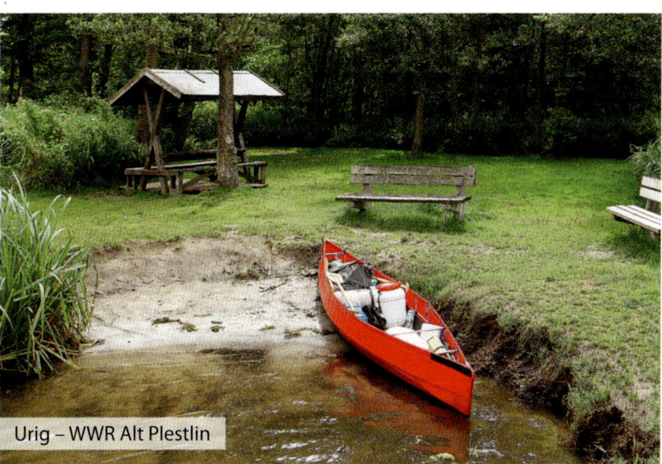
Urig – WWR Alt Plestlin

In der 1249 gegründeten Hansestadt Demmin erinnern enorme Speicher und würdevolle Kirchen an die bewegte Geschichte der einstigen Residenz westpommerscher Herzöge. Teile der Stadtmauer, ein Pulverturm sowie das größte der vier Stadttore, das Luisentor, blieben bis heute erhalten. Das Wahrzeichen der Hansestadt ist die im 13. Jahrhundert erbaute, fast 100 Meter hohe St. Bartholomaei-Kirche. Sie wurde 1676 bis auf die Grundmauern zerstört, aber im 18. Jahrhundert wieder aufgebaut.

Am Morgen paddeln wir aus dem Hafenarm heraus und halten links auf die Klappbrücke von **Demmin** zu. Bald stößt von links die Trebel hinzu; wenige hundert Meter weiter geht es unter einer Straßenbrücke hindurch, hinter der links in **Demmin-Meyenkrebs** der Wasser-*WanderRastplatz „Kanuhaus"* liegt.

Schon wenige hundert Meter weiter umgibt uns wieder beeindruckende Stille. Im Dreistromland von Peene, Trebel und Tollense verbreitert sich der Fluss deutlich. Auf den folgenden Kilometern erstreckt sich linker Hand ein Moorgebiet mit zahlreichen Torfstichen. Mehrere Biberburgen und zahlreiche Spuren des Fischotters zeugen von einem konzentrierten Auftreten der Säuger. Längerer Aufenthalt und Rasten sind zu vermeiden. Grundsätzlich sollte man auch aus Rücksicht auf die Tiere im Naturschutzgebiet auf „private" Dämmerungsfahrten verzichten und sich am Abend einfach still ans Flussufer setzen – fast jeder Wasserwanderrastplatz hat seinen „eigenen Hausbiber". Auf Höhe von Kilometer 37 ist linker Hand durch die Begradigung der Peene gegenüber des Örtchens **Pensin** eine Insel entstanden. Auf ihr ist ein kleiner Hügel zu sehen, der sich allerdings fast nur durch die Waldbestockung vom umliegenden Grünland abhebt. In seinem Innern beherbergt er eine slawische Niederungsburg. Da der Hügel auch „Räuberberg" genannt wird, galt er vor Jahrhunderten vielleicht wirklich als Zufluchtsort für Wegelagerer. Am sandigen Ufer des *Wasserwanderrastplatzes Pensin*, wo es sich herrlich baden lässt, vertreten wir uns die Füße. *Der Ort ist slawischen Ursprungs, sein Name bedeutet soviel wie „Ort der Baumstämme". Die schöne Kirche, ein Feldsteinbau mit backsteinernen architektonischen Details, wurde Anfang des 19. Jahrhunderts anstelle der im Dreißigjährigen Krieg zerstörten alten Kirche erbaut. Die in einer danebenliegenden Kapelle befindliche Begräbnisstätte der Familie Dudy aus Kletzin ist rätselhaft. Niemand konnte uns Auskunft geben, weshalb das feldsteinerne Mausoleum gerade hier errichtet wurde.*

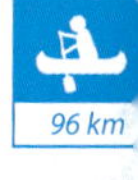
96 km

Noch knapp sechs Kilometer sind es auf der stillen Peene bis **Loitz** *(Lötz gesprochen)*, der zweitältesten vorpommerschen Kleinstadt. Der Ort liegt auf einem Plateau über dem Moorgebiet der Peene und ist mehr als 750 Jahre alt. Rund 200 Meter hinter der Brücke legen wir im großzügigen Sportboothafen der *Marina Loitz* mit dem *Wasserwanderrastplatz* an. Direkt am Hafenbecken ist das *Restaurant „Korl Loitz"* im hübschen Fachwerkbau des ehemaligen Bahnhofs untergebracht. Am Abend sitzen wir im Licht der untergehenden Sonne, schauen dem Treiben im Hafenbecken zu und genießen dabei den leckeren Fisch.

Rechts daneben liegt der *Campingplatz Amazonas-Camp* mit komfortablen Finnhütten sowie die *Kanustation* und das *Naturpark-Infocenter*. Am Lagerfeuer kann man sich von Michael Woitacha, der auch ausgebildeter Natur- und Landschaftsführer ist, über die Gegend informieren lassen. Auf Anfrage finden in den Abendstunden auch geführte Peenesafaris statt.

Im oberen Teil von **Loitz** herrscht starker Durchgangsverkehr, der untere Ortsteil aber, um die Kirche herum, ist sehr reizvoll. *Zu den Sehenswürdigkeiten des Städtchens gehören Reste der Stadtbefestigung, das westliche Steintor aus dem 14. sowie die aus dem 13. Jahrhundert stammende Kirche St. Marien. In ihrem Innern findet sich ein Taufstein aus dem 12. Jahrhundert, den Otto von Bamberg von seinen Missionsreisen mitgebracht haben soll. Und wer mehr über die Torfgeschichte an der Peene erfahren möchte, besucht das Museums „Torfkopp".*

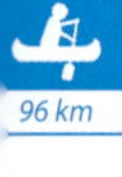
96 km

Hinter Loitz wird es immer stiller auf dem Fluss; von links mündet die ***Schwinge***. Sie ist für eine Befahrung ***ganzjährig gesperrt***. Bald taucht am rechten Ufer der *Rastplatz* von **Sophienhof** mit seiner schönen Badestelle auf. Nur wenige Meter sind es bis ins Dorf, wo man sich im *Dorfladen* mit frischen Lebensmitteln eindecken kann (*Mo-So 9-20, Tel. (039998) 35 97 52 und 01520-952 00 66*). *Zerpenzin hieß der kleine, als typisch slawisches Runddorf angelegte Ort einst. Herzogin Sophie, geborene zu Braunschweig und Lüneburg, die 1592 das Loitzer Schloss als Witwensitz bezog, hielt sich gern und oft in Zerpenzin auf. Das Dorf gefiel ihr so gut, dass sie es bald darauf kaufte und ihm ihren Namen gab. Im Ortskern sind die mittelalterliche Dorfkirche und das in der Nähe stehende Naturdenkmal sehenswert, ein sogenannter „Schälchenstein", von dessen Vertiefungen Wissenschaftler annehmen, dass sie zur Aufnahme von Opfergaben dienten.*

Es ist schon spät, aber trotzdem zieht es uns, vorbei an naturnahen Feuchtwiesen und wilden Bruchwäldern, zum vier Kilometer entfernten *Wasserwanderrastplatz* von **Alt Plestlin**. Wir haben gehört, dass der Ort mit seiner aus dem 17. Jahrhundert stammenden Kirche, dem gut erhaltenen Gutshaus und seinem Park sehr anziehend sein soll. Leider werden wir vom Hafenmeister mit dem Hinweis abgewiesen, dass am Abend ein Fest auf dem Wasserwanderrastplatz stattfindet.

Etwas irritiert entschließen wir uns, ein Stück stromab „wild" zu zelten. Die Sonne steht schon tief, als wir am linken Ufer auf Höhe des Örtchens **Trissow** neben einem kleinen Fließ, das in die Peene mündet, unser Zelt aufschlagen. Plötzlich hören wir ein merkwürdiges Nagen, Rascheln, Knistern und Schaben neben uns im Schilf. Im nächsten Moment ist des Rätsels Lösung nur eine Armlänge entfernt von uns zu sehen – ein tropfnasser Biber mit schwarzen Knopfaugen zieht langsam an uns vorbei auf die abendliche Peene hinaus. Später sitzen wir unter Bäumen und schauen über die riesigen Poldergebiete, wo sich einzelne

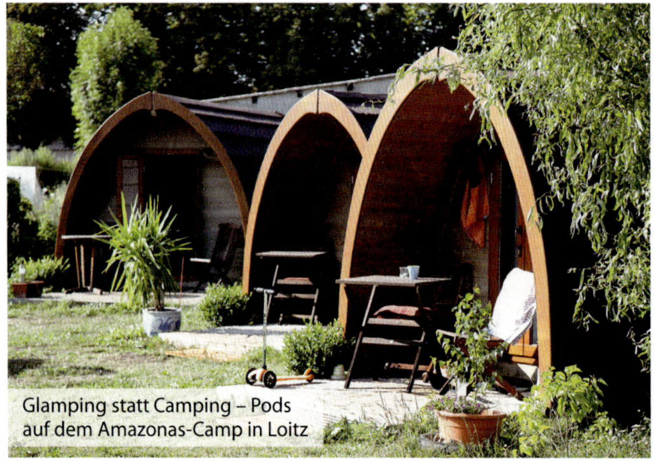
Glamping statt Camping – Pods auf dem Amazonas-Camp in Loitz

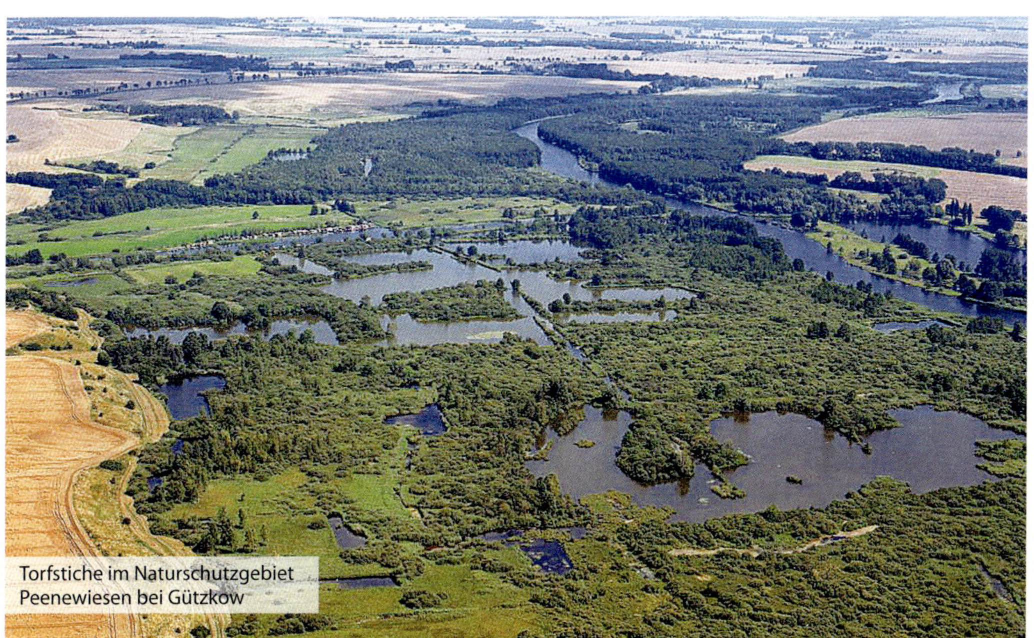

Torfstiche im Naturschutzgebiet Peenewiesen bei Gützkow

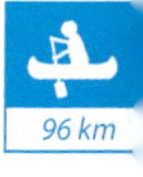

Bereiche in Peenenähe zu Bruchwäldern entwickelt haben und sich jetzt die Vögel zum Schlafen sammeln. Neben Blessralle, Bekassine und Rotmilan trifft man in dieser Gegend auch auf den Kranich.

Am nächsten Morgen paddeln wir im gleißenden Sonnenlicht, in Begleitung anderer Kanus, Richtung Jarmen. Nachdem die Peene hinter Demmin bis zu 50 Meter breit geworden war, ist sie nun zwischen 20 und 30 Meter schmal. Immer mal wieder steuern wir unseren Kanadier um kleine Seerosenbestände, an den Ufern gedeihen Sumpfdotterblumen und Orchideen. Still und fast unberührt erscheint diese herrliche Wasserlandschaft. Zu beiden Seiten begleiten uns Erlen-Eschen-Wälder, zwischen denen sich winzige Bachläufe schlängeln. Fünf Kilometer weiter haben wir das kleine, Mitte des 13. Jahrhunderts gegründete Ackerbürgerstädtchen **Jarmen** erreicht. Die großen Silos an der Peene überragen alle anderen Bauten des Ortes. Kurz hinter der Brücke, noch vor der Autobahnbrücke, legen wir hinter der Kaianlage an einem Steg an und gehen die wenigen Meter in die Stadt hinein. Um die auf einem kleinen Hügel erbaute schmucklose Pfarrkirche St. Marien herum zeigt sich das Örtchen von seiner schönsten Seite. Wir tätigen noch einige notwendige Einkäufe und kehren Jarmen den Rücken.

Die Sonne steht schon hoch und es ist heiß geworden. Bei Kilometer 68 weist uns das Flüsschen ***Swinow*** nach links den Weg nach **Gützkow**. *Von der Betriebsamkeit, die hier jahrhundertelang herrschte, ist heute nichts mehr zu spüren. Schon 1361 verband an dieser Stelle die Gützkower Fähre beide Seiten des Flusses. Mit dem Frieden von Stockholm im Jahre 1720 wurde das Fährhaus Grenzstation zwischen Brandenburg-Preußen und Schweden. Der Legende nach rettete der Fährmann dem Schwedenkönig Karl XII. das Leben, als er bei seiner Rückkehr aus der Türkei auf dem Fluss kenterte. Dafür erhielt dieser die Fähre vom König als Geschenk. Erst 1958 wurde der Fährverkehr eingestellt.*

In der ***Swinow-Mündung*** hält man sich rechts, um in den ersten, manchmal mit Entengrütze bewachsenen Kanal zu paddeln. Das

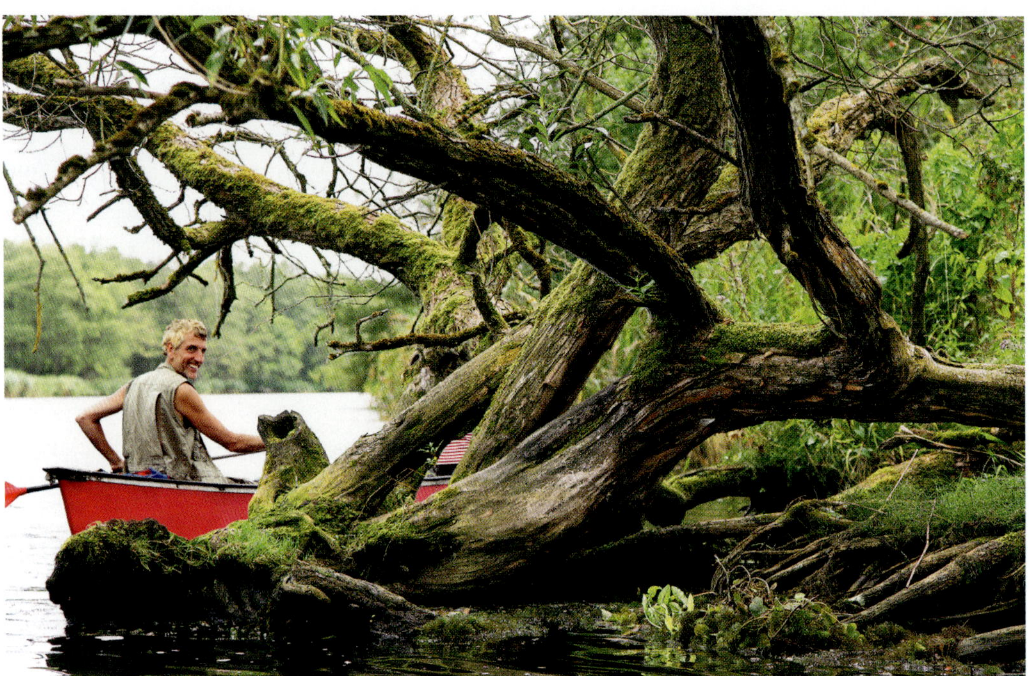

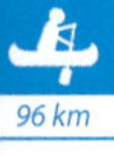

Ziel ist die am kleinen Kanal gelegene, sympathische *„Villa-Eden-Peene"*. In dem mehr als 100 Jahre alten Fachwerkhaus nächtigt man wahlweise in gemütlichen Zimmern, auf dem Dachboden, im Tiny-House aus Holz oder auf der Wiese im eigenen Zelt. Dort kann neben einer Lagerfeuerstelle auch eine Außenküche mit Lehmbackofen und Räucherofen genutzt werden. Umgeben von Wiesen, den Auenwäldern des Peenetals und einer einzigartigen Flora und Fauna ist das am Wasser gelegene Grundstück eine Perle. Gäste können in der holzbefeuerten Faßsauna im Garten schwitzen (kostenlos für Gäste). Den ganzen Sommer über finden Holzgestaltungs-Workshops und andere phantasievolle Events statt. Besonders beliebt ist der eigene Apfelsaft sowie das jährliche Apfel- und Erntefest. Die Villa Eden ist auch Initiator des Kulturflosses. Zur Hauptferienzeit tourt es auf dem Fluss und bringt „Kultur ans Ufer" der Peene (vorwiegend Konzerte).

Von der Villa Eden sind es 20 Minuten Fußweg zum ***Kosenowsee***, an dessen Ufer ein *griechisches Restaurant* auf Gäste wartet. Auch der Wanderweg zu den bekannten ***Gützkower Orchideenwiesen*** liegt vor der Tür.

Einen weiteren Kilometer die ***Swinow*** hinauf, gelangt man, sich immer links haltend, zum *Wasserwanderrastplatz* auf dem Gelände des *Kanuvereins Gützkow (WC, Duschen)*. Eine lauschige Atmosphäre schaffen die in schwedenrot gestrichenen Holzhäuschen. Entweder man übernachtet im Zelt oder, wenn das Wetter mal nicht mitspielt, auf dem großzügigen Dachboden des Bootshauses.

Von hier gelangt man zu Fuß nach etwa 1.500 Metern ins Zentrum des geschichtsträchtigen Städtchens **Gützkow**, *das im Zusammenhang mit der Christianisierung Pommerns und dem Aufenthalt des nicht gerade zimperlichen Bischofs von Bamberg eine besondere Bedeutung erlangte. Auf den Ruinen einer von ihm auf seiner „Missionsreise" zerstörten slawischen Burg wurde im 13. Jahrhundert Gützkow gegründet. Das markanteste Bauwerk, das ein Stadtbrand 1729 fast völlig vernichtete, ist die 1737 wieder aufgebaute Stadtkirche St. Nikolai.*

Überhaupt ist die Gegend lohnend für einen längeren Aufenthalt – für Wanderungen jenseits der Peene über das Dörfchen **Kagenow** mit der aus dem 15. Jahrhundert stammenden Feldsteinkirche nach **Neetzow**, wo das an einen englischen Landsitz erinnernde neogotische Schloss mit dem schönen Landschaftspark zu bewundern ist. Oder für Wanderungen durch das ***Naturschutzgebiet „Peenewiesen bei Gützkow"***, das in seiner ökologischen Strukturvielfalt zu den wertvollsten Moorgebieten Mecklenburg-Vorpommerns zählt. Wer Fleisch und Wurst vom Wasserbüffel oder Strauß aus artgerechter Tierhaltung erwerben möchte, findet fußläufig im Nachbarort **Owstin** die *Gutsmetzgerei & Gutsladen Gut Owstin (auch Wild, Rind und Schwein, Mo-Fr 8-12+13-16, www.gut.owstin.de)*.

Zurück auf der Peene bieten sich auf den folgenden Kilometern immer wieder tolle Rast- und Bademöglichkeiten am sandigen Ufer. Dann führt rechts ein kleiner, von Entengrütze bedeckter Kanal Richtung **Liepen**, an dessen Ende sich im *Hafen (Münz-WC und -Dusche)* der *Wasserwanderrastplatz* befindet. Von hier sind es noch einmal 600 Meter Fußweg hinauf zum **Gutshof Liepen**, der heute das *Hotel-Restaurant „Am Peenetal"* mit Zimmern im modernen Landhausstil, einem 1.800 m² großen Wellness- und SPA-Bereich (auch von Nicht-Hausgästen zu nutzen) und einer ambitionierten Regionalküche mit fairem Preis-Leistungs-Verhältnis beherbergt. Der im ehemaligen Speichergebäude untergebrachte *Hofladen* offeriert heimische Produkte. Im Hotel-Restaurant melden sich auch alle Wasserwanderer an, die unten am Wasser ihr Zelt aufstellen wollen.

Schwirrendes Pfeifen erfüllt die Luft. Erschrocken senken wir unsere Köpfe und blicken den über uns hinwegfliegenden Schwänen nach. Die bleich am Ufer aufragenden abgestorbene Birken in den umliegenden Bruchwäldern, die Weißen Seerosen und Großen Mummeln im Wasser geben uns das Gefühl, in eine völlig andere Welt einzutauchen.

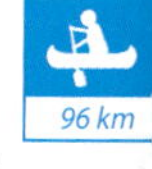

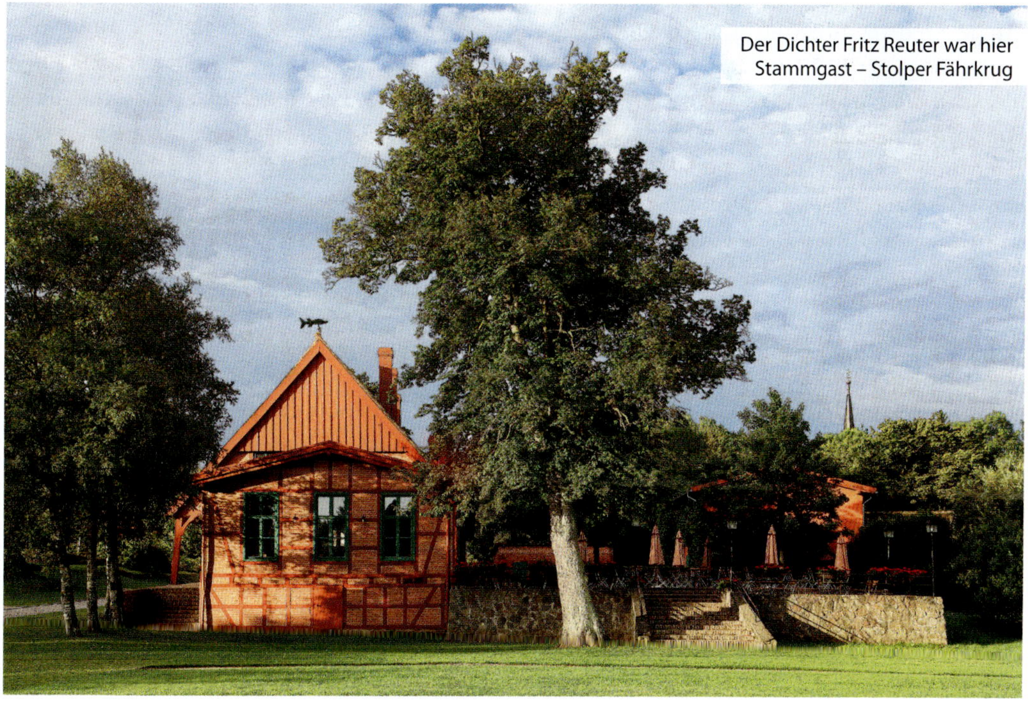

Der Dichter Fritz Reuter war hier Stammgast – Stolper Fährkrug

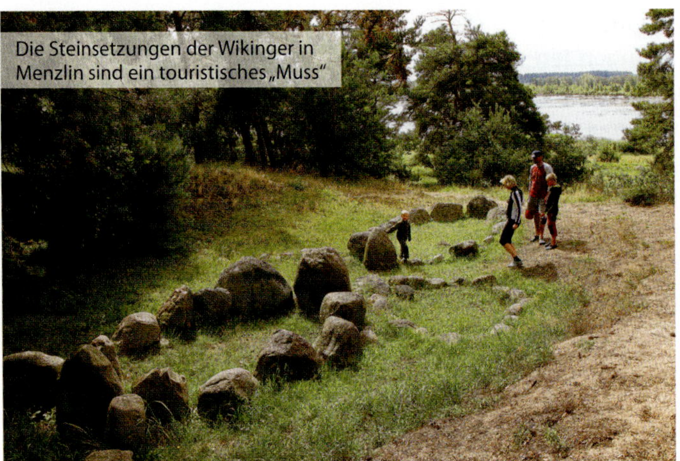
Die Steinsetzungen der Wikinger in Menzlin sind ein touristisches „Muss"

In dieser schönen und verwunschenen Stimmung taucht der Anleger von **Stolpe** vor uns auf. Der sicherlich schönstgelegene *Wasserwanderrastplatz* dieser Tour könnte mehrere Tage unser Domizil sein. Nicht zuletzt wegen des historischen *Gasthauses „Fährkrug"*, von dessen sonnenbeschienener Terrasse man einen herrlichen Blick auf den Fluss hat.

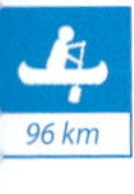
96 km

Schon Fritz Reuter hatte erkannt, dass man hier ungestört arbeiten und sich erholen kann. Die neben dem „Fährkrug" liegende Klosterruine regte ihn 1860 dazu an, „Die Urgeschicht von Meckelnbörg" zu verfassen. Das erste Kloster in Pommern überhaupt, wurde 1153 als Bastion zur Einführung des Christentums im Land der Slawen gegründet. Pommernfürst Wartislaw I. wurde 1135 von Stammesangehörigen ermordet, weil er Bischof Otto von Bamberg auf seiner „Missionsreise" durch Pommern militärischen Schutz gegeben hatte. Wer das 300-Seelen-Dorf mit seiner einzigartigen Umgebung erlebt, wird Reuters Vorliebe für Stolpe verstehen. Nach einem Rundgang durch den historisch bedeutsamen Ort, an dem die Peene den einstigen Königsweg von Hamburg nach Stettin kreuzt, lassen wir uns im „Fährkrug" den Fisch und die Bratkartoffeln schmecken und beschließen, wiederzukommen, um einige der lohnenden Wanderungen und Radtouren zu unternehmen.

Ein Stück weiter oben im Ort haben im modernen *Besucherzentrum des Naturparks Flusslandschaft Peenetal* die Verwaltung des Naturparks und die Ranger ihren Sitz. Es ist Anlaufpunkt für Touristen und Ausflügler und informiert mit einer Ausstellung über die Besonderheiten des Peenetals. Auf einer virtuellen Bootsfahrt erfährt man viel über Geschichte, Landschaft und Menschen der Region. Wer auf seinen Geldbeutel achtet, kehrt zum günstigen Mittagstisch oder am frühen Abend in der Ortsmitte bei *Mary's Kök* ein (Voranmeldung!). Bei der *„UsedomRad-Station"* kann man sich (nach Registrierung) ein Rad mieten und nach Gebrauch an jeder beliebigen UsedomRad-Station wieder abgeben.

Die andere Flussseite verbindet eine auf Anforderung (Gong!) verkehrende *Personenfähre. Früher existierte hier das von den Mönchen des Klosters Stolpe betriebene Mühlengut „Stolpmühl".* Der Fußweg entlang des ***Mühlenbachs*** führt uns durch reizvolles hügeliges Gelände zum Dorf **Quilow**. Das frisch restaurierte *Renaissance-Wasserschloss aus dem 16. Jh.* soll kulturelles Zentrum in der Region werden und beherbergt dann unter anderem ein Café und eine Ausstellung zu Gutshäusern im südlichen Ostseeraum.

Noch heißer als am Tag zuvor ist es heute; aber auf der ganzen Paddelstrecke gibt es keine Bademöglichkeit mehr! Sehnsüchtig schauen wir ins Wasser, lassen immer wieder unsere Hände zur Abkühlung hineingleiten.

Bei Kilometer 83,5 sollte man unbedingt den kleinen Abstecher links über einen Stichkanal zum alten *Wikingerumschlagsplatz* **Menzlin** unternehmen. Dort kann man nicht nur Kanus mieten, sondern sich auch am Wiking-Grill (kleine Speisen und Getränke) über Riten und Gebräuche der Wikinger informieren. Wer möchte, kann hier auch zelten und am Abend an einer der Biber-Entdeckungstouren teilnehmen. *Nur einen Steinwurf entfernt, entdeckte man nach Grabungen auf einem Hügel kreisförmige Steinsetzungen sowie acht Gräber in symbolischer Schiffsform. Erkenntnissen zufolge gehören sie zu den sogenannten Frühstädten im Ostseeraum und sind bisher einmalige Funde im gesamten südlichen Ostseegebiet.*

Das Peeneufer war hier seit der Jungsteinzeit bis in die Slawenzeit fast in allen Epochen bewohnt, denn der Fluss bot ausgezeichnete Transportbedingungen. Im 9. und 10. Jahrhundert lebten sogar slawische Siedler mit den Wikingern zusammen. Zahlreiche Bodenfunde weisen darauf hin.

Zurück auf der Peene passieren wir rechts gleich eine hölzerne Vogelbeobachtungsplattform. Breite Schilfgürtel säumen bald durchgehend das Flussufer. Wir durchfahren nun das ***Naturschutzgebiet „Peenetalmoor"***, den größten zusammenhängenden Moorkomplex Mecklenburg-Vorpommerns. Das für den Menschen fast nicht zugängliche Gebiet gehört zu den artenreichsten Rückzugsgebieten des Peenetals und ist eines der Hauptbrutgebiete für so selten gewordene Vogelarten wie Kranich, Sumpfohreule, Große Rohrdommel, Blaukehlchen und Rohrweihe. Fasziniert versuchen wir einen Blick in die Amphibienwelt zu erhaschen, doch das Schilf erhebt sich wie eine undurchdringliche Wand vor uns.

Unvermittelt taucht die Silhouette von **Anklam** in der Ferne auf. Über uns zieht ein Storch hinweg, und unwillkürlich müssen wir an Otto Lilienthal, den großen Sohn dieser Stadt denken. In einem kleinen *Sportboothafen* auf der rechten Flussseite findet man auf dem Gelände des *Caravanclubs* den *Wasserwanderrastplatz (gebührenpflichtiges Ein- & Aussetzen)*, von dem es nur wenige Schritte ins Zentrum der Stadt sind. Wie so oft, vernichtete der Zweite Weltkrieg viele der prachtvollen Bauwerke, aber trotzdem lohnt es sich, einen kleinen Spaziergang durch die Stadt zu unternehmen, um z. B. das Otto-Lilienthal-Museum oder die St. Nikolaikirche zu besichtigen.

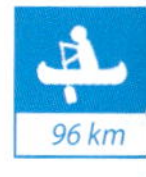

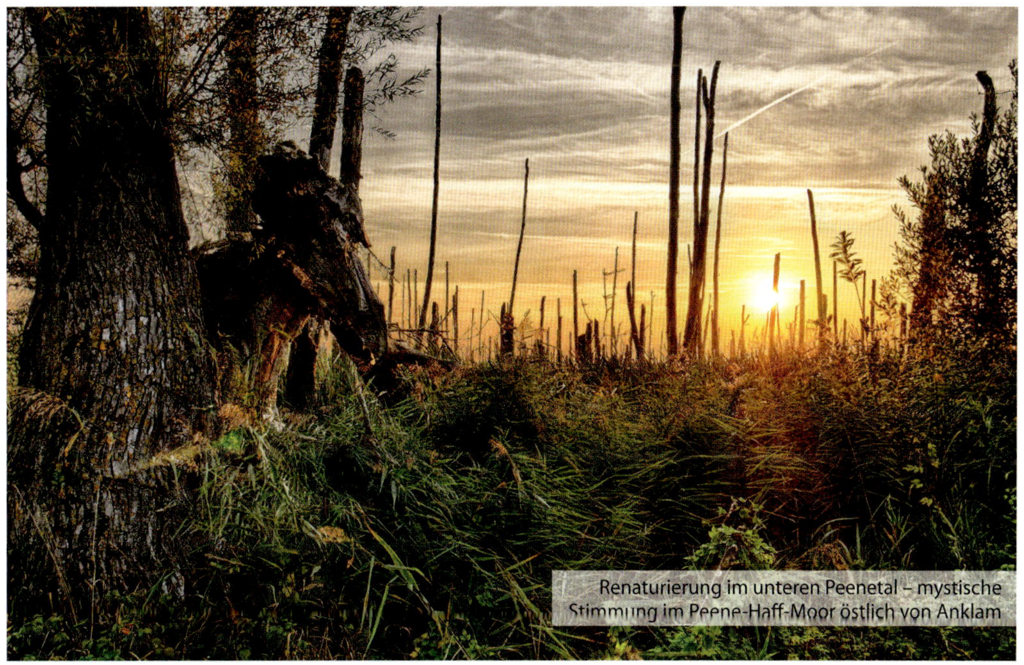

Renaturierung im unteren Peenetal – mystische Stimmung im Peene-Haff-Moor östlich von Anklam

Otto Lilienthal

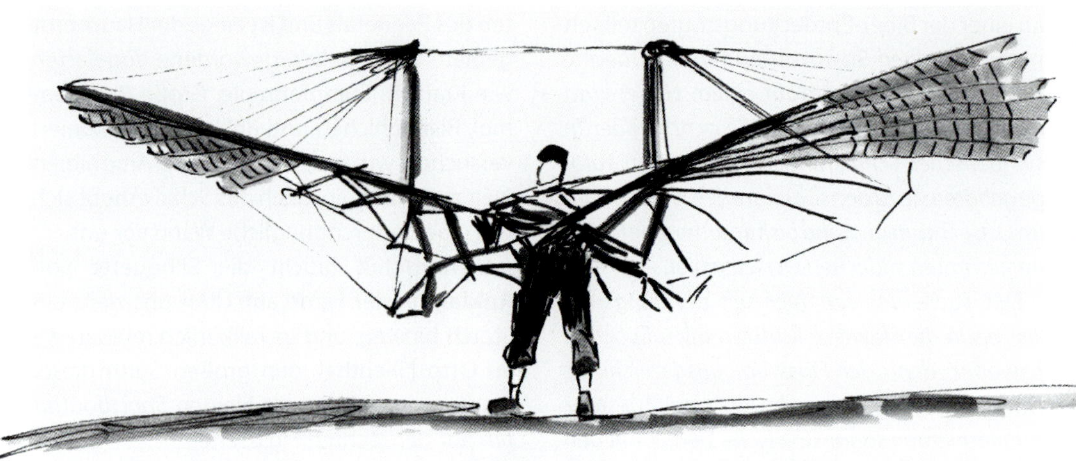

Als Spinner und Narr sollen ihn einige der Einheimischen bezeichnet haben, als er vor rund 100 Jahren in dem märkischen Dörfchen Stölln mit seinem zusammenlegbaren Flugapparat vom örtlichen Gollenberg 15 Meter weit durch die Luft schwebte.

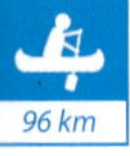

Der 1848 in Anklam Geborene hatte als Jugendlicher in der Niederung der Peene immer wieder die Störche beobachtet. Als 19-Jähriger begann er mit ersten Experimenten, deren Ergebnisse Eingang finden in sein später veröffentlichtes Buch zu den physikalischen Grundlagen des Menschenflugs. Otto Lilienthal wollte fliegen wie ein Vogel. Nach umfangreichen Versuchen gelang ihm zwei Jahre später, nach rund 2.000 Versuchen, der erste Flug über die beachtliche Distanz von 350 Metern. Der bei verschiedenen Berliner Maschinenbaufabriken als Konstrukteur arbeitende Flugpionier war technisch vielseitig begabt. Auf 24 Patente brachte er es insgesamt, darunter allein vier Luftfahrtpatente.

Auch kulturell und sozial engagierte sich Lilienthal. Er schrieb ein Theaterstück und sang in der Berliner Singakademie mit. In seiner 1883 gegründeten Maschinenbaufabrik für Dampfkessel und -maschinen in Berlin führte er eine 25-prozentige Gewinnbeteiligung für die Arbeiter ein. Seine fliegerischen Erkenntnisse hielt Lilienthal 1889 in seinem Buch „Der Vogelflug als Grundlage der Fliegekunst" fest. Das Jahr 1893 war geprägt von der Errichtung einer Fliegestation in der Nähe seines Wohnhauses und dem Beginn von Flugübungen in den Rhinower Bergen (Stölln/Rhinow bei Neustadt/Dosse) sowie dem Bau mehrerer Flugapparate, darunter eines Flügelschlagapparates für motorischen Antrieb.

Aufgrund einer Wetterkapriole stürzte er am 9. August 1896 in Stölln mit einem seiner Flugapparate ab und verstarb den Tag darauf in Berlin. Als Missionar des Menschenflugs haben die Gebrüder Wright Lilienthal später bezeichnet. Er war in Vorträgen so mitreißend und überzeugend, dass er die Zuhörer immer in seinen Bann zog. Aufbauend auf Lilienthals Erkenntnissen, begannen die Gebrüder Wright nach dem Tod Lilienthals in den USA ein eigenes Forschungsprogramm, welches deutlich über Lilienthals Arbeiten hinausging und vom Hängegleiter zum Konzept unseres heutigen Flugzeugs führte. Die Hansestadt Anklam widmet ihm die wohl umfangreichste Ausstellung historischer Flugapparate.

Die Uecker

„Von der Uckermark zum Stettiner Haff"

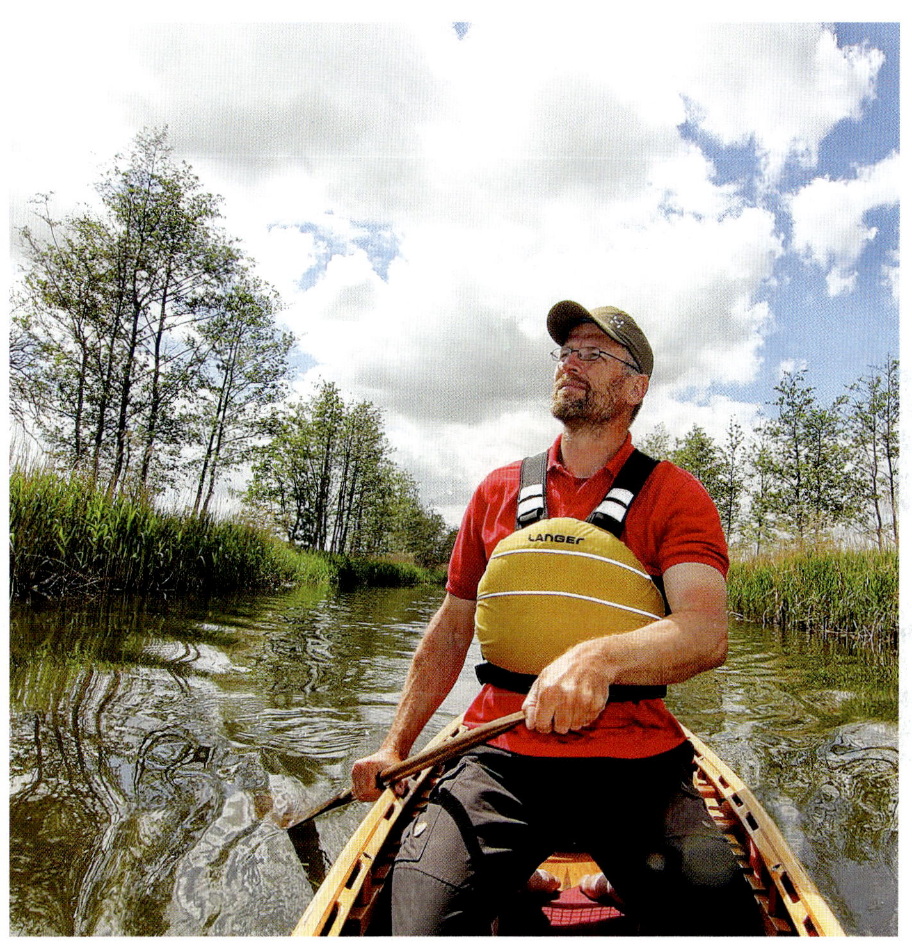

Tour 9

Infos Tour 9 – Uecker

Aktivitäten	Natur	Kultur	Baden	Hindernisse
	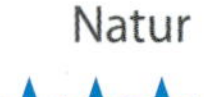	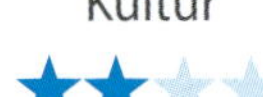		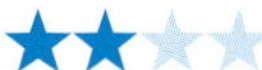

Charakter der Tour

Die Uecker entspringt einer Seengruppe im brandenburgischen Biosphärenreservat Schorfheide-Chorin und schlängelt sich hinter Prenzlau rund 60 km bis zur Mündung ins Stettiner Haff bei Ueckermünde. Auf seinem Weg ändert der Fluss oft sein Gesicht und einmal sogar den Namen. An der Landesgrenze zu Mecklenburg-Vorpommern wird aus der Ucker nämlich die Uecker. An einem Moränendurchbruch nimmt der Fluss an Geschwindigkeit zu und windet sich durch eine wildromantische Landschaft mit alten Bäumen und dichtem Unterholz. Ab Pasewalk durchströmt er dann in alter Gelassenheit die Ueckermünder Heide. Sumpfige Wiesen und blühende Seerosenbänke verwehren über weite Strecken den Uferzugang. Paddlern eröffnet sich hier eine noch weitgehend unbekannte Strecke bis zum Haff, auf der man oft keine Menschenseele trifft. Ab August stören Mäharbeiten und die damit verbundenen Krautsperren die Fahrt empfindlich, daher ist der Frühsommer für eine Befahrung vorzuziehen!

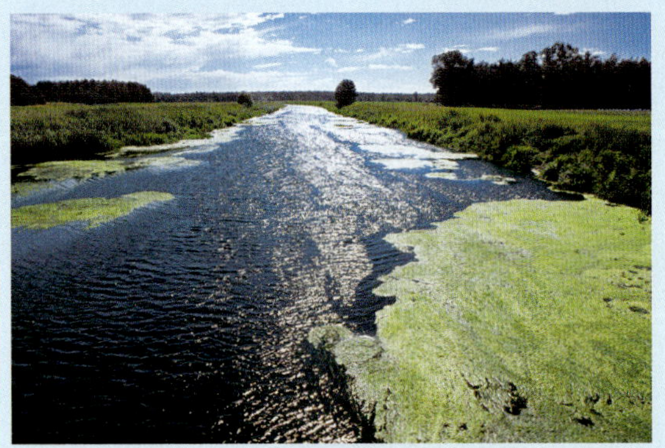

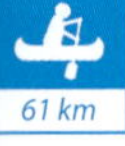

61 km

Länge & Dauer der Tour ca. 61 km, 3-4 Tage

Umtragestellen Nieden 50 m, Papendorf 40 m, Pasewalk Mühlenwehr 40 m, Pasewalk Lockschuppen 5 m oder Bootsgasse links, Belling Wehr Bauerort 30 m oder Bootsgasse links, Sohlrampe Liepe 140 m, Torgelow 350 m, **Bootswagen erforderlich**.

Anreise A 11 Berlin – Stettin, Abfahrt 6 (Gramzow), weiter auf der B 198 nach Prenzlau.

Einsetzstelle Bei gutem Wasserstand in Prenzlau an einer Holzrampe in der Schleusenstraße / Ecke Uckerpromenade hinter dem Wehr.

Bei schlechtem Wasserstand am Wasserwanderrastplatz an der Einmündung der Quillow in die Ucker. Anfahrt über die Triftstraße. Nach 500 Metern zweigt links ein Feldweg ab (kleines Schild „Wasserwanderrastplatz"). Über einen Bahndamm hinweg gelangt man nach 300 Metern zum Fluss, wo an einem Holzsteg eingesetzt werden kann.

Aussetzstelle Hinter dem Gelände von „Uwe's Bootsverleih" und der sich anschließenden Bootswerft an einem abgesenkten Einstieg für Kanus, ersichtlich am Schild „Floßfahrten" *(Navi: „Altes Bollwerk" auf Höhe Wallstraße).*

Zurück zum Pkw Mit der Bahn in 1:00 h von Ueckermünde Stadthafen nach Prenzlau mit Umstieg in Pasewalk. Oder nach Absprache mit dem Kanu-Shuttle Camp SOLARIS.

Kanu-Shuttle Camp SOLARIS, Tel. 0174-180 21 80 & 0162-390 92 50, www.solaris-prenzlau.de

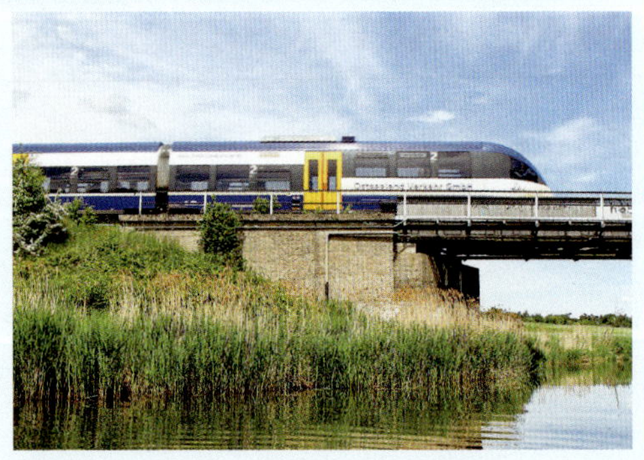

Etappenvorschlag

1. Tag Prenzlau – Nieden (17 km)

2. Tag Nieden – Pasewalk (12 km)

3. Tag Pasewalk – Torgelow (17 km)

4. Tag Torgelow – Ueckermünde (15 km)

Tipps für Tagestouren

1. Von Eggesin ein Stück die saubere Randow hinauf und zurück (8 km).

2. Eggesin – Ueckermünde (7 km, zurück mit der Bahn oder dem Kanu).

3. Pasewalk – Torgelow (17 km, zurück alle zwei Stunden mit der Bahn).

Literatur-Tipps

„Mord im Ukranenland"*, Lupus Egarezzo*, BoD.

Lola Randl: ***„Der Große Garten"****, (Roman über den Umzug von der Stadt aufs Land in die Uckermark),* ***„Die Krone der Schöpfung"****,* beide Matthes & Seitz.

Übernachtung in Wassernähe (in der Reihenfolge des Tourenverlaufs)

Prenzlau

Kanu- & Rad Station-Prenzlau Camp SOLARIS
(Zelt, Camping Pod, Scube)
siehe Kanuvermietung

Pension & Gaststätte Zur Fischerstraße
Uckerpromenade 15
Tel. (03984) 26 14
www.pension-prenzlau.de

Biwakplatz
an der Einmündung des Quillow

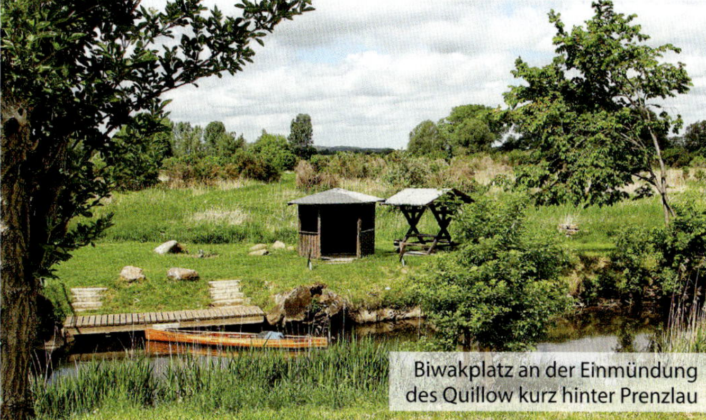

Biwakplatz an der Einmündung des Quillow kurz hinter Prenzlau

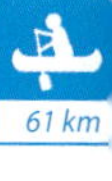

Bandelow

Landhaus Mandelkow
Bandelow 57
Tel. (039740) 204 12
www.landhaus-mandelkow.de

Nieden

Zum Spatzennest (800 m)
(FeWo ab 2 Nächte / Biwak am Wehr)
Straße der Freundschaft 17
Tel. (039740) 29 98 15
www.zumspatzennest.de

Nechlin

Alte Brennerei (2 km vom Wasser, Bootswagen hilfreich)
Nechlin 8, Tel. (039740) 29 97 92
www.cafezumspeicher.com

Pasewalk

Wasserwanderrastplatz Ökutz (Ökolog. & touristische Zentrum)
(Dusche & WC, direkt an der Uecker)
Klosterstraße, Tel. 0151-205 656 05 & (03973) 25 12 32

Pasewalk

Eisenbahnerlebniszentrum Lokschuppen Pomerania
(Übernachtung, Verpflegung, Kanuunterbringung)
Speicherstraße 14
Tel. (03973) 21 63 26
www.lokschuppen-pomerania.de

Torgelow

WWR der Torgelower Paddlergilde
(Zelt + Luftmatratzenlager)
Pfarreibrücke, Tel. (03976) 43 16 70
www.kanu-torgelow.de

Haus an der Schleuse
Schleusenstraße 5b
Tel. (03976) 43 17 78
www.haus-an-der-schleuse.de

Wasserwanderrastplatz
Schleusenstraße 1A

Eggesin

WWR + Randow Floß & Hafen

Eggesin (Zelt, Mobilheim, Imbiss)
siehe Kanuvermietung Eggesin

Ueckermünde

Pension & Restaurant „Backbord"
Altes Bollwerk 2
Tel. (039771) 547 67
www.backbord-ueckermuende.de

HafenHotel PommernYacht
Altes Bollwerk 1B
Tel. (039771) 21 50
www.pommernyacht.de

Lagunenstadt am Haff
(FeWo ab 2 Nächte)
Zum Strand 2
Tel. (039771) 81 54 55
www.lagunenstadt-am-haff.de

Jugendbegegnungsstätte „Zerum"
(Zelt, Holzhütten, Zimmer)
Kamigstraße 26
Tel. (039771) 227 25
www.zerum-ueckermuende.de

Kanuvermietung & Touren-Veranstalter

Prenzlau
Kanu- & Rad Station-Prenzlau Camp SOLARIS
Geführte Kanutouren, Kanu & Bike
Neustädter Damm 17
Tel. 0174-180 21 80 & 0162-390 92 50
www.solaris-prenzlau.de

Eggesin
Randow-Floß & Hafen Eggesin
Geführte Bibertouren mit Kanu oder Floß, Naturführungen mit dem Floß
Pasewalker Straße 1
Tel. (039779) 600 82 & 0170-169 50 25
www.hafen-eggesin.de

Ueckermünde
Uwe's Bootsverleih & Floßfahrten
Geführte Bibertouren, SUP-Boards
Altes Bollwerk / Kastanienallee
Tel. 0171-319 78 50
www.bootsverleih-flossfahrten.de

Lagunenstadt am Haff
Nur Kanuvermietung
s. Übernachtung Ueckermünde

Weitere Aktivitäten

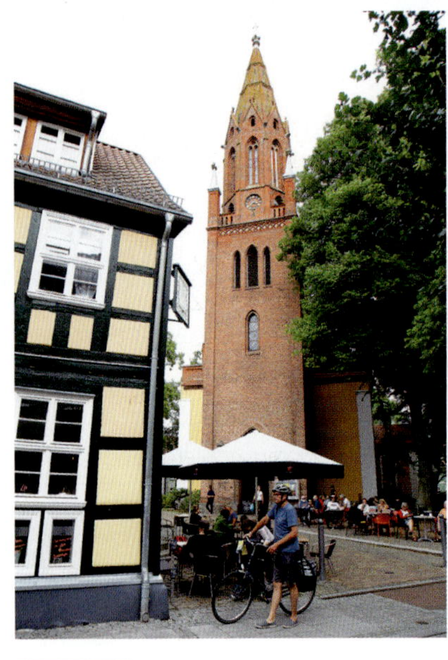

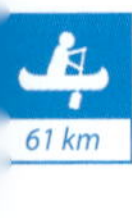

Paddeln

Vom Stettiner Haff bei Ueckermünde ***über das Flüsschen Zarow durchs Naherholungsgebiet „Lübkowsee"*** und den Peene-Südkanal zur Peene.

Von Ueckermünde ***über das Haff nach Anklam*** in die Peene.

Wandern

Durchs ***Tal von Randow und Zarow.***

In den ***Landschaftsschutzgebieten „Pasewalker Kirchenforst" oder „Ueckermünder Heide"***.

Von Ueckermünde ***nach Mönkebude***.

Radfahren

Rund um Ober- und Unteruckersee.

Von Torgelow zu den ***Brohmer Bergen*** oder ***ins Naherholungsgebiet „Lübkowsee".***

Von Pasewalk ins ***Waldgebiet bei Krugsdorf*** (Fachwerkdorfkirche) und ***zum Krugsdorfer Kiessee*** (tolle Wasserqualität).

Auf dem 245 km langen ***„Radwanderweg Stettiner Haff"***.

Sonstiges

Tauchen in den ***Uckerseen***. ***Segeln*** auf den ***Uckerseen*** und ***Stettiner Haff***. ***Klettern im Kletterwald*** in Ueckermünde.

Mit dem ***Fahrgastschiff „Onkel Albert"*** von Prenzlau über die Uckerseen. Abfahrt beim Strandcafé Balu mit Kanu- und SUP-Boardvermietung (www.uckerseeschiff.de).

Mit dem ***Slawenboot über die Uckerseen und die Uecker***.

Floßfahrten auf der Uecker (www.bootsverleih-flossfahrten.de und www.hafen-eggesin.de).

Lohnende Ausflüge

Windmühlenstadt ***Woldek***, Eisenbahnmuseum in ***Gramzow*** (www.eisenbahnmuseumgramzow.de), ***Botanischer Garten Christiansberg*** südlich von Luckow (www.botanischer-garten-christiansberg.de). ***Stettin*** und Insel ***Usedom***.

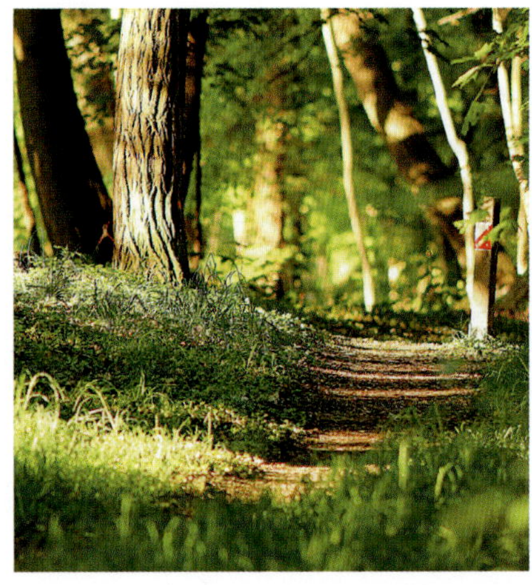

Sehenswürdigkeiten

Prenzlau Stadtmauer mit Mitteltorturm (15. Jh.), Steintorturm und Blindower Turm (13. Jh.), Pulverturm, Nikolaikirche, Jakobikirche, Reformierte Kirche, Sabinenkirche (1170), Marienkirche (13./14. Jh.), Kulturhistorisches Museum im Dominikanerkloster (www.dominikanerkloster-prenzlau.de).

Pasewalk Vier gotische Backsteintürme (15. Jh.), Pfarrkirche St. Marien (14. Jh./19. Jh.), Pfarrkirche St. Nikolai (13./16./19. Jh.), Feuerwehrmuseum, Stadtmuseum mit Künstlergedenkstätte Paul Holz, Eisenbahnerlebniszentrum Lokschuppen Pomerania (*tgl. 10-18*, www.lokschuppen-pomerania.de).

Torgelow Slawensiedlung „Ukranenland" (*Di-Fr 12-16*, www.ukranenland.de), Ruine der mittelalterlichen Hasenburg (12./13. Jh.), neogotische Backsteinkirche (1885).

Eggesin Fachwerkkirche, Militärhistorisches und technisches Museum (*Di-So 10-17*), Kahnschifferzentrum (Geschichte der Kahnschifffahrt am Stettiner Haff, vom Wasser aus erreichbar, www.eggesin.de/tourismus/kahnschifferzentrum), Besucherinformationszentrum des Naturparks Am Stettiner Haff (*Mo-Fr 9.30-16/17*, www.naturpark-am-stettiner-haff.de).

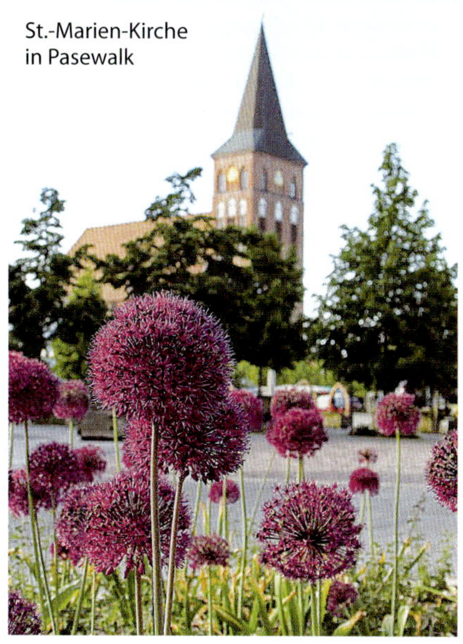
St.-Marien-Kirche in Pasewalk

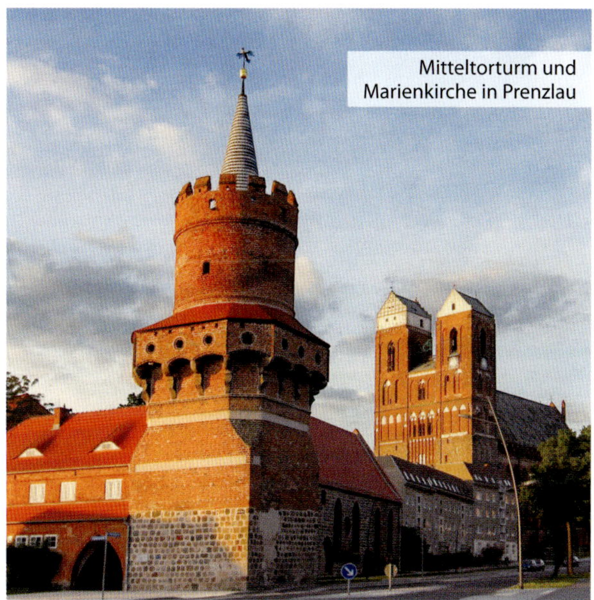
Mitteltorturm und Marienkirche in Prenzlau

Ueckermünde Schloss (1546) mit Haffmuseum (www.ueckermuende.de/haffmuseum.html), Marktplatz, St. Marien-Kirche (1766), Pommernkogge „UCRA" im Ueckermünder Stadthafen (Ausfahrten auf Haff, www.pommernkogge-ucra.de), Tierpark Ueckermünde (*tgl. ab 10*, www.tierpark-ueckermuende.de) & Kletterwald (www.kletterwald.de).

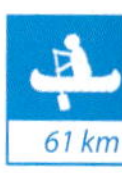

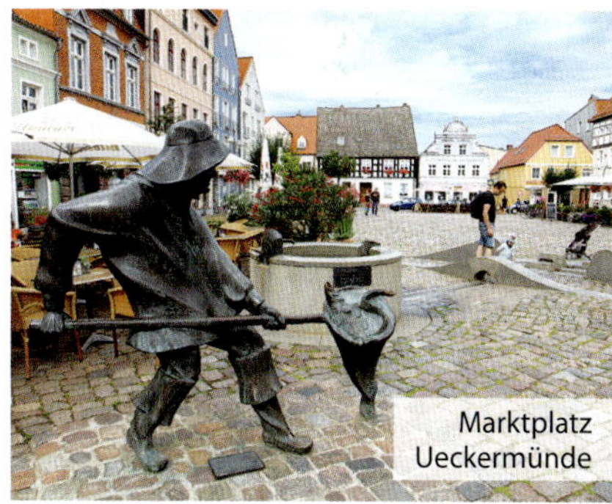
Marktplatz Ueckermünde

Auskunft & Tourist-Infos

Stadt-Info Prenzlau Marktberg 2, Tel. (03984) 751 63, www.prenzlau-tourismus.de

Stadt-Info Pasewalk Am Markt 12, Tel. (03973) 25 12 32, www.pasewalk.de

Stadt-Info Torgelow Friedrichstraße 1 A, Tel. (03976) 25 57 30, www.torgelow.de

Touristik-Info Ueckermünde Altes Bollwerk 9, Tel. (039771) 284 84, www.ueckermuende.de

Die Uecker

Karte 1, Fortsetzung Karte 2 rechts

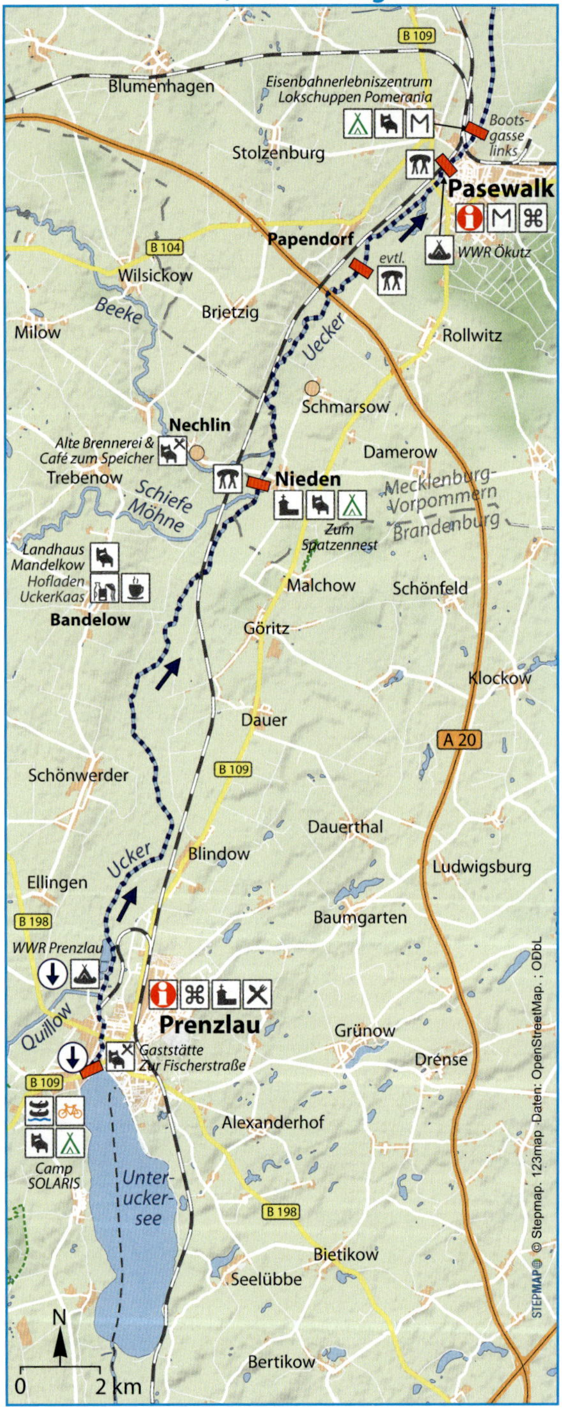

Der Blick schweift weit über die graue Wasserfläche des langgezogenen ***Unteruckersees***, auf der sich feine, weiße Schaumkronen gebildet haben. Der böige Wind pfeift aus Südwest und ich bin froh, zu meiner Kanutour auf der schmalen Ucker und nicht auf dem großen See zu starten.

Hinter dem ***Wehr*** in **Prenzlau**, vis-à-vis der Kirche St. Sabinen, deren Name einmalig ist im deutschsprachigen Raum, setze ich an einer Holzrampe ein. *Die Kirche, das älteste Bauwerk am See, ist dem St. Sabinus geweiht, der als Bischof in Italien lebte und bei Überschwemmungen um Hilfe angerufen wurde.* Das habe ich heute nicht nötig, denn die Ucker führt nur wenig Wasser. Mehr treidelnd als paddelnd, lege ich das Stück durchs Stadtgebiet zurück, entlang zahlloser Schrebergärten. Nach zwei Kilometern stößt von links das Flüsschen ***Quillow*** hinzu; neben einem ordentlichen Zuschuss an Wasser macht sich jetzt sogar eine leichte Strömung bemerkbar. Hier befindet sich am linken Ufer der örtliche *Wasserwanderrastplatz (ohne jeglichen Komfort)*, an dem man bei Niedrigwasser einsetzt, um sich das beschwerliche Stück durch Prenzlau zu ersparen. Das trübe Wetter trägt heute dazu bei, dass der Fluss im Einzugsbereich der Stadt keinen einladenden Eindruck macht, wenngleich die Muscheln am sandigen Grund darauf schließen lassen, dass die Wassergüte sich sehr verbessert haben muss. Anfangs misst das schilfbestandene 40-50 cm tiefe Flüsschen nur zwei bis drei Meter, wird aber nach Verlassen des Stadtgebietes in seinem weiteren Verlauf etwa dreimal so breit. Unter einer Eisenbahnbrücke sorgen die Steine im Flussbett für einen

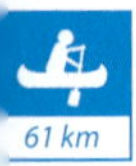

kleinen ***Schwall***, der aber selbst bei diesem niedrigen Wasserstand zu befahren ist. In zügiger Strömung geht es vorbei am ***Blindower See***, einem ausgedehnten Schilf- und Sumpfgebiet, Rastplatz vieler Wasservögel. Hier hat an einer Engstelle eine Schwanenfamilie, die zuvor sichtlich nervös vor mir herschwamm, beschlossen, ihre Fahrtrichtung zu ändern. Zischend und fauchend hält der Schwanenvater mich in Schach, während der Rest der Familie seelenruhig an mir vorbeigleitet. Auf Höhe des ***Blindower Sees*** bin ich der Bundesstraße noch einmal recht nahe, aber ab jetzt entfernt sich der Fluss immer mehr von jeglicher Zivilisation.

Karte 2

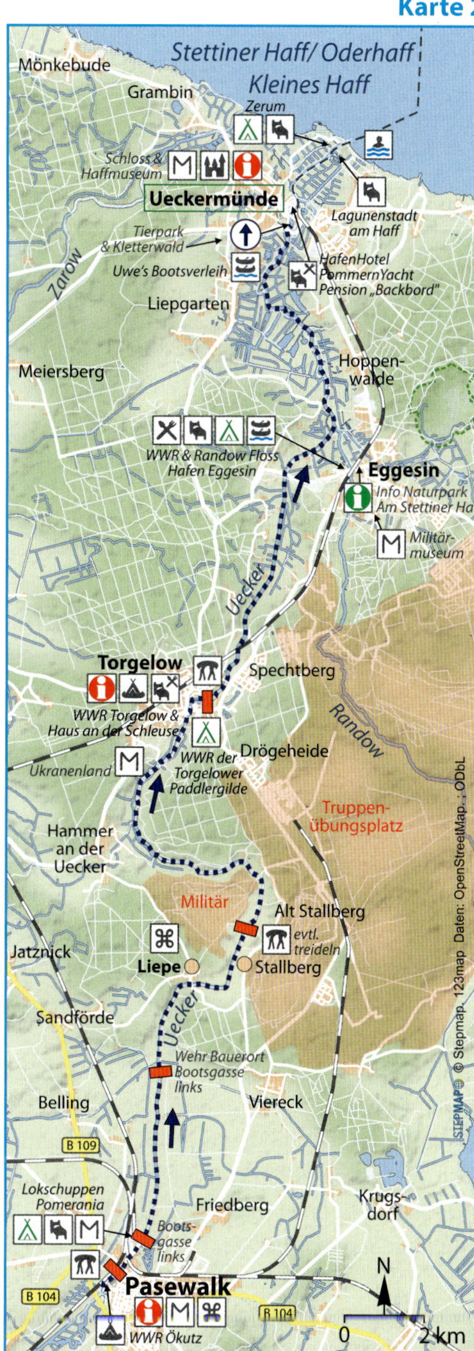

Anschluss an Karte 1

Die Sonne hat sich entschieden, dem grauen Einerlei ein Ende zu machen, und sofort erscheint die Landschaft um mich herum in einem ganz anderen Licht. Regentropfen glitzern auf den Blättern der dicht am Ufer stehenden Erlen und dahinter breiten sich Feuchtwiesen aus. Eine Entenmutter lenkt von ihren am Uferrand kauernden Jungen ab, indem sie laut schnatternd vor mir herfliegt, um dann in einem großen Bogen wieder zu ihnen zurückzukehren. Paddler, die schon früh den Paddeltag beenden wollen, können auf Höhe von **Bandelow**, kurz vor Kilometer 13, links an einer Krautentnahmestelle aussetzen und sich vom nahegelegenen *Landhaus Mandelkow (Pension & Sauna)* mit einem Hänger abholen lassen. Auch zu Fuß lohnen die 2,3 km in den Ort, um neben der Pension im *Hofladen* der *Bauernkäserei Wolters (Imbiss)* regionalen UckerKaas oder leckeres UckerEis zu kaufen (www.uckerkaas.de).

Das verschilfte hohe Ufer bot bislang leider kaum Ausblicke in die Landschaft, aber schon bald ändert sich diese urplötzlich. Unter der zweiten Eisenbahnbrücke zwingen ***Steine im Flussbett*** zu vorsichtigem Manövrieren. Sich links haltend, kommt man aber gut durch. Das Wasser des mittlerweile fast zehn Meter breiten Flusses scheint noch transparenter geworden zu sein. Links und rechts ziehen sich die Hänge steiler hinauf, kräftige Ebereschen senken ihre Zweige bis dicht über die Wasseroberfläche und dazwischen breiten sich Bestände des riesigen Schaublatts aus. Blau schimmernde Prachtlibellen jagen durch die inzwischen vor Hitze flirrende Luft. Aber schon bald, noch weit vor dem Örtchen

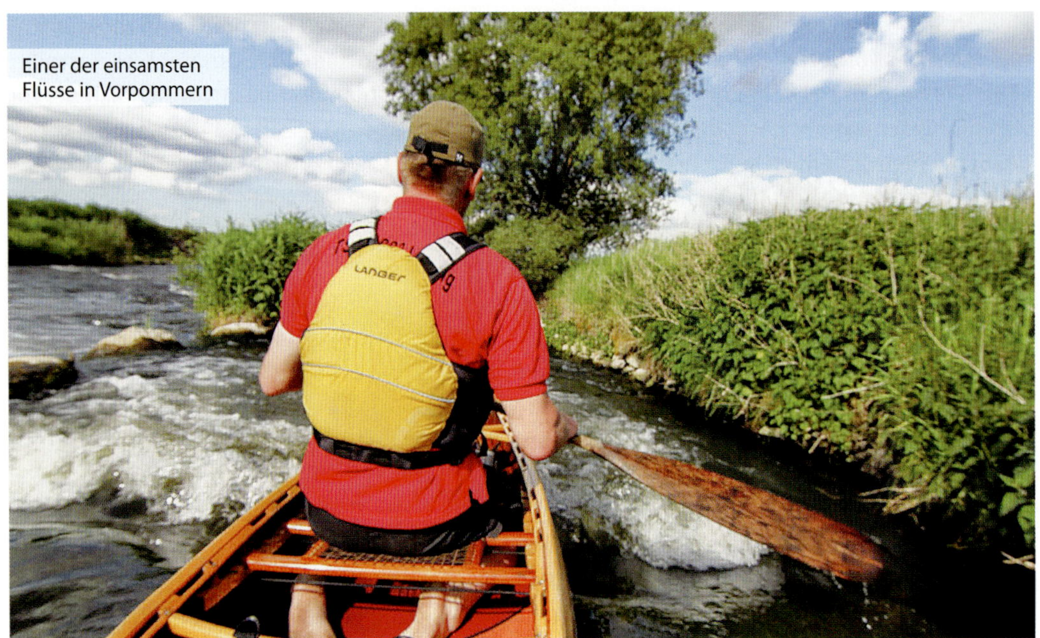
Einer der einsamsten Flüsse in Vorpommern

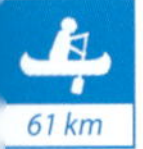

Nieden, bietet sich wieder das gewohnte Bild – der Wald lässt zu beiden Seiten des Flusses wieder dem Schilf den Vortritt.

Kurz vor dem Wehr von **Nieden** mündet das Bächlein ***Schiefe Möhne,*** kurz darauf zweigt rechts ein toter Seitenarm ab. Am ***Wehr***, wo die Grenze zwischen Brandenburg und Mecklenburg-Vorpommern verläuft und aus der ***Ucker*** die ***Uecker*** wird, setze ich an einer Slipanlage aus und entschließe mich, den Paddeltag zu beenden, da es bis zum nächsten Wasserwanderrastplatz noch rund elf Kilometer sind.

Oberhalb der Wehrkrone kann man sein Zelt aufstellen, sollte sich aber telefonisch beim Besitzer der Wiese, dem Betreiber der 800 Meter entfernten *Ferienwohnung „Zum Spatzennest"* melden. Wer sich entschließt einen Pausentag einzulegen, kann die große Ferienwohnung (ab zwei Nächte) beziehen, sich vom Inhaber ein Fahrrad mieten und die hübsche Gegend erkunden. Die Kirche des verschlafenen Dörfchens **Nieden** wurde *1230 im spätromanischen Stil erbaut und beherbergt einen erstaunlichen Renaissancealtar.* Auf der gegenüberliegenden Flussseite sind es, vorbei am kleinen Bahnhof, knapp zwei Kilometer nach **Nechlin**, wo der *Gasthof „Alte Brennerei"* Gästezimmer bietet. Das angeschlossene *Restaurant „Café zum Speicher"* mit guter regionaler Küche wird nach coronabedingter Schließung nun doch wieder öffnen (vorerst Do-Sa 17-22, So 8-14 Brunch).

Am nächsten Morgen bin ich schon wieder früh auf dem Wasser. Hinter dem Wehr ist die ***Uecker*** anfangs etwas verkrautet, aber schon bald gleite ich ohne Hindernis über den herrlich klaren und schmaler gewordenen Fluss. Ich genieße die Stille, bis die Autobahn A 20, die kurz vor Pasewalk den Fluss überspannt, ihr – zum Glück nur vorübergehend – ein Ende bereitet. Die ***Bootsgasse*** der ***Steinwurf-Sohlschwelle*** von **Papendorf** schaue ich mir erst an, bevor ich dann problemlos hinuntergleite. Nur bei Niedrigwasser sollte man treideln oder umtragen. Auch der zuvor rechts abgehende renaturierte alte Ueckerarm ist gut zu befahren.

Der beeindruckende Kirchturm von St. Marien kündigt die am Nordrand der Uckermark zwischen Mecklenburg, Brandenburg und Pommern gelegene und „arg gebeutelte" Stadt **Pasewalk** an. *Jahrhundertelang war sie heftig umkämpft. Was diese Kriege und Brandschatzungen nicht schafften, „besorgte" der Zweite Weltkrieg. Fast die gesamte Innenstadt wurde zerstört, nur wenig blieb erhalten. Trotzdem lohnt es sich, der ehemaligen Garnisonsstadt einen Besuch abzustatten. Mächtig ragt der riesige Kornspeicher mit den Versorgungsgebäuden der Deutschen Wehrmacht am Ufer empor – ein Hinweis darauf, dass die Ucker einmal bis Pasewalk schiffbar war.*

Kurz hinter der Straßenbrücke setze ich am rechten Ufer am *Wasserwanderrastplatz Ökutz* aus. Was für ein nettes, mit Dusche und WC ausgestattetes zentrales Plätzchen! In direkter Nachbarschaft lädt der *„KunstgARTen Stettiner Haff"* zur Besichtigung der Objekte internationaler Künstler ein.

Noch ein kleines Stück ist es bis zum ***Pasewalker Mühlenwehr***, wo ich rechts vor einer Holzpfahlreihe aussetze um das kurze Stück über die Straße zu umtragen. Nur wenige hundert Meter weiter kann man, nach Unterfahrung der Eisenbahnbrücke, das ***Wehr „Pasewalk Lokschuppen"*** über die ***Bootsgasse*** umfahren. Ein Schild kündigt einen originellen „Kanustopp" an. Das *„Eisenbahnerlebniszentrum Lokschuppen Pomerania"* bietet Kanuten Übernachtung im Zelt oder im Schlafwagen, Verpflegung und Kanuunterbringung auf dem Bahngelände an. Die Ausstellung mit Dampfloks, historischen Fahrzeugen und Arbeitsmaschinen ist unbedingt sehenswert.

Hinter dem Wehr fließt der breiter werdende Fluss mit regelmäßiger Strömung dahin, bis das Wasser kurz vor dem ***Wehr Bauerort*** zum Stehen kommt. Ausgedehnte Bestände des Pfeilkrauts bedecken die Wasseroberfläche und verhindern ein Vorankommen. Glücklicherweise werden inzwischen bei der sogenannten Krautung kleine Stege am Ufer befestigt, so dass die Hindernisse umtragen werden können oder man paddelt oder treidelt durch die ***Bootsgasse***.

Der stärker werdende Rückenwind bläst mich dem von Kiefernwald umgebenen Dörfchen **Liepe** förmlich entgegen. Vor der ***Sohlrampe*** setze ich rechts aus. Eine Art Bootsgasse, gespiekt mit groben Steinen, lädt mich nicht zum Befahren ein. Treideln oder umtragen scheint mir die sinnvollere Variante zu sein.

Bis auf das Rauschen des Windes und des Wassers in der Fischtreppe ist es totenstill und ich lasse meinen Blick weit über die umliegenden Felder der Uckermark schweifen. Es lohnt sich, wegen der 350 Jahre alten Eichenalle, ins nahe **Liepe** zu spazieren. *Eine Besonderheit ist*

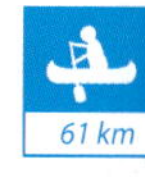

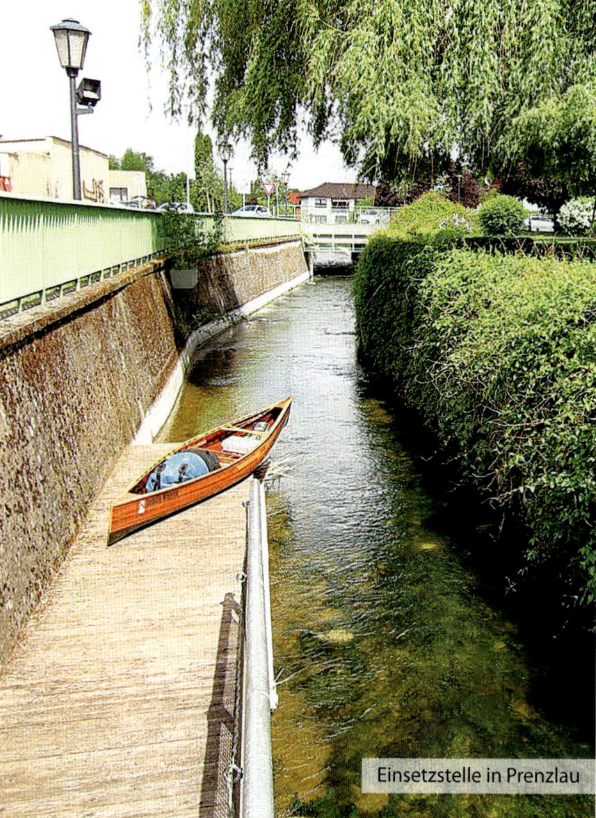
Einsetzstelle in Prenzlau

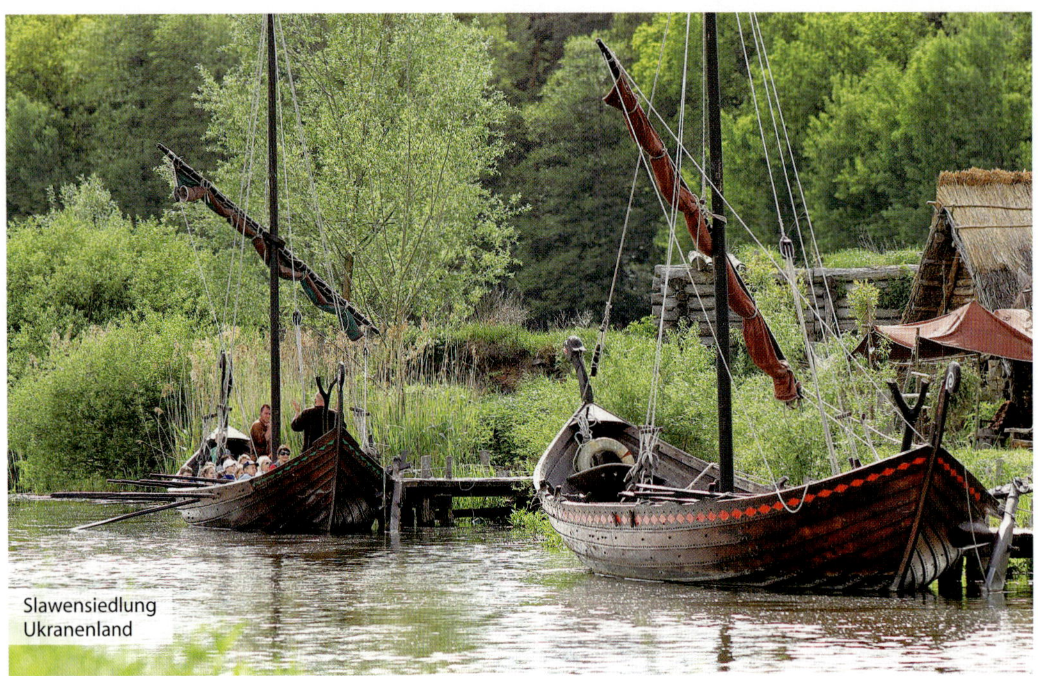
Slawensiedlung Ukranenland

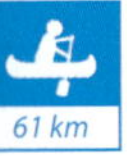

die 1907 errichtete Dorfschule, in welche eine interessante Kapelle integriert ist. Ein nach dem Dreißigjährigen Krieg errichtetes schwedisches Blockhaus ist noch heute, wenn auch als Ruine, zu besichtigen.

Ich paddel nun durch die ***Ueckermünder Heide***, ein Waldgebiet, in dem Kolonisten im 17. Jahrhundert Köhlereien und Glashütten anlegten. Heute wird das Gebiet forstwirtschaftlich genutzt und auch für die Flora und Fauna hat es eine große Bedeutung. Seit 2015 leben hier sogar wieder Wölfe und in den Wäldern und Mooren brüten Kraniche, Schrei- und Seeadler. Zwischen Liepe und Torgelow dehnt sich zu beiden Seiten des Flusses das 50 km^2 große *Truppenübungsgelände der Panzergrenadierbrigade Torgelow* aus. Rasselnde Panzerketten und Maschinengewehrfeuer sind zu hören. Eine befremdliche Situation!

Kurz vor Torgelow habe ich das Militärgelände dann hinter mir gelassen und staune über drei hölzerne Slawenboote. Sie gehören zur am Ufer gelegenen rekonstruierten *Slawensiedlung „Ukranenland"*, wo man in einem Freilichtmuseum Wissenswertes über die im 9. und 10. Jahrhundert in den Uckerniederungen siedelnden slawischen Ukranen erfährt und slawisches Handwerk sowie das Anfertigen von Gerätschaften mittels alter Techniken erfahrbar wird.

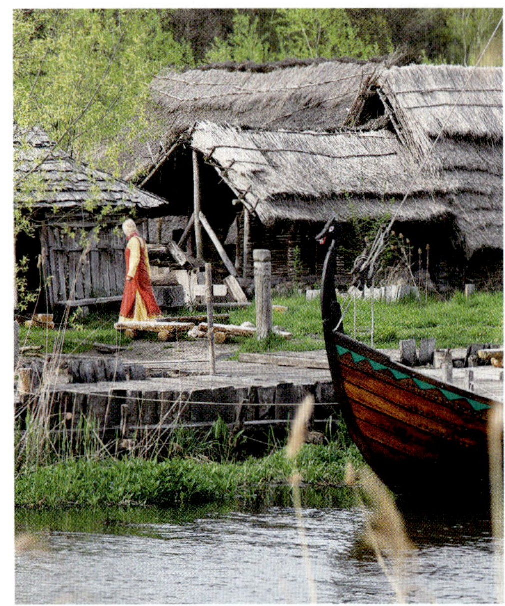

Die Sonne steht schon tief, als ich in **Torgelow** einfahre. Vorbei am lauschigen *Biergarten* des *Anglerheims (Mi-So)*, von dem aus mir die Gäste zuwinken, geht es auf eine kleine hölzerne Fußgängerbrücke zu, hinter der sich am rechten Ufer das Grundstück der *Torgelower Paddlergilde* befindet. Auf dem schönen Wiesengelände, neben dem sich die Ruine der mittelalterlichen Hasenburg erhebt, baue ich mein Zelt auf und beeile mich, im Biergarten des Anglervereins die letzten Sonnenstrahlen zu erhaschen.

Am nächsten Morgen paddle ich für die ***Umtragung (300 m)*** zum örtlichen *Wasserwanderrastplatz* der *Stadt Torgelow*. Um dorthin zu gelangen, halte ich mich dort, wo der Wasserlauf sich teilt, links und folge dem Wasserarm 250 m, um dann rechts in einem „Mini-Hafen" am Steg anzulegen. Zwischen 8 und 18 Uhr ist der umzäunte *Wasserwanderrastplatz* auf der Insel geöffnet, so dass ich jetzt bequem das Kanu über den Platz hinaus auf die Straße schieben kann. Hier liegt das *Hotel „Haus an der Schleuse"*, wo man übernachten kann, während die Boote auf dem umzäunten Platz liegen. Ich rolle den Bootswagen nach links am Hotel vorbei, biege nach rechts den Altarm entlang und setze unterhalb der Fischtreppe an einem Schwimmsteg wieder ein.

Hinter der Eisenbahnbrücke verlasse ich das Stadtgebiet von Torgelow und passiere einen weiteren schönen Rastplatz, hinter dem sich herrlicher Mischwald ausdehnt. Bald ist nur noch das sanfte Rauschen des Windes in den Baumwipfeln zu hören. Vor meinem Kanu fliegt ein blauschillernder Eisvogel her. Zwischen den Schilfgürteln strecken Weiden, Ebereschen und Birken ihre Zweige zum Wasser hin aus. Immer wieder sind auf diesem romantischen Abschnitt die Spuren von Bibern in Form angenagter Bäume und Bibergleiten zu sehen.

Zwei Kilometer hinter der Straßenbrücke nach **Eggesin** geht es über das Flüsschen ***Randow*** 800 Meter rechts ab zum *Hafen* und *Wasserwanderrastplatz* **Eggesin**. Die Einfahrt

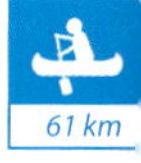

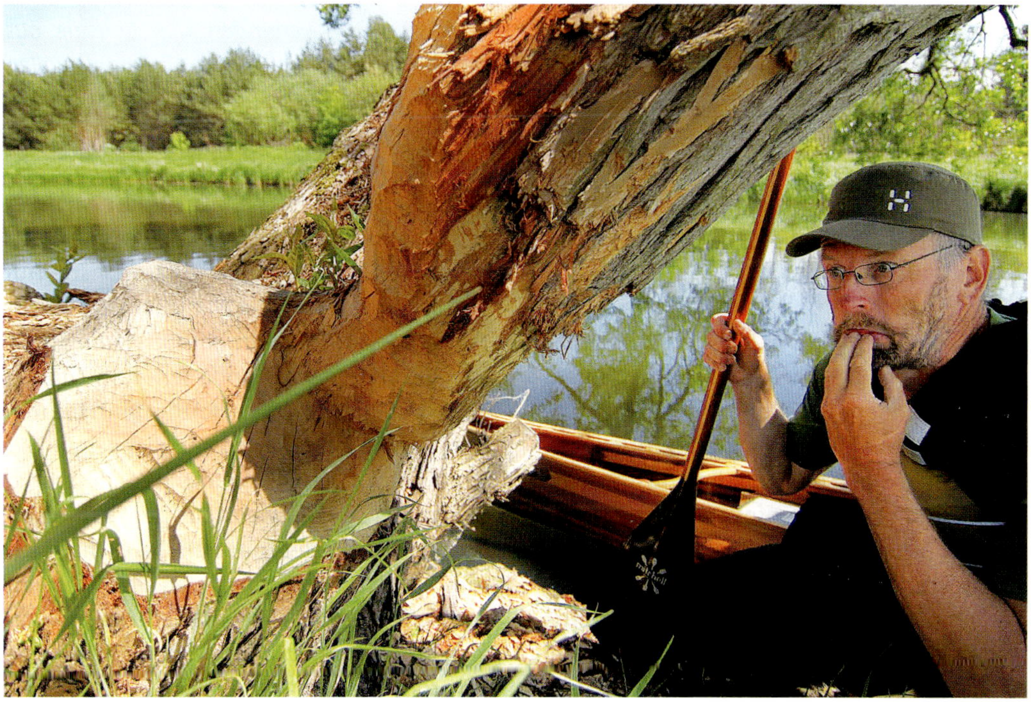

Müritz-Nationalpark

Der Müritz-Nationalpark, benannt nach dem zweitgrößten Binnensee Deutschlands, liegt auf halber Strecke zwischen Berlin und Rostock im Bundesland Mecklenburg-Vorpommern inmitten der Mecklenburgischen Seenplatte. Der insgesamt 322 Quadratkilometer große Nationalpark besteht aus zwei räumlich voneinander getrennten Teilen. Das größere, 260 Quadratkilometer umfassende Areal erstreckt sich entlang des Ostufers der Müritz zwischen den Orten Waren und Wesenberg. Das mit 62 Quadratkilometer kleinere Gebiet liegt östlich von Neustrelitz um das Dörfchen Serrahn herum. Die Geschichte des heutigen Nationalparks begann offiziell am 1. Oktober 1990. An diesem Tag traten die gesetzlichen Grundlagen für seinen Schutz in Kraft.

Entstehung und Geschichte

Die Zungen der Gletscher der letzten Eiszeit formten Täler, in denen heute Hunderte von Seen und Moore zu finden sind. Dazwischen dehnen sich im **westlichen Teil** riesige **Kiefernforste** aus. Der **östliche Teil** des Nationalparks, geprägt von urwaldartigen **Buchenwäldern**, ist durchzogen von Endmoränen.

Wie Fundstücke in der Region zeigen, war das Gebiet um die Müritz herum schon vor rund 10.000 Jahren relativ stark besiedelt, denn die dichten Wälder boten den jagenden Menschen reiche Beute. In der Bronzezeit wurden sie zunehmend als Ackerbauern sesshaft.

Aus dieser Zeit stammen die auffälligen **Hügelgräber** ***(Ankershagen, Serrahn, Goldenbaum)***, die sich im ganzen Parkgebiet häufig finden lassen. Um die Toten wurden riesige Feldsteine geschichtet, auf die man dann Erde und Grassoden häufte.

Von der slawischen Besiedlung im 6. Jahrhundert zeugen die **Burgwälle** – Siedlungen, die von einer Palisadenwand umgeben waren. Reste dieser Burgwälle findet man zwischen Kratzeburg und Pieverstorf sowie auf einer Insel im Feisnecksee bei Waren. Die Slawen wurde durch deutsche Bauern im 12. Jahrhundert langsam verdrängt oder gingen in der deutschen Bevölkerung auf.

Die neuen Gutsherren von damals fanden Schutz in einem von Wassergräben umgebenen gemauerten Turm, dem sogenannten **Turmhügel**. Ein solcher ist auf dem Schweriner Berg bei Kratzeburg zu sehen. Der Dreißigjährige Krieg sowie katastrophale Missernten führten zu einer starken Dezimierung der Bevölkerung. Nachdem die Notzeiten überwunden waren, entstanden im Zuge der Technisierung **Glashütten**, die auf die natürlichen Ressourcen wie Quarzsand und Buchenbrennholz zurückgreifen konnten. Aber auch die **Schifffahrt** und der Bau von **Wassermühlen** gewannen im Zusammenhang mit der Errichtung etlicher Staustufen sowie dem klimabedingten Anstieg der Müritz zunehmend an Bedeutung.

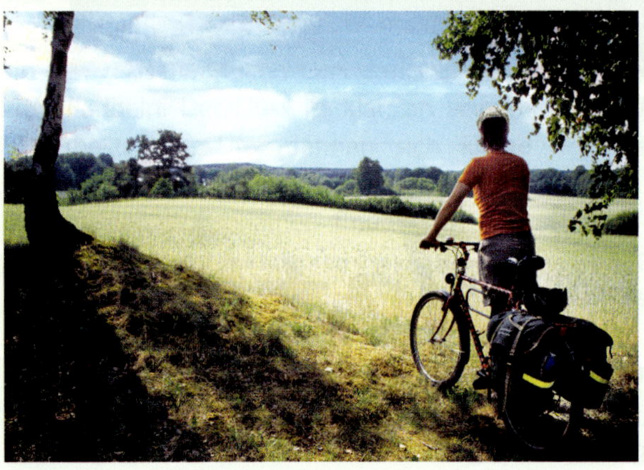

Mitte des 19. Jahrhunderts umgab man weite Teile des fürstlichen **Jagdgebietes im östlichen Serrahner Teil** mit einem Wildgatter. Um der Bevölkerung den Zugang zu verwehren, wurden die

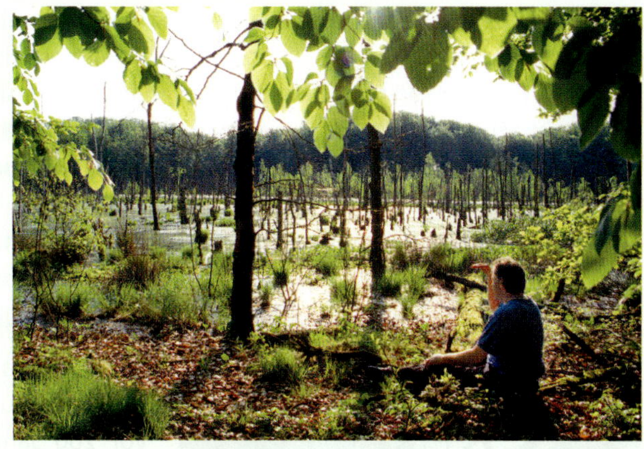

sogenannten „Heckenwärterhäuschen" an den Zufahrtswegen errichtet, von denen sich bis heute einige erhalten haben.

Im **westlichen Teil** des heutigen Nationalparks förderte der Direktor des Müritz-Museums, Karl Bartels, in den 1930er Jahren den Gedanken, dass die Natur um ihrer selbst willen zu schützen sei und dies nur gelänge, wenn die Nutzung durch die Gemeinschaft verhindert würde. Nicht ganz uneigennützig waren hingegen die Bestrebungen des Leipziger Verlegers Kurt Herrmann, der fast zur gleichen Zeit große Waldstücke zu erwerben begann und in Speck ein Schloss errichtete. Den Nationalsozialisten nahestehend, war es nicht verwunderlich, dass er von diesen großzügig Land übereignet bekam, welches er zur Befriedigung seiner Jagdleidenschaft benötigte.

Ab den frühen 1950er Jahren durften fast 40 Jahre lang riesige Waldgebiete nicht betreten werden. Die **DDR-Staatsführung** reservierte sie für ihre **Jagd**- und Trophäenlust. Allein das **Jagdgebiet** des DDR-Ministerpräsidenten östlich der Müritz umfasste mehr als 25.000 Hektar. Die zum Zwecke der Jagd künstlich hochgehaltene Population an Rot-, Schwarz- und Damwild gefährdet bis heute durch Verbiss die natürliche Waldentwicklung.

Man kann sagen, dass nicht zuletzt die Jagdinteressen der DDR-Staatsführung und die militärische Nutzung großer Areale durch die Sowjetarmee das Gebiet land- und forstwirtschaftlich genutzten Einflüssen entzog, so **dass die Natur sich relativ ungestört entwickeln konnte**. Monatelanger harter Arbeit einer Warener Bürgerinitiative ist es schließlich zu verdanken, dass nach Untergang der DDR das Gebiet den Status eines Nationalparks erhielt.

Schutzzonen und Naturräume

Die Aufgabe des Nationalparks ist es, das Gebiet menschlichen Einflüssen weitgehend zu entziehen. Die ungestörte Entwicklung der Pflanzen- und Tierwelt hat Vorrang vor wirtschaftlichen Überlegungen und Interessen.

Dies führt zu einer schwierigen Gratwanderung. Neben dem verständlichen Wunsch der Bewohner des Nationalparks nach einem für sie **praktikablen Verkehrs- und Nutzungskonzeptes** gibt es einen zunehmenden Tourismus. Der damit verbundenen Störung versucht man mit gezielter Lenkung des Besucherverkehrs entgegenzuwirken. Ein 700 Kilometer dichtes Netz von sorgfältig ausgewählten und **beschilderten Rad- und Wanderwegen** gibt jedem die Möglichkeit, den Park gut und sicher zu erkunden. Leider halten sich nicht alle Besucher an die erforderlichen Beschränkungen. Neben den üblichen Problemen mit Müll und lärmenden Besuchern wird eine zunehmende Störung brütender Wasservögel durch Wassersportler beobachtet. Auch kommt es immer öfter vor, dass die empfindliche Moorvegetation zertrampelt und außerhalb **gekennzeichneter Badestellen** gebadet wird. Wer weiß schon, dass 100 Badende am Tag mit ihrem Urin rund 20 Kilogramm Stickstoff und ein Kilogramm Phosphor im Jahr hinterlassen. Aus diesem Nährstoff wird rund eine Tonne Algen gebildet, was ein nährstoffempfindlicher See nur schwer verkraftet.

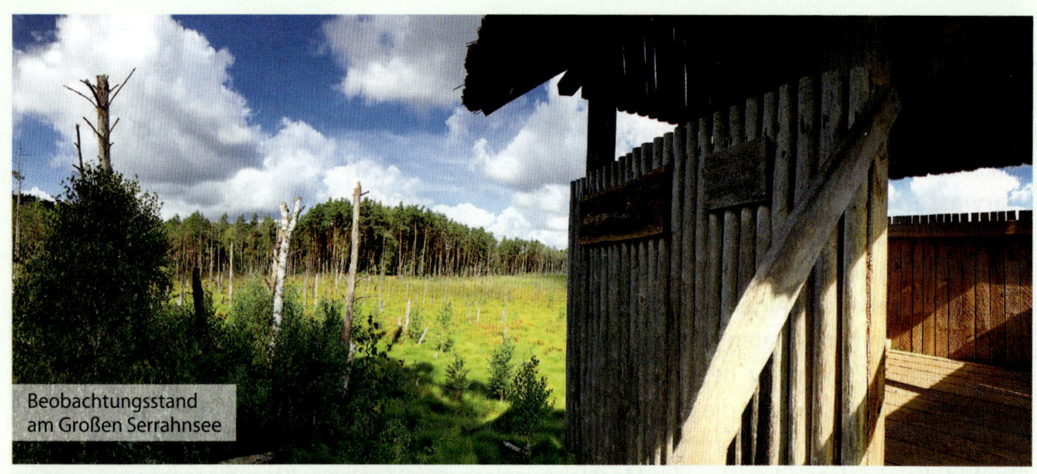
Beobachtungsstand am Großen Serrahnsee

Am besten kann man den sogenannten **Verlandungsprozess**, der in Jahrhunderten aus einem See ein geschlossenes Moor macht, vom 150 Meter langen Steg des ***Serrahner Haussees*** beobachten. Hier durchwandert man die verschiedenen Zonen. Über den aus Erlen bestehenden **Bruchwald** geht es zur sogenannten **Seggenzone** mit verschiedenen **Sauergräsern** und dem seltenen **fleischfressenden Sonnentau**, bis man dicht am Wasser auf die **Schilf- und Röhrichtzone** trifft. Charakteristische Pflanzen sind hier der **Rohrkolben**, die **Gelbe Teichrose** und die **Weiße Seerose**. Durch Verschließen vieler Abflussgräben steigt im Nationalpark der Wasserspiegel an, und die für den Klimahaushalt der Erde so wichtigen Moore können sich wieder bilden.

Die Kulturlandschaften

Von hohem ökologischen Wert sind die im Nationalpark vom Menschen genutzten Flächen – die Kulturlandschaften. Heute werden nur knapp **sieben Prozent der Fläche des Nationalparks landwirtschaftlich genutzt**. Nicht weit vom ***Müritzhof (Hofschänke)***, im nördlichen Teil des Nationalparks, liegt im Bereich des ***Redangersees*** die sogenannte ***Spuklochkoppel***, die von den vom Aussterben bedrohten skandinavischen **Fjäll-Rindern** beweidet wird.

Aber schon 160 Jahre zuvor nutzte man dieses Gebiet als Weideland, wobei Sträucher und aufkeimende Bäume vom Vieh abgefressen wurden. Im Laufe der Zeit siedelten sich hier rund **140 seltene Pflanzenarten** an, die im naturbelassenen Wald nicht vorkommen würden. Auch der **Vogelwelt** bietet das Gebiet ideale Bedingungen. Während **Gänse** gute Weidemöglichkeiten mit Blick auf mögliche Feinde finden, können sich **Bodenbrüter** geeignete Nistplätze suchen, ganz ungestört von landwirtschaftlichen Maschinen.

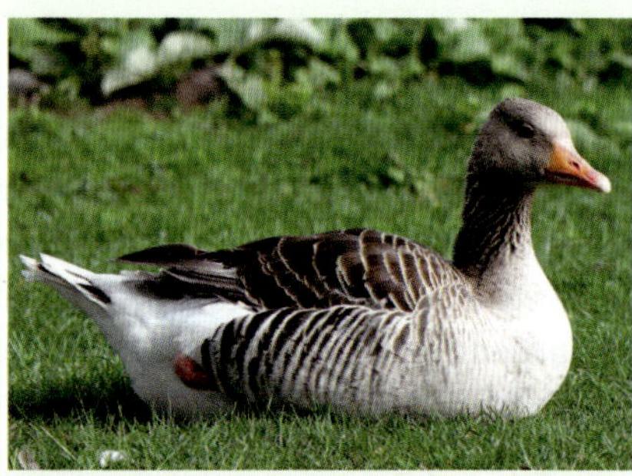

Selbst dem Aufwühlen und Umpflügen des Bodens durch Panzerketten der sowjetischen Streitkräfte kann nach deren Abzug nun etwas Positives abgewonnen werden. Die sich langsam erholenden Flächen bieten die Möglichkeit, die natürliche Entwicklung eines **Kiefernwaldes** in einen **Eichen**- bis hin zum **Buchenwald** zu beobachten. Auf der Radtour zwischen Granzin und Krienke lässt sich dies sicher vom Weg aus tun. Betreten darf man das Terrain nicht – es ist munitionsverseucht.

Flora und Fauna

Die Feuchtgebiete und Gewässer bieten einer großen Zahl von Pflanzenarten idealen Lebensraum. Während die Wasseroberfläche nährstoffreicher Seen von **See- und Teichrosen** bedeckt sind, erstrecken sich am Grund der nährstoffarmen Seen Wiesen von **Armleuchteralgen.**

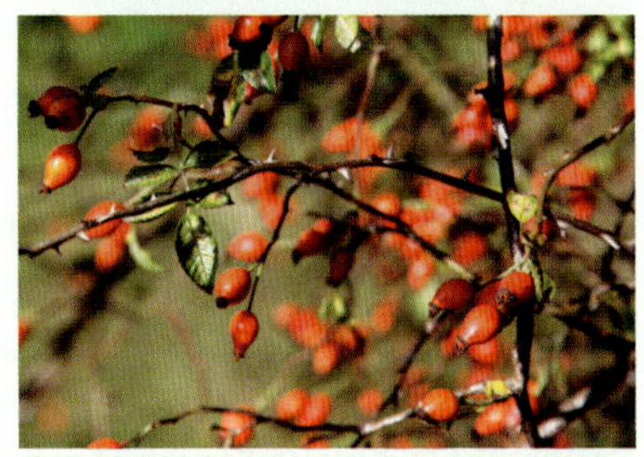

Rund um die **Moorseen** finden wir seltene Pflanzen wie die **Moosbeere**, das **Wollgras** und den rundblättrigen **Sonnentau**. Im Frühling blühen in den lichten **Erlenwäldern** die gelbe **Sumpfdotterblume**; in den zahlreicher werdenden Mooren bildet die **Sumpfcalla** inzwischen wieder große Bestände.

Zahlreiche der über 700 Farn- und Blütenpflanzen sind vom Aussterben bedroht. Die Vegetation im Nationalpark weist einige Besonderheiten auf. Im Bereich des ***Müritzhofes*** finden wir bis zu 12 Meter hohe **Wacholderbestände**, die bedeutendsten Mitteleuropas, die einst das gesamte ***Gebiet zwischen Waren und Boek*** bewuchsen. In trockengefallenen Strandwällen gedeihen viele **Orchideenarten, Enziane** oder **Fettkraut**. Einzelne **Bäume** im Nationalpark sind bereits **Naturdenkmale**, so zum Beispiel die **tausendjährige Linde** in *Speck* oder die fast **800 Jahre alten Eichen** im ***Landschaftspark um das Specker Schloss***.

Neben großen Beständen an **Rothirsch**, dessen Röhren man besonders im Herbst in den Sumpfgebieten am ***Ostufer der Müritz (Nationalpark-Tour 2)*** vernehmen kann, trifft man relativ häufig auf **Damwild**, **Reh** und **Wildschwein**. Dagegen ist es ein großes Erlebnis, dem bis zu einem Meter lang werdenden, scheuen **Fischotter** oder einem **Biber** zu begegnen. Grimmig anzusehen, aber völlig harmlos sind die im Nationalpark nachgewiesenen **Fledermaus-Arten**. In den höhlenreichen, toten Bäumen des Nationalparks finden sie ideale Winterquartiere. Am Rande von Wäldern, Lichtungen und Kahlschlägen sind die Chancen, auf die 50-60 cm lang werdende giftige **Kreuzotter** zu treffen, gar nicht mal so gering. Hier lauert sie auf kleine **Nagetiere**, **Frösche** und **Eidechsen**. Der völlig harmlosen, feuchtigkeitsliebenden **Ringelnatter** begegnet man am ehesten auf einer Kanutour, am Ufer oder gar schwimmend neben dem Boot. Nur mit viel Glück bekommt man die stark bedrohte **Europäische Sumpfschildkröte** zu Gesicht. Sie gleitet bei Annäherung sofort ins sichere Wasser. Im Frühjahr gibt der himmelblau gefärbte, sehr seltene **Moorfrosch** sein Konzert.

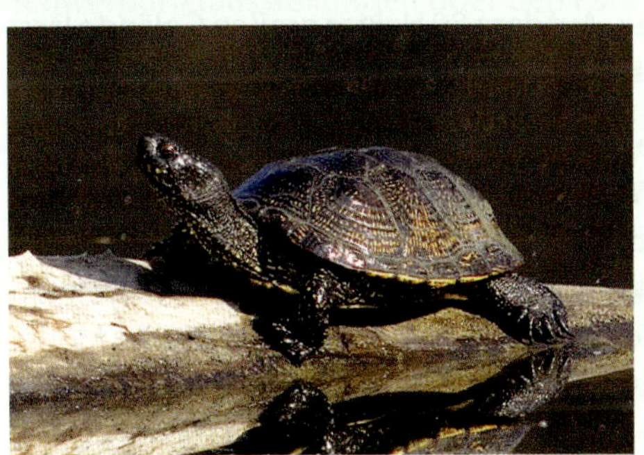

Besonders artenreich ist die **Vogelwelt**. Im Herbst ziehen **Kraniche** in wohlgeordneten Formationen in ihr Winterquartier nach Südspanien, um im Frühling von dort wiederzukehren. Besonders gut lassen sich die bis zu tausend Tiere großen Schwärme bei Einbruch der Dämmerung am Ufer des ***Rederangsees (Nationalpark-Tour 1)*** beobachten, wenn sie dort, laut trompetend, zum Rasten einfliegen. Neben dem Kranich rasten im Herbst mehr als 80.000 **Grau-, Saat- und Bleßgänse** sowie mehr als 40.000 **Enten** und **Schwäne** im Nationalpark. Bevorzugter Sammel- und Schlafplatz ist der ***Warnker See*** zwischen Waren und dem ***Müritzhof (Nationalpark-Tour 1)***.

Nationalpark-Tour 1 – Wanderung Teufelsbruch

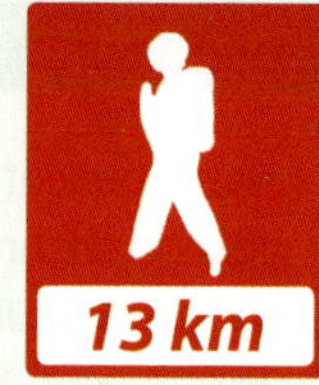

Charakter: Die abwechslungsreiche, durch Wiesen, Weiden, Moore, Wälder und Seen geprägte Landschaft entlang des Ostufers der Müritz ist auf diesem Wanderweg besonders intensiv erlebbar.

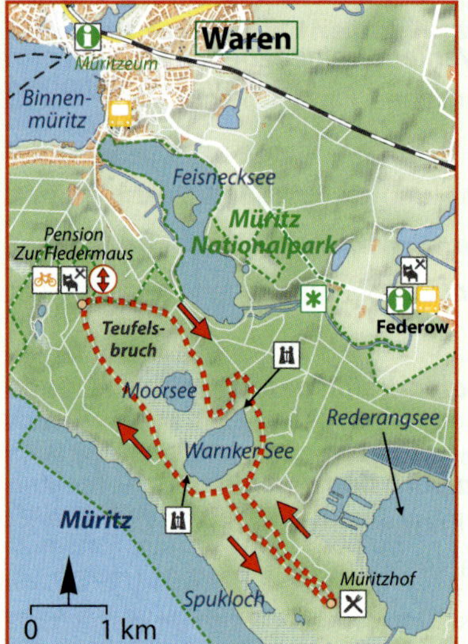

Anspruch: 13 Kilometer. Durch die häufig wechselnde Beschaffenheit des Weges (teils sandig und holprig) eine manchmal anstrengende, aber sonst problemlose Tageswanderung.

Einkehr: Schöne Einkehrmöglichkeit in der Hofschänke im Müritzhof (*Apr-Okt 10.30-17.30/16*, www.müritzhof.de).

Route: Pension „Zur Fledermaus“ – Warnker See (Nord) – Müritzhof – Warnker See (Süd) – Pension/Parkplatz.

Start-/Endpunkt: Pension „Zur Fledermaus“, Am Teufelsbruch 1, 17192 Waren (Müritz).

Übernachten & Fahrradvermietung: Pension „Zur Fledermaus“, Tel. (03991) 66 32 93, www.pension-fledermaus.de

Infos: Nationalpark-Info Federow, Tel. (03991) 66 88 49, www.nationalpark-service.de & Info Waren (*siehe Seite 174*).

„Durchs Teufelsbruch entlang der Spuklochkoppel zur alten Ziegelei“

Der Weg Symbol „Violette Glockenblume“ beginnt an der *Pension „Zur Fledermaus“*, einer preisgünstigen Übernachtungsstätte, auf dem man bald das in einer weitläufigen Senke liegende **Teufelsbruch** erreicht. Bei ihm handelt es sich um eine *ehemalige slawische Kultstätte*. Der Name wurde vermutlich während der Christianisierung eingeführt, um damals bestehende slawische Kultstätten zu verunglimpfen. Dass es sich um eine solche gehandelt hat, wird durch die zahlreich überlieferten Sagen deutlich. Nach der letzten Eiszeit war die Senke von einem offenen Gewässer ausgefüllt, das aber zunehmend verlandete und sich durch Torfbildungsprozesse zum Moor mit bis zu vier Meter dicken Torfschichten entwickelte. Von der einstigen Wasserfläche sind nur der **Moorsee** und der sich anschließende **Warnker See** übrig geblieben.

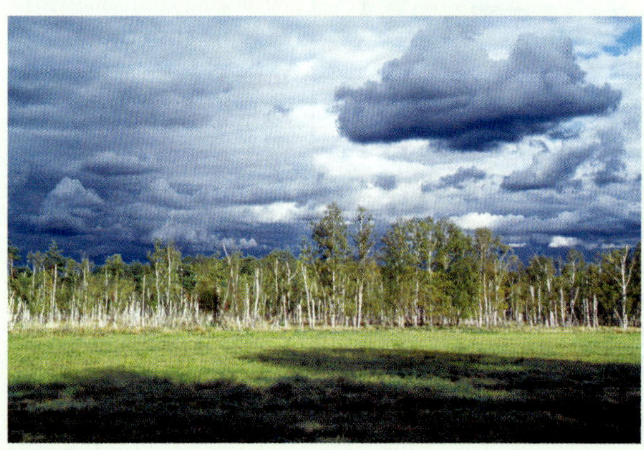

Während das Teufelsbruch Pflegezone ist und zur Heugewinnung sowie als Weideland genutzt wird, wurden der Moorsee und die ihn umgebenden, teils abgestorbenen Birken zur *Kernzone des Müritz-Nationalparks* erklärt. Hier fühlen sich Faulbaum, Schwarz- und Roterle sowie Kolkrabe, Kranich, Graureiher, Große Rohrdommel, Graugans, Rothirsch, Reh und Rotfuchs wohl. Wir gehen den nördlichen „Glockenblumenweg“. Auf dem sandigen Weg, das

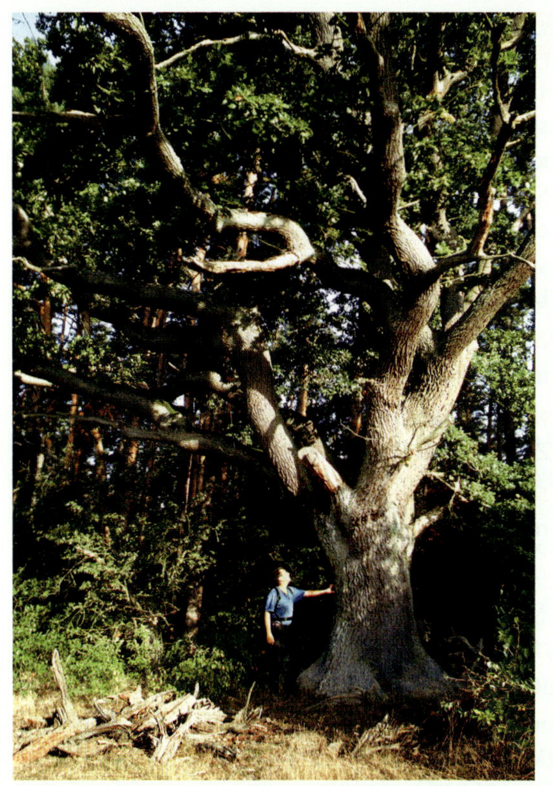

Teufelsbruch entlang Richtung Warnker See, kann man linker Hand viele mächtige Eichen bewundern. Ein Pfad führt rechts zu einem *Beobachtungsstand* am **Warnker See**. Während des herbstlichen Vogelzuges finden sich hier Tausende Wasservögel zur Rast ein. Anders als beim benachbarten **Rederangsee**, der während des mittelalterlichen Anstiegs des Müritzspiegels eine Bucht der Müritz bildete, gab es keine natürliche Verbindung zwischen dem Moorsee, dem Warnker See und der Müritz. Wir genießen den herrlichen Blick auf den still daliegenden See und die unzähligen, auf den umliegenden Bäumen sitzenden Kormorane. Der Weg „Violette Glockenblume" umrundet den Warnker See in südwestliche Richtung.

Bald zweigen links der durch ein blaues „M" gekennzeichnete Müritz-Nationalparkweg und der Rundweg „Oranges Reh" zum Müritzhof ab. Neben diesem unbefestigten Fahrweg gehen wir auf einem Wanderweg entlang der *„Spuklochkoppel"* durch schönen dichten Mischwald auf den **Müritzhof** zu. Auf dem bewirtschafteten Hof *(Hofschänke)* kann man wunderbar unter alten Bäumen sitzen und eine Rast einlegen.

Der Weg zurück führt durch reizvolle, offene Landschaften und vermittelt dem Besucher verschiedenste Landschaftstypen des Müritz-Nationalparks. Die auf den extensiv genutzten Flächen weidenden Fjällrinder, Gotlandschafe und Shetlandponys erhalten die Hutungslandschaft mit ihren seltenen Pflanzen und Tieren. In der Umgebung des Müritzhofes befinden sich die bedeutendsten Wacholderbestände Mitteleuropas. Bekannt wurde das Gebiet um den Müritzhof auch durch sein großes Brutvogelvorkommen. Besonders im Herbst ist es eindrucksvoll mitzuerleben, wenn Hunderte Kraniche abends an ihrem Schlafplatz am „Spukloch" einfliegen.

Kurz vorm Warnker See setzen wir unsere Wanderung nach links auf dem Wanderweg „Violette Glockenblume" fort. Auf dem sandigen Weg erreicht man den südlichen *Beobachtungsturm* am **Warnker See**. Er ermöglicht die Beobachtung von Greifvögeln und vielen anderen Vogelarten wie Reihern und Tafelenten. Das Teufelsbruch im Blick, wandern wir durch die stille Landschaft auf die *Pension „Zur Fledermaus"* zu, wo wir am Abend auf der Terrasse sitzend fasziniert beobachten, wie sich die Nebelschwaden über das **Teufelsbruch** legen.

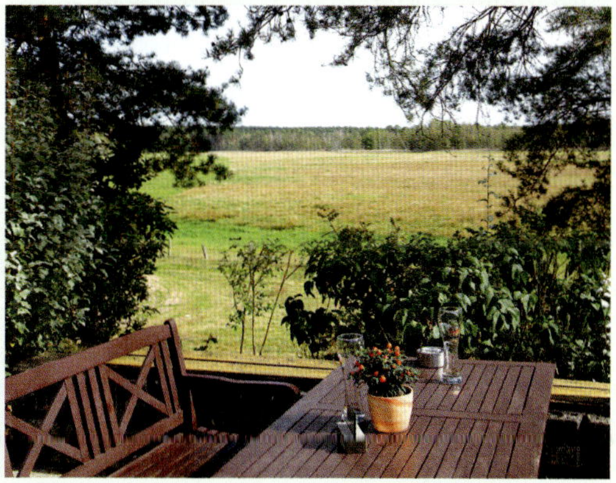

Nationalpark-Tour 3 – Wanderung Havelquellseen

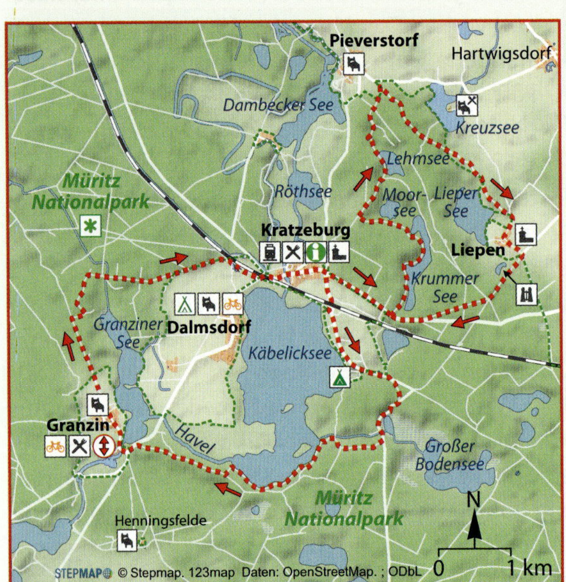

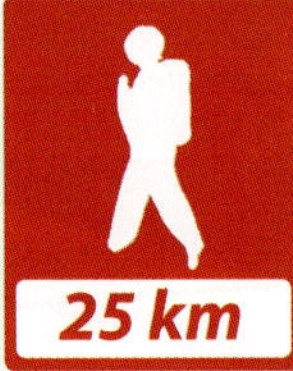

Charakter: Diese Wanderung führt durch eine abwechslungsreiche Wald- und Seenlandschaft des Nationalparks.

Anspruch: 25 Kilometer. Stramme, etwas anstrengende Tageswanderung, die aufgrund der lockersandigen Abschnitte für Radfahrer nicht geeignet ist. Wem die Wanderung zu lang ist, kann sie mit Startpunkt Kratzeburg in zwei Etappen laufen.

Route: Granzin – Kratzeburg – Pieversdorf – Liepen – Kratzeburg – Granzin.

Start-/Endpunkt: Granzin.

Einkehr: Unterwegs tolle Einkehrmöglichkeiten in Kratzeburg. Fischerei Berkholz und Lütte Meierie (leckeres Eis aus eigener Herstellung).

Übernachten: Granzin, Henningsfelde, Pieverstorf (FeWo), Dalmsdorf (Zelt, Schlaffass, Ferienhaus). *Adressen Seite 172-173.* Camping in Kratzeburg, Gasthof „Seehaus Wille" (Hartwigsdorf).

Infos: Nationalpark-Info „Flatterhus Kratzeburg" *(„Das Havel-Quellgebiet" & Fledermausausstellung)*, Dorfstr. 31, 17237 Kratzeburg, Tel. (39822) 296 65. Siehe *„Wichtige Adressen" Seite 174.*

„Viel Natur – viel Kultur"

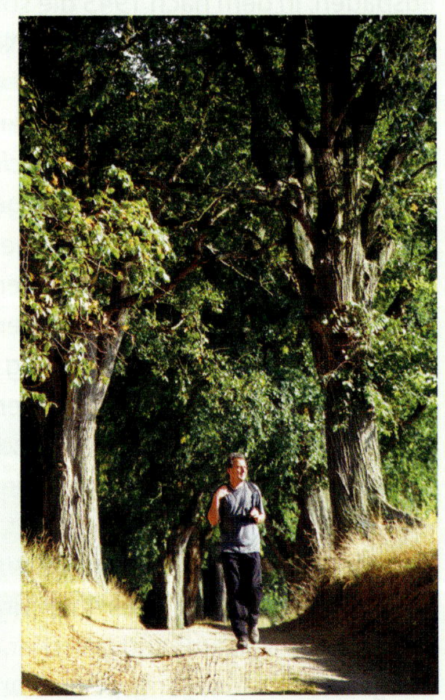

Malerisch erhebt sich die Kirche von **Granzin** auf dem kleinen Hügel mitten im beschaulichen Rundlingsdorf. Sie links liegen lassend, verlassen wir den Ort und folgen dem Zeichen „Lila Falke". Durch dunklen Kiefernwald geht es in die Kernzone des Nationalparks. Bis Anfang der 1990er Jahre existierte hier ein Panzer-Schießplatz der sowjetischen Armee. Schilder weisen noch immer auf das munitionsverseuchte Gelände abseits der Wege hin. Dennoch fällt es schwer, sich nicht von den zahllosen Pilzen locken zu lassen. In weitem Bogen führt der Wanderweg um den **Granziner See** herum und verlässt den Wald. Vor uns liegt der Ort **Dalmsdorf**, dessen Umgebung landwirtschaftlich genutzt wird. Ein Stück weit geht es entlang des Bahndamms, bevor der Weg kurz vor **Kratzeburg** auf die Autostraße trifft. Im Gebäude der *Nationalpark-Information* informieren die *Ausstellung „Das Havel-Quellgebiet"* und die freundlichen Ranger über den

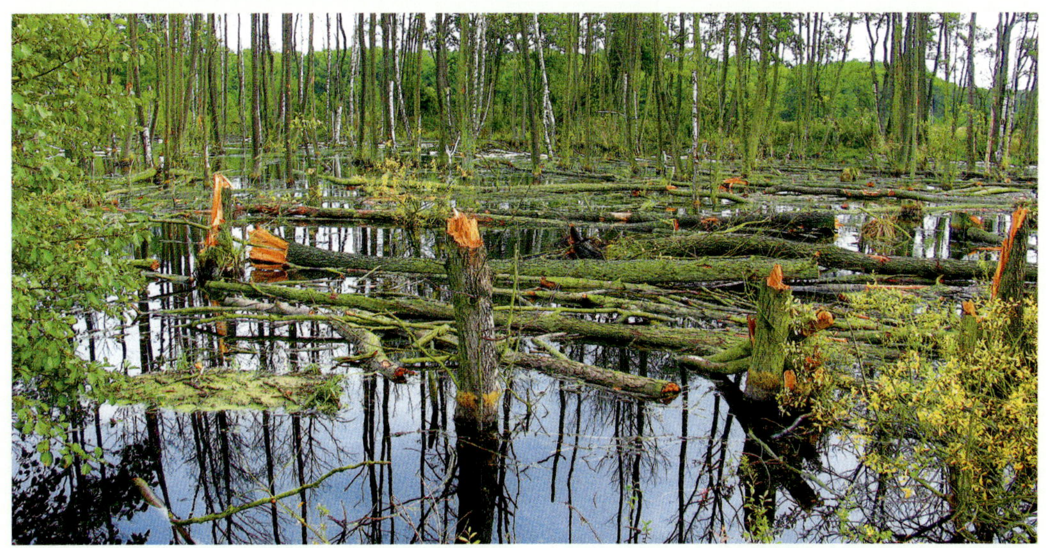

Nationalpark. Ebenso ist eine interessante *Fledermaus-Dauerausstellung* zu bewundern. Die kleine *Fachwerkkirche* des Ortes stammt aus dem Jahre 1786 und birgt zwei Schnitzaltäre aus dem späten 15. Jahrhundert. Später kehren wir in der *Fischerhütte von Fischer Berkholz* ein und stärken uns mit einem traditionell über dem Holzfeuer geräucherten Aal. Kinder schwören auf den „Kratzeburger", ein Fischbratling im Brötchen, den viele sogar einem Big Mac vorziehen…

Entlang der Verbindungsstraße zur B 193 verlassen wir den Ort Richtung Osten. Gegenüber einem Parkplatz biegen wir auf den Wanderweg „Rotes Eichhörnchen" ab. Er führt uns hinunter zum Ufer des in einer Senke gelegenen **Krummen Sees**, der durch ein Moor mit dem **Moorsee** verbunden ist. Man wähnt sich in einem Märchenwald inmitten dieses von Fichten mit Erlenbrüchen geprägten Forstes. Oberhalb des **Lehmsees** führt der Wanderweg an bronzezeitlichen *Hügelgräbern* und dem *Wall einer jungbronzezeitlichen Höhenburg* vorbei bis kurz vor **Pieverstorf**. Wer den Umweg nicht scheut, kann beim sehr idyllisch am **Kreutzsee** gelegenen *Gasthof Seehaus* einkehren. Unser Weg knickt jedoch Richtung Südosten ab.

Im Frühjahr beeindruckt der Wald mit Teppichen blühender Anemonen. Rechterhand liegen die großteils mit Buchen bewaldeten, 105 Meter hohen **„Pieverstorfer Berge"**. Zu unserer Rechten taucht der **Lieper See** zwischen den Bäumen auf. Mit seinen abgestorbenen Bäumen ist er ein ideales Rast- und Brutgebiet für zahlreiche Wasservögel. Weltabgeschieden wirkt das Dorf **Liepen**. Vorbei an der *alten Schule (heute große Ferienwohnung)*, kommen wir zur sehenswerten *Dorfkirche*. Sie wurde im 19. Jahrhundert vom Schinkelschüler Buttel gebaut.

Nicht weit hinter dem Ort bietet ein hölzerner Beobachtungsstand einen malerischen Blick auf den verschilften **Lieper See**. Am Abend und am frühen Morgen kann man hier besonders gut Wasser- und Greifvögel bei der Nahrungssuche beobachten. Am Parkplatz erreicht man wieder die Verbindungsstraße zur B 193. Auf ihr gehen wir zurück Richtung **Kratzeburg**, um an der ersten Kreuzung links abzubiegen. Unter den Bahnschienen hindurch folgen wir noch ein Stück diesem mit dem Symbol „Violetter Falke" gekennzeichneten Weg, bevor wir uns an der Gabelung, wo es hinunter zum Campingplatz geht, links halten. Auf Höhe eines Feuchtgebietes im Bereich der Seen **Kleiner und Großer Bodensee** führt der Weg nah ans Ufer des **Käbelicksees**. Auf ihm legen wir die letzten Kilometer bis **Granzin** zurück.

Nationalpark-Tour 5 – Wanderung Serrahner Buchenwald

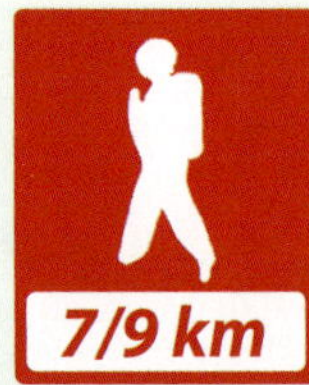

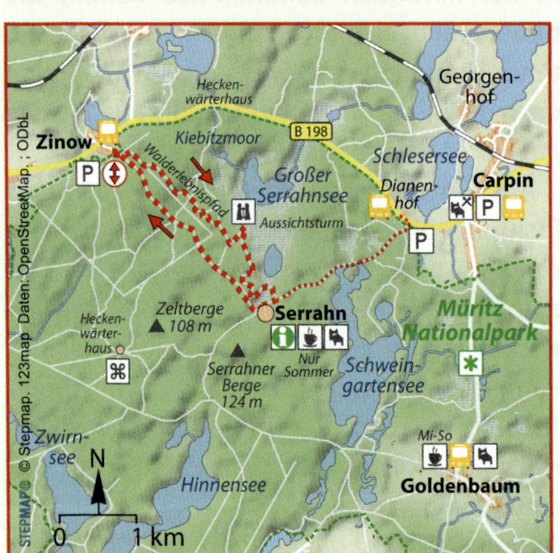

Charakter: Die Landschaft um Serrahn ist durch ein bewegtes Relief gekennzeichnet. Hier findet man viele Seen und ausgedehnte, zum Teil sehr alte Buchen- und Eichenwälder. Die Buchenwälder um Serrahn wurden 2011 in die Weltnaturerbe-Liste der UNESCO aufgenommen. Zunächst gelangt man zum Aussichtsturm am Großen Serrahnsee, dann vorbei an den Resten des mittelalterlichen Dorfes Saran und schließlich auf einem Holzsteg durchs Moor zum alten Forsthaus Serrahn, wo die Ausstellung *„Weltnaturerbe Buchenwälder"* sowie *„Naturfotos"* zu sehen sind.

Anspruch: 7 oder 9 Kilometer. Leichte Familientour auf einem spannenden und abwechslungsreichen Walderlebnispfad entlang naturbelassener Waldwege und schmaler Pfade. Stationen mit Infotafeln informieren zur einzigartigen Vegetation. Dauer ca. 3 Stunden.

Route: Von Zinow nach Serrahn, auf gleichem Weg oder dem parallelen Fahrweg zurück nach Zinow. Alternativ von Serrahn zum Dianenhof und zurück mit dem Bus (alle 2 Std.).

Start-/Endpunkt: Waldparkplatz Zinow.

Einkehr: In der Hauptsaison Einkehrmöglichkeit in Serrahn.

Übernachten: FeWo in Sehrrahn und Goldenbaum, Hotel in Carpin. *Adressen siehe Seite 173.*

Infos: Forsthaus Serrahn, 17237 Serrahn, Tel. (039821) 41 500, Siehe auch *„Wichtige Adressen Nationalpark" Seite 174.*

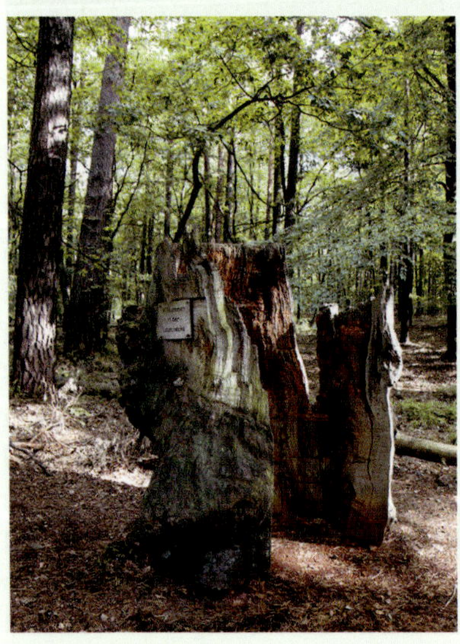

„Ins Reich der Buchen"

Um Holz und Land für den Ackerbau zu gewinnen, hatten im 18. Jahrhundert die Menschen die ausgedehnten Buchenwälder rund um **Serrahn** gerodet. Erst seit dem 19. Jahrhundert wurde wieder aufgeforstet. In einigen Jahrhunderten wird man wissen, wie ein natürlich gewachsener Baumbestand aussehen wird. Vielleicht kann man dann von einem Naturwald oder sogar Urwald sprechen. Bis dahin aber ist es noch ein langer Weg.

Die Wanderung vermittelt einen schönen Eindruck von der vielfältigen Landschaft rund um Serrahn. In der kleinen Siedlung stehen Ranger der *Nationalpark-Information* für Auskünfte zur Verfügung. Das Dorf **Zinow**, Ausgangspunkt der Wanderung, besteht heute nur noch aus wenigen *Forstarbeiterhäusern* und einer *ehemaligen Försterei.*

Bis zum Dreißigjährigen Krieg gehörte es zu den größten Dörfern Mecklenburgs.

Vom **Waldparkplatz Zinow** führt der Weg auf weichem Waldboden, dem Symbol „Grünes Buchenblatt" folgend, unter hoch aufragenden Kiefern entlang. Auf dem ***Walderlebnispfad*** informieren Stationen mit Infotafeln über die einzigartige Flora und Fauna. Besonders reizvoll sind die „Lauschecke" in einem Totholzstamm, wo man die Geräusche des Waldes besonders intensiv wahrnimmt und, ein Stück weiter, zwei Hängematten, in denen liegend der Wald aus einer ganz anderen Perspektive zu sehen ist.

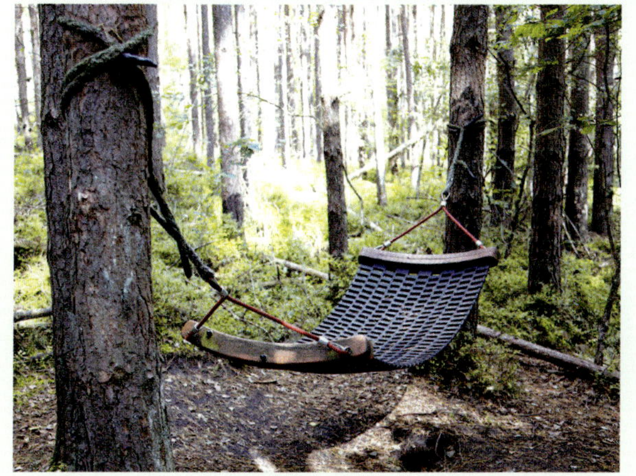

Der Boden ist mit dichten Heidelbeerbüschen bedeckt. Der Wald gehörte einst zum *Jagdrevier des Großherzogs Georg*, daher blieben die dicken Kiefern von der Axt verschont. Dann ändert sich das Landschaftsbild. Birken mischen sich in die Vegetation; bald kommt man zum Ufer des **Großen Serrahnsees,** der vor 150 Jahren durch eine zwei Meter tiefe Wasserspiegelabsenkung seiner Größe beraubt wurde. Ein *Beobachtungsturm* bietet einen schönen Blick über den verlandeten See. Überall ragen abgestorbene Birken aus dem Boden, und mit etwas Glück kann man weit draußen den Fischadler beim Jagen oder Kraniche im hohen Schilf beobachten.

Einige Zeit geht es nun durch herrlichen Buchenwald. Unvermittelt steht man vor den *Resten des mittelalterlichen Dorfes Saran*, das dem Waldort Serrahn seinen Namen gab. Im Jahre 1939 von dem Heimatforscher Walter Karbe entdeckt, soll es schon vor 1.000 Jahren entstanden sein.

Ein langer Holzsteg führt durch ein Moor, in dem der selten zu findende rundblättrige Sonnentau wächst. Er liebt moorige Standorte mit saurem und feuchtem Boden. Eine Besonderheit ist, dass er mit seinen klebrigen Drüsenköpfchen kleine Spinnen und andere Insekten fängt. Beim alten *Forsthaus von* **Serrahn** informiert eine *Ausstellung* (kostenfrei) über die Buchenwälder des Serrahner Gebietes und nebenan gibt es eine *Naturfotografie-Ausstellung*. Nach einer Stärkung in einem kleinen *Garten-Café (nur zur Hauptsaison)* hat man die Wahl: Entweder geht es auf gleichem Weg oder dem parallel verlaufenden Fahrweg zurück nach **Zinow**. Alternativ kann man in nordöstliche Richtung, vorbei am Schweingartensee, zu den Bushaltestellen **Dianenhof** oder **Carpin** (Hotel) laufen. Alle zwei Stunden fährt von dort der Linienbus nach Zinow.

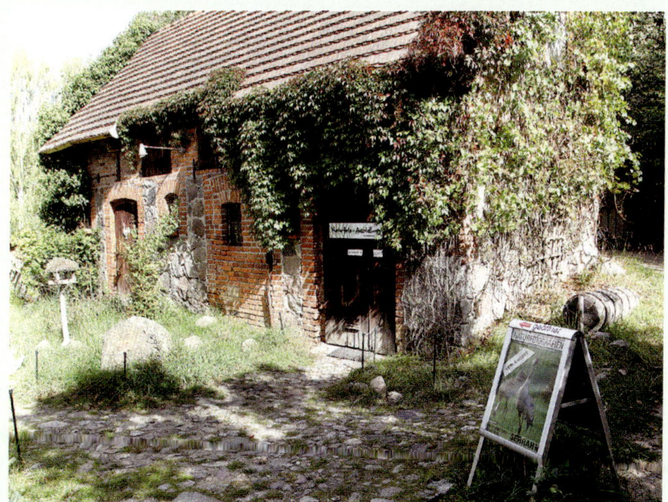

Nationalpark-Tour 6 – Wanderung entlang klarer Rinnenseen

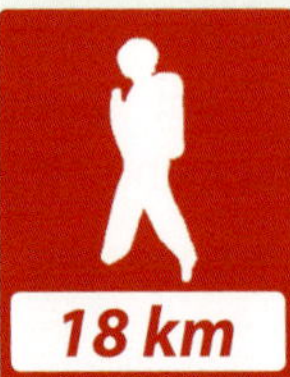

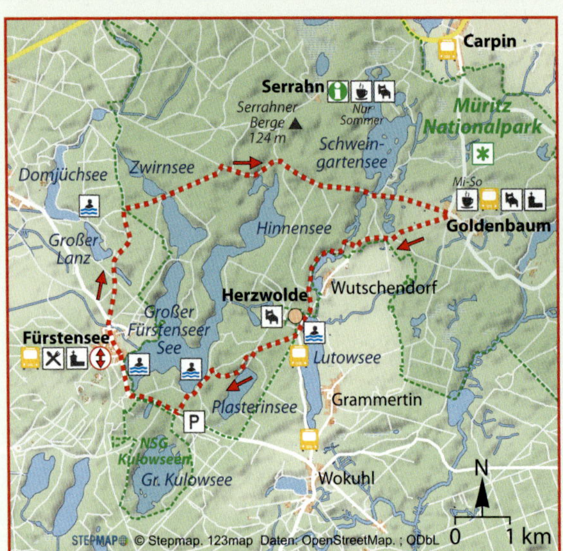

Charakter: Durch sandige Kiefernforste nähert man sich den Serrahner Bergen. Vorbei am Zwirnsee, einem der klarsten Seen Mitteleuropas, wird das abgeschiedene Dörfchen Goldenbaum erreicht, das eingebettet in eine hügelige Landschaft zwischen Weiden und Feldern liegt. Der zweite Teil der Wanderung führt durch herrlichen Buchenwald ins beschauliche Straßendorf Herzwolde und weiter zurück bis Fürstensee. Die Landschaft ist geprägt von Rinnenseen, die durch das Abfließen des Schmelzwassers der letzten Eiszeit entstanden sind.

Anspruch: 18 Kilometer. Schöne und abwechslungsreiche Tages-Wanderung, die aber wegen guter Beschaffenheit der Wege auch als Radtour machbar ist.

Route: Fürstensee – Goldenbaum – Herzwolde – Fürstensee.

Start-/Endpunkt: Fürstensee.

Einkehr: Eine schöne Einkehrmöglichkeit ist das „Café Kudu" (Mi-So) in Goldenbaum.

Übernachten: FeWo in Herzwolde und Goldenbaum. *Adressen siehe Seite 173.* Fürstensee (FeWo).

Infos: Nationalpark-Info Neustrelitz, Strelitzer Str. 1, 17235 Neustrelitz, Tel. (03981) 25 31 06, www.mueritz-nationalpark.de Siehe auch *„Wichtige Adressen Nationalpark" Seite 174.*

„Stille Wälder – klare Seen"

Unser Auto parken wir unweit der *Kirche* von **Fürstensee**, einem von 1778-79 errichteten Kiefernholzfachwerkbau. Kurz hinter dem Ortsausgang zweigt rechts der Weg „Blauer Falke" nach Goldenbaum ab. Zu Beginn führt der steinige, sandige und unbefestigte Fahrweg entlang einer Kiefernschonung. Noch sind die Autos auf der nahen Straße zu hören. Bald jedoch umgibt uns eindrucksvolle Stille. Nach einigen hundert Metern zweigt links ein Wanderweg ab, der rund um den **See Großer Lanz** zurück nach Fürstensee führen würde.

Wir halten uns jedoch geradeaus, lassen rechts einen kleinen See liegen und gehen weiter durch die sandigen Kiefernforsten. Zwischen den Bäumen ist links der **See Großer Lanz** zu erkennen. An dessen nordwestlichem Ende stößt er fast auf den **Domjüchsee**, wo sich auch eine Badestelle befindet. Der Waldboden ist dicht mit Heidelbeerbüschen bedeckt. Zwischen den Kiefern fühlen sich Birken wohl. Sacht schaukeln die hoch aufragenden Kiefern im Wind. An einer Wegkreuzung führt der „Blaue Falke" nach rechts. Erst jetzt überschreiten wir die ***Grenze des Nationalparks.*** Der stetige Anstieg zwingt hier Radfahrer zum Schieben, doch schon bald kann man sich wieder auf den Sattel schwingen.

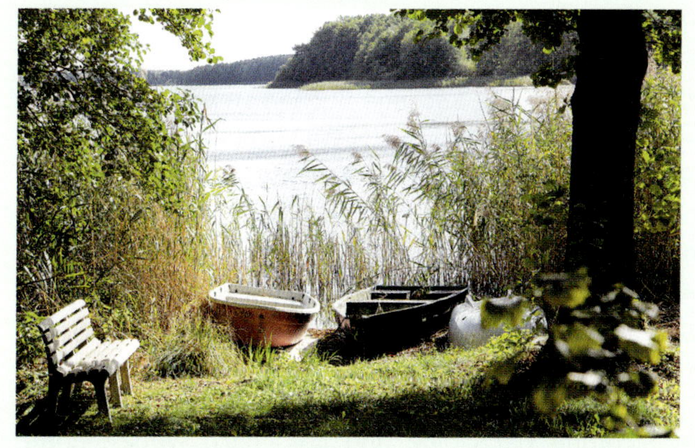

Bergab geht es in einen schmalen Hohlweg, der vom Blätterdach der daneben wachsenden Buchen überdeckt wird. Dann ist der auf der rechten Seite liegende **Zwirnsee** erreicht. Als einer der wenigen Klarwasserseen, gehört er zu den wertvollsten Seen in Mitteleuropa. Seine maximale Tiefe beträgt 17 Meter, die Sichttiefe 7 Meter. Charakteristisch für diesen See sind seine geschlossenen Unterwasserwiesen, welche sich unter anderem auch aus Armleuchteralgen und dem seltenen Nixkraut zusammensetzen. Diese Pflanzen, sowie der Tannenbärlap als floristische Rarität der Uferregion, weisen auf die ökologische Intaktheit dieses Sees hin.

Der Weg wird nun wieder sandiger, führt eine ganze Zeit kerzengerade stetig bergan. An einer Weggabelung haben wir die Hälfte der Strecke nach Goldenbaum zurückgelegt. Wir halten uns rechts, es sind noch fünf Kilometer bis Goldenbaum. Links laden zwei Bänke zum Ausruhen ein. Unterhalb dieser kleinen Rast befindet sich der **Hinnensee**, der sich aber leider vollständig hinter Bäumen verbirgt. Er geht nahtlos über in den **Großen Fürstenseer See**, einem der saubersten Gewässer der Region. Linker Hand erheben sich die dichten Buchenwälder der **Serrahner Berge**. Etwa einen Kilometer weit im Wald steht ein noch bewohntes *Heckenwärterhaus* von 1849. Der Heckenwärter war seinerzeit Hüter des großherzoglichen Forstes.

Der jetzt die Landschaft prägende ausgedehnte Laubwald wird von der Rotbuche dominiert. Kurz vor Erreichen des **Schweingartensees** geht der sandige Weg in einen mit Feldsteinen gepflasterten Fahrweg über, der sehr alt sein muss. Offensichtlich war dieser Weg in früheren Zeiten eine wichtige Verbindung zwischen Fürstensee und Goldenbaum. Als „Fahrbahnmarkierung" dienen große unbehauene Feldsteine.

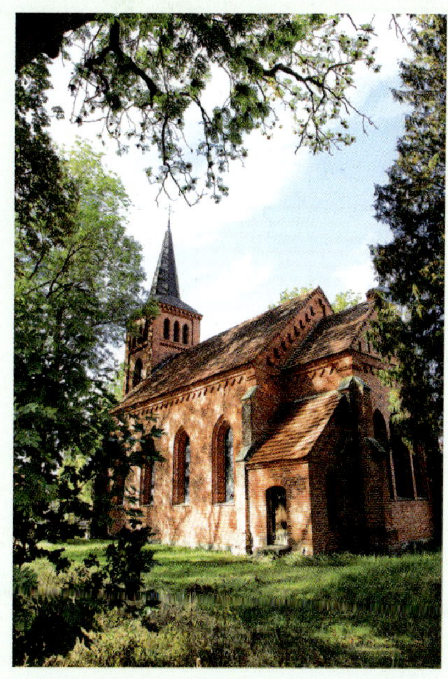

Rechts lugt ein kleiner, verschilfter See zwischen den Bäumen hervor. Einen Kilometer vor Goldenbaum, unmittelbar vor dem **Schweingartensee**, zweigt – für jene, die abkürzen wollen – rechts der Wanderweg „Gelbes Reh" ab. Ein *behauener Findling* erinnert an die unbekannten Gefallenen der letzten Kriegstage von 1945 im Raum Carpin / Goldenbaum.

Im abgeschiedenen Dorf **Goldenbaum** *(neugotische Backsteinkirche, Mi-So: Café Kudu, wer außerhalb der Öffnungszeiten kommt, muss nicht verdursten)* folgen wir dem Wanderweg „Gelbes Reh", der bald in den Radweg „Blaues M" übergeht, welcher als Plattenweg ausgelegt ist. Nach **Wutschendorf** ist es nun nicht mehr weit.

Wir verlassen jedoch schon vor dem Ort die Straße und halten uns rechts auf dem „M-Weg", der uns nach

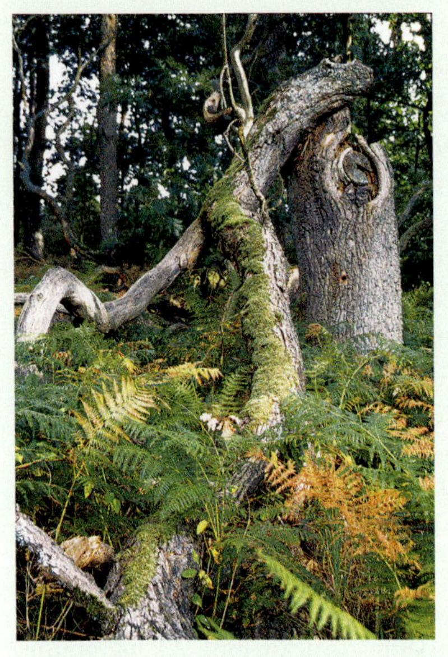

Herzwolde führen wird. Auf federndem Waldboden geht es durch herrlichen Buchenwald entlang der *Grenze des Nationalparks*. Alte knorrige Buchen stehen neben hoch aufgeschossenen Kiefern; der Waldboden ist mit reichlich Totholz bedeckt. Dicht an einem kleinen See, an dessen gegenüberliegendem Ufer sich hinter starkem Bewuchs das Dörfchen **Wutschendorf** verbirgt, führt der Wanderweg vorbei. Die trockengefallene Senke, in die einige riesige Bäume gestürzt sind, läßt erahnen, dass der See hier einmal wesentlich größer gewesen ist.

Der Waldweg gelangt an einen Plattenweg. Rechts geht es Richtung Herzwolde und links nach Wutschendorf. Unser Weg führt nach **Herzwolde**, wo wir am Ortseingang unter alten Eichen an einem *Rastplatz* den Blick auf den **Lutowsee** genießen. Ein Stück weiter, im beschaulichen Straßendorf, befindet sich eine schöne sandige *Badestelle* mit Steg, lauschigen Sitzecken und Feuerstelle.

Am Ende des Dorfes, an einer Straßengabelung, folgen wir nicht der normalen Fahrstraße, sondern nehmen von der Straße aus gesehen rechts den Weg „Roter Falke", der sich schnurgerade und etwas eintönig durch das *Herzwolder Revier* zieht. Es liegt im Übergangsbereich von der Endmoräne zum Sander und hat 905 Hektar Forstfläche sowie zahlreiche Klarwasserseen wie den Fürstenseer See, den Zwirnsee und den Hinnensee. Diese sind Rinnenseen, die durch das Abfließen des Schmelzwassers der letzten Eiszeit entstanden sind. An Baumarten trifft man hier neben Kiefern auch auf Traubeneichen und Rotbuchen. Zu den häufigsten Tierarten gehören Damwild, Schwarzwild und Rehwild. Seeadler, Fischadler und Kranich kommen als Brutvogel vor.

Unvermittelt taucht am rechten Wegrand der mit „M" markierte Müritz-Nationalpark Weg auf, dem wir bis zum **Großen Fürstenseer See** folgen. Dort erwarten uns eine *Badestelle* und ein schöner Blick über den See, der hier bis zu 28 Meter tief, sehr klar und nährstoffarm ist. Das Sonnenlicht erreicht den Seeboden bis in große Tiefen, so dass großflächig seltene Unterwasserpflanzen wachsen. Neben den verbreiteten Fischarten wie Ukelei, Rotfeder, Schleikarpfen, Hecht und Barsch leben hier auch Wels, Aal, und Maräne.

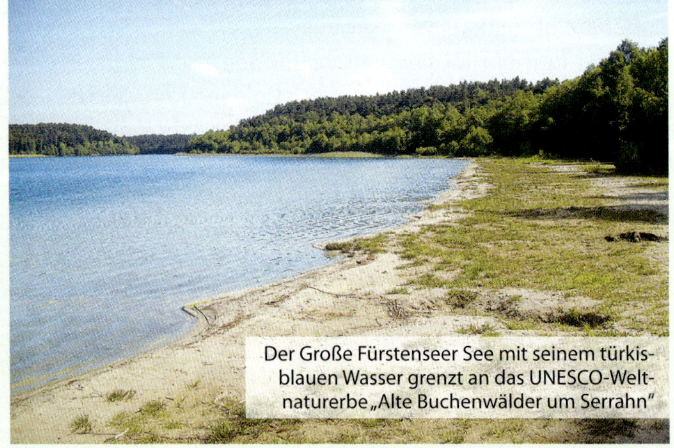

Der Große Fürstenseer See mit seinem türkisblauen Wasser grenzt an das UNESCO-Weltnaturerbe „Alte Buchenwälder um Serrahn"

Der Wanderweg führt nun zu einem an der Straße gelegenen Parkplatz. Auf der gegenüberliegenden Straßenseite dehnt sich das *Naturschutzgebiet „Kulowseen"* aus. Von dort hört man das Rufen der Kraniche, die sich am Ufer des **Großen Kulowsees** zum Schlafen sammeln. Auf dem neben der Straße verlaufenden Radweg legen wir die restliche Strecke bis **Fürstensee** zurück.

Nationalpark-Tour 7 – Wanderung zur Steinmühle

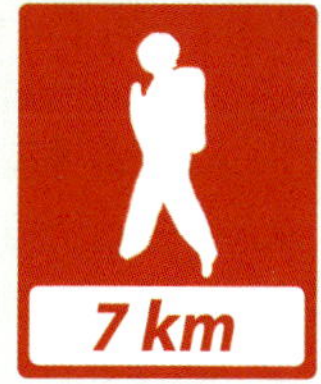

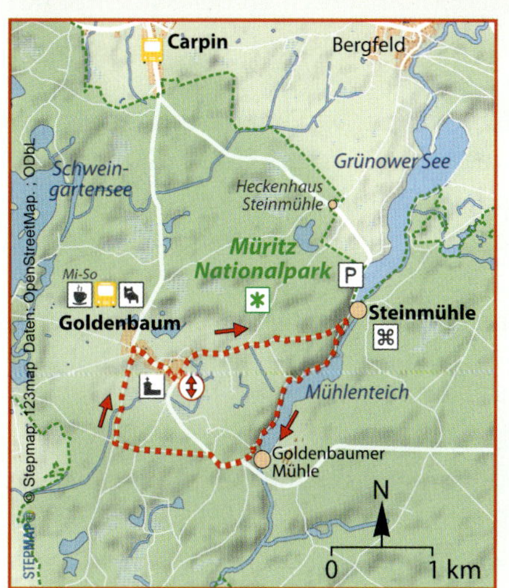

Charakter: Ruhe und Abgeschiedenheit findet man auf der kleinen Wanderung durch die ausgedehnten Wälder rund um das Dörfchen Goldenbaum. Deren Reize, die sich vor allem im Frühling und Herbst offenbaren, zeugen vom Werden und Vergehen im Nationalpark.

Anspruch: 7 Kilometer. Ein schmaler, aber fester Rundweg (2-3 Stunden) mit einigen Hindernissen, die leicht zu bewältigen sind.

Route: Goldenbaum – Steinmühle – Goldenbaum.

Start-/Endpunkt: Ortsausgang Goldenbaum.

Einkehr: Eine schöne Einkehrmöglichkeit ist das „Café Kudu" (Mi-So) in Goldenbaum.

Übernachten: FeWo in Goldenbaum. Hotel in Carpin. *Adressen siehe Seite 173.*

Infos: Nationalpark-Info Neustrelitz, Strelitzer Str. 1, 17235 Neustrelitz, Tel. (03981) 25 31 06, www.mueritz-nationalpark.de Siehe auch *„Wichtige Adressen Nationalpark" Seite 174.*

„Auf der Eiszeitstraße"

Wie eine Insel mitten im Wald des Müritz-Nationalparks, durch landwirtschaftliche Nutzung offen gehalten, liegt **Goldenbaum**. Tonnenschwere Steine entlang der Felder sind Zeugen der Eiszeit. In der späten Bronzezeit entstanden um Goldenbaum herum auffällige *Hügelgräber*, die im Parkgebiet häufiger zu finden sind. Mit seinen ihn umgebenden Obstgärten, der von weitem sichtbaren Kirche und dem *Storchennest* hoch oben auf einem Pfahl ist der Ort ein kleines Idyll.Hinter der *Kirche*, einem sehenswerten gotischen Backsteinbau, beginnt in einer Rechtskurve der Wanderweg mit dem Symbol „Rotes Eichhörnchen" auf der linken Straßenseite.

Anfangs geht es über einen unbefestigten Fahrweg hindurch zwischen sanft geschwungenen Hügeln und Kuppen. Aus dem nahen Wald ruft der Kuckuck, und in den Hecken entlang des Weges zwitschern die Feldlerchen. Der Weg führt geradewegs in einen herrlichen Buchenwald. Gleich zu Beginn geht es bergan, doch schon nach wenigen Metern führt er durch leicht hügeligen Laub- und Kiefernwald. Bald wird der Pfad steiler und beschreibt dann einen Rechtsknick hinunter zum **Mühlenteich**. Leise

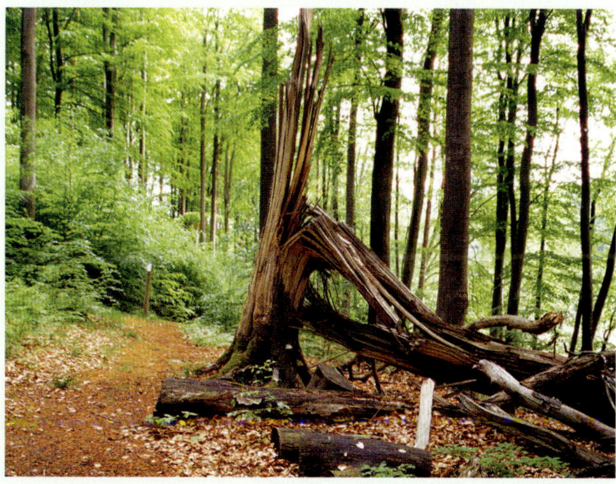

plätschert ein kleiner Bach von links kommend den Berg hinab. An diesem Abzweig geht man geradeaus weiter und gelangt nach wenigen Metern zu der romantisch an der Südspitze des **Grünower Sees** gelegenen **Steinmühle**. Erstmals 1791 erwähnt, wurde zuletzt in ihr Getreide gemahlen und ein Sägegatter betrieben. Zu Beginn des 20. Jahrhunderts zerstörte ein Feuer die Mühle. Die Gebäude wurden um 1910 als *Försterei* wieder errichtet. Das Gebäudeensemble und die *Reste des Mühlenwehres* stehen unter Denkmalschutz. Seit 1996 ist die Mühle Bildungsstätte des Nationalparkamtes Müritz. Hier, im **Jugendwaldheim Steinmühle,** können Schüler die charakteristischen Lebensräume des Nationalparks – Wald, See und Moor – kennenlernen und erleben.

Die Geschichte des **Grünower Sees** ist eng mit der Wassermühle verbunden. Um ständig ausreichend Wasser für den Mühlenantrieb zu haben, wurde an dieser Stelle der **Goldenbaumer Mühlenbach** aufgestaut. Erst dadurch füllte sich das talförmige Gelände mit Wasser und wurde so zum See. Auch der unterhalb liegende Mühlenteich bei Goldenbaum entstand auf diese Weise.

Auf dem Weg zurück nach Goldenbaum, am Ufer des **Mühlenteichsees** entlang, umfängt einen wunderbare Stille. Nur der Wind raschelt in den Kronen der alten Buchen; ein Rudel Wildschweine sucht erschrocken das Weite. Die hohe bewaldete Bergwand im Rücken, durchquert man einen *Gletscherdurchbruch*. Abfließende Wasser haben das langgezogene Tal geformt. Die mächtige Krone eines vermodernden Baumes, der von Moosen, Flechten und Pilzen überdeckt ist, verschwindet fast ganz im trocken gefallenen Teil des Sees. Sie und die Kronen anderer gestürzter Baumriesen bieten einer geräuschvollen Vogelwelt ideale Bedingungen.

Nach etwa zwei Kilometern erreicht man die **Goldenbaumer Mühle**. Einst diente sie der Familie Dietrich, einem Onkel von Marlene Dietrich, als Wochenendsitz – damals noch mit einem prächtigen Park mit seltenen Bäumen, später als Flüchtlingsunterkunft und zu DDR-Zeiten als Putenfarm. Sie ist eine von ursprünglich drei Mühlen an diesem Fließ. Nun folgt man auf einem kurzen Stück der teils mit Kopfsteinpflaster befestigten *alten Goldenbaumer Landstraße*.

In einer Rechtskurve führt der Wanderweg nun nach Westen und windet sich mal rechts mal links durch Lärchen- und Fichtenpflanzungen. Der Straße aus Grammertin folgend hält man sich rechts und erreicht aus südlicher Richtung wieder **Goldenbaum**.

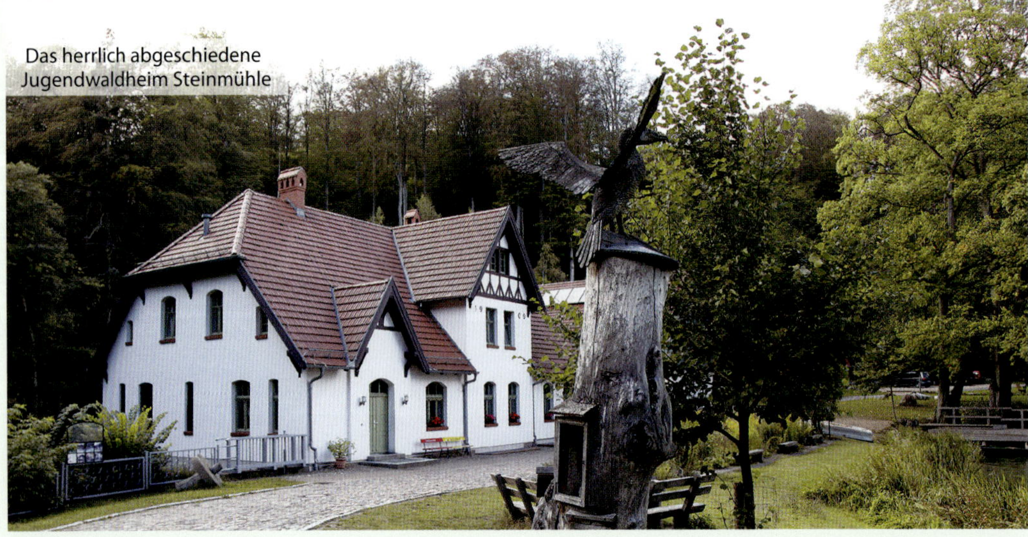
Das herrlich abgeschiedene Jugendwaldheim Steinmühle

Havel und Havelquellseen

„Mit dem Kanu im Nationalpark“

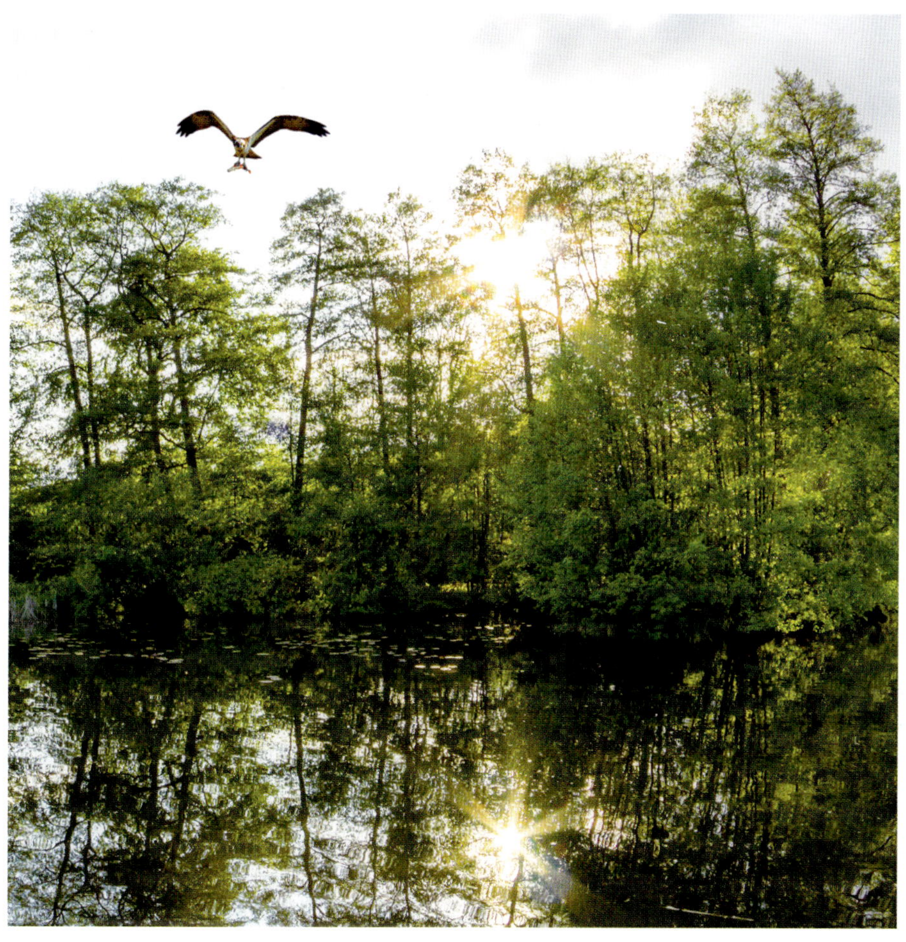

Tour 10

Infos Tour 10 – Havel und Havelquellseen

Aktivitäten	Natur	Kultur	Baden	Hindernisse
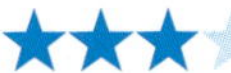				

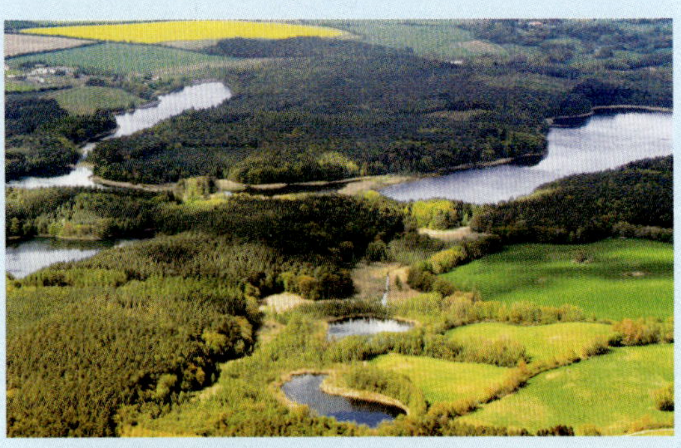

Charakter der Tour

Die Quelle der Havel liegt in einem bewaldeten Sumpfgebiet im Müritz-Nationalpark. Auf ihrem Lauf Richtung Süden gewinnt sie rasch an Größe und verändert dabei ständig ihr Gesicht. Malerisch und fast strömungslos verbindet sie die zahlreichen kleineren und größeren Seen im Herzen des Müritz-Nationalparks. Motorbootfrei, einsam und sauber, führt sie durch dichte Wälder mit artenreicher Tier- und Pflanzenwelt. Hier sind sowohl Fischotter als auch Fisch- und Seeadler zu Hause; bisweilen hört man den Ruf der Rohrdommel und das Trompeten der Kraniche. Das Anlanden ist nur in Ortschaften, an Umtragestellen und ausgewiesenen Rastplätzen erlaubt! In den Sommerferien kann die Strecke stark frequentiert sein, deshalb empfiehlt sich eine Befahrung außerhalb dieser Zeit. Das Ziel unserer Tour, am Ufer des Zierker Sees gelegen, ist die barocke Residenzstadt Neustrelitz. Auf den Strecken Babke – Leppinsee, Käbelicksee – Leppinsee und Babke – Mirow gibt es einen Kanu-Shuttle mit Anschluss an die Tour 11 „Alte Fahrt".

Länge & Dauer der Tour ca. 38 km, 2-3 Tage.

Umtragestellen Granziner Mühle (Lorenbahn) 750 m, Wehr Babke (Bootsschleppe) 60 m, Zwenzower Schleuse (Bootsschleppe), Schleuse Voßwinkel.

Anreise A 19 Berlin-Rostock, Abfahrt 18 (Röbel), B 198 Richtung Neustrelitz/Neubrandenburg, B 193 Richtung Penzlin, hinter Neustrelitz links ab nach Kratzeburg.

Einsetzstelle Kanu-Hecht in Kratzeburg, Dalmsdorf 5c oder Badestelle Käbelicksee.

Aussetzstelle Stadthafen Neustrelitz, Am Stadthafen oder Kanustation des WSV „Einheit Neustrelitz", Zierker Nebenstraße 31.

Zurück zum Pkw Bahnverbindung im 2-Std.-Takt von Neustrelitz nach Kratzeburg. Fahrzeit 0:09 h.

Etappenvorschlag

1. Tag Kratzeburg – Camping „Hexenwäldchen" am Jamelsee (14 km).

2. Tag Camping „Hexenwäldchen" am Jamelsee – Camping „Havelberge" am Woblitzsee (14 km).

3. Tag Campingplatz „Havelberge" am Woblitzsee – Neustrelitz (10 km).

Tipps für Tagestouren

1. Kratzeburg – Campingplatz „Hexenwäldchen" am Jamelsee (14 km, zurück mit Leihfahrrad).
2. Granzin – Kratzeburg – Granzin (10 km).
3. Granzin – Blankenförde – Granzin (20 km).
4. Blankenförde – Granzin – Blankenförde (20 km).

Karten- & Literatur-Tipps

Wasserwanderkarte Mecklenburgische Kleinseenplatte, 1:50.000, Klemmer-Verlag.

KANU KOMPAKT Mecklenburgische Kleinseen 1, *Kanureiseführer mit topograf. Wasserwanderkarten, Kettler & Hillmann,* Thomas Kettler Verlag.

Mecklenburgische Seenplatte: *Natur- & Kultur-Reiseführer, Sucher & Wurlitzer,* TRESCHER Verlag.

Mitten ins Herz *(hist. Kriminalroman, spielt in Neustrelitz), Frank Pergande,* Helms Verlag.

„Müritz, Mord & Mückenstich", *Kriminalroman (Hexenwädchen), Ch. v. Feyerabend,* Emons Verlag.

„Marlene Torvett & das Märchen vom Glück" *(Neustrelitz-Krimi), Jana Jürß,* MadeByJuerss.

Übernachtung in Wassernähe *(in der Reihenfolge des Tourenverlaufs)*

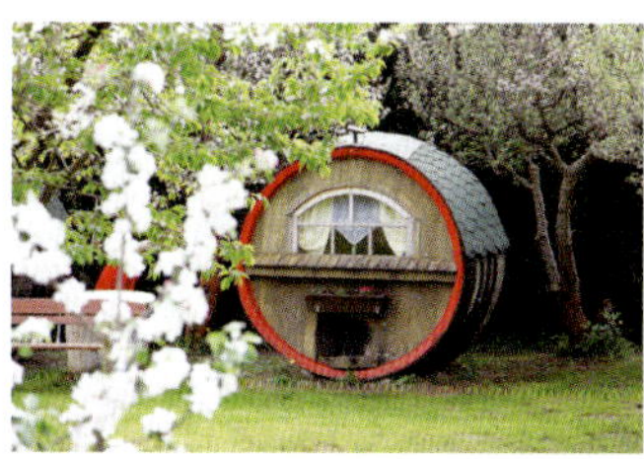

Kratzeburg-Dalmsdorf
Kanu-Hecht
(Zelt, Hütte, Schlaffass, Ferienhaus)
siehe Kanuvermietung

Granzin
Töpferhof Steuer (FeWo)
siehe Kanuvermietung

Granzin 3 Apartments,
Granzin Nr. 3, Tel. (039822) 29 60 40
www.granzin3.de

Babke
Ferienanlage „Freiraum-Babke"
Babke 27a, Tel. (039829) 225 59
www.freiraum-babke.de

Am Jamelsee (Blankenförde Kakeldütt)
Campingplatz „Hexenwäldchen"
siehe Kanuvermietung

Blankenförde-Kakeldütt
Ferienanlage Dürkop
Blankenförde 14
Tel. 01511-662 92 58
www.ferien-duerkop.de

Raus ins Grüne (FeWo)
siehe Touren-Veranstalter

Am Görtowsee (Blankenförde)
Pension Fischerhaus
(Zelten nur nach vorh. Anmeldung)
Fischerhaus 1, Tel. (039829) 202 12 & 0170-212 47 54
www.pensionfischerhaus.de

Kleiner Labussee (Wesenberg)
„Ihr Familienpark" (Zelt, Zimmer)
Am Labus 1 b, Tel. (039832) 205 25
www.ihr-familienpark.de

Klein Quassow
Ferienanlage Labussee
Klein Quassow 1
Tel. (039832) 204 88
www.labussee.de

Neustrelitz
Pension Bootshaus
Useriner Str. 1
Tel. (03981) 23 98 60
www.bootshaus-neustrelitz.de

WSV „Einheit Neustrelitz"
(Camping und Mehrbettzimmer)
Zierker Nebenstraße 31
Tel. (03981) 20 43 38
www.wsv-neustrelitz.de

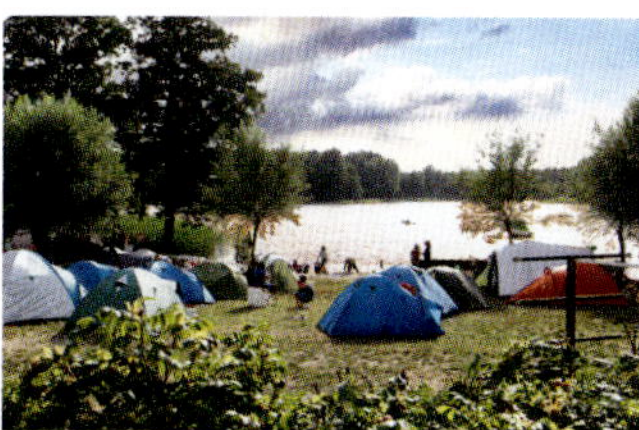

Weitere Campingplätze
am Käbelicksee (Kratzeburg), Useriner See, Großer Labussee und Woblitzsee.

Kanu-Shuttle zur Tour 11

Paddel Paul, Schillersdorf am Leppinsee, Tel. 0174-827 52 30,
www.paddel-paul.de

Kanu-Hecht, Kratzeburg-Dalmsdorf
Tel. 0172-932 36 25
www.kanu-hecht.de

Kormoran Kanutouring, Granzin,
Tel. 0172-274 09 66
www.kormoran-kanutouring.de

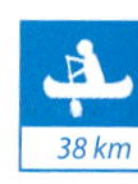

Kanuvermietung

Kratzeburg-Dalmsdorf
Kanu-Hecht
(Abholung bei Bahnanreise)
Dalmsdorf 5c, Tel. (039822) 179 88 & 0172-932 36 25
www.kanu-hecht.de

Granzin
Kormoran Kanutouring
(Abholung bei Bahnanreise)
Granzin 21, Tel. (039822) 298 88 und 0172-274 09 66
www.kormoran-kanutouring.de

Töpferhof Steuer
Granzin 4, Tel. (039822) 202 42
www.toepferhofsteuer.de

Blankenförde-Kakeldütt
Campingplatz „Hexenwäldchen"
Blankenförde 1a
Tel. (039829) 202 15
www.hexenwaeldchen.de

Raus ins Grüne
siehe Touren-Veranstalter

Useriner Mühle
Fritzi´s Kanu4you
(Kanadier & Kajaks)
Useriner Mühle 13
Tel. 0173-405 18 59
www.fritzis-kanu4you.de

Touren-Veranstalter

Kanu Hecht
Geführte Wanderungen und Kanutoren, Kanu-Safari, Fledermausführung
Dalmsdorf 5c, Tel. (039822) 179 88 & 0172-932 36 25
www.kanu-hecht.de

Raus ins Grüne
Geführte Touren (Kanu, wandern, Rad), Kanuvermietung, Ferienwohnungen, Workshops
Dorfstraße 21
17252 Roggentin-Blankenförde
Tel. (039829) 225 62
& 0160-828 12 60
www.raus-ins-gruene.de

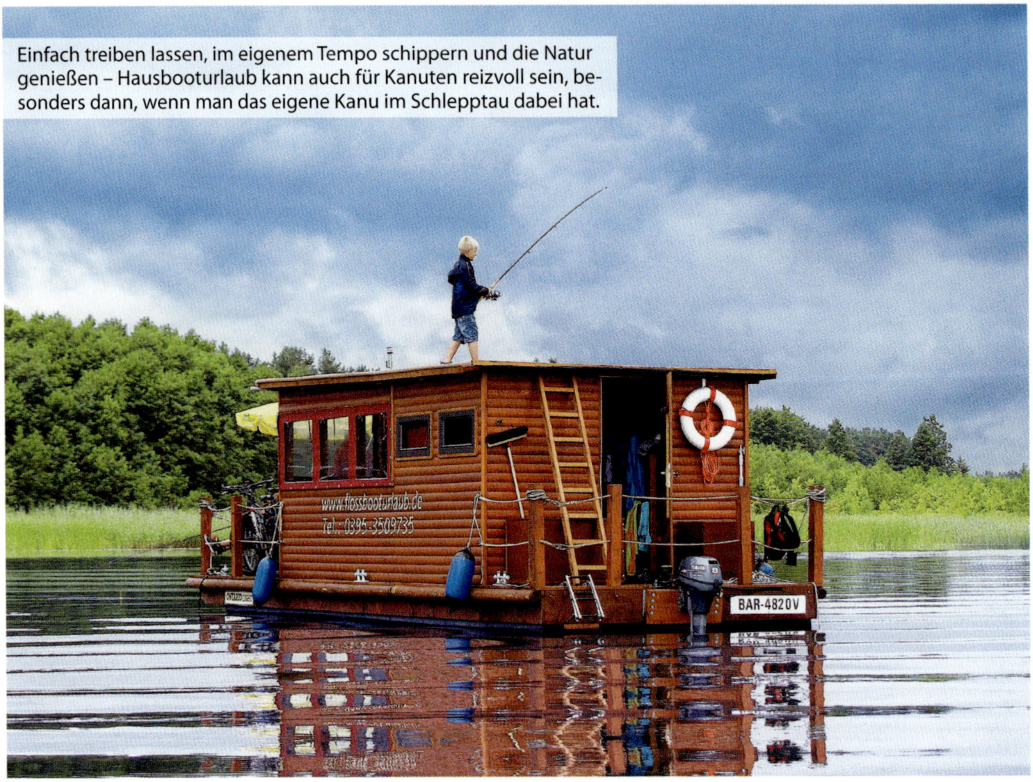

Einfach treiben lassen, im eigenem Tempo schippern und die Natur genießen – Hausbooturlaub kann auch für Kanuten reizvoll sein, besonders dann, wenn man das eigene Kanu im Schlepptau dabei hat.

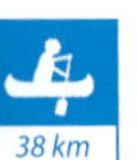

Weitere Aktivitäten

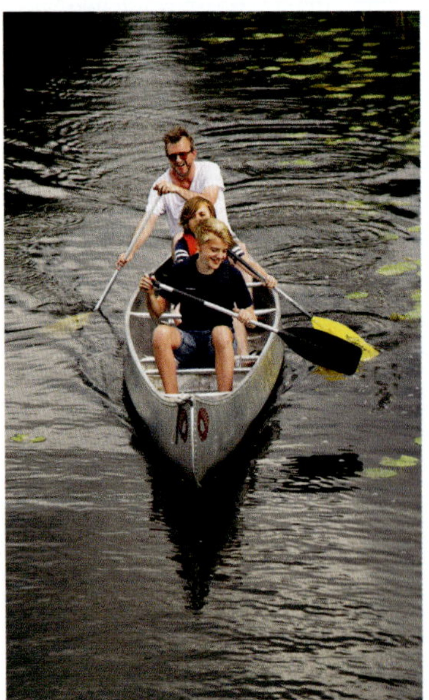

Paddeln

Vom Woblitzsee ***über die Schwaanhavel bis Wustrow***.

Vom Woblitzsee ***über die Havel nach Fürstenberg*** oder ***über die Rheinsberger Gewässer nach Rheinsberg***.

Wandern und Radfahren

Rund um den Zierker See (Slawendorf Neustrelitz, Lehrpfad, Findlingsgarten, Pferdehof usw.).

Sonstiges

Heinrich-Schliemann-Museum (Entdecker Trojas) in Ankershagen (*Mai-Okt Di-So 10-18, Nov-Apr Di-So 10-16*, www.schliemann-museum.de).

Kulturstall Userin (Konzerte, Kabarett, Lesungen, Kleinkunst, www.kulturstall-userin.de).

NABU Wasservogelwarte „Tiefer Trebbower See" bei Strelitz-Alt (5 km südl. von Neustrelitz).

Abstecher nach Wesenberg (Findlingsgarten, Burgturm, Heimatstube, St. Marienkirche mit 600-jähriger Linde).

Besuch von Waren (besonders schönes Stadtbild, NaturErlebnisZentrum & Museum „Müritzeum").

Rundflüge über die Mecklenburgische Seenplatte (www.flugagentur-mv.de/mueritz-rundflug).

Sehenswürdigkeiten

Kratzeburg Nationalpark-Info (*Mai-Okt 10-17*) mit Fledermaus-Ausstellung sowie Infos und Videos über den Nationalpark (www.kratzeburg.de), Fachwerkkirche von 1786 mit zwei Schnitzaltären aus dem späten 15. Jh, Lütte Meierie (*Mai-Sep*, Hofladen & leckeres Eis, www.luette-meierie.de), Havelquellseen-Fischerei Berkholz (www.fischerei-berkholz.de).

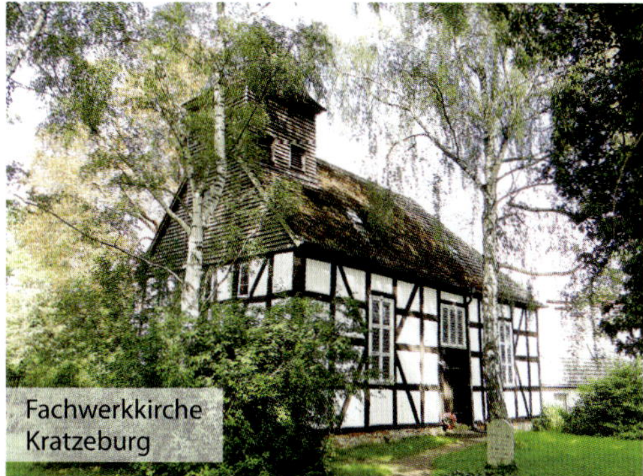
Fachwerkkirche Kratzeburg

Granzin Töpferhof Steuer (Keramik- & Kunstausstellungen, FeWo, www.toepferhof-steuer.de).

Blankenförde Fachwerkkirche (1702), 800 Jahre alte Linde, Nationalpark-Info mit Ausstellung (*Mai-Okt 10-17*).

Userin Alte Dorfkirche.

Neustrelitz barocker Schlosspark mit Orangerie, neugotische Schlosskirche, Markt mit historischen Gebäuden, klassizistisches Rathaus, barocke Stadtkirche, Stadtmuseum, Tiergarten, Slawendorf Neustrelitz am Zierker See (*Mo-Fr 10-17*, www.slawendorf-neustrelitz.de).

Auskunft & Tourist-Infos
Nationalpark-Info Neustrelitz Strelitzer Str. 1, Tel. (03981) 25 31 06, www.neustrelitz.de
Gemeinde Kratzeburg www.kratzeburg.de
Nationalpark-Info Kratzeburg Dorfstr. 31, Tel. (039822) 296 65, www.mueritz-nationalpark.de
Nationalpark-Info Blankenförde Blankenförde 30, Tel. (039829) 22 91 90, www.mueritz-nationalpark.de

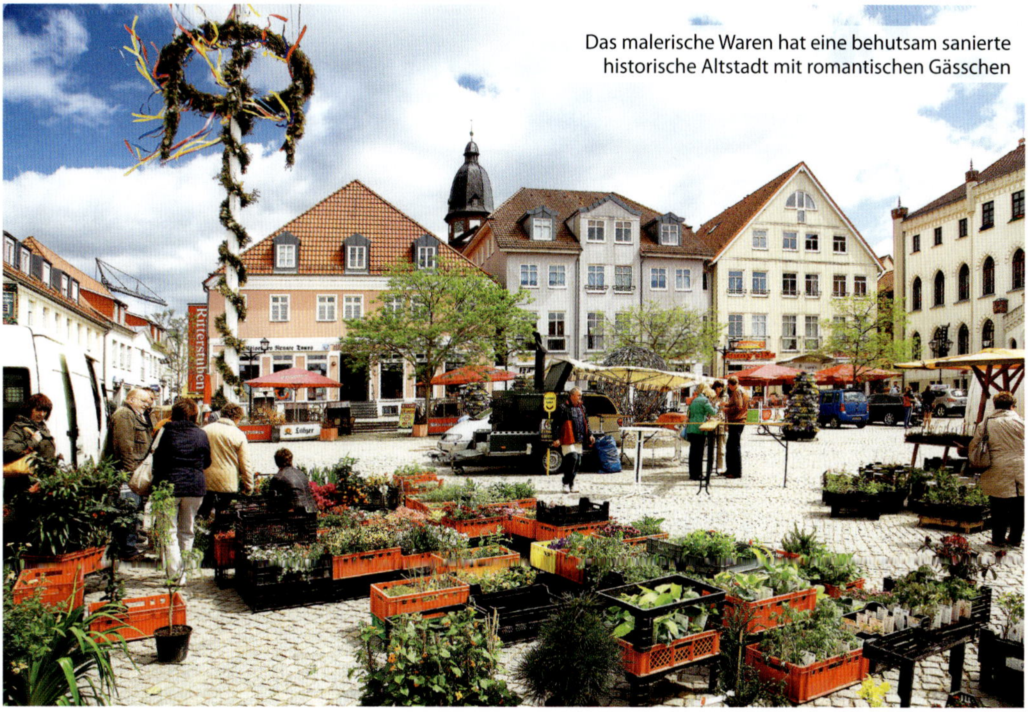

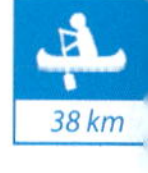

Das malerische Waren hat eine behutsam sanierte historische Altstadt mit romantischen Gässchen

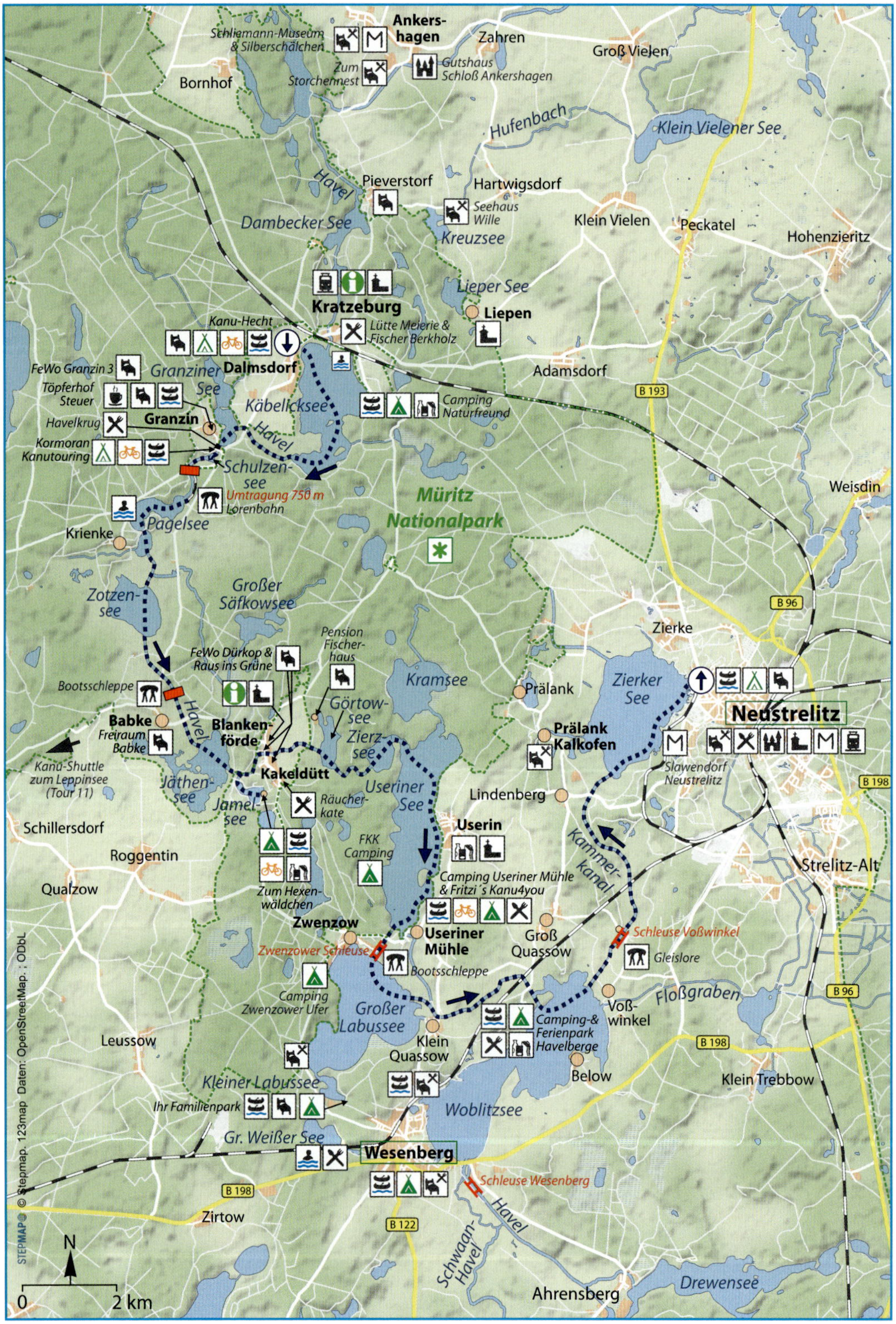

Ankershagen
Schliemann-Museum & Silberschälchen
Zum Storchennest
Gutshaus Schloß Ankershagen
Zahren
Groß Vielen
Bornhof
Hufenbach
Klein Vielener See
Havel
Pieverstorf
Hartwigsdorf
Seehaus Wille
Dambecker See
Kreuzsee
Klein Vielen
Peckatel
Hohenzieritz
Lieper See
Kratzeburg
Liepen
Kanu-Hecht
Lütte Meierie & Fischer Berkholz
FeWo Granzin 3
Granziner See
Dalmsdorf
Adamsdorf
B 193
Töpferhof Steuer
Käbelicksee
Camping Naturfreund
Havelkrug
Granzin
Kormoran Kanutouring
Schulzensee
Umtragung 750 m
Lorenbahn
Müritz Nationalpark
Weisdin
Krienke
Pagelsee
Zotzensee
Großer Säfkowsee
B 96
Pension Fischerhaus
Zierke
FeWo Dürkop & Raus ins Grüne
Kramsee
Zierker See
Bootsschleppe
Prälank
Neustrelitz
Babke
Havel
Blankenförde
Görtowsee
Prälank Kalkofen
Freiraum Babke
Zierzsee
Slawendorf Neustrelitz
Kanu-Shuttle zum Leppinsee (Tour 11)
Kakeldütt
B 198
Jäthensee
Useriner See
Lindenberg
Jamelsee
Räucherkate
Schillersdorf
Userin
Kammerkanal
Roggentin
FKK Camping
Strelitz-Alt
Qualzow
Zum Hexenwäldchen
Camping Useriner Mühle & Fritzi´s Kanu4you
Zwenzow
Useriner Mühle
Groß Quassow
Schleuse Voßwinkel
Zwenzower Schleuse
Bootsschleppe
Gleislore
Camping Zwenzower Ufer
Großer Labussee
Voßwinkel
Floßgraben
B 96
Leussow
Klein Quassow
Camping-& Ferienpark Havelberge
B 198
Below
Klein Trebbow
Kleiner Labussee
Ihr Familienpark
Woblitzsee
Gr. Weißer See
Wesenberg
B 198
Schleuse Wesenberg
Havel
Zirtow
B 122
Schwaan-Havel
N
0 2 km
Ahrensberg
Drewensee
STEPMAP © Stepmap. 123map Daten: OpenStreetMap, ODbL

Die Havel und Havelquellseen

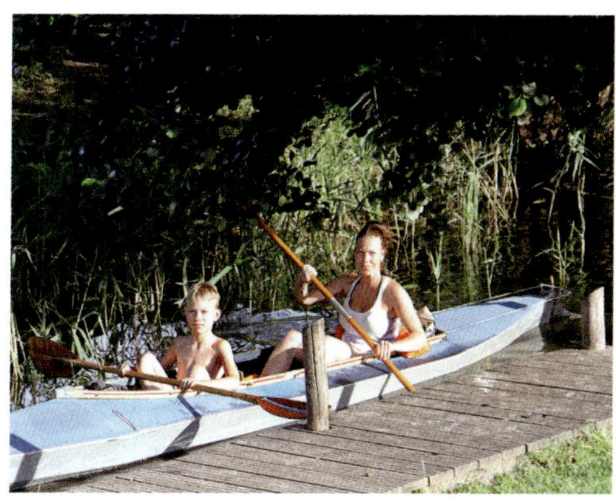

Zum Glück gibt`s Fischer Berkholz! – war mein erster Gedanke, als ich mit ansehen musste, wie mein selbst gefangener Hecht über den Süllrand des Kanus glitschte, um im dunklen Wasser des Käbelicksees zu versinken. Auch mehrfaches Nachfassen half da nicht. Der Fisch glitt mir immer wieder aus den Händen. Eine frisch geräucherte Forelle und ein kühles Bier vor mir, sitze ich nun im Hof des Anwesens und blinzle in die untergehende Sonne. Jens Berkholz nimmt zufrieden die duftenden Aale aus dem rauchgeschwärzten Räucherofen.

Am nächsten Morgen ist das Zelt schnell zusammengepackt und die Tour durchs „Herz" des Müritz-Nationalparks beginnt am Anleger des *Bootsvermieters Hecht* zwischen **Dalmsdorf** und **Kratzeburg** im nordwestlichen Teil des Sees. *Zuvor hatten wir der schönen Fachwerkkirche in Kratzeburg einen Besuch abgestattet. Im Jahre 1256 erstmals in der Chronik erwähnt, diente der Ort als Zollstation an der alten Poststraße Berlin – Rostock.*

Die Sonne brennt schon kräftig vom Himmel, als wir die im Südteil des Sees gelegenen beiden Inseln vor uns sehen. Wir umpaddeln die Landzunge mit dem ***Österberg*** westwärts und sehen vor uns eine Lichtung. Nur 100 Meter weiter, etwas versteckt im Schilf, finden wir den kleinen Ausfluß der ***Havel***. Gesäumt von Erlen, Birken und Schilf windet sie sich auf einer Breite von drei bis vier Metern flach und klar durch eine schöne Wiesenlandschaft. Farbenprächtige Libellen schwirren neben uns; über uns kreist ein Fischadler. An Teichrosenfeldern vorbei, kommen wir kurz hinter der Straßenbrücke zum ***Granziner See***. Schräg rechts vor uns sehen wir das sich den Hügel hinaufziehende Wiesengrundstück vom *„Töpferhof Steuer"*. Am Ufer legen wir an und gehen die große Wiese hinauf zum idyllischen Anwesen. Zwischen blühenden Kübelpflanzen sitzend, spendieren wir uns eine Holunderblütenbrause und selbstgebackenen Kuchen. Neben einer ständigen Keramikausstellung werden in den Sommermonaten auch Töpferkurse angeboten. Zwei Ferienwohnungen, Kanu- und Fahrradvermietung machen den Hof zu einem idealen Urlaubsdomizil.

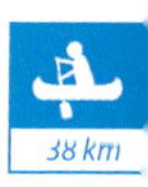

Wieder im Boot erreichen wir entlang schöner Bootshäuser wenige hundert Meter weiter eine Brücke, hinter der sich rechts eine Aussetzstelle befindet. Oberhalb liegt das Wiesengelände der *Kanustation „Kormoran Kanutouring" (Biwakieren auf Anfrage)*. Neben Kanus kann man auch Fahrräder mieten und die Gegend erkunden oder einfach nur durch das beschauliche Rundlingsdorf **Granzin** spazieren, um sich dann am Abend in der *Gaststätte „Havelkrug"* mediterrane Gerichte schmecken

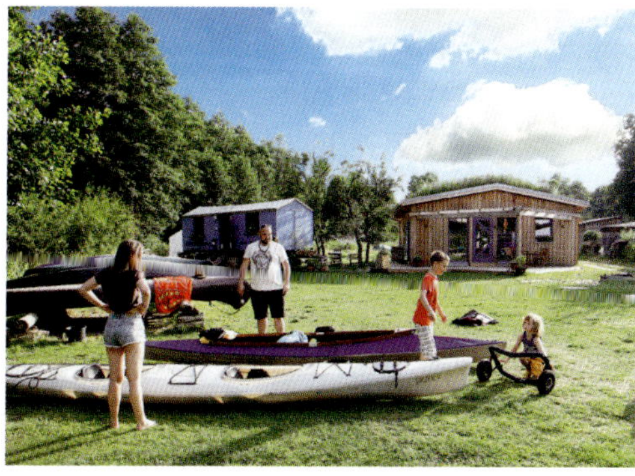

zu lassen. Einige wenige Zelte finden Platz hinter dem Servicegebäude des netten Betreibers. Das ist auch gut, somit ist himmliches Ruhe garantiert. Direkt an der Straße befindet sich die Haltestelle des Linienbusses Neustrelitz–Kratzeburg–Granzin.

Nach einer kurzen Rast gelangen wir über den kleinen ***Schulzensee***, den wir in westliche Richtung durchpaddeln, in einen schmalen ***Havelarm***, der nach wenigen hundert Metern unvermittelt endet. Aber gleich nach Überquerung der Straße hilft uns eine ***Lorenbahn***, die folgende ***750 Meter lange Strecke zu überbrücken.*** Mit viel Spaß und Gelächter geht es auf dem rumpelnden Gleis hinunter zum Ufer des ***Pagelsees***.

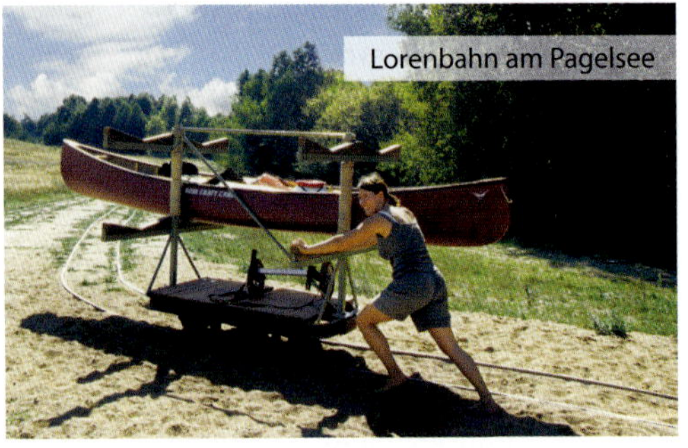
Lorenbahn am Pagelsee

38 km

Früher mussten die Kanus auf einen großrädrigen Karren geladen werden, aber nun hat man mit der komfortablen Lore dem großen „Verkehrsaufkommen" in den Sommermonaten Rechnung getragen. Die Lorenbahn endet am Ufer des Sees, wo Holztische zu einer Rast einladen. Was für ein herrliches Plätzchen! Bis vor der Wende lag die Stelle auf militärischem Gelände. Nach der Wende galt sie lange Zeit als Biwakplatz. Inzwischen hat sich aber schon herumgesprochen, dass hier keinesfalls genächtigt werden darf.

Über uns fliegt ein Kormoran. Am rechten Ufer sehen wir die schöne Badestelle des nahegelegenen malerischen Dörfchens **Krienke** im Sonnenlicht. *Am linken Seeufer befindet sich auf einer Landzunge ein slawischer Burgwall.* Die den See an seiner schmalsten Stelle überspannende *Fußgänger-Holzbrücke, in den 1970er Jahren von sowjetischen Pionieren als „Brücke der Freundschaft" errichtet, wurde 2020 durch eine Pontonbrücke ersetzt. Früher gelangten die Bewohner von Krienke während der russischen Manöver über sie zu ihrem Dorf.*

Nach ihrer Unterquerung halten wir auf einen vor uns liegenden Schilfgürtel zu. Hier nimmt uns der schmale ***Havellauf*** wieder auf, der nach 600 Metern in den ***Zotzensee*** mit seiner reichen Vogelwelt mündet. Da der See im Kernbereich des Müritz-Nationalparks liegt, muss man ihn ***entlang der Betonnung*** durchpaddeln und darf nicht an seinen Ufern anlegen. Im Schilf versteckt sich der Ausfluss aus dem See. Die sich anschließende Strecke auf der schmalen ***Havel*** endet nach ein bis zwei Kilometern hinter einer Gabelung links vor der ***Umtragestelle Babke***.

Die komfortable, aber für Einzelwanderer etwas zu schwere Bootsschleppe macht diese „Umtragung" fast zum Genuss. Die danebenliegende *Fischerei Babke* offeriert geräucherten Fisch und kalte Getränke. Im nahen idyllischen Örtchen **Babke** ist eine schöne Backsteinkirche zu bewundern. Wer eine oder auch mehrere Nächte bleiben will, kann dies in einer der hellen Ferienwohnungen von *„Freiraum Babke"* tun. Gerade für Familien mit Kindern und ganze Gruppen ist das tolle Gelände ein ideales Domizil.

Auf den folgenden zwei Kilometern führt uns die ***Havel*** durch eine wahrhaft verwunschene Idylle, bis wir den ***Jähtensee*** mit am Ufer sitzenden Fischreihern erreichen. Auch hier darf, mit Blick nach rechts auf die Insel Schulzenwerder, ***nur im Bereich der grünen Betonnung gepaddelt werden***. Der Ausfluss des Sees in die ***Havel*** wäre ohne die Betonnung im dichten Schilf auch kaum auszumachen. Bald zweigt rechts ein ***schmaler Graben*** zum ***Jamelsee*** ab, wo wir den Paddeltag auf dem *Campingplatz „Hexenwäldchen"* beenden wollen.

In diesem Sommer führt der Graben so wenig Wasser, dass wir, neben ihm herlaufend, das Kanu treideln müssen. Wieder auf dem Wasser, können wir am gegenüberliegenden Ufer des ***Jamelsees*** schon den idyllischen Campingplatz in der Abenddämmerung erkennen. Nach einem erfrischenden späten Bad im See verzehren wir, mit den Füßen im kühlen Nass auf dem Steg sitzend, den aus Kratzeburg mitgebrachten Räucherfisch vom Fischer Berkholz. An kühlen Tagen ist der platzeigene überdachte und beheizte Außen-Pool bei den Gästen der Hit.

Unter einem strahlend blauen Himmel geht es am nächsten Morgen zurück durch den schmalen Graben auf die ***Havel***, die uns schnell bis zur Brücke von **Blankenförde** bringt. Sie verbindet den Ort mit dem Dörfchen **Kakeldütt** am rechten Ufer. *Während der Ortsname Blankenförde sich auf eine Furt bezieht, weist der Name Kakeldütt auf einen Strudel in der Havel hin.*

Am rechten Ufer setzen wir am Steg des *Rastplatzes (Kiosk)* aus, schlendern nach Norden vorbei am Gelände des *Veranstalters „Raus ins Grüne“ (Nationalparkladen)* und besichtigen die *800 Jahre alte prächtige Linde und die Dorfkirche von Blankenförde aus dem Jahre 1702 mit ihrem schönen Holzturm und den alten Eisenkreuzen aus dem 19. Jahrhundert. Neben der Rankenschnitzerei am Südportal des rechteckigen Fachwerkbaus, ist ein Tafelbild aus dem 15. Jahrhundert mit der Darstellung der Kreuzigung sehenswert.*

Nun paddeln wir an hübschen Gärten und Bootshäusern vorbei zum ***Görtowsee***, auf dem wir uns entlang eines riesigen Seerosenfeldes in südöstlicher Richtung halten. Der Weg in nördliche Richtung führt zu der am Seeende gelegenen *Pension „Fischerhaus“ (zelten nur nach vorheriger telefonischer Absprache).*

Die Havel windet sich durch einen wildromantischen Erlenbruchwald. Dicht über die Wasseroberfläche geneigte Bäume zwingen uns zum Ducken. Bald öffnet sich vor uns der ***Zierzsee***, der ebenfalls ***nur entlang der Betonnung*** überquert werden darf. Er geht unmittelbar in den ***Useriner See*** über, der bei kräftigerem Wind leicht Probleme bereiten kann. Dann nämlich türmen sich harte ***Wellen*** auf.

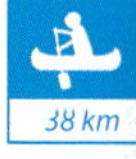

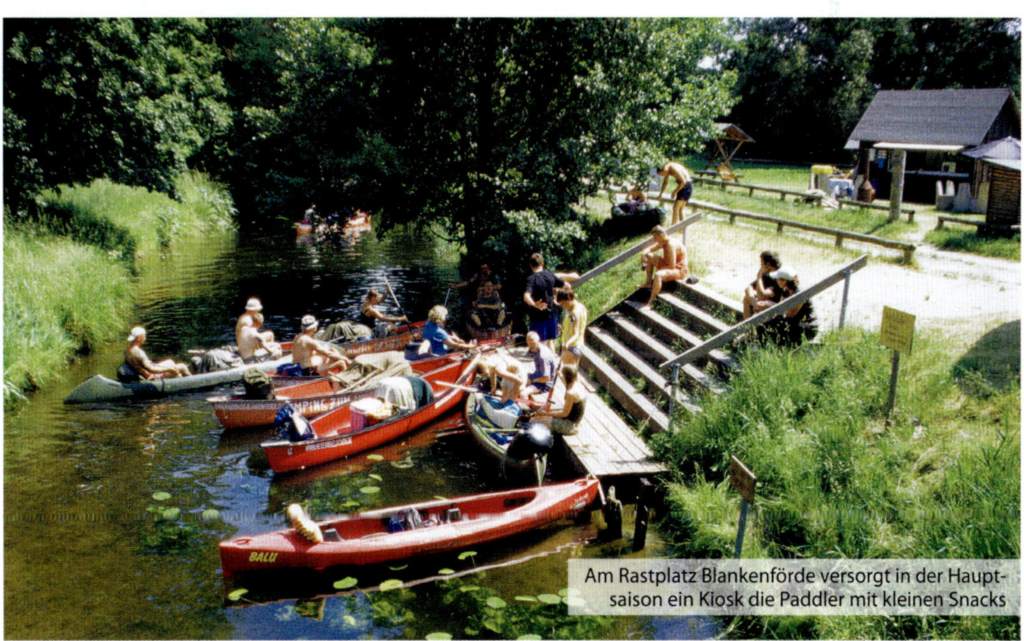

Am Rastplatz Blankenförde versorgt in der Hauptsaison ein Kiosk die Paddler mit kleinen Snacks

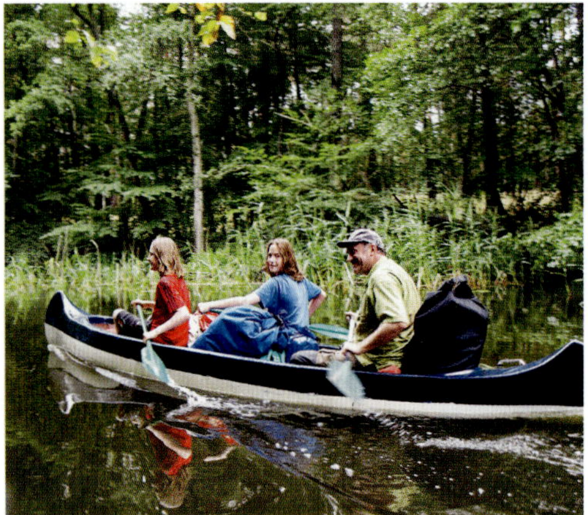

Hier sollte man daher dicht unter Land fahren! An diesem ruhigen spätsommerlichen Tag kreuzen wir, jedoch ganz im Norden des Sees, in Ufernähe, den größten See der Strelitzer Kleinseenplatte und halten auf die Badestelle von **Userin** zu. Wir machen fest und gehen durch das schön gelegene Straßendorf mit seiner immer geöffneten, bezaubernd schlichten *Dorfkirche. Neben dem Fachwerkbau aus dem Jahr 1778 steht der freistehende Glockenstuhl mit einer 1747 in Berlin gegossenen Glocke.*

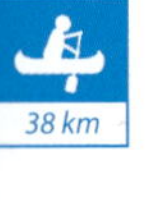

38 km

Idealerweise sollte man, wenn man die Tour in umgekehrter Richtung paddelt, vorher hier im Ort seine Lebensmittel einkaufen, da sich auch in Kratzeburg keine Einkaufsmöglichkeit mehr befindet.

Wir setzen unsere Fahrt am östlichen Ufer des Sees fort und passieren die grünen Bootshäuser von **Userin**. Am gegenüberliegenden Ufer können wir den FKK-Camping von Haveltourist erkennen.

Entlang einer unter Naturschutz stehenden ***Insel, die nicht betreten werden darf,*** erreichen wir bald das Südufer. An der Badewiese lockt die Terrasse des *Imbiss „Seeblick"* mit deftigen Gerichten. Auf dem Hügel oberhalb liegt der gut ausgestattete *Zeltplatz Useriner Mühle (Fahrradvermietung)* und auf der anderen Straßenseite, im Gebäude der **Useriner Mühle**, hat der *Kanuvermieter „Fritzi´s Kanu4you"* sein Domizil. Wer auf dem Camping nächtigt, könnte abends nach Userin laufen *(Fußweg 2,4 km)* und im *„Kulturstall Userin"* eine der teils hochkarätigen kulturellen Veranstaltungen (Konzerte, Kabarett, Lesungen) besuchen.

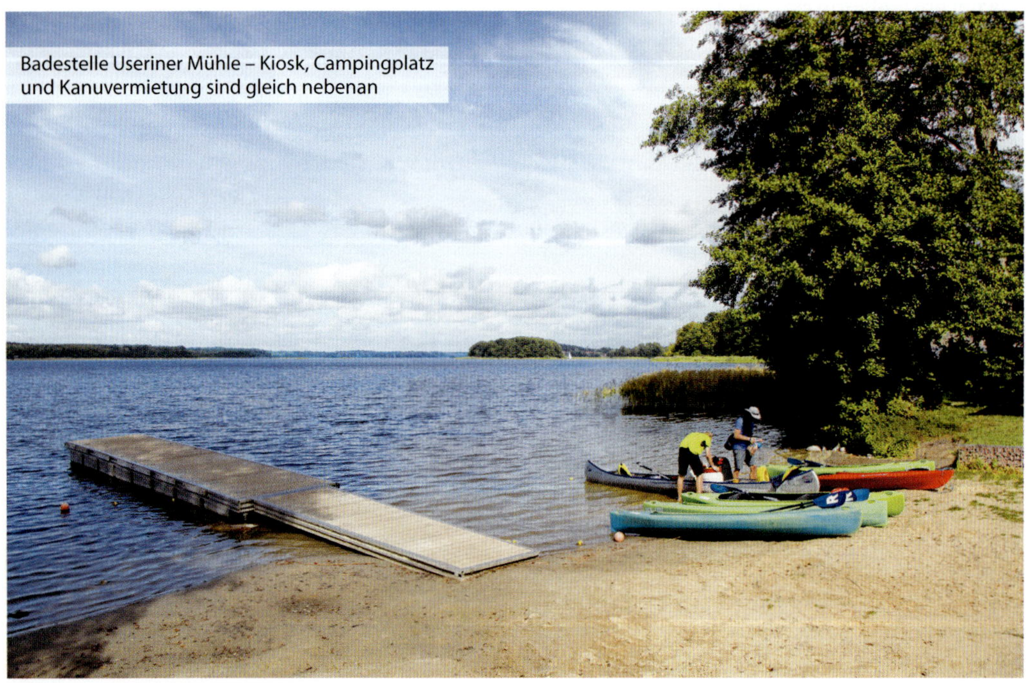

Badestelle Useriner Mühle – Kiosk, Campingplatz und Kanuvermietung sind gleich nebenan

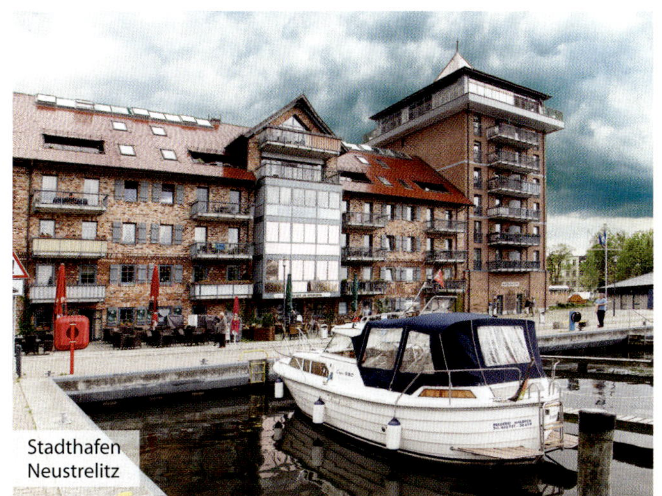
Stadthafen Neustrelitz

Die nächsten vier Kilometer paddeln wir auf dem von 1840-43 gebauten Kanal dem ***Zierker See*** entgegen, auf dem wir zu dieser Tageszeit nur noch wenige Boote treffen.

So sind wir fast alleine, als wir am Ostufer das *Freilichtmuseum „Slawendorf Neustrelitz"* passieren. *Dabei handelt es sich um ein in Erinnerung an die Zeit der slawischen Besiedlung erbautes frühmittelalterliches Dorf, in dem alte traditionelle Gewerke (Holzbearbeitung, Teergewinnung, Schmiedehandwerk, Töpfern, Weben, Färben, Backen usw.) vorgeführt werden.*

Gleich nach der Useriner Mühle finden wir hinter der tief eingeschnittenen Bucht links im Schilf den versteckten schmalen Ausfluss des Sees. Im Kanal erreichen wir nach Unterfahrung der Straßenbrücke bald die ***Zwenzower Schleuse***, wo uns abermals eine ***Bootsschleppe*** die Umtragung leicht macht. Von Mai bis September wird hier nur dreimal am Tag geschleust. Auf dem dahinterliegenden ***Großen Labussee*** paddeln wir, dicht am Ostufer entlang, auf den weiß markierten Ausfluss des Sees zu. Leider ist es jetzt mit der Ruhe vorbei, da die folgende Strecke für den Motorbootverkehr freigegeben ist.

Auf den nächsten vier Kilometern ist die ***Havel*** kanalartig ausgebaut und bis zu zehn Meter breit. An ihrem schilf-, erlen- und birkengesäumten Ufer finden sich immer wieder schöne Rastplätze. Flankiert von Seerosenfeldern erreichen wir den ***Woblitzsee***. Gleich rechts befindet sich der *Campingplatz „Havelberge"* mit seiner schönen *Restaurantterrasse* und einem *Hochseilgarten*.

Entlang zweier langgestreckter Buchten kommen wir am nordöstlichen Ufer des ***Woblitzsees*** zur Einmündung in den wald- und wiesengesäumten ***Kammerkanal*** und passieren nach 1,5 Kilometer die ***Schleuse Voßwinkel (Schleusung oder Bootsschleppe)***.

Eine gute Aussetzstelle bietet der *Wasserwanderrastplatz* im ***Stadthafen*** **Neustrelitz**; für jene, die ihr Zelt aufstellen wollen, ist das weiter nördlich gelegene Gelände des *Wassersportvereins „Einheit Neustrelitz"* geeignet.

Am nächsten Morgen statten wir der Stadt einen Besuch ab. *Ihr Schlosspark, eine der*

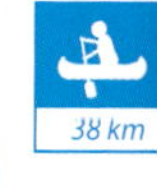

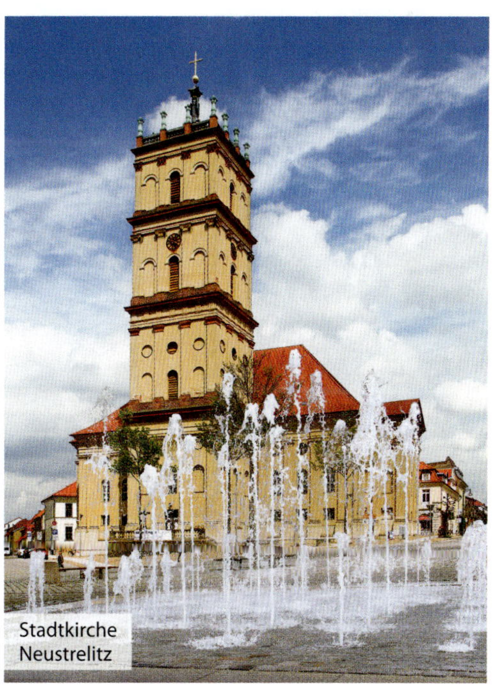
Stadtkirche Neustrelitz

schönsten Anlagen in Mecklenburg-Vorpommern, bildet im Sommer die Kulisse für brillant inszenierte Operetten. Im Gegensatz zu fast allen anderen fürstlichen Parks in Deutschland stand er schon Anfang des 19. Jhs. der Bevölkerung offen. Das Schloss selbst brannte 1945 in den letzten Kriegstagen aus. Vom Glanz der einstigen herzoglichen Residenz Neustrelitz künden noch heute der Marstall, die Orangerie, der Hebetempel, das Theater und die Gedenkhalle für Preußens Königin Luise, die schöne Tochter der Stadt. Nordöstlich des Schlossgartens wurde 1733 das „neue Strelitz" planmäßig erbaut. Christoph Julius Löwe entwarf eine barocke Anlage mit quadratischem Markt, von dem acht Straßen sternförmig ausgehen. Auf ihm dominieren das klassizistische Rathaus von Friedrich Wilhelm Buttel und die barocke Stadtkirche mit ihrem später ebenfalls von Buttel in Anlehnung an einen toskanischen Campanile erbauten Turm.

Wer mehr über die von Buttel entworfenen Gebäude der Stadt wissen will, erfährt dies mit der Broschüre „Auf den Spuren von Friedrich Wilhelm Buttel", die über die Stadt-Info besorgt werden kann.

Am Nachmittag fahren wir mit der Bahn in nur 10 Minuten nach Kratzeburg zurück.

38 km

Wie die Strelitzie zu ihrem Namen kam

Wer weiß schon um die Geheimnisse dieser exotischen Blütenpflanze aus Südafrika, mit ihren orangefarbenen Blütenblättern und blauen Pfeilen.

Der Pflanzenjäger Francis Masson schickte im Jahre 1773 eine an einen Kranichkopf erinnernde Blume von Kapstadt per Schiff nach London. Dort war der Direktor des Königlich Botanischen Gartens von Kew, ein gewisser Joseph Banks, dermaßen entzückt von der afrikanischen Schönheit, dass er sie zu Ehren der Gemahlin von König Georg III., der aus dem Hause Mecklenburg-Strelitz stammenden Prinzessin Sophie Charlotte, mit dem Namen „Strelitzia reginae" bedachte. Sophie Charlotte wurde 1744 in Mirow geboren. Während ihr Bruder Adolf Friedrich IV. die Regentschaft in Mecklenburg übernahm, heiratete sie im Jahre 1761 König Georg III. von England. Queen Charlotte, wie sie fortan genannt wurde, hatte vielfältige Interessen. Unter anderem widmete sie sich der Botanik, so dass Banks ihr die bizarre Blume vom Kap widmete.

Die Strelitzie eroberte sich nach England schnell die ganze Welt. In einem der letzten Lebensjahre schenkte Charlotte ihrer Familie in Mecklenburg-Strelitz eine Strelitzienstaude. So gelangte die Pflanze auf Schloss Hohenzieritz, von wo sie 1818, dem Todesjahr Charlottes, nach Neustrelitz gebracht wurde. In der Orangerie des Schlosses blühte sie 1822 wahrscheinlich das erste Mal auf deutschem Boden und ist bis heute offizielle Blume der Stadt Neustrelitz.

Alte Fahrt

„Hinaus auf Mecklenburgs größten See"

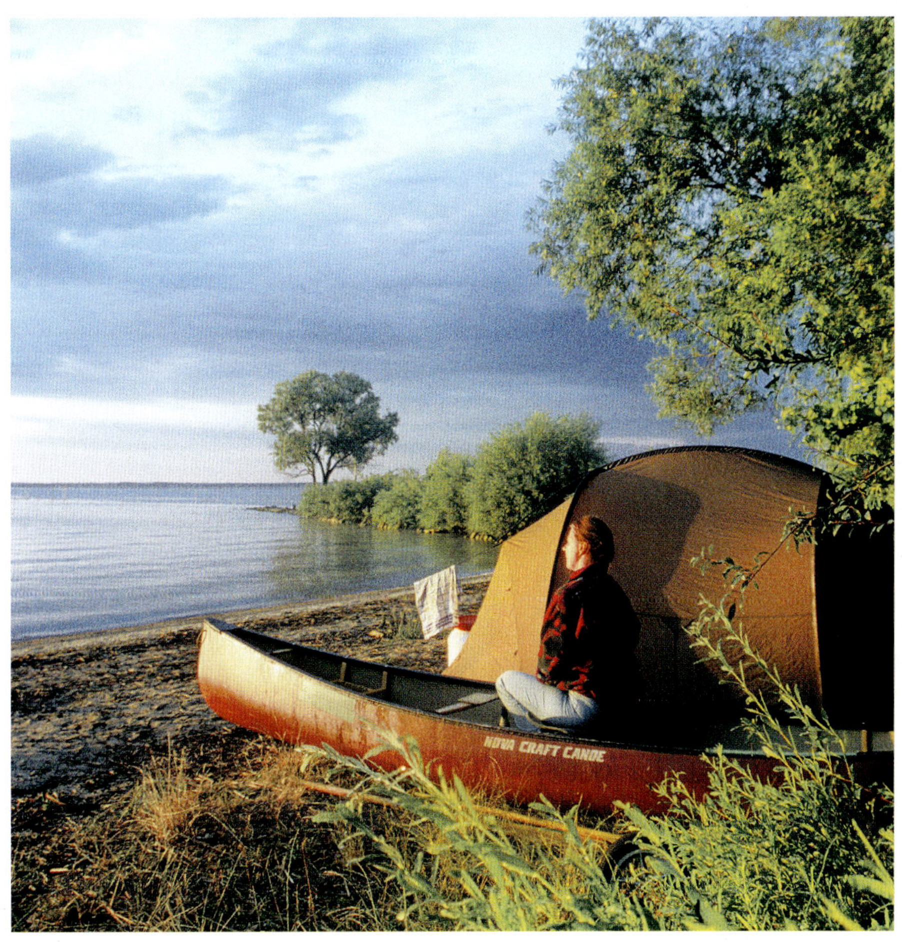

Tour 11

Infos Tour 11 – Alte Fahrt

Aktivitäten
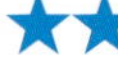

Natur

Kultur
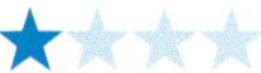

Baden
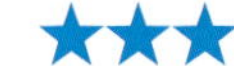

Hindernisse

Charakter der Tour

Die sogenannte „Alte Fahrt" folgt einer Perlenkette schmaler Seen und Kanäle. Weiß, rosarot und gelb blühende See- und Teichrosen weben dichte Teppiche, besonders eindrucksvoll auf dem Kotzower See. An den Ufern gedeiht eine ungewöhnlich reiche Tier- und Pflanzenwelt. Ein Stück weit führt die Tour durch die Kernzone des Nationalparks, bevor man über den idyllischen Bolter Kanal bei hoffentlich ruhigem Wetter die Müritz erreicht, Deutschlands zweitgrößten See. Die windanfällige Strecke sollte grundsätzlich nur mit geschlossenen Kanus und von erfahrenen Paddlern befahren werden. Am Ostufer entlang geht es über die Müritz-Havel-Wasserstraße zurück nach Mirow, wo sich der Kreis schließt. Auf den Strecken Leppinsee – Babke, Leppinsee – Käbelicksee und Mirow – Babke gibt es einen Kanu-Shuttle als Anschluss an Tour 10 „Havelquellseen".

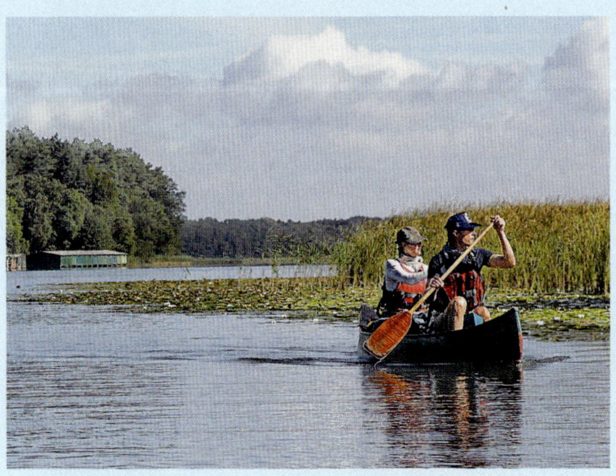

Länge & Dauer der Tour ca. 35 km, 2-3 Tage.

Umtragestellen Bolter Schleuse 150 Meter umtragen (schwerer Bootswagen), Mirower Hubschleuse (Schleusung oder umtragen).

Anreise A 19 Berlin-Rostock, Abfahrt 18 (Röbel), dann auf der B 198 Richtung Neustrelitz/Neubrandrandenburg nach Mirow.

Ein- & Aussetzstelle Links neben der Badestelle von Mirow, (Navi: Strandstr. 20), nahe Strandhotel.

Zurück zum Pkw Entfällt, da Rundtour.

Etappenvorschlag

1. **Tag** Mirow – Bolter Schleuse, WWR (12,5 km) oder Bolter Kanal/Müritz (15 km).
2. **Tag** Bolter Kanal – Hafen Rechlin (9 km/11,5 km) oder alternativ zur Gaarzer Mühle (9 km).
3. **Tag** Rechlin – Mirow (11,5 km).

Tipp für Tagestour
Granzow – Bolter Mühle – Granzow (20 km).

Kanu-Shuttle als Verbindung zu Tour 10

Paddel Paul Schillersdorf (Leppinsee), Tel. 0174-827 52 30.

Kanu-Hecht Kratzeburg-Dalmsdorf, Tel. 0172-932 36 25.

Kormoran Kanutouring Granzin, Tel. 0172-274 09 66.

W. Schmidt (Kutsche, Strecke Leppinsee – Babke) Tel. (039829) 202 32 & 0151-52 91 24 83.

Taxi-Moritz Babke – Leppinsee, Tel. (039833) 204 54.

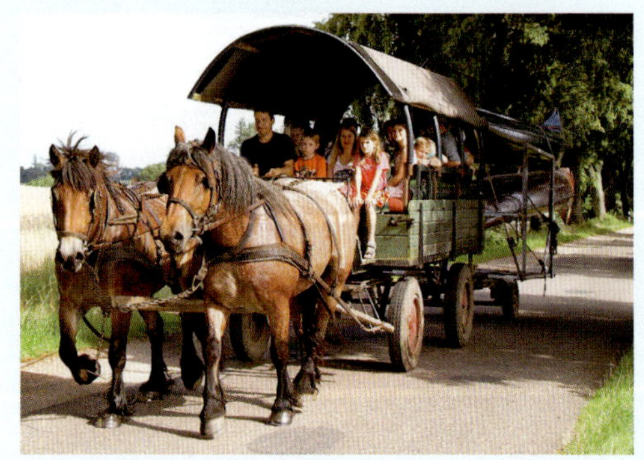

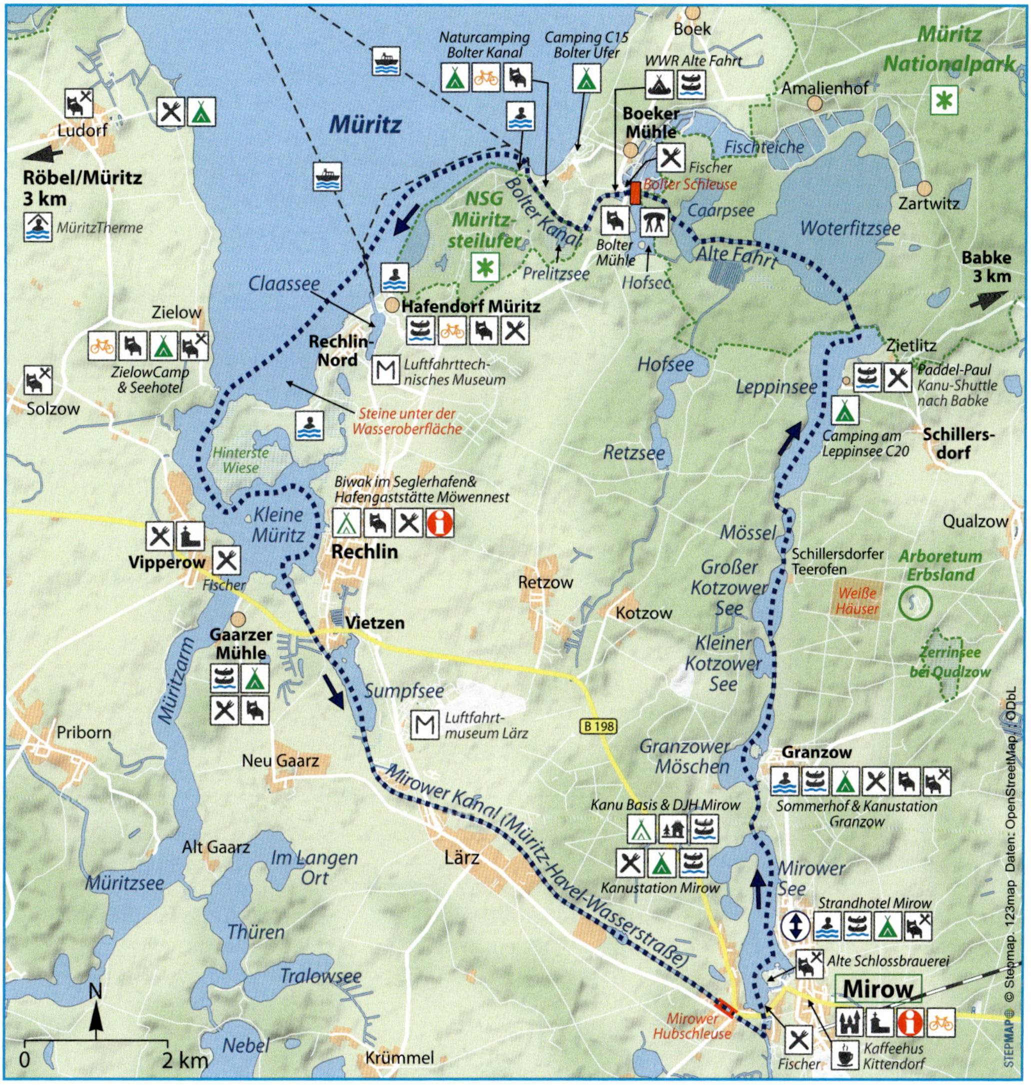

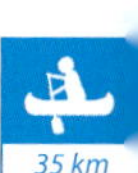

Karten- & Literatur-Tipps

Wasserwanderkarte Mecklenburgische Kleinseenplatte, 1:50.000, Klemmer-Verlag.

KANU KOMPAKT Mecklenburgische Kleinseen 1, *Kanureiseführer mit topograf. Wasserwanderkarten, Kettler & Hillmann,* Thomas Kettler Verlag.

„Mecklenburgische Seen mit Kindern", *46 Wander- und Entdeckertouren für Familien, Stefanie Holtkamp,* Naturzeit-Verlag.

„Mecklenburgische Seenplatte, 22 Wanderungen im Land der tausend Seen", *(Outdoor Regional), Michael Hennemann,* Conrad Stein Verlag.

Mecklenburgische Seenplatte: *Reiseführer mit vielen Tipps, Talaron & Becht,* Michael Müller Verlag.

Mecklenburgische Seenplatte: *Natur- & Kultur-Reiseführer, Sucher & Wurlitzer,* TRESCHER Verlag.

„Schwerin, die Müritz und das Seenland", *Lieblingsplätze zum Entdecken, Dorrit Bartel,* Gmeiner Verlag.

„Abenteuer an der Müritz: Lilly und Nikolas & die verbotene Insel" *(7-12 Jahre),* Biber & Butzemann Verlag.

„Fische lügen nicht", Müritz-Krimi, *Wolf S. Dietrich,* Prolibris Verlag.

„Das Dorf", *Psychothriller, der an der Müritz spielt, Arno Strobel,* FISCHER Taschenbuch.

Übernachtung in Wassernähe *(in der Reihenfolge des Tourenverlaufs)*

Mirow
Strandhotel Mirow
(Camping und Zimmer)
siehe Kanuvermietung

Alte Schlossbrauerei
Schlossinsel 3, Tel. (039833) 203 46
www.mirower-seehotel.de

DJH Mirow (auch zelten)
An der Clön 2, Tel. (039833) 261 00
mirow.jugendherbergen-mv.de

Kanustation Mirow
An der Clön 1
Tel. (039833) 220 98
www.kanustation.de

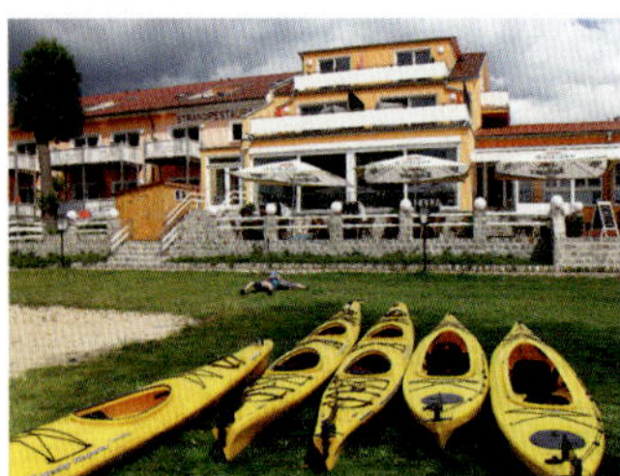

Granzow
Kanustation & Sommerhof Granzow
(Camping, Zimmer, Gruppenhaus)
Am Badestrand / Seestr. 11
Tel. (039833) 218 00
www.kanustation-granzow.de

Bolter Schleuse (Boeker Mühle)
Hotel Bolter Mühle (ab 2 Nächte)
Bolter Schleuse 1
Tel. (039823) 270 400
& 0172-300 36 38
www.boltermuehle.de

WWR & Feriendorf „Alte Fahrt"
(Biwak, FeWo nur wochenweise)
Alte Fahrt 1
Tel. (039823) 25 30
www.mueritz.com

Rechlin-Nord
Hafendorf Müritz
Boeker Landstr. 1
Tel. (039823) 26 60
www.hafendorf-mueritz.com

Zielow
Seehotel Zielow
Seeufer 11, Tel. (039923) 70 20
www.seehotel-zielow.de

ZielowCamp
Seeufer 1, Tel. (039923) 24 20
& 0157-740 115 83
www.zielowcamp.de

Gaarzer Mühle (Lärz)
Camping am Müritzarm
Tel. 0157-733 717 07
www.camping-mueritzarm.de

Rechlin
Ferienzentrum Yachthafen
Fritz-Reuter-Straße 53
Tel. (039823) 205 20
www.yachthafen-rechlin.de

Biwak im Seglerhafen
Fritz-Reuter-Str. 50, Tel. (039823)
212 48 & 0175-159 61 97
www.msvr.de

Weitere Campingplätze
am Leppinsee, Bolter Kanal (Müritz)

Kanuvermietung

35 km

Mirow
Strandhotel Mirow (auch SUP)
Strandstraße 20
Tel. (039833) 220 19
www.strandhotel-mirow.de

Kanustation Mirow
An der Clön 1
Tel. (039833) 220 98
www.kanustation.de

Kanu Basis Mirow
auch geführte Kanu-Touren
Retzower Straße
Tel. (039833) 71 60
www.kanubasis.de

Granzow
Kanustation Granzow
Am Badestrand / Seestr. 11
Tel. (039833) 218 00
www.kanustation-granzow.de

Leppinsee (Schillersdorf)
Paddel Paul (auch geführte Touren)
Schillersdorf 1, Tel. (039829) 203 24
& 0174-827 52 30
www.paddel-paul.de

Bolter Schleuse (Boeker Mühle)
MüritzKanu am Bolter Kanal
Tel. (039823) 270 89
& 0160-290 02 18
www.mueritz-kanu.de

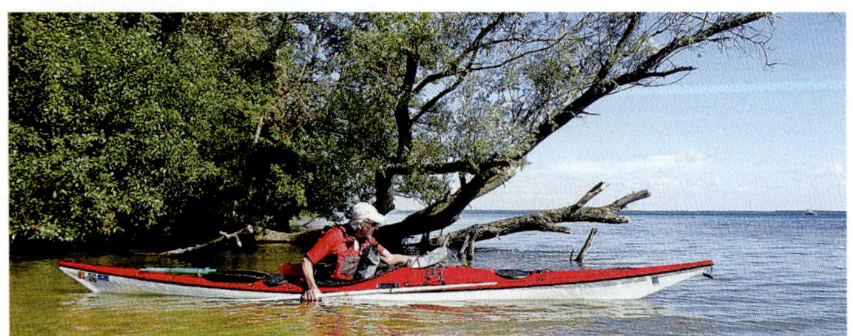

Touren-Veranstalter

Blankenförde (an der Havel)
Raus ins Grüne
Geführte Touren (Kanu, wandern, Rad), Kanuvermietung, Workshops
Dorfstraße 21
Tel. (039829) 225 62
& 0160-828 12 60
www.raus-ins-gruene.de

Weitere Aktivitäten

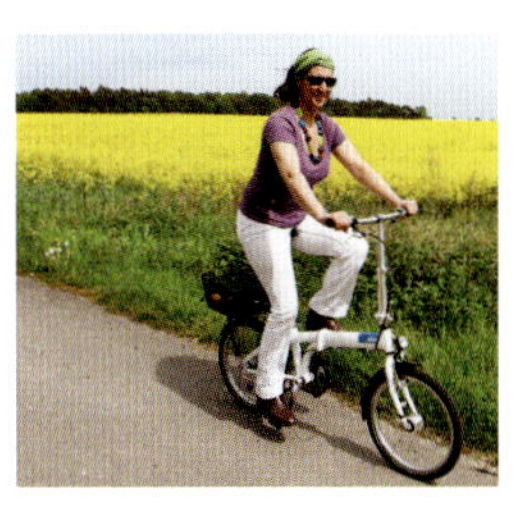

Paddeln

Von Mirow ***über den Vilzsee in die Strelitzer oder Rheinsberger Gewässer***.

Mit dem Kajak ***über die Müritz nach Röbel und Waren***.

Wandern

Von Granzow ***zum Forstbotanischen Garten „Erbsland"***.

Vom Campingplatz am Leppinsee C 20 ***in den Müritz-Nationalpark.***

Von Mirow auf den ***Mirower Holm*** zum Ufer des Vilzsees (schöner alter Waldbestand).

Radfahren

Vom Campingplatz C 20 (Leppinsee) über Qualzow und Roggentin in den Müritz-Nationalpark ***zum glasklaren Krummer See bei Zwenzow*** (9 km, schöne Badestelle).

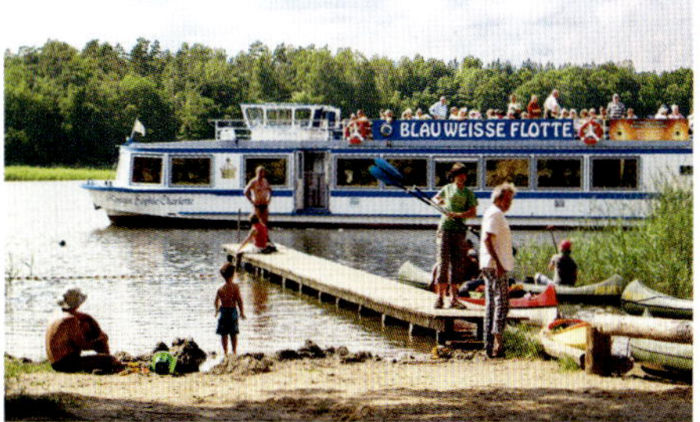

Vom Naturcamping „Bolter Kanal" ***in den Specker Forst***.

Fahrradvermietung: Naturcamping Bolter Kanal; Hafendorf Müritz; Mirow: Tel. (039833) 205 19, www.zweirad-flitzer.de

Sonstiges

Geführte Rad- und Wandertouren durch den ***Müritz-Nationalpark*** (Tel. (039824) 25 20, www.mueritz-nationalpark.de).

Müritzrundfahrten mit der „Weissen Flotte" ab Anleger Rechlin-Nord (Rechlin Hafendorf) oder Anleger Bolter Kanal (Tel. (03991) 12 26 68, www.weisse-flotte-mueritz.de).

Angeln oder ***Vogelbeobachtung*** bei den ***Müritzfischern (Einkehr)*** an den ***Boeker Fischteichen.***

Dorfmuseum, Zinnfigurenmuseum und Wildpark in Boek.

Besuch von Waren (besonders schönes Stadtbild, NaturErlebnisZentrum & Museum „Müritzeum").

Rundflüge über die Mecklenburgische Seenplatte (www.flugagentur-mv.de/mueritz-rundflug).

Sehenswürdigkeiten

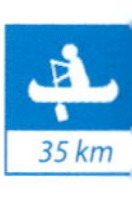

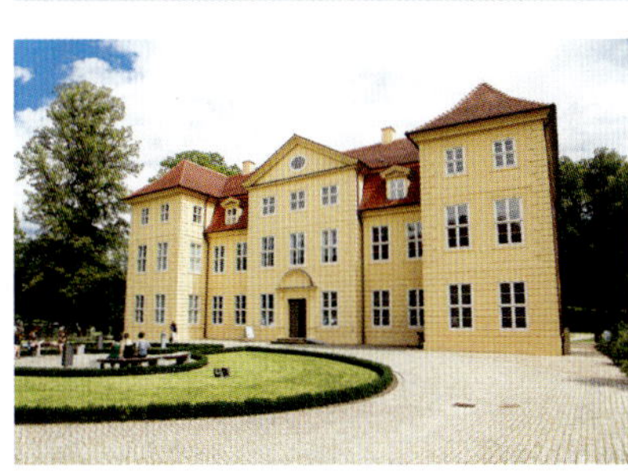

Mirow Schlosspark, barockes Residenzschloss (1749-1752) der Mecklenburger Herzöge, Johanniterkirche mit Fürstengruft, „Liebesinsel" mit dem Grabmal des Großherzogs Adolf Friedrich VI. Im ehem. Kavalierhaus auf der Schlossinsel interaktive Ausstellung über die Zeit des Großherzogtums Mecklenburg-Strelitz.

Granzow Forstgarten „Erbsland".

Rechlin-Nord Luftfahrttechnisches Museum (*tgl. 10-17*).

Vipperow Dorfkirche mit wertvollem Schnitzaltar (ca. 1500).

Lärz Dorfkirche (1724), Luftfahrtmuseum und Fusion Festival (alternatives, viertägiges Musikfestival mit Musik, Theater, Kino, Performance) auf dem ehemaligen Militärflugplatz .

Tipp Erwerb des ***„Müritz-Nationalpark-Tickets"*** (Nutzung von Bus und Schiff, kostenlose Führungen). Infos bei den touristischen Informationsstellen und www.nationalparkticket.de

Auskunft & Tourist-Infos

Tourist-Info Mirow Schlossinsel 2a, Tel. (039833) 275 67, www.klein-seenplatte.de

Tourist-Info Rechlin Müritzstraße 51, Tel. (039823) 212 61, www.mueritzferien-rechlin.de

Alte Fahrt

„Nach links oder nach rechts?" fragen wir uns an diesem sonnigen Morgen, nachdem wir unseren Kanadier am Ufer des ***Mirower Sees*** beladen haben. Als ideale Einsetzstelle bietet sich der Platz unmittelbar neben der Badestelle von **Mirow** an, unweit vom *Strandhotel Mirow mit Restaurant*. Neben deftigen mecklenburgischen Gerichten, vorwiegend Fisch aus den umliegenden Gewässern, bietet das Haus ein hervorragendes Frühstück. Wer will, kann sich für eine Nacht ein Zimmer mit Blick auf den See mieten oder auf dem hauseigenen kleinen *Campingplatz* sein Zelt aufstellen. Ebenfalls ideal zum Starten ist die *Kanustation Mirow* in einer Bucht am gegenüberliegenden Ufer des Sees oder die *Kanustation Granzow,* ein Stück weiter nördlich, am Ufer des ***Granzower Möschen***.

Wir entscheiden uns, die „Alte Fahrt" entgegen dem Uhrzeigersinn zu paddeln, da bei unsicherer Wetterlage eine Befahrung der Müritz unterbleiben sollte und so die Fahrt zurück durch den Müritz-Nationalpark, also die schönere Landschaft, führen würde.

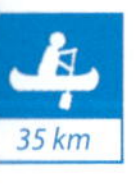

Versonnen schauen wir auf die Bootshäuser am gegenüberliegenden Ufer, die von der goldenen Morgensonne beschienen werden. Wir können uns kaum vorstellen, dass hier zwei Tage zuvor ein heftiger Orkan gewütet hat. Noch sind nur wenige Kanufahrer unterwegs; nur das Tuckern eines Fischerbootes durchbricht die morgendliche Stille. Dort, wo es links zu der am Ende einer Bucht liegenden *Kanustation Mirow* geht, erkennen wir vor uns die schmale Durchfahrt zum ***Granzower Möschen***. Wir passieren die am rechten Ufer liegende *Kanustation Granzow* mit ihrem herrlichen Badestrand und stellen bald fest, dass auch im Hinblick auf den „Einsamkeitsfaktor" die Entscheidung richtig war, die Tour über die schmale Seenkette früh am Morgen zu beginnen. Im Jahr zuvor waren mir hier am Nachmittag zu viele Kanus begegnet.

Von **Granzow** führt ein halbstündiger Fußweg zum *Forstbotanischen Garten „Erbsland", wo im Jahre 1887 ein Baumgarten mit ausländischen Baumarten bepflanzt wurde, um ihre Eignung für die deutsche Forstwirtschaft zu prüfen.*

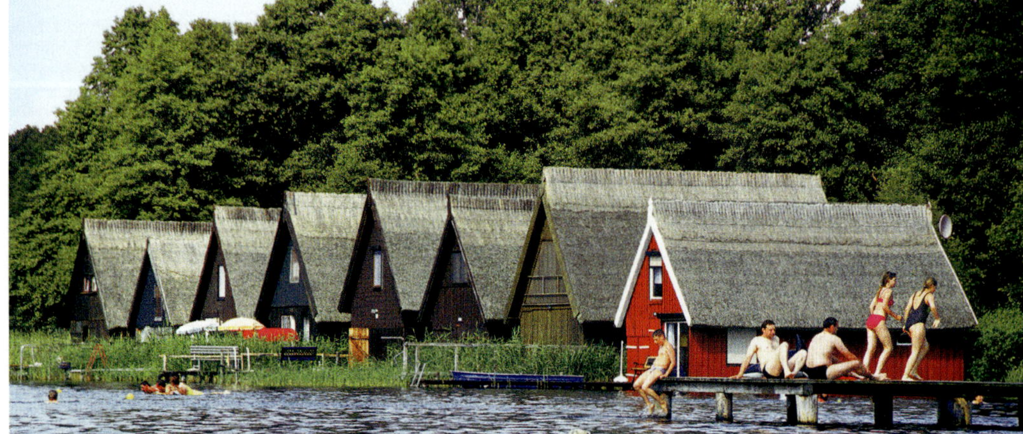

Urlaub im Bootshaus – dem Wasser so nah!

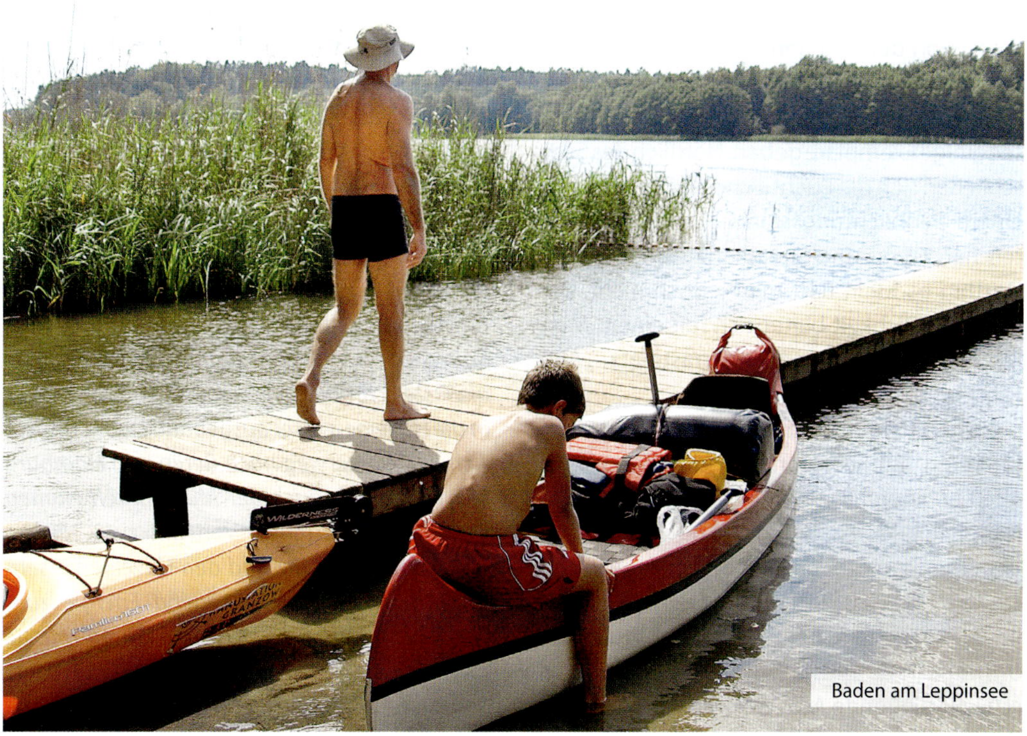

Baden am Leppinsee

Neben einheimischen Stieleichen, Weißbuchen, Eschen, Ulmen, Moorbirken oder der gewaltigen, über 46 Meter hohen Küstentanne, kann man einige exotische Neuanpflanzungen bestaunen.

Links, an einer Insel und dem *Ferienpark Mirow* vorbei, finden wir den mit Schilf und Seerosen gesäumten schmalen Übergang zum ***Kleinen Kotzower See***. Hier, wie auch im sich anschließenden ***Großen Kotzower See***, bieten die dichten Schilfgürtel der Vogelwelt ein ideales Rückzugsgebiet und dem Paddler wenige Anlege- und Bademöglichkeiten. Dahinter breiten sich ausgedehnte Kiefernwälder aus. Wir versuchen nicht durch die beeindruckenden Seerosenfelder zu paddeln und gelangen, vorbei am kleinen Wohnort **Schillersdorfer Teerofen,** in den kleinen See ***Mössel***, der schnell durchquert ist.

An den Ufern des ***Leppinsees*** finden sich zahlreiche kleine Buchten, wo es sich herrlich rasten und baden lässt. Nach fast zwei Stunden Paddelei haben wir uns schließlich eine Pause verdient. Ein Stück weiter passieren wir am Ostufer die schöne Badestelle von **Schillersdorf** und den *Campingplatz am Leppinsee C 20 (Haveltourist)*, der sich hervorragend als Standort zur Erkundung des Müritz-Nationalparks anbietet. Daneben hat der *Kanuvermieter „Paddel-Paul" (auch SUP-Boards und geführte Kanutouren, Imbiss)* seinen Standort. Der Platz ist auch Sammelstelle für einen *Kanu-Shuttle*, zum Beispiel nach **Babke** zu den Havelquellseen (Tour 10) per Transporter oder – ganz romantisch – mit der Pferdekutsche.

Ein blauschillernder Eisvogel schießt an uns vorbei, als wir den Ausgang des Sees an seinem nördlichen Ende erreichen. Auf einem urwaldartigen, sumpfigen und verwunschenen Kanal überqueren wir die Grenze zum *Müritz-Nationalpark*. Er bringt uns hinaus auf den ***Woterfitzsee***, ***der nur im Bereich der Betonnung überquert*** werden darf. Die vor uns liegende kleine Insel im See und das gesamte, teils schwer zugängliche Ufer bleibt

Die riesige ***Müritz*** liegt spiegelglatt vor uns. Trotzdem ziehen wir die Persenning auf und paddeln dann, uns dicht am Ufer haltend, durch eine wunderschöne Frühnebelstimmung. Bei diesem guten Wetter dürften die zehn Kilometer entlang des Ostufers kein Problem darstellen. Andernfalls hätten wir keine Sekunde gezögert, vor dem zweitgrößten deutschen Binnensee zu „kneifen", denn grundsätzlich sollte man diese Strecke nur bei optimalen Wetterbedingungen und in geschlossenen Kanus paddeln. Bis zur Einmündung in den ***Claassee*** gibt es am schilfigen Ufer, das aus Naturschutzgründen ohnehin nicht betreten werden darf, keinerlei Anlandemöglichkeit. Am Ende des Schilfgürtels geht es, vorbei am Strandbad des *Hafendorfes Müritz* mit der in die Müritz ragenden Seebrücke und dem *Anleger der Weissen Flotte,* vor der Mole nach links über einen kleinen Kanal in den ***Claassee***. Das touristische Angebot des *Ferienparks* in **Rechlin-Nord** ist vielfältig: Gastronomie, Minimarkt, Strandbad, Ferienwohnung (auch für eine Nacht), Fahrrad- und Hausbootvermietung. Von hier führt ein kurzer Fußweg zum Luftfahrttechnischen Museum.

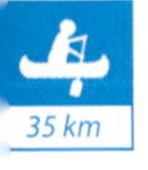

Wir wollen jedoch das stabile Wetter nutzen und bis nach Rechlin weiterpaddeln, das am Ufer der dem Wetter weniger ausgesetzten ***Kleinen Müritz*** liegt. Am gegenüberliegenden Ufer der nun schmaler werdenden Müritz ist das Örtchen **Zielow** zu erkennen, das wir jetzt ansteuern. Keineswegs wollen wir hier die Müritz überqueren, aber auf Höhe der Kirche von **Rechlin-Nord**, vor Beginn einer langgestreckten Bucht (Badestelle Rechlin), ist es ratsam, den Kurs etwas zu ändern, da ***dicht unter der Wasseroberfläche Steine liegen***!

Zwischen ***„Hinterste Wiese"***, einem großen halbinselförmigen Feuchtgebiet, und dem Festland paddeln wir auf die ***Kleine Müritz***. Am rechten Ufer lugt die Kirchturmspitze von **Vipperow** hervor. *In dem schlichten Feldsteinbau aus dem 13. Jahrhundert finden regelmäßig Ausstellungen statt.* Wer dem Dörfchen einen Besuch abstatten möchte, paddelt Richtung **Gaarzer Mühle** *(Übernachtung Campingplatz möglich)* zum ***Müritzarm*** und legt am besten hinter der Straßenbrücke der B 198 rechts am Ufer an. Vor der Brücke kommt man am hölzernen Bootshaus und Steg des *Vipperower Fischers* vorbei, der hier einen Imbiss betreibt.

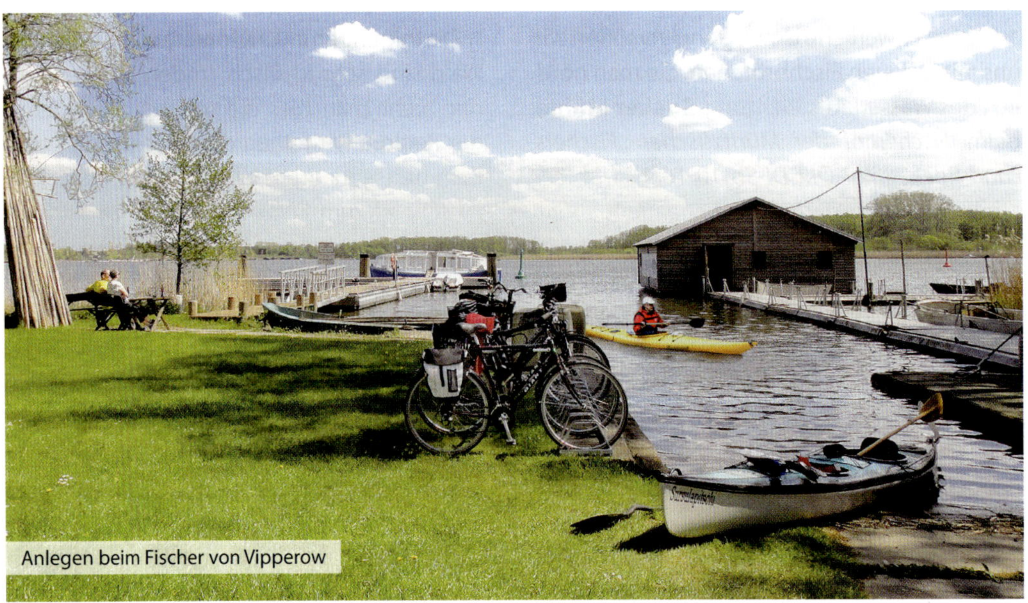
Anlegen beim Fischer von Vipperow

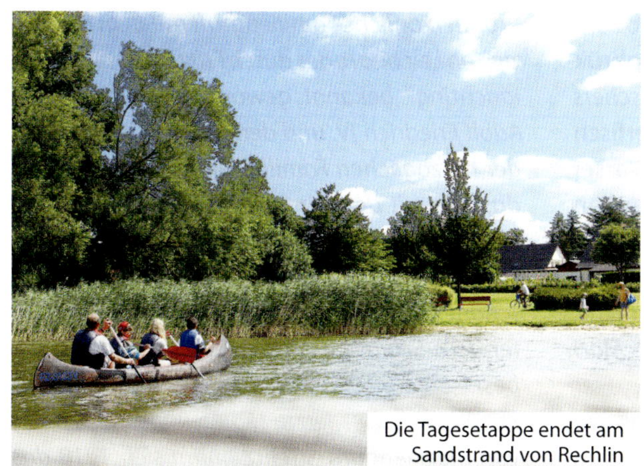
Die Tagesetappe endet am Sandstrand von Rechlin

Vor uns liegt inmitten der ***Kleinen Müritz*** eine kleine Insel mit den Resten eines slawischen Burgwalls. Vor der Insel schwenken wir nach links und halten direkt auf den *Yachthafen* von **Rechlin** zu. Gleich daneben legen wir am flachen Sandstrand der örtlichen Badestelle an. Im Biergarten der *Hafengaststätte „Möwennest“* kehren wir ein, bevor wir, nach Anmeldung beim Hafenmeister, unser Zelt bei den Seglern aufstellen und einen Spaziergang durch den Ort unternehmen.

Die Entwicklung des Ortes ***Rechlin*** *ist eng mit der Luftfahrttechnik verbunden. Schon im Ersten Weltkrieg Flug-Versuchsanstalt, erfolgte ab 1934 der Ausbau zur größten Erprobungsstelle der deutschen Luftwaffe. Neben 4.000 Menschen die 1940 hier lebten und arbeiteten, kam noch eine Vielzahl von Zwangsarbeitern und KZ-Häftlingen dazu. Hunderte von Menschen fanden bei Flugerprobungen den Tod. Nach dem Zweiten Weltkrieg wurde der Flugplatz Lärz Standort von Jagdbombern und Kampfhubschraubern und Rechlin zu einem bedeutenden Garnisonsstandort der Sowjets, durch eine Mauer in einen deutschen und einen sowjetischen Teil getrennt. Zum Zeitpunkt der Wende hatte Rechlin etwa 2.500 deutsche und 4.000 russische Einwohner.*

Im Südteil der ***Kleinen Müritz*** zweigen rechts der ***Müritzarm*** und links der ***Mirower Kanal,*** Teil der ***Müritz-Havel-Wasserstraße,*** ab, in die wir einschwenken. Unter der Straßenbrücke der B 198 hindurch an **Vietzen** vorbei gelangen wir zunächst auf den ***Sumpfsee***. Die letzte Etappe der Reise führt uns über den fast schnurgeraden ***Mirower Kanal*** zurück nach Mirow. Eisvögel schießen vor uns her. Auf dem Kanal wird es nicht wirklich langweilig, da die Bäume bis dicht ans Ufer heranreichen und ihre Äste sich weit über die Wasserfläche beugen. Dies gibt der Strecke einen natürlichen Charakter, auch wenn teils starker Motorbootverkehr herrscht. Etwas Geschick ist dann schon nötig, um die anrollenden Wellen richtig nehmen zu können. Vor der ***Mirower Hubschleuse*** gibt es oft längere Wartezeiten, doch findet man mit dem Kanu fast immer einen Platz zwischen den Kajütbooten. In den 1930er Jahren gebaut, ist sie ein technisches Denkmal und bietet im Sommer zahlreichen Touristen einen Blick in die mit Booten gut gefüllte Schleusenkammer.

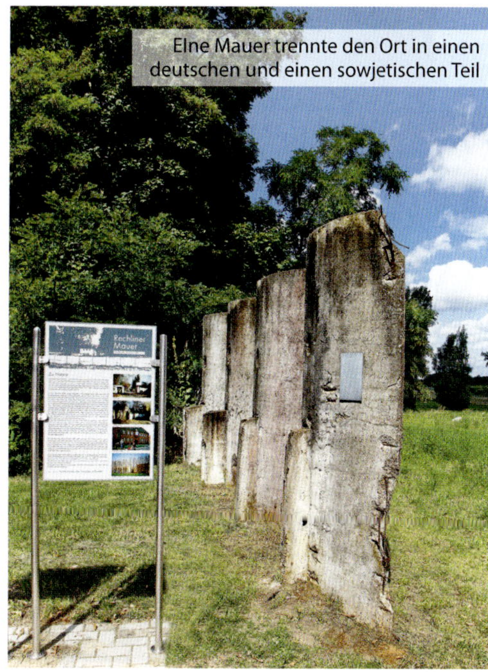

Eine Mauer trennte den Ort in einen deutschen und einen sowjetischen Teil

Infos Tour 12 – Müritzarm

Aktivitäten | Natur | Kultur | Baden | Hindernisse

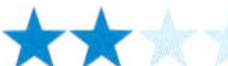

Charakter der Tour

Schon zu Beginn der Tour möchte man am liebsten auf den ruhigen Seen zwischen Sewekow und Buchholz verweilen. Hier ist der Kanutourismus noch nicht so ausgeprägt; verschwiegene Buchten laden zum Baden ein. Die Elde, Mecklenburgs längster Fluss, kommt vom Mönchsee bei Wredenhagen und fließt bei Buchholz in den Müritzsee. Auf dem langen Müritzarm, der Kleinen Müritz und der Müritz-Havel-Wasserstraße gelangt man in das verträumte Städtchen Mirow. In weitem Bogen geht es über die stärker befahrenen Seen der Müritz-Havel-Wasserstraße um den „Mirower Holm", der mit seinem alten Baumbestand zum Wandern einlädt. Der motorbootfreie Schwarze See und der sich anschließende Fehrlingsee bestechen wieder durch ihre Ruhe und die sie umgebenden urwüchsigen Wälder.

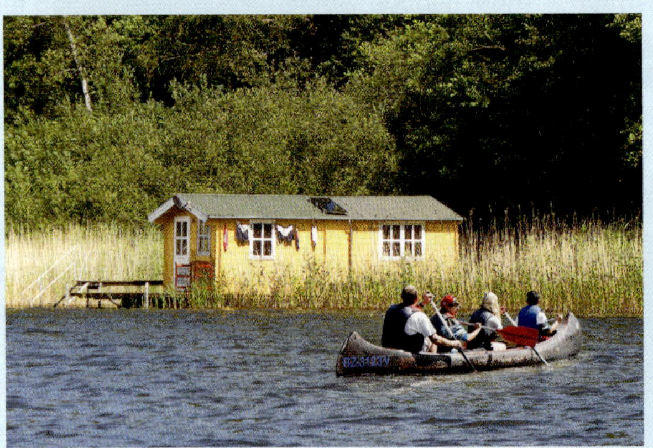

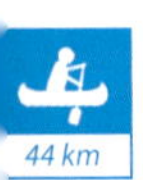

Länge & Dauer der Tour 44 km, 2-3 Tage.

Umtragestellen keine.

Anreise A 19 Berlin-Rostock, Abfahrt 20 (Wittstock), weiter auf der Landstraße über Randow und Berlinchen nach Sewekow.

Einsetzstelle Hinter der Straßenbrücke zwischen dem See Nebel und Langhagensee *(Navi: Langhagensee, Sewekow):*

Aussetzstelle Neben der Badestelle von Schwarz *(Navi: Seebusch 3, Schwarz).*

Zurück zum Pkw

1. Mit zuvor deponierten zweitem Pkw oder Rad.
2. Mit dem zuvor bestellten Kanu-Taxi (Paddel-Paul: Tel. 0174-827 52 30).
3. Zu Fuß (8 km) über Buschhof nach Sewekow.

Etappenvorschlag

1. Tag Sewekow – Buchholz (10 km).
2. Tag Buchholz – Mirow (20 km).
3. Tag Mirow – Schwarz (14 km).

Tipps für Tagestouren

1. Schwarz – Mirow (14 km).
2. Buchholz – Sewekow – Buchholz (20 km).

Karten- & Literatur-Tipps

Wasserwanderkarte Mecklenburgische Kleinseenplatte, 1:50.000, Klemmer-Verlag.

KANU KOMPAKT Mecklenburgische Kleinseen 1, *Kanureiseführer mit topograf. Wasserwanderkarten, Kettler & Hillmann,* Thomas Kettler Verlag.

„Mecklenburgische Seen mit Kindern", *46 Wander- und Entdeckertouren für Familien, Stefanie Holtkamp,* Naturzeit-Verlag.

„Mecklenburgische Seenplatte", *Reiseführer mit ungewöhnlichen Entdeckungstouren und Lieblingsorten,* DuMont Reiseverlag.

„Daniel Druskat", *Helmut Sakowski,* Verlag Neues Leben (nur antiquarisch).

„Die Geliebte des Hochmeisters", *Helmut Sakowski,* Aufbau Taschenbuch.

„Herzoghaus Mecklenburg-Strelitz", *von gekrönten Häuptern, blaublütigen Kuckuckskindern & der Mirower Fürstengruft,* eine Chronik zu 24 Adligen, *Helmut Borth,* Steffen Verlag (antiquarisch).

Übernachtung in Wassernähe *(in der Reihenfolge des Tourenverlaufs)*

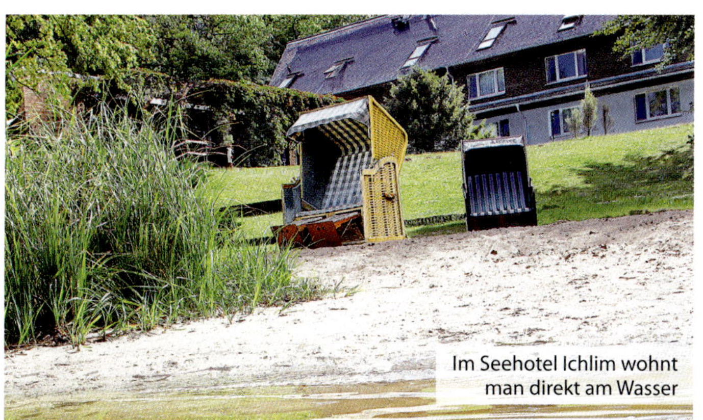
Im Seehotel Ichlim wohnt man direkt am Wasser

Sewekow
Seehotel Ichlim
Am Nebelsee 1
Tel. (039827) 302 64
www.seehotel-ichlim.de

Alt Gaarz
„Müritzkeramik"
(Gästezimmer ab 2 Nächte, B&B)
Alt Gaarz 6, Tel. (039833) 222 19
www.mueritzkeramik.de

Priborn (am Müritzsee)
Pension „Zum Wassermann"
Ausbau 1, Tel. (039923) 21 09
www.pension-zum-wassermann.de

Buchholz
Buchholz-Camp
Dorfstr. 21a, Tel. (039923) 24 57
www.buchholz-camp.m-vp.de

Marina Buchholz & Gaststätte „Seerose" (FeWo wochenweise)
Seepromenade 1
Tel. 0160-706 34 56 oder
0152-340 402 21
www.marina-buchholz.de

Gaarzer Mühle
Gaarzer Mühle
(FeWo ab 2 Nächte)
siehe Kanuvermietung

Mirow
Strandhotel Mirow
(Camping & Zimmer)
siehe Kanuvermietung

Alte Schlossbrauerei
Schlossinsel 3
Tel. (039833) 203 46
www.mirower-seehotel.de

Nordwestbucht Mirower See
DJH Mirow mit Zeltplatz
An der Clön 2
Tel. (039833) 261 00
mirow.jugendherbergen-mv.de

Schwarz
Gästehaus „Villa Sophie"
Dorfstr. 62, Tel. (039827) 79 62 88
www.gaestehaus-am-schwarzer-see.com

Camping- & Biwakplätze
am Zotzen-, Mössen-, Vilzsee und Zethner See.

Kanuvermietung

Gaarzer Mühle
Kanuverleih Gaarzer Mühle
Gaarzer Mühle 2
Tel. 0174-425 01 65
www.boots-und-kanuverleih-gaarzer-muehle.de

Mirow
Strandhotel Mirow
Strandstraße 20
Tel. (039833) 220 19
www.strandhotel-mirow.de

Kanustation Mirow
An der Clön 1
Tel. (039833) 220 98
www.kanustation.de

Schwarz/Vilzsee
Forsthof Schwarz
Tel. (039827) 75 20
www.forsthof-schwarz.de

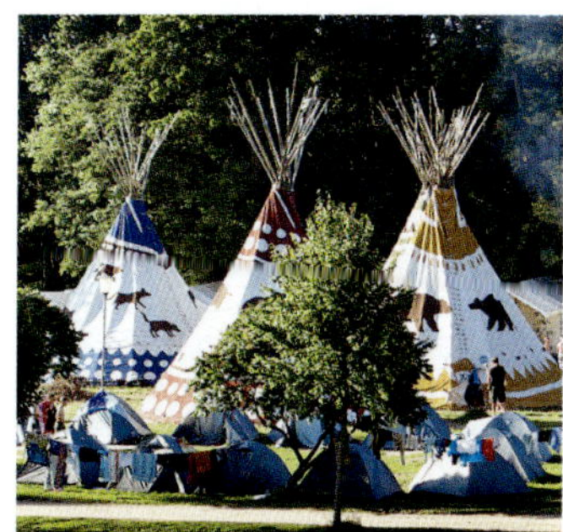

Touren-Veranstalter

Blankenförde (an der Havel)
Raus ins Grüne
Geführte Touren (Kanu, wandern, Rad), Kanuvermietung, Workshops
Dorfstraße 21
Tel. (039829) 225 62
& 0160-828 12 60
www.raus-ins-gruene.de

Kanu-Taxi

am Leppinsee (Schillersdorf)
Paddel Paul
rechtzeitig Termin vereinbaren!
Tel. 0174-827 52 30
www.paddel-paul.de

Weitere Aktivitäten

Paddeln

Von Mirow ***über den Vilzsee in die Strelitzer oder Rheinsberger Gewässer***.

Mit dem Kajak ***über die Müritz nach Röbel und Waren***.

Wandern

Auf dem „***Mirower Holm***" zwischen Schwarzer See und Vilzsee (wunderschöner alter Waldbestand).

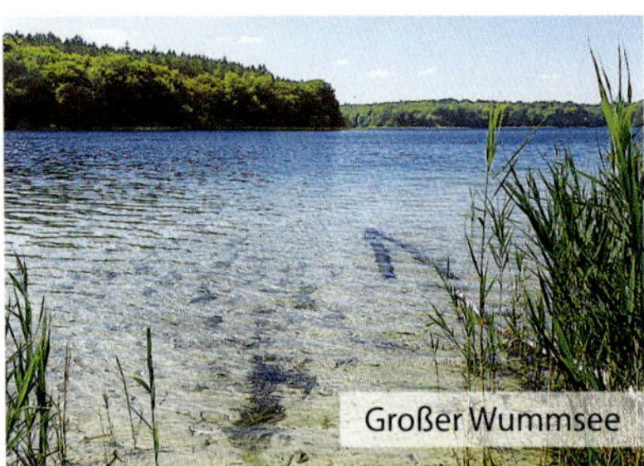
Großer Wummsee

In der ***Buchholzer Heide*** zwischen Buchholz und dem See Nebel.

Im ***Naturschutzgebiet Wummsee und Twernsee*** südlich von Schwarz und Diemitz. Schöner Spaziergang vom Vilzsee oder Zethner See in ca. 2,5-3 km zum ***Großer Wummsee*** und im kristallklaren Wasser baden (nur an sehr wenigen Stellen im südöstlichen Teil).

Radfahren

Von Mirow ***nach Wesenberg*** (Sehenswertes siehe unten).

In der ***Wittstocker Heide***, z.B. von Sewekow oder Buchholz durch die Heide nach Wittstock/Dosse (Sehenswertes siehe unten).

Fahrradvermietung: Viele Campingplätze vermieten Fahrräder an Gäste. **Mirow**: *Zweirad-Flitzer Kiepert* (auch e-bikes), Bring- und Holservice zum Standort, Strelitzer Str. 4, Tel. (039833) 205 19, www.zweirad-flitzer.de

Sonstiges

MüritzTherme in Röbel (www.mueritztherme.com).

Rundflüge über die Seenplatte ***vom Flughafen Lärz (Müritz Airpark)***.

Lohnende Ausflüge

Waren (besonders schönes Stadtbild, NaturErlebnisZentrum & Museum „Müritzeum").

Wesenberg (Burg mit Burgturm und Heimatstube, gotische St. Marienkirche mit 600-jähriger Linde, Findlingsgarten, Museum für Blechspielzeug in der Villa Pusteblume (Fr-So 14-17), Marktplatz).

Wittstock/Dosse (16 km südwestlich von Sewekow) Mittelalterlicher Stadtkern, Stadtmauer mit 30 Wiekhäusern, Wall- und Grabenzone; Gröpertor; über 400 Jahre alte Adlerapotheke mit Jugendstilfassade und sehenswertem Innenhof; „Alte Bischofsburg" mit Museum über den Dreißigjährigen Krieg; Ostprignitzmuseum im Bürgermeisterhaus. 3 km nördlich Daberburg mit Heideturm (Daberturm) und Findlingsgarten in Alt Daber.

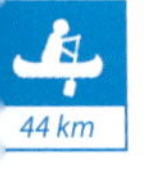

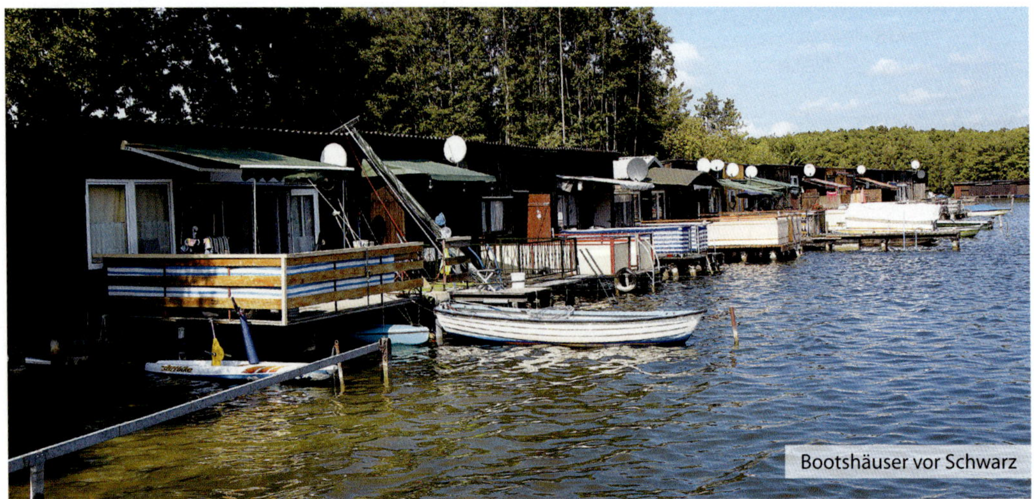
Bootshäuser vor Schwarz

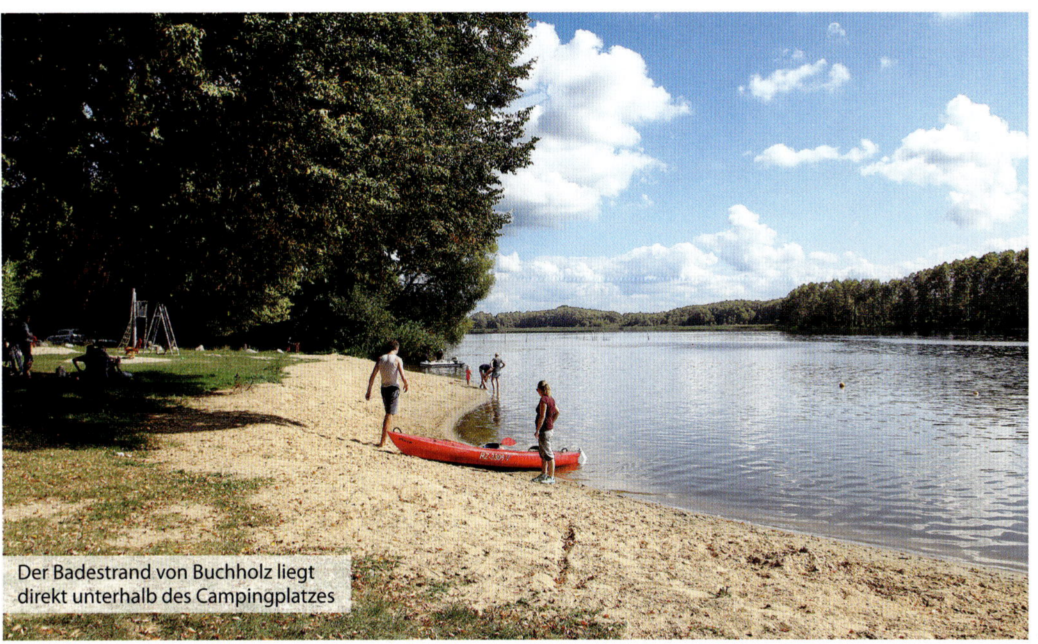
Der Badestrand von Buchholz liegt direkt unterhalb des Campingplatzes

Sehenswürdigkeiten

Sewekow barocke Dorfkirche (17. Jh.).

Alt Gaarz 1854 von Schinkelschüler Buttel erbaute Dorfkirche, Galerie „Müritzkeramik".

Vipperow Dorfkirche mit wertvollem Schnitzaltar (ca. 1500).

Lärz Dorfkirche (1724), Luftfahrtmuseum und Fusion Festival (alternatives Musikestival mit Musik, Theater, Kino, Performance, www.fusion-festival.de) auf dem Flugplatzgelände.

Rechlin-Nord Luftfahrttechnisches Museum (*tgl. 10-17*, www.luftfahrttechnisches-museum-rechlin.de).

Mirow Schlosspark, barockes Residenzschloss (1749-52) der Mecklenburger Herzöge, Johanniterkirche mit Fürstengruft, „Liebesinsel" mit dem Grabmal des Großherzogs Adolf Friedrich VI.

Diemitz Kirche (1765), Töpferei, Cider Manufaktur.

Schwarz Backsteinkirche mit barocker Haube, Heimatstube, Stein- /Findlingsgarten.

44 km

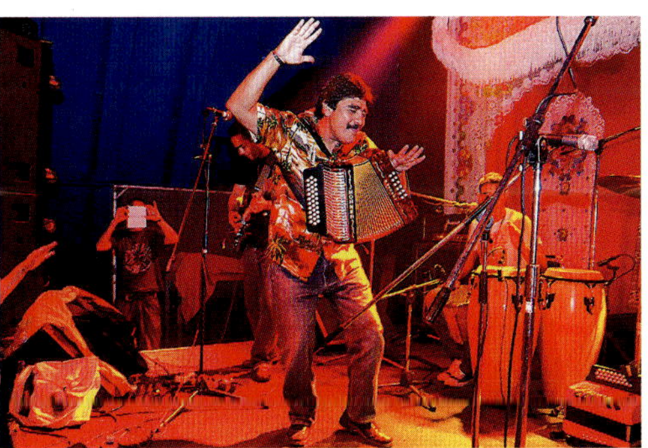

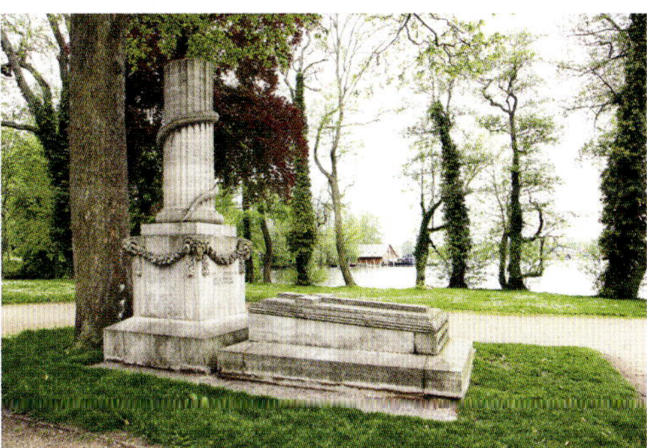

Auskunft & Tourist-Infos

Tourist-Info Mirow Schlossinsel 2a, Tel. (039833) 275 67, www.klein-seenplatte.de

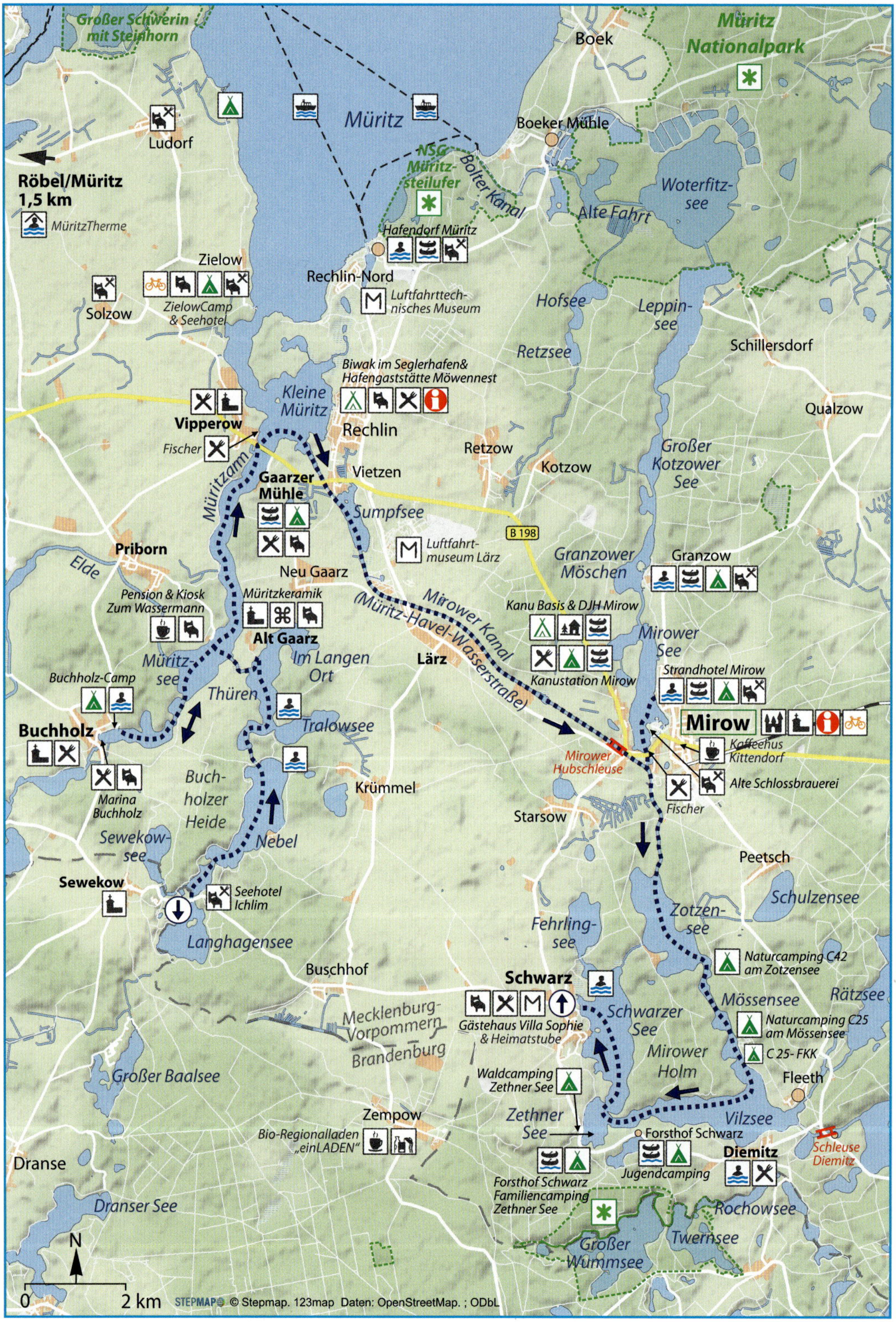

Großer Schwerin mit Steinhorn
Müritz Nationalpark
Boek
Müritz
Boeker Mühle
Ludorf
Röbel/Müritz 1,5 km
MüritzTherme
NSG Müritz-steilufer
Bolter Kanal
Woterfitz-see
Alte Fahrt
Hafendorf Müritz
Zielow
Rechlin-Nord
Solzow
ZielowCamp & Seehotel
Luftfahrttechnisches Museum
Hofsee
Leppin-see
Schillersdorf
Retzsee
Biwak im Seglerhafen& Hafengaststätte Möwennest
Kleine Müritz
Rechlin
Qualzow
Vipperow
Fischer
Retzow
Kotzow
Großer Kotzower See
Vietzen
Müritzarm
Gaarzer Mühle
Sumpfsee
B 198
Priborn
Luftfahrt-museum Lärz
Granzower Möschen
Granzow
Elde
Neu Gaarz
Pension & Kiosk Zum Wassermann
Müritzkeramik
Mirower Kanal
(Müritz-Havel-Wasserstraße)
Kanu Basis & DJH Mirow
Alt Gaarz
Müritz-see
Im Langen Ort
Lärz
Mirower See
Buchholz-Camp
Kanustation Mirow
Strandhotel Mirow
Thüren
Mirow
Buchholz
Tralowsee
Kaffeehus Kittendorf
Mirower Hubschleuse
Alte Schlossbrauerei
Buch-holzer Heide
Marina Buchholz
Krümmel
Fischer
Starsow
Sewekow-see
Nebel
Peetsch
Sewekow
Seehotel Ichlim
Zotzen-see
Schulzensee
Fehrling-see
Langhagensee
Naturcamping C42 am Zotzensee
Buschhof
Schwarz
Mössensee
Rätzsee
Mecklenburg-Vorpommern
Brandenburg
Gästehaus Villa Sophie & Heimatstube
Schwarzer See
Naturcamping C25 am Mössensee
Mirower Holm
C 25- FKK
Großer Baalsee
Waldcamping Zethner See
Fleeth
Zethner See
Vilzsee
Zempow
Forsthof Schwarz
Schleuse Diemitz
Bio-Regionalladen „einLADEN"
Diemitz
Dranse
Jugendcamping
Forsthof Schwarz Familiencamping Zethner See
Rochowsee
Dranser See
Twernsee
Großer Wummsee
N
0 2 km
STEPMAP © Stepmap. 123map Daten: OpenStreetMap. ; ODbL

Der Müritzarm

Eingebettet in eine leicht hügelige Wald- und Wiesenlandschaft, liegt am Rande eines Naturschutzgebietes das Urlauberdörfchen **Sewekow**. Von hier bis zur Müritz erstreckt sich eine Kette kleiner, stiller und von Wäldern eingefasster Seen.

Man muss schon aufpassen, dass man mit dem Auto nicht an der Einsetzstelle vorbeifährt. Da, wo ein Fließ den ***Langenhagensee*** mit dem See ***Nebel*** verbindet, befindet sich unmittelbar vor der unscheinbaren Straßenbrücke am rechten Ufer ein kleiner Parkplatz, wo wir das Auto entladen und wenige Meter entfernt in das klare und schmale Fließ einsetzen. Hinter der Straßenbrücke paddeln wir hinaus auf den romantischen See ***Nebel***. Gleich rechts liegt das Grundstück des *Seehotels Ichlim* mit seinem sandigen Hausstrand. Am Ufer des von herrlichem Mischwald umgebenen Sees ducken sich hinter Schilfgürteln immer wieder kleine Ferienhäuser. Vor einigen Jahrzehnten war der See noch wesentlich größer, aber die Ausbuchtung an der Ostseite ist inzwischen völlig verlandet. An seinem Nordufer legen wir an der Badestelle von **Krümmel** an. Zelten ist an diesem wunderschönen flachen Sandstrand leider nicht mehr erlaubt, aber wir schwimmen ausgiebig und genießen den Blick über den See auf die bewaldeten Hügel der Bucholzer Heide an der Westseite. Unweit der Badestelle, am Ausfluss des Nebel in den See ***Thüren***, spannt sich eine hölzerne Fußgängerbrücke über das Wasser. Der ***Thüren*** ist schmal; seine bewaldeten Ufer erwarten den Paddler mit zahlreichen sandigen Buchten. Kaum trocken, locken sie uns schon wieder zum Baden. Besonders schön ist es an der Spitze der Landzunge ***„Lärzer Werder"***, wo es rechts in den motorbootfreien ***Tralowsee*** geht. Etwas mehr als einen Kilometer weiter, legen wir rechts neben einem Bootshaus am Nordwestufer des Thürens an. Von hier aus geht es über einen Feldweg hinauf zum reetgedeckten Haus des *Ateliers „Müritzkeramik"* in **Alt Gaarz**. Kristalle in der Lasur geben den Töpferwaren den unverwechselbaren „Perlmuttcharakter". Das idyllische Haus in absolut stiller Umgebung bietet sich mit seinen *Gästezimmern (kein TV)* für einen etwas längeren Aufenthalt an. *Der Ort wurde im Jahre 1809 durch ein Feuer fast vollständig zerstört. Die schöne alte Holzkirche wurde als Fachwerkbau 1854 von Schinkel-Schüler Buttel erbaut und ist außen vollkommen mit Querbrettern verkleidet. Auffallend ist die schlichte Holzgestaltung der Kanzel, des Altars und des Kirchengestühls.*

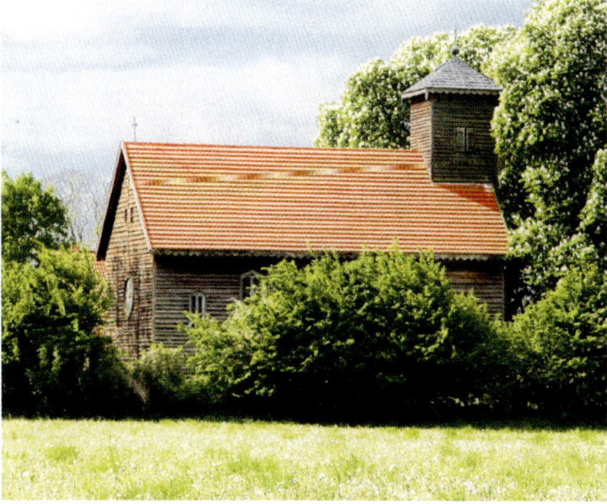

Wir verlassen den Thüren nun über einen von dichtem Schilf gesäumten Wasserarm. Er mündet schon nach wenigen hundert Metern in den ***Müritzsee,*** auf dem wir uns links halten. Am gegenüberliegenden Ufer befindet sich in **Priborn Ausbau** eine Badestelle mit *Imbiss* und ein Stückchen weiter die *Pension „Zum Wassermann"*. Ein guter Standort, um die malerische Umgebung auch zu Fuß oder per Rad zu erkunden.

Sanfter Wind kräuselt die Wasseroberfläche. Uns zieht es zum Dorf **Buchholz** am Ende des Müritzsees, dessen Yachthafen nach der

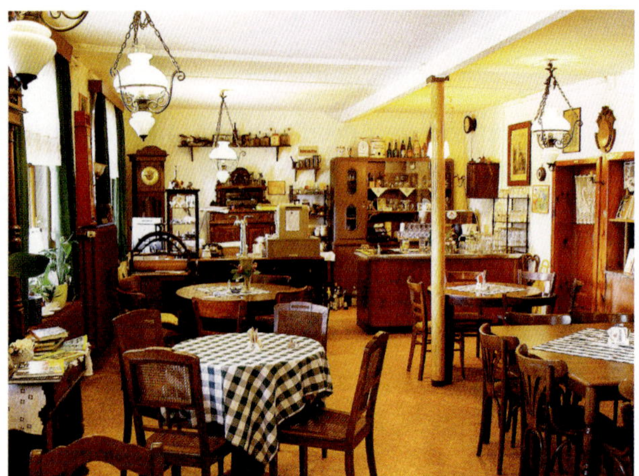

Umfahrung einer Landzunge vor uns auftaucht. Kurz vor einem Schiffsanleger legen wir am rechten Ufer an der Badestelle an und transportieren das Kanu mit dem Kanuwagen auf die oberhalb liegende, zum *Campingplatz Buchholz-Camp* gehörende Wiese, wo wir unser Zelt aufbauen.

Ein wesentlicher Grund für die Übernachtung in dem Straßendorf **Buchholz** mit seiner hübschen Dorfkirche von 1350 (wird endlich saniert) ist ein Besuch des *Gasthauses „Zu den drei Linden" (nur Barzahlung).* Der Piepensalat, ein selbstgemachter Kartoffelsalat, mit Zander- oder Kräuterwelsfilet sind eine Wucht – finden wir. *Das alte Gebäude mit der urigen Möblierung diente schon Generationen als Gaststätte und war bisweilen Schauplatz bekannter DDR-Filme. Der heutige Besitzer korrespondierte schon mit Marlene Dietrich, von der er das Rezept für die nun bei ihm erhältlichen Bratkartoffeln bekam.* Den Abend beschließen wir draußen unter den stattlichen Linden mit einem mecklenburgischen Aquavit.

Die Strecke vom Vortag auf dem Müritzsee, der jetzt am frühen Morgen still daliegt, paddeln wir wieder zurück. Bevor er in den schmaler werdenden ***Müritzarm*** übergeht, passieren wir den Wasserarm zum See Thüren, den wir gestern gekommen sind. Auf dem etwa 200 Meter breiten, von Wald und Schilf gesäumten ***Müritzarm*** geht es nun Richtung Norden. Zu beiden Seiten des langgestreckten Gewässers gibt es immer wieder kleine Buchten im Schilf, die trotz zunehmenden Motorbootverkehrs zum Rasten und Baden einladen. Die Straßenbrücke der B 198 im Blick, sehen wir am rechten Ufer das Gelände der **Gaarzer Mühle** *(Campingplatz, Über-*

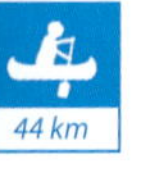

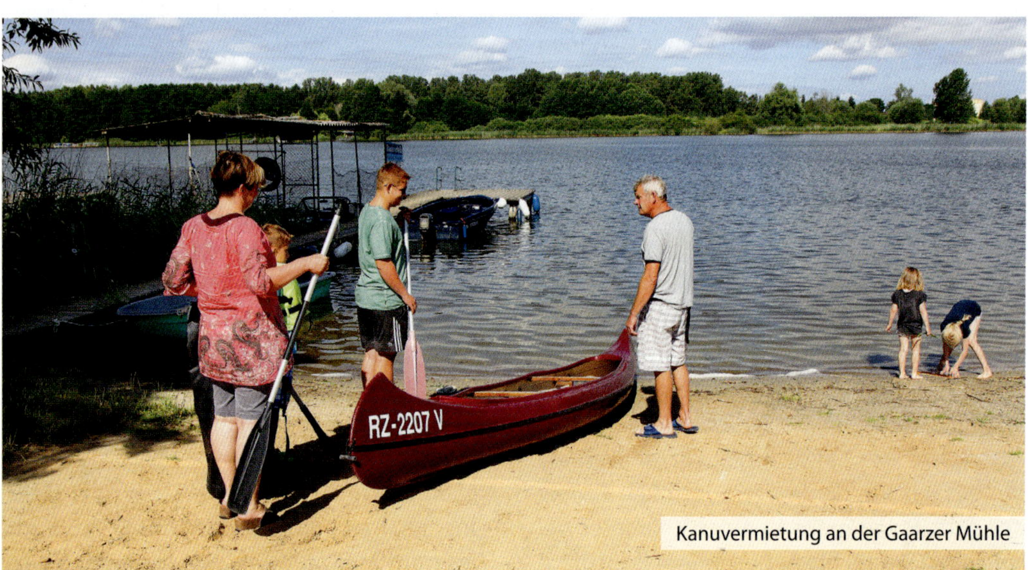

Kanuvermietung an der Gaarzer Mühle

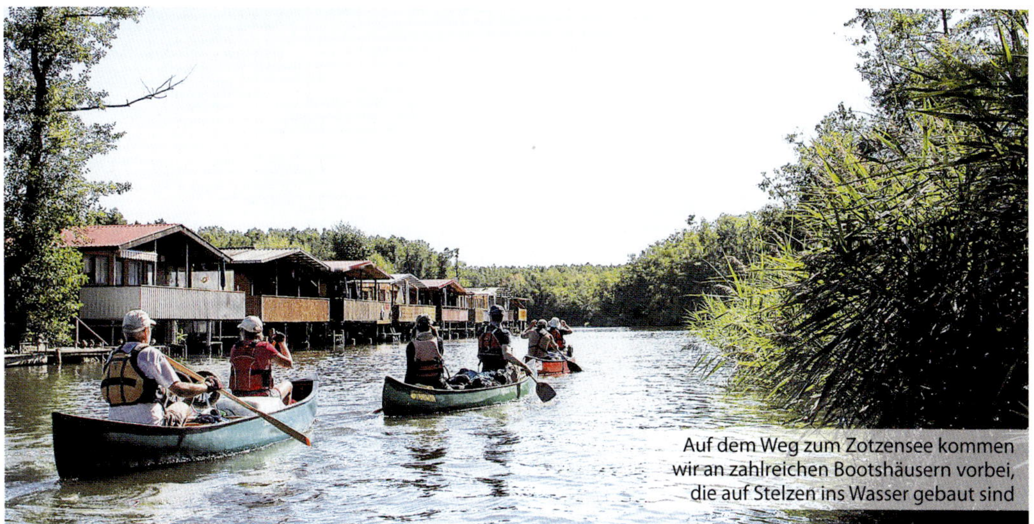
Auf dem Weg zum Zotzensee kommen wir an zahlreichen Bootshäusern vorbei, die auf Stelzen ins Wasser gebaut sind

nachtung im Mühlengebäude), wo man gut für einen Tag ein Kanu mieten könnte, um die südlich gelegenen stillen Seen zu entdecken.

Unmittelbar vor der Brücke legen wir am linken Ufer an, um hinter der Straße dem Dörfchen **Vipperow** einen Besuch abzustatten. *In der schönen, im Sommer immer geöffneten Feldsteinkirche aus dem 13. Jahrhundert werden ständig wechselnde Ausstellungen gezeigt.* Eine ganze Weile schauen wir der Storchenfamilie auf dem Dach eines Stallgebäudes zu, bevor wir in der *Gaststätte „Wiepeldorn"* eine ungewöhnlich gute und kreative Küche genießen. Unweit der Kirche lädt außerdem die *„Müritzquelle"* zu deftiger Hausmannskost und unten am Wasser der *Vipperower Fischer* zu einer kulinarischen Pause.

Hinter der Straßenbrücke öffnet sich die – anders als ihr Name vermuten lässt, doch recht große – Wasserfläche der ***Kleinen Müritz***. Wir bleiben dicht am rechten Ufer und biegen gleich wieder rechts ab in den ***Mirower Kanal***, der zur ***Müritz-Havel-Wasserstraße*** gehört.

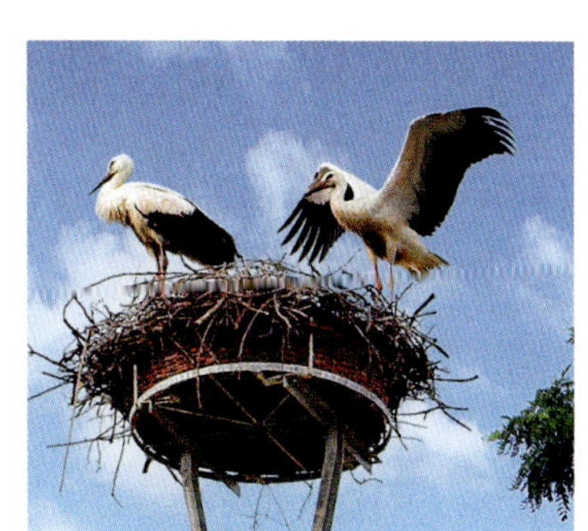

Etwa 30 Meter breit, gesäumt von Laubbäumen und Schilf, geht der Kanal nach wenigen Hundert Metern zunächst in den ***Sumpfsee*** über. Auf dem See fahren wir dicht neben der betonnten Fahrrinne und machen den von hinten kommenden Kajütbooten Platz. Mit ihnen müssen wir dann später, nach den folgenden sieben Kilometern auf dem Kanal, vor der ***Mirower Hubschleuse*** auf unsere Schleusung warten. *In den 1930er Jahren erbaut, ist sie die einzige ihrer Art in der Kleinseenplatte.*

Hinter der Schleuse paddeln wir nach links zum ***Mirower See***. An der Schlossinsel vorbei, geht es auf das rechte Seeufer zu, wo wir hinter der Badestelle von **Mirow** neben dem *„Strandhotel"* aus unserem Kanu steigen. Wir haben nun die Wahl zwischen *Gästezimmern* und dem vom Hotel betriebenen *Campingplatz*. Wir gönnen uns den Luxus eines Zimmers mit Seeblick und sitzen am Abend bei frisch gebratenem Fisch auf der Terrasse, mit Blick in den Sonnenuntergang.

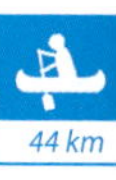

Die Sonne steht schon hoch, als wir am nächsten Morgen zur Müritz-Havel-Wasserstraße zurückpaddeln. Den Abzweig zur Schleuse rechts liegen lassend, passieren wir einige

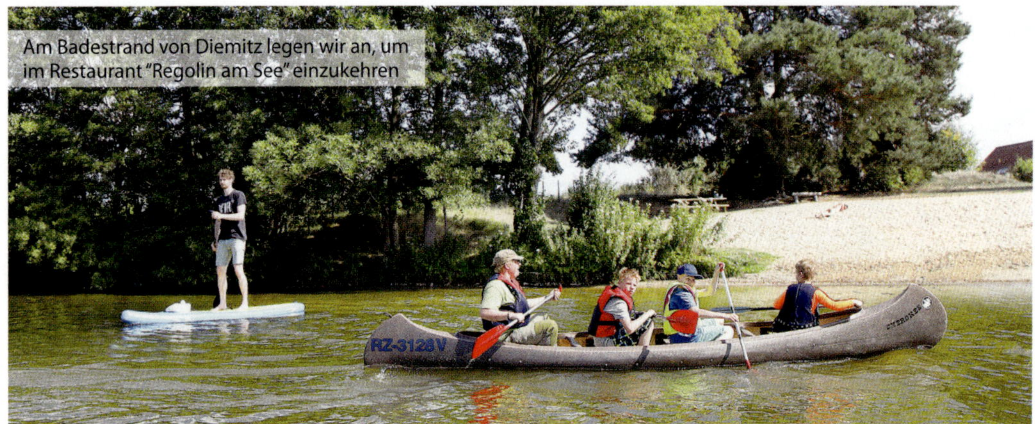

Am Badestrand von Diemitz legen wir an, um im Restaurant "Regolin am See" einzukehren

Bootshäuser, die auf Stelzen fast ins Wasser gebaut sind. Obwohl einem hier die Kajütboote unangenehm nahe kommen können, hat diese Strecke ihren Reiz. Erlen stehen dicht am Ufer und spenden Schatten, Farn breitet sich zwischen den Stämmen aus. Eine kleine Bucht lädt zur Rast ein. Flott geht es die zwei Kilometer lange Strecke über den ***Zotzensee***. Hinter einem Schilfgürtel dümpelt ein Fischer mit seinem Kahn im seichten Wasser. Seine Angelrute glitzert in der Sonne. Vorbei geht es an der sandigen Badebucht des *Campingplatz „Am Mössensee“*. Kiefern, Erlen und Eichen stehen einträchtig beieinander. Eine herrliche Paddelecke, die mich mit den dicht am Wasser stehenden Birken an eine finnische Seenlandschaft erinnert. Rechts neben uns erstreckt sich der ***„Mirower Holm“***, ein Waldgebiet mit uralten Bäumen. Der ***Mössensee*** geht über in den ***Vilzsee***, wo wir uns rechts halten und somit die Müritz-Havel-Wasserstraße verlassen. An der Südspitze des Holms finden sich am Ufer einige schöne Rast- und Badestellen. Am gegenüberliegenden Ufer blitzt der Badestrand von **Diemitz** in der Sonne auf. Wer dort anlegt, dem sei im Ort an der Dorfstraße das *Restaurant „Regolin am See“* empfohlen: frische, regionale Küche, richtig lecker!

Der See wird nun deutlich schmaler; die schöne Badestelle des *Campingplatzes „Forsthof Schwarz“* links liegen lassend, paddeln wir über den ***Zethner See*** nach rechts um die Südspitze des ***„Mirower Holm“*** Richtung Norden. Der vor uns liegende ***Schwarzer See*** ist, wie der sich anschließende ***Fehrlingsee***, für Motorboote gesperrt. Das beschert uns zum Abschluss unserer Tour noch einmal unbeschwertes Paddelvergnügen. Der See ist von herrlichem Mischwald umgeben und schon von weitem kann man den Kirchturm von **Schwarz** hinter den Bäumen hervorlugen sehen. Ein Faltbootfahrer setzt seine Segel in der Hoffnung, dass der leicht auffrischende Wind ihn vorantreibt.

Wir halten auf eine kleine Insel zu und paddeln zwischen ihr und dem Ufer, an dem sich die Häuser des Dörfchens den Hang hinaufziehen, auf die sandige Badestelle zu. *Schwarz, ein altes Klosterdorf des Klosters Dobbertin, weist noch einige alte fränkische Bauernhäuser auf. In der Umgebung befinden sich Urnenfelder und Werkstätten aus der Steinzeit. Davon zeugen beispielsweise Funde auf einem Acker namens „Pfeilacker“, nördlich von Schwarz am Fehrlingsee. Neben angeschlagenen Feuersteinknollen wurden dort viele Pfeil- und Speerspitzen aus jener Zeit gefunden.*

Am gegenüberliegenden Ufer zweigt, versteckt zwischen Schilf, der ***Mückenkanal*** ab, der früher eine Verbindung zwischen Schwarzer See und Zotzensee darstellte, heute aber gesperrt ist. Die Badewiese lädt jetzt zum Faulenzen ein.

Rätzsee - Gobenowsee - Labussee

„Im Reich des Fischadlers"

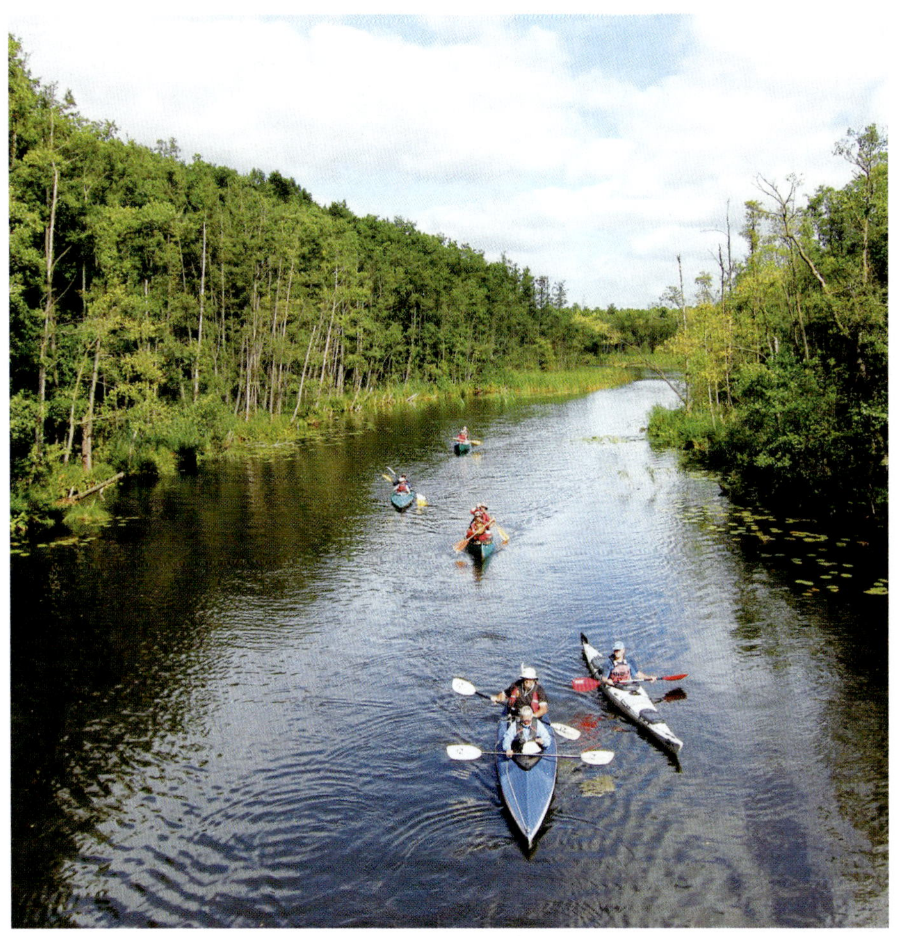

Tour 13

Infos Tour 13 – Rätzsee - Gobenowsee - Labussee

Aktivitäten	Natur	Kultur	Baden	Hindernisse

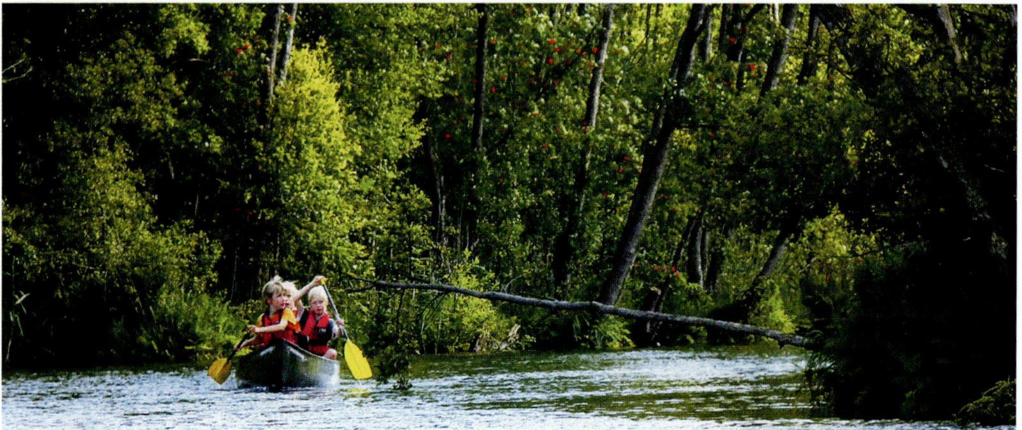

Charakter der Tour

Eine reizvolle Tagestour über den motorbootfreien Rätzsee und die idyllische Drosedower Bek in den sauberen Gobenowsee, von dem aus man über den Labussee und die Diemitzer Schleuse wieder zurück zur Fleether Mühle gelangt. Unterwegs locken versteckte Badebuchten am langen Rätzsee. In den umliegenden schönen Buchen- und Kiefernwäldern freuen wir uns über die riesigen Blaubeerbestände. Wer einmal in den frühen Morgenstunden den Fischadler beim Jagen beobachtet hat, wird eine Fahrt über diesen stillen See niemals vergessen. Startet man die Tour an einem Wochenende, sollte wegen des Motorbootverkehrs auf dem Labussee die Tour früh am Morgen und gegen den Uhrzeigersinn begonnen werden.

Länge & Dauer der Tour 17 km, 1-2 Tage.

Umtragestellen keine.

Anreise A 19 Berlin-Rostock, Abfahrt 18 (Röbel), weiter auf der B 198 Richtung Neustrelitz / Neubrandenburg bis nach Mirow. Dort rechts ab und über Peetsch zur Fleether Mühle.

Ein- & Aussetzstelle Kanustation & -vermietung „Pack & Paddel" an der Fleether Mühle *(Navi: Mirow, Fleether Mühle 4)*.

Zurück zum Pkw entfällt, da Rundtour.

Etappenvorschlag

1. Tag Fleether Mühle – Gobenowsee (9 km) .

2. Tag Gobenowsee – Fleether Mühle (8 km).

Tipp für Tagestour

Rätzsee – Drosedower Bek – und zurück.

Kennzeichnungspflicht des Bootes

Wir sind hier teils auf **Bundeswasserstraßen** unterwegs. Beachten Sie die Kennzeichnungspflicht des Bootes (siehe dazu Seite 10).

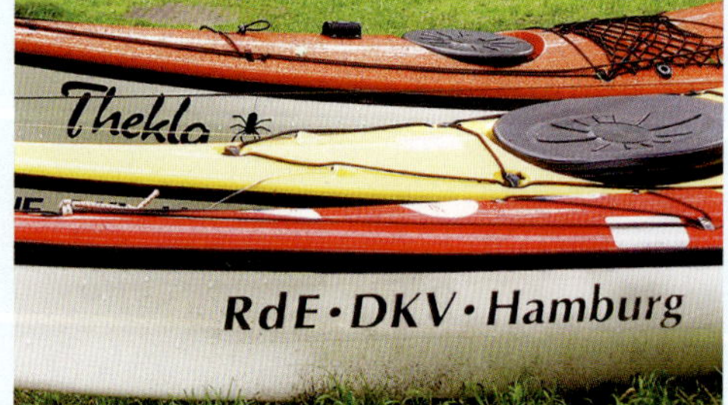

Karten- & Literatur-Tipps

Wasserwanderkarte Mecklenburgische Kleinseenplatte, 1:50.000, Klemmer-Verlag.

KANU KOMPAKT Mecklenburgische Kleinseen 1, *Kanureiseführer mit topogr. Wasserwanderkarten, Kettler & Hillmann,* Thomas Kettler Verlag.

„Mecklenburgische Seen mit Kindern"*, 46 Wander- und Entdeckertouren für Familien, Stefanie Holtkamp,* Naturzeit-Verlag.

111 Orte an der Mecklenburgischen Seenplatte, die man gesehen haben muss*, Reiseführer, Jana Jürß,* Emons-Verlag.

„Mecklenburgische Seenplatte"*, Reiseführer mit ungewöhnlichen Entdeckungstouren und Lieblingsorten, Chr. Kaufmann,* DuMont Reiseverlag.

Grimms Märchen aus Mecklenburg-Vorpommern, *Ein Kleinod für Erwachsene. H. Borth,* Steffen Verlag.

„Mit Butler und Bootsmann"*, Ein Bootstoern anno 1890 von Friesland ueber die mecklenburgischen Seen bis nach Boehmen, Henry M. Doughty,* Quick Maritim Medien.

„Mecklenburg-Vorpommern. Anleitung für Ausspanner"*, Joseph & Schümann,* Hinstorff Verlag.

Übernachtung in Wassernähe *(in der Reihenfolge des Tourenverlaufs)*

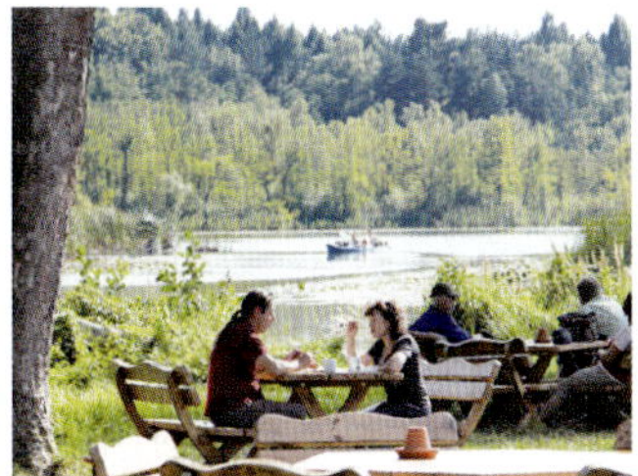

Fleether Mühle
Ferienpark Fleether Mühle
(Zelt, Zimmer, Hütte, Fahrräder)
Fleether Mühle 4
Tel. (039833) 27 72 86 (Apr-Okt)
& 0160-154 35 10
www.fleether-muehle.de

Gobenowsee
Campingplatz C 27
siehe Kanuvermietung

Labussee (Südufer), Canow
WWR Kanucamp Canow
Mirower Landstraße 13
Tel. 01523 8769790
www.kanucamp-canow.de

Labussee (Nordwestbucht)
„BiberTours"
Naturcampingplatz C24
(Zelt, Zelt-Hotel, Floß-Hotel)
Diemitz Schleuse 1
Tel. (039827) 300 11
www.bibertours.com

Diemitzer Schleuse
„Biber Ferienhof"
(Camping, Zimmer, FeWo)
Diemitz Schleuse 5,
Tel. (039827) 79 98 88
www.biberferienhof.de

Seewalde
Dorf Seewalde
(Zelten, FeWo nicht tageweise, Fahrradvermietung, Bioladen mit Bistro)
Seewalde 2
Tel. (039828) 202 75
www.seewalde.de >Urlaub

Weitere Campingplätze
am Rätz- und Labussee.

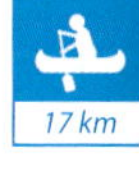

Kanuvermietung

Fleether Mühle
„Pack & Paddel"
Fleether Mühle 4
Tel. (039833) 267 27
www.packundpaddel.de

Gobenowsee (Drosedow)
Campingplatz C 27
am Gobenowsee
(auch Schlaffässer, Seehütten, Fahrradvermietung an Gäste)
Am Gobenowsee 1
Tel. (039828) 203 55
www.gobenowsee.m-vp.de

Labussee (Nordwestbucht)
„BiberTours", Naturcamping C24
siehe Übernachtung

Diemitzer Schleuse
„Biber Ferienhof"
siehe Übernachtung

Touren-Veranstalter

Blankenförde (an der Havel)
Raus ins Grüne
Geführte Touren (Kanu, wandern, Rad), Kanuvermietung, Workshops
Dorfstraße 21, Tel. (039829) 225 62
& 0160-828 12 60
www.raus-ins-gruene.de

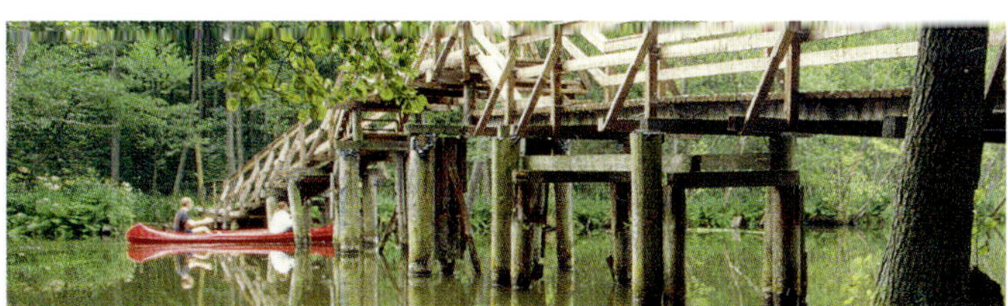

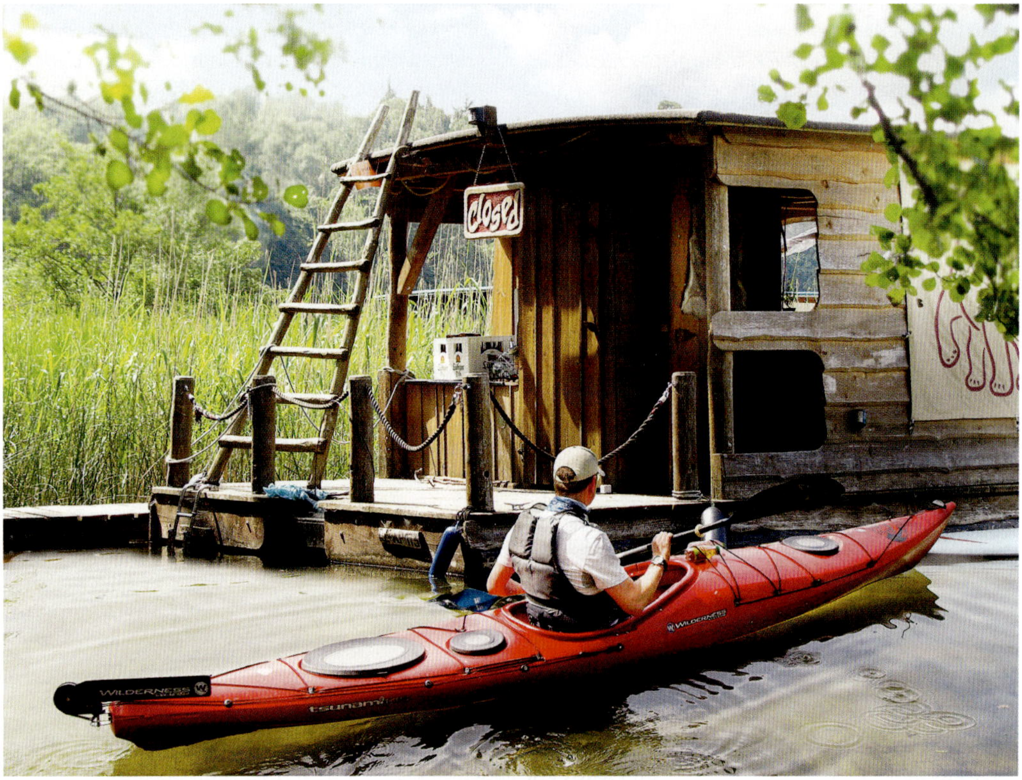

Weitere Aktivitäten

Paddeln

Über die ***Müritz-Havel-Wasserstraße*** zur Müritz und den Müritz-Nationalpark (Tour 11) oder in den ***Müritzarm*** (Tour 12).

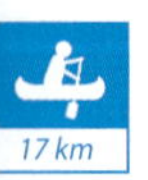

In die ***Strelitzer Gewässer*** (Tour 14), die ***Seen der Oberen Havel*** (Tour 10) oder die ***Rheinsberger Gewässer*** (Tour 15).

Über die ***Havel in die Templiner Gewässer*** und bis nach Berlin **(siehe KANU KOMPASS Brandenburg & Berlin, Thomas Kettler Verlag).**

Wandern und Radfahren

Zwischen Rätzsee und Gobenowsee/Drosedower Bek z.B. zur ***Badestelle am Krummen Woklowsee.***

Fleether Mühle – Diemitz – Großer Wummsee/Twernsee (baden im kristallklaren Wasser) ***– Luhme – Großer Peetschsee – Fleether Mühle*** (ca. 15 km).

Mit dem Fahrrad von Fleether Mühle ***über Drosedow nach Wesenberg*** und zurück (hin & zurück 22 km).

Fahrradvermietung: Viele Campingplätze vermieten Fahrräder an Gäste. **Mirow** *(7,5 km von Fleether Mühle)*: ***Zweirad-Flitzer Kiepert*** (auch e-bikes), Bring- und Holservice zum Standort, Strelitzer Str. 4, Tel. (039833) 205 19, www.zweirad-flitzer.de

Sonstiges

MüritzTherme in Röbel (www.mueritztherme.com).

Besichtigung von Wesenberg: Burg mit Burgturm und Heimatstube, gotische St. Marienkirche mit 600-jähriger Linde, Findlingsgarten, Museum für Blechspielzeug in der Villa Pusteblume *(Fr-So 14-17)*, Marktplatz.

Ausflug nach Wittstock/Dosse *(35 km westl. von Fleether Mühle)*: Mittelalterlicher Stadtkern, Stadtmauer mit 30 Wiekhäusern, Wall- und Grabenzone; Gröpertor; über 400 Jahre alte Adlerapotheke mit Jugendstilfassade und sehenswertem Innenhof; „Alte Bischofsburg" mit Museum über den Dreißigjährigen Krieg; Ostprignitzmuseum im Bürgermeisterhaus. *3 km nördlich von Wittstock:* Daberburg mit Heideturm (Daberturm) und Findlingsgarten in Alt Daber.

Rundflüge über die Seenplatte ***vom Flughafen Lärz (Müritz Airpark)***.

Rätzsee - Gobenowsee - Labussee

Fast hätte ich mir den Kanadier von unten angeschaut, so hab' ich mich erschrocken, als wenige Meter neben mir ein Fischadler pfeilschnell die Wasseroberfläche durchstößt, um nach etwas zu greifen, was ich aus meinem Blickwinkel nicht sehen konnte. Dabei soll es gar nicht so selten vorkommen, wie uns die freundlichen Leute von *„Pack & Paddel"* noch am Vorabend berichteten, dass man das Glück hat, den Greifvogel beim Jagen beobachten zu können. Die engagierten Betreiber geben so manchen wertvollen Tipp, wie zum Beispiel den der Fahrradtour von hier zu den nahen Klarwasserseen Twern- und Wummsee südlich von Diemitz, die mit ihrem kristallklaren Wasser ein echter Badetipp sind.

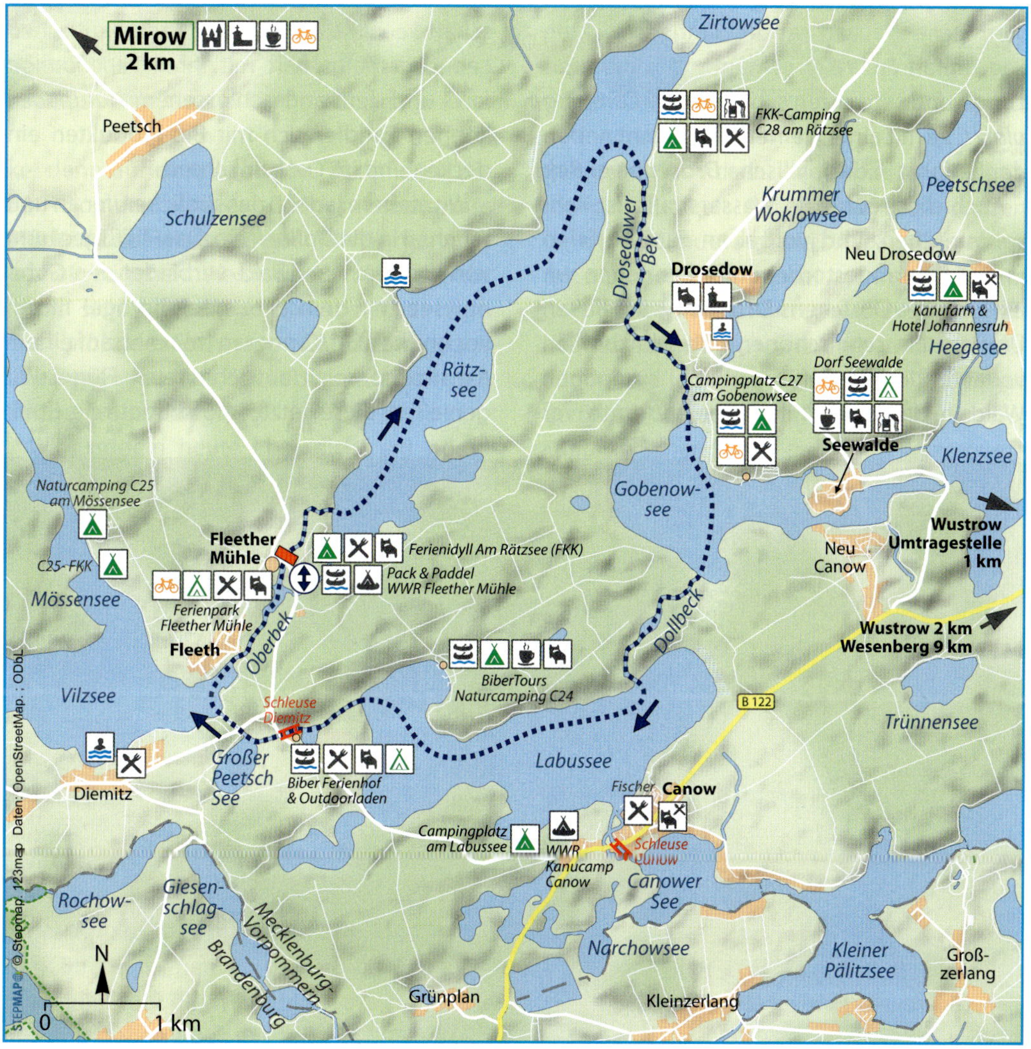

Früh sind wir heute morgen aufgebrochen und setzten in die kleine ***Oberbek*** ein. Das schmale Fließ zwischen der **Fleether Mühle** und dem ***Rätzsee*** ist verwunschen und gibt

rechts ab und gelangen wieder in die ***Oberbek***. Voraus wird sie von einer hübschen Holzbrücke überspannt. Links liegt das kleine Örtchen **Fleeth**. *Der Name kommt vom slawischen „Vilec" und bedeutet Elfenplatz. Erstmals wurde es 1241 in einer Urkunde erwähnt, in der dem Benediktinerkloster Eldena Land vermacht und der Bau einer Wassermühle am Grenzbach der Johanniterkomturei Mirow, dem heutigen Fleether Mühlenbach, angeordnet wurde.*

Das Ufer der ***Oberbek*** ist von einer wilden Schönheit, Sumpffarn und Erlen prägen das Bild. Es ist nicht mehr weit bis zur **Fleether Mühle**, wo wir an einer Holzrampe aussetzen. Links hinter dem Wohnhaus des *Ferienparks Fleether Mühle* gibt es einen kleinen *Imbiss*, wegen dessen frisch panierter Riesenschnitzel die Fans extra von weit her anreisen. Davor sitzen wir nun und schauen auf den alten Mühlenbach. *Früher führten Handelswege von der Donau und dem Rhein über die Elbe und die heutigen Orte Havelberg, Wittstock, Wesenberg, Strelitz und Mirow nach Norden.*

Es fällt schwer sich vorzustellen, dass einer der wichtigsten Übergänge nach Mirow bei der Fleether Mühle war. Von den Handelsbeziehungen zeugen Bernsteinschmuck in ägyptischen Königsgräbern ebenso wie Funde von arabischen Münzen in Mecklenburg. Wie an der Fassadenaufschrift an dem Gebäude neben der abgebrannten Mühle unschwer zu erkennen ist, befand sich zu DDR-Zeiten hier eine Geflügelzucht. Die Mühle selbst schrotete und mahlte Getreide und betrieb zudem ein Sägegatter, mit dem Holz für den Export geschnitten wurde.

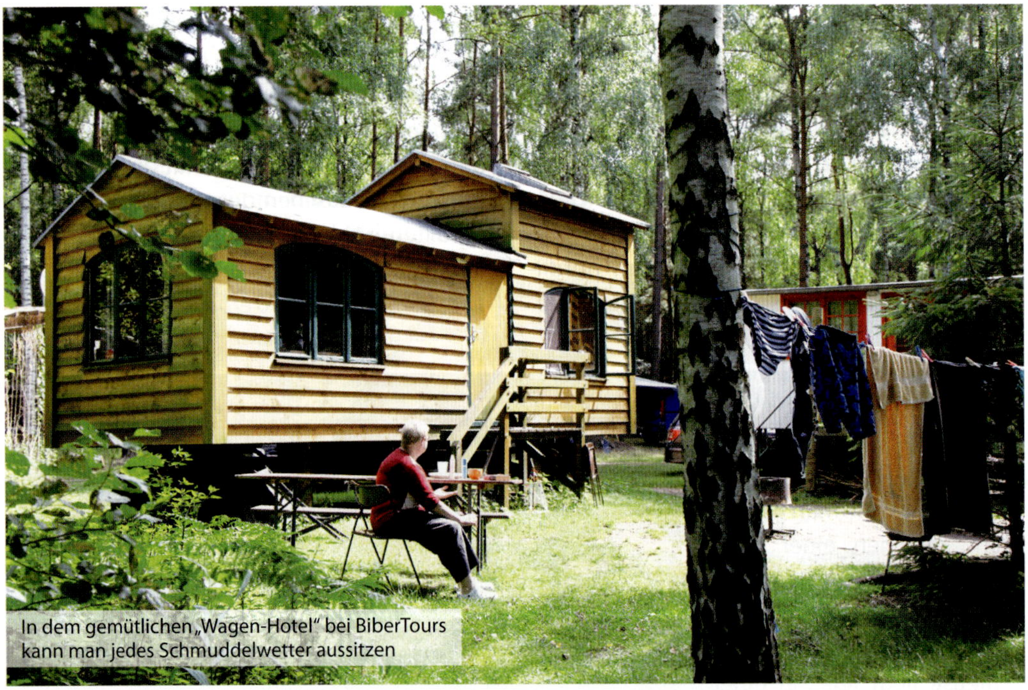

In dem gemütlichen „Wagen-Hotel" bei BiberTours kann man jedes Schmuddelwetter aussitzen

Strelitzer Gewässer

„Auf der verwunschenen Schwaanhavel"

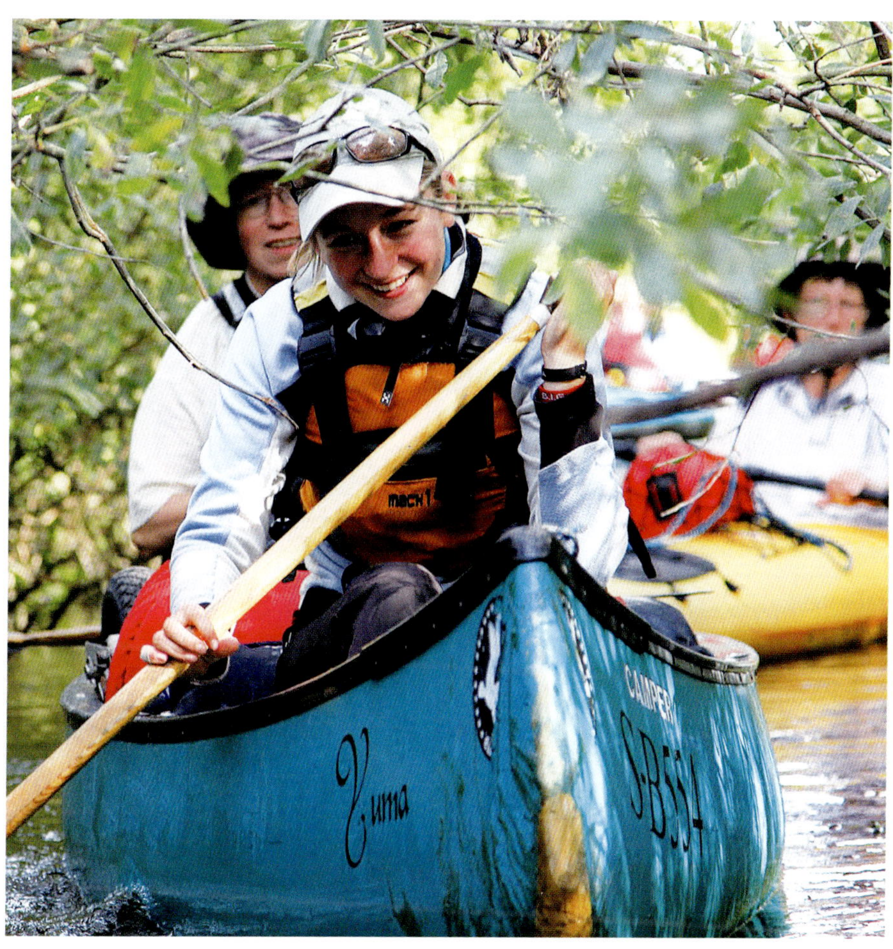

Tour 14

Infos Tour 14 – Strelitzer Gewässer (10-Seen-Tour)

Aktivitäten	Natur	Kultur	Baden	Hindernisse

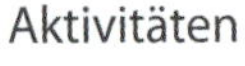
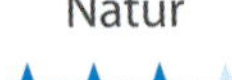
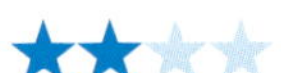

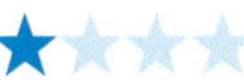

Charakter der Tour

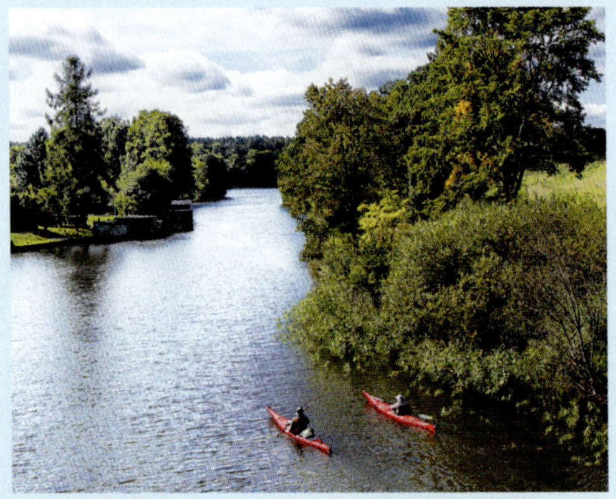

„10-Seen-Rundtour" wird diese schöne, teils motorbootfreie Rundtour auch genannt. Sie führt über eine Seenkette sowie die romantische Schwaanhavel, die im Sommer ebenso wie die meisten Seen stark befahren ist. Gerade im Bereich der Müritz-Havel-Wasserstraße kann der Motorbootverkehr etwas lästig werden.

Die fischreichen Seen sind von dichten Buchen- und Kiefernwäldern umgeben, die allesamt pilz- und beerenreich sind. Immer wieder findet man schöne Badestellen, und die umliegenden Wälder laden zum Wandern ein. Die Tour, die problemlos in beide Richtungen gepaddelt werden kann, bietet sich als verlängerte Wochenendfahrt an. Aufgrund der Bahnanbindung ist Wesenberg ein guter Startpunkt (Fürstenberg ebenfalls, + 1 Paddeltag).
Wer sich die Umtragung in Wustrow ersparen möchte, setzt direkt in Wustrow am Plätlinsee ein.

Länge & Dauer der Tour 38 km, 2-3 Tage.

Umtragestellen Wustrow 300 m, Kanuwagen kann geliehen werden.

Anreise A19 Berlin-Rostock, Abfahrt 18 (Röbel,) B198 über Mirow nach Wesenberg. Dort Richtung Neustrelitz und nach der Havelbrücke rechts Richtung Ahrensberg. Gleich rechts liegt die „Kanu-Mühle Wesenberg".

Ein- & Aussetzstellen

Wesenberg, örtliche Badestelle am östl. Ortsausgang, Wasserwanderrastplatz unterhalb der Burg oder „Kanu-Mühle" *(Havelmühle 1)*.

Ein- + Ausstieg in Wustrow spart die Umtragung: Südwestbucht Plätlinsee *(Navi: Strasener Chaussee 4, danach den nächsten Fahrweg links runter zum See)*.

Zurück zum Pkw entfällt, da Rundtour.

Etappenvorschlag

1. **Tag** Wesenberg – Priepert (11 km ohne Abstecher auf Drewen- und Wangnitzsee).
2. **Tag** Priepert – Gobenowsee (14 km).
3. **Tag** Gobenowsee – Wesenberg (13 km).

Tipps für Tagestouren

1. Wesenberg – Schwaanhavel – Wesenberg (10 km).
2. Wesenberg – Schwaanhavel – Wustrow – und zurück (17 km).
3. Wesenberg – Drewensee – Wesenberg (15 km).

Kennzeichnungspflicht des Bootes

Wir sind hier teils auf **Bundeswasserstraßen** unterwegs. Beachten Sie die Kennzeichnungspflicht des Bootes (siehe dazu Seite 10).

Karten- & Literatur-Tipps

Wasserwanderkarte Mecklenburgische Kleinseenplatte, 1:50.000, Klemmer-Verlag.

KANU KOMPAKT Mecklenburgische Kleinseen 2, *Kanureiseführer mit topogr. Wasserwanderkarten*, *Kettler & Hillmann*, Thomas Kettler Verlag.

„Wanzenkinder"*, Thriller für Horrorliebhaber, Jana Jürß*, MadeByJuerss.

„Tod an der Müritz"*, Krimi Mecklenburgische Seenplatte, Helga Henschel*, Edition Falkenberg.

„Tod im Land der tausend Seen"*, Kriminalroman, Jana Jürß*, Gmeiner Verlag..

„Mord an der Müritz"*, Kriminalroman, Carsten Piper*, KBV-Verlag.

Übernachtung in Wassernähe *(in der Reihenfolge des Tourenverlaufs)*

Wesenberg
Wasserwanderrastplatz im Hafen
Vor dem Mühlentor 11

„Kanu Mühle"
(Zimmer, FeWo, Hütte, Bootshaus, Zelt, Indianer-Tipi, Kanu-Kurse)
siehe Kanuvermietung

Pfahlhauscamp
(Zelt, Pfahlhäuser)
Ahrensberger Weg 11
Tel. (039832) 260 23
www.pfahlhauscamp.de

Düsterförde
Ferienpark am Wangnitzsee
(Camping, Zimmer, FeWo)
Tel. 0172-569 37 57
www.ferienpark-wangnitzsee.de

Priepert
Kanustation (Zelten auf Anfrage, FeWo) siehe Kanuvermietung

KANATU (FeWo)
siehe Kanuvermietung

Camping & Pension „Havelperle"
(Camping, Zimmer)
An der Havel 33
Tel. (039828) 265 04
www.camping-havelperle.de

Strasen
Hotel „Zum Löwen"
Schleusengasse 11
Tel. (039828) 202 85
www.loewenhotel.de

Floss- & Kanutouren
(Hütten, Fewo, Fahrräder)
siehe Kanuvermietung

Canow
Gasthaus „Zur Schleuse"
Canower Allee 20
Tel. (039828) 203 92
www.gasthaus-zur-schleuse.de

Neu Drosedow (am Hegesee)
Kanufarm & Hotel Johannesruh
(Biwak, Bauwagen, Tipi, FeWo, Zimmer, Fahrrad- + E-Bike-Vermietung)
Neu Drosedow 5A
Tel. (039828) 269 02
202 26 & 0170-211 47 24
www.kanufarm.de &
www.hotel-johannesruh.m-vp.de

Wustrow
Kanuhof Wustrow
(Zeltplatz & Kanuvermietung)
Dorfstr. 57a
Tel. (039828) 200 83
www.kanuhof-wustrow.de

Pension & Restaurant Waldlust
Dorfstr. 10
Tel. (039828) 205 29
www.waldlust-wustrow.de

Weitere Camping- oder Wasserwanderrastplätze
am Woblitzsee, Drewensee, Wangnitzsee, Großer Priepertsee, Ellbogensee, Großer und Kleiner Pälitzsee, Labussee und Gobenowsee

Kanuvermietung

Wesenberg
„Kanu-Mühle" (mit Kanushop)
Havelmühle 1 *(auch Kanu-Kurse)*
Tel. (039832) 203 50
www.kanu-muehle.de

Priepert
Kanustation Priepert (Zelt, FeWo)
Am Priepert See 18
Tel. (039828) 201 47 &
0176-41 02 64 20
www.priepertsee.de

KANATU (mit Kanushop)
An der Havel 32
Tel. (039828) 264 57
www.kanatu.de

Strasen
Floss- & Kanutouren
Schleusengasse 9
Tel. 0151-419 512 93
www.floss-kanutouren.de

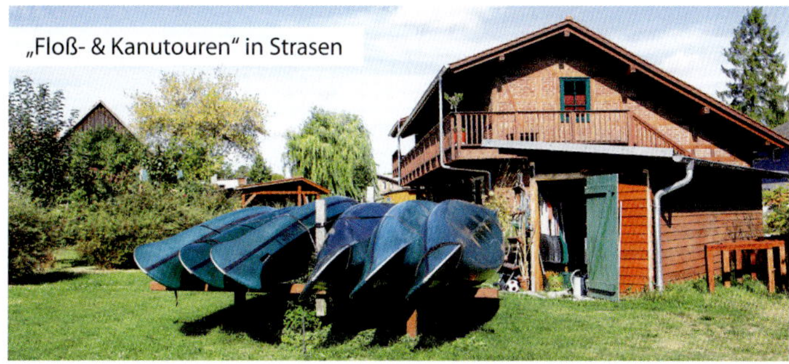
„Floß- & Kanutouren" in Strasen

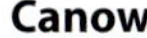

Canow
Floß-Tours (Floß- & Kanuverleih)
Campingpl. am Kleinen Pälitzsee
Am Canower See 165
Tel. (03981) 20 43 09 &
0151-156 821 88
www.floss-tours.de

Canu Center Canow (auch Shop)
Am Canower See 2
Tel. (039828) 202 49
www.bootsverleih-canow.de

Gobenowsee
Campingplatz C 27
Am Gobenowsee 1
Tel. (039828) 203 55
www.gobenowsee.m-vp.de

Neu Drosedow (Hegesee)
Kanufarm siehe Übernachtung

Wustrow
Kanuhof Wustrow
siehe Übernachtung

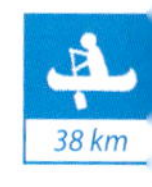

Weitere Aktivitäten

Paddeln

Über den Hüttenkanal bei Kleinzerlang in die ***Rheinsberger Gewässer*** (Tour 15) und weiter ***über Neuruppin bis Berlin***.

Über Mirow zur „Alten Fahrt" (Tour 11).

Über Wesenberg zu den Havelquellseen (Tour 10 und KANU KOMPAKT „Mecklenburgische Kleinseen 1).

Über Fürstenberg nach Lychen oder über die ***Havel in die Templiner Gewässer*** bzw. ***über Zehdenick bis nach Berlin*** (KANU KOMPASS Brandenburg & Berlin).

Radfahren

Auf dem ***Mecklenburgischen Seen-Radweg*** von Wesenberg über Canow nach Mirow oder über Groß Quassow nach Neustrelitz.

Von Wesenberg über Ahrensberg, Strasen, Großmenow ***zum glasklaren Stechlinsee*** (20 km, Fontanes Neuglobsow, toller Fischimbiss nördlich vom Ort).

Von Wesenberg ***in den Müritz-Nationalpark*** z.B. über Klein Quassow, Zwensow, Blankenförde nach Babke.

Fahrrad & E-Bike-Vermieter:

Fahrradservice Wesenberg in **Wesenberg,** Vor dem Mühlentor 1, www.fahrradservice-wesenberg.de

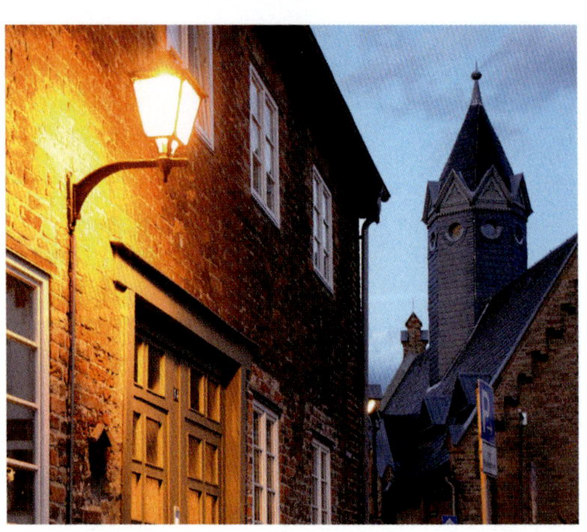

Kanufarm in **Neu-Drosedow 5a,** www.kanufarm.de

Zweirad-Flitzer Kiepert in **Mirow** *(10 km von Wesenberg)*, Bring- und Holservice zum Standort, Strelitzer Str. 4, Tel. (039833) 205 19, www.zweirad-flitzer.de

Zweirad Intress in **Fürstenberg** *(15 km von Wustrow)*, Brandenburger Str. 49, Tel. (033093) 18 96 42, www.zweirad-intress.de

Auch viele Campingplätze oder Unterkünfte vermieten Fahrräder an Gäste.

Sehenswürdigkeiten

Wesenberg Burg aus dem 13. Jh., Heimatmuseum in der Burg (ur- und frühgeschichtliche Sammlung, Ausstellung über Forst- und Fischereiwirtschaft, www.museum.de/museen/burg-wesenberg), Museum für Blechspielzeug und alte Musikinstrumente (mit Café Fr-So 14-17, www.villa-pusteblume-wesenberg.de), gotische St. Marienkirche (14. Jh.) mit Roeder-Orgel, 600 Jahre alte Linde vor der Kirche. Findlingsgarten. Skulpturenpark Wesenberg „Künstler Bei Wu".

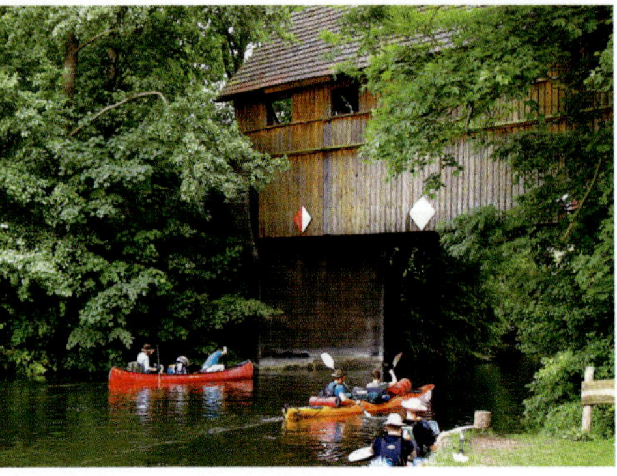

Ahrensberg Alte hölzerne „Ahrensberger Hausbrücke" (1929), Fachwerkkirche (1767 bis 1771).

Priepert Fachwerkkirche von 1719.

Strasen Dorfkirche (18. Jh.).

Wustrow Backsteinkirche von 1896.

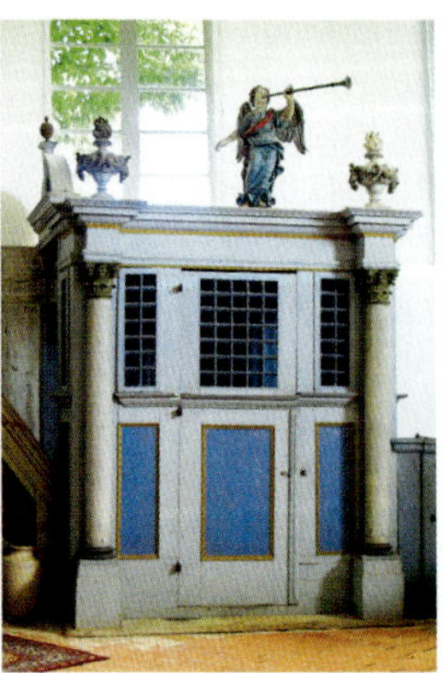

38 km

Auskunft *Tourist-Info Wesenberg,* Burg 1, Tel. (039832) 206 21, www.klein-seenplatte.de

10-Seen-Tour (Strelitzer Gewässer)

Gleich drei gute Einsetzmöglichkeiten zum Tourenstart finden sich in **Wesenberg**. Viel Parkraum gibt es an der Badestelle am östlichen Seeufer (ca. 200 Meter hinter der Brücke links abbiegen). Wer abends anreist, dem sei die Übernachtung auf dem örtlichen *Wasserwanderrastplatz* unterhalb der Burg oder die *„Kanu-Mühle Wesenberg"* empfohlen. Das schöne Gelände mit seinen netten Betreibern bietet sich als Ausgangspunkt für Touren in viele Gewässer der Kleinseenplatte an. Gemütliche und gut ausgestattete Ferienwohnungen (sogar mit Kaminofen) machen Lust gleich länger zu bleiben.

Nur wenige Schritte sind es in das verträumte Städtchen **Wesenberg**, *das 1252 im Schutze der Burg durch den Fürsten Nikolaus von Werle-Güstrow gegründet wurde. Das verwinkelte Wesenberg erschließt sich zunächst am besten aus der Vogelperspektive vom Burgturm. Hinterher ist ein Besuch des Heimatmuseums empfehlenswert, wo man nicht nur eine ur- und frühgeschichtliche Sammlung, sondern auch eine Ausstellung über Forst- und Fischereiwirtschaft bewundern kann. Nach einem Spaziergang durch das Zentrum der ringförmig angelegten Stadt sitzen wir auf dem Marktplatz unter den Bäumen des Lindenrondells. Einer Überlieferung zufolge wurden 1871 symbolisch für acht Ratsherren acht Linden und in der Mitte eine Kastanie für den Bürgermeister gepflanzt. Am südlichen Stadtrand liegt der Wesenberger Findlingsgarten. Die während der letzten Eiszeit aus Skandinavien in diese Gegend geschobenen Gesteinsbrocken werden nach ihrer Art und Herkunft auf Hinweistafeln erläutert.*

Am nächsten Morgen geht es bei strahlendem Sonnenschein, vorbei an der Marina

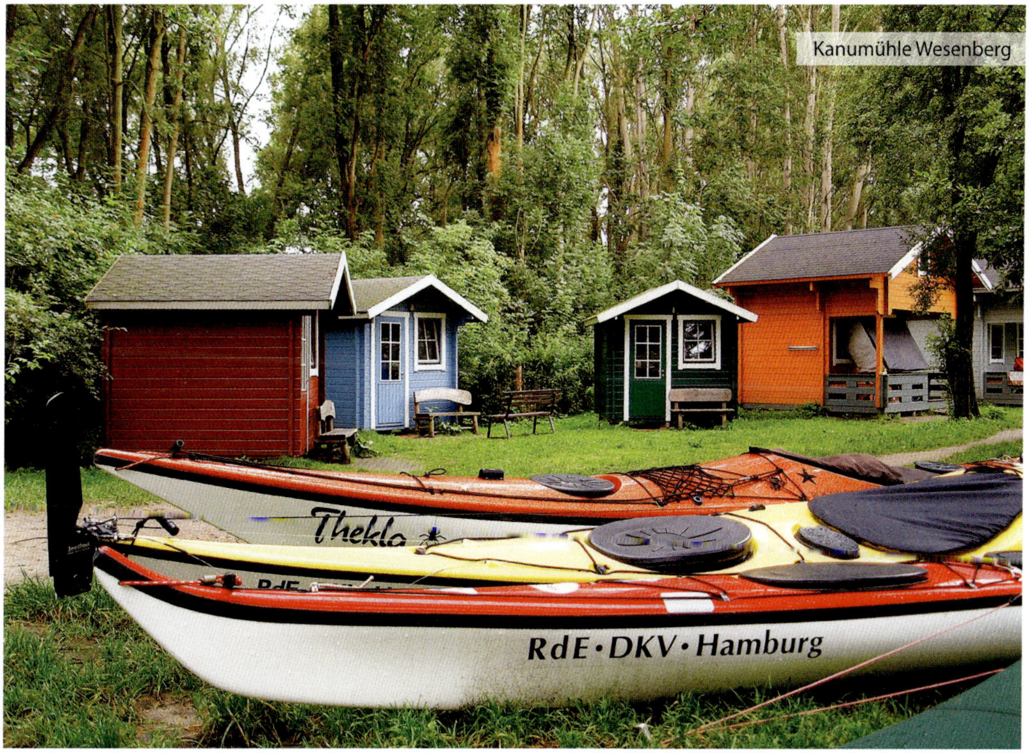

Kanumühle Wesenberg

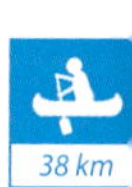

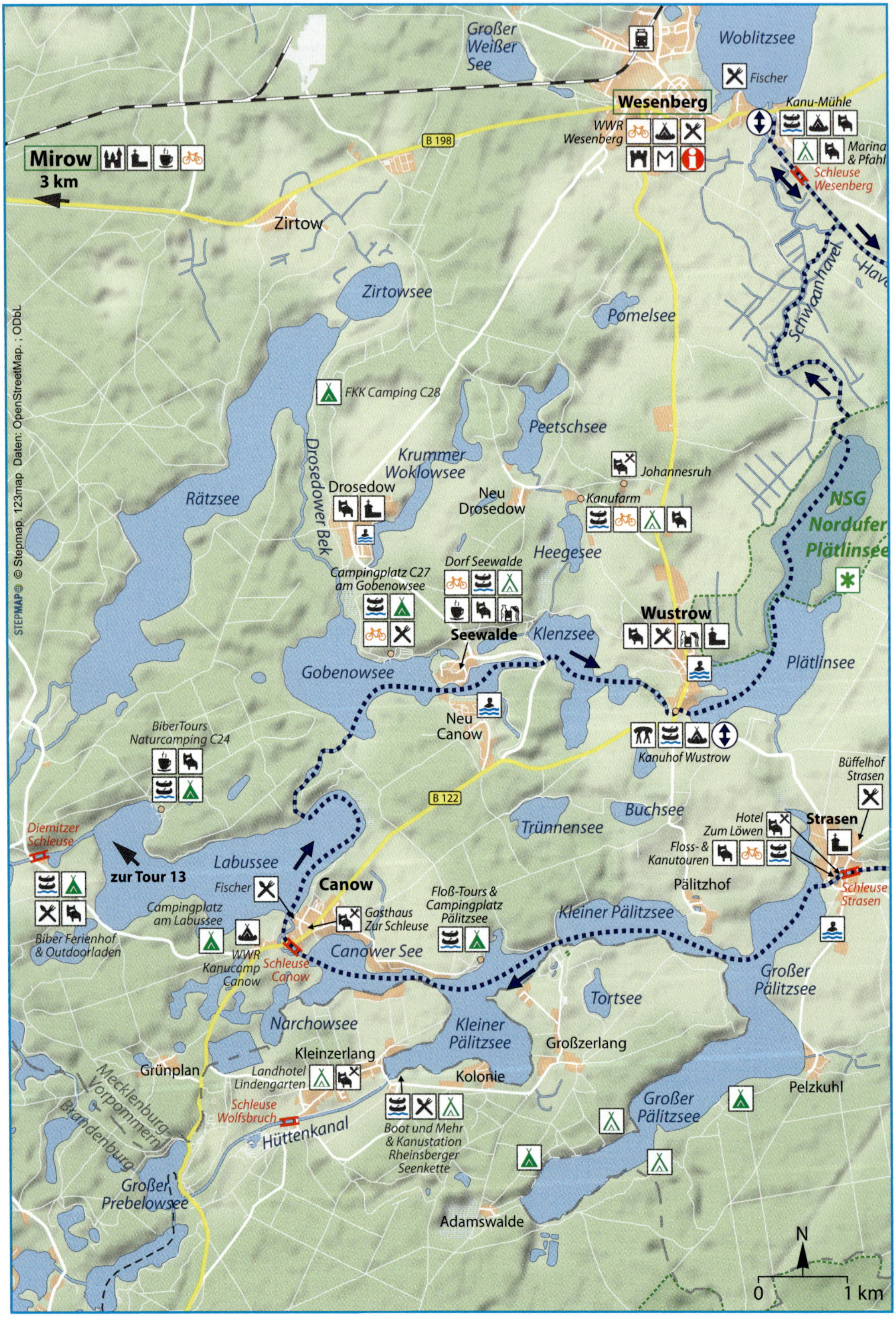

Großer Weißer See
Woblitzsee
Fischer
Wesenberg
Kanu-Mühle
WWR Wesenberg
Marina & Pfahl
Schleuse Wesenberg
Mirow
3 km
B 198
Zirtow
Zirtowsee
Schwaanhavel
Havel
Pomelsee
FKK Camping C28
Peetschsee
Krummer Woklowsee
Johannesruh
Rätzsee
Drosedower Bek
Drosedow
Neu Drosedow
Kanufarm
NSG Nordufer Plätlinsee
Heegesee
Dorf Seewalde
Campingplatz C27 am Gobenowsee
Wustrow
Seewalde
Klenzsee
Gobenowsee
Plätlinsee
Neu Canow
Kanuhof Wustrow
BiberTours Naturcamping C24
Büffelhof Strasen
B 122
Buchsee
Trünnensee
Hotel Zum Löwen
Strasen
Diemitzer Schleuse
Floss- & Kanutouren
Labussee
zur Tour 13
Fischer
Canow
Pälitzhof
Schleuse Strasen
Campingplatz am Labussee
Gasthaus Zur Schleuse
Floß-Tours & Campingplatz Pälitzsee
Kleiner Pälitzsee
Biber Ferienhof & Outdoorladen
WWR Kanucamp Canow
Schleuse Canow
Canower See
Großer Pälitzsee
Tortsee
Narchowsee
Kleiner Pälitzsee
Großzerlang
Kleinzerlang
Grünplan
Landhotel Lindengarten
Kolonie
Mecklenburg-Vorpommern
Brandenburg
Schleuse Wolfsbruch
Hüttenkanal
Boot und Mehr & Kanustation Rheinsberger Seenkette
Großer Pälitzsee
Pelzkuhl
Großer Prebelowsee
Adamswalde
N
0
1 km
STEPMAP © Stepmap, 123map Daten: OpenStreetMap; ODbL

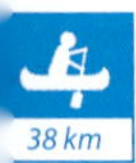

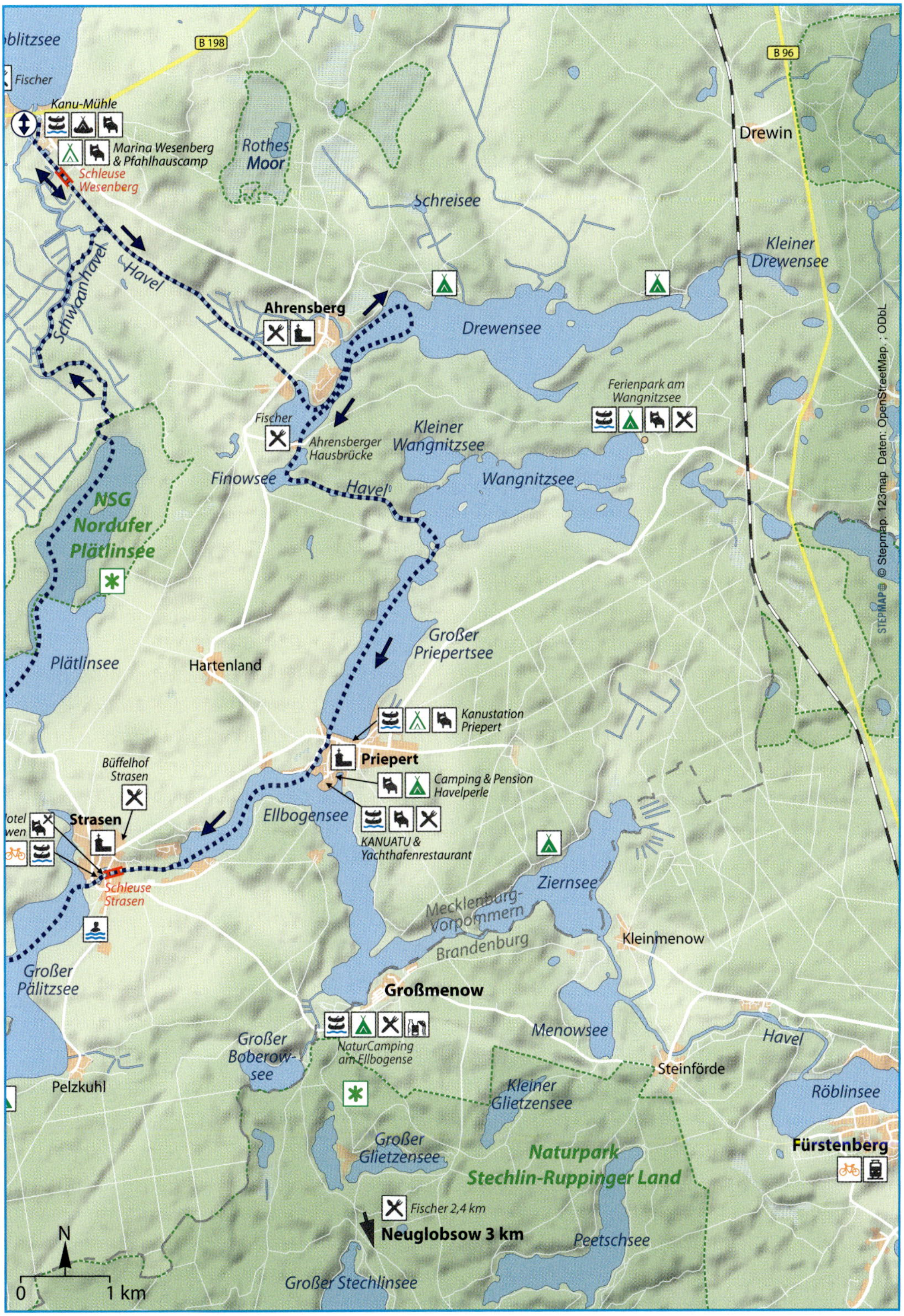

blitzsee
B 198
Fischer
Kanu-Mühle
Marina Wesenberg & Pfahlhauscamp
Schleuse Wesenberg
Rothes Moor
Schreisee
B 96
Drewin
Kleiner Drewensee
Schwaanhavel
Havel
Ahrensberg
Drewensee
Ferienpark am Wangnitzsee
Fischer
Ahrensberger Hausbrücke
Kleiner Wangnitzsee
Wangnitzsee
Finowsee
Havel
NSG Nordufer Plätlinsee
STEPMAP © Stepmap, 123map Daten: OpenStreetMap, ODbL
Großer Priepertsee
Plätlinsee
Hartenland
Kanustation Priepert
Priepert
Büffelhof Strasen
Camping & Pension Havelperle
Hotel ...wen
Strasen
Ellbogensee
KANUATU & Yachthafenrestaurant
Schleuse Strasen
Ziernsee
Mecklenburg-Vorpommern
Brandenburg
Kleinmenow
Großer Pälitzsee
Großmenow
Menowsee
Havel
Großer Boberow-see
NaturCamping am Ellbogensee
Steinförde
Röblinsee
Pelzkuhl
Kleiner Glietzensee
Großer Glietzensee
Naturpark Stechlin-Ruppiner Land
Fürstenberg
Fischer 2,4 km
Neuglobsow 3 km
Peetschsee
N
0
1 km
Großer Stechlinsee

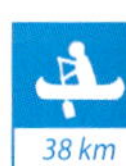

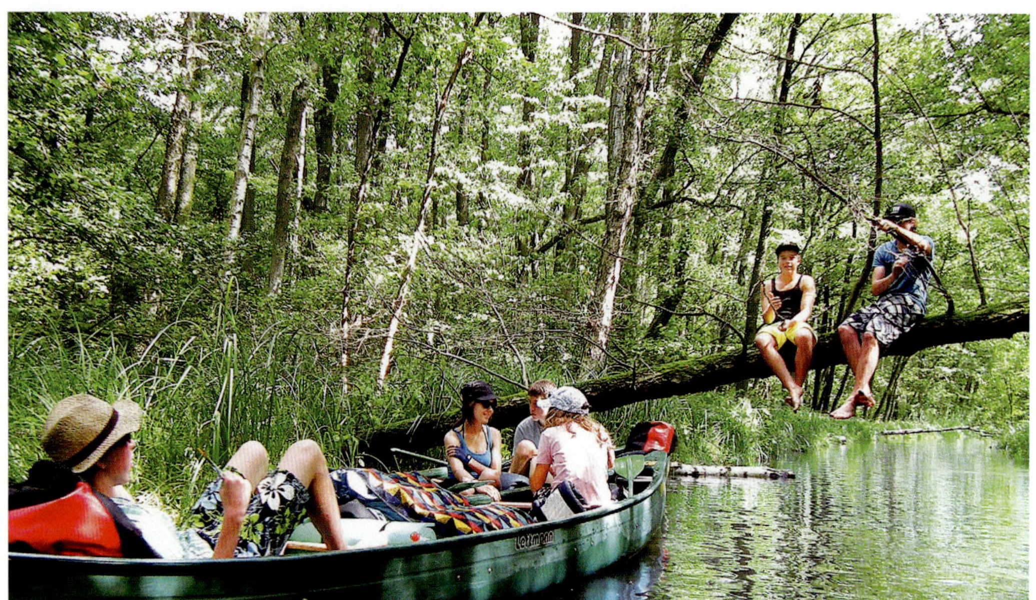

Wesenberg und dem *Pfahlhauscamp,* ein kurzes Stück auf der Havel bis zur ***Schleuse Wesenberg***. Sollte einmal nicht geschleust werden, erleichtert die ***Bootsschleppe*** die kurze Umtragung.

Die schnurgerade Havel führt uns nun auf **Ahrensberg** zu. Unmittelbar vor Kilometer 81 geht es rechts in die ***Schwaanhavel*** ab, die wir uns für die Rückfahrt aufsparen. Sie ist ein verwunschenes flaches Fließ, das bei Kanuten sehr beliebt ist. Daher empfiehlt sich eine Befahrung in den frühen Morgen- oder späten Abendstunden. Dann ist man oft ganz alleine und der Genuss ist ungleich größer. Zwei Kilometer weiter, an der Straßenbrücke, kann man anlanden, um ins nahe beschauliche **Ahrensberg** zu laufen. *Die Kirche, bereits die dritte in der Geschichte des Dorfes, wurde in den Jahren 1767 bis 1771 erbaut. Sie ist ein schlichter Fachwerkbau; auch das barocke Innere der Kirche ist sehr schlicht und einfach gehalten.* Eine *Gaststätte* mit deftigen und bodenständigen Gerichten offeriert heute Wildschwein.

Nach der Straßenbrücke halten wir uns bald links und machen einen kleinen Abstecher in den fünfeinhalb Kilometer langen ***Drewensee.*** Seine verschwiegenen Buchten bieten herrliche Bade- und ungestörte Angelerlebnisse und gleich zwei Campingplätze laden zu einem längeren Aufenthalt ein.

Zurück geht es, die Häuser von Ahrensberg rechts liegen lassend, auf die ***Ahrensberger Hausbrücke*** zu. Sie ist eine alte Holzbrücke aus dem Jahre 1928, die uns vom kleinen ***Finowsee*** trennt. Vor ihr kann man beim *Fischer* an rustikalen Holztischen leckeren Räucherfisch genießen. Gleich links geht es vom ***Finowsee*** wieder in die ***Havel*** hinein. Die Bäume zu beiden Seiten des Ufers spenden Schutz vor der stechenden Sonne.

Entlang schöner Seerosenfelder sehen wir bald die offene Wasserfläche des motorbootfreien ***Wangnitzsees***. Auch er lohnt, wenn der Wind günstig ist, eine kleine „Binsenbummelei". An seinem nordöstlichen Ende liegt der *Ferienpark Wangnitzsee*. Oberhalb einer sandigen Badestelle findet der Paddler Platz für sein Zelt, aber auch ein günstiges Bett in der Pension oder Ferienwohnung. Am Abend kann man auf der Seeterrasse des Restaurants sitzend, den traumhaften Blick über den See genießen.

Wir verlassen den ***Wangnitzsee*** jedoch nach Südwesten und gelangen auf den in seinem oberen Teil stark verjüngten ***Großen Priepertsee***. Es bläst uns ein kräftiger Wind entgegen, als wir an seinem Westufer entlang zügig Richtung Süden, auf das Dörfchen **Priepert** zufahren. Am südöstlichen Ufer, kurz vor der Badestelle des Örtchens, liegt die *Kanustation Priepert (Zelten nach vorheriger Anmeldung)*. Unter der Straßenbrücke hindurch kommen wir auf einem kleinen Havelstück nach 300 Metern zum ***Ellbogensee***, wo links neben dem *Yachthafen* die *Kanuvermietung & Kanushop KANATU (Ferienwohnung)* an der blau gestrichenen Hausfassade zu erkennen ist.

Um die Landspitze herum gelangt man zum *Camping & Pension „Havelperle"*, wo wir die Wahl zwischen Zelt und Bett haben. Am Abend bummeln wir durch das überschaubare Örtchen **Priepert** um später im *Yachthafenrestaurant* zu essen. *Die Kirche von Priepert wurde 1719 erbaut. Im Fachwerk des Chores ist die „Wilde Mann Rune", ein gespiegeltes „K", verwendet worden. Diese eigenartige Verteilung der Streben und Füllhölzer sollte in altgermanischen Kulturkreisen vor feindlichen Gewalten schützen. In den Sommermonaten wurde die Kirche häufig von Herzog Adolph Friedrich III. von Mecklenburg-Strelitz besucht. Der schöne Fachwerkturm wurde leider 1945 von einmarschierenden sowjetischen Truppen durch Beschuss so stark beschädigt, dass er abgetragen werden musste.*

Der kommende Tag verspricht heiß zu werden. **Möglicher Abstecher:** Nach links (Südosten) könnte man die Tour **Richtung Fürstenberg** und von dort weiter über die Havel in die Templiner Gewässer oder gar bis Berlin fortsetzen. Besonders in Richtung Fürstenberg sind die Ufer mit zahlreichen sandigen Buchten gespickt, wo es sich herrlich baden lässt. Südlich von Priepert, in einer tief eingeschnittenen Bucht des ***Ellbogensees***, betreiben die Holländer Marianna und Niek mit dem *NaturCamping am Ellbogensee (Kanuvermietung, Café, Bioladen, keine Hunde!)* einen der sympathischsten Plätze der Region. Ideal für Kinder und Aktive ist dieser Platz, der überdies zu Wanderungen und Radtouren in den ***Naturpark Stechlin-Ruppiner Land*** und zu einem der bekanntesten Klarwasserseen Deutschlands, dem ***Stechlinsee***, einlädt.

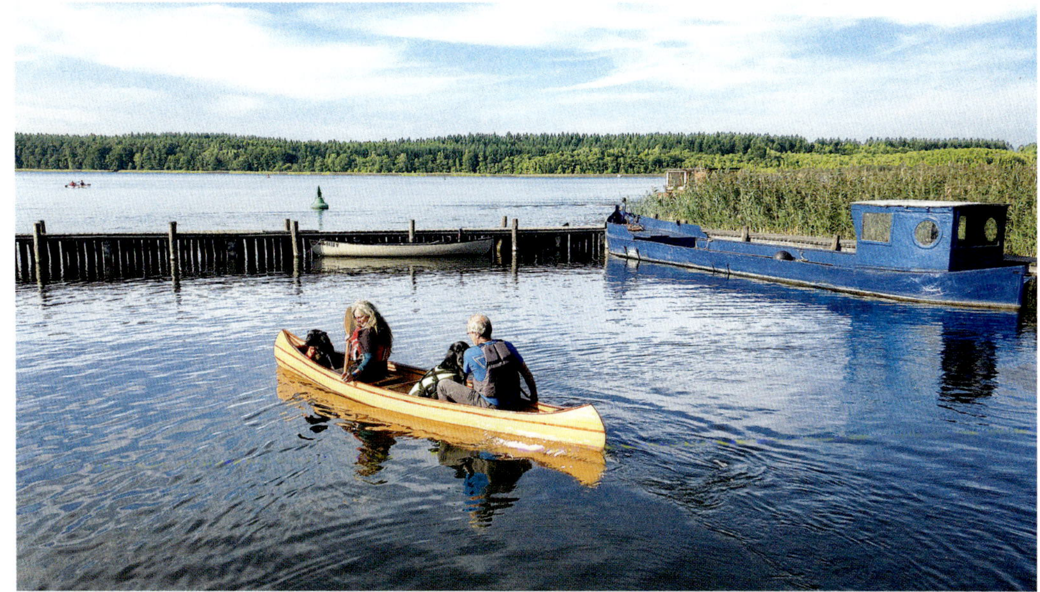

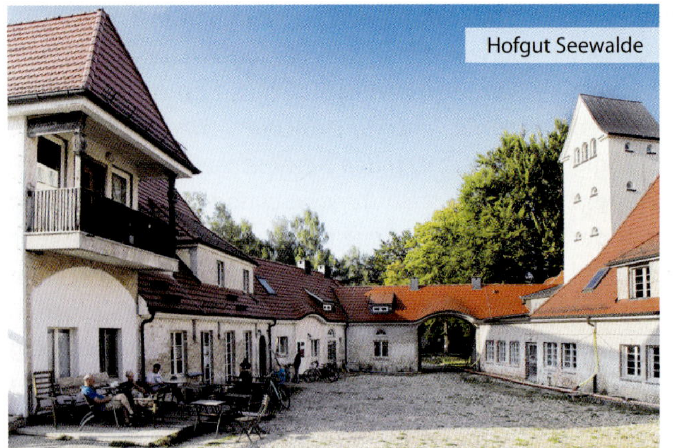
Hofgut Seewalde

Wir paddeln aber in die Gegenrichtung nach rechts, in den westlichen Teil des Ellbogensees, der schmaler und schmaler wird, bis zur ***Schleuse*** von **Strasen**. Hinter der Schleuse passieren wir den Biergarten des *Hotels „Zum Löwen"* am rechten Ufer. *Als Wassermühle im 17. Jahrhundert erbaut und noch bis 1933 in Betrieb, ist es ganz von Wasser umgeben.* Auf dem Grundstück daneben haben die Betreiber von *„Floss & Kanutouren"* für ihre Kunden eine kleine Idylle geschaffen. Neben dem Mieten von Flößen und Kanus übernachtet man in hübschen Appartements und stilvollen Radlerunterkünfte und bekommt am Morgen ein liebevoll zubereitetes Frühstück serviert. Einkehr-Tipp für den Abend: Der 500 Meter entfernt am nordöstlichen Ortsausgang gelegene *„Büffelhof" (Di-So ab 16)*. Egal ob Büffelschmortopf oder Büffelbratwürste – das leicht an Wild erinnernde Fleisch ist sehr lecker. Im angeschlossenen Hofladen kann man außer Wurst nach alten Rezepturen, auch Büffelmozzarella, Burrata mit sahnig cremiger Füllung, Büffelweichkäse oder Büffelmilch erstehen.

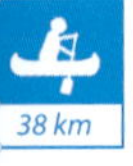

Unter der Straßenbrücke hindurch geht es hinaus auf den fünf Kilometer langen, schmalen und stark gewundenen ***Großen Pälitzsee***. Etwa einen Kilometer paddeln wir auf ihm Richtung Süden und schwenken dann nach rechts in den ***Kleinen Pälitzsee***, dessen Ufer zu beiden Seiten von schönen Badestellen gesäumt sind. Nach zwei Kilometern führt er linkerhand auf **Kleinzerlang** zu, von wo man über den Wolfsbrucher Schleusenkanal (Hüttenkanal) die Rheinsberger Gewässer erreichen könnte.

Wir paddeln jedoch nach rechts, vorbei am *Campingplatz Pälitzsee* und gelangen über eine mehrere hundert Meter lange Verengung auf den kleinen ***Canower See***. Kräftig stechen wir unsere Paddel ins Wasser – schon in Gedanken beim *Canower Fischer*. Hinter der ***Schleuse* Canow *(komfortable Lore)***, die uns vom ***Labussee*** trennt, finden wir die *Fischerei* am rechten Ufer. Bald sitzen wir zufrieden am Ufer und beißen in unseren Räucherfisch. Dieser Stopp ist bei uns schon zur Pflicht geworden in all den Jahren, die wir hier mit dem Kanu unterwegs sind.

Mit einem kleinen Fischvorrat im Boot lassen wir den von zahlreichen Motorbooten befahrenen ***Labussee***, am rechten Ufer ent-

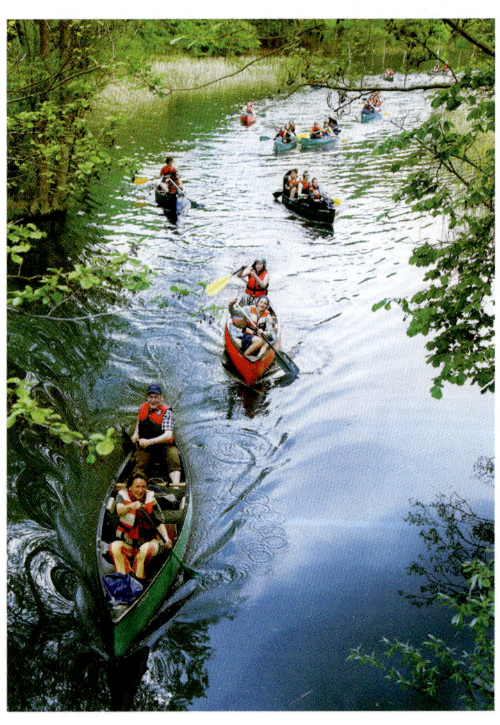

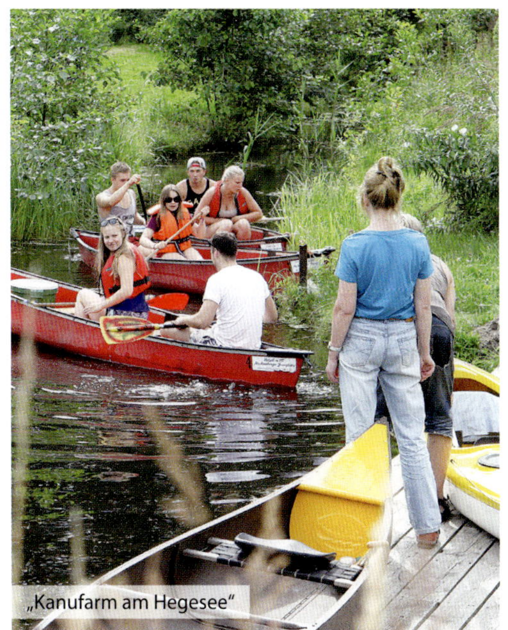
„Kanufarm am Hegesee"

lang paddelnd, schnell hinter uns und wechseln am Seeende ans gegenüberliegende Ufer. Das ist sicherer als eine Querung, denn schnell bauen sich auf diesem See unvermittelt hohe Wellen auf. Wir sind froh, als uns die Stille der ***Dollbek*** empfängt. Das schmale Fließ, das nur von Anliegern mit Motorbooten befahren werden darf, ist von dichtem Wald umgeben und verbindet den ***Labussee*** mit dem idyllischen ***Gobenowsee***. Weit vor uns, zwischen einem Schilfgürtel hindurch, geht es über die Drosedower Bek zum schönen Rätzsee, einem unserer Lieblingsseen. Wir paddeln jetzt aber nur noch zum *Campingplatz C 27 (Imbiss, Lebensmittel)*, dem Ende unserer Tagesetappe.

Schon kurz nach dem Ablegen am Morgen setzen unsere Kanus knirschend auf dem kleinen privaten Sandstrand der auf einer Halbinsel gelegenen Dorfgemeinschaft **Seewalde** auf. Die Boote lassen wir am Ufer liegen und gehen die wenigen Schritte hinauf zu den verstreut zwischen Bäumen liegenden Gebäuden. *Die Dorfgemeinschaft Seewalde ist eine sozialtherapeutische Lebensgemeinschaft, die zum Ziel hat, Menschen mit Behinderung und nicht Behinderte zusammenzuführen.* Ein tolles Projekt, das zudem die Möglichkeit bietet, in herrlicher Lage direkt am ***Gobenowsee*** in neun modernen *Ferienbungalows* mit skandinavischem Flair, z.T. behindertengerecht, zu jeder Jahreszeit seinen Urlaub zu verbringen. Wer sich noch mit Bioprodukten eindecken möchte, kann dies im *Naturladen* tun und danach im *Café* daneben einkehren. Wieder im Boot geht es um die Halbinsel herum, vorbei an dem zwischen den Bäumen hervorschauenden etwas baufälligen Gutshaus Seewalde aus den 1920er Jahren. Gegenüber an der sandigen Badestelle von **Neu Canow** suchen wir Abkühlung an diesem heißen Morgen.

Hinter der Straßenbrücke öffnet sich dann der zerklüftete ***Klenzsee*** vor uns. Völlig ruhig liegt er da und wir legen die Paddel beiseite um die Stille zu genießen. An seinem nördlichen Ende führt ein Abstecher etwa 800 Meter über ein schmales Fließ zum ***Hegesee*** und weiter über ein kleines Fließ zur *„Kanufarm am Hegesee"* in **Neu Drosedow.** Das Camp gehört zum nur 400 Meter entfernt liegenden *Waldrestaurant & Hotel „Johannesruh".*

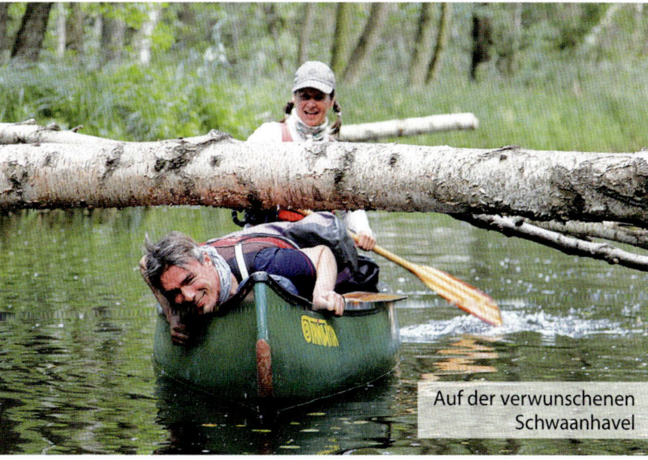
Auf der verwunschenen Schwaanhavel

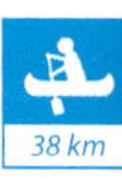

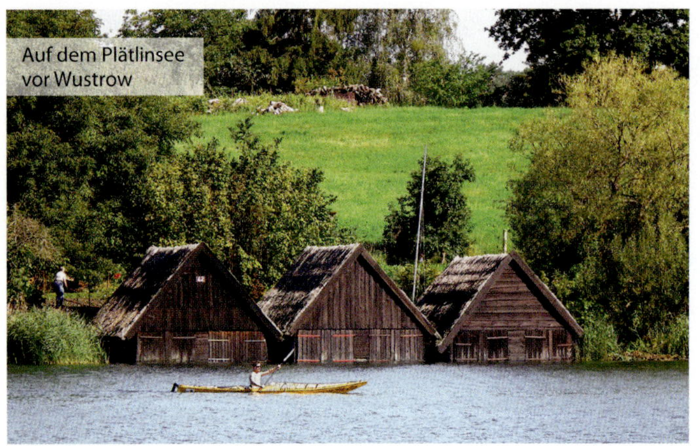
Auf dem Plätlinsee vor Wustrow

Im östlichen Ende des ***Klenzsees*** bringt uns ein romantisches Fließ, umgeben von sumpfigem Wald, in einen ebenso romantischen ***See Balinka***, der über und über mit Seerosen bedeckt ist. Das Wasser ist klar, aber dicht mit Unterwasserpflanzen bewachsen. Die Ufer sind mit abgestorbenen Birken bestanden, zwischen denen sich große Farnbestände ausbreiten. Am gegenüberliegenden Ufer geht es in einen wurmartigen Fortsatz des Sees, der am Steg des *„Kanuhof Wustrow"* endet. Hier heben wir die Kanus aus dem Wasser und schlendern über den schönen Platz auf dem emsiges Treiben herrscht. Er bietet sich sowohl für einen längeren Aufenthalt als auch als Startpunkt der Tour an. Das ruhige Dörfchen **Wustrow** verfügt über ein *Lebensmittelgeschäft* und eine herrliche Badestelle. Ein Einkehrtipp darf natürlich nicht fehlen: Das *Kaminrestaurant „Diogenes"* der Familie Paksi verwöhnt seine Gäste mit einer ungarisch angehauchten Küche inmitten schönen alten Mobiliars.

Nun schieben wir das Kanu auf dem Bootswagen hoch zur Straße, überqueren diese nach links und rollen die Ausrüstung auf dem breiten Radweg die Straße entlang. Vor dem ersten Haus geht es nach rechts (Tor nach 20.30 Uhr geschlossen) den Hang hinunter zur Einsetzstelle am ***Plätlinsee***. Vorbei an kleinen Bootshäusern, paddeln wir auf den stillen See hinaus und sehen hinter uns den Kirchturm von Wustrow in der nachmittäglichen Sonne blinken. Wir halten uns links Richtung der ***Betonnung, an der entlang der See zügig überquert werden muss.*** Ein Anlanden an seinen Ufern sowie der im nördlichen Teil gelegenen Insel ist nicht erlaubt, bzw. wegen der breiten Schilfgürtel auch gar nicht möglich. Einige hundert Meter nach der Insel finden wir im nordwestlichen Teil des Sees, durch eine kleine Boje gekennzeichnet, im Schilf die Einfahrt in die ***Schwaanhavel***. Am sandigen Grund blinken Muscheln im glasklaren Wasser. Anlanden darf man nur an den dafür vorgesehenen Stellen. Über uns ziehen rufende Wildgänse hinweg. Die verwunschene Stimmung im sumpfigen Erlenwald wird durch die teils dichte Vegetation und umgestürzte Bäume, die über dem vier bis fünf Meter breiten Wasserlauf liegen, noch verstärkt. Viel zu schnell lassen wir dieses schöne Stück hinter uns und gelangen auf die ***Havel***. Unmittelbar vor dem Mündungsbereich in die Havel zweigt nach links ein toter Havelarm ab, der aber aus Naturschutzgründen gesperrt ist. Wir halten uns auf der ***Havel*** links und erreichen hinter der ***Wesenberger Schleuse*** wieder **Wesenberg** – den Ausgangspunkt der Tour.

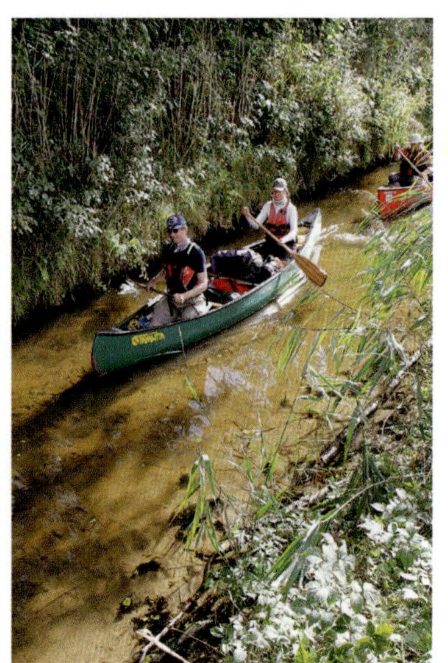

38 km

Rheinsberger Gewässer

„Polarforscher, Tucholsky und der Alte Fritz"

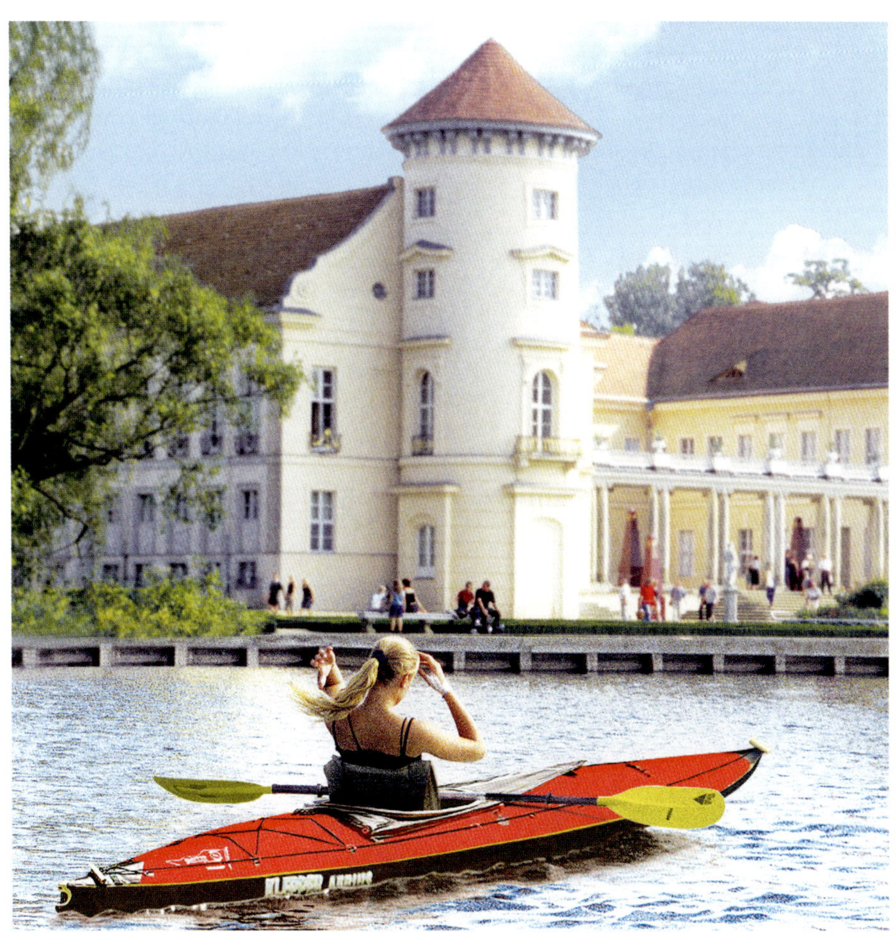

Tour 15

Infos Tour 15 – Rheinsberger Gewässer

Aktivitäten	Natur	Kultur	Baden	Hindernisse
★★☆☆	★★☆☆	★★☆☆	★★★☆	☆☆☆☆

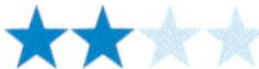

Charakter der Tour

Im Dreieck zwischen Flecken Zechlin, Zechlinerhütte und Rheinsberg liegt eine Kette sauberer Seen, eingebettet in eine hügelige Endmoränenlandschaft, geprägt von Kiefern-, Buchen- und Eichenwäldern. Sowohl Tages- als auch Mehrtagestouren sind zu allen Jahreszeiten ein Genuss. Besonders im Herbst, wenn der Motorbootverkehr nachlässt und die ersten Fröste das Laub in ein Meer der Farben taucht, lohnt sich ein Besuch. Auch zu Fuß oder mit dem Fahrrad kann man unvergessliche Tage in dieser herrlichen Gegend verbringen.

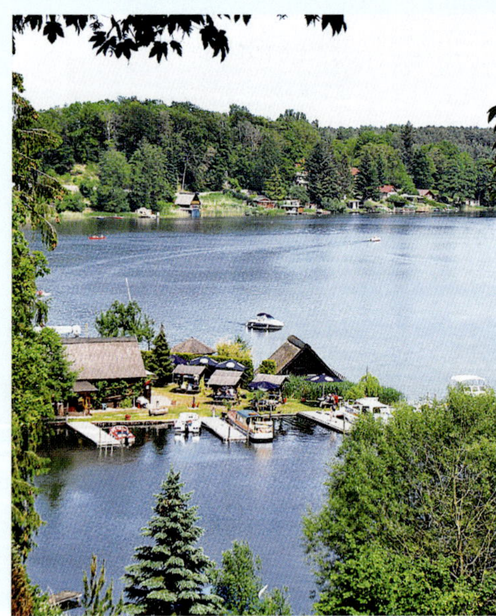

Länge & Dauer der Tour 28 km, 2 Tage.

Umtragestellen keine

Anreise A 19 Berlin-Rostock, Abfahrt 20 (Wittstock), auf der Landstraße Richtung Rheinsberg über Schweinrich nach Flecken Zechlin.

Einsetzstelle Flecken Zechlin, Badestelle. Amtstr. 4 *(kleiner Obolus an die Bootsvermietung nebenan).*

Aussetzstelle Yachthafen Rheinsberg, Am Bollwerk 1.

Zurück zum Pkw Mit dem Bus (mehrmals tägl.) oder Fahrrad (15 km) nach Flecken Zechlin.

Besonders stilvoll zurück: an einigen Tagen im Jahr mit dem Fahrgastschiff der Reederei Halbeck (Tel. (033931) 386 19, www.schifffahrt-rheinsberg.de).

Etappenvorschlag

1. Tag Flecken Zechlin – Kagar (16 km).

2. Tag Kagar – Rheinsberg (12 km).

Tipps für Tagestouren

1. Kagar – Flecken Zechlin (16 km, zurück mit dem Fahrrad, mit dem Bus oder 6 km zu Fuß).
2. Zechlinerhütte – Kagar – Zechlinerhütte (12 km).
3. Rheinsberg – rund um den Rheinsberger See – Zechlinerhütte (10 km, zurück mit dem Bus, Taxi, Fahrrad oder 7 km zu Fuß).

Karten- & Literatur-Tipps

Wasserwanderkarte Mecklenburgische Kleinseenplatte, 1:50.000, Klemmer-Verlag.

KANU KOMPAKT Mecklenburgische Kleinseen 2, *Kanureiseführer mit topogr. Wasserwanderkarten, Kettler & Hillmann,* Thomas Kettler Verlag.

„Rheinsberg und Ruppiner Schweiz"*, von Zechlin bis Neuruppin. Kultur- und Reiseführer für Wanderer, Wassersportler, Rad- und Autofahrer, Jo Lüdemann,* Verlag Grünes Herz.

„Seenland Ruppin"*. Ein Wegbegleiter, Joachim Nölte,* Edition Terra von terra press.

„Wanderungen durch die Mark Brandenburg"*, Theodor Fontane* verschiedene Verlage.

„Rheinsberg – ein Bilderbuch für Verliebte"*, Kurt Tucholsky,* verschiedene Verlage.

„Muskatbraun: Zerstreute Gesellschaft"*, (Preußen-Krimi anno 1746), Tom Wolf,* be.bra verlag.

Übernachtung in Wassernähe *(in der Reihenfolge des Tourenverlaufs)*

Flecken Zechlin
Kossätenhof Familie Behm
(Heuherberge, Zimmer, Hofladen)
Wittstocker Str. 5
Tel. (033923) 702 40
www.fewo-behm.de

Pension „Zechliner Hof"
Wittstocker Str. 5
Tel. (033923) 71 94 70
www.zechliner-hof.de

Haus „Elsenhöhe"
(FeWo für 1 Nacht)
Strandweg 1, Tel. (033923) 712 00
www.elsenhoehe.de

Dorf Zechlin (Beckersmühle)
Hotel Gutenmorgen
Zur Beckersmühle 103
Tel. (033923) 702 75
www.hotel-gutenmorgen.de

Prebelow
DJH Jugendherberge mit Zeltplatz
Prebelow 2, Tel. (033921) 702 22
www.jh-prebelow.de

Tietzowsee (Zechlinerhütte)
Ferieninsel Tietzowsee
(Ferienhäuser wochenweise)
Zur Tietzowsiedlung 7
Tel. (033921) 702 28
www.tietzowsee.de

Kagar
Bungalow Bernd Mewes
Dorfstr. 14, Tel. (033923) 701 32

Schwalbenhof Kagar
Dorfstraße 38, Tel. 0174-181 84 26
www.schwalbenhof-kagar.de

Wirtshaus Steffen
Dorfstraße 49
Tel. (033923) 703 57
www.pension-steffen.de

Zechlinerhütte
Pension & Restaurant „Hüttensee"
August-Bebel-Platz 1
Tel. (033921) 703 44
www.hüttensee.de

Haus Bikowsee
(Zimmer ab 3 Nächte, Fasssauna)
An der Junkerheide 1
Tel. (033921) 507 11
www.haus-bikowsee.de

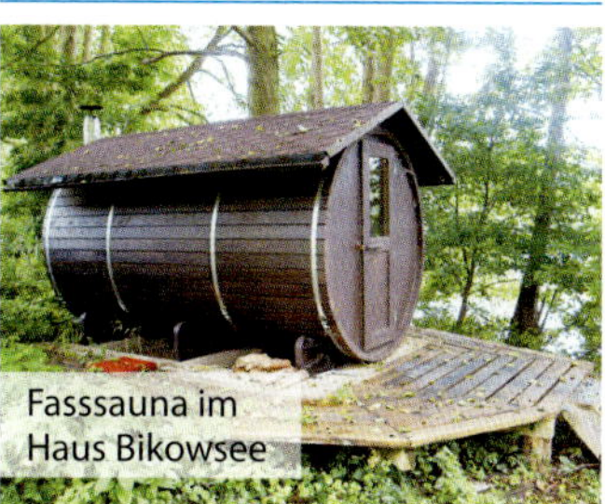
Fasssauna im Haus Bikowsee

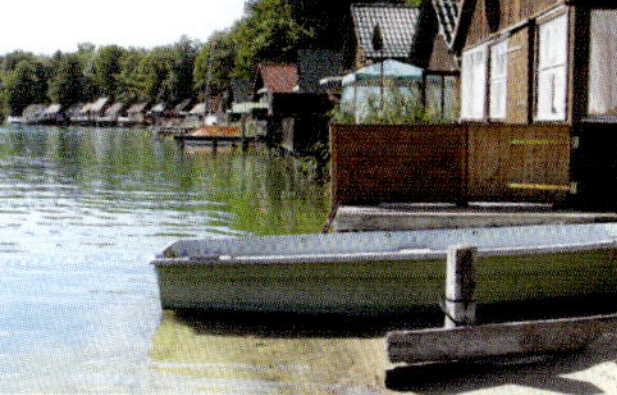

Warenthin (OT von Rheinsberg)
Gast- und Logierhaus
„Am Rheinsberger See"
Seestraße 7, Tel. (033931) 21 31
www.warenthin.de

Hafendorf Rheinsberg
Maritim Hafenhotel Rheinsberg
Hafendorfstraße 1
Tel. (06151) 905-760
www.hafendorf-rheinsberg.de

Rheinsberg
„Ruderverein Rheinsberg 1910"
(Camping, Bungalow)
Ufersteig 1, Tel. (033931) 390 21
& 0176-239 101 07
www.rv-rheinsberg.de

Campingplätze am Großen Zechliner See, Tietzow-, Schlaborn-, Bikowsee, Rheinsberger See.

Kanuvermietung

Flecken Zechlin
Boots- & Fahrradverleih Maranke
Amtstraße 1
Tel. 0174-913 99 84
www.boote-rheinsberg-zechlin.de

Kleinzerlang
Kanustation Rheinsberger Seenkette *(Kanutaxi für Gäste, Wasserkiosk)* neben *„Boot und Mehr"* *(Gastronomie, Hafen + Biwak)*
Dorfstraße am Kleinen Pälitzsee
Tel. 0172-348 75 68
www.kanustation-tietzowsee.de

Tietzowsee (Zechlinerhütte)
Ferieninsel Tietzowsee
(auch Fahrräder und E-Bike-Vermietung), siehe Übernachtung

Zechlinerhütte
Bootsservice Behnfeldt
August-Bebel-Platz 4
Tel. 0171-722 08 28
www.bootsservice-behnfeldt.de

Warenthin (OT von Rheinsberg)
Kanuverleih Rheinsberg
Seestraße 6, Tel. (033931) 21 31
www.kanuverleih-rheinsberg.de

Kanuvermietung & Touren-Veranstalter

Rheinsberg
R.A.T. Rheinsberger Adventure Tours *(Kanu-, Fahrrad-, Naturparktouren, auch SUP-Vermietung)*
Parkstraße 1 (an der Obermühle)
& 0172-604 83 75
& 0151-40 32 85 61 (nur Sommer)
www.rheinsberg-kanu.de

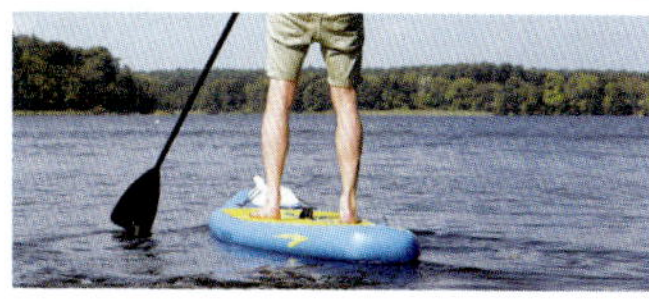

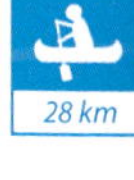

Weitere Aktivitäten

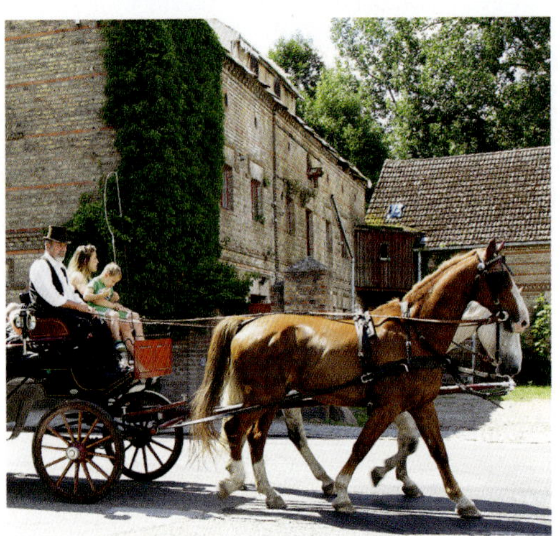

Paddeln

Über den ***Wolfsbrucher*** Schleusenkanal (Hüttenkanal) in die Strelitzer Kleinseenplatte.

Über Rheinsberg auf dem Rhin (nur vom 15.6.-31.10. und nur mit Kajaks!) nach Neuruppin in die Ruppiner Gewässer und bis Berlin. **Pegeltelefon Rhin:** (Mindestwassertiefe 65 cm), Tel. (033082) 407 16.

Wandern und Radfahren

In die ***Ruppiner Schweiz*** und ins ***Naturschutzgebiet Stechlin***, mit den traumhaft gelegenen Seen Wittwesee, Nehmitzsee, Großer Stechlinsee.

Zum idyllischen ***Badesee Großer Zermittensee*** zwischen Flecken Zechlin und Kagar.

Ins nördlich des Großen Zechliner Sees gelegene ***Naturschutzgebiet „Wumm- und Twernsee"***. Die Klarwasserseen sind Lebensraum zahlreicher Fisch- und Krebsarten; in den sie umgebenden Kiefern-, Buchen- und Eichenwäldern leben Kranich, Fisch- und Seeadler.

Fahrrad-Vermieter:

Boots- & Fahrradverleih Maranke in **Flecken Zechlin**, Amtstraße 1, Tel. 0174-913 99 84.

Ferieninsel Tietzowsee (auch E-Bikes und Fahrradanhänger) am **Tietzowsee in Zechlinerhütte**, Tel. (033921) 702 28, www.tietzowsee.de

Fahrradverleih **Zechliner Hütte** (*auch Fewo,* Neustrelitzstr. 33) & **Rheinsberg** (Lange Str. 14), beide Tel. 0172-656 88 52, www.zechlinerhuette.info

Auch viele Campingplätze oder Unterkünfte vermieten Fahrräder an Gäste.

Sonstiges

Tierpark Kunsterspring *(15 km südwestlich von Rheinsberg)*: malerischer kleiner Zoo mit vielen Wildtieren u.a. Wolfsgehege, Wildkatzen, Wisente und Reptilienhaus, Tierfütterungen tägl. außer Freitag (geöffnet *Apr-Sep tägl. 9-19, Okt-Mär tägl. 9-17,* Neuruppin OT Gühlen Glienicke, www.tierpark-kunsterspring.de).

Ausflug in die Fontanestadt Neuruppin *(25 km südlich von Rheinsberg)*, Klosterkirche Sankt Trinitatis von 1246 (Wahrzeichen), klassizistische Pfarrkirche Sankt Marien (Kulturkirche mit Veranstaltungen), Siechenhauskapelle St. Lazarus mit UpHus (1694, ältestes Fachwerkhaus der Stadt), fast vollständig erhaltene Stadtmauer, Fontane-Geburtshaus mit Löwen-Apotheke, Tempelgarten mit Apollo-Tempel, Fontane Therme (www.resort-mark-brandenburg.de/fontane-therme), Vegane Einkehrmöglichkeit: Café & Restaurant Wildwuchs (*Di-Sa 11-17*, Wichmannstr. 23, www.wildwuchs-vegan.de).

Seenrundfahrten mit den Fahrgastschiffen der Reederei Halbeck (Tel. (033931) 386 19, www.schifffahrt-rheinsberg.de).

Mit ***Kutsche / Kremser*** durch die Landschaft von Flecken Zechlin & Rheinsberg, www.kutschenkarsten.de

Sehenswerte Gutsanlage & Dorf Zernikow *(15 km östlich von Rheinsberg)* Ritterfest, Maulbeerfest, Ausstellung „Vom Maulbeerbaum zur Seide – Seidenbau in Brandenburg", Mai-Sep Creperie Bric á Brac im ehemaligen Schafstall, Hainbuchengang im Rokkokogarten, Ferienunterkünfte (www.gut-zernikow.de).

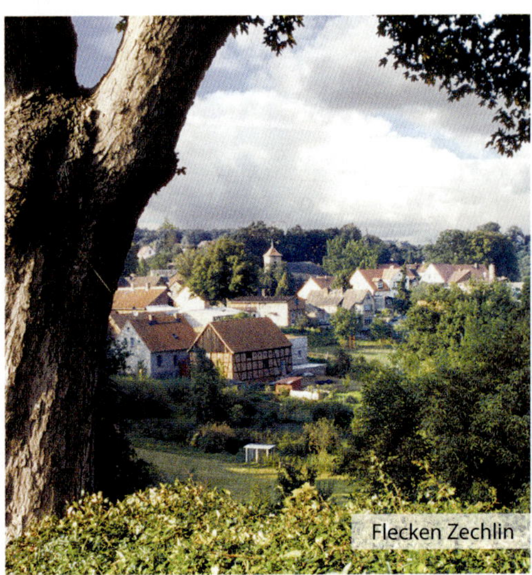
Flecken Zechlin

Sehenswürdigkeiten

Flecken Zechlin Eduard-Gärtner-Ausstellung in der klassizistischen Dorfkirche (1775), Drachenbootfest (letztes Juli-Wochenende).

Zechlinerhütte Alfred-Wegener-Gedenkstätte (*Do-So 10-16*, Tel. (033931)390 07, www.alfred-wegener-museum.de).

Rheinsberg Stadtanlage (1740) nach Plänen Knobelsdorffs erbaut, Schloss (*Di-So 10-17.30*, www.spsg.de) und Schlosspark mit Skulpturen und Obelisken, Kurt-Tucholsky-Literatur-Museum (*Di-Fr 11-17.30, Sa+So 10-17.30*, www.tucholsky-museum.de), Pfarrkirche (14. Jh.), Keramikmuseum (*Jul-Aug Mo+Mi-Sa 10-18, So 12-16, Feb-Jun+Sep-Dez Mi-Fr 12-17, Sa 10-17*, www.museum-rheinsberg.de).

Menz (*11 km östl. von Rheinsberg*): ***NaturParkHaus Stechlin*** (*Mai-Sep Mo-Fr 10-17, Sa+So 11-17, Okt-Apr Mi-Fr 10-16, Sa+So 11-16*, Kirchstr. 4, Tel. (033082) 512 10, www.naturparkhaus.de).

Neuglobsow/ Stechlinsee (*14 km nordöstlich von Rheinsberg*): ***Glasmuseum*** im ehemaligen Neuglobsower Glasmacherhaus (*Mi-So 10-15*, www.naturparkhaus.de). Empfehlenswerte Einkehrmöglichkeiten: ***Café Glasklar*** mit kleinem Regionalladen (Bio) sowie ***Fischerei Stechlinsee Böttcher*** (*Mo+Di Ruhetag, außer an Feiertagen*).

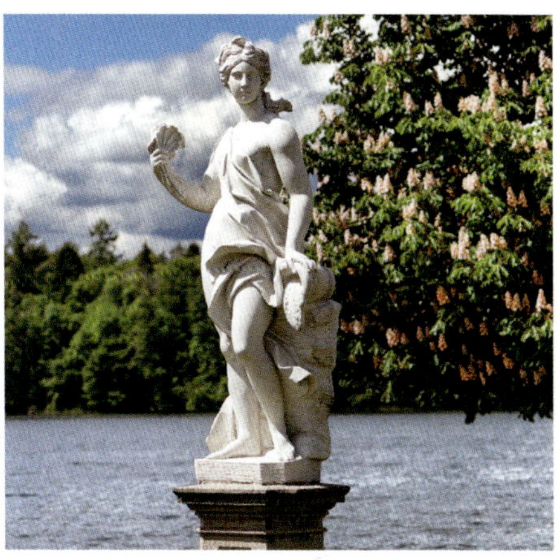

Auskunft & Tourist-Infos

Tourist-Info Flecken Zechlin
Rheinsberger Str. 15, Tel. (033923) 71 50 13, www.fleckenzechlin.de

Tourist-Info Rheinsberg Mühlenstraße 15 A, Tel. (033931) 349 40, www.rheinsberg.de

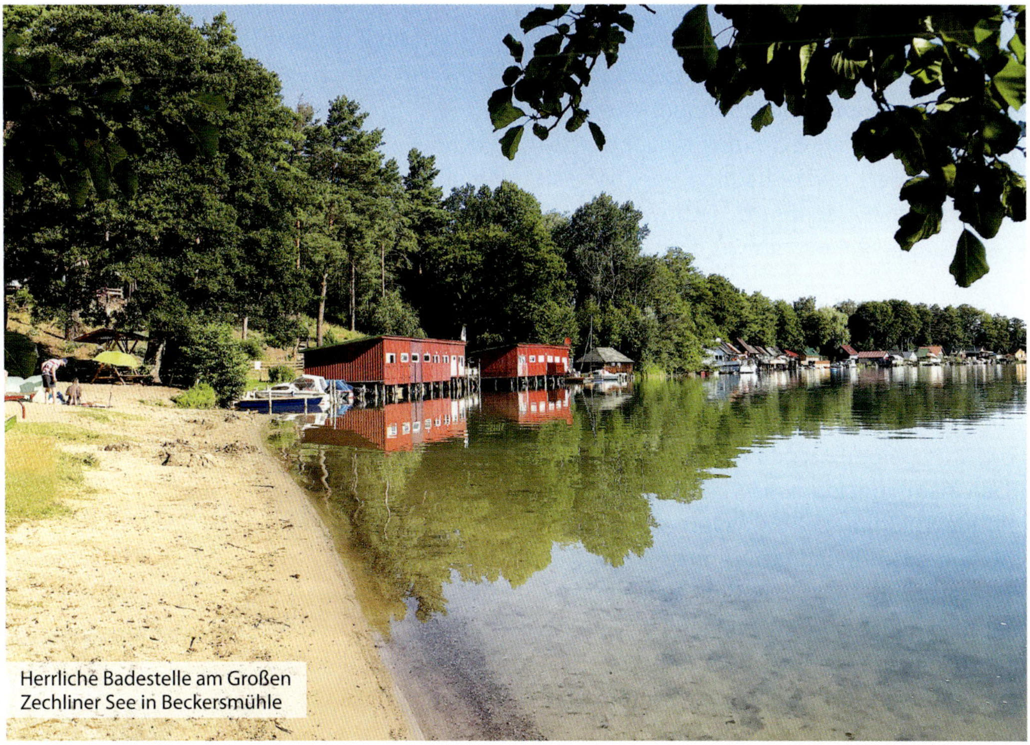

Herrliche Badestelle am Großen Zechliner See in Beckersmühle

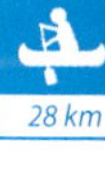

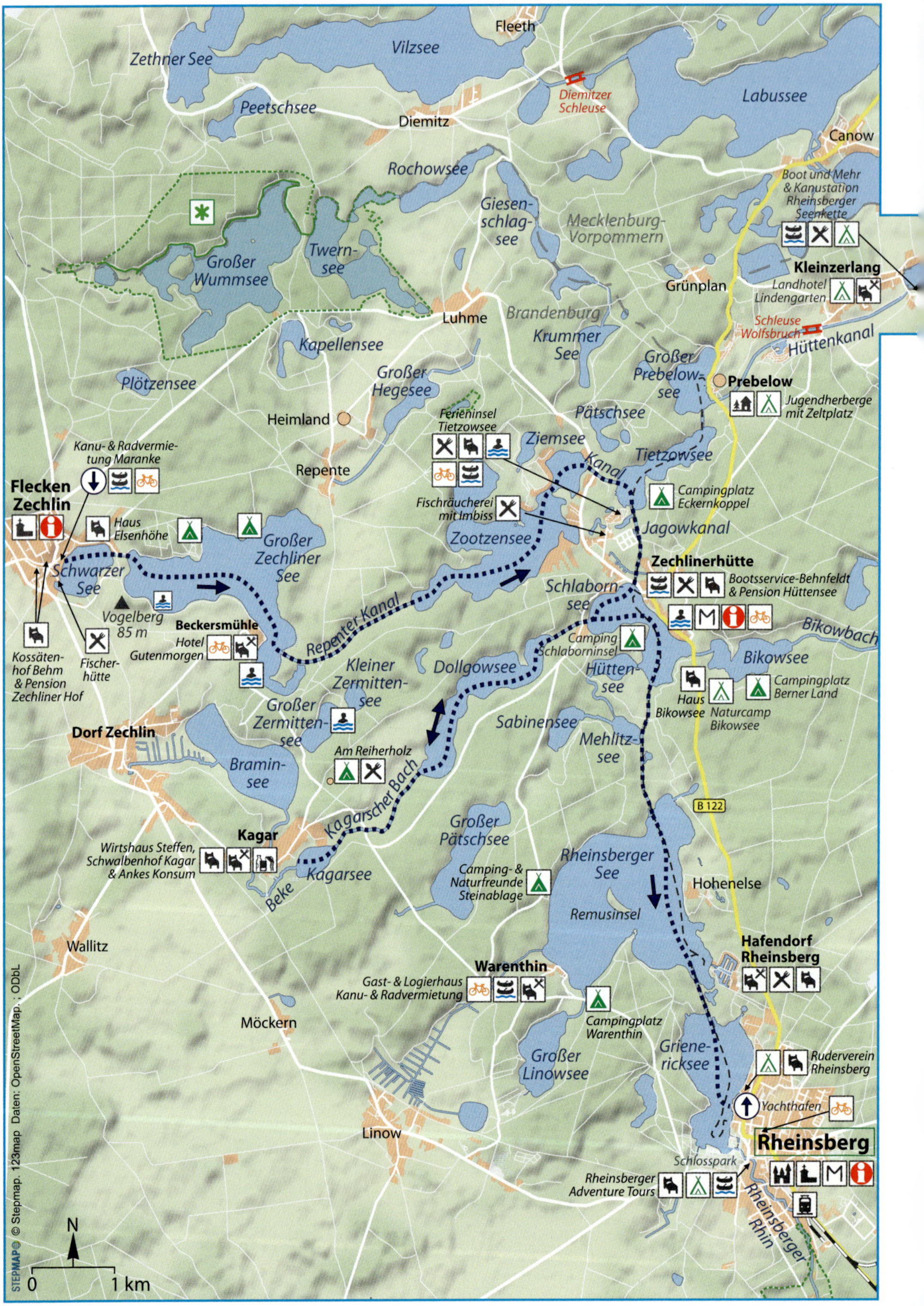

Fleeth
Zethner See
Vilzsee
Diemitzer Schleuse
Labussee
Peetschsee
Diemitz
Canow
Rochowsee
Boot und Mehr & Kanustation Rheinsberger Seenkette
Giesenschlagsee
Mecklenburg-Vorpommern
Twernsee
Großer Wummsee
Kleinzerlang
Grünplan
Landhotel Lindengarten
Luhme
Brandenburg
Schleuse Wolfsbruch
Hüttenkanal
Kapellensee
Krummer See
Großer Prebelowsee
Prebelow
Plötzensee
Großer Hegesee
Jugendherberge mit Zeltplatz
Heimland
Ferieninsel Tietzowsee
Pätschsee
Ziemsee
Tietzowsee
Kanu- & Radvermietung Maranke
Kanal
Repente
Campingplatz Eckernkoppel
Flecken Zechlin
Fischräucherei mit Imbiss
Jagowkanal
Haus Elsenhöhe
Großer Zechliner See
Zootzensee
Zechlinerhütte
Schwarzer See
Schlabornsee
Bootsservice-Behnfeldt & Pension Hüttensee
Vogelberg 85 m
Repenter Kanal
Beckersmühle
Hotel Gutenmorgen
Camping Schlaborninsel
Bikowbach
Kossätenhof Behm & Pension Zechliner Hof
Fischerhütte
Kleiner Zermittensee
Dollgowsee
Hüttensee
Bikowsee
Campingplatz Berner Land
Haus Bikowsee
Naturcamp Bikowsee
Großer Zermittensee
Dorf Zechlin
Sabinensee
Mehlitzsee
Am Reiherholz
Braminsee
Kagarscher Bach
B 122
Großer Pätschsee
Kagar
Wirtshaus Steffen, Schwalbenhof Kagar & Ankes Konsum
Rheinsberger See
Kagarsee
Camping- & Naturfreunde Steinablage
Hohenelse
Beke
Remusinsel
Wallitz
Hafendorf Rheinsberg
Warenthin
Gast- & Logierhaus Kanu- & Radvermietung
Campingplatz Warenthin
Möckern
Großer Linowsee
Grienericksee
Ruderverein Rheinsberg
Yachthafen
Linow
Rheinsberg
Schlosspark
Rheinsberger Adventure Tours
Rheinsberger Rhin
N
0 1 km
STEPMAP © Stepmap, 123map Daten: OpenStreetMap, ODbL

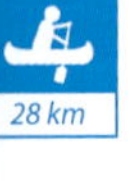

Die Rheinsberger Gewässer

Ganz im nördlichen Brandenburg, an der Grenze zu Mecklenburg-Vorpommern und am Eingang zur Mecklenburger Seenplatte, liegt **Flecken Zechlin**. *Mit einer Schenkung des Fürsten von Werle an das Doberaner Zisterzienserkloster im Jahre 1237 begann die wechselvolle Geschichte des auf einem Hügel über dem Schwarzen See gelegenen beschaulichen Dörfchens. Im Jahre 1320 war die Burg Zechlin erwähnt und durch die Bischöfe von Havelberg zu einem Schloss ausgebaut worden. Hier residierte von 1548 bis 1571 fast durchgehend Johann Georg, der hohenzollernsche Kurprinz und spätere Kurprinz von Brandenburg. Leider wurde das Schloss im Jahre 1721 durch einen Brand vollständig zerstört. Im Rahmen der touristischen Erschließung des Ortes im 20. Jahrhundert bekam Flecken Zechlin sogar einen Eisenbahnanschluss, der dazu beitrug, dass die Besucherzahlen stetig anstiegen. Als Reparationsleistung wurde er nach dem Zweiten Weltkrieg wieder stillgelegt. Was blieb, war die Beliebtheit des Luftkurortes als Sommerfrische.*

Beim Spaziergang durch die kopfsteingepflasterten Gassen kommt man an diesem sonnigen Frühherbsttag schnell in Urlaubsstimmung. *Erst das Denkmal des Todesmarsches der Häftlinge des KZ Sachsenhausen am Ortsausgang Richtung Rheinsberg erinnert an eine dunkle Seite unserer Geschichte. Über 6.000 Menschen wurden im April 1945 auf dem Marsch von Sachsenhausen nach Raben Steinfeld durch die SS ermordet.*

Unser Auto parken wir an der alten Schule und schaffen Kanu und Ausrüstung über die sanft abfallende Wiese des Dorfparks hinunter zum Steg. Neben der *Kanuvermietung Maranke* haben wir gegen eine kleine Gebühr eine gute Einsetzmöglichkeit in den ***Schwarzen See***. Ihn überqueren wir Richtung Nordosten, auf ein kurzes, schmales Fließ zu, das den ***Schwarzen See*** vom ***Großen Zechliner See*** trennt. Bald liegt die Wasserfläche des ***Großen Zechliner Sees*** vor uns im gleißenden Sonnenlicht. Gleich rechts, am Südufer des Sees, lockt eine schöne Badestelle. Von dort führt ein Weg

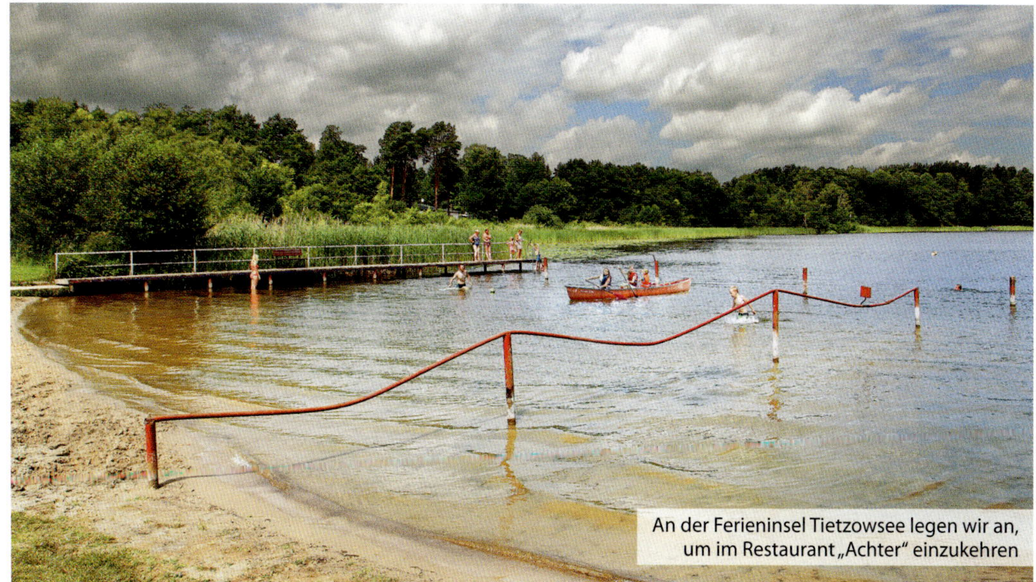

An der Ferieninsel Tietzowsee legen wir an, um im Restaurant „Achter" einzukehren

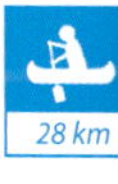

hinauf auf den 85 Meter hohen ***Vogelberg***. Er gewährt einen besonders imposanten Blick über die Seen und nach Flecken Zechlin. An der Nordseite des Sees stehen zwei *Campingplätze* zur Auswahl. Viele kleine Buchten rund um den See laden zur Rast ein.

Um eine Landspitze herum paddeln wir Richtung Südosten, wo der See sich verengt. Rechts blicken wir auf den herrlichen Sandstrand der Badestelle von **Beckersmühle,** ein Ferienort mit dem *Hotel „Gutenmorgen"* und *Ferienhäusern* neben der *Marina der Ferienanlage „Inselblick"*.

Die inzwischen fast verlandete Insel Werder rechts liegen lassend, fahren wir in den ***Repenter Kanal*** ein. *Im Zuge des Baus von Kanälen und Schleusen im Rheinsberger Seengebiet in den Jahren 1879/80 wurde der Seespiegel abgesenkt, so dass auf der Insel die Eichenpfähle einer slawischen Siedlung zum Vorschein kamen.* Der zwei Kilometer lange, von Wiesen gesäumte Kanal, verbindet den ***Großen Zechliner See*** mit dem ***Zootzensee***. Dieser buchtenreiche See empfängt uns mit auffrischendem Wind aus Ost. Im nördlichen Teil des Sees geht es über einen Kanal in den ***Tietzowsee***. Dort halten wir uns rechts und gelangen zur am rechten Ufer gelegenen *„Ferieninsel Tietzowsee"*. Neben der sandigen Badestelle lädt das *Restaurant „Achter"* zur Rast ein.

Kurz hinter der Ferieninsel geht es in den recht stark mit Motorbooten befahrenen ***Jagowkanal***, so dass wir froh sind, nach einem Kilometer hinter der Straßenbrücke den ***Schlabornsee*** zu erreichen. Gleich links liegt der Ort **Zechlinerhütte**, dem wir morgen einen Besuch abstatten wollen. Der schon tiefer stehenden Sonne entgegen, führt unser Weg über den See zu einem kurzen Kanalstück, über das wir in den stillen ***Dollgowsee*** gelangen. Der nur etwa 300 bis 500 Meter breite eiszeitliche Rinnensee begeistert uns mit idyllischen Badestellen und den ihn umgebenden stillen Buchenwäldern. Fast unmerklich geht der See in den von Schilf gesäumten fischreichen ***Kagarschen Bach*** über, dessen klares Wasser von Wasserpflanzen bedeckt ist. Schwanenfamilien kommen uns entgegen. Eine Brücke überspannt den Wasserlauf. Hinter ihr befindet sich links eine gute Aussetzmöglichkeit, um über die Brücke einen Kilometer hinauf zum *Campingplatz „Am Reiherholz"* zu laufen. In der angeschlossenen *Gaststätte* werden deftige Gerichte angeboten.

Nach zwei Kilometern auf diesem verwunschenen Bach verbreitert sich der Wasserlauf zu einem kleinen See. Am rechten Ufer können wir die Kirche von **Kagar** hinter den Bäumen erkennen. Am Ende des Sees geht es in das winzige Fließ ***„Beke"***, eine Verbindung zum nicht befahrbaren ***Braminsee***. Doch wir legen am öffentlichen Steg des „200-Seelen-Dorfs" **Kagar** an, ein idyllischer Flecken, fast völlig von Wald umgeben, der zu Ausflügen in die Ruppiner Schweiz oder in das Naturschutzgebiet „Wumm- und Twernsee" einlädt.

Das *Wirtshaus Steffen*, dessen Anfänge ins Jahr 1686 zurückreichen, als Hugenotten vom großen Kurfürsten hier angesiedelt wurden, bietet eine leckere Küche mit Wild-, Fisch- und Pilzgerichten aus der Region. Mit ein wenig Glück ist eins der Zimmer (*Mai-Okt*) frei, und wer sich für die Fahrt mit Proviant versorgen will, findet am anderen Ende des Straßendorfes bei *Ankes Konsum* alles was man so braucht und mehr. Zudem bietet sie einen günstigen Mittagstisch.

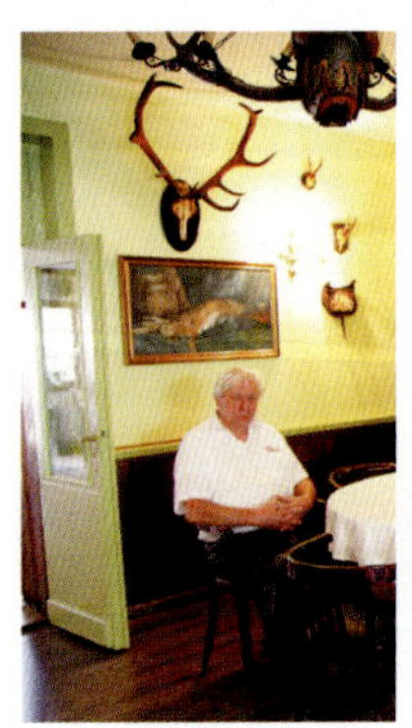

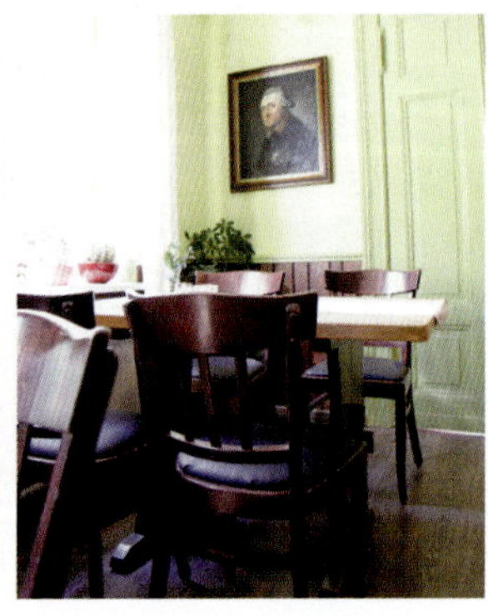

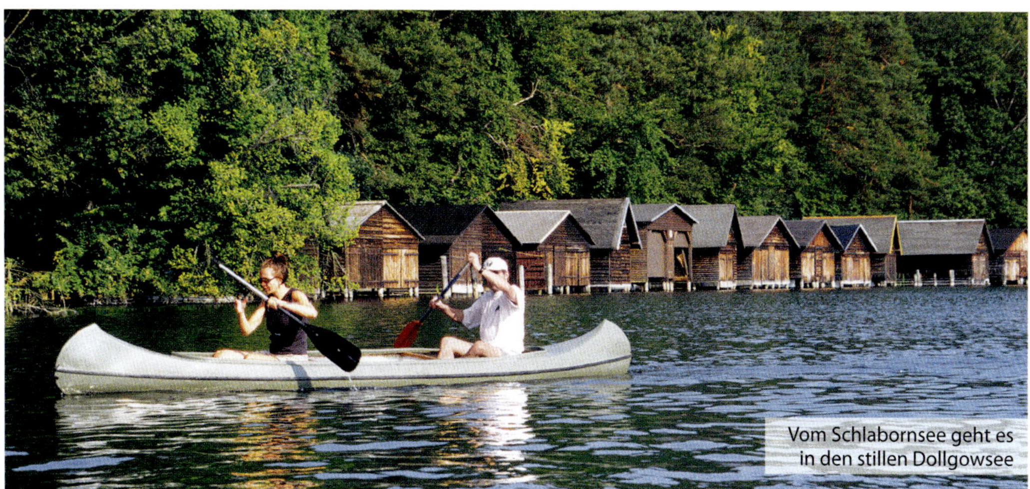
Vom Schlabornsee geht es in den stillen Dollgowsee

Am nächsten Morgen beladen wir unser Boot am Steg. Zurück über den ***Dollgowsee*** und den ***Schlabornsee*** geht es zum Ort **Zechlinerhütte**. Neben dem Anleger der Fahrgastschifffahrt findet sich im flachen Wasser eine gute Aussetzstelle für unsere Kanus. *Genau an dieser Stelle wurde im 18. Jahrhundert eine Glashütte errichtet, in der man wertvolle Glasprodukte für den königlichen Hof fertigte.*

Ein Stück weiter am Ufer des Schlabornsees entlang, machen wir auf Höhe einer von rechts weit ins Wasser hineinreichenden Landzunge am linken Ufer abermals fest. Von hier, der Badestelle des Ortes, ist es nicht weit zur oberhalb an der Straße gelegenen *Gedenkstätte für Alfred Wegener*, die spannende Einblicke in das Leben des berühmten Polarforschers bietet (*siehe Seite 254*). Ein kleines Stück weiter führt links ein kurzer Wasserlauf zum ruhigen ***Bikowsee***, an dessen gänzlich von Wald umgebenen Ufer sich zwei *Campingplätze* befinden.

Richtung Süden geht es auf den Ausfluss des ***Schlabornsee*** zu. Ein eineinhalb Kilometer langer, enger Kanal verbindet ihn mit dem ***Rheinsberger See***. Auf dieser Strecke genießen wir eine beschauliche Fahrt, vorbei an dem am rechten Ufer abzweigenden ***Mehlitzsee***. Er ist Brutplatz vieler Wasservögel und deshalb gesperrt.

Der völlig von Wald umstandene ***Rheinsberger See*** liegt in gleißendem Sonnenlicht vor uns. Es ist ein heißer Tag. Inzwischen hat der Wind so stark abgeflaut, dass wir bedenkenlos die große Wasserfläche queren und auf die vor uns im See liegende Remusinsel zupaddeln. Wir genießen die Badepause in einer der schilfigen und sandigen Buchten rund um die kleine Insel. Hier zu Biwakieren ist streng verboten.

Unweit der Insel, im südwestlichen Teil des Sees, findet man im Örtchen **Warenthin** mit dem direkt am See gelegenen *„Gast- & Logierhaus Am Rheinsberger See"* ein besonderes Kleinod. Das Ende des 19. Jahrhunderts vom Hamburger Buchverleger Kittel erbaute romantische Haus bietet preiswerte Zimmer

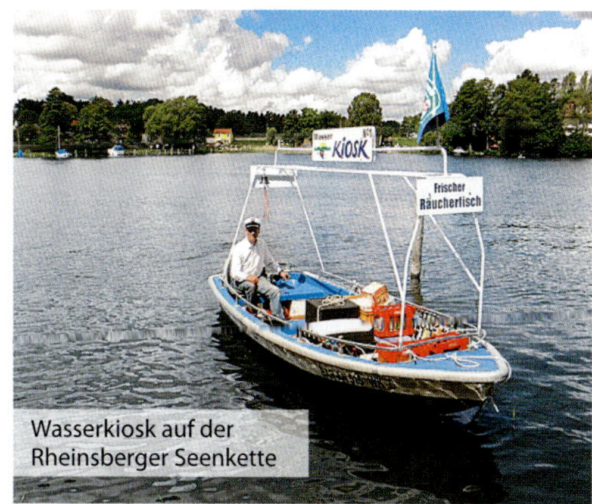

Wasserkiosk auf der Rheinsberger Seenkette

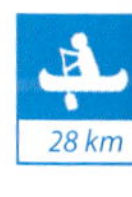

Alfred Wegener

wurde am 1. November 1880 in Berlin geboren. Seine Erziehung erfolgte im Zeichen einer humanistischen Bildung, der Tradition des preußischen Pflichtbewusstseins und eines ausgeprägten Verantwortungsgefühls. Obwohl die Wegeners sich in Berlin wohlfühlten, zog es sie immer wieder ins Geburtshaus der Mutter nach Zechlinerhütte. Dort, in der mit zahlreichen Seen und weitläufigen Wäldern durchsetzten Landschaft, konnten Alfred und sein Bruder Kurt ihren Drang nach Bewegung in der freien Natur und ihre vielseitigen naturwissenschaftlichen Interessen stillen. Das Köllnische Gymnasium in Berlin schloss er 1899 als Klassenbester ab und trat bald darauf sein Studium der Mathematik und Naturwissenschaft, mit Schwergewicht Astronomie, an. Im Jahre 1905 eröffnete sich Wegener die Möglichkeit einer Assistenz am Aeronautischen Observatorium in Lindenberg bei Berlin. Zusammen mit seinem Bruder, der dort bereits in ähnlicher Funktion tätig war, fand er in der Erforschung der Atmosphäre mittels Drachen- und Ballonaufstiegen ein spannendes Betätigungsfeld.

Im April 1906 gelang den Brüdern ein Weltrekord: an Bord ihres Fesselballons blieben sie 52 Stunden in der Luft. Im gleichen Jahr brach Alfred Wegener als Meteorologe der Forschungsgruppe auf seine erste Grönlandexpedition unter der Leitung des Dänen Ludvig Mylius-Erichsen auf. Das Ziel der Reise bestand darin, die Ostküste Grönlands zwischen dem 77. und 83. nördlichen Breitengrad zu kartographieren. Nach seiner Rückkehr entschied sich Wegener für eine Anstellung als Dozent an der Universität Marburg, wo er sich genügend Freiraum versprach, um seinem Forscherdrang nachzukommen. Er erhielt die Vorlesungsberechtigung für Meteorologie, Astronomie und kosmische Physik, nahm aber während seiner Lehrtätigkeit auch an einer internationalen aerologischen Forschungsreise nach Südamerika teil.

Im Sommer 1912 beteiligte sich Wegener erneut an einer dänischen Grönlandexpedition, die eine Durchquerung der unerforschten Teile Nordgrönlands inklusive einer Überwinterung auf dem Inlandeis zum Ziel hatte. Das Unternehmen glückte mit knapper Not, nachdem die Forschungsgruppe ein Jahr später kurz vor dem Verhungern gerettet wurde.

Im gleichen Jahr vermählte sich Alfred Wegener mit Else Köppen, der Tochter des renommierten Klimatologen und Meteorologen Wladimir Köppen, in Hamburg. Noch bevor sein erstes Kind zur Welt kam, wurde er nach Kriegsausbruch an die Westfront geschickt. Nach zwei Verwundungen entdeckte man bei einer ärztlichen Untersuchung einen wohl während der Grönlandexpedition zugezogenen Herzfehler, der ihn vor weiterem Kriegseinsatz bewahrte und ihm Gelegenheit bot, sich wieder an der Universität Marburg seinen Studien zu widmen. In dieser Zeit entstand sein Werk „Die Entstehung der Kontinente".

1919 nahm er das Amt des Vorstands der meteorologischen Abteilung der Deutschen Seewarte in Hamburg an, das zuvor sein Schwiegervater innehatte. Nach einer Zeit der Vorlesungen an der in Gründung begriffenen Universität Hamburg und der Entwicklung einer revolutionären Theorie zur Entstehung von Erde und Mond wurde er schließlich zum außerordentlichen Professor ernannt.

Der Großstadt müde, war Wegener 1924 am langersehnten Ziel, einer Professur für Meteorologie und Geophysik an der Karl-Franzens-Universität in Graz. Dort entwickelte er im Laufe der Jahre Pläne für eine eigene Grönlandexpedition. Wegener hoffte, mittels genauer Vermessung nachweisen zu können, dass Grönland westwärts driftete. Am ersten November 1930, seinem fünfzigsten Geburtstag, brach Wegener von der Forschungsstation im Innern Grönlands in Richtung der westlichen Station auf, die er aber nie erreichte. Ein halbes Jahr später fand man seinen Leichnam. Medizinische Untersuchungen ergaben, dass der berühmte Forscher an einer Herzschwäche infolge Überanstrengung gestorben war. Sein Bruder Kurt führte die Grönlandexpedition zu Ende und übernahm dessen Professur in Graz.

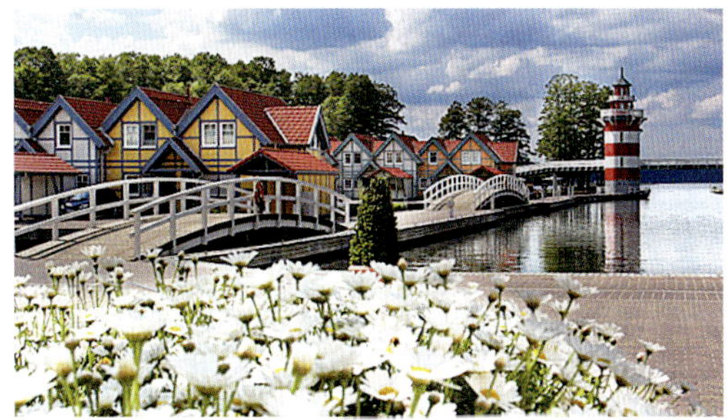

und deftige Küche. Mehrere zu mietende Bungalows, ein *Kanu- und Fahrradverleih* sowie zwei nahgelegene Campingplätze machen sicherlich Lust dort länger zu bleiben um die herrliche Kulturlandschaft zu entdecken.

Wir paddeln auf das schnurgerade kurze Kanalstück zu, das uns vom ***Grienericksee*** trennt. Kurz davor liegt linker Hand das im skandinavischen Stil erbaute **Hafendorf Rheinsberg**. Außer einem *Vier-Sterne-Hotel* mit *Gastronomie* sind in der Hafenbucht neben einem auffälligen Leuchtturm eine Vielzahl stilvoller *Ferienhäuser* entstanden.

Am Ostufer des ***Grienericksee*** liegt das reizvolle Städtchen **Rheinsberg**. Zunächst passieren wir das am linken Ufer liegende Strandbad, 500 Meter weiter erreichen wir das an der Uferpromenade liegende Wiesengelände des örtlichen *Rudervereins*, das auch Paddler zum *Biwakieren* aufnimmt *(Anmeldung erforderlich!)*. Sogar ein gemütlicher Bungalow für 2-3 Personen kann gemietet werden.

Unsere Kanus holen wir 200 Meter weiter am Steg des *Yachthafens* aus dem Wasser und gehen zur nahen *Gaststätte „Zum Fischerhof" (Seestr. 19a, (033931) 395 86 (Mo+Di Ruhetag)*, wo wir unseren Hunger auf der sonnigen Terrasse stillen. Bis zur Abfahrt des Busses nach Flecken Zechlin bleibt uns noch Zeit, das harmonische Städtchen mit seinem herrlichen Schloss und dem Kurt-Tucholsky-Literatur-Museum anzuschauen. *Siehe „Blick auf Rheinsberg" auf der nächsten Seite.*

Ein besonders toller Abstecher mit Fahrrad oder Auto ist das *„NaturParkHaus Stechlin"* im nahen **Menz**, östlich von Rheinsberg. Das interaktive Museum zur Natur vermittelt Einblicke in Flora und Fauna der Region. Und nur fünf Kilometer weiter sollte man sich **Neuglobsow** und den glasklaren Stechlinsee nicht entgehen lassen (Einkehr beim *Fischer Böttcher*).

Nicht nur für Kinder lohnend ist der *Tierpark Kunsterspring* im reizvollen Tal der Kunster südwestlich von Rheinsberg. Über 500 Tiere 90 verschiedener Arten in naturbelassenen Anlagen unter anderem auch Wolfs-, Fischotter- oder Waschbärengehege.

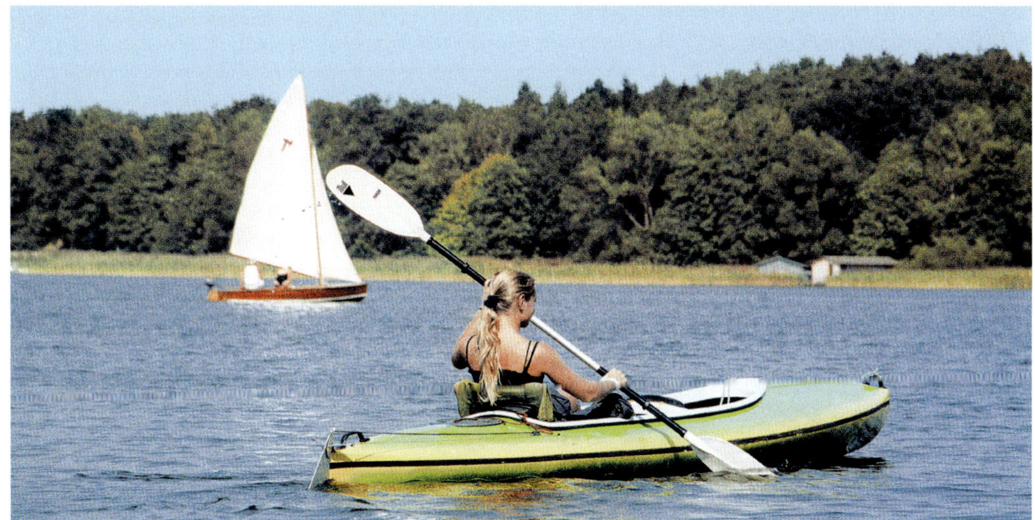

Blick auf Rheinsberg

Schon früh war die Gegend um Rheinsberg besiedelt, wie Funde auf der Insel Remus im Rheinsberger See belegen. Aber erst mit dem Bau des Rheinsberger Schlosses erlangte die Stadt ihre heutige Bedeutung. Es ist wohl der harmonischen Landschaft der Ruppiner Schweiz geschuldet, dass Kronprinz Friedrich seinen Musenhof in Rheinsberg schuf. Um seinem ältesten Sohn und dessen Gemahlin Christine von Braunschweig eine eigene Hofhaltung zu ermöglichen, erwarb König Friedrich I. für die beiden das auf einer von Wasser umgebenen Insel gelegene Anwesen. Baumeister waren der Baudirektor Johann Gottfried Kemmeter und Georg Wenzeslaus von Knobelsdorff.

1736 war der kronprinzliche Hof von Neuruppin übergesiedelt. Friedrich versammelte hier Männer seiner Wahl um sich und pflegte eine glänzende, den Künsten und Wissenschaften gewidmete Geselligkeit. Auf Schloss Rheinsberg verbrachte der „Alte Fritz" glückliche Jugendjahre. Die zu besichtigenden Räume sind mit historischen Möbeln und beeindruckender Deckenmalerei ausgestattet.

Das Schloss wurde 1740, ebenso wie große Teile der Stadt, nach einem schweren Brand von Knobelsdorff wieder aufgebaut und der idyllische Schlosspark mit seinen Grotten und Tempeln in einen Landschaftspark umgestaltet. Wir versäumen auch nicht, dem im Nordtrakt des Schlosses liegenden Kurt-Tucholsky-Literatur-Museum einen Besuch abzustatten.

Fast das ganze Jahr über ist das Schloss Schauplatz fantastischer Konzerte der Musikakademie Rheinsberg und Juli/August finden Freilichtaufführungen der Kammeroper Schloss Rheinsberg statt. Ebenso sehenswert ist die 1566 erbaute Pfarrkirche St. Laurentius mit ihrem schönen Altaraufsatz und einem Taufbecken aus dem 16. Jahrhundert.

Ein Highlight ist sicherlich der im Oktober stattfindende Rheinsberger Töpfermarkt, auf dem rund 100 internationale, ausschließlich professionelle Töpfer und Keramiker ihre Ware präsentieren. Zahlreiche Veranstaltungen rund um die Keramik werden zudem an diesem Wochenende angeboten.

Tourist-Info Rheinsberg: Mühlenstraße 15 A, Tel. (033931) 349 40, www.rheinsberg.de

① ***Schlosstheater / Musikakademie,*** 1991 als Projekt des Kunst- und Kulturvereins Rheinsberg gegründet.

② ***Schlossinsel mit Schlossmuseum, Kurt-Tucholsky-Literaturmuseum, Schloss Rheinsberg,*** Öffnungszeiten: *Apr-Okt Di-So 10-17.30, Nov-März Di-So 10-16.30,* Eintritt ca. 6 € Schloss inkl. Museum

③ ***Orangerierondell.*** Vier Statuen umgeben den Pavillon, der die Jahreszeiten darstellt.

④ ***Egeriagrotte.*** Um 1790 für Prinz Heinrich errichtet und mit einer Figur der Nymphe (Naturgeist) Egeria aus „gebranntem Ton" geschmückt.

⑤ ***Erdterrassen mit Obelisk,*** 1762 als bühnenartiger Prospekt für die Schlossinsel jenseits des Grienericksees angelegt.

⑥ ***Heckentheater*** von Prinz Heinrich angelegtes Freilufttheater zur Aufführung von Theaterstücken, Opern und Konzerten.

⑦ ***Marstall,*** 1738 in Fachwerkbauweise unter Oberlandbaumeister Kemmeter erbaut.

⑧ ***Pfarrkirche St. Laurentius,*** der älteste Teil, der Ostchor, stammt aus dem 14. Jahrhundert. Nach einem Brand im Jahre 1566 wurde sie im Stil der Renaissance restauriert.

⑨ ***Keramikmuseum,*** Kirchplatz 1, Tel. (033931) 376 31, www.museum-rheinsberg.de

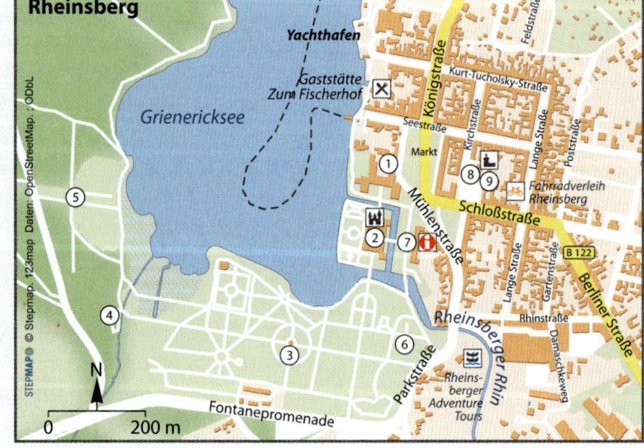

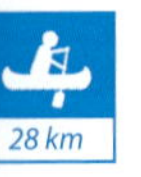

Feldberger Seen

„Fischotter, glasklare Seen und Hans Fallada"

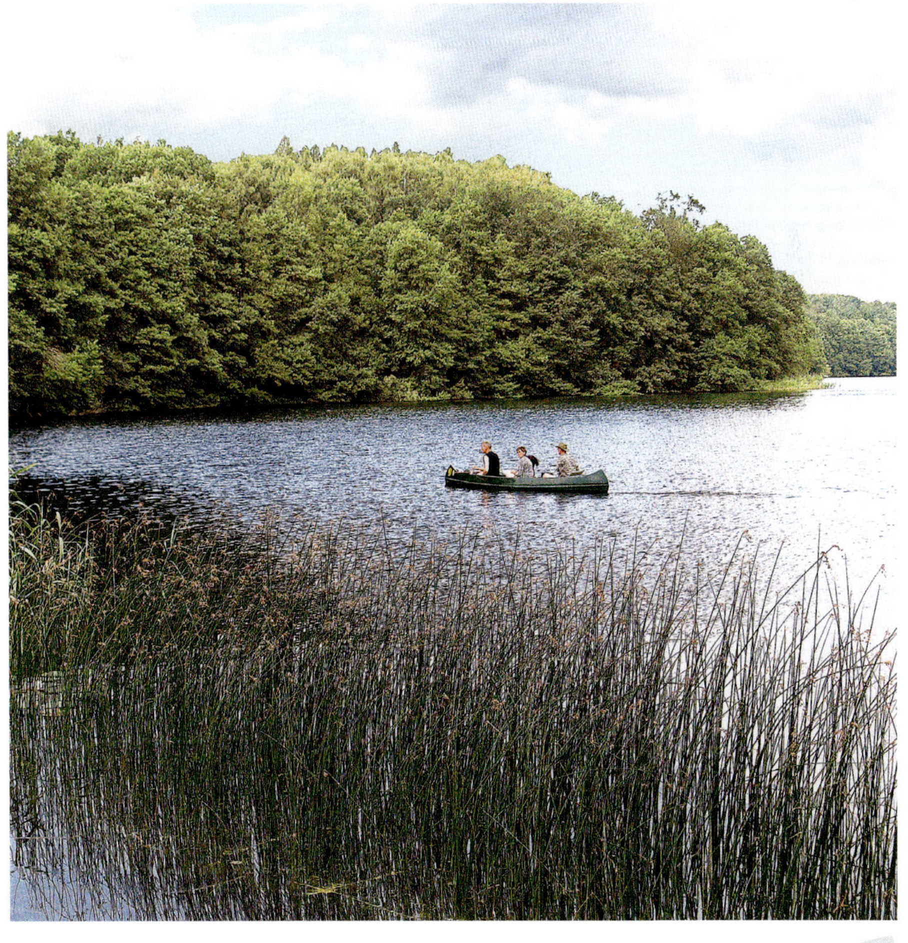

Tour 16

Infos Tour 16 – Feldberger Seen

Aktivitäten	Natur	Kultur	Baden	Hindernisse
★★★★	★★★★	★★☆☆	★★★★	★★★☆

Charakter der Tour

Eine „Perle" in Bezug auf Wasserqualität und Natur und eine unserer Lieblingstouren ist diese durch eine ursprüngliche Landschaft führende Fahrt. Sie sollte wegen des Wasserstandes und der vielen Kanuten besser zeitig im Frühjahr oder im Herbst gefahren werden. In eines der schönsten Gebiete des Naturparks Feldberger Seenlandschaft eingebettet, liegt das idyllische Städtchen Feldberg, umgeben von Wäldern, Hügeln und Tälern. Es ist Ausgangspunkt unserer weitgehend motorbootfreien Kanutour. Zuerst führt sie über den schmalen Luzin, einen eiszeitlichen Rinnensee, zum „Hans Fallada-Dorf" Carwitz. Über eine Kette glasklarer Seen und schmaler Fließe geht die Fahrt durch dichten Wald und eine herrliche Sumpfwildnis zum Biwakplatz Küstrinchen.

Die anschließende Fahrt über den Küstriner Bach kann bei hohem Wasserstand zu einem spritzigen Vergnügen werden, erfordert aber auch Bootsbeherrschung. Leider kommt man selten in den Genuss einer Befahrung, bestenfalls bis in den Monat April hinein oder nach starken Regenfällen. Ist der Wasserstand zu niedrig, besteht aus Naturschutzgründen ein Befahrungsverbot. Dann aber überbrückt ein Shuttle die Strecke bis zum Biwakplatz „Fegefeuer" (siehe unten).

Fazit: Wer in den Genuss von ein wenig „Wildnisfeeling" kommen möchte, die Anstrengungen einiger Umtragungen nicht scheut und mit möglichst kleinen / kurzen Booten mit geringem Tiefgang unterwegs ist, wird bei dieser herrlichen Tour voll auf seine Kosten kommen. Für unerfahrene Paddler sowie größere Gruppen ist diese Tour dagegen nicht geeignet.

Befahrungsregelungen

Im Naturpark Feldberger Seenlandschaft gibt es mehrere **Naturschutzgebiete** von denen – in Paddelrichtung – folgende für uns Paddler von Bedeutung sind: Schmaler Luzin & Hullerbusch, Hauptmannsberg, Halbinsel Conower Werder, Krüselinsee und Mechowseen, Küstrinchenbach und Oberpfuhlmoor. Selbstverständlich **betritt man in** diesen Bereichen **nicht das Ufer** außerhalb der vorgesehenen Ein- oder Aussetz- bzw. Raststellen und **durchfährt keine Röhricht-, Seerosen- und Gelegegürtel**. Auf Bachabschnitten **fährt man hintereinander** und überholt nicht. Paddel nur so tief eintauchen, dass **am Gewässergrund kein Sediment aufgewirbelt** wird. Es gilt striktes **Zeltverbot** außerhalb ausgewiesener Camping- oder Biwakplätze. Dort findet man auf Info-Schildern alle Vorgaben zur Befahrung, deren Einhaltung auch von der Naturwacht kontrolliert wird. Verstöße werden mit erheblichen Bußgeldern geahndet.

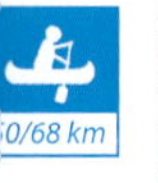

Eine Besonderheit stellt außerdem der **Küstriner Bach** dar. Um die Artenvielfalt (Bachneunauge, Kleine Bachmuschel, Eisvogel, Fischotter) in dieser mehr als sechs Kilometer langen Verbindung zwischen dem Großen Küstrinsee und Oberpfuhlsee bei Lychen zu erhalten, wurde in Zusammenarbeit mit dem World Wide Fund for Nature ein **Leit- und Informationssystem** für Kanuten erstellt. **Der Bach darf zwischen Dorf Küstrinchen und Biwakplatz Fegefeuer (ehemalige Floßschleuse IV) nur bachabwärts und nur bei einem Mindestpegel von 30 cm** oder mehr befahren werden. Unterwegs zeigen runde **Pegelinfoscheiben** (rot / grün) die aktuelle Pegelsituation an.

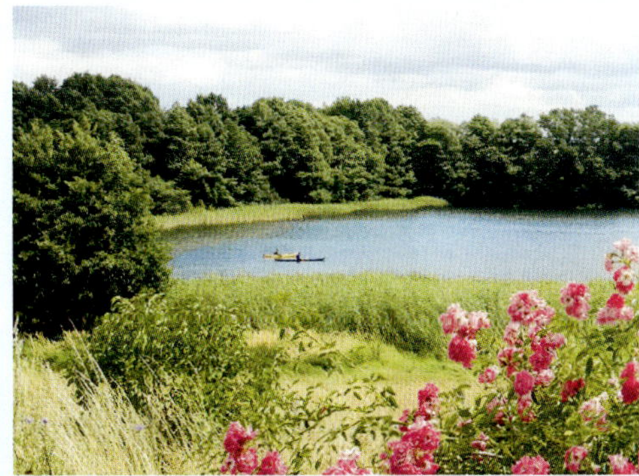

Länge & Dauer der Tour ca. 50 km, mit Abstechern zum Lütter See bei Feldberg und Zansen bei Carwitz ca. 68 km, 4-5 Tage.

Umtragestellen Carwitz ca. 40 m; Dreetzsee Camping ca. 560 m; Krüseliner Mühle 100 m; Kolbatzer Mühle 220 m; Schreibermühle 60 m; Biwakplatz in Küstrinchen 80 m, bzw. ca. 4 km oder kostenpflichtiger Shuttleservice; evtl. kurze Umtragung am Biwak „Fegefeuer"; Mühlenpassage zwischen Oberpfuhl und Nesselpfuhl ca. 30 m Rollenbahn. **Ein Kanuwagen ist erforderlich.**

Kanu-Shuttle

1. Knapp 4 Kilometer lange Umtragung mit dem geländegängigen!! Bootswagen des Fischers Karow in Küstrinchen oder dessen Shuttle-Service, Tel. (039888) 26 92.
2. Shuttle-Service Schmidt, Kolbatzer Mühle Shuttle-Zeiten nach Anmeldung: 11 und 16 Uhr, Tel. (039888) 525 93.
3. Shuttle-Service Schween, Tel. (039888) 25 62.

Pegelinfo Küstriner Bach Naturparkverwaltung Tel. (039888) 645 42 (Bandansage).

Kennzeichnungspflicht des Bootes
Wer die Tour über Lychen hinaus bis nach Fürstenberg paddelt, befindet sich dann auf einer **Bundeswasserstraße** und muss sein Boot entsprechend gekennzeichnet haben (siehe dazu Seite 10).

Anreise A 19 Berlin – Rostock, Abfahrt 18 (Röbel), B 198 Richtung Neustrelitz/Strasburg, bei Möllenbeck rechts ab nach Feldberg.

A 11 Berlin – Stettin, Abfahrt 8 (Pfingstberg), auf der L 24 über Gerswalde und Boitzenburg nach Feldberg.

Einsetzstelle Feldberg, Halbinsel Amtswerder, Steg zwischen Badestelle und Fischerei Frankiw (Navi: Feldberg, Amtsplatz, zw. Fischereihof, viel kostenpflichtiger Parkraum).

Aussetzstelle Wasserwanderrastplatz Fürstenberg, Alte Poststraße. Parken zwischen Priesterhavel und Bahnhof.

Zurück zum Pkw Alle 1-2 Stunden von Fürstenberg mit der Bahn nach Neustrelitz, dort umsteigen und mit dem Bus weiter nach Feldberg.

Etappenvorschlag

1. Tag Feldberg – Carwitz (9 km).
2. Tag Carwitz – Küstrinchen (12 km).
3. Tag Küstrinchen – Lychen (Wurlsee) (13 km).
4. Tag Lychen (Wurlsee) – Fürstenberg (16 km).

Tipps für Tagestouren

1. Feldberg – Carwitz – Fürstenhagen. (16 km, 3 km Fußweg zurück nach Feldberg).
2. Feldberg – Carwitz (9 km, zurück m.d. Bus, 5 x tgl.).
3. Campingplatz Dreetzsee – Carwitz – Carwitzer See – Dreetzsee (12 km).
4. Lychen – Himmelpfort – Lychen (15 km).
5. Lychen – Platkowsee – Lychen (12 km).

Karten- & Literatur-Tipps

Klemmer Pocket – Rad-, Wander- und Paddelkarte Feldberg-Lychener Seenlandschaft, 1:50.000, Klemmer-Verlag.

KANU KOMPAKT Mecklenburgische Kleinseen 2, *Kanureiseführer mit topogr. Wasserwanderkarten, Kettler & Hillmann,* Thomas Kettler Verlag.

Natur- & Kulturreiseführer „Feldberger Seenlandschaft", *Kristine Jaath,* TRESCHER Verlag.

***„Mönkenfeuer"** - Mystische Wanderungen durch die Feldberger Seenlandschaft: Ein Streifzug durch Feldbergs sagenhafte Geschichte, Jürgen Becker,* edition lesezeichen im Steffen Verlag.

***Hans Fallada Biographie**, P. Walther,* Aufbau Verlag.

***„Der Fährmann"** (Ein Sommer. Ein See. Eine handbetriebene Fähre. Jan Becker zieht es wieder ins wilde Mecklenburg), Wolf Stein,* BoD.

***„Höllentor"** (eine junge Frau im KZ Ravensbrück), autobiografischer Roman, Anja Lundholm & Eva Demski,* Langen-Müller.

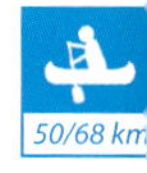

Übernachtung in Wassernähe *(in der Reihenfolge des Tourenverlaufs)*

Feldberg
„Pension am Haussee"
Amtsplatz 28-32 *(Zimmer, FeWo)*
Tel. (039831) 209 10
www.pension-am-haussee.de

Drostenhaus
(Zimmer & Apartments)
Amtsplatz 4, Tel. (039831) 52 89 40
www.drostenhaus.de

Hotel „Deutsches Haus"
Strelitzer Str. 18, Tel. (039831) 203 40
www.deutscheshaus-feldberg.de

Haus Seenland" *(FeWo)*
Strelitzer Str. 4, Tel. (039831) 222 32
www.haus-seenland.de

„Altes Zollhaus"
Erddamm 31, Tel. (039831) 500
www.romantik-am-see.de

Seehotel Lichtenberg
Forsthaus am See 1
Tel. (039831) 22 22
www.seehotel-lichtenberg.de

Feldberger Seenlandschaft (Feldberg)
Hotel Hullerbusch
Hullerbusch 12
Tel. (039831) 202 43
www.hotel-hullerbusch.de

Carwitz
Carwitz Eck (FeWo)
Carwitzer Str. 83
Tel. (039831) 221 98
www.carwitzeck.de

Haus Seeblick
(FeWo auch f. 1 Nacht)
Carwitzer Str. 82
Tel. (039831) 22 95 80
www.haus-seeblick-carwitz.de

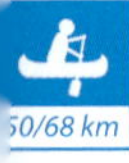

Norbert Fleege
(Bungalows, Wohnwagen, Ferienhaus, Kanu- & Bootsverleih)
Carwitzer Str. 30
Tel. 0162-410 04 06
& (039831) 224 95
www.carwitz-fleege.de

Thomsdorf
Campingplatz Dreetzsee
(Schlaffass, Ferienhäuser)
Thomsdorf 51, Tel. (039889) 746
www.dreetzsee-camping.de

Krüseliner Mühle / Mechow
Krüseliner Mühle
(Bungalows, FeWo)
Tel. (039820) 304 41
& 0171-820 06 24
www.krueseliner-muehle.de

Kolbatzer Mühle (OT von Lychen)
Kolbatzer Mühle
(Biwak, Tipi, urige Hütten, FeWo)
Kolbatzer Mühle 1
Tel. (039888) 525 93
www.kolbatzer-muehle.de

Dorf Küstrinchen
Das Fischerhaus
(stilvolle Apartments für 2 Tage)
Tel. (039888) 52 16 04 *(Di+Do 9-14)*
& 0152-549 219 79
www.dasfischerhaus.de

Lychen
Bootsvermietung „Tisch" *(FeWo)*
Weg am Zenssee 1
Tel. (039888) 434 75
www.tisch-lychen.de

Gasthof am Stadttor
Stargarder Str. 16
Tel. (039888) 431 16
www.gasthof-am-stadttor.de

Kranich Lychen
(Kurzaufenthalt anfragen)
Templiner Str. 5
Tel. 0151-42 17 26 05
www.kranich-lychen.de

Bootschaft Studios Lychen
(für längeren Aufenthalt)
Templiner Str. 3
Tel. 0174-973 42 92
& (039888) 47 99 60
www.bootschaftlychen.de

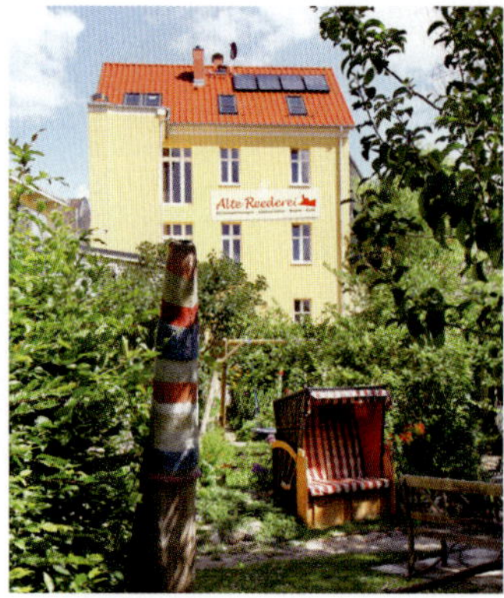

Himmelpfort
Weihnachtshaus Himmelpfort
(Herberge), Klosterstraße 23
Tel. (033089) 418 88
www.weihnachtshaus-himmelpfort.de

Restaurant, Pension „Frosch & Fisch
Klosterstr. 12, Tel. (033089) 43 90 35
www.frosch-fisch.de

Mühle Himmelpfort
(Zimmer, FeWo, Gruppen)
Stolpseestr. 2, Tel. (033089) 43 89 93
www.muehlehimmelpfort.de

Fürstenberg
DJH Ravensbrück
Straße der Nationen 3
Tel. (033093) 605 90
www.jh-ravensbrueck.de

WWR an der Priesterhavel
im Zentrum der Stadt
Alte Poststraße 2

Alte Reederei *(Zimmer, FeWo)*
Brandenburger Str. 38
Tel. (033093) 309 06
www.altereederei.de

„Haus an der Havel"
Schliemannstraße 6
Tel. (033093) 390 69
www.haus-an-der-havel.de

Camping- / Biwakplätze am Breiten Luzin, Carwitzer See, Dreetzsee, Großer Küstrinsee, Küstrinchen, Wurlsee, Großer Lychensee, Haussee, Stolpsee, Röblinsee.

Kanuvermietung

Feldberg
Boots-Berg (auch SUP's)
Strelitzer Straße 36
Tel. (039831) 205 54
www.boots-berg.de

Feldberger Fahrgastschifffahrt
Strelitzer Str. 40, Tel. (039831) 209 40
www.feldberger-fahrgastschiff-fahrt.de

Luzinfähre & Bootsverleih „Am Schmalen Luzin“ (auch SUP's)
An der Fähre 1, Tel. 0170-307 01 28
www.luzinfaehre.de

Triepkendorf
Seenland Kanu
(auch Transferservice)
Pastorberg 14, Tel. (039820) 339 83
& 0177-592 75 86
www.wasserwandern-seenland.de

Kolbatzer Mühle
„Natur Pur“- Resort Kolbatzer Mühle
Kolbatzer Mühle 1
Tel. (039888) 525 93
www.kolbatzer-muehle.de

Lychen
Treibholz (auch SUP's)
Oberpfuhlstr. 3a, Tel. (039888) 433 77
www.treibholz.com

Seenland Kanu (auch FeWo)
Berliner Str. 59, Tel. (039820) 339 83
& 0177-592 75 86
www.wasserwandern-seenland.de

Retzow (OT von Lychen)
Freizeitgelände Reiherhals
Lychener Straße 7 (auch SUP's)
Tel. 01520-474 21 12
www.reiherhals.de

Himmelpfort
Nordlicht Tour & Kanu
(siehe Fürstenberg)

Fürstenberg
Haus an der Havel
Schliemannstraße 6
Tel. (033093) 390 69
www.haus-an-der-havel.de

Nordlicht Tour & Kanu
Brandenburger Straße 33
Tel. (033093) 371 86
www.nordlicht-kanu.de

Touren-Veranstalter

Feldberg
Ranger Tours, Tel. (039831) 221 74
www.ranger-tours.de

Lychen
Treibholz, Tel. (039888) 433 77
www.treibholz.com

Fürstenberg
NORDLICHT Tour & Kanu
Brandenburger Straße 33
Tel. (033093) 371 86
www.nordlicht-kanu.de

Sonstige Adressen

Draisine Tel. (03377) 330 08 50
www.draisine.com

Tauchen *Tauchcenter Feldberg*
Tel. 0176-666 023 93
www.tauchcenter-feldberg.de

Hydrobike & Floßfahrten
Treibholz, Tel. (039888) 433 77

Kanu-Shuttle Platkowsee – Netzowsee
Tel. (03987) 40 16 180
www.gestuet-lindenhof.eu

Weitere Aktivitäten

Kanufahren

Von Lychen über den ***Zenssee zum Platkowsee***. Dort bietet das *Gestüt/Pension/Restaurant Lindenhof* einen *Shuttle-Service* (Tel. (03987) 401 61 80) zum einsamen ***Netzowsee***, von dort paddelt man weiter ins ***Templiner Seengebiet*** (siehe KANU KOMPASS Brandenburg & Berlin) mit der Möglichkeit ***über die Havel zurück nach Lychen*** zu paddeln (ca. 70 km/4-5 Tage).

Wandern

Entlang des ***Schmalen Luzin***.

Auf den „Reiherberg“ (145 m) und weiter durch schöne Buchenwälder ***zum Schlossberg am Ufer des Breiten Luzin*** nördlich von Feldberg.

Im NSG „Heilige Hallen“ (ältester Buchenbestand Deutschlands) bei Feldberg.

Im kleinen NSG „Hullerbusch“ von Carwitz über den Hauptmannsberg nach Wittenhagen (Gaststätte Schwalbennest) und zurück (ca. 8 km, unterwegs ***Hofladen & Imbiss der Schäferei Hullerbusch*** mit köstlichen Bioprodukten).

Von Lychen ***am Westufer des Oberpfuhlsee*** entlang, ***zum Naturschutzgebiet des Küstrinchener Baches*** (ca. 8 km).

Rundwanderung Fürstenberg – Steinförde – Dagow – Neuglobsow am glasklaren Stechlinsee (Einkehr beim Fischer!) – Fürstenberg (ca. 19 km).

Radfahren

Fürstenberg – Steinhavelmühle – Dagow – Neuglobsow – Menz – Rheinsberg – Fürstenberg (ca. 60 km)

Fürstenberg – Lychen – Himmelpfort (Klosterkräutergarten) – Fürstenberg (ca. 15 km).

Fürstenberg – Altthymen – Dabelow – Brückenthiensee (glasklar) – Retzow – Lychen – Himmelpfort – Fürstenberg (ca. 25 km).

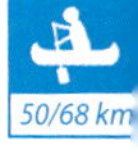

Fahrrad-Vermieter:

Boots-Berg in **Feldberg** (siehe Kanuvermietung)

Fahrrad-Service Lutz Jentho in **Lychen**, Tel. (039888) 51 07, www.yamaha-jentho.de

Weihnachtshaus in **Himmelpfort** (s. Übernachtung)

Zweiradcenter Intress in **Fürstenberg**, Tel. 01523-406 29 93, www.zweirad-intress.de

Sonstiges

Flößerfest in **Lychen** im August.

Klostermühle (Museum) und ***Schloss*** in **Boitzenburg**.

„NaturParkHaus Stechlin" in **Menz** (interaktives Museum zur Natur, www.naturparkhaus.de).

NaturThermeTemplin in **Templin** (Baden, Sauna, Solebad, *tgl. 9-21*, www.naturthermetemplin.de).

Draisinenfahrt von **Fürstenberg** nach **Hohenlychen**.

Tauchen im klaren ***Dreetzsee***.

Floßtouren: ***Treibholz*** in **Lychen** (Tel. (039888) 433 77, www.treibholz.com), ***Tom Sawyer Tours*** in **Feldberg** (Tel. (03981) 42 15 60, www.tomsawyer-tours.de).

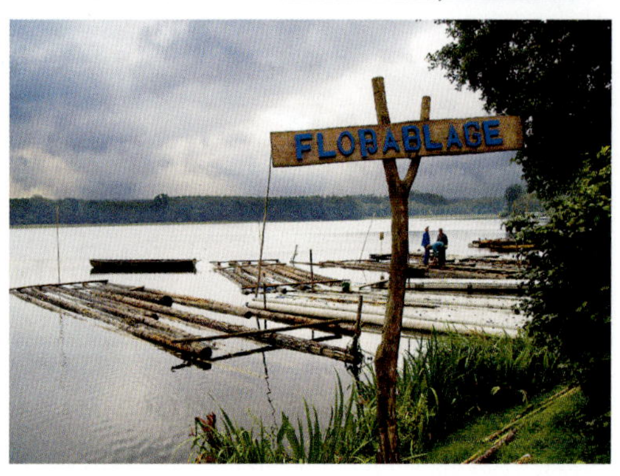

Sehenswürdigkeiten

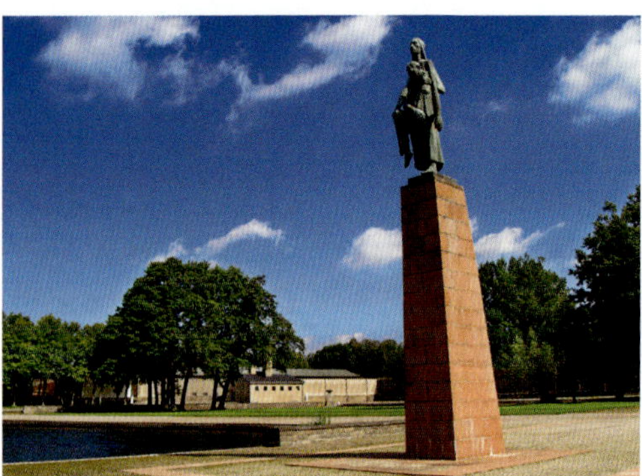

Feldberg (www.feldberger-seenlandschaft.de) Heimatstube, Drostenhaus (1781-82), neugotische Kirche (1873-75), bronzezeitliches Hügelgräberfeld (nördlich des Breiten Luzin), Schlossberg mit slawischer Wallanlage (7./8. Jh.), handbetriebene Fähre über den Schmalen Luzin.

Koldenhof Kunsthaus Koldenhof (*Ende Apr-Anf. Okt Do-So 11-17*, www.kunsthaus-koldenhof.de).

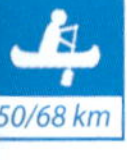
50/68 km

Lüttenhagen Waldmuseum „Lütt Holthus" (*Mai-Sep Di-So 10-16, Apr+Okt Di-Sa 13-16*, www.wald-mv.de).

Wittenhagen Luzin Theater (www.luzintheater.de), achteckige Dorfkirche (1758).

Carwitz Hans Fallada-Haus (*Apr-Okt Di-So 10-17, Nov-Mär Di-So 13-16*, www.fallada.de), Hans Fallada-Grabstätte, Dorfkirche (1706).

Fürstenhagen Kirche (1867-69 von Schinkelschüler Buttel erbaut).

Thomsdorf Thomsdorfer Kunstkaten (www.thomsdorfer-kunstkaten.de), Kunsthandwerkerhof Thomsdorf (www.kunsthandwerkerhof-thomsdorf.de).

Mechow Dorfkirche (Feldsteinbau 2. Hälfte 13. Jh.).

Lychen Flößereimuseum (*Jun-Okt Di-So, 10-18*), Pfarrkirche St. Johannes (13. Jh.), Marktplatz mit Fachwerkhäusern, Rathaus (1748), Reste der Stadtmauer.

Himmelpfort Ruine des Zisterzienserklosters, Klosterkräutergarten mit Kräuterladen (www.klosterkraeutergarten.de), Weihnachtspostamt.

Fürstenberg Neubyzantinische Stadtkirche (1845-48) mit dem längsten Batik-Wandbehang Europas, dreiflügeliges Barockschloss (1741-52), „Schliemannhaus" (Wohnhaus des Entdeckers von Troja), überdachte Fachwerkbrücke, Russisches Ehrenmal, Mahn- und Gedenkstätte Ravensbrück (*Di-So 9-17*, www.ravensbrueck-sbg.de).

Auskunft & Tourist-Infos

Tourist-Info Feldberg Strelitzer Str. 42, Tel. (039831) 27 00, www.feldberger-seenlandschaft.de

Lychen-Info Stargarder Str. 6, Tel. (039888) 22 55, www.lychen.de

Haus des Gastes Himmelpfort Klosterstraße 23, Tel. (033089) 418 88, www.himmelpfort.de

Tourist-Info Fürstenberg Markt 5, Tel. (033093) 322 54, www.fuerstenberger-seenland.de

Auf den Feldberger Seen

Feldberg, die ehemals kleinste Stadt Mecklenburg-Vorpommerns, ist ein verträumter Ort. *Im 13. Jahrhundert auf einer Insel im Haussee entstanden, dehnte er sich im 18. Jahrhundert langsam auf das Festland aus. „Als schönstgelegene Sommerfrische" bezeichnete Rudolf Virchow einst Feldberg. Schon um 1900 reisten die ersten Kurgäste in das noch immer ländlich anmutende Städtchen. Heute bilden die es umgebenden Seen und die vor rund 10.000 Jahren durch die Eiszeit geschaffene Hügellandschaft eine perfekte Kulisse für einen erholsamen Urlaub. Nur zwei bis drei Kilometer von Feldberg entfernt kann man in den „Heiligen Hallen", Deutschlands ältestem Buchenwald, wandern. Dort streben die mächtigen Stämme wie Säulen eines gotischen Domes bis zu 50 Meter in die Höhe. So fasziniert war der Großherzog von*

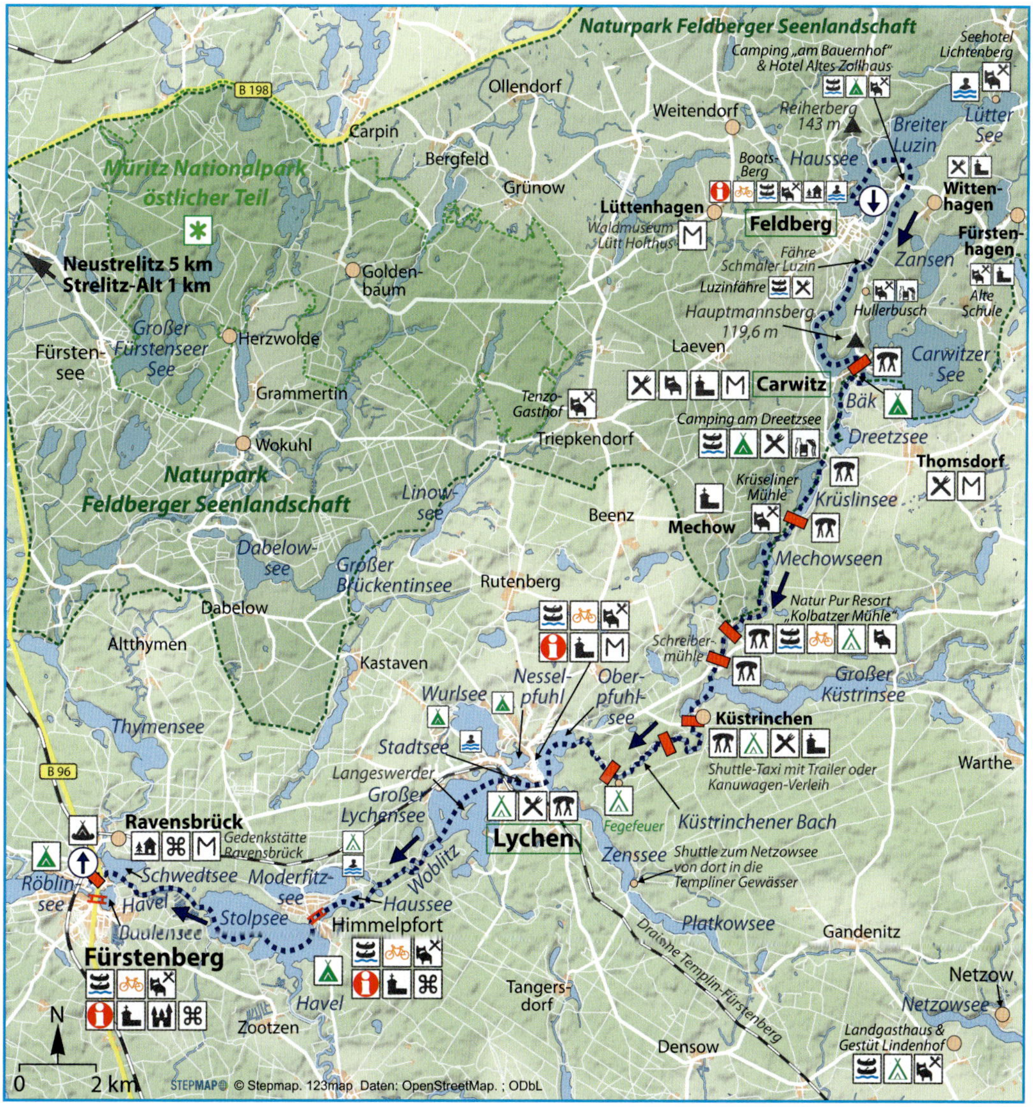

Mecklenburg-Strelitz von den Holzgiganten, dass er 1850 verfügte, den Bestand „für alle Zeiten zu schonen".

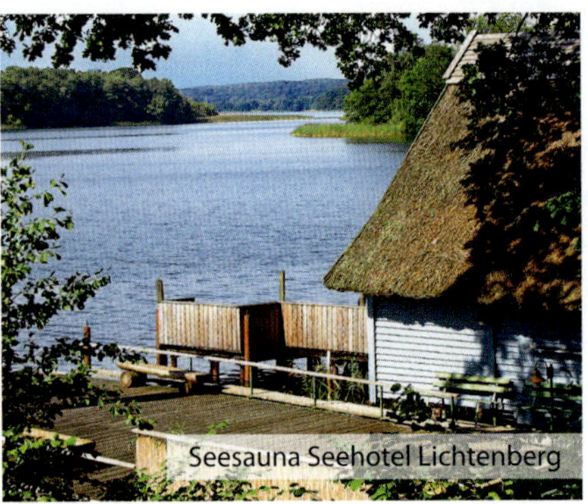
Seesauna Seehotel Lichtenberg

Auf der ***Halbinsel Amtswerder*** starten wir unsere spätherbstliche Kanutour. Nahe der ausgeschilderten Einsetzstelle können wir unseren Pkw gut parken und uns in der direkt danebenliegenden *Fischerei „Frankiw"* nochmals bei Räucherfisch stärken. In nordöstliche Richtung geht es auf eine, gegenüber der Spitze von Amtswerder liegende, kleine Brücke zu. Ein kleiner Umweg lohnt sich, um auf den *Reiherberg (145 m)* zu steigen. Von hier oben hat man einen herrlichen Blick über den See mit seinen dahingestreuten kleinen Inseln und die umliegenden Buchenwälder, die zum Wandern einladen. Der ***Breite Luzin***, mit 58 Metern zweittiefster See des Landes, ist fast vollständig von Wald umgeben und leuchtet in fantastischen Blau- und Grüntönen.

Wo sich heute der Naturpark Feldberger Seenlandschaft erstreckt, grub das Eis einst steile Canyons und buchtenreiche Senken. Im Laufe der Zeit füllten sie sich mit Wasser. So entstand auch der Breite Luzin, in dessen kühler Dunkelheit die Tiefenmaräne lebt, eine Fischart, die nur noch selten in Deutschland vorkommt. Ungewöhnlich steil fallen die Hänge zum Ufer ab.

Wer will, kann einen Abstecher zum Lichtenberger Badestrand am nördlichen Ende des Sees unternehmen. Bei stärkerem Wind sollte man sich hier unbedingt in Ufernähe halten. Hinter der Halbinsel Mönkenwerder erreicht man noch den letzten Seezipfel ***Lütter See,*** an dessen nördlichem Ende die „Blüchereiche" ihre knorrigen Äste in den Himmel reckt. *Hier soll der preußische Generalfeldmarschall, der durch den Sieg über Napoleon in der Schlacht bei Waterloo berühmt wurde, mit seinen Truppen der napoleonischen Armee entkommen sein.* Gegenüber der mitten im See liegenden kleinen Insel, schmiegt sich am Nordufer oben an den Hang das wunderschön gestaltete kleine *„Seehotel Lichtenberg"* mit Sauna direkt am Seeufer im hellblauen Bootshaus, in einzigartiger ruhiger Lage.

Wir halten uns jedoch auf dem ***Breiten Luzin*** scharf rechts und passieren zuerst den *Campingplatz* und gleich darauf den *Gasthof „Altes Zollhaus"*, auf dessen Terrasse man herrlich am Wasser sitzen kann. Unter der Steinbrücke, die

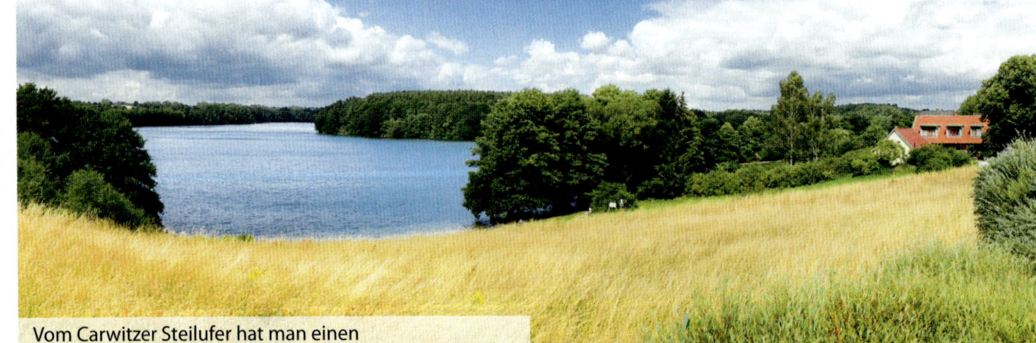
Vom Carwitzer Steilufer hat man einen beeindruckenden Blick hinunter auf den Schmalen Luzin

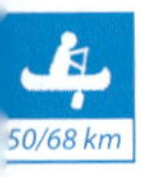

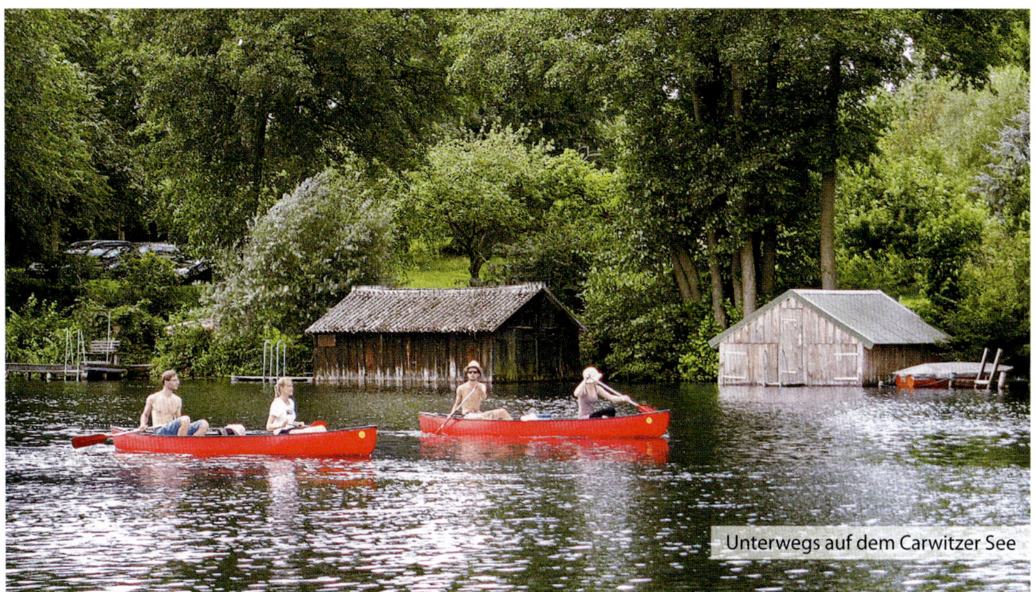
Unterwegs auf dem Carwitzer See

den Breiten vom ***Schmalen Luzin*** trennt, fahren wir hindurch und bewundern unter uns die Wasserfauna im glasklaren Wasser. Die Oktobersonne lässt das Herbstlaub in seinen schönsten Farben erstrahlen. Auf der kommenden Etappe erfahren wir eindrucksvoll, mit welcher Urgewalt die letzte Eiszeit diese Landschaft geformt hat. In einer tiefen, sieben Kilometer langen Rinne erstreckt sich der teilweise nur 100 Meter breite ***Schmale Luzin***. Das funkelnde Schmuckstück der Feldberger Seenplatte steht schon seit 1939 unter Naturschutz und gehört zu den landschaftlichen Höhepunkten der Tour. Im spiegelblanken Wasser stehen die dichten Buchenwälder der Steilufer kopf; nur die ansässigen Fischer dürfen mit ihren Motorbooten die Stille unterbrechen. An der *Luzinhalle (Kanuvermietung, Imbiss)*, einem ehemaligen Stand der Fischerkähne, überquert noch immer eine handbetriebene Personenfähre, die ***Luzinfähre***, das Wasser. Sie verbindet Feldberg und das romantische *Hotel Hullerbusch*, von dem aus man gut Wanderungen in die umliegenden Wälder des Naturschutzgebietes machen kann. Auf dem idyllischen Stückchen Erde hütet ein Schäfer seine Tiere; der nahe Hofladen der Schäferei offeriert köstliche Bioprodukte wie Lammsoljanka oder leckeres Eis aus Ziegenmilch.

Am Südende des ***Schmalen Luzin*** erhebt sich am Steilufer die alte Windmühle von **Carwitz**. Wir genossen diese viel zu kurze Strecke und sind daher etwas traurig, als der ***Schmale Luzin*** schließlich einen scharfen Linksknick beschreibt und vor einem Schilfgürtel endet. Ein Hinweisschild führt uns in das verwunschene und flache Fließ ***Bäk*** mit seinen knorrigen Wurzeln und umgestürzten Bäumen und damit auch zur ersten Umtragung an einem Holzsteg.

Wir sind nun im Dörfchen **Carwitz**, das auf einem schlanken Bergrücken zwischen Carwitzer See, Zansen, Dreetzsee und Schmalem Luzin liegt. *Hier fand Hans Fallada 1933 schöpferische Ruhe und Zuflucht vor den Nazis. Elf Jahre lang lebte er mit seiner Frau und den drei Kindern in der Büdnerei Nr. 17 am Ende des Dorfes. „Von allen Fenstern aus sehen wir Wasser, lebendiges Wasser, das Schönste auf Erden", schwärmte der Schriftsteller von diesem wundervollen Fleckchen Erde. Seine Familie verbrachte hier ihre glücklichsten Jahre.*

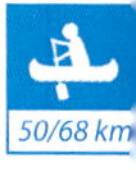

Heute befindet sich in dem Haus am See das *Hans-Fallada-Museum (Mo geschl.)*, wo man sich mit seinen Werken und seiner Biographie beschäftigen und die originalgetreu eingerichteten Wohnräume besichtigen kann. Neben seiner Grabstätte und einer hübschen Kirche mit Glockenturm sowie einigen *Gaststätten* ist es vor allen Dingen die Lage, die den friedlichen Ort mit seinen kopfsteingepflasterten Straßen so reizvoll macht. Von **Carwitz** aus lässt sich auch eine schöne Wanderung auf einem *Naturlehrpfad* über den *Hauptmannsberg (120 m)* unternehmen, von dem man einen tollen Blick über den buchtenreichen Carwitzer See und den Zansen hat.

Das Kanu ist schnell über die Straße gehoben und weiter geht es noch ein kleines Stück auf dem schmalen Fließ, bis der ***Carwitzer See*** vor uns liegt.

Linker Hand könnte man, von Feldberg

Hans Fallada

Die ganz alten Feldberger erinnern sich noch an ihn, ihren ersten Bürgermeister nach dem Zweiten Weltkrieg. Sowjetische Offiziere hörten im Mai 1945 in Feldberg von einem Mann, der einer Zwangsarbeiterin Salz geschenkt hatte, als dieses ihr in einem Geschäft verweigert wurde. Fallada, der seit geraumer Zeit gegen schwere Depressionen, Alkohol- und Morphiumsucht kämpfte, wurde von der sowjetischen Besatzungsmacht als Stadtoberhaupt eingesetzt. Er versuchte allen gerecht zu werden, war streng und pedantisch, aber total überfordert. Nach nur vier Wochen beendete er seine Amtszeit schließlich mit einem Nervenzusammenbruch.

Als Rudolf Dietzen kennt den in der Hansestadt Greifswald im Jahre 1893 Geborenen kaum einer. Auf das Pseudonym kam er als 25-jähriger beim Lesen des Märchens von der Gänsemagd mit dem nie lügenden Pferd Falada. Kurzerhand fügte er dem „l" ein weiteres zu und der Name Fallada war geboren. Innerhalb von 17 Jahren schrieb er fast 20 Bücher: Kinderbücher, Selbstdarstellungen und Erzählungen. Seine bekanntesten, oft verfilmten Romane schildern das kleinbürgerliche Milieu zwischen den beiden Weltkriegen in deutlich vernehmbaren sozialkritischen Tönen. Besonders hervorzuheben ist z.B. der 1932 entstandene Arbeitslosenroman „Kleiner Mann – was nun?"; die Geschichte einer gescheiterten Resozialisierung, „Wer einmal aus dem Blechnapf frisst", von 1934 oder der Roman des Inflationsjahres 1923, „Wolf unter Wölfen", der 1937 entstand.

Wegen seiner zeitkritischen Töne wurde Fallada schon bald nach der Machtergreifung der Nazis von der SA verhaftet und verhört. Sein Verleger Ernst Rowohlt riet ihm daraufhin zum „Rückzug in die Provinz". Mit seinem Freund und Lektor Peter Zingler reiste Fallada durch Mecklenburg, um sich in zahlreichen Dörfern nach einem geeigneten Anwesen umzuschauen. Die Schönheit der Landschaft und die Abgeschiedenheit, ließ den Schriftsteller sich für ein sechs Hektar großes Anwesen im Fischerdorf Carwitz entscheiden, wo er ein Landhaus mit sechs Zimmern erwarb. Obwohl die Nationalsozialisten ihm nur das Verfassen von „Unterhaltungsliteratur" genehmigten, waren die Jahre dort seine schaffensreichsten. Nach seiner Verpflichtung als Bürgermeister zog der Schriftsteller 1945 nach Berlin und schrieb innerhalb von 24 Arbeitstagen den Roman „Jeder stirbt für sich allein".

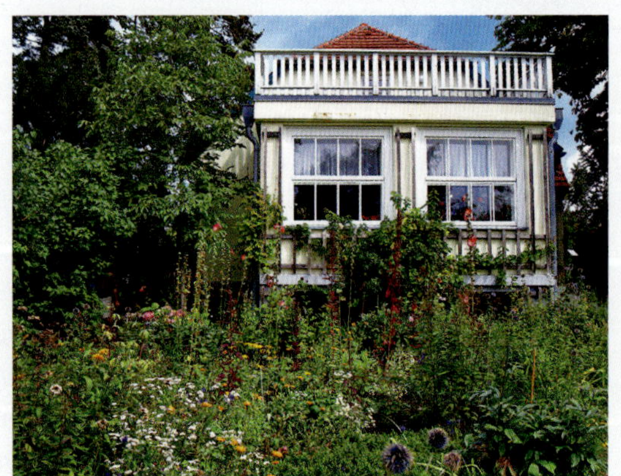

Die Urne des 1947 verstorbenen Fallada wurde im Nov. 1981 nach Carwitz überführt.

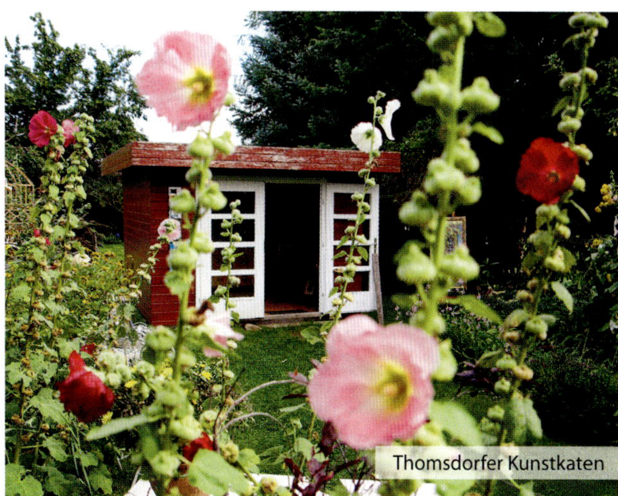
Thomsdorfer Kunstkaten

kommend, vorbei an kleinen Inseln, zum Ende des langgestreckten ***Zansen*** paddeln. Dort, an der Straßenbrücke, besteht die Möglichkeit zur Beendigung der Tagestour und zu einem fünf Kilometer langen Fußmarsch zurück nach Feldberg zum Pkw. Gourmets unter den Kanuten würden jetzt zu Fuß, mit dem Kanu (Fließ oft verkrautet) oder später mit dem Pkw im nahen Dörfchen **Fürstenhagen** am ***Wootzensee*** unbedingt dem *Hotelrestaurant „Alte Schule"* einen Besuch abstatten. Dort verwöhnt nämlich Daniel Schmidthaler, Spitzenkoch der gehobenen Gastronomie, seine Gäste mit feinster Landküche.

Den kurzen Paddeltag beenden wir, Richtung Südwesten um eine kleine Landzunge herum, auf dem Gelände des *Campingplatzes „Klein & Fein am Carwitzer See"*, wo wir unser Zelt dicht am Ufer aufschlagen. Nicht weit ist es von hier zum *„Carwitz Eck"*, wo wir im kleinen Biergarten bei gebratenem Fisch und einem kühlen Bier den lauen Abend genießen.

Am nächsten Morgen geht es nach Süden in den hinter hübschen Sumpfpflanzen und einem Schilfgürtel liegenden ***Dreetzsee***. Fasziniert schauen wir mehrere Meter tief auf den Grund des glasklaren Sees. An seinem südlichen Ende legen wir rechts der Badestelle des dortigen *Campingplatzes* an. Einige Ferienhäuser, eine *Kanuvermietung*, ein kleiner *Einkaufsladen*, *Gaststätte* und sogar eine *Tauchbasis* machen den Platz zu einem idealen Ferienstandort. Ein halbstündiger Weg führt vom Campingplatz nach **Thomsdorf**, wo die Gebäude des *Thomsdorfer Kunstkaten* zum Entdecken einladen. Im anderen Teil des Ortes gibt es im *Kunsthandwerkerhof* eine Keramik- und eine Filzwerkstatt, einen Orgelrestaurator sowie eine Kunsthandwerkerin und eine Malerin, die dort ihre Werke ausstellen. Die *„Kantinenwirtschaft"* kocht ihre leckeren Gerichte aus vorwiegend regionalen und biologischen Produkten unter dem Motto „Essen für die Seele".

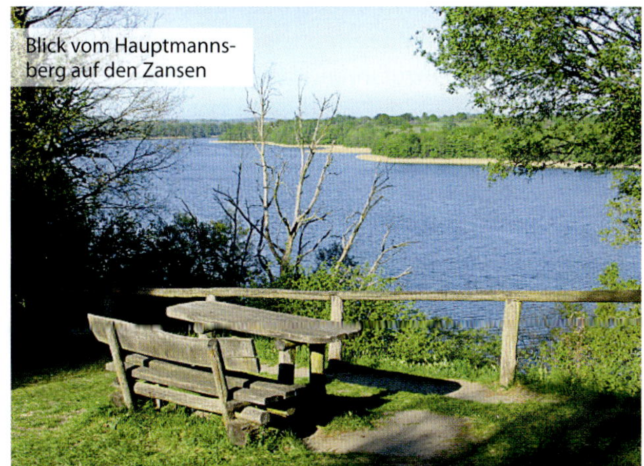
Blick vom Hauptmannsberg auf den Zansen

Nun wartet eine mehrere hundert Meter lange ***Umtragung*** auf uns, die aber dank unseres Kanuwagens zu einem willkommenen Spaziergang wird. Über einen Forstweg geht es durch den Wald hinab zu einer Badestelle am ***Krüselinsee***. Still und tief liegt er vor uns, urwüchsig und geheimnisvoll sind die ihn umgebenden Wälder. Hier schuf die Eiszeit ein beeindruckendes Kunst-

werk. Ab hier paddeln wir im ***Naturschutzgebiet „Krüseliner See und Mechowseen"***.

Die vor uns liegende Insel lassen wir rechts liegen und halten uns ans östliche Ufer. Am Ende des spitz zulaufenden Sees können wir bald die **Krüseliner Mühle** ausmachen, wo unmittelbar am See auf 26.000 Quadratmetern eine *Ferienanlage* mit Ferienhäusern und -wohnungen geschaffen wurde. In den Monaten Juli und August können sie nur wochen-, außerhalb dieser Zeit auch tageweise gemietet werden. Auf der Seeterrasse der dazugehörigen *Gaststätte* kann man gut sitzen, essen und auf den See hinausschauen. Ein zwei Kilometer langer unbefestigter Fahrweg führt durch den Wald hinauf nach **Mechow** mit seiner schönen *Dorfkirche, einem Feldsteinquaderbau aus dem 13. Jahrhundert, deren dicke Grundmauern im Turm eine Stärke von bis zu zwei Metern erreichen. In unsicheren Zeiten sollte sie der Bevölkerung ja auch Schutz bieten.*

Diesmal müssen wir rund ***100 Meter umtragen***, um dann in einen winzig schmalen Wasserlauf einzusetzen. Er führt uns durch eine idyllische Waldlandschaft. Der natürliche Abfluss der Feldberger Gewässer erfolgt über das ***Krüseliner Fließ***. Dieses und die eingebetteten ***Mechowseen*** bilden einen Lebensraum für gefährdete Tier- und Pflanzenarten wie Eisvogel, Krebsscheere, blauflügelige Prachtlibelle, kleine Flussmuschel und Fischotter. Schon bald kommen wir im Fließ zu zwei Biberdämmen, einem dichten Geflecht aus aufgetürmten Hölzern, an denen vorbei das Kanu getreidelt werden muss. Hier ist Vorsicht geboten, vor allen Dingen wenn man mit einem Hund unterwegs ist. Die dämmerungsaktiven Tiere können zur Zeit der Jungenaufzucht im Mai / Juni, ein aggressives Territorialverhalten an den Tag legen.

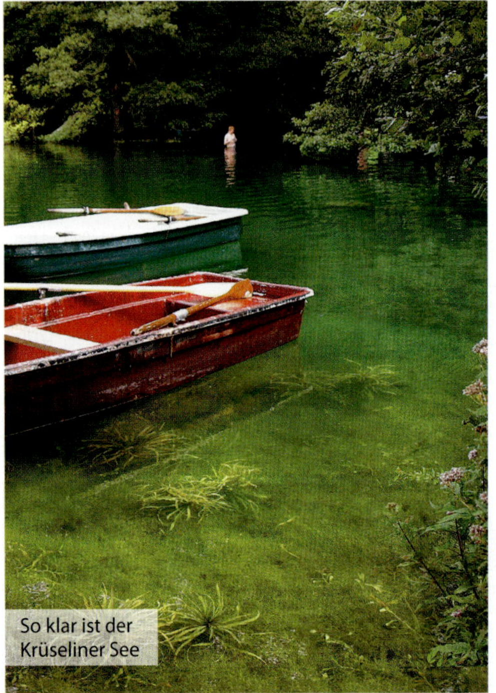

So klar ist der Krüseliner See

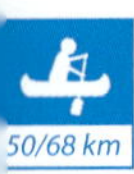

50/68 km

Im zunehmend tiefer werdenden Wasser erreichen wir den von Schilf gesäumten und verwunschenen ***Kleinen Mechowsee***. In seinem Uferbereich befindet sich eine unübersehbare Biberburg. Um den Biber nicht zu stören, ist bei der Querung des Gewässers ein Sicherheitsabstand von rund 50 Metern einzuhalten. Raschelnde Schilfgürtel wechseln nun mit märchenhaften Erlenbrüchen. Schmale, fast zugewachsene Wasserarme lassen bald den Eindruck eines unergründlichen Dschungels entstehen. Auf dem sich anschließenden ***Großen Mechowsee*** halten wir uns rechts und folgen dem offenen Gewässerverlauf, um an seinem Ende abermals in ein kleines, schmales Fließ einzufahren. In der Nähe der ehemaligen Försterei Aalkasten wird der Bach von einer Fußgängerbrücke überspannt, die höher ist, als ihre doch sehr niedrige Vorgängerin.

Durch einen herrlichen Birken- und Erlensumpfwald kommen wir dann zum ***Kolbatzer Mühlenteich*** und erreichen an seinem Ende das ***Wehr*** der **Kolbatzer Mühle**, wo wir links ***aussetzen***. Wie auch an der Krüseliner Mühle sind die *Ferienwohnungen* nur außerhalb der Hauptsaison für eine Nacht zu mieten. Wer keine Lust mehr hat, sein Zelt aufzubauen bzw.

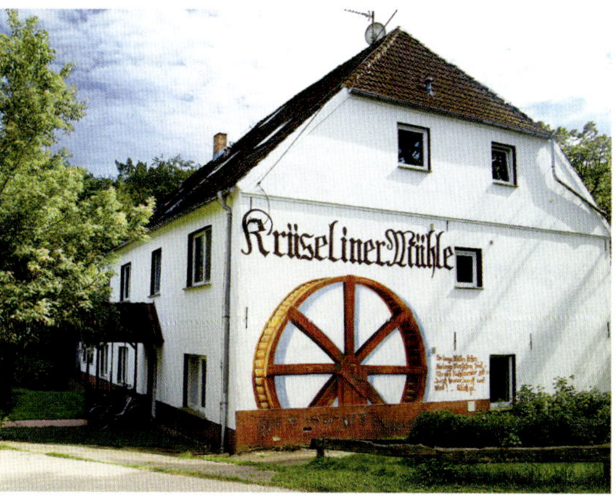

keinen Platz in einer der Ferienwohnungen findet, kann sehr stilvoll in einem großen *Tipi* oder in einer der urigen, aber spartanischen *Blockhütten* übernachten. Im Haus befindet sich ein großer Gewölbekeller mit Kaminofen und Bar, der von den Gästen genutzt werden kann. Vielfältige Angebote wie *Fahrrad- und Kanuvermietung*, Volleyball, Tischtennis, Grillmöglichkeiten oder Lagerfeuerstelle machen den Platz zu einem idealen Familienurlaubsdomizil.

Nach der ***Umtragung von rund 200 Metern*** geht es auch schon weiter. Nach gut einem Kilometer erreichen wir die **Schreibermühle** *(einfacher Biwakplatz ohne Sanitär)*, ***umtragen*** diese und gelangen nur wenige hundert Meter weiter auf den einsamen ***Großen Küstrinsee***, der sich mehrere Kilometer weit Richtung Osten erstreckt. Wir halten uns jedoch an sein westliches Ufer und fahren auf die vor uns liegenden Häuser von **Küstrinchen** zu, die hinter einer Fischzuchtanlage zwischen den Bäumen zu erkennen sind. Eine weiße Raute weist uns den Weg in den ***Küstriner Bach***, der zuerst einmal vor einer Fischsperre endet. Keine 50 Meter davor landen wir an einem niedrigen Steg an, um auf dem *Biwakplatz*, der mit einer Feuerstelle und einer Trockentoilette ausgestattet ist, den Paddeltag zu beenden.

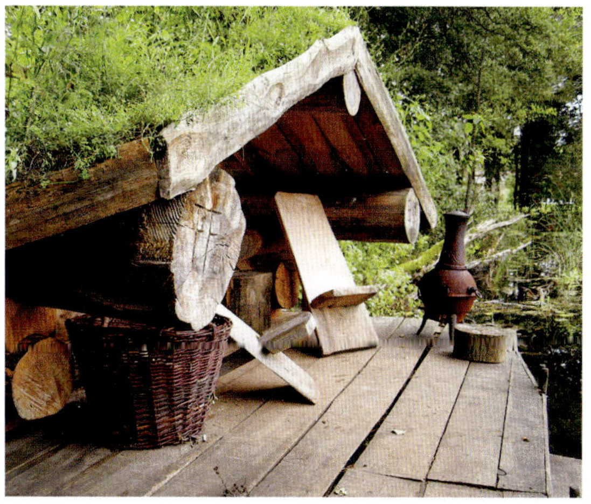

Direkt neben ihm, verbunden durch eine kleine Brücke, befindet sich das Gelände der *Fischerei*. Hier verkauft der *Küstriner Fischer* leckeren Frisch- und Räucherfisch sowie Getränke oder eine Angelerlaubnis für die umliegenden Gewässer. Oben, im winzigen Dörfchen, wurde die zerfallene alte Kirche, im Jahre 1742 erbaut, von einem Förderverein Stück für Stück restauriert.

Der ***Küstriner Bach*** ist leider sehr selten zu befahren; meist nur bis in den April hinein oder, wie jetzt, nach starken Regenfällen. Auf 6,5 Kilometern Länge überwindet er beachtliche 9 Meter Gefälle, gewürzt mit mehreren Schwällen, und windet sich stark entlang vieler Baumhindernisse. Wer hier paddelt, sollte sein Kanu wirklich beherrschen. Mehrere Steinwurfwehre sollen seinen Wasserstand erhöhen, wenn jedoch der Pegelstand nicht ausreicht, das heißt, wenn er unter 30 Zentimeter liegt, ist ein Befahren des Baches nicht gestattet. Verstöße gegen diese Befahrungsregelung oder auch „wildes Zelten" werden durch die Naturwacht rigoros geahndet. Auf das Befahren in zu flachem Wasser sowie Stromaufpaddeln und -treideln muß wirklich verzichtet werden, da es durch häufige Grundberührungen zur Beeinträchtigung des im Sand laichenden Steinbeißers, zahlreichen Wasserinsekten und der Flussmuschel kommt.

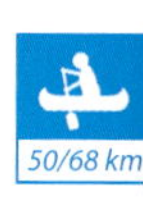

Jedoch überbrücken kostenpflichtige Kanu-Shuttles (siehe Seite 259) bis zum *Biwakplatz „Fegefeuer"* oder zum ***Oberpfuhlsee*** die Strecke. Alternativ vermietet der Fischer einen stabilen Kanuwagen für die fast vier Kilometer lange beschwerliche, aber reizvolle Strecke. Den sollte man dann auch nutzen, denn die Wahrscheinlichkeit, dass der eigene Bootswagen der Belastung nicht standhält, ist groß.

Im Morgengrauen setzen wir am Steg hinter dem Biwakplatz in den ***Küstriner Bach*** ein und werden von der munteren Strömung fortgetragen. Der Nebel steht über dem Wasser; noch ist es ganz still. Der Bach führt uns durch dichten Wald. Rehe, Hirsche und sogar Wildschweine, die sich am Ufer im Schlamm suhlen, werden durch unsere morgendliche Tour aufgeschreckt; auf den Lichtungen des dichten Buchen- und Erlenwaldes bewundern wir den Rauhreif auf den Pflanzen. Zweimal steigen wir aus, um unser Kanu unter Bäumen, die quer über dem Wasserlauf liegen, hindurchzubugsieren. Die ganze Strecke ist schon etwas abenteuerlich.

Unmittelbar vor der alten Floßschleuse liegt der schöne *Biwakplatz „Fegefeuer"*. Zwar könnte man die Floßschleuse auf einem schmalen, kurvigen Gerinne umfahren, jedoch ist die Böschung so schotterig, dass Schrammen kaum ausbleiben. Da nutzt man vielleicht doch besser die Möglichkeit einer ***Umtragung*** über den Biwakplatz.

Die Umgebung wird immer sumpfiger und dann sehen wir doch tatsächlich einen Fischotter ganz nah vor uns aus dem Wasser gleiten! Unsere Füße sind inzwischen so kalt, dass wir fast froh sind, hinter einem Schilfgürtel den ***Oberpfuhlsee*** zu erreichen. Mit kräftigen Paddelschlägen halten wir auf **Lychen** zu und landen direkt neben der *Kanuvermietstation* von *Treibholz* am Ufer an. Wer im Ort übernachten möchte, kann dies zum Beispiel im *„Gasthof am Stadttor"* oberhalb der Aussetzstelle, schräg gegenüber des *Flößereimuseums*.

Das brandenburgische Städtchen verdankt seine Entstehung der Lage an einem Straßenpass zwischen den Seen. Besonders zu erwähnen ist die Pfarrkirche St. Johannes, die im 13.

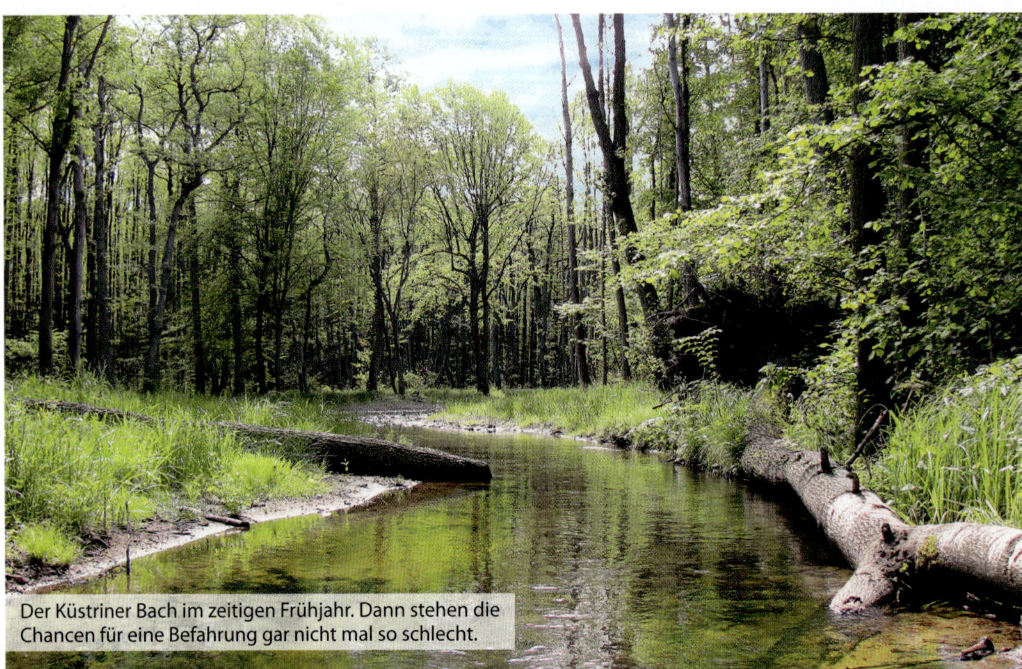

Der Küstriner Bach im zeitigen Frühjahr. Dann stehen die Chancen für eine Befahrung gar nicht mal so schlecht.

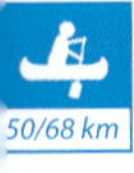

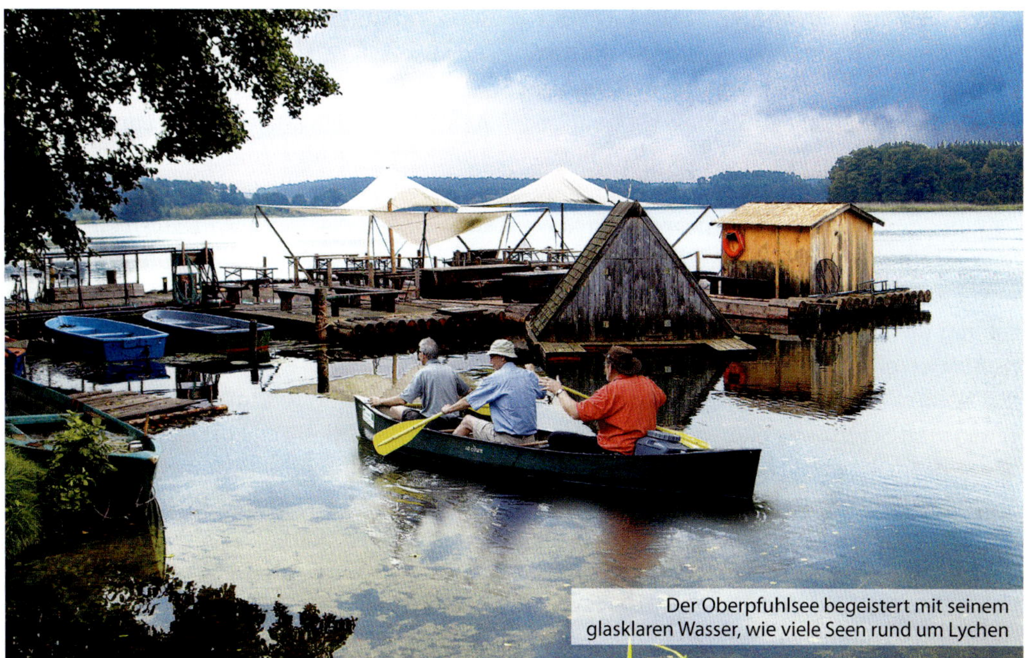
Der Oberpfuhlsee begeistert mit seinem glasklaren Wasser, wie viele Seen rund um Lychen

Jahrhundert als einschiffiger Granitbau im frühgotischen Stil erbaut wurde und im 15. Jahrhundert einen wuchtigen Wehrturm erhielt. Prof. Dr. Gotthold Pannwitz, Lychens „Albert Schweitzer", machte den Ort vor rund 120 Jahren zur Heilstättte für Lungenkranke, wo sich die Prominenz der Zeit die Klinke in die Hand gaben. In den historischen Gebäuden der einstigen Heilstätten Hohenlychen, direkt am Ufer des Zenssees, sind in der Parkresidenz „Kaiserin Auguste Victoria" hochwertige Ferienwohnungen entstanden.

Das Flößereimuseum ist heute im restaurierten ehemaligen alten Feuerwehrhaus untergebracht. Bis in die 1960er Jahre transportierten die Lychener „Flößermanner" Kiefern und Buchen aus der waldreichen Umgebung in die nahegelegenen Sägewerke, aber auch bis Hamburg und Berlin. Erst vor wenigen Jahren ließ man die alte Tradition wieder aufleben und feiert heute alljährlich das Flößerfest meist Ende Juli. Mit einem Gang über den Marktplatz, der einige hübsche Fachwerkhäuser aufzuweisen hat, beenden wir den Spaziergang durch **Lychen**.

Von der *Kanu- und Floßstation* aus paddeln wir nach links entlang des Ufers und schwenken schon bald nach rechts in den ***Mühlenbach*** ein. Unter dem große Mühlengebäude führt eine 30 Meter lange ***Rollenbahn*** hindurch, mit der wir das Kanu bequem hinüber zum ***Mühlenbach*** und auf diesem weiter zum ***Nesselpfuhl*** bekommen. Gleich hinter dem Mühlengebäude liegt gegenüber des Wiedereinstiegs der Biergarten der sehr zu empfehlenden *„Mühlenwirtschaft"*.

Vom ***Nesselpfuhl*** könnten wir nach rechts durch die ***„Wurlflut"*** in den motorbootfreien und glasklaren ***Wurlsee*** paddeln, um zu einem der beiden *Campingplätze* von **Lychen** oder einigen schönen Badestellen zu gelangen. Am Wurlsee findet man auch auf der hoteleigenen 30.000 Quadratmeter großen Halbinsel des *Seehotels „Lindenhof"* eine völlig abgeschiedene Idylle.

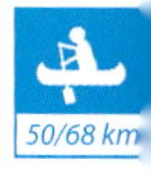

Wir halten uns jedoch auf dem Nesselpfuhl nach links, fahren unter zwei Brücken hindurch und vorbei an einigen Bootshäusern und kommen bald in den ***Großen Lychen See***.

Gleich links liegt hinter dem Segelverein der *Biwakplatz* der Stadt direkt am Strandbad. Dort kann man sowohl biwakieren oder nebenan in Safarizelten naturnahes *„Glamping" (Kanuvermietung, Imbissrestaurant)* unter dem mecklenburgischen Sternenhimmel genießen.

An der großen ***Insel Langeswerder*** entlang geht es auf dem buchtenreichen See in südwestliche Richtung, bis wir an seinem Ende anhand der weißen Raute die Einfahrt in die ***Woblitz*** erkennen können. Linker Hand liegt die *Naturschutzstation von „Aquila e.V.",* ein Verein zum Schutze wildlebender Greifvögel und Eulen. Die ***Woblitz*** ist kanalartig ausgebaut und schlängelt sich durch herrlichen Wald. An deren Ende geht sie in den ***Haussee*** von **Himmelpfort** über. Hier liegt rechts der *Biwakplatz Pian* mit drei Schutzhütten hinter einer tollen sandigen Badestelle.

Nun geht es vis-à-vis auf die ***Schleuse von Himmelpfort*** zu, die im Selbstbetrieb erfolgt, deren Bedienungsschritte aber anschaulich erläutert werden. Vor ihr bietet sich am rechten Ufer eine hervorragende Anlegemöglichkeit, um dem Örtchen einen Besuch abzustatten. *„Coeli Porta!" – „Himmelspforte", soll im Jahre 1299 Bruder Otto gerufen haben, als er von einer Anhöhe auf die wunderschöne Landschaft zu seinen Füßen blickte. Neben der Ruine des Zisterzienserklosters, das in jenem Jahr gegründet wurde, lohnt vor allen Dingen ein Besuch des romantischen Kloster-Kräutergartens mit kleinem Laden.* Wer hier übernachten möchte, kann dies in der *Rad- und Kanuherberge* von *„Nordlicht Tour & Kanu"* im Weihnachtshaus von Himmelpfort tun. Im selben Gebäude sind auch ein *Café*, das *Weihnachtspostamt* und die *Tourist-Info* untergebracht.

Wer in den südlichen Ortsteil zum Rasten möchte, durchfährt die ***Schleuse*** und hält sich auf dem ***Stolpsee*** gleich links, um bald in das ***Mühlenfließ*** einzubiegen, wo sich im *„Frosch & Fisch"* ein *Gasthof* mit vorzüglicher französischer Küche findet. Wer keine Lust mehr hat weiterzupaddeln, bezieht vielleicht eines der wenigen Zimmer. Andere halten nach Durchfahrung der Schleuse gleich auf das gegenüberliegende Südufer zu, da das Nordufer

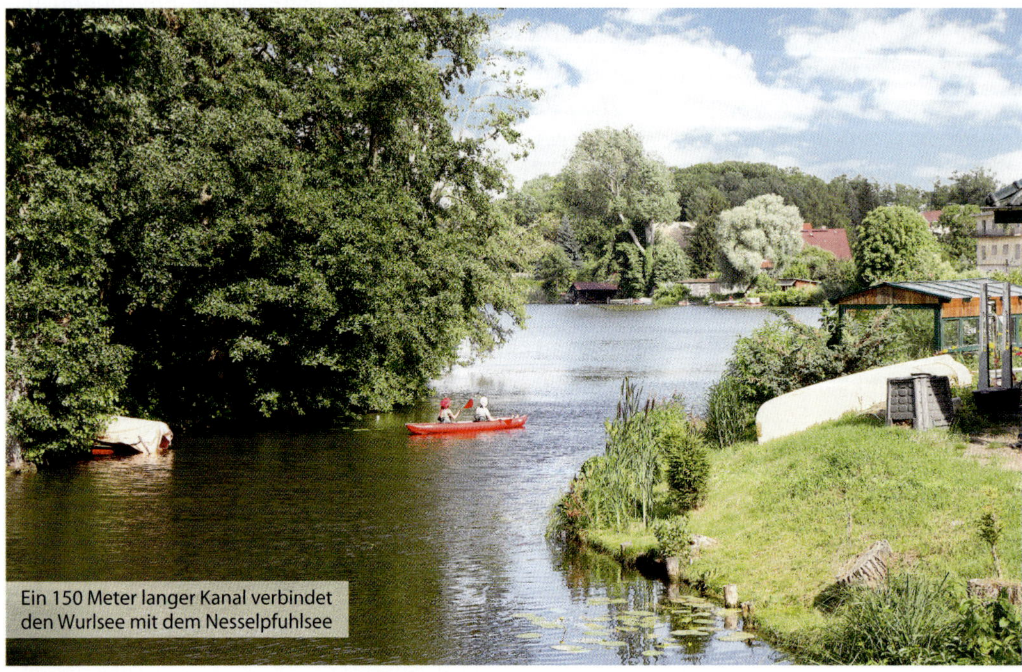
Ein 150 Meter langer Kanal verbindet den Wurlsee mit dem Nesselpfuhlsee

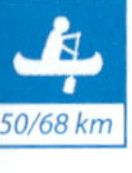

den Wasserskifahrern vorbehalten ist und sich zudem bei Südwestwind hohe Wellen aufbauen können.

Südöstlich verlässt die ***Havel*** den ***Stolpsee*** Richtung ***Templiner Gewässer.*** Wir paddeln jedoch in westliche Richtung und erreichen die Einmündung in die ***Havel***, wo uns eine schöne Abendstimmung erwartet. Die tiefstehende Sonne scheint durchs Schilf; der vor uns stehende Graureiher zeigt keine Scheu und läßt uns dicht herankommen. Auf dem sich anschließenden ***Schwedtsee*** haben wir die Stadt **Fürstenberg** direkt vor uns. Rechts am Ende des Sees liegt die *Mahn- und Gedenkstätte des Konzentrationslagers Ravensbrück,* der wir am nächsten Tag einen Besuch abstatten wollen. Wer will, kann das auch mit dem Kanu tun. Vor dem Informationszentrum der Gedenkstätte kann am flachen Ufer auf Höhe des Parkplatzes angelegt und die wenigen Meter zur Gedenkstätte zu Fuß zurückgelegt werden. Man kommt dabei an den ehemaligen Wohnhäusern der SS-Aufseher vorbei, neben denen die *Jugendherberge Fürstenberg* liegt.

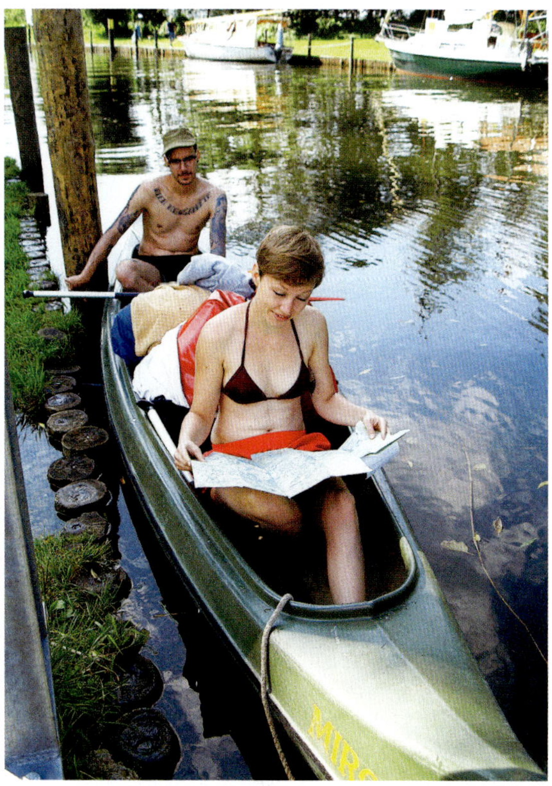

Auf dem ***Schwedtsee*** gelangen wir, vorbei an der Einfahrt in den ***Baalensee***, kurz vor dem *Yachthafen* nach links über die ***Schulhavel / Priesterhavel***, in einem großen Bogen hinein in die *Altstadt* von **Fürstenberg**. Noch vor dem ***Fisch-Kanu-Pass*** beenden wir die Tour am langen Steg des *Wasserwanderrastplatzes*, der sich zur Erkundung der Stadt oder auch zur zentralen Übernachtung anbietet.

Aus Richtung Berlin kommend, ist Fürstenberg das Tor zur Mecklenburgischen Seenplatte. Das gemütliche Städtchen, wurde im Jahre 1287 erstmals erwähnt und war nicht nur durch Kriege, sondern einige verheerende Brandkatastrophen immer wieder zerstört worden. Die Stadtkirche, von Schinkelschüler Buttel im Stil einer byzantinischen Kirche erbaut, beherbergt den mit sieben Metern Länge längsten Batik-Wandbehang Europas, mit der bildlichen Darstellung wichtiger Bibelpassagen.

Wer die Tour in die Strelitzer Gewässer fortsetzen möchte, kommt hinter dem Fisch-Kanu Pass an der sympathischen *Herberge „Alte Reederei“* vorbei. Wanderer, Radfahrer und Kanuten finden sowohl Zimmer als auch Ferienwohnungen. Vom lauschigen Garten oder den zwei Uferterrassen aus kann man den vorbeifahrenden Booten nachschauen und in der Sonne den Tag verbummeln. Hier finden auch immer mal Konzerte, Lesungen oder Austellungen statt und Freitag ist Kinotag.

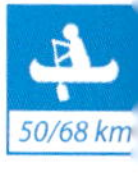

Wenige Meter weiter gelangt man nach rechts in die ***Havel***, wo sich mit Blick auf die vor uns liegende Eisenbahnbrücke auf der rechten Uferseite das *Garni-Hotel „Haus an der Havel“* ebenfalls für eine Übernachtung anbietet. Über die ***Havel*** geht es hinaus auf den ***Röblinsee***, an dessen Nordufer der *Campingplatz „Am Röblinsee“* liegt.

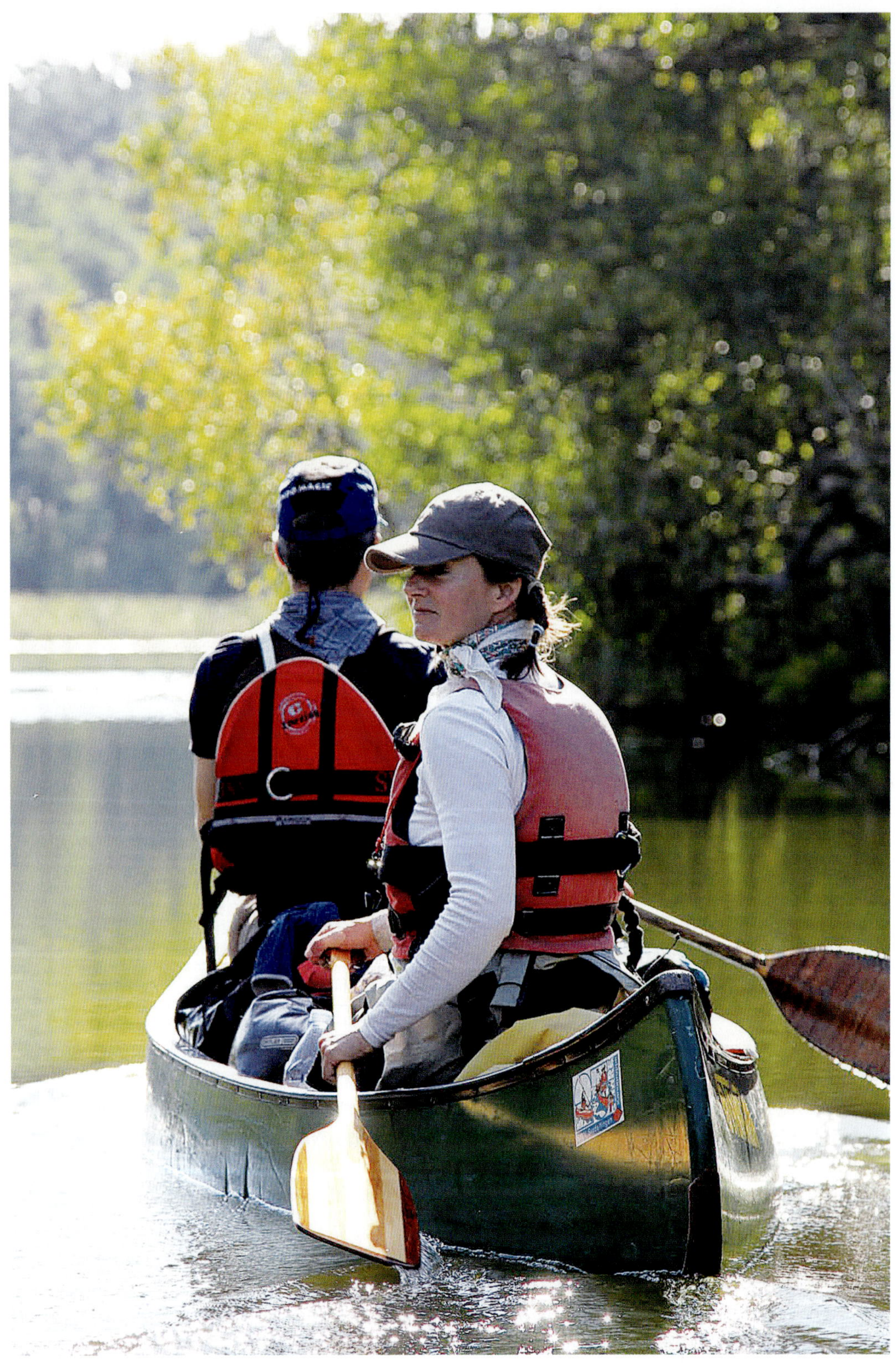

Kompakt **Touren**

Schweriner See - Tour 17

Vom Plauer See zur Müritz - Tour 18

Tollensesee - Tour 19

Unterucker- und Oberuckersee - Tour 20

Tour 17-20

Kurzbeschreibung Tour 17: Rundtour Schweriner See

Länge & Dauer der Tour:	**Kartenmaterial:** Rad-, Wander- und Gewässerkarte „**Schweriner See**" 1:35.000, Verlag grünes herz.
ca. 70 km, 3-5 Tage	Klemmer Pocket Rad- und Wanderkarte „**Rund um den Schweriner See**" 1:50.000, Klemmer-Verlag.

Mit einer Fläche von 63 Quadratkilometern ist der ***Schweriner See*** Mecklenburgs zweitgrößter See und stellt ein einzigartiges Wassersportrevier dar. Herrliche Natur sowie vielfältige kulturelle und historische Angebote lohnen eine Rundfahrt. Allerdings sollten, wie auf allen hier beschriebenen Großseen, die Wetterbedingungen optimal sein.

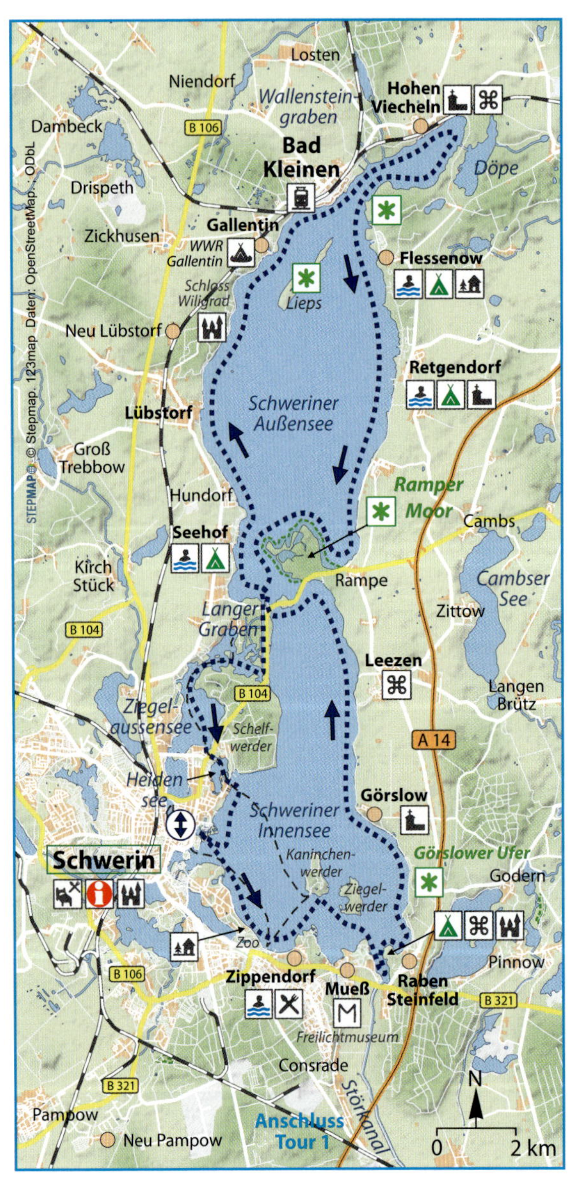

Start ist in **Schwerin** *(Stadtrundgang Seite 34-35)* im *Stadthafen des SV Mecklenburgisches Staatstheater* (Werderstr. 122).

Von dort geht`s entlang des Südufers nach **Zippendorf** *(Sandstrand, Uferpromenade)*. Überquerung zur ***Insel Kaninchenwerder*** *(Aussichtsturm, Grillplatz, Rundweg durch wildnisartige Landschaft, Strand)* und weiter über **Mueß** *(Freilichtmuseum)* nach **Raben Steinfeld** *(Englischer Landschaftspark, Schloss im Neorenaissancestil, Campingplatz)*.

Entlang der steilen Hänge des ***Naturschutzgebietes „Görslower Ufer"*** kommt man nach **Görslow** *(Dorfkirche)*, nach **Leezen** *(neugotisches Herrenhaus)* und schließlich zum ***Paulsdamm***, der den ***Schweriner Innensee*** vom ***Außensee*** trennt. Am Ende des Damms führt die Route unter einer Brücke hindurch in den ***Schweriner Außensee***. Rechter Hand ist das ***Naturschutzgebiet „Ramper Moor"***, zu erkennen, Heimat seltener Tier- und Pflanzenarten. Vor dem am Westufer gelegenen **Seehof** *(Campingplatz mit Finnhütten)* lädt ein schöner Badestrand zur Rast. An **Lübstorf** vorbei geht es zum **Schloss Wiligrad** *(19. Jh., herrliche Parkanlage)* und von dort zur Badestelle von **Gallentin** *(Wasserwanderrastplatz)*.

Die gegenüberliegende **Insel Lieps** steht unter ***Naturschutz*** *(bis zu 300 Jahre*

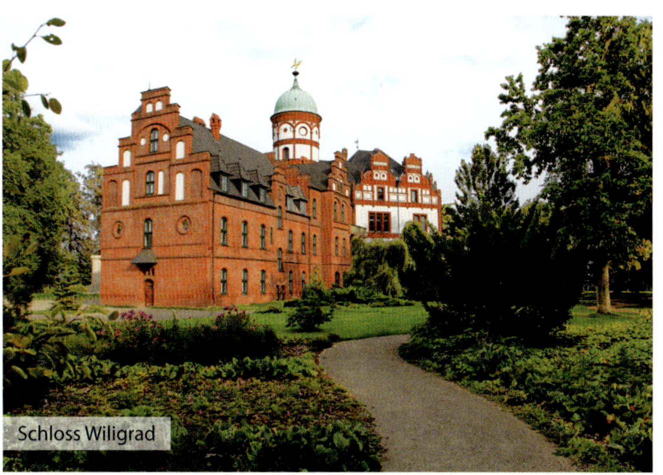
Schloss Wiligrad

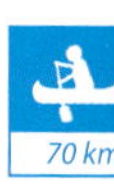

alte Eichen, Sumpfvegetation mit Farnen und Seggen) und darf an ihrem Westufer über einen mobilen öffentlichen Anleger betreten werden. Vom nahen **Bad Kleinen** könnte man mit der Bahn nach Schwerin zurückkehren.

Ganz im Norden des Sees gelangt man, vorbei am Ausfluss zum ***Wallensteingraben***, nach **Hohen Viecheln** *(Wallanlage „Schwedenschanze" aus dem 17. Jh. sowie eine der schönsten Dorfkirchen Mecklenburgs mit wertvoller Innenausstattung, um 1300 erbaut)*.

Vorbei am ***Naturschutzgebiet „Döpe"***, das Brutgebiet für zahlreiche Wasservögel ist, paddelt man am Ostufer Richtung Süden nach **Flessenow** *(Campingplatz, Natur-Herberge/Freie Jugendherberge, schöner Strand)*. Drei Kilometer weiter folgt **Retgendorf** *(Campingplatz und Badestrand)*, das schon 1241 erwähnt wurde und eine spätgotische Backsteinkirche aufweist.

Dicht vorbei am ***Naturschutzgebiet „Ramper Moor"***, geht es am ***Paulsdamm*** entlang über den ***Langen Graben*** in den ***Ziegelaußensee*** *(lauschige Rastplätze, „wilde" Badestellen)*. An seinem südöstlichen Ende kommen wir über einen schmalen Kanal in den kleinen ***Heidensee*** und über den gegenüberliegenden ***Stangengraben*** wieder in den ***Schweriner Innensee***. Nun geht es in südliche Richtung wieder zurück zum *Stadthafen* **Schwerin**.

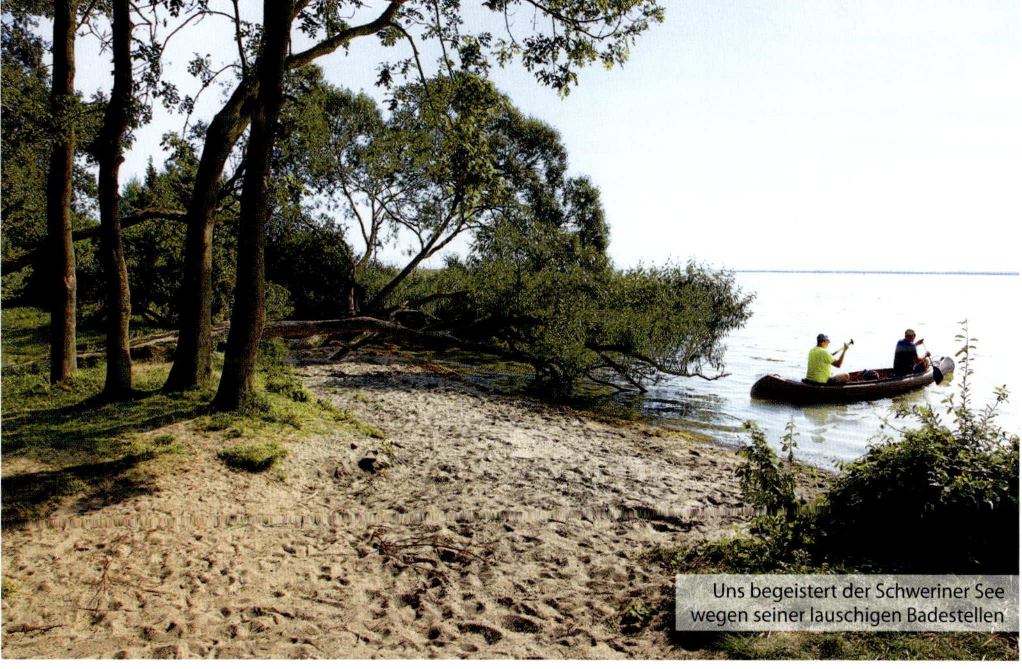
Uns begeistert der Schweriner See wegen seiner lauschigen Badestellen

Kurzbeschreibung Tour 18: Plauer See – Fleesensee – Kölpinsee – Müritz

Länge & Dauer der Tour:

ca. 60 km, 3-4 Tage

Kartenmaterial & Buchtipp: KANU KOMPAKT Müritz-Elde-Wasserstraße mit Jübermann-Wasserwanderkarten 1:75.000, Thomas Kettler Verlag.

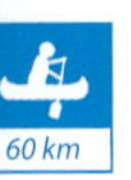

Wir starten in der hübschen kleinen Stadt **Plau am See** *(Kanuvermieter, Wasserwanderrastplatz)*. Die Uferlinie des ***Plauer Sees*** von nahezu 40 Kilometer Länge umfasst malerische Buchten *(Suckower Keller, Leistener Lanke, Seeluster Bucht)*, Inseln und Halbinseln *(Kohlinsel, Mittelwiese, Werder)* und hohe Uferpartien *(Lenzer Höh, Bad Stuer)*. Am zum Teil bewaldeten Ufer halten wir uns auf Mecklenburgs drittgrößtem See Richtung Süden. Dabei passieren wir den *Camping „Zuruf"* und einige schönen *Badestellen*.

In **Bad Stuer** *(Campingplatz, Restaurants)* an der Südspitze des ***Plauer Sees***, *wo auch schon Fritz Reuter zur Kur weilte, bestand von 1845 bis 1910 eine Kaltwasserbadeanstalt.* Eine Wanderung über serpentinenhaft angelegte Wanderwege entlang des ***Stuerschen Bachs*** im ***„Tal der Eisvögel"***, das Höhen über 100 Meter erreicht oder auch der Besuch des ***„Bärenwald Müritz"*** sind ein tolles Erlebnis. Im nahen Dorf **Stuer** kann man eine *in der ersten Hälfte des 18. Jahrhunderts errichtete Kirche mit einem wertvollen Schnitzaltar besichtigen.*

Vorbei am steilen Ufer und der ***Suckower Bucht*** *(Badestelle)* sowie zwei hinter **Zislow** gelegenen *Campingplätzen*, geht es auf das Steilufer von **Lenz** zu, wo die ***Elde*** in den ***Plauer See*** fließt. In einem großen Bogen, die nördlich davon gelegene Bucht ausfahrend, kommt man zu der hinter der ***Halbinsel Plauer Werder*** gelegenen *Fischerei (Gaststätte)*. Ein kurzer Fußweg führt nach **Alt Schwerin**, wo man im *Agrarhistorischen Museum „Agroneum"* (www.agroneum-altschwerin.de)

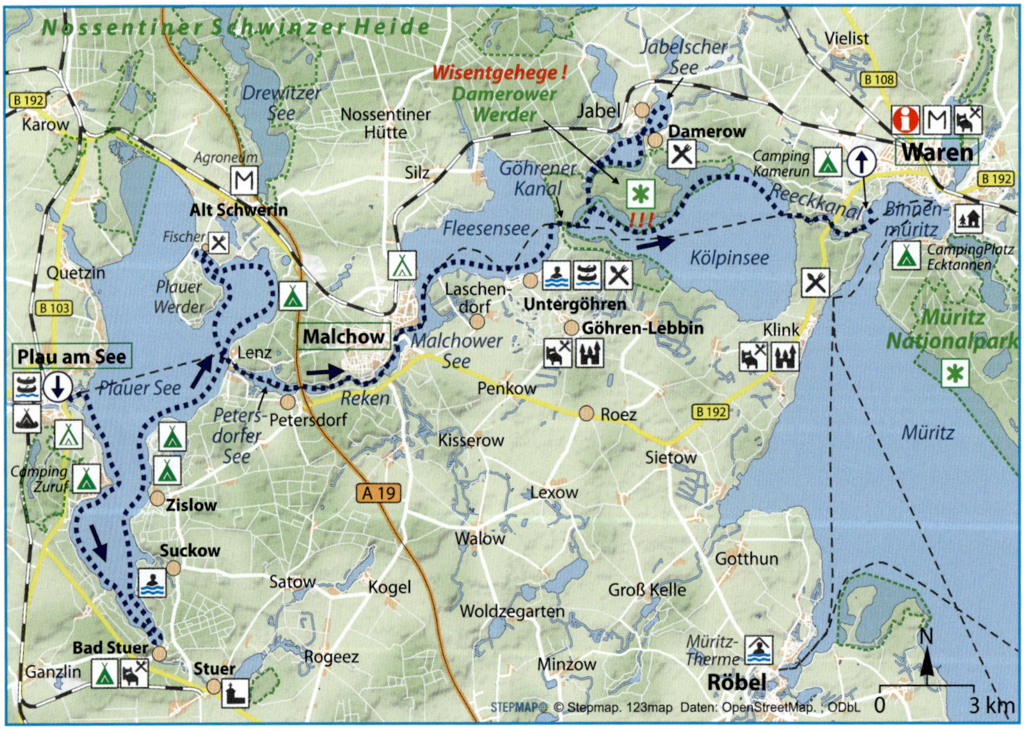

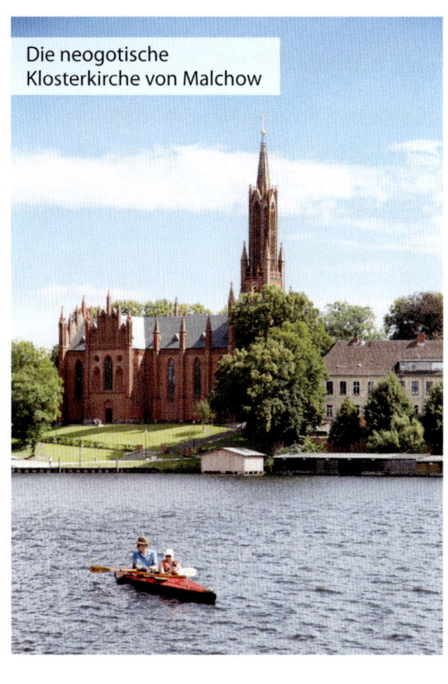
Die neogotische Klosterkirche von Malchow

sehen kann, wie es in den Dörfern Mecklenburgs in der Vergangenheit ausgesehen hat.

Nun geht`s wieder zurück nach **Lenz** und von dort über den schmalen und windgeschützten ***Petersdorfer See*** und den ***Reken*** genannten Flussabschnitt der ***Elde*** zur Inselstadt **Malchow**. *Das Stadtbild prägen Fachwerkhäuser des 18. und 19. Jahrhunderts sowie die Klosteranlage mit neogotischer Klosterkirche, 1849 von Friedrich Wilhelm Buttel erbaut mit reicher Innenausstattung und Klosterpark. Lohnend ist auch der Besuch des DDR-Alltagsmuseums.* Die schön gelegene Stadt entstand auf einer Insel im ***Malchower See***, einer Ausbuchtung des ***Fleesensees***.

60 km

Das am Südufer des ***Fleesensees*** gelegene **Untergöhren** *(Badestelle, Kanuvermieter)* bietet sich für einen *Abstecher* ins zwei Kilometer entfernte **Göhren-Lebbin** an. *Dort befindet sich im neobarocken „Schloss Blücher" ein Luxushotel, welches zur größten deutschen Tourismusanlage „Land Fleesensee" gehört.*

Von **Untergöhren** gelangt man über den ***Göhrener Kanal*** zum ***Kölpinsee*** und gleich links zur Einfahrt in den ***Jabelschen See***, vorbei am ***Damerower Werder*** *(Wisent Gehege – Anlegen gefährlich!)*. Nach zwei Kilometern liegt rechts **Damerow** *(Zugang zum Wisentgehege / Naturschutzgebiet). Dort kann man von einer Tribüne aus, die in einem Schaugatter befindlichen Tiere, deren Stammeltern 1957 aus dem polnischen Urwald bei Bialowieza geholt wurden, beobachten.* Von der Badestelle Damerow geht es über den ***See*** nach **Jabel**, *das nach einem Großbrand 1859 fast vollständig neu aufgebaut werden musste. Lediglich die 250 Jahre alte Eibe nahe der Kirche, mit ihrem beeindruckenden Stammumfang von 4,35 Metern, blieb vom Feuer verschont.*

Zurück auf dem ***Kölpinsee***, ist nach neun Kilometern entlang seines nördlichen Ufers der ***Reeckkanal*** erreicht, der den ***Kölpinsee*** mit der kleinen ***Binnenmüritz*** verbindet. Gleich links bieten sich in **Waren** sowohl der *Campingplatz Kamerun* sowie mehrere *Wassersportvereine* zum Tour-Ende an. *Die Stadt ist sehr sehenswert. Besonders zu erwähnen sind die typischen Giebel- und Traufenhäuser (18./19. Jh.), das spätgotische Alte Rathaus am Alten Markt, die Georgenkirche (14. Jh.), die gotische Marienkirche (14. Jh.) sowie das NaturErlebnisZentrum & Museum „Müritzeum"* (www.mueritzeum.de). **Waren** gilt als Tor zum Müritz-Nationalpark.

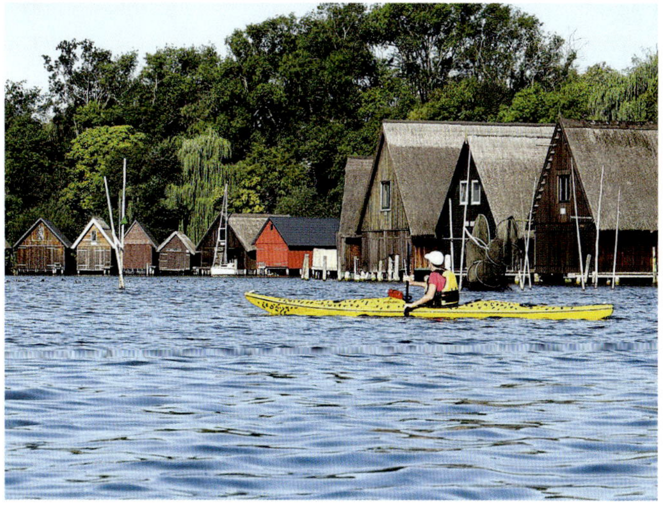

Kurzbeschreibung Tour 19: Rundtour Tollensesee

Länge & Dauer der Tour:

ca. 25 km, 1-2 Tage

Kartenmaterial: Rad-, Wander- und Gewässerkarte **„Neubrandenburg, Tollensesee"** 1:35.000, Verlag grünes herz.
Buchtipp: „Rund um den Tollensesee: unterwegs auf einem geschichtsträchtigen Weg", ein informativer Reisebegleiter, *S. Schmidt*, Spica Verlag.

Südlich von **Neubrandenburg** *(Stadtrundgang Seite 120-121)* zieht sich auf einer Länge von 10 Kilometern und einer Breite von bis zu 2,5 Kilometern der ***Tollensesee*** dahin. Wenn das Wetter mitspielt und der See sich von seiner ruhigen Seite zeigt, lohnt eine Ein-, besser Zweitagestour, denn der eiszeitliche Rinnensee gehört zu den saubersten Großseen Mecklenburg-Vorpommerns.

Startpunkt der Tour ist, wie bei der Tollense-Tour *(Tour 7)*, das ***Wehr am Ölmühlenbach*** *(Brodaer Straße)*. Nach rund 300 Metern geht es nach rechts hinaus auf die Wasserfläche des ***Tollensesees***. Vorbei am *Strandbad* **Broda**, steuert man auf den am Steilufer liegenden *Aussichtspunkt Belvedere* zu. *Schon die Herzogfamilie von Mecklenburg-Strelitz fand Gefallen an der idyllischen Wasserlandschaft und genoss die herrliche Aussicht auf Stadt und See. Reuter hat das von Hofbaumeister Buttel in den Formen eines griechischen Tempels entworfene Gebäude in seinem Roman „Dörchläuchting" mehrfach genannt.* Das sich anschließende ***„Brodaer Holz"*** begeistert mit seinen reizvollen Buchen- und Mischwäldern. Auf einem Bergsporn des ***Krähenberges*** erinnert ein *Denkmal in Form eines großen Findlings an den Turnvater Jahn, der die Neubrandenburger Jugend für Sport und Spiel begeistern wollte. Es ist vom Seeufer über 152 Treppenstufen zu erreichen.*

Den *FKK-Strand „Buchort"* passierend, paddelt man auf den *Campingplatz „Gatsch Eck"* zu. Er empfiehlt sich als Basisstation für einen mehrtägigen Aufenthalt am See.

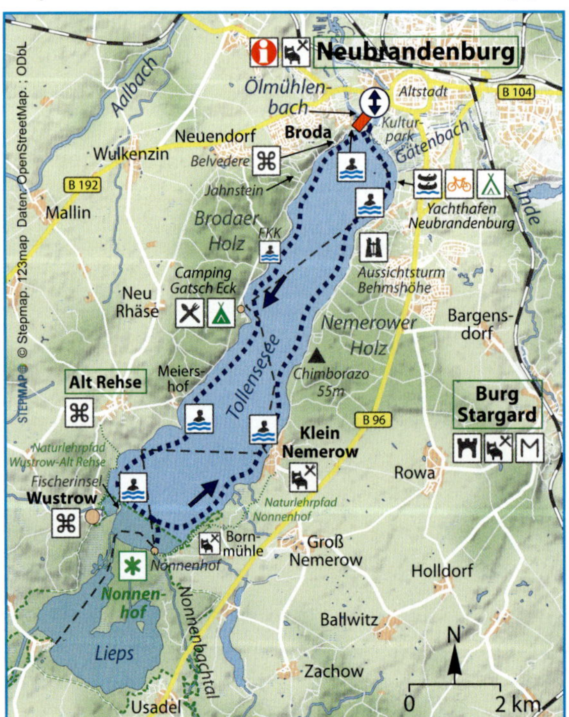

Etwa drei Kilometer weiter bietet sich an der *Badestelle* auf einem kleinen Landzipfel die Möglichkeit in das idyllisch gelegene Dorf **Alt Rhese** hinaufzulaufen. Bei einem Rundgang durch das *ehemalige „Nationalsozialistische Musterdorf" kann man sich mit dem Widerspruch der zweifelhaften Idylle des Dorfes mit den reetgedeckten Häusern der 1930er Jahre beschäftigen. Die niederdeutsch wirkenden Fachwerkhäuser tragen im Türbalken die Jahreszahl der Erbauung nach dem nationalsozialistischen Machtantritt und den Namen jeweils eines deutschen Gaues. Der Hartmannbund ließ auf Verlangen der Reichsärzteführung hier die Führerschule der deutschen Ärzteschaft bauen, die das geistige Fundament zur Euthanasie mittels Gas und Giftspritze legte*
Lern- & GeDenkOrt im Gutshaus *(Ausstellung Do-So 11-17, www.ebb-alt-rehse.de)*.

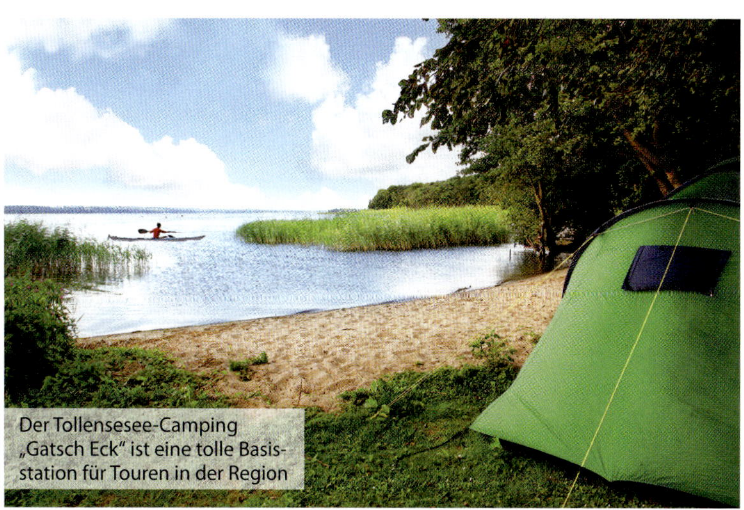
Der Tollensesee-Camping „Gatsch Eck" ist eine tolle Basisstation für Touren in der Region

Sehr schön ist die drei Kilometer entfernte *Badestelle* von **Wustrow** mit Blick auf die vorgelagerte, unter Naturschutz stehende *Fischerinsel.* Eigentlich besteht der Ort nur aus kleinen Ferienbungalows, aber der Abstecher zu einem *bronzezeitlichen Hügelgrab* ist lohnend (toller Blick auf den See).

Der sich südlich des Tollensesees anschließende ***See Lieps*** steht unter Naturschutz und darf nicht befahren werden. Daher befindet sich die nächste Rastmöglichkeit an der ***Dampferanlegestelle „Nonnenhof"***. Von hier kann man auf dem am Ufer verlaufenden *Naturlehrpfad*, der über **Bornmühle** (4*-Hotel) nach **Klein Nemerow** führt, sich die Beine vertreten oder aber eine Wanderung durch das wildromantische ***Nonnenbachtal*** zum sechs Kilometer entfernten ***Wanzkaer See*** unternehmen.

Hinter der Schiffsanlegestelle von **Klein Nemerow** lockt die *Liegewiese* am Seeufer zu einer längeren Rast. *Direkt daneben liegt die Ruine der Feldsteinscheune der 1298 gegründeten Johanniterkomturei. Unter einer 18 Meter hohen Rosskastanie wurde aus der nicht mehr vorhandenen Kirche die kalksteinerne Grabfigur des 1620 verstorbenen Komturs in einer Backsteinrahmung ausgestellt.* Nur wenige Schritte entfernt befindet sich das *Seehotel „Heidehof"*, auf dessen Seeterrasse man sich kulinarisch verwöhnen lassen kann. Von hier sind es nur etwa vier Kilometer landeinwärts nach **Burg Stargard**, der einzigen erhaltenen Höhenburg Norddeutschlands.

Vorbei am hügeligen ***„Nemerower Holz"*** geht es zurück nach **Neubrandenburg**. *Der in der ersten Hälfte des 19. Jhs. zu Besuch weilende Naturforscher Alexander von Humboldt gab an dieser Stelle einem 55 Meter hohen Berg den Namen des von ihm 1802 bestiegenen ecuadorianischen Bergs „Chimborazo".*

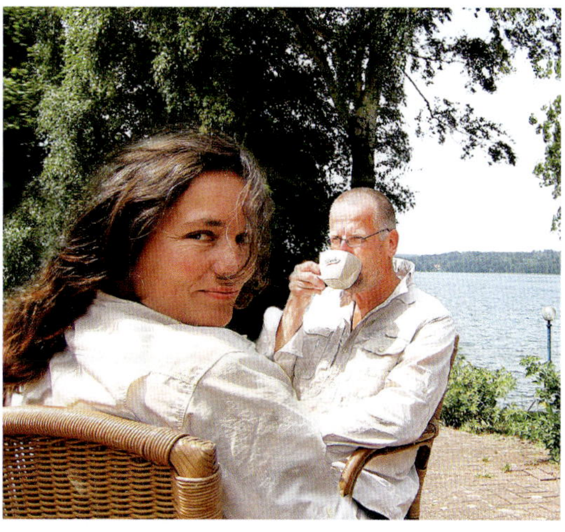

Entlang des *Augustabades* und des *Wassersportzentrums* gelangt man hinter dem weit ins Wasser reichenden Anleger der Fahrgastschifffahrt zu einem Neubrandenburger Highlight, dem *Kulturpark. Ein ausgedehntes Wegenetz führt entlang alter Baumbestände, Skulpturen und Themengärten wie Moorbeet-, Rosen- und Magnoliengarten und einem Tiergehege.* Dem Park vorgelagert befindet sich eine mit dem Festland durch eine Brücke verbundene Insel. Hinter ihr geht es unter der ***Brücke „Blaues Wunder"*** hindurch nach links wieder in den ***Ölmühlenbach***.

Kurzbeschreibung Tour 20: Unterucker- & Oberuckersee

Länge & Dauer der Tour:	**Kartenmaterial:** Faltkarte Schöne Heimat **„Rad- & Wanderkarte Prenzlau, Uckerseen und Umgebung" mit vielen Tipps,** 1:50.000, Verlag Dr. Barthel.
ca. 18 km, Tagestour	

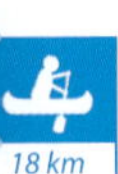

Die Seenlandschaft südlich von **Prenzlau** ist wunderschön – doch kaum jemand kennt sie. Dabei lohnt sich bei guten Wetterverhältnissen eine Tages- oder auch Mehrtagestour (Achtung: bei Wind hoher Wellengang!). Am ***Oberuckersee*** bieten sich der *Campingplatz* in **Warnitz** oder das *Seehotel „Huberhof"* in **Seehausen** zur Übernachtung an.

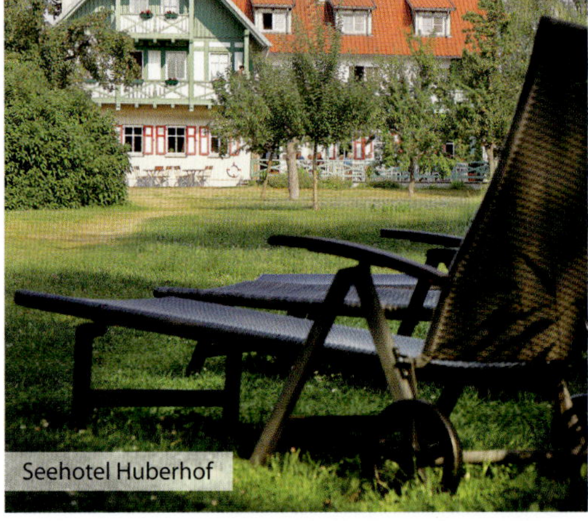
Seehotel Huberhof

Am ***Unteruckersee*** sind es in **Prenzlau** die *Kanu & Rad Station Prenzlau – Camp SOLARIS* (Nordwestufer) und die *Gaststätte-Pension „Zur Fischerstraße"* (Nordostufer). In deren unmittelbarer Nähe findet man im Sportboothafen (Uckerpromenade / Neustadt) am Steg oder den Treppenstufen eine gute Einsetzstelle.

Entlang des Ostufers passiert man alsbald die *Anlegestelle des Fahrgastschiffs „Onkel Albert"* und das dahinterliegende Seebad. Nach etwas mehr als zwei Kilometern könnte man an einer schönen Badestelle anlegen und im *Seerestaurant „Am Kap"* einkehren, einem traditionellen Ausflugslokal von 1911.

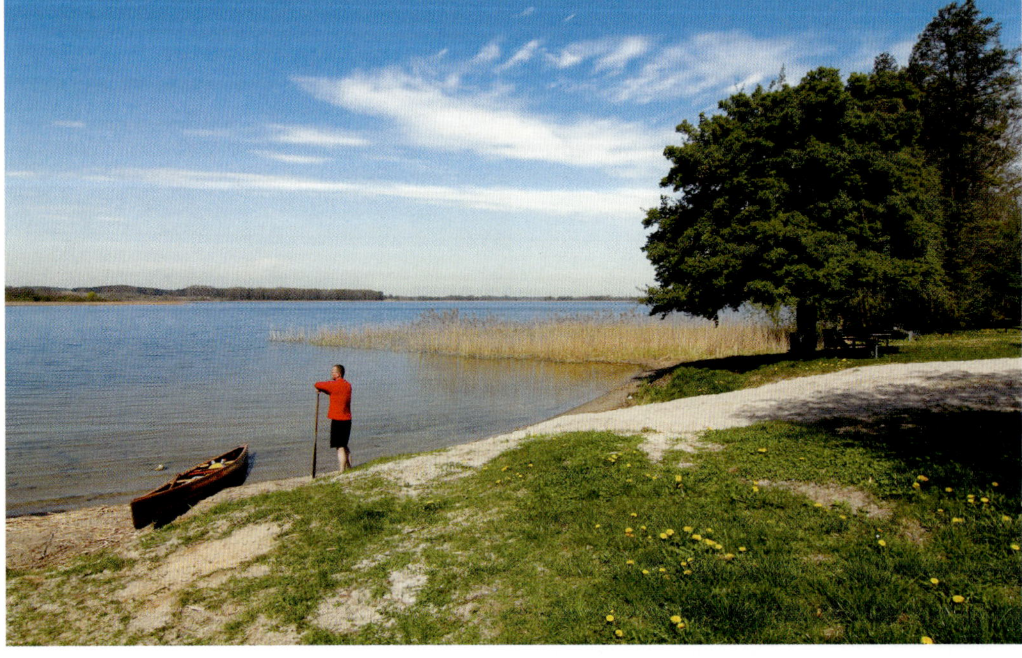

Im Südteil des Sees erschweren große Schilfbestände zu beiden Seiten des Ufers ein Anlegen. Der fünf Kilometer lange ***Uckerkanal*** verbindet den ***Unterucker***- mit dem ***Oberuckersee*** und schlängelt sich durch eines der größten Schilfgebiete Deutschlands – ein ideales Brutrevier für seltene Vogelarten wie Rohrdommel und Höckerschwan.

Unter einer Straßenbrücke hindurch geht es hinaus auf den buchtenreichen ***Oberukkersee***. Links um eine Landzunge herum (ehemals eine Klosterhalbinsel) kommt man zur sandigen Badestelle von **Quast**, wo die *„Seegaststätte am Quast"* zu einer Einkehr lockt, und ein Stück weiter nach Norden in die tief eingeschnittene Bucht erreicht man **Seehausen** *(reizvolle Fachwerkkirche aus dem 18. Jh.)*, das im 13. Jahrhundert Sitz eines Zisterzienser-Nonnenklosters war.

Wer im schön gelegenen und gemütlichen *Seehotel „Huberhof"* mit seiner vorzüglichen Küche nächtigen möchte, sollte sich vorab ein Zimmer reservieren (Tel. (039863) 60 20, www.seehotel-huberhof.de).

Etwa drei Kilometer weiter südlich kann man an der Badestelle von **Warnitz** *(Campingplatz, Kanu- & Fahrradvermietung)* anlegen, um dem alten Städtchen mit seiner *typisch uckermärkischen Feldsteinkirche* einen Besuch abzustatten. Vorgelagert liegt die ***Burgwallinsel***, mit Resten einer slawischen Befestigung. Von Warnitz fährt alle zwei Stunden eine Bahn zurück nach Prenzlau. Oder man wählt die stilvolle Variante – zurück mit dem *Fahrgastschiff „Onkel Albert"* (www.uckerseeschiff.de), dem einzigen Motorboot, das auf dem rund 650 Hektar großen ***Oberuckersee*** verkehren darf.

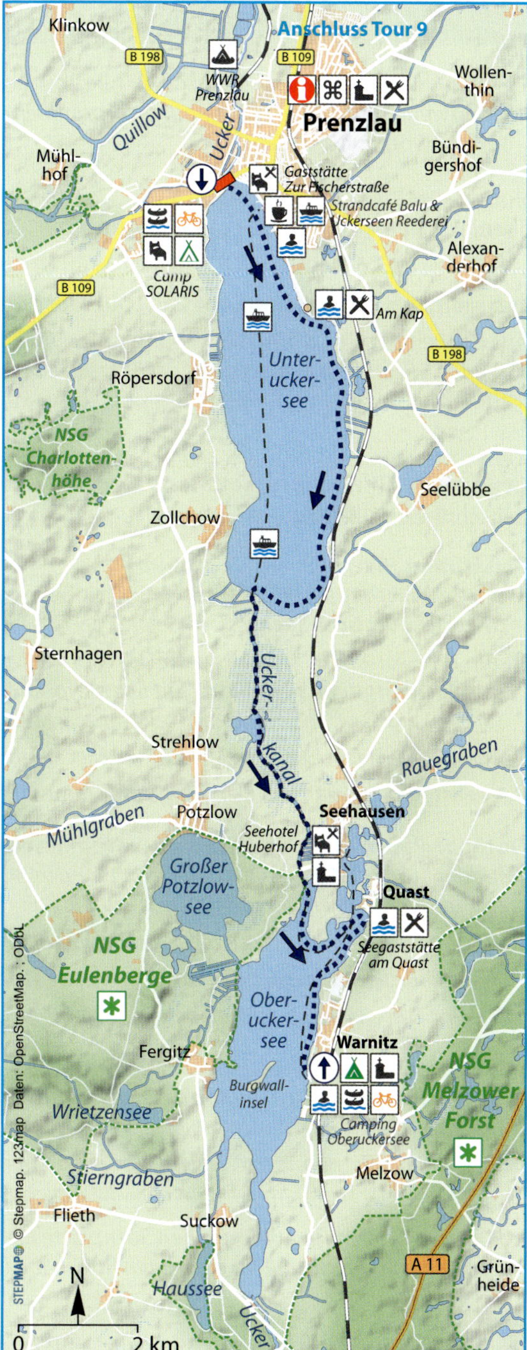

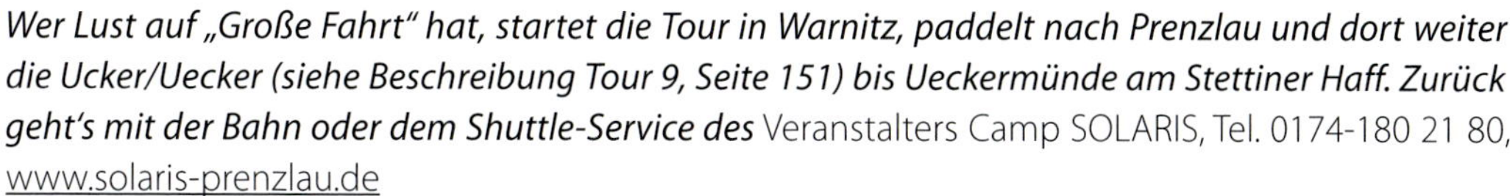
Wer Lust auf „Große Fahrt" hat, startet die Tour in Warnitz, paddelt nach Prenzlau und dort weiter die Ucker/Uecker (siehe Beschreibung Tour 9, Seite 151) bis Ueckermünde am Stettiner Haff. Zurück geht's mit der Bahn oder dem Shuttle-Service des Veranstalters Camp SOLARIS, Tel. 0174-180 21 80, www.solaris-prenzlau.de

Literatur-Tipps

Empfohlene Wasserwander-Karte für alle Touren in diesem Buch:

Wasserwanderatlas TA6 Mecklenburg-Vorpommern mit Ostseeküste einschl. Bodden, 1:75.000, *wasserfest,* Jübermann Verlag.

Buch-Tipps Kanu & Outdoor

„Kanuwandern“, *Reiner Mareik* und ***„Solo im Kanu“,*** *Falk Bruder,* beide Conrad Stein Verlag.

„STECHPADDEL FAHRSCHULE“, *Dieter Raffler & Franz Riegel,* Thomas Kettler Verlag.

Praxisratgeber ***„Kanu Handbuch“*** und ***„Outdoor Praxis“,*** *Rainer-Höh,* Reise Know-How Verlag.

Aus der Reihe **KANU KOMPAKT** die Titel ***„Mecklenburgische Kleinseen 1“, „Mecklenburgische Kleinseen 2“, „Peene mit Peenestrom“, „Müritz-Elde-Wasserstraße“*** – eine Kombination aus Kanutourenführer, Reiseführer und topografischen Wasserwanderkarten, Thomas Kettler Verlag.

Zeitschriften

Gewässerbeschreibungen, Boot-Tests sowie aktuelle Termine aus der Paddlerszene bieten die beiden Zeitschriften **KajakMagazin** (www.kajak-magazin.com) und **KanuMagazin** (www.kanumagazin.de).

Reiseführer Mecklenburg-Vorpommern

Michael Müller Verlag, Reiseführer für individuelles reisen: ***„Mecklenburg-Vorpommern“*** und ***„Mecklenburgische Seenplatte“,*** *beide S. Becht & S. Talaron.*

Natur- & Kultur-Reiseführer aus dem Trescher Verlag: ***„Feldberger Seenlandschaft“,*** *Kristine Jaath,* ***„Mecklenburgische Seenplatte: Mit Schwerin, Ludwigslust, Neubrandenburg und Rheinsberg“,*** *Sucher & Wurlitzer,* ***Reiseführer Havel: Natur & Kultur zwischen Müritz & Havelberg,*** *M. Reschke.*

DuMont Reise-Taschenbuch Reiseführer ***„Mecklenburgische Seenplatte“*** *mit Lieblingsorten &Tipps.*

Baedeker Reiseführer ***„Mecklenburg-Vorpommern: mit praktischer Karte“,*** *Christian Nowak.*

Outdoor-Reiseführer Mecklenburg-Vorpommern

„Mecklenburgische Seen mit Kindern: *46 Wander- & Entdeckertouren für Familien“ sowie* ***„Trekkingträume für Familien“*** *(Touren in Deutschland & Europa), Stefanie Holtkamp,* Naturzeit Verlag.

„Mecklenburgische Seenplatte: 22 Wanderungen“, *Michael Hennemann,* Conrad Stein Verlag.

„Mecklenburgische Seenplatte: 50 ausgewählte Wanderungen“, *Rolf Goetz,* Bergverlag Rother.

„52 kleine & große Eskapaden an den Mecklenburgischen Seen: Ab nach draußen!“, DuMont Reiseverlag.

Etwas andere Reiseführer

„50 sagenhafte Naturdenkmale in Mecklenburg-Vorpommern“, *Bäume - Findlinge - Feuersteinfelder - Dünen, W. Siering,* Steffen Verlag.

„Mecklenburg-Vorpommern“. Anleitung für Ausspanner, *M. Joseph, M. Schümann,* Hinstorff Verlag.

„Einnorden“ *Der etwas andere Mecklenburg-Vorpommern-Reiseführer, M. Mück,* Hinstorff Verlag.

„111 Orte an der Mecklenburgischen Seenplatte die man gesehen haben muss“, *Jana Jürß,* ***„111 Orte in und um Schwerin, die man gesehen haben muss“,*** *Henning & Hinrichsen,* beide Emons Verlag.

Bildbände

Die Mecklenburgische Seenplatte: Wasser/ Land/ Licht, *Lars Hoffmann,* edition MORIZANER.

DuMont BILDATLAS ***„Mecklenburg-Vorpommern: Von allem etwas ...“,*** *Rasso Knoller, Johann Scheibner.*

„Wildtier-Paradies Mecklenburg-Vorpommern“, CW Nordwest Media.

„Gartenrouten in Mecklenburg-Vorpommern“, *Wolf Karge, Jörn Lehmann,* Hinstorff Verlag.

„Bildband Mecklenburg Vorpommern“. *Eine Bilderreise durch das Land der Seen.* Bruckmann Verlag.

Wichtige Adressen & Links für Paddler

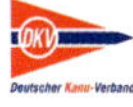

Der **Deutsche Kanuverband (DKV)** bietet Hilfe und Beratung bei allen Fragen rund ums Paddeln, nennt Kanuanbieter, gibt Infos zu Flusssperrungen, bietet Ausbildungskurse an und ermöglicht das Treffen mit Gleichgesinnten. Außerdem können Wanderpaddler in den zahlreichen DKV-Kanustationen entlang der Gewässer preisgünstig übernachten, kurz: eine Mitgliedschaft lohnt sich!

DKV-Bundesgeschäftsstelle, Bertaallee 8, 47055 Duisburg, Tel. (0203) 99 75 90, www.kanu.de

Landes Kanu-Verband M-V, Schillerstr. 6, 17033 Neubrandenburg, Tel. (0395) 57 07 38 88, www.kanu-mv.org

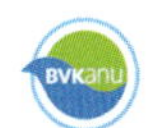

Beim **Bundesverband Kanu (BVKanu)** erhalten Sie Adressen von Kanu-Vermietern, die Mitglied im BVKanu sind. Diese garantieren Qualität, qualifizierte und geschulte Mitarbeiter, Sicherheit und fachkundige Einweisung sowie einen Einsatz für den Naturschutz im Kanutourismuss. Zusätzlich haben viele BVKanu-Mitglieder das Qualitätssiegel QMW Kanu WASSER TOURISMUS DEUTSCHLAND für besonders gute Qualität & Sicherheit.

Bundesverband Kanu, Gunther-Plüschow-Str. 8, 50829 Köln, Tel. (0221) 59 57 10, www.bvkanu.de

Infos zu Kanutouren im Norden Deutschlands:
www.flussinfo.net
www.mecklenburg-vorpommern.de
www.mueritz-online.de
www.m-vp.de
www.auf-nach-mv.de
www.gartenroute-mecklenburg-vorpommern.de
Mecklenburg-Vorpommersche Verkehrsgesellschaft, Auskunft zu Fahrplan & - preisen:
Tel. (0395) 35 17 63 50, www.mvvg-bus.de

Über die Autoren

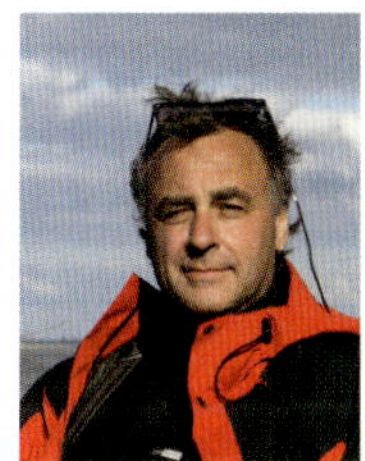

Thomas Kettler
Fotograf und Autor; zahlreiche Reisen in Europa und Südamerika; Wandertouren in Finnland, Norwegen und Schweden sowie auf den Kanarischen Inseln; begeisterter Kanuwanderer.

Carola Hillmann
Grafikerin & Illustratorin;
am liebsten unterwegs in Deutschland und Skandinavien – vorallem mit dem Kanu oder zu Fuß.

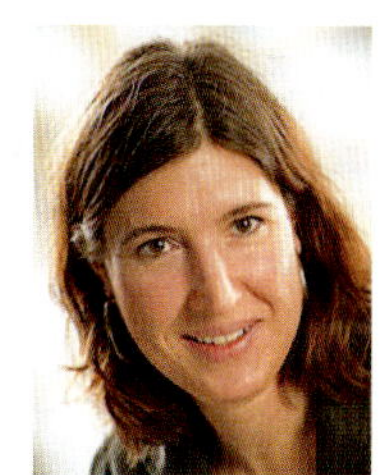

Danke an...

. . . die Mitpaddler: Philippe Boerave & Claudine Weles aus Emborg/Liège, Familie Sandvoort aus Amsterdam, Horst Gebhardt, Klaus Hammer, Helmuth & Caren, Pia Malina Kettler & Stefan Gant, Familie Thiel, Claudia Walz.

. . . die Fremdbild-Lieferanten: Falk Bruder, Philippe Boerave, Familie Thiel, Die Floßerei, Villa Eden Peene.

. . . die vielen Helfer, für die Überprüfung der Richtigkeit und Aktualität der Informationen:

Sven-Erik Muskulus von WANDERER-Aktivtour.

Robert Franck (Rheinsberger Adventure Tours).

Andreas Landau, Kormoran Kanutouring.

Barbara Lüthi Herrmann, Nationalparkamt Müritz.

Peggy Sarodnik von der Kanumühle Wesenberg.

Uwe Fischer vom Camping Hexenwäldchen.

Christa Labouvie und Michael Woitacha vom Amazonas-Camp Loitz.

Heike Pilz vom Archäologisches Freilichtmuseum Groß Raden.

. . . alle Fremdenverkehrsämter und Veranstalter und alle, die wir hier vergessen haben aufzulisten.

FASZINATION **OUTDOOR** ERLEBEN

UNWIDERSTEHLICH.

ZEITSCHRIFTEN AUS LEIDENSCHAFT

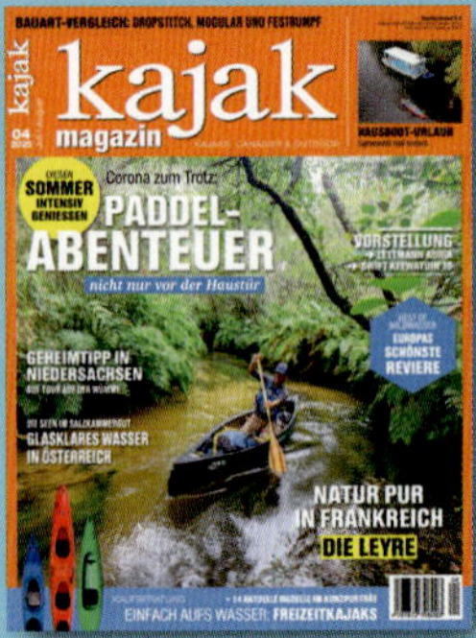

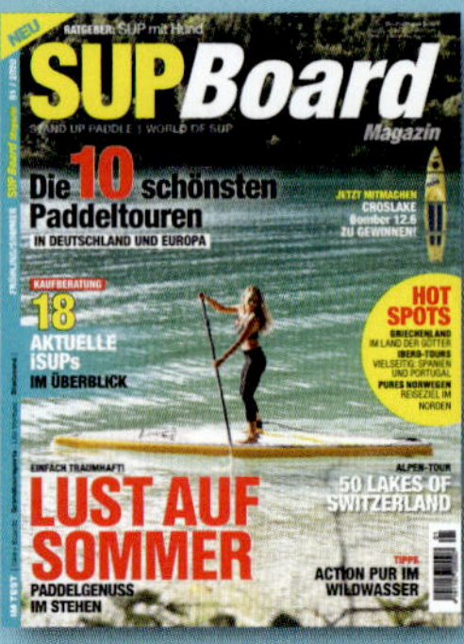

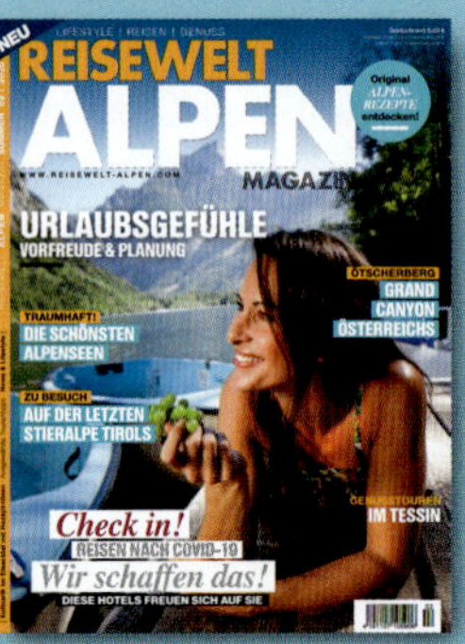

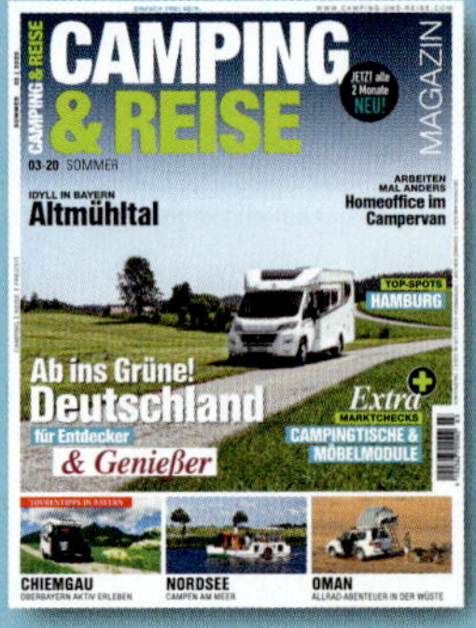

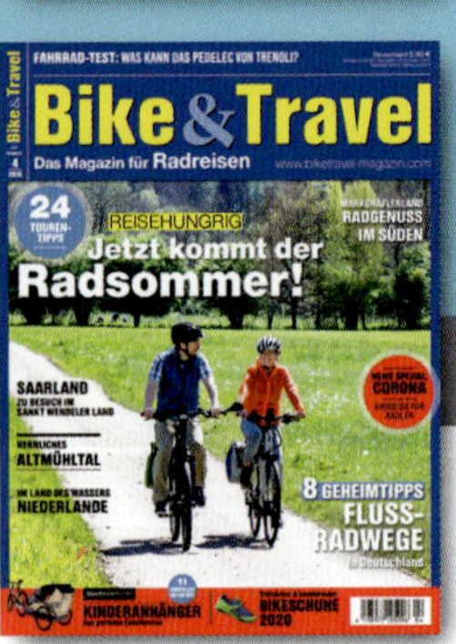

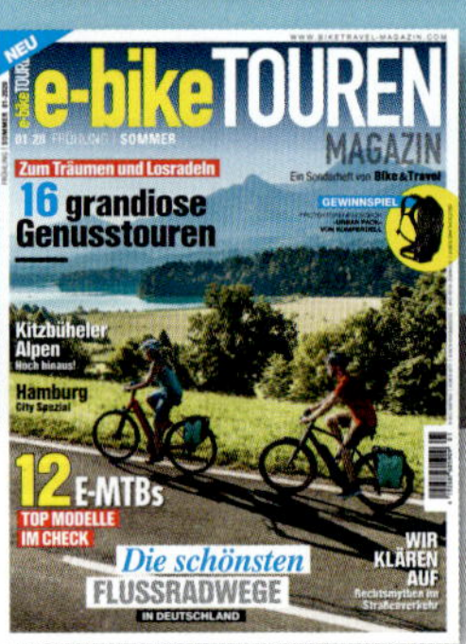

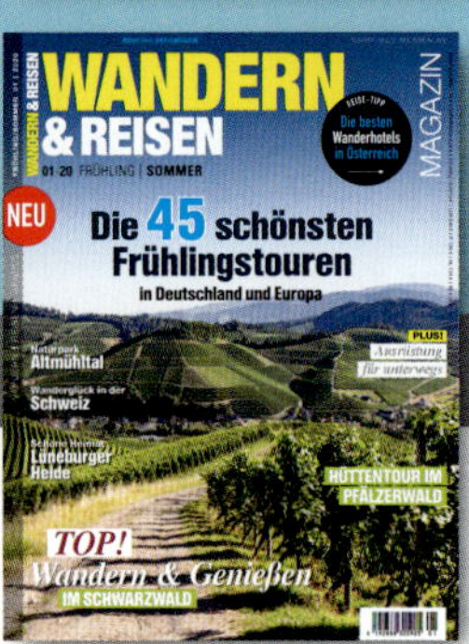

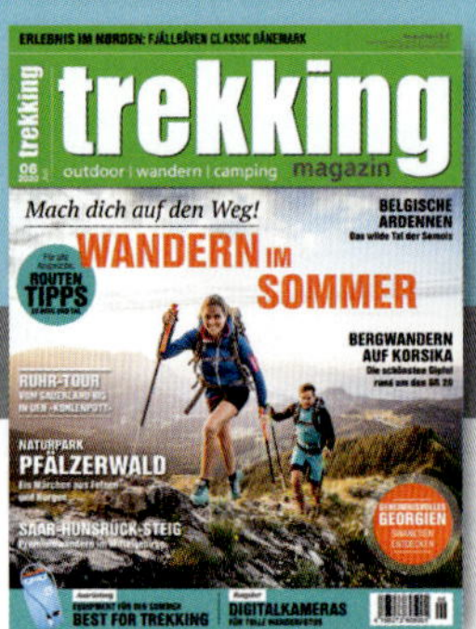

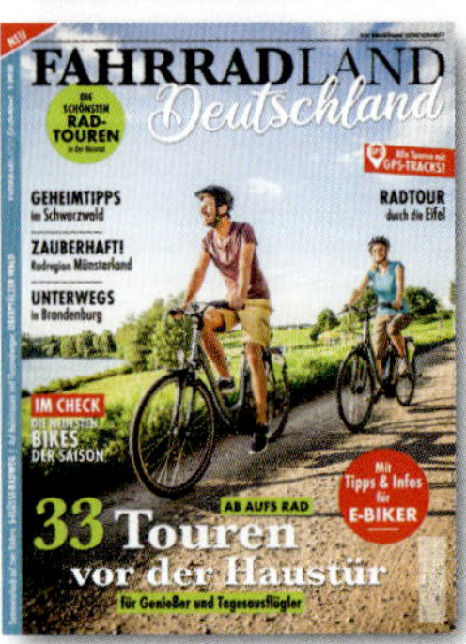

ABONNEMENT- UND EINZELHEFT-BESTELLUNG:

MSV Medien Baden-Baden GmbH
Schulstraße 12 | 76532 Baden-Baden
Tel. +49 7221 9521-0 | Fax +49 7221 9521-45
info@msv-medien.de | www.msv-medien.de

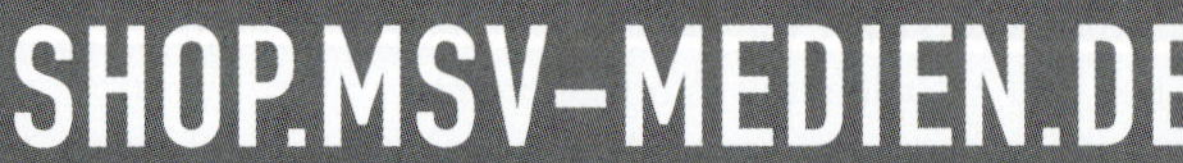

SHOP.MSV-MEDIEN.DE

Telefon +49 7221 9521-0

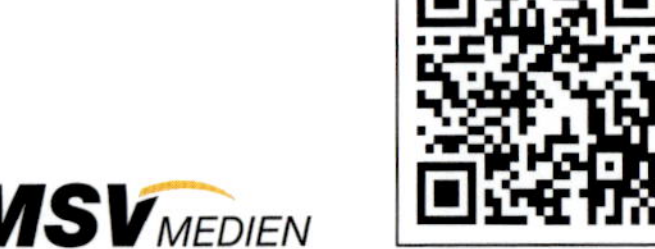

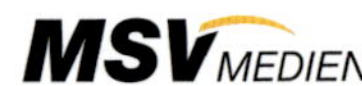

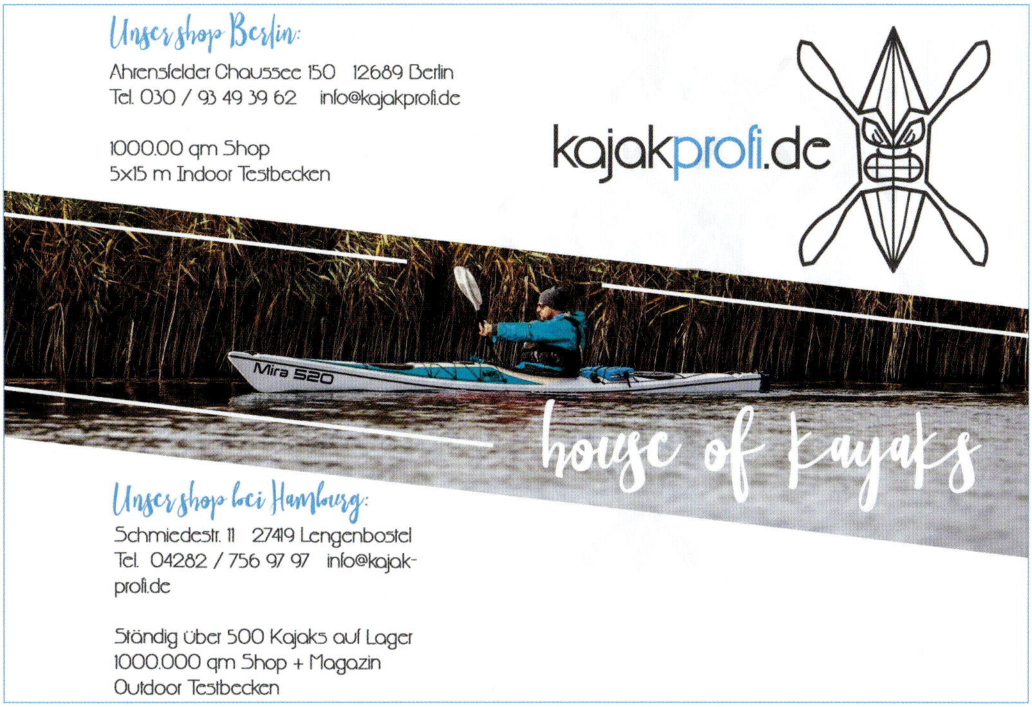

Unser shop Berlin:
Ahrensfelder Chaussee 150 12689 Berlin
Tel. 030 / 93 49 39 62 info@kajakprofi.de

1000.00 qm Shop
5x15 m Indoor Testbecken

kajakprofi.de

Mira 520

house of Kayaks

Unser shop bei Hamburg:
Schmiedestr. 11 27419 Lengenbostel
Tel. 04282 / 756 97 97 info@kajak-profi.de

Ständig über 500 Kajaks auf Lager
1000.000 qm Shop + Magazin
Outdoor Testbecken

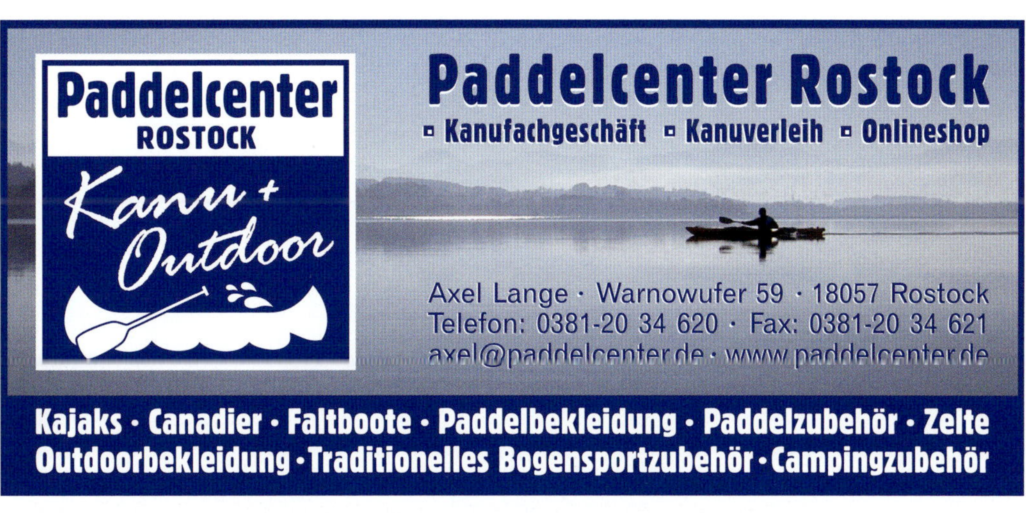

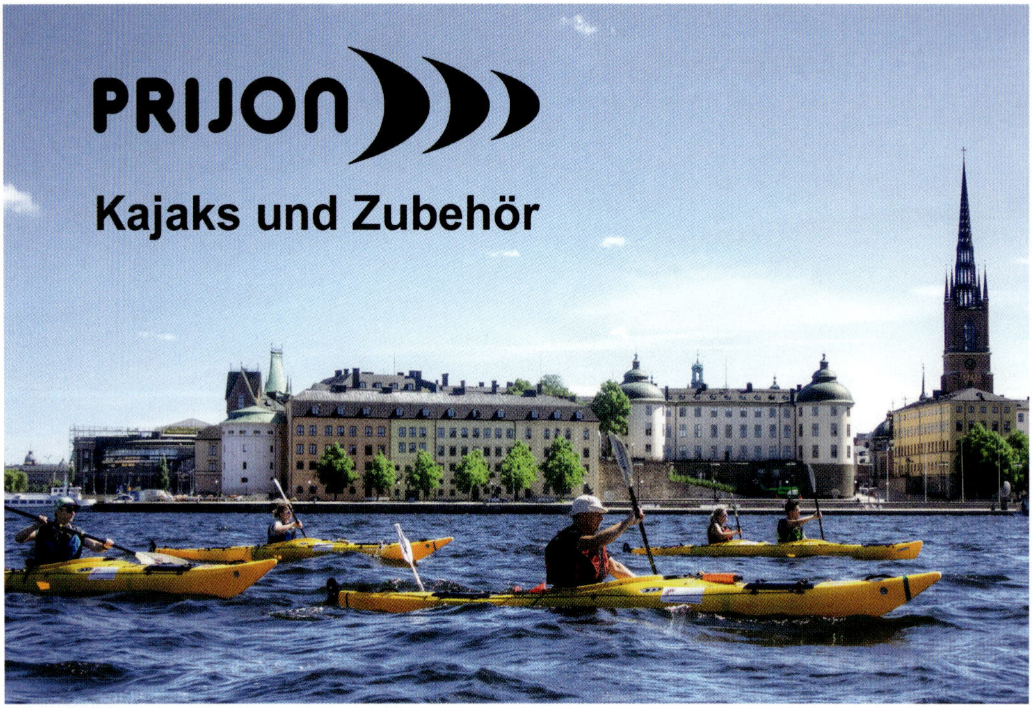

PRIJON
Kajaks und Zubehör

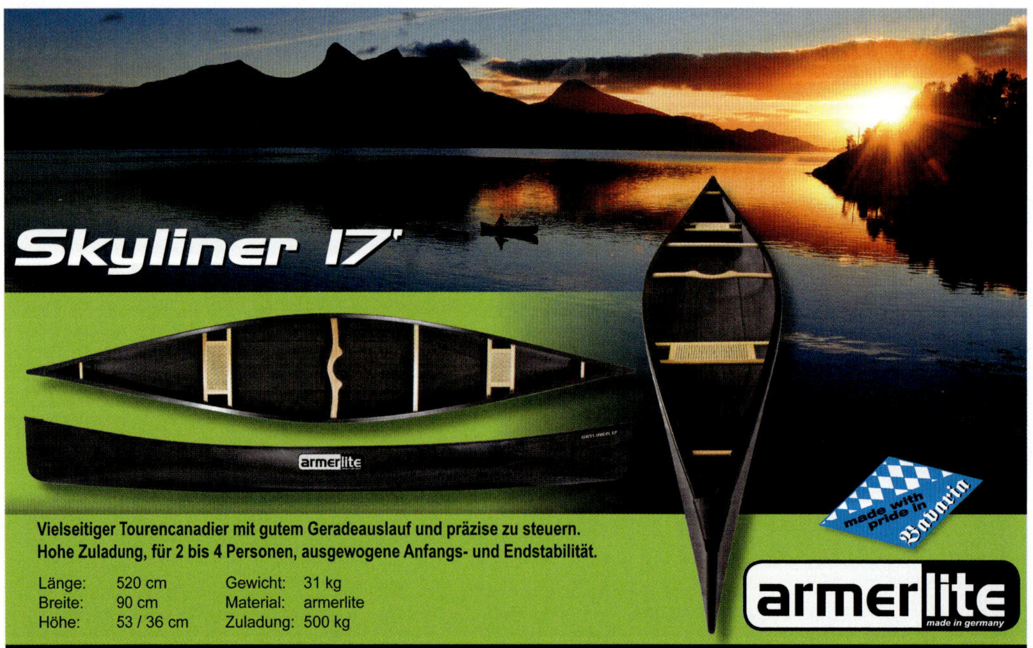

TRESCHER VERLAG

MEHR WISSEN. BESSER REISEN.
REISEFÜHRER AUS DEM TRESCHER VERLAG

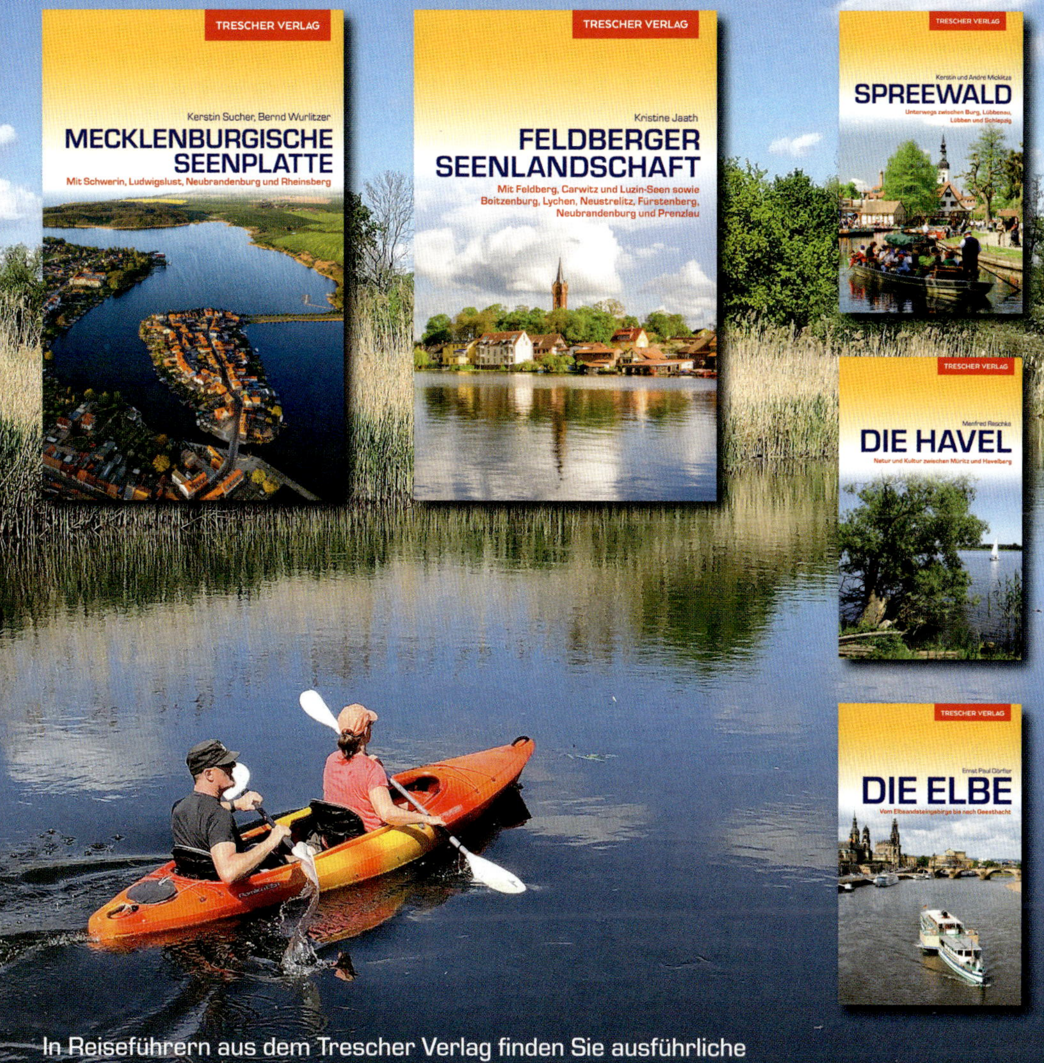

In Reiseführern aus dem Trescher Verlag finden Sie ausführliche Hintergrundinformationen zu den schönsten Regionen Deutschlands, die für Wasserwanderer interessant sind.

trescher-verlag.de

Register

A

Aalbach 118, 123
Aalbude 140
Ahrensberg 236, 240
Ahrensberger Hausbrücke 240
Alt Damerow 33, 38, 48
Alte Elde 46
Alte Fahrt 204, 210
Altentreptow 119, 124
Alt Gaarz 219, 221
Alt Jargenow 137
Alt Necheln 62, 63
Alt Plestlin 137, 144
Alt Rhese 280
Alt Schwerin 278
Alt Tellin 127
Ankershagen 164, 171, 194
Anklam 137, 149
Augustenhof 60

B

Baalensee 273
Babke 198
Bad Kleinen 277
Bad Stuer 278
Bad Sülze 94, 99
Bäk 265
Bandelow 157
Banzkow 33, 38
Banzkower Kanal 32, 38
Barkow 45
Barnin 59
Barniner See 59
Bassendorf 109
Bauernberg 183
Beckersmühle 252
Benzin 47
Der Biber 65
Bikowsee 253
Binnenmüritz 279
Blankenförde 183, 195, 199
Blindower See 157
Bobzin 46
Boek 179, 207
Boeker Fischteiche 211
Boeker Mühle 211
Bolter Kanal 210
Bolter Mühle 210
Bolter Schleuse 210
Borkow 56, 66, 71
Borkower See 71, 74
Bornmühle 281
Breiter Luzin 264
Broda 122, 280
Broock 119, 127
Brüeler Bach 57
Buchholz 221, 222
Burgruine Conerow 125
Burg Klempenow 119, 126
Burg Stargard 281
Burow 47
Bützow 78, 85, 86
Bützower See 85, 86

C

Caarpsee 210
Canow 231, 242
Canower See 242
Carwitz 262, 265
Carwitzer See 267
Claassee 212

D

Dalmsdorf 197
Damerow 279
Damerower Werder 279
Damgarten 102
Damm 38, 48
Dargun 137, 140
Darguner Kanal 140
Daskow 102
Datze 123
Demmin 107, 119, 137, 142, 143
Diemitz 219, 224
Diemitzer Schleuse 226, 231
Dobbertin Kloster 69, 72
Dobbertin Ort 66, 70
Dobbertiner See 69
Dollbek 230, 243
Dollgowsee 252
Dömitz 43, 51
Domjüchsee 186
Dorow 112
Dreetzsee 267
Drewensee 240
Drosedow 230
Drosedower Bek 230

E

Eggesin 155, 161
Ehmkendorf 97
Eichenthal 107
Eickhof 79, 83
Elde 40, 45, 46, 49
Elde-Dreieck 30, 38
Eldena 43, 51
Ellbogensee 241, 242
Erbsland (Arboretum) 208
Europäische Sumpfschildkröte 211

F

Fallada, Hans 266
Fehrlingsee 224
Feldberg 262, 263
Feldberger Seen 265
Finowsee 240
Flecken Zechlin 249, 251
Fleesensee 279
Fleeth 232
Fleether Mühle 229, 232

KANUVERLEIH PACK & PADDEL

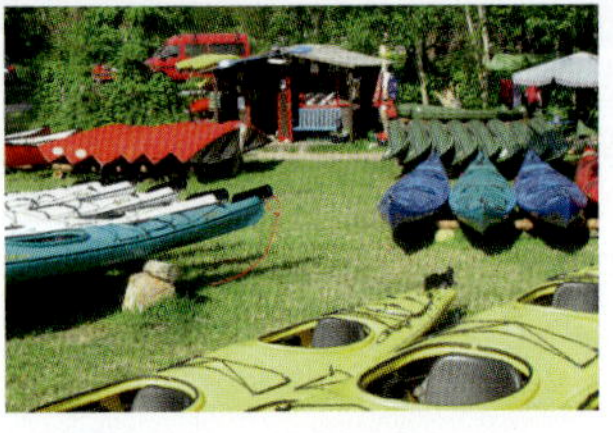

· zentrale Lage in der Kleinseenlandschaft und damit idealer Ausgangspunkt für verschiedene **Tages- & Mehrtagestouren**.

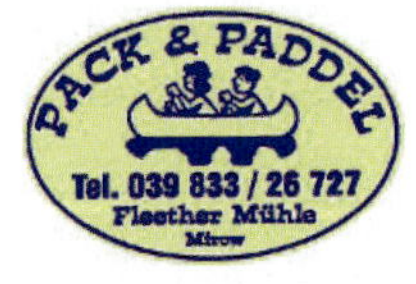

KANUVERLEIH PACK & PADDEL
Fleether Mühle 4 · 17252 Fleeth
Tel.: (039833) 267 27 · www.packundpaddel.de

Ferienidyll am Rätzsee

· Wasserwanderplatz an der Fleether Mühle mit modernem Sanitärhaus, Unterkünften in Finnhütten, Backshop und Bistro.

Ferienidyll am Rätzsee
Fleether Mühle 4 · 17252 Fleeth
Tel.: (039833) 220 95 · www.ferienidyll-am-raetzsee.de

Fleether Mühlenbach 232
Flessenow 277
Fresenbrügge 50
Friedrichsmoor 33
Fürstenberg 262, 273
Fürstenhagen 262, 267
Fürstensee 186

G

Gaarzer Mühle 222
Gallentin 276
Garden 72
Garder Mühle 72
Garder See 72
Garwitz 38, 48
Gedenkstätte Ravensbrück 262, 273
Gobenowsee 230, 243
Golchen (Tollense) 127
Golchen (Warnow) 63
Goldberg 66, 68
Goldenbaum 187, 189
Goldenbaumer Mühle 190
Goldenbaumer Mühlenbach 190
Görslow 276
Görtowsee 199
Grabow 43, 50
Granzin 178, 180, 195, 197
Granziner See 180, 197
Granzow 207, 208
Granzower Möschen 208
Gravelotte 139
Grienericksee 255
Grimmen 107
Großer Fürstenseer See 187, 188
Großer Kotzower See 209
Großer Kulowsee 188
Großer Küstrinsee 269
Großer Labussee 201
Großer Lanz 186
Großer Lychen See 271
Großer Mechowsee 268
Großer Pälitzsee 242
Großer Peetschsee 231
Großer Priepertsee 241
Großer Serrahnsee 185
Großer Zechliner See 251
Groß Görnow 62, 78, 83
Groß Raden 62, 78, 81, 82
Groß Radener See 82
Grünower See 189, 190
Gustävel 62
Güstrow 79
Gutshaus Boek 179
Gutshof Liepen 147
Gützkow 137, 145, 146

H

Hafendorf Müritz 212
Hafendorf Rheinsberg 255
Hanseviertel 142
Hauptmannsberg 266
Haussee in Feldberg 263
Haussee von Himmelpfort 272
Havel 197, 240, 244, 273
Havelquellseen 180, 192
Hechtsforthschleuse 50
Hegesee 243
Heilige Hallen 263
Herzwolde 188
Herzwolder Revier 188
Himmelpfort 262, 272
Hofsee (Specker Forst) 179
Hohenbüssow 128
Hohen Sprenz 86
Hohen Viecheln 277
Holzsee 73
Hullerbusch 265
Hüttenkanal 236, 242, 248

J

Jabel 279
Jabelscher See 279
Jagowkanal 252
Jähtensee 198
Jamelsee 199
Jarmen 145

K

Kaarz 62, 63
Käbelicksee 182, 197
Käflingsberg 178, 179
Kagar 252
Kagarscher Bach 252
Kagenow 147
Kakeldütt 199
Kammerkanal 201
Kaninchenwerder 36, 276
Kanucamp Borkow 56, 68
KanuCamp Hennig Sternberger Burg 56
Kanucamp Naturdorf Eickhof 56, 83
Kanu-Camp Weitendorf 56
Karnin 59
Kirch-Baggendorf 107
Kladen 70
Klädener Plage 70
Kladow 59
Klatzow 125
Kleine Müritz 212, 223
Kleiner Kotzower See 209
Kleiner Mechowsee 268
Kleiner Pälitzsee 242
Klein-Methling 106
Klein Nemerow 281
Klein Polzin 137
Klein Pritz 74
Kleinpritzer See 74
Klempenow 119, 126
Klenzer Mühlenbach 141
Klenzsee 243
Kloster Dargun 140
Kloster Dobbertin 69
Kloster Rühn 84
Kobande 59
Koesters Eck 138
Kolbatzer Mühle 268

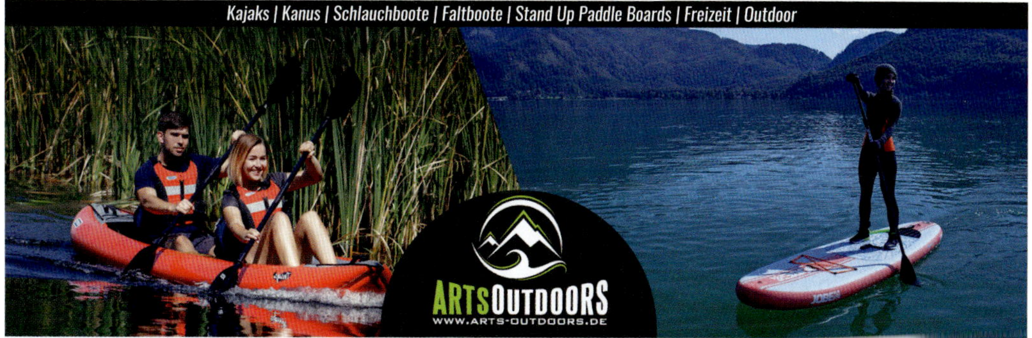

ARTS-Outdoors | Am Seewasen 2 | 35216 Biedenkopf | www.arts-outdoors.de

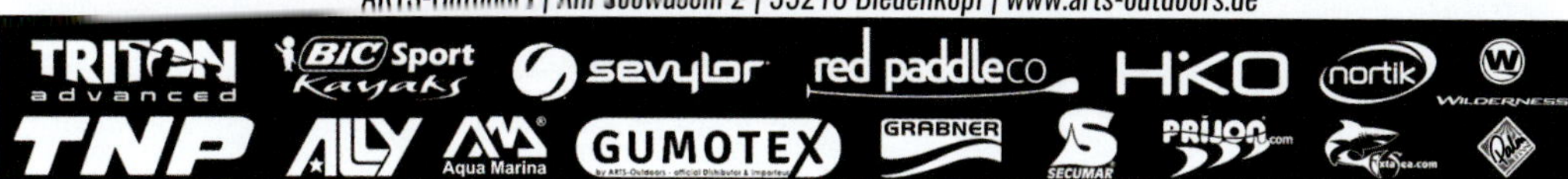

Kolbatzer Mühlenteich *268*
Kölpinsee *279*
Der Kranich *114*
Kratzeburg *180, 182, 195, 197*
Krienke *179, 198*
Kritzow *60*
Kritzower Berge *60*
Krümmel *221*
Krummer See *181, 183*
Krüseliner Fließ *268*
Krüseliner Mühle *268*
Krüselinsee *267*
Kukuk *74*
Kulowseen *188*
Kulturpark Neubrandenburg *281*
Kummerow *137, 139*
Kummerower See *130, 138, 139*
Kuppentin *43, 46*
Küstrinchen *258, 269*
Küstriner Bach *258, 269*

L

Laase *78, 84*
Labussee *231, 242*
Landgrabental *126*
Langen Brütz *59, 60*
Langenhagensee *221*
Langhagen *183*
Langhäger See *183*
Langsdorf *108*
Lärz *207, 219*
Lebbin *123*
Leezen *276*
Lehmsee *181*
Leppin *47*
Leppinsee *209*
Lewitz *30, 37, 49*
Lichtenberg *264*
Liepe *159*
Liepen an der Recknitz *97, 98*
Liepen bei Kratzeburg *181*
Gutshof Liepen im Peenetal *137, 147*
Lieper See (bei Kratzeburg) *181*
Lieps (Insel) *276*
Lieps (See) *281*
Lilienthal, Otto *150*
Loitz *137, 143*
Lübz *43, 46*
Luckower See *81*
Ludwigsluster Kanal *32, 38*
Lüssow *137*
Lutowsee *188*
Lüttenhagen *262*
Luzinfähre *265*
Luzinhalle *265*
Lychen *262, 271*

M

Mahn- & Gedenkstätte Ravensbrück *273*
Malchin *137, 138*
Malchow *279*
Malchower See *279*
Malliner Bachtal *123*
Mallíß *51*
Marlow *94, 101*
Marnitz *47*
Matzlow *38, 48*
Mechow *262, 268*
Mechowseen *268*
Meesiger *137, 139*
Mehlitzsee *253*
Menz *249, 255, 262*
Menzlin *137, 148*
Mickowsee *62*
Mildenitz *68*
Mildenitz-Durchbruchstal *70*
Mildenitz-Tal *54*
Mirow *207, 208, 214, 219*
Mirower Holm *224*
Mirower Hubschleuse *223*
Mirower Kanal *213*
Mirower See *208, 214, 223*
Möderitz *38*
Moorsee *176, 181*
Mössel *209*
Mössensee *224*
Mueß *33, 37, 276*
Mühlenhagen *119, 125*
Mühlenteichsee *190*
Müritz *211*
Müritzarm *212, 216, 222*
Müritz-Havel-Wasserstraße *213, 223*
Müritzhof *168, 176, 177*
Müritz-Nationalpark *164*
Müritzsee *221*
Müsselmow *62*

N

Nebel (See) *221*
Nechlin *158*
Neddemin *123*
Neetzow *147*
Nehringen *107, 111*
Nesselpfuhl *271*
Neubrandenburg *120, 280*
Neuburg *47*
Neu Canow *243*
Neu Drosedow *243*
Neuglobsow *249, 255*
Neu Göhren *51*
Neukalen *137, 139*
Neu Kalíß *43, 51*
Neuruppin *248*
Neustadt-Glewe *43, 49*
Neustrelitz *195, 201*
Nieden *158*
Nonnenbachtal *281*
Nonnenhof *281*
Nossentiner-Schwinzer Heide *54*
NSG Grenztalmoor *93, 99*
NSG Gützkower Peenewiesen *146*

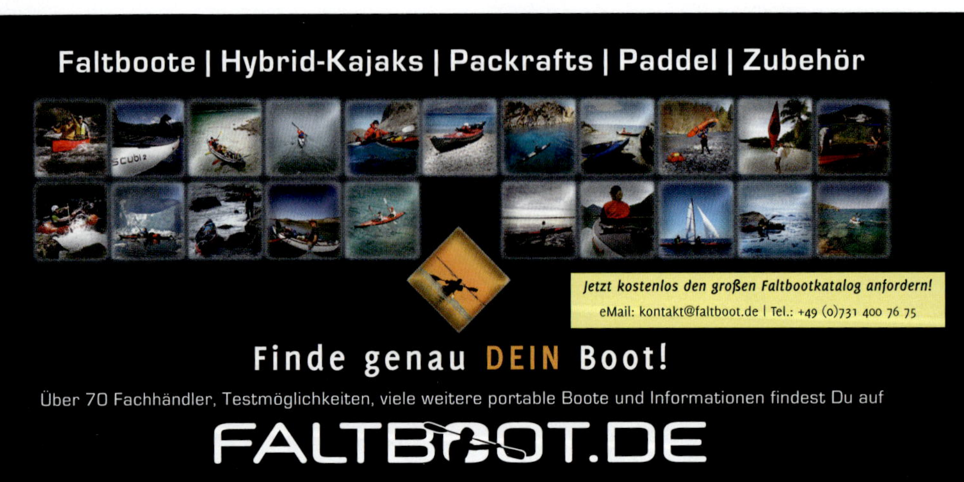

NSG Peenetalmoor 149
NSG Peenewiesen 147
NSG Tribohmer Bachtal 93
NSG Unteres Recknitztal 93, 100
Nutteln 62

O

Oberbek 229
Obere Warnow 54, 62
Oberpfuhlsee 270
Oberuckersee 282
Ölmühlenbach 122, 280
Owstin 147

P

Pagelsee 178, 198
Pantlitz 101
Papendorf 87
Parchim 33, 43, 48
Pasewalk 155, 158
Peckatel 38
Peene 130
Peene-Kanal 138
Peenetal 140
Peenetalmoor NSG 149
Peenetalmoor NSG 149
Peenewiesen NSG 147
Pensin 143
Petersdorfer See 279
Pieverstorf 181
Pieverstorfer Berge 181
Plate 33, 38
Plätlinsee 244
Plau am See 43, 45, 278
Plauer See 278
Prälank 183
Prenzlau 155, 156, 282
Priborn 221
Priepert 236, 241
Priesterbäker See 179
Pütnitz 94

Q

Quast 283
Quilow 137, 148

R

Raben Steinfeld 33, 37, 276
Randkanal Tollense 124
Randow 153, 154, 161
Rätzsee 230
Ravensbrück (Mahn- & Gedenkstätte) 273
Rechlin 213
Rechlin-Nord 207, 212, 219
Recknitz 92, 96
Recknitzberg 98
Recknitztal 92, 97
Rederangsee 169, 177
Reiherberg 264
Reken 279
Repenter Kanal 252
Reppin 37
Retgendorf 277
Reuter, Fritz 52
Rheinsberg 249, 255, 256
Rheinsberger Gewässer 251, 252
Rheinsberger See 253
Ribnitz-Damgarten 94, 102
Röblinsee 273
Rönkendorfer Mühle 59
Rostock 78, 88
Roter See (Warnow) 64
Rühn 78, 84

S

Sagsdorf 64
Salem 139
Sanzkow 128
Schabow 98
Schillersdorf 209
Schlabornsee 252, 253
Schloss Broock 127
Schloss Kaarz 63
Schloss Quilow 137
Schloss Wiligrad 276
Schlowe 74
Schmaler Luzin 265
Schönlage 63
Schreibermühle 269
Schwaan 86
Schwaanhavel 240, 244
Schwarz 219, 224
Schwarzenhof 179
Schwarzer See (Flecken Zechlin) 251
Schwarzer See (Mildenitz) 71
Schwarzer See (Mirower Seen) 224
Schwedenschanze 101
Schwedtsee 273
Schweingartensee 187
Schwerin 33, 34, 36, 276
Schweriner Schloss 36
Schweriner See 30, 36, 276
Verchener Seeberge Naturerlebnispfad 139
Seehausen 283
Seehof 276
See Nebel 221
Seewalde 230, 243
Serrahn 184, 185
Serrahner Berge 186, 187
Sewekow 219, 221
Siedenbüssow 127
Slate 38, 47
Slawenburg Groß Raden 62, 78, 81, 82
Slawendorf Neustrelitz 195, 201
Sophienhof 144
Speck 179
Specker Forst 178
Specker See 179
Spukloch 177
Spuklochkoppel 168
Stechlinsee 249
Steinmühle 189
Sternberg 78, 81
Sternberger Burg 55, 82
Sternberger See 81
Sternberger Seen 53, 54

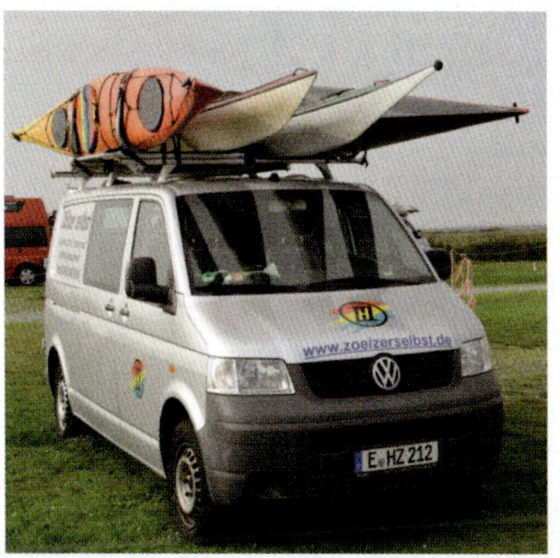

www.zoelzer.de

Der Zölzer-Kanu-Dachträger

Seit 50 Jahren der Qualitätsträger aus Meisterhand. Sehr leicht bei hoher Traglast, da komplett aus Aluminium. Holmlängen in der Länge frei wählbar. Holme oben und unten Einschieberille. Umfangreiches Zubehör für den sicheren Bootstransport und 4 Ladehilfen. Für jedes Fahrzeug eine Lösung, auch für Wohnmobile. Zubehör auch für alle Thule-Holme lieferbar. Katalog kostenlos.

Heinz Zölzer GmbH
Kupferdreher Str. 196
D-45257 Essen

Tel: 0201 / 48 78 15
Fax: 0201 / 48 27 80
Email: info@zoelzer.de

Stettiner Haff *283*
Stolpe *137, 148*
Stolpsee *272*
Strasen *236, 242*
Die Strelitzie *202*
Stuer *278*
Sumpfsee *213, 223*
Swinow *145, 146*

T

Tessin *94, 96*
Teufelsbruch *176*
Thelkow *97*
Thomsdorf *262, 267*
Thüren *221*
Tietzowsee *252*
Tollense *116, 122*
Tollensesee *280*
Tollensetal *116*
Torgelow *155, 160*
Trebel *104, 108*
Trebelkanal *108*
Trebeltal *108, 113*
Trenntsee *76, 82*
Tribohm *93*
Tribohmer Bachtal *101*
Tribsees *107, 108*
Trittelwitz *141*
Tückude *127*

U

Ucker *156*
Uckerkanal *283*
Uecker *152*
Ueckermünde *155, 162*
Ueckermünder Heide *160*
Ukranenland Torgelow *155, 160*
Untergöhren *279*
Unteruckersee *156, 282*
Userin *182, 183, 195, 200*
Useriner Mühle *183, 200*
Useriner Runde *182*
Useriner See *183, 199, 200*

V

Vanselow *119, 128*
Verchen *137, 140*
Veste Landskron *126*
Vietzen *213*
Vilzsee *224, 231*
Vipperow *207, 212, 219, 223*
Vorbeck *59, 60*
Vorwerker Schweiz *141*

W

Wallensteingraben *277*
Wangnitzsee *240*
Waren *170, 279*
Warenthin *253*
Warnitz *282, 283*
Warnker See *176*
Warnow *76, 83*
Warnow-Durchbruchtal *76, 83*
Warnow Ort *84*
Warnow-Tal *54*
Wasdow *106, 111*
Wegener, Alfred *253, 254*
Weitendorf *56, 64*
Weltzin *125*
Werle *78, 86*
Wesenberg *194, 236, 237*
Wietzow *119, 127*
Winston-Golf *57*
Wittenhagen *262*
Wittstock/Dosse *228*
Woblitz *272*
Woblitzsee *201*
Woggersin *119, 123*
Woserin *66, 73*
Woseriner See *73*
Wotenick *113*
Woterfitzsee *209*
Wurlsee *271*
Wustrow *236, 244*

Z

Zansen *267*
Zartwitzer Hütte *179*
Zaschendorf *62*
Zechlinerhütte *249, 253*
Zernikow *248*
Zethner See *224*
Ziegelaußensee *277*
Zierker See *201*
Zierzsee *199*
Zinow *184*
Zippendorf *36, 276*
Zirzower Mühle *123*
Zootzensee *252*
Zotzensee *198, 224*
Zwenzow *183, 201*
Zwirnsee *186, 187*

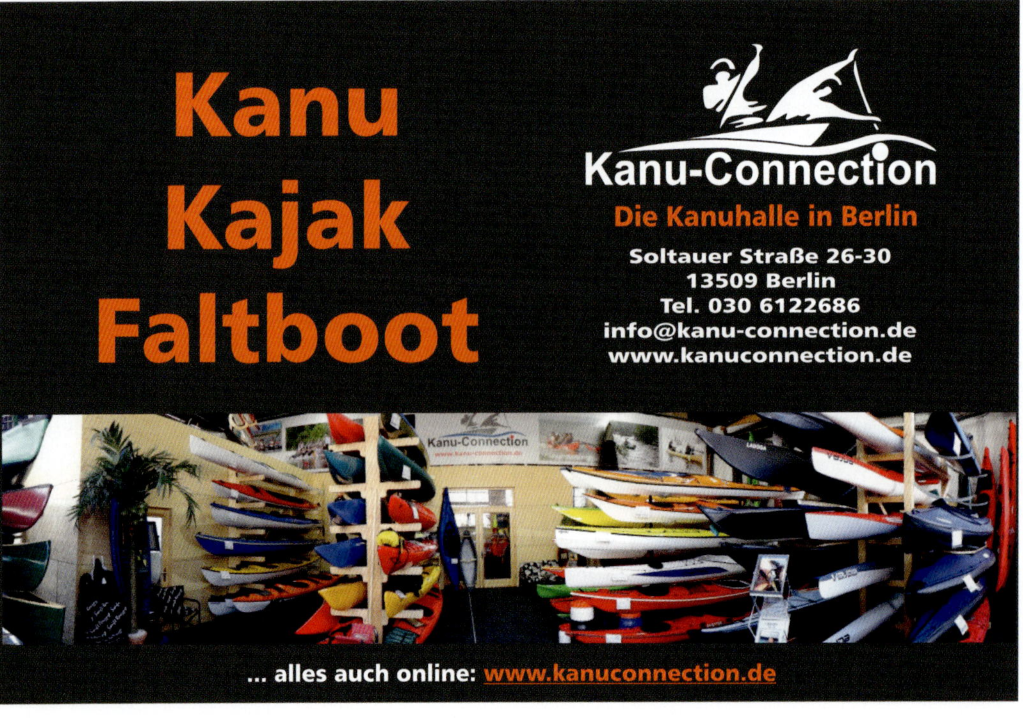

Binnenschifffahrtszeichen

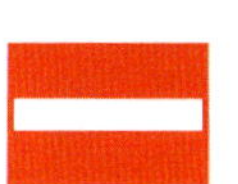
Durchfahrt verboten

Gesperrte Wasserfläche

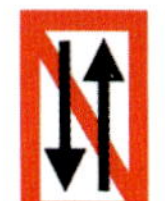
Begegnungs- und Überholverbot

Überholverbot allgemein

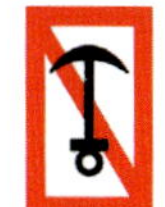
Ankerverbot

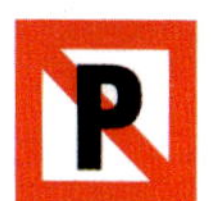

Stillliegeverbot

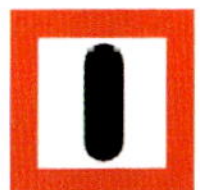
Vorsicht

Festmachverbot

Wellenschlag vermeiden

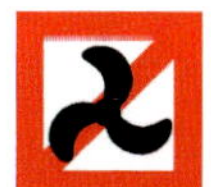
Fahrverbot für Fahrzeuge mit Motor

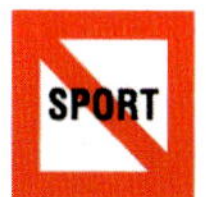

Fahrverbot für Sportboote*

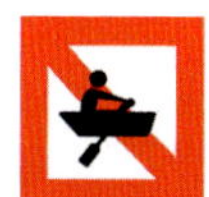
Fahrverbot für Fahrzeuge ohne Motor oder Segel

Geschwindigkeit nicht überschreiten

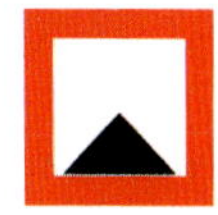
Begrenzte Fahrwassertiefe

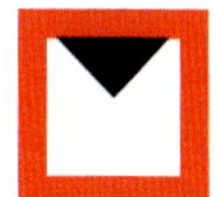
Begrenzte Höhe über Wasserspiegel

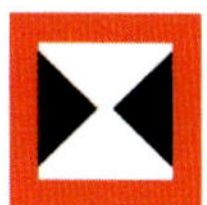
Begrenzte Breite

Fahrwassereinengung rechtes Ufer

Gebotene Fahrtrichtung

Empfohlene Durchfahrt

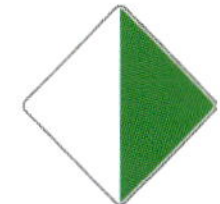
Empfohlene Durchfahrt zwischen 2 Schildern

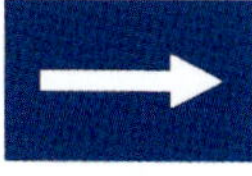
Fahrtrichtungsempfehlung

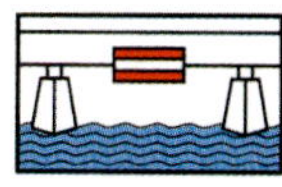
Durchfahrt unter Brücke verboten

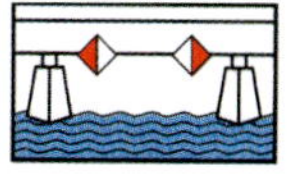
Durchfahrt nur zwischen Schildern

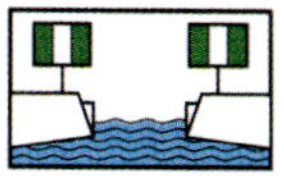
Wehr Durchfahrt frei

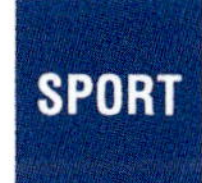

Fahrerlaubnis Sportboote (z.B. Schleuse)

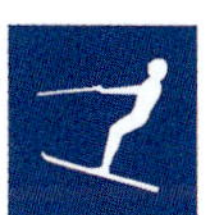
Wasserskistrecke

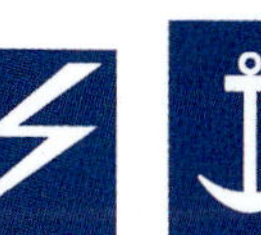
Hochspannungsleitung kreuzt

Ankererlaubnis

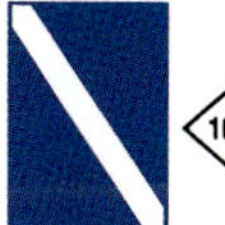
Ende von Einschränkungen

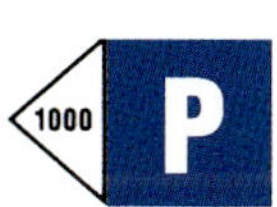

Erlaubnis zum Stillliegen auf 1.000 m

Hinweis auf ein Wehr

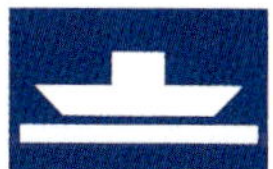
nicht frei fahrende Fähre (z.B. Seilfähre)

Wichtige Schallsignale in der Binnenschifffahrt

–	Achtung
•	ich richte meinen Kurs nach Steuerbord
• •	ich richte meinen Kurs nach Backbord
• • •	meine Maschine geht rückwärts
• • • •	ich bin manövrierunfähig
• • • • • •	Gefahr eines Zusammenstoßes *(mehr als fünf kurze Töne)*
– •	ich wende über Steuerbord
– • •	ich wende über Backbord
– – –	ich will überqueren
– – – – –	Notsignal *(wiederholt lange Töne)*

• *kurzer Signalton* – *langer Signalton* *Steuerbord (rechts, grün)* *Backbord (links, rot)*

Tourenübersicht

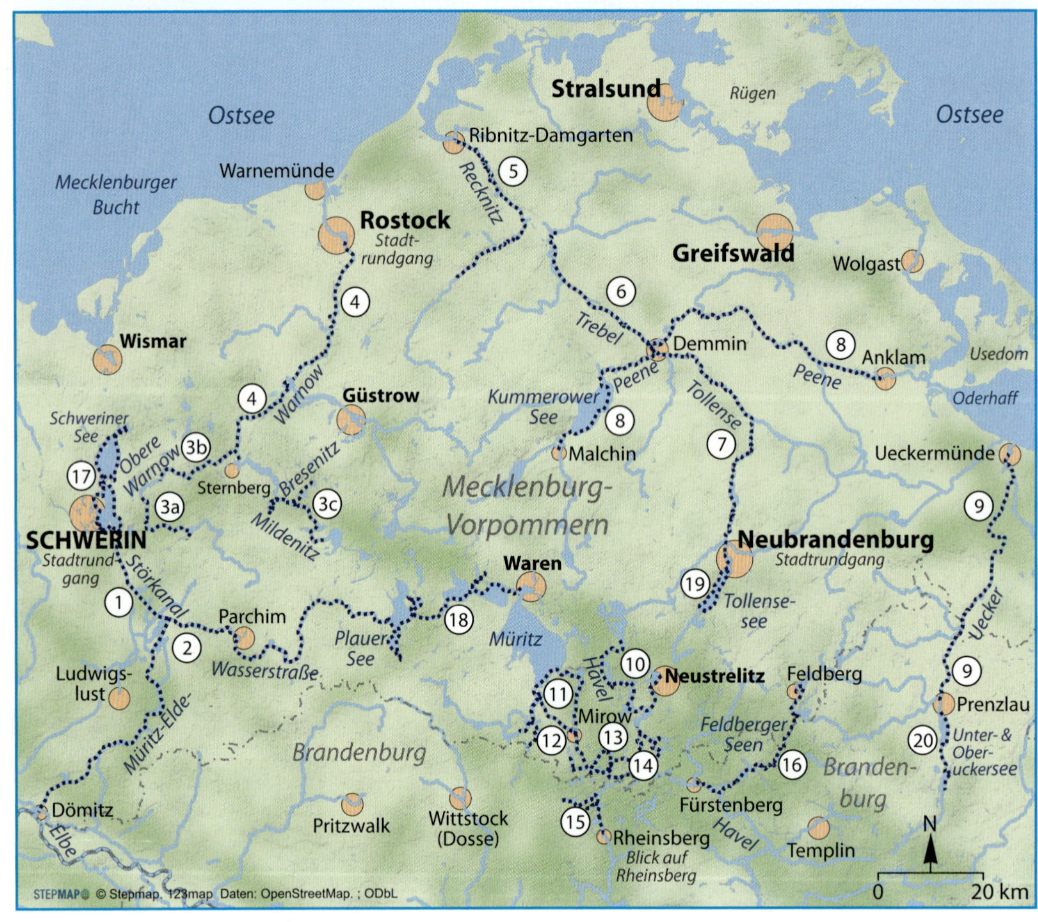

Touren für den Paddler

1 - Störkanal	46 km, 2-4 Tage	29
2 - Müritz-Elde-Wasserstr.	120 km, 6-8 Tage	39
3a - Obere Warnow Teil 1	20 km, 1 Tag	58
3b - Obere Warnow Teil 2	24 km, 1-2 Tage	61
3c - Mildenitz & Bresenitz	20+19 km, je 1 Tag	66
4 - Warnow	68 km, 4 Tage	75
5 - Recknitz	54 km, 3 Tage	91
6 - Trebel	36 km, 2 Tage	103
7 - Tollense	60 km, 4 Tage	115
8 - Peene	96 km, 5-6 Tage	129
9 - Uecker	61 km, 3-4 Tage	151
10 - Havel & Havelquellseen	38 km, 2-3 Tage	191
11 - „Alte Fahrt“	35 km, 2-3 Tage	203
12 - Müritzarm	44 km, 2-3 Tage	215
13 - Rätz-/Gobenow-/Labussee	17 km, 1-2 Tage	225
14 - Strelitzer Gewässer (10-Seen)	38 km, 2-3 Tage	233
15 - Rheinsberger Gewässer	28 km, 2 Tage	245
16 - Feldberger See	50 km, 3-5 Tage	257

Kompakt Touren (Kurzbeschreibung)

17 - Schweriner See	70 km, 3-5 Tage	276
18 - Plauer See zur Müritz	60 km, 3-4 Tage	278
19 - Tollensesee	25 km, 1-2 Tage	280
20 - Unter- & Oberuckersee	18 km, 1 Tag	282